제6판

법과 생활

이론과 사례 연구

원영철

三 英 社

제6판을 내면서

‘세월은 유수와도 같다’고 하더니, 벌써 전임이 되어 대학 강단에 선지 강산이 3번이나 지나 31년 동안 재직 중에 있고, 교직생활을 하면서 가장 보람 있었던 것 중의 하나는 22년 전인 1997년 「이론과 사례연구 법과 생활」을 저술한 것이었다. 당시 30대 중반의 나이로 기존 법학 기초분야에 실제 사례를 넣어 법학 기초 교재를 만들 때에 저자의 부족한 식견과 짧은 경력만으로 만용을 부리는 것은 아닌가 하는 두려움이 있었다. 그러나 1997년 초판이 발간된 이후, 벌써 6판 총 20쇄가 출간되었고, 독자의 성원에 늘 감사하고 있다.

우리나라는 정치, 경제, 사회 및 문화적으로 급격한 변화를 경험하였으나, 전통적 국민법의식 수준과 오늘날의 국민법의식 수준 간에 상당한 차이를 보이고 있다. 그 동안 우리나라 사람들은 법에 대한 인식이 그다지 좋지 않았다. 예컨대, ‘유전무죄(有錢無罪) 무전유죄(無錢有罪)’라는 부정적인 법의식을 갖고 있었다.

한국법제연구원은 1991년을 시작으로 1994년, 2008년, 2015년 국민법의식 조사를 실시하였고, 여기서 국민법의식조사는 국민들이 법에 대하여 어떠한 인식을 갖고 있는가를 조사하는 것이었다.

2015년 한국법제연구원이 전국 만 19세 이상의 남녀 3,000명을 대상으로 실시한 「2015 국민법의식 조사」에서 “법이란 말을 들으면 가장 먼저 어떤 느낌이 듭니까?”라는 질문에 ‘권위적이다’ 37.6%, ‘불공평하다’ 24.4% 로 응답을 하여 법에 대한 부정적 인상을 가진 응답자가 62%를 차지하였다. 다만, 2008년 조사와 비교해 볼 때 2015년 조사결과, 적어도 국민법의식 차원에서 보면, 우리나라의 법제도에서 공평성과 민주성이 높아지는 등 긍정적 방향으로 개선되어 왔다. 즉, ‘공평하다’는 8.9%에서 14.2%로, ‘민주적이다’는 14.2%에서 32.4%로 상승되었다.

이제 우리 사회는 올바른 법의식의 함양을 통해 법적 소양과 법적 문제의 해결능력이 요청되고 있다. 이번에 출간되는 제6판은 그동안 개정되었던 법률과 최근 판례를 반영하여 출간하게 되었다.

출판업계의 어려움에도 불구하고 6판의 출간을 허락해 주신 고덕환 회장님과 고성익 사장님 그리고 편집과 교정을 해주신 임진숙 선생님을 비롯한 편집부 여러분의 수고에도 진심으로 감사의 말씀을 드립니다.

2019년 1월
저자 씀

머 리 말

이 책의 집필과정 속에서 늘 나의 머리를 떠나지 않았던 것은 "생활은 곧 법이다"는 모교 은사님의 말씀이었다. 즉, '사회가 있는 곳에 법이 있다'라는 말이 있듯이 우리는 사회생활을 하면서 하루에도 몇 차례씩 여러 가지 법률문제에 부딪치는 것이 보통이며, 이제 법에 대한 지식이 거의 필수적인 것이 되었다. 법은 우리의 일상생활뿐만 아니라 지방자치단체, 그 국가, 국제사회에서도 존재하며, 20세기에 들어와 복지국가를 지향하는 현대사회의 이상은 행정의 범위를 더욱 넓게 만들었고 이에 따라 법의 영역도 확대되고 있다. 또한, 사회는 끊임없이 변하여 새로운 문제를 야기하고 있는데, 예컨대 노동문제, 인구문제, 환경문제, 인권문제, 범죄문제 등이 발생하여 법 이외의 문제로 해결되기도 하지만 궁극적으로는 법적 문제가 되고, 법적 해결을 요구하고 있다.

저자가 대학강단에서 법학을 강의한지도 어언 12년의 세월이 흘렀다. 특히 법학전공학생들은 물론 비전공학생들에게도 법학개론이라는 과목으로 강의를 하면서 학생들이 법학에 대하여 무엇을 기대하고, 강의를 어떻게 받아들이는가를 관찰하여 매학기 새로운 강의방법을 시도하고자 노력하였다. 특히, 법학의 기초적 이론을 강의하면서 실제 사회생활에서 일어날 수 있는 법률문제에 대한 기초적 해결능력을 키우는 데 역점을 두어 왔다.

이 책은 이러한 노력의 일환으로 집필되었다. 즉, 우리 나라의 법학개론 관련 교과서가 대부분 추상적 이론서로서 출간되고 있으나, 이 책은 법학의 기초적 이론과 함께 사례연구를 통하여 일상생활에서 일어날 수 있는 사례들의 해결방법을 간략하게 설명하였다. 그럼으로써 자칫 벌어지기 쉬운 법학이론과 실제사이의 간격을 좁히고, 재미있는 사례연구를 통해 교육적 흥미와 학습동기를 자극하여 교육효과를 제고시키고자 노력하였다.

다만, 한 권의 책에다 자세한 법학이론과 사례연구를 담기에는 분량이 너무 많아서 그 내용을 간략하게 줄이다 보니 이론적 측면과 사례연구에 대한 해설 등 양측면의 내용 모두가 너무 미흡하게 되었다는 점을 시인하지 않을 수 없다. 또한, 한 사람의 한정된 능력으로 법학전반에 대한 해설서를 집필한다는 것이 얼마나 어려운 일인가 하는 것을 절감하게 되었다. 특히, Hegel은 그의 저서 〈법철학강요〉에서 "미네르바의 부엉이는 황혼이 다가왔을 때 비로소 날기 시작한다(Die Eule der Minerva beginnt erst mit einbrechenden Dammerung ihre Flug)"라고 말하였지만, 저자의 부족한 식견과 짧은 경력만으로 이러한 책을 출간한다고 하는 것은 너무 나 자신에 대한 만용을 부린 것이 아닌가 하는 점에서 부끄럽기 짝이 없다. 앞으로 끊임없는 연구와 강의과정 속에서 이 책의 문제점들에 대해서는 수정·보완할 것을 다짐하면서 여러 선배·동료교수들의 아낌없는 충고와 격려를 바라는 바이다.

이 책의 출간에 있어서 많은 분들의 성원과 격려가 있었다. 우선 오늘의 나를 키워준 모교의 정용태 총장님과 여러 은사님들에게 그동안의 노고에 진심으로 감사드리고자 한다. 그리고, 사법분야의 원고집필에 많은 조언을 해준 윤종진 법학박사께 감사의 뜻을 전하며, 앞으로 커다란 학문적 성과가 있기를 바란다. 또한 교정작업을 도와준 이병기 법학석사와 최경주 사무관에게도 고마움을 전하며, 이 책의 출판을 기꺼이 맡아주신 도서출판 삼영사 조양희 사장님과 이신정 선생을 비롯한 직원 여러분에게도 깊은 사의를 표하는 바이다.

1997년 2월

저 자 씀

차 례

제 1 편 법의 일반이론

제1장 법의 본질

제2장 법의 분류

제4장 법의 효력

제5장 법의 해석과 적용

제6장 권리와 의무

제2편 공 법

제1장 헌 법

제2장 행정법

제4장 소송법

제3편 사 법

제1장 민 법

제2장 상 법

제 1 편

법의 일반이론

제1장 법의 본질

제 1 절 법의식과 법교육의 필요성

Ⅰ. 법의식

우리나라는 정치, 경제, 사회 및 문화적으로 급격한 변화를 경험하였으나, 전통적 국민법의식 수준과 오늘날의 국민법의식 수준 간에 상당한 차이를 보이고 있다. 그동안 우리나라 사람들은 법에 대한 인식이 그다지 좋지 않았다. 예컨대, '유전무죄(有錢無罪) 무전유죄(無錢有罪)', 즉 '돈이 있으면 처벌받지 않고 돈이 없으면 죄를 처벌받는다'는 것과 같이 부정적인 법의식을 갖고 있었다.

여기서 법의식이란 사회 구성원이 가지고 있는 법적 지식, 법에 대한 감정 또는 태도를 말한다. 월드컵 때에 거리응원으로 광장을 메우고 있던 국민들이 쓰레기를 치우는 모습을 보며 우리의 법의식이 많이 변했구나 하는 생각을 갖기도 하고, 어떤 국민들은 매일 언론 보도를 통해 나오는 지도층 인사들의 온갖 범법행위를 보면서 아직 법의식이 부족하다고 생각하게 된다.

이와 같은 개개인의 판단은 매우 중요한데, 이것은 주관적 개인 판단 하나하나가 모여 가치관을 형성하기 때문이다. 즉, 법은 사람이 운영하며 사람에 대하여 작용하므로 외형적으로 유사해 보이는 법 제도일지라도 운영하는 사람의 법의식에 따라 다르게 작용할 수 있기 때문에 법의식은 그만큼 중요하다.

그러면 우리의 법에 대한 인식은 어떠한가? 2015년 한국법제연구원이 전국 만 19세 이상의 남녀 3,000명을 대상으로 실시한 「2015 국민법의식 조사」에서

"법이란 말을 들으면 가장 먼저 어떤 느낌이 듭니까?"라는 질문에 '권위적이다' 37.6%, '불공평하다' 24.4% 로 응답을 하여 법에 대한 부정적 인상을 가진 응답자가 62%를 차지하였다. 다만, 2008년 조사와 비교해 볼 때 2015년 조사 결과, 적어도 국민법의식 차원에서 보면, 우리나라의 법제도에서 공평성과 민주성이 높아지는 등 긍정적 방향으로 개선되어 왔다. 즉, '공평하다'는 8.9%에서 14.2%로, '민주적이다'는 14.2%에서 32.4%로 상승되었다.

또한, 우리 사회의 준법 정도에 대해 "우리 사회에서 법이 어느 정도 잘 지켜지고 있다고 생각하십니까?"라는 질문에 '매우 잘 지켜지고 있다' 2.3%, '잘 지켜지는 편이다' 47.2%로 '잘 지켜지지 않는 편이다' 46.6%, '전혀 지켜지고 있지 않다' 3.5% 등으로 조사되어 '잘 지켜지고 있다는 의견'과 '잘 지켜지지 않는 편이다'가 비슷하게 나타났고, "본인 스스로 법을 어느 정도 잘 지킨다고 생각하십니까?"라는 질문에 잘 지킨다는 의견이 91.7%('매우 잘 지킨다' 13.9%, '잘 지키는 편이다' 77.8%)로 잘 지키지 않는다는 의견 8.1%('잘 지키지 않는 편이다' 8.0%, '전혀 지키지 않는다' 0.1%)보다 83.6% 높게 나타났다.

이와 같이 법의식이 차츰 변화하고 있는데, 이제는 무엇보다도 올바른 법의식의 함양이 중요하다. 이를 위해서는 먼저 올바른 입법, 즉 법이 정당하게 만들어져야 한다. 입법부는 주권자인 국민의 의사가 반영된 법을 만들도록 해야 하고, 국민은 입법권의 최종 승인권자라는 인식과 함께 입법 청원운동, 입법부 감시활동 등을 통해 올바른 법이 제정되도록 노력해야 한다. 그리고 사회 모든 구성원들이 법을 지키지 않으면 사회질서가 파괴되고 사회의 존립도 불가능하므로 법을 지키겠다는 준법정신을 함양해야 한다. 특히 법에 무조건적으로 복종하는 것이 아니라, 올바른 법에 대한 복종 그리고 정의에 반하는 법(악법)에 대해서는 적극적으로 시정을 요구하는 민주적 시민의식이 있어야 한다.

또한 올바른 법의식의 함양을 통해 법치주의를 확립하고, 더 나아가 사법제도에 대한 신뢰도 향상을 위한 노력, 모든 국민이 편하게 접근할 수 있는 법률서비스의 구축, 효율적인 법교육 강화, 정부에서 추진하고자 하는 법정책·제도 등에 대한 홍보 강화 등 국민의 법에 대한 부정적 의식을 불식시키기 위한 다양한 법정책적·제도적 방안을 강구하여 선진법치주의를 구현해야 할 것이다.

사례연구 1 **한국인의 법의식**

"'법'이란 단어를 들으면 가장 먼저 어떤 느낌이 듭니까?"라는 질문에 법에 대한 부정적 인상을 가진 응답자가 62%를 차지하고 있는데, 이러한 법인식은 어떻게 평가될 수 있을까요? 그리고 "우리 사회에서 법이 어느 정도 잘 지켜지고 있다고 생각하십니까?"라는 질문에 잘 지켜진다는 의견이 49.5%, 잘 지켜지지 않는다는 의견이 50.0%로 비슷하게 나타났는데, 법이 잘 지켜지지 않는 가장 큰 원인은 무엇일까요?

▶ 2008년 한국법제연구원이 전국 만 20세 이상의 남녀 3,007명을 대상으로 실시한 법의식 조사에서 "'법'이란 단어를 들으면 가장 먼저 어떤 느낌이 듭니까?"라는 질문에 법에 대한 부정적 인상을 가진 응답자가 2/3가 넘게 나타났으나, 위의 설명과 같이 2015년 전국 만 19세 이상의 남녀 3,000명을 대상으로 실시한 법의식 조사에서는 62%를 차지하여 우리나라의 법제도에서 공평성과 민주성이 높아지는 등 긍정적 방향으로 개선되어 왔으나, 아직도 우리나라 국민들의 마음속에는 법에 대한 거부감이 존재하는 것으로 볼 수 있고, 이와 같은 법의식은 법치주의, 즉 법에 의한 지배를 확립하는데 장애가 된다.

그리고 "법이 잘 지켜지지 않는 가장 큰 원인은 무엇일까요?"라는 질문에 '법대로 살면 손해를 보니까'는 42.5%로 가장 높게 나왔고, '법을 지키지 않는 사람이 많아서' 18.9%, '법을 지키는 것이 번거롭고 불편해서' 11.2%, '법을 지키지 않아도 처벌을 받지 않을 것으로 생각되기 때문에' 11.0%, '법을 잘 몰라서' 7.2%, '법을 지키지 않아도 다른 사람이 모를 것으로 생각되기 때문에' 6.8% 순으로 나타났다. '법대로 살면 손해를 보니까'라는 응답은 2008년 34.3%에서 2015년 42.5%로 오히려 8.2% 증가하였는데, 이는 일부 계층이 범죄행위를 하고도 처벌받지 아니하거나 일반인에 비하여 낮은 처벌을 받은 현상 등이 반영된 것으로도 볼 수 있다.

II. 법교육의 필요성

인간의 사회생활관계는 매우 복잡하고 다양하여 종교, 관습, 도덕, 법 등 각종 사회규범에 의하여 규제되고 있는데, 과거 고대사회에서는 맹목적 신앙심과 결부된 미풍양속 내지 관습 등에 의해 규율되었으므로 법의 대상이 되는 사회생활관계, 즉 법률관계가 비교적 적었다. 그러나 인간생활관계가 복잡해지고, 사회가 발달하여 법률제도가 완비되어감에 따라 법률관계의 범위는 점차로 증가하였고, 오늘날에 있어서 인간의 사회생활관계는 대부분 법률관계로 되어 있다.

우리의 일상생활은 대부분 법에 의해 규율되고 있지만, 우리는 이를 인식하지 못하고 살아가고 있을 뿐이다. 마치, 우리는 수많은 전파가 오가는 공간 속에서 살고 있으면서도 라디오나 텔레비전, 휴대전화 등을 켰을 때 비로소 전파의 존재를 인식할 수 있는 것처럼 사회에서 무수한 법규범 속에서 살고 있으면서도 어떤 기회에 부딪쳐 법을 인식하기 전까지는 법의 존재를 잊어버리고 살아가는 것과 같다.

일상생활의 거의 모든 것이 법과 관련되어 있고, 궁극적으로는 법적 문제가 되고 있으며, 법적 해결을 요구하고 있다. 그럼에도 불구하고 우리는 법을 생활관계나 이해관계를 조정하거나 사회질서를 유지하기 위해서 꼭 필요한 존재라고 생각하기는 커녕, 권력자가 법 위에 군림하거나 법을 지배・억압의 도구로 이용함으로써 '약자에 강하고 강자에 약한 법' 또는 '강자를 위한 법'이라는 법에 대한 막연한 두려움, 그리고 주변에서 법 지식을 악용하여 사리사욕을 도모하고 남을 못살게 구는 사람이나 사례를 무수히 목격했기 때문에 법에 대한 혐오와 경시라는 피해의식 일변도의 태도를 보여주고 있다. 또한 특히 걱정스러운 것은 우리가 가지고 있는 법에 대한 무지로 '법은 딱딱한 것', '어려운 것', '골치 아픈 것'으로 치부하면서 선량한 사람을 '법 없이도 살 사람'이라거나 '나는 파출소 한번 가지 않았다'고 말한다는 것이다.

그러나 우리는 법이 어느 정도 사회적 이익을 정당하게 조정하고 인간의 존엄성을 보호해 주는 역할을 도모하는 한, 이제까지의 법에 대한 그릇된 사고를 건전한 방향으로 전환하는 올바른 법의식의 함양이 중요하다. 이제 법은 지배자의 억압의 도구가 아니라, 사회질서를 세우고 공동선을 지향하는 인류의 지혜이자 인간이성의 최고의 산물인 동시에 분쟁을 해결하는 최후의 수단이기 때문에 그만큼 법교육이 필요하다.

요컨대, 민주주의 사회는 법치주의의 실현을 전제로 할 때 그 존립이 가능하고, 민주주의를 발전시키기 위한 핵심적 요소가 민주적 법질서이다. 이러한 민주적 법질서가 제대로 유지되기 위해서는 민주주의 사회를 구성하는 시민의 기본적 자질로서 법적 소양과 법적 문제의 해결능력을 요청하고 있으며, 이런 점에서 법교육이 필요한 것이다.

제 2 절 사회와 사회규범

Ⅰ. 인간과 사회생활

1. 인간의 특징 및 사회생활

인간이 다른 동물과 비교되는 특징에는 신체적 특징, 문화적 특징, 사회적 특징 등이 있지만 그 중에서도 가장 두드러진 특징은 사회적 특징이다. 즉, 다른 동물의 집단생활은 대부분 본능적 충동에 따라 이루어지는 군집생활인데 반하여, 인간의 집단생활은 이성에 의한 판단력, 목적의식 및 사회규범에 따라 이루어지는 사회생활을 한다는 점이다.

그래서 인간을 '사회적 동물'(Zoon politicon)이라고 하는데, 이 말은 그리스의 철학자 아리스토텔레스(Aristoteles, 384~322 B.C.)가 "인간은 사회적 동물이며, 사회생활을 할 수 없는 자는 신이 아니면 악마"라고 한 것에서 유래되었다. 즉, 인간은 혼자서 생활을 영위할 수 없고, 다른 사람과 어울려 공동생활을 해야만 비로소 인간으로서 생존, 성장, 발전할 수 있음을 강조한 말이다. 사람이 서로 받쳐주고 있는 형상을 문자화한 '인'(인)이라는 한자도 이런 의미에서 이해할 수 있을 것이다.

독일의 법학자 기이르케(Otto Friedrich von Gierke, 1841~1921)는 인간이 사회 속에서 삶을 영위한다는 점, 즉 인간의 사회성을 간파하여, "사람이 사람인 까닭은 사람과 사람과의 결합에 있다"고 하였다. 이와 같이 사람은 서로 결합하여 집단을 이루며 생활하는데, 이와 같은 집단을 사회라고 하고, 그 집단적인 공동생활을 사회생활이라 한다.

그러면 왜 인간은 집단적 공동생활을 하는가? 즉, 공동생활을 하게 되면 그 공동생활을 유지시켜 나가기 위해 구성원 각자에게 일정한 구속이 따르는데, 그럼에도 불구하고 인간이 공동생활을 하는 이유는 어디에 있는 것인가?

이에 대해서는 인간의 본성에서 유래한다거나, 맹수나 외적으로부터의 침해를 공동으로 대처하기 위한 것이라고 하는 경우도 있으나, 그것은 옳지 못한 생각이라고 보며, 결국 인간이 공동생활을 하는 것은 인간의 생활을 향상시키기 위한 것이라고 볼 수 있다. 즉, 공동생활은 자급자족의 생활형태가 아니고 분업생활의 형태인데, 이러한 생활 형태에서의 구성원은 각자가 최대한으로 재능을 발휘할 수 있으므로 능률성과 상호보완성을 갖게 됨으로써 인간의 생활을 향상시킬 수 있기 때문이다.

사례연구 2 **가상적 표류인, 로빈슨 크루소(Robinson Crusoe)**

1719년 영국작가 디이포(Daniel Defoe)가 지은 소설인 "요크출신인 로빈슨 크루소의 생애와 이상하고 놀라운 모험"은 무인도에서 5년간 지낸 일이 있는 스코틀랜드의 선원 셀커크를 모델로 한 가공적인 무인도생활의 체험담이다. 집을 떠나 선원이 된 청년 로빈슨 크루소가 항해하던 중, 배가 난파되어 홀로 떠내려 가다가 무인도에 도착한 뒤, 갖은 모험을 겪으면서 24년간이나 살아간다는 것을 내용으로 하고 있다. 이 소설처럼 인간이 오랫동안 고립되어 살아간다면 인간이 인간일 수 있겠는가?

▶ 사람의 가장 큰 특징 중의 하나는 바로 '사회적 동물'이다. 이 말은 두 사람 이상이 모여 살 때 비로소 인간다운 생활을 할 수 있다는 의미일 것이다. 인간은 가상적 표류인인 로빈슨 크루소와 같이 고립된 존재로서 생활하는 것이 아닐 뿐만 아니라 독립하여 존재할 수도 없는 것이다. 즉, 인간은 혼자서 생활을 영위할 수 없고, 다른 사람과 어울려 공동생활을 해야만 비로소 인간으로서 생존, 성장, 발전할 수 있다. 인간이 사회 속에서 삶을 영위한다는 점을 간파하여 영국의 역사법학파의 대가인 비노그라도프(Paul Gavilovitch Vinogradoff, 1854~1925)는 "사람의 사회적 교섭은 자연 스스로가 명하는 것이다"고 하였으며, 하이데거(Martin Heidegger, 1889~1976)는 "사람의 존재가치는 개인과의 공존에 있다"고 하였다.

2. 일상생활과 법

인간의 사회생활관계는 매우 복잡하고 다양하여 종교, 관습, 도덕, 법 등 각종 사회규범에 의하여 규제되고 있는데, 과거 고대사회에서는 맹목적 신앙심과 결부된 미풍양속 내지 관습 등에 의해 규율되었으므로 법의 대상이 되는 사회생활관계, 즉 법률관계가 비교적 적었다. 그러나 인간생활관계가 복잡해지고, 사회가 발달하여 법률제도가 완비되어감에 따라 법률관계의 범위는 점차로 증가하였고, 오늘날에 있어서 인간의 사회생활관계는 대부분이 법률관계로 되어 있다.

사람은 사회에서 태어나, 사회에서 생활하다가, 사회에서 생을 마치는데, 그 과정 속에서 구체적으로 어떤 법률관계가 있을 수 있는지를 살펴보자. 즉, A가 어느 시골 갑 면(면)에서 태어나 자라다가 대학에 입학하고, 취직을 해서 돈을 벌고, 결혼을 하여 아이를 낳고 생활하다가 X선거구에서 국회의원으로 당선되어 열심히 주민을 위해 봉사하다가 사망하였다고 하면 어떤 법률관계가 기본적으로 있을 수 있는가? 먼저, A가 태어남에 따라 부모형제들 간에 신분법적 관계가 발생하고, 대학생활을 위해 전세방을 얻었다고 하면 민법상의 임대차계약관계가 성립하게 되고, 학교를 오가기 위해 버스를 타면 상법상 운송계약관계가 성립되고, 열심히 공부를 하여 취직을 하게 되면 노동법의 적용을 받게 된다. 또한, 결혼을 하게 되면 민법상 혼인관계가 발생하고, 아이를 낳으면 다시 신분법적 관계가 발생하고, 국회의원에 입후보하기 위해서는 선거법이 적용되며, 국회의원으로 당선되면 여러 가지 특권이 인정될 수 있고, 사망하게 되면 권리와 의무도 없어지게 된다.

이와 같이 우리의 일상생활은 대부분 법에 의해 규율되고 있지만, 우리는 이를 인식하지 못하고 살아가고 있을 뿐이다. 마치, 우리는 수많은 전파가 오가는 공간 속에서 살고 있으면서도 라디오나 텔레비전, 휴대전화 등을 켰을 때 비로소 전파의 존재를 인식할 수 있는 것처럼 사회에서 무수한 법규범 속에서 살고 있으면서도 어떤 기회에 부딪쳐 법을 인식하기 전까지는 법의 존재를 잊어버리고 살아가는 것과 같다.

법은 우리의 일상생활에만 미치는 것이 아니라, 지방자치단체, 그 국가, 국제사회에서도 법이 존재한다. 그리고 20세기에 들어와 복지국가를 지향하는 현대사회의 이상은 행정의 범위를 더욱 넓어지게 만들었고 이에 따라 법의 영역도 확대되고 있다. 또한, 사회는 끊임없이 변하여 새로운 문제를 야기하고 있는데, 예컨대 노동문제, 인구문제, 환경문제, 인권문제, 범죄문제 등이 발생하여 법 이외의 문제로 해결되기도 하지만 궁극적으로는 법적 문제가 되고, 법적 해결을 요구하고 있다.

요컨대, 오늘날과 같이 사회가 복잡해지고 다양화됨에 따라 복잡한 사회현상이 나타나고 있는데, 우리는 이와 같은 사실의 근본적 문제를 철저히 연구하여, 이의 해결을 위해 노력해야 할 것이며, 종국에는 '공동의 선'에 의한 법규범의 정립을 통해 문제를 해결해야 할 것이다.

Ⅱ. 사회규범

1. 사회규범의 필요성

우리 인간의 사회공동생활이 원활하게 영위되고, 평화롭게 발전되기 위해서는 일정한 '질서'가 필요하다. 그런데 인간은 더 많은 재산과 권력을 갖고 싶어 하고, 좀 더 편하고 안락해지기를 원하는 마음을 누구나 다 갖고 있다. 이와 같이 인간의 욕망은 무한하기 때문에 거기서 파생되는 분쟁이 있을 수 있으며, 질서는 무너지게 된다.

인간의 행동을 규율하기 위해서는 반드시 객관적인 규칙이 필요하다. 만약 인간에게 객관적 규칙이 없다면, 우리 사회는 홉스(Thomas Hobbes, 1588~1679)가 말한 것처럼 "만인의 만인에 대한 투쟁상태"가 되어 약육강식만이 지배하는 동물의 세계와 다를 바가 없게 된다.

따라서 인간은 사회생활을 하고, 그 사회생활을 유지·발전시키기 위해서는 일정한 질서가 필요하며, 그 질서는 일정한 규범에 의해 유지·발전된다. 영국의 비노그라도프가 "바둑이나 테니스와 같은 경기를 위하여 사회적으로 결합할 때에도 일정한 규칙에 따라야 하는데, 하물며 국가사회에서는 더 말할 나위가 없다"고 설명하는 바와 같이, 국내사회든 국제사회든 질서유지를 위해서는 일정한 규칙, 즉 사회규범이 필요하다.

2. 사회규범의 의의와 유형

그렇다면 사회규범이란 무엇인가? 칸트는 자연과 사회의 이원론적 세계관에 입각하여, 존재와 당위라고 하는 두 개의 범주에 의하여 자연법칙과 사회규칙(사회규범)의 특수성을 구별하고 있다. 여기서, 자연법칙이란 자연계를 지배하는 원리, 즉 자연의 세계는 항상 변하지만 인간의 의사와는 관계없이 일정한 질서가 유지된다는 것을 말하는 것이다. 반면에 사회규범은 사회 구성원들의 공동의 동의에 따라 만들어진 사회 질서의 기준을 말하는 것으로, 예를 들면 종교, 관습, 도덕, 법 등과 같이 사회생활을 방해하는 행위를 금지하거나 필요한 것을 요구하는 것과 같이 당위의 법칙을 말한다.

모든 사회에 적용될 수 있는 법에 관한 격언 중의 하나는 '사회가 있는 곳에 법이 있다'는 말이다. 여기서 말하는 '법'이란 사회규범을 뜻하는 것으로, 우리가 살고 있는 사회에는 종교, 관습, 도덕, 법 등 여러 가지 사회규범이 있다. 이런 사회규범 중에 법의 존재는 그만큼 중요한 것으로, 사람이 둘 이상 모여 살다가 보면 서로 이해관계가 충돌하게 마련이고, 이들 이해관계의 충돌을 적절히 조절하고 질서를 유지하기 위해서는 국가권력에 기초한 강제력 있는 법의 존재를 반드시 필요로 한다.

사례연구 3 **자연법칙과 사회규범**

칸트는 자연과 사회의 이원론적 세계관에 입각하여, 규범을 존재와 당위라고 하는 두 개의 범주로 구별하고 있다. 첫째, 태양은 동쪽에서 떠서 서쪽으로 진다거나, 물은 위에서 아래로 흐른다는 것은 무엇이고, 둘째, 종교, 관습, 도덕, 법 등과 같이 사회생활을 방해하는 행위를 금지하거나 필요한 것을 요구하는 것은 무엇을 의미하는가?

▶ 칸트는 규범을 존재와 당위라고 하는 두 개의 범주에 의하여 자연법칙과 사회규칙(사회규범)의 특수성을 구별하고 있다. 여기서, 자연법칙이란 자연계를 지배하는 원리, 즉 자연의 세계는 항상 변하지만 인간의 의사와는 관계없이 일정한 질서가 유지된다는 것을 말하는 것이고, 사회규범은 사회 구성원들의 공동의 동의에 따라 만들어진 사회 질서의 기준을 말한다. 따라서 전자는 자연법칙이고, 후자는 사회규범을 말한다. 법은 사회규범 중의 하나이다.

제 3 절 법의 개념과 이념

Ⅰ. 법의 개념

법학을 공부하기 시작하면서 가장 먼저 봉착하는 난관은 '법이란 무엇인가'하는 문제이다. 그러나 이 문제는 법학의 최초의 문제이자, 최후의 문제인 것으로 그 완전한 정의를 내리기란 곤란한 문제이며, 영원히 해결할 수 없는 문제인지도 모른다. 그래서 칸트(Immanuel Kant, 1724~1804)가 "법학자들은 끊임없이 법의 정의가 무엇인가를 찾고 있다"고 말한 것은 이를 단적으로 말해주고 있다.

법이라는 단어는 라틴어의 'jus', 독일어의 'Recht', 프랑스어의 'droit' 등으로 이들은 모두 '옳은 것', 즉 정의를 뜻하는 것이며, 영어의 'law'는 '정하여진 것', 즉, 계율이라는 의미를 가지고 있다. 또한, 한자의 '法'은 물 '수'(水)와 갈 '거'(去)를 합한 것으로 '치수'(治水), '다스림', 즉 물이 자연의 이치에 따라 위에서 아래로 물이 흘러가듯 모든 일이나 분쟁을 순리에 맞게 처리한다는 뜻이기도 하다. 그런데 '법'(法)은 한(漢)나라 이전의 고문에는 '灋'이었다. 이것은 '수'(水), '치'(廌) 및 '거'(去)를 합친 것인 바, '수'는 어떤 그릇에 담겨도 평평한 것처럼 공평의 의미가 있고, '치'는 전설 속의 동물로서 죄의 유무를 가릴 수 있는 성스러운 동물이므로 인간에게 죄가 있느냐 없느냐 하는 것을 뜻하고, '거'는 악을 제거한다는 의미에서 사용하였다고 한다.

사례연구 4 **눈을 가린 정의의 여신 디케(Dike)**

그리스 신화에 나오는 정의의 여신 디케는 한 손에는 저울을, 한 손에는 칼을 쥐고 있고, 옳고 그름, 선과 악을 정확하게 판별해야 할 정의의 여신상은 안대로 두 눈을 가리고 있는데, 이는 무엇을 의미하는가?

▶ 여기서 저울은 개인 간의 권리관계 분쟁을 해결하는 것을 의미하기 때문에 민사사건과 관련이 있고, 칼은 사회질서를 파괴하는 자에 대한 제재를 뜻하므로 형사사건과 관련이 있다. 두 눈을 안대로 가리고 있는 것은 정의를 실현하기 위해서는 '법'(法)의 '수'(水)와 같이 모든 사람에 평등하고 공평하게 적용되어야 한다는 의미이다.

이와 같이 여러 가지 뜻을 가지고 있는 법의 완전한 정의를 찾기는 매우 어렵기 때문에 법의 특징은 어떤 것이 있느냐에 대한 해답을 제시함으로써 법의 윤곽을 이해할 수밖에 없다.

법의 특징으로는 법은 행위규범이고, 사회규범이며, 강행규범이다. 따라서 이와 같은 특징으로 법에 대한 정의를 내리면, 법이란 "사회공동생활에 있어서 행위의 준칙으로서 국가에 의해 강행되는 사회규범"이라고 할 수 있고, 이를 나누어 설명하면 다음과 같다.

1. 행위준칙(行爲準則)으로서의 법

법의 대상이 되는 것은 인간의 행위이다. 즉, 법은 인간이 사회공동생활을 영위하는데 있어서 '해야 되는 행위'와 '해서는 안 되는 행위'를 정하는 것이다. 여기서 인간의 '행위'란 행위자의 의사결정에 의하여 행하는 신체적 동작 내지 태도를 말한다. 따라서 법은 일정한 행위를 해야 하고, 또 하지 않아야 할 행위의 준칙이라 할 수 있다.

그러므로 마음속으로 의사결정을 하였다고 하더라도 그 의사가 외부로 나타나지 않는 한 그것은 법의 대상이 되지 않는다. 또, 의사의 객관화라고 할 수 없는 반사운동이나 절대적 강제 하의 동작·태도는 형법상의 행위가 아니다.

그러나 그 의사결정이 외부적으로 나타나는 이상, 그 행위가 작위이든 부작위이든 이를 묻지 않고 법의 규율대상이 된다. 여기서 '작위'란 외부에 어떤 변화를 가져오게 하는 적극적 행위, 예컨대 돈을 지불하는 행위, 사람을 때리는 행위 등을 말하고, '부작위'란 어떤 행위를 해야 할 책임이 있는 자가 어떤 결과의 발생을 목적으로 아무 것도 하지 않는 것, 예컨대 어머니가 어린아이에게 젖을 먹이지 않음으로써 죽게 하는 것, 물에 빠진 사람을 구해야 함에도 불구하고 구조하지 않는 것, 세금을 내지 않는 것 등을 말한다.

요컨대, 법은 일정한 행위를 해야 하고, 또 하지 않아야 할 행위의 준칙이라 할 수 있다.

사례연구 5 부작위범

신약성서 누가복음 10장 30절~33절에는 "… 어떤 사람이 예루살렘에서 예리고로 내려가다가 강도를 만났다. 강도들이 그의 옷을 벗기고 상처를 입혀 거의 죽게 된 것을 버려두고 갔다. 마침 한 제사장이 그 길로 내려가다가 그 사람을 보고 피해 갔다. 이와 같이 레위사람도 그 곳에 이르러 그 사람을 보고 피해 지나갔다…"고 되어 있다. 만약 위와 같이 김욕심이 더 많은 유산상속에 탐이나 영하 15도의 추운 날씨에 길가에 쓰러져 있는 이복동생 김불쌍을 구하지 않음으로서 사망하게 된 경우, 형사책임을 물을 수 있는가?

▶ 부작위범이란 부작위(소극적 동작)에 의한 범죄, 즉 법규범이 요구하는 일정한 행위를 이행하지 않으므로써 성립하는 범죄를 말한다. 다만, 형법상 부작위라 함은 '아무것도 하지 않는다'는 것이 아니라 '무엇인가를 하지 않는 것', 즉, 기대된 작위를 하지 않는 것이다. 김욕심은 김불쌍의 사망이라는 목전의 위험을 방지해야 할 의무, 즉 형법 제271조 제1항이 전제하는 긴급구조의무를 위반하고 있다. 김욕심은 구조하는데 별 위험이 없으면서 구조의무를 이행하지 않았기 때문에 부작위에 의한 살인죄가 성립된다. 한편, 조상대대로 원수지간으로 지내온 이웃 사람 중 한 명이 강물에 빠졌을 경우, 이를 목격한 사람은 구조행위를 하지 않더라도 친족 간이 아니므로 구조의무가 없다.

2. 사회규범으로서의 법

법은 자연법칙이 아닌 사회규범의 하나이다. 사회적 존재인 인간이 평온하게 살아가고, 전체 사회가 조화롭게 유지되려면 사회 구성원 모두가 지켜야 할 질서가 있어야 한다. 그런데 이와 같은 질서의 기준과 내용을 개개인이 마음대로 정할 수 없으므로, 사회구성원들의 공동의 동의에 따라 만들어진 사회질서의 기준을 사회규범이라 하고, 법은 종교, 도덕, 관습과 같이 사회규범의 하나에 속한다.

따라서 사회규범의 하나인 법은 과거에 종교, 관습, 도덕과 함께 미분화 상태에서 함께 존재하다가, 인간의 생활이 복잡해지고 개인의식이 고양됨에 따라 분화해 나가게 되었으며, 법은 인간이 사회질서를 유지하기 위해 지켜야 할 사회규범 중의 하나이다.

3. 강제규범으로서의 법

법은 국가권력에 의해 강행되는 사회규범이다. 즉, 법은 국가권력에 의하여 그 준수가 강제되는 것이다. 이러한 강제성의 여부가 법의 본질에 속하는가에 관하여는 여러 가지 견해가 있다. 즉, '강제성이 필요 없다'고 하는 강제성 불요설과 '강제성이 필요하다'는 강제성 요소설이 있는데, 후자는 다시 '사실상 강제되어야 한다'는 물리적 강제설과 '강제의 실현여부와는 관계없이 강제되어야 한다'는 규범적·당위적 강제를 말하는 규범적 강제설로 나누어진다. 생각컨대, 법은 위반에 대해 제재·강제가 따라야 하지만, 사실상 제재가 따르지 않는다고 해서 법이 아니라고 할 수는 없다. 따라서 법은 강제성을 요소로 하는가에 대해서는 '강제되어야 한다'는 규범적·당위적 강제로 보아야 할 것이다.

사회규범에는 종교, 관습, 도덕, 법 등 여러 가지가 있으나, 종교, 관습, 도덕 등은 사회규범으로서 인류가 준수해야 할 것이기는 하지만, 이것을 위반해도 특정한 외부적 압력을 받지 않고, 각자의 양심 등에 맡겨질 뿐이며 양심의 가책 등을 느낄 뿐이다. 그러나 법규범은 시대와 국가에 따라서 각각 다르게 나타나지만, 법은 국가권력에 의해 강행되므로 법규범을 위반하는 자에 대해서는 국가권력에 의해 일정한 제재가 따른다. 예를 들면, 위법행위에 대해서 형벌이 내려지고, 불법행위에 대해서는 손해배상 내지 강제집행이 내려지는 것이다. 이러한 의미에서 독일의 법학자 예링(Rudolf von Jhering, 1818~1892)은 "법적 강제가 없는 법규는 타지 않는 불, 비치지 않는 등불과도 같다"고 하였으며, 칸트(Immanuel Kant, 1724~1804)는 "법과 강제기능은 동일하다"고 하였다.

이와 같이 종교, 관습, 도덕 등과는 달리, 법은 사회질서를 유지하기 위해서는 국가권력으로부터 그 강행이 보장되는 법의 위치가 그만큼 높다 할 것이며, 이는 국내법뿐만 아니라 국제법도 마찬가지이다.

사례연구 6 법의 본질과 강제성

대한민국 초대대통령이었던 이승만대통령이 국제법 분야로 박사학위를 받을 때 미국의 프린스턴대학교 총장이 바로 민족자결주의를 외친 미국 윌슨대통령이었다. 윌슨총장이 베푼 리셉션에서 이승만대통령은 윌슨총장에게 등록금을 돌려 달라고 농담을 건넸다. "그게 무슨 소리냐"는 월슨총장의 물음에 이승만대통령은 "세상에 존재하지도 않는 법을 가르쳤으니 등록금을 돌려 주십시요!"라고 하였다고 한다. 혹자는 국제법에는 강제성이 없으므로 위반의 경우에도 제재를 가할 방법이 없다고 하는데, 과연 국제법은 법으로서의 성질을 가지고 있는가?

▶ 본문에서 설명한 바와 같이 국제법도 위반에 대해 제재·강제가 따라야 하지만, 사실상 제재가 따르지 않는다고 해서 법이 아니라고 할 수는 없다. 따라서 국제법은 강제성을 요소로 하는가에 대해서는 '강제되어야 한다'는 규범적·당위적 강제로 보아야 할 것이다. 우리는 타국을 무력 침공한 사례와 같이 센세이션한 사건만을 생각하고, 국제법이 잘 지켜지지 않는다고 생각하고 있으나, 이런 사건이 있을 때에 비난할 수 있는 그 자체가 국제법이 이를 금지하고 있기 때문이다. 만약 국제법이 없다면, 또 국제법이 법이 아니라면 위법의 근거와 비난의 근거를 상실하게 되는 것이다. 또한, 국제사회에도 위반국에 대한 통상제재(경제봉쇄), 국제사법법원 등을 통해 제한적이기는 하지만, 그 나름대로 위반자를 처벌하고 있다.

II. 법의 이념

1. 법의 이념이란?

법의 이념은 가치판단의 기준이며 법 형성의 기본원리로, 법이라는 사회규범을 제정하게 된 근본적인 사명을 말한다. 즉, 법에 의해서 실현하려고 하는 공동생활의 실천목표를 말한다.

법의 이념에 대해서는 과거부터 많은 법학자들이 여러 가지로 설명하여 왔다. 이에 대하여 가장 총체적이고 다면적으로 설명한 학자는 독일의 법학자 라드브루흐인데, 그는 "법의 이념은 정의와 합목적성, 법적 안정성에 가치를 두고 있다"고 하였다.

(1) 정 의

정의는 법이 추구하는 궁극적인 이념으로서 진선미(진선미)와 같이 인간생활 최고의 궁극적이고 절대적인 가치를 말하고, 정의의 구체적인 내용은 시대와 민족, 국가에 따라 다르다.

아리스토텔레스는 법의 이념으로서의 정의를 '사회생활을 영위하고 있는 각인의 이해를 균등히 하는 것'이라고 하고, 이것을 '평균적 정의'와 '배분적 정의'로 구별하였다. 평균적 정의는 모든 것을 동등하게 취급하는 것으로 계약당사자가 대등한 입장에서 자유롭게 계약조건을 결정하는 것, 모든 선거권자에게 1표의 투표권을 주는 것 등과 같이 급부와 반대급부, 범죄와 형벌의 균등을 도모하는 원리이며, 그 적용에 있어서는 가치 차이를 문제시하지 않는다. 이에 반하여 배분적 정의는 각인의 재능과 가치 또는 능력과 공헌도에 따라서 명예 및 재화를 공정히 분배하는 것을 뜻하는 것으로, 부자에게 세율을 높이고, 기여상속인에 대하여 기여분의 고려를 하는 것이 이에 속한다.

법은 정의와 합치될 때 더욱 가치가 있는 것이다. 정의는 법의 중요한 이념이고, 법은 정의를 실현하는 수단이 되는 것이다. 정의의 테두리를 벗어난 입법은 가치가 없는 것이다. 정의는 최종적 가치로서의 위치에 자리하고, 법의 최종목적은 정의의 실현에 있다.

정의와 관련된 법언(法諺)에는 '세상이 망해도 정의를 세우라', '정의만이 통치의 기초다' 등이 있다.

사례연구 7 **배분적 정의**

김평등은 애완견을 키우고 있었는데, 며칠 전 새끼를 낳았다. 그런데 어떤 강아지는 유난히 작고 허약해 보였고, 어미가 젖을 줄 때에도 다른 강아지에 밀려 젖을 먹지 못하였다. 그래서 김평등은 그 새끼 강아지에게 먼저 젖을 주고 극진히 보살핀 결과 다른 강아지처럼 튼튼하게 성장하였다. 김평등은 어떤 정의 관념을 가진 것일까?

▶ 정의는 '평균적 정의'와 '배분적 정의'로 나눌 수 있는데, 김평등은 유권자에게 1인 1투표 부여, 범죄와 형벌, 손해와 배상 등과 같이 모든 것을 동등하게 취급하는 평균적 정의에 입각한 것이 아니라, 여자에게 생리휴가를 주는 것, 회사에 큰 이익을 가져다 준 사원에게 성과급을 지급하는 것, 만 19세(만 19세에 도달하는 해의 1월 1일, 청소년보호법 제2조 제1호) 미만 미성년자의 유흥주점 출입을 금하는 것과 같이 각인의 재능과 가치 또는 능력과 공헌도에 따라 명예와 재화를 분배하는 배분적 정의에 의한 것이다.

(2) 합목적성

법의 합목적성이란 법이 따라야 할 기준으로, 사회가 추구하는 가치나 목적 실현에 부합하도록 하는 것을 말한다. 즉, 국가와 사회가 전체적으로 어떤 가치를 추구하는 것이 이상적인가를 예상하고, 그것에 맞추어 방향을 설정하는 것을 말한다. 따라서 국가의 법질서가 어떤 표준에 의하여 구체적으로 제정되고 시행되는가를 결정하는 실질적 기준이 된다.

합목적성은 그 시대의 가치관에 따라 다르게 나타나는 상대적인 것이기 때문에 그 의미도 시대의 가치관에 따라 다르게 표현되고 있다. 예컨대 자유주의 국가에서는 개인의 자유에 최상의 가치를 두고 있고, 전체주의 국가는 민족이나 국가와 같은 단체에 최상의 가치를 두며, 현대국가는 개인의 이익과 사회의 이익을 조화시켜 공공복리의 증진을 지향하고 있다.

합목적성과 관련된 법언(法諺)에는 '국민이 원하는 것이 곧 법이다', '민중의 행복이 최고의 법률이다' 등이 있다.

(3) 법적 안정성

법적 안정성이란 인간이 법에 따라 안심하고 생활할 수 있는 환경, 즉 법질서가 동요됨이 없이 어느 행위가 옳고, 어떠한 권리가 보호되며, 어떠한 경우에 어떠한 책임이 추궁되느냐 하는 것이 일반인에게 확실히 알려져 있어서 사람들이 법의 권위를 믿고 안심하고 행동할 수 있는 상태를 말한다. 법적 안정성이 결여되면 사회질서는 혼란에 빠질 수밖에 없고, 법은 사회질서를 유지하기 위하여 인간이 만든 제도적 장치를 의미하는 것이기 때문에 법에는 안정성이 있어야 한다. 소크라테스가 '악법도 법이다'라고 말하면서 독배를 마신 것은 법적 안정성을 강조했기 때문이다.

법이 안정성을 갖기 위해서는 첫째, 법의 내용이 명확해야 하고, 둘째, 법의 내용이 실현 가능해야 하며, 셋째, 법의 내용이 함부로 변동되지 않아야 하고, 넷째, 법의 내용이 국민의 법의식 수준에 합치되어야 한다.

법적 안정성과 관련된 법언(法諺)에는 '정의(법)의 극치는 부정의(불법)의 극치이다', '권리 위에 잠자는 자는 보호받지 못 한다', '정의롭지 못한 법이 무질서보다 낫다' 등이 있다.

2. 법 이념간의 상호관계

법의 이념은 정의, 합목적성, 법적 안정성 등을 들 수 있는데, 이는 올바른 법체계를 정립하고 안정적인 사회질서를 확립하기 위해서 꼭 필요한 요소들이다. 그러나 법의 이념간의 충돌 즉 상호간에 모순되는 경우가 있다.

예컨대, 일제 강점기 때에 반민족 행위자에 대한 처벌이나 친일 행위자 후손의 재산권 박탈 등을 위한 소급 입법은 정의를 실현할 수 있지만 법적 안정성은 침해된다. 검사가 범죄자를 공소 제기할 수 없는 공소시효제도, 일정한 사실상태가 오랜 기간 동안 계속됨으로써 권리가 취득·소멸하게 되는 취득시효와 소멸시효 제도 등은 법적 안정성을 달성할 수 있지만 정의 관념에는 부합하지 않는다. 또한, 유태인을 박해하게 되었던 나치의 법률은 합목적성에는 부합할 수 있을지 모르나 정의롭지 못한 법률이다.

결국 정의와 합목적성, 법적 안정성은 서로 추구하는 것이 다르기 때문에 서로 모순된다 하더라도 법이 추구할 당위의 목표이므로 이들 상호간에 조화를 이루도록 하는 것이 법의 이념인 동시에 법이 추구해 나가야 할 과제라 할 수 있다.

사례연구 8 **법 이념 간의 충돌 문제**

친일 행위자인 이매국은 일제의 불법적 국권침탈과 민족말살정책에 적극 협조한 대가로 남작 작위를 받았다. 그런데 최근 친일행위의 대가로 받은 재산에 대해 후손들의 재산권을 박탈할 수 있는 소급입법 Y법이 제정됨에 따라 이매국의 손자 며느리 김뻔뻔의 재산은 몰수되었다. 그러자 김뻔뻔은 이를 되찾기 위한 소송을 제기하였는데, 이를 어떻게 평가해야 하는가?

▶ 2001년 친일 행위의 대가로 남작 작위를 받은 이재극의 손자 며느리가 시할아버지의 재산을 되찾기 위해 소송을 제기하였다. 법원에서는 그동안 친일파의 재산에 대한 소유권을 인정해 주던 기존의 입장과는 달리, 우리 헌법 전문에 "… 3·1운동으로 건립된 대한민국 임시정부의 법통을 계승하고 …"라는 점을 근거로 친일·반민족 행위자의 재산 보호는 정의에 어긋난다고 판결하였다. 다만 이와 같은 판결은 정의의 실현이라는 목적은 달성되었지만, 그동안 친일파의 재산에 대한 소유권을 인정해 주던 기존의 입장을 고려할 때에는 법적 안정성이 침해된 것으로 볼 수 있다.

제 4 절 법학의 분류

법학은 법현상을 연구대상으로 하여 법을 이론적·체계적으로 이해하는 것을 목적으로 하는 학문이다. 즉, 법학은 사회생활관계에 있어서의 법적 현상, 법적 사실 등 법에 관한 것을 연구의 대상으로 하는 학문을 말하고, 법학은 사회의 법현상 가운데 존재하는 원리를 과학적 입장에서 고찰하는 법과학과 이것을 철학적 입장에서 고찰하는 법철학으로 분류된다.

Ⅰ. 법과학

1. 법사학(法史學)

법사학(또는 법제사, 법제사학)이란 과거의 법적 사실을 역사적으로 고찰하여 인간의 법생활을 역사적으로 구명하는 학문으로 19세기 초, 사비니(F. Savigny) 등에 의해 완성되었다. 현존하는 법을 잘 이해하고 미래를 전망하기 위해서는 현재의 법이 어떻게 생성, 발전, 개폐되었는가를 역사적으로 자세히 고찰하여야 하며, 이는 법해석학, 법사회학 등의 연구에 중요한 자료를 제공할 뿐만 아니라 이러한 법학의 발전에도 기여하게 된다.

사례연구 9 8조금법(8條禁法)

우리 형법 제329조에는 "타인의 재물을 절취한 자는 6년 이하의 징역과 1천만원 이하의 벌금에 처한다"고 규정하고 있다. 현존하는 법을 올바르게 이해하려면 과거의 법적 사실을 역사적으로 구명해 볼 필요가 있다. 우리 나라 고조선시대에서는 타인의 물건을 훔치는 경우, 어떻게 되었는가?

▶ 고조선의 8조금법은 중국에서 전래된 법이 아닌, 고조선 자체 내에서 자연 발생적으로 생긴 우리 나라 최초의 고대법이다. 동법은 나중에 60여개조로 늘어났다고 하나 알려지지 않고 있으며, 동법 중에서도 3개조만 전해져 내려오고 있을 뿐이다. 즉, ⅰ) 사람을 죽인 자는 즉시 사형에 처한다(상살, 이당시상살 : 相殺, 以當時相殺), ⅱ) 남의 신체를 상해한 자는 곡물로 갚는다(상

상, 이곡상 : 相傷, 以穀償), iii) 남의 물건을 도둑질 한 자는 원칙적으로 소유주 집에 잡혀 들어가 노예가 되나, 자속(自贖)하려는 자는 매인(每人) 앞에 50만전(萬錢)을 내놓아야 한다(상도자, 남몰입위기가노, 여자위비욕자속자오십만 : 相盜者, 男沒入爲其家奴, 女子爲婢欲自贖者五拾萬) 등이 있다.

2. 비교법학

비교법학이란 국가별 또는 민족별로 고유하게 나타나는 법제도나 법의 기능을 비교연구하는 학문을 말하고, 1900년 사레이유(Sebastian Felix Raymond Saleilles, 1855~1912)의 제안에 의하여 개최된 파리비교법대회를 계기로 알려지게 되었다. 비교법학은 자국법의 해석에 자료를 제공하기 위하여 필요하며, 서로 다른 국가의 법률을 연구함으로써 법의 실질적 개선을 용이하게 하여준다.

3. 법사회학

법사회학이란 법을 사회학적 방법에 의하여 역사적인 사회현상(종교 · 도덕 · 정치 · 경제 등) 또는 인접 사회형태(가족 · 사회 · 국가 등)의 하나로 파악하여, 그 성립 · 발전 · 변화 · 소멸의 법칙을 찾아 내려는 학문이다. 법사회학은 19세기 이후, 성문법의 만능이라는 법해석학에 대한 반발로 나온 것으로, 칸트로비츠(H. Kantrowicz)는 "사회학 없는 해석학은 공허하며, 해석학 없는 사회학은 맹목이다."라고까지 법사회학의 중요성을 강조하였다.

4. 법해석학

법해석학이란 현행 실정법 질서의 규범내용을 체계적으로 인식함을 임무로 하고 재판에 의한 법의 구체적 실현을 위하여 통일적 · 조직적인 해석을 가하는 실용적인 법학을 말한다. 이 학문은 11~12세기 이탈리아의 볼로냐(Bologna)에서 발생한 주석학파에 의해 시작되었다. 주석학파는 유스티니아누스황제(Flarius Petrus Sabbatius Justinianus, 483~565)에 의해 완성된 '시민법대전'을 해석하고, 조문간의 모순을 조화시키려고 노력하였다.

Ⅱ. 법철학

법철학이란 법학 전반에 걸쳐서 그 본질을 구명하고, 법의 근본목적 · 근본이념을 탐구하고, 법학의 방법론을 확립하는 것을 임무로 하는 법학의 기초적 학문을 말한다. 법철학은 법을 대상으로 하여 보편적 입장에서 연구를 하게 되는 것인데, 법의 본질적인 요소가 무엇인가를 탐구하는 것이며, 법이 존재하는 이유나 법이 무엇을 지향하여야 하는지를 그 대상으로 하고 있다.

향후 법철학은 법의 보편적 본질을 구명하고, 법의 근본이념과 목적을 연구하고, 법학에 있어서 최후의 가치기준으로서 의미를 가지면서 법학의 올바른 방향을 제시해야 하는 과제를 안고 있다.

제5절 법과 다른 사회규범

법과 도덕, 종교, 관습 등과 같은 사회규범은 원래 혼재하여 미분화된 상태에서 사회공동생활의 질서유지에 기여해 왔다. 고대의 미개사회에서도 인간의 생활이 단순하였지만 그 사회인의 행동을 통제하여온 법(사회규범)이 있었는 바, 이는 종교상의 맹목적 신앙심과 결부된 미풍양속 내지 관습의 힘이었다. 우리나라의 씨족사회시대에서도 그 사회를 통제하여 왔던 힘은 종교적 색채가 강한 주술적 규범이었고, '토테미즘'의 금기 그 자체였다. 그러나 사회규모가 확대되고, 경제생활이 복잡해짐에 따라 단순한 관습만으로는 공동생활의 질서를 유지하기 어렵게 되자, 명백한 규범의식으로서의 준칙이 필요하게 되었고, 여기서 관습으로부터 도덕이 분화되어 나가게 되었다. 그러나 관습과 도덕을 무시하거나 위반하는 자가 나타나게 됨에 따라 처음에는 피해자가 가해자에 대해 직접적으로 실력행사를 하는 것이 인정되었으나, 점차 사회규범을 위반하는 자에 대해 일정한 재판을 통해 제재를 가하게 됨으로써 법과 도덕이 분화하게 되었다.

이와 같이 인간의 사회생활을 규율하는 규범에는 법, 도덕, 종교, 관습 등이 있는데, 이들은 현실적으로 완전히 따로 떼어낼 수 없는 관계에 있다. 따라서 이러한 사회규범 중에서 법의 본질을 좀 더 명확하게 하기 위해서는 법과 도덕, 종교, 관습 등 각 사회규범이 갖고 있는 특성을 비교하는 동시에 상호 연관성을 검토할 필요가 있다.

Ⅰ. 법과 도덕

1. 서설(序說)

도덕의 어원은 그리스어인 에토스(ethos), 라틴어인 모레스(mores), 독일어인 지테(Sitte)로서, 이것은 모두 관습을 의미하였고, 도덕의 기초가 되었다. 이와 같은 관습으로부터 사회규모가 확대되고 경제생활이 점차 복잡해짐에 따라 도덕과 법이 분화하여 나오게 된 것이다. 따라서 법과 도덕은 모두 인간의 행위규범으로서 그 근원이나 원천에 있어서 상호 밀접한 관련이 있을 뿐만 아니라 내용면에서도 중복되며, 효력 면에 있어서도 상호 보완관계에 있으므로 서로 뗄내야 뗄 수 없는 긴밀한 관계에 있다.

그러나 법의 고유한 영역을 올바르게 파악하기 위하여 토마지우스, 칸트 등 많은 학자들에 의해 법과 도덕을 구별하려는 시도가 있어 왔지만, 그 구별이 쉽지 않은 것이 사실이다. 이와 같이 법과 도덕과의 구별 및 관계에 대한 문제는 법학에 있어서 가장 어려운 문제로, 예링은 "법과 도덕과의 관계는 법철학에 있어서의 케이프 혼(Cape Horn, 남미 대륙의 최남단의 곶(串))"이라고 표현하여 이 문제의 어려움을 잘 지적하고 있다. 법과 도덕은 어떤 차이점이 있으며, 어떤 관련성이 있는가 하는 문제는 그 동안 학자들 간에 많은 논의가 되어 왔고, 그렇게 간단한 문제가 아니지만, 법과 도덕에 관한 학설을 고찰해봄으로써 양자 간의 차이점과 관련성을 살펴보기로 한다.

2. 법과 도덕의 구별기준

(1) 법의 외면성과 도덕의 내면성

슈타믈러(Rodolf Stammler, 1856~1938)와 라드브루흐(Gustav Radbruch, 1878~1949)는 법과 도덕을 그 규율하는 내용에 따라 구분하였던 바, 법은 외면적 행위를 규율하는 것이고, 도덕은 내면적 양심을 규율하는 것이라고 주장하였다. 특히, 슈타믈러는 설혹 내심에 국가에 대한 위험한 사상을 가지고 있다 하더라도 이를 실행하지 않으면 처벌할 수 없다고 하였다.

이와 같은 학설들에 의하면, 법은 인간의 외면적 결과를 중시하는 반면, 도덕은 인간의 내면적 의도나 동기가 핵심적 요소라는 것이다. 따라서 법은 아무리 의도적으로 범죄를 저지르려고 해도 의도한 결과가 발생할 수 없는 불능범인 경우에는 처벌하지 않고, 미신범이 그 대표적인 예이다. 그러므로 법은 인간의 행위가 외부로 나타났을 때 비로소 법의 지배를 받게 되는 것이다. 일찍이 로마의 법학자들이 "누구나 생각하는 것만으로는 벌을 받지 않는다(cogitationis poenam nemo meretur)"라고 한 것이나, 독일의 격언 중에 "사상에는 세금이 붙지 않는다(Gedanken sind zollfrei)"라고 한 것도 바로 그러한 의미이다.

그러나 이와 같이 법은 외면성이고, 도덕은 내면성이라는 구별은 절대적인 것이 아니다. 즉, 법은 외면성을 가지지만 인간의 내면적 행위에 대하여 등한시하는 것은 아니며, 도덕 역시 외면적 행위에 관심을 갖지 않는 것은 아니다. 예를 들어, 형법 제13조에는 "죄의 성립요소인 사실을 인식하지 못한 행위는 벌하지 아니한다. 단, 법률에 특별한 규정이 있는 경우에는 예외로 한다."고 규정하고 있듯이 범죄를 저지를 의사, 즉 범의(犯意)가 있는 경우에만 처벌의 대상이 되는 것이다.

사례연구 10 불능범

짝사랑 군은 미술학도인데, 같은 학과의 이거절 양의 미모에 반하였고, 마침내 용기를 내어 데이트를 신청하였으나 거절당하였다. 평소 내성적 성격이었던 짝사랑 군은 모욕을 당했다고 생각하고, 이거절 양을 저주의 방법으로 죽이기로 마음먹었다. 그녀의 얼굴을 그려 벽에 걸어놓고 매일 화살로 쏘았다. 같은 학과 박촉새 양이 그 광경을 목격하고 이거절 양에게 이 사실을 알리자, 이거절 양은 시름시름 앓다가 마침내 사망하였다. 짝사랑 군은 형법상 죄가 되는가?

▶ 저주나 기도에 의한 살인, 소위 미신적 방법에 의한 살인이 가능한가에 대해서는 학자들 간에 의견이 나뉘어진다. 피해자가 가해자에 의하여 저주받았음을 알게 되어 정신적 충격을 받아 사망한 경우에는 저주와 사망 간

에 소위 인과관계가 있다고 보아 살인죄가 성립된다고 하는 학자들도 있으나, 대부분의 학자들은 이 경우에 형법상의 의미 있는 인과관계가 없다고 보아 살인죄의 성립을 부정하고 있다. 우리 형법 제27조에는 "실행의 수단 또는 대상의 착오로 인하여 결과의 발생이 불가능하더라도 위험성이 있는 때에는 처벌한다. 단, 형을 감경 또는 면제할 수 있다."고 규정하고 있는데, 여기서, '위험성'의 판단은 행위 당시에 인식한 사정을 놓고, 이것이 객관적으로 일반인의 판단으로 보아 결과발생의 가능성이 있느냐를 따져야 한다(대판 1978. 3. 28). 따라서 짝사랑 군은 형법상 죄가 되지 않는다고 본다.

(2) 법의 타율성과 도덕의 자율성

칸트(I. Kant)는 법은 타율성을 갖는 규범이며, 도덕은 자율성을 갖는 규범이라고 주장하였다. 즉, 법은 외부에서 강요하기 때문에 지키는 것과 같이 그 효력의 보장을 외부적 강제에 두고 있는 반면에, 도덕은 외부에서 강요하지 않더라도 스스로의 자율에 의하여 실천하는 것과 같이 그 효력의 보장을 내부적 양심에 두고 있다는 차이점이 있다. 따라서 법은 억지로라도 준수해야 하지만, 도덕은 스스로 준수하게 된다.

그러나 법과 도덕을 타율성과 자율성으로 구분하는 것은 절대적 구분이 아니며, 그 구분이 반드시 명확한 것도 아니다. 예컨대, 버스 안에서 노인에게 자리를 양보하는 행위도 어떤 경우에는 외부적 강요에 의해 행해지는 경우도 있을 수 있으므로, 법과 도덕은 다 같이 외부에서 강요되는 것이라고도 할 수 있다. 또한, 법적 의무도 자신이 의욕을 가지고 실행한다면 자율성을 부정할 수 없을 것이고, 도덕도 그 실효성이 있기 위해서는 타율성을 전혀 부정할 수는 없는 것이다.

(3) 법의 양면성과 도덕의 일면성

법과 도덕은 그것이 관여하는 측면에 따라 법은 양면성이고, 도덕은 일면성이라고 한다. 즉, 법은 국가와 국민, 권리와 의무, 채권과 채무와 같이 대립되는 양면을 가진 사회사실을 규제하는 것인 반면에, 도덕은 의무에 대응하는 권리를 요구할 수 없다는 점에서 일면성을 갖는 규범이라고 한다.

법은 법률상의 의무에 대응하는 권리가 있는데, 예를 들면 민법 제974조 및 제975조에는 직계혈족 또는 그 배우자간, 기타 혈족 간(생계를 같이하는 경우에 한한다)에는 부양을 받을 자가 자기의 자력 또는 근로에 의하여 생활을 유지할 수 없는 경우에 한하여 부양의 의무가 있다고 규정하고 있는 바, 자식에게는 부양할 의무가 있고, 동시에 부모는 자식에 대하여 부양을 청구할 권리가 있다. 반면에 도덕은 '이웃을 사랑하라', '형제간에 의좋게 지내라'는 도덕적 의무를 가지게 되지만, 그렇다고 이웃을 사랑하라거나, 형제간에 의좋게 지내라고 타인에게 요구할 권리는 없다.

그러나 법은 양면성이요, 도덕은 일면성이라는 이와 같은 구별도 절대적인 것은 아닌 바, 예컨대 법에 규정되어 있는 병역의 의무나 조세의 의무 그리고 친권 등은 의무만 있고 권리는 없기 때문이다.

(4) 법의 강제성과 도덕의 비강제성

법과 도덕은 강제성의 유무에 따라 법은 강제성이고, 도덕은 비강제성이라고 한다. 즉, 국가는 강제수단을 가지고 법을 유지하는 바, 일정한 범죄에 대하여 형벌을 가하고, 채무를 임의로 이행하지 않는 경우에는 강제집행을 하게 된다. 반면에 도덕은 위반사실에 대해 사회적 비난이 있을 수 있으나, 권력적 강제는 불가능한 것과 같이 도덕규범의 유지력과 제재가 개인적일 뿐 강제력은 없다.

그러나 법에도 프로그램적 규정이나 자연채무 등과 같이 국가의 강제성을 수반하지 않는 것도 있고, 도덕도 그 위반에 따른 사회적 비난을 우려하여 그것을 준수하는 것이라면 전혀 강제성이 없다고는 단정할 수 없다.

(5) 그 밖의 구별기준

법과 도덕을 구별하는 기준은 그 밖에도 여러 가지가 있는 바, 법은 평균인을 대상으로 하고 도덕은 이상인(理想人)을 대상으로 한다거나, 법은 정의의 실현에 있고 도덕은 선의 실현이라고 하거나, 법은 경험적 규범인 반면 도덕은 선험적 규범이라고 하는 견해도 있다.

3. 법과 도덕의 관련성

법과 도덕은 위에서 살펴보았듯이 어디에 중점을 두느냐에 따라 구별이 어느 정도 가능하지만 절대적 구별은 될 수 없다. 예리네크(G. Jellinek)가 '법은 도덕의 최소한'이라고 한 것이나, 슈몰러(Schmoller)가 '법은 도덕의 최대한'이라고 말한 것은 양자의 밀접한 관련성을 잘 표현해주고 있다.

이와 같이 법과 도덕은 상호관련성을 많이 내포하고 있는 바, 그것은 다음과 같다.

첫째, 법과 도덕은 상호 중복되는 영역이 많다. 법과 도덕은 각자의 순수한 영역이 있는 경우도 많지만, 선한 것으로서 우리에게 요구하는 도덕 중에는 이를 법으로써 강제해도 좋은 경우가 많고, 또 악한 것으로 우리에게 금지하고 있는 도덕 중에는 법이 이를 강제하는 경우가 많은 것과 같이 법과 도덕은 상호 중복되는 경우가 많다. 예컨대, 만 19세에 성년이 된다거나, 생활의 근거가 되는 곳을 주소로 한다거나, 하는 것 등은 순수한 법의 영역이고, 약자를 도우라, 형제간에 의좋게 지내라 등은 순수한 도덕의 영역이다. 그러나 형법상 처벌되는 범죄인 살인, 강도 등은 도덕적으로도 금지되고, 신의성실의 원칙과 같은 도덕적 의무가 민법상의 내용으로 규정되어 있으며, 노인을 공경하는 것과 같은 도덕적 의무는 노인복지법을 만들게 되었듯이 법과 도덕은 상호 중복되는 경우가 많다.

사례연구 11 **법과 도덕의 문제에 있어서 상황윤리**

서부개척 시절 인디언들은 그들의 삶의 터전은 물론 무고한 생명까지 빼앗기는 경우가 많았다. 자녀 세 명을 둔 인디언의 한 어머니는 백인 병사를 피해 숲속으로 숨어 들어왔는데, 마침 백인병사가 그곳을 지나가고 있을 때 한살된 아이가 울게 되었고, 가족 모두가 몰살당할 처지에 놓이게 되었다. 어머니는 그 아이의 입을 막아 결국 사망하게 함으로써 형법을 위반하게 되었는데, 이를 어떻게 평가해야 하는가?

▶ 법과 도덕은 상호 중복되는 경우가 많다. 상황윤리란 보편적・절대적 원리의 윤리규범을 따지기보다는 그 상황에 따라서는 어쩔 수 없다는 것, 즉 자기행위에 대하여 자기 합리화하는 것을 말한다. 상황윤리적 관점에서 보면 형법을 위반해도 좋다는 결론을 낼 수 있기 때문에 어머니의 행위는 윤리적으로 정당화될 수 있다. 그러나 이러한 상황윤리는 법에 대한 예외를 지나치게 강조한 것이며, 윤리적으로 비난받지 않는다고 하여 형법상의 살인죄의 책임이 없는 것은 아니다.

둘째, 법과 도덕은 상호전화되는 경우가 많다. 즉, 법이 도덕으로 전화되는 경우가 있는데, 이것은 법이 제정되어 오랫동안 준수되다 보면 도덕적 내용의 형성이나 가치판단에 영향을 주기 때문이다. 예컨대, 자동차의 우측통행과 같은 법규정은 원래 도덕과는 전혀 관계가 없는 임의적 결정이었으나, 오랜 세월 동안 사회생활 속에서 뿌리를 내리게 되어 이런 법규칙을 지키지 않으면 도덕적으로도 비난을 받게 되는 교통도덕으로 전화되었다. 라드브루흐가 '도덕의 왕국으로의 법의 귀화'라고 하는 말은 이것을 단적으로 설명해 주고 있다. 또한, 반대로 도덕이 법으로 전화되는 경우도 많은 바, 신의성실의 원칙이나, 선량한 풍속 등은 도덕적 색채가 강한 것이지만, 이것에 대한 법적 규제의 필요성이 인정되면서 민법상 관련규정을 두게 되었다.

셋째, 법과 도덕은 효력 면에서 상호부조를 한다. 즉, 법과 도덕은 규범의 효력이라고 하는 점에서 상호부조하여 사회생활의 질서를 유지하고, 사회적 가치의 실현에 봉사한다고 하는 공통의 사명을 가진다. 법은 사회규범인 도덕규범 중에서 특히 사회질서의 유지를 위해 반드시 필요하다고 인정되는 것에 대하여 강제력으로 그 실효성을 부여한다. 즉, 법은 강제력을 가지고 도덕의 효력을 뒷받침한다. 그러나 강제력의 발동만으로 실효성이 보장되는 것은 아니다. 사형과 같이 아무리 엄한 형벌을 가한다 해도 살인, 강간 등과 같은 범죄의 억제효과는 별로 없으며, 또 교묘하게 법망을 빠져나가는 자도 있다. 이러한 경우, 법의 효력의 지주로서 의지할 수 있는 것은 강제나 제재가 두려워서 법을 지키는 것이 아니라, "법은 지키지 않으면 안 된다."는 의무의식에서 법을 지키는 준법정신이다. 준법정신은 하나의 도덕률이고, 법 그 자체는 아닌 것으로, 도덕률이 법의 효력을 궁극적으로 뒷받침하는 것이다.

사례연구 12 법과 예의

목사 김예배는 박탈모에게 "교회 안에서는 모자를 벗으라"고 하였으나, 박탈모가 이에 응하지 않자, 언쟁이 벌어지게 되었고, 목사는 박탈모를 파출소에 고소하였다. 목사 김예배는 어떤 법 관념을 가졌을까?

▶ 법과 도덕은 상호 밀접한 관련성을 갖고 있다. 위의 사례와 같이 교회 안에서 예배를 보기 위해서는 일정한 질서에 따르는 것이 일반적 의무로 볼 수 있으나, 만약 박탈모가 원형탈모증에 걸려 머리가 보기 흉하게 된 것과 같이 일정한 사정이 있는 경우는 미리 양해를 구하거나 남에게 피해를 주지 않도록 해야 하는 것이 예의라고 본다. 위의 사례를 그 자체로만 본다면, 법적 사항이 아닌 도덕의 문제를 법으로 확대한 것이므로 옳지않다고 본다. 그

러나 김예배 목사의 요구에 대해 김탈모가 반발하여 소란을 피운 경우라면 김탈모는 종교행사방해죄에 해당되어 3년 이하의 징역 또는 500만원 이하의 벌금에 처해지게 된다(형법 제158조).

4. 도덕에 반하는 법의 문제

'악법도 법인가'라는 말과 같이 도덕에 반하는 법을 생각할 수 있다. 이것을 우리가 어떻게 받아들여야 할 것인가에 대해서는 학자들 간에 많은 논의가 있으나, 악법은 법이 되어서는 안 되고, 악법은 법으로서의 가치가 없다. 다만, 법치국가에서 아무리 악법이라 할지라도 국가권력에 의해 그 악법이 강행된다면 이를 법으로 인정하지 않을 수 없고, 법을 위반한 국민은 처벌을 받게 된다. 따라서 우리는 법에 대한 무조건적 복종이 아니라, 올바른 법 내지 정의에 합치되는 법에 대해서는 철저한 준법정신이 필요하고, 악법 내지 정의에 반하는 법에 대해서는 저항의식에 앞서 적극적으로 시정을 요구해야 한다.

그런데 악법의 기준을 무엇으로 정할 수 있느냐 하는 문제는 그 시대와 장소, 각자의 인생관, 가치관, 세계관에 따라 달라질 수 있으므로 쉽게 정의를 내릴 수 없다. 다만, 어떤 법이 국민의 도덕관념에 현저하게 반하는 경우에는 그 법이 오래가지는 못하는 것이 역사의 진리였다.

사례연구 13 '악법도 법인가'의 문제

소크라테스는 '악법도 법이다'라고 하였는데, 여기서의 '법'은 무엇을 말하는가? 그리고 이와 같이 도덕에 반하는 법을 어떻게 보아야 하며, 우리는 어떠한 행동을 해야 하는가?

▶ 여기서 말하는 '법'이란 실정법(positive law, Positives Recht)을 뜻하는 것으로, 실정법이란 어떠한 특정한 시대 및 사회에서 효력을 가지고 각종 사회생활관계를 규율하고 있는 법규범을 말한다. 도덕에 반하는 법에 대하여 자연법적 입장에서 본다면, 법은 보다 궁극적인 도덕에 기초하고 이에 합치되어야 법으로서 효력을 갖는다고 생각하므로 '악법은 법이 아니다'라고 할 수 있으며, 이 악법에 저항해야 한다. 그러나 법실증주의적 입장에서 법을 국가권력자의 의사에서 나오는 힘으로 본다면, 아무리 악법이라 할지라도 그것이

국가권력에 의해 강행될 경우에 이를 법으로서 인정하지 않을 수 없게 되며, 국민은 이를 위반해서는 안 된다. 또한, 악법인 경우에는 이에 대한 개선의 지나 저항의식을 가져야 한다. 다만, 우리 헌법 전문에 '… 불의에 항거한 4.19 …'라는 표현을 통해 저항권을 간접적으로 인정하고 있으나, 저항의식보다 개선의지가 앞서야 한다고 생각된다.

Ⅱ. 법과 관습

1. 관습의 의의

관습이란 특정범위의 사람들이 사회생활에 있어 동일한 행위를 장기간 반복함으로써 어느 정도 그 사람들을 구속하기에 이른 사회규범을 말한다. 예컨대, 정월 초하루가 되면 설빔을 차려입고, 세배를 하고, 맛있는 음식을 먹고 즐기는데, 그것이 오랫동안 반복되어 관습으로 된 경우라든지, 채무이자에 관한 약정이 없는 경우도 대체로 한 달마다 이자를 주는 것도 일종의 거래관습이라고 볼 수 있다.

한편, 사회에서 스스로 발생하는 일정한 관행이 오랜 기간 동안 지속되어 단순한 예의적 또는 도덕적인 규범으로서 지켜질 뿐만 아니라, 사회의 법적 확신에 의하여 사회구성원의 사회생활을 규율하게 된 것을 관습법이라고 하며, 관습으로서 행하여지고 있는 사항에 관하여 규범의 측면이 아닌 행위의 측면으로 본 것을 '관행'이라 하고, 관습에 이르지는 않았으나 얼마 동안 되풀이하여 반복된 사례들을 '관례'라 하며, 익혀진 버릇, 즉 반복행위를 '습관'이라 한다.

사례연구 14 **음주운전과 습관**

음주운전은 자신의 고귀한 생명뿐만 아니라 무고한 타인의 생명도 앗아갈 수 있으므로 가정파괴범이라고도 한다. 자동차를 끔찍이 아끼는 차사랑 씨는 제약회사 영업사원이다. 직업상 거래처 사람들과 회식이 많은데, 자동차를 그대로 두고 가면 밤새 누가 와서 자동차에 흠집이라도 낼까봐, 술을 마시고도 자동차를 운전하는 습관이 있다. 음주운전자는 어떠한 처벌을 받게 되는가?

▶ 도로교통법 제44조 제1항에는 "누구든지 술에 취한 상태에서 자동차 등, 노면전차 또는 자전거를 운전하여서는 아니 된다."고 규정하고 있고, 2회 이상 위반한 사람으로서 다시 술에 취한 상태에서 자동차 등 또는 노면전차를 운전한 사람은 1년 이상 3년 이하의 징역이나 500만원 이상 1천만원 이하의 벌금에 처하도록 규정하고 있고(같은 법 제148조의2 제1항 제1호), 혈중알콜농도에 따라 징역과 벌금을 달리 규정하고 있다(같은 법 제148조의2 제2항 제1호~제3호). 또한, 차의 운전 등 교통으로 인하여 사람을 사상하거나 물건을 손괴한 경우에는 그 차의 운전자나 그 밖의 승무원은 즉시 정차하여 사상자를 구호하는 등 필요한 조치, 피해자에게 인적 사항 제공 등의 조치를 하여야 하고(같은 법 제54조 제1항 제1호 및 제2호), 이를 위반할 경우, 5년 이하의 징역이나 1천 500만원 이하의 벌금에 처하도록 규정하고 있다(같은 법 제148조).

2. 법과 관습의 구별기준

(1) 성립기반에 있어서의 차이점

관습은 소위 세간이라고 칭하여지는 비조직적 사회를 기반으로 임의적이고 자발적인 모방에 의해 성립하는 규범인데 반하여, 법은 철저한 조직적 사회를 기반으로 성립하는 규범이다. 그러나 사회의 조직화는 법의 성립요건으로 필요한 것이 아닐 뿐만 아니라, 기숙사 내에서의 복장의 통일과 같이 조직화된 사회에서 조직의 힘에 의해 관습이 발생하는 경우도 적지 않기 때문에 절대적 구별이라고 할 수 없다.

(2) 강제성의 유무 및 강제적 수단의 차이점

법은 강제성을 갖는 규범이며, 관습은 강제성이 없는 규범이다. 또한, 법은 조직적 국가권력이 실천을 보장하며, 이에 위반하는 경우에는 국가적 제재를 받는 반면, 관습은 특정범위의 사람들이 그것을 지키고 따라야 한다는 공통의식을 갖게 되며, 이를 위반하는 경우에 그들로부터 비난이라는 사회적 제재를 받게 된다. 그러나 관습에도 강제를 수반하는 경우가 있기 때문에 그와 같은 구별이 반드시 정당하다고는 볼 수 없다.

3. 법과 관습의 관련성

법은 관습을 기반으로 하여 만들어지는 경우가 많다. 즉, 관습은 오랫동안 이어져 내려온 생활질서이므로 사회의 합리적 가치를 반영하게 되는데, 법은 이 사회의 합리적 가치요소를 반영하여 만들어지고 있다. 예컨대, 민법 제103조에 "선량한 풍속 기타 사회질서에 위반한 사항을 내용으로 하는 법률행위는 무효로 한다."고 규정한 것이 그 단적인 예이다.

또한, 관습은 실정법 하에서도 일정한 요건을 갖추면 법률행위의 해석기준이 된다. 예컨대, 민법 제106조에서는 "법령 중의 선량한 풍속 기타 사회질서에 관계없는 규정과 다른 관습이 있는 경우에 당사자의 의사가 명확하지 아니한 때에는 그 관습에 의한다."고 하여 관습이 법률행위의 해석기준이 됨을 명시하였고, 성문법에 대한 보충적 효력을 인정하고 있다.

사례연구 15 분묘물권

심청이는 조상의 분묘가 10개나 있는 선산을 정성스럽게 가꾸어 왔으나, 사업 하던 아들이 부도를 내게 되자 할 수 없이 김선량에게 '분묘는 철거하지 않는다.'는 조건을 붙혀 선산을 팔았다. 김선량은 다시 박악질 여사에게 팔았는데, 어느 날 박악질 여사가 심청이를 찾아와서 '분묘를 철거하지 않는다는 조건은 김선량과 한 것이므로 나와는 아무런 관련이 없다.'고 하며 막무가내로 분묘를 철거하라고 하는데, 심청이는 분묘를 철거해야 하는가?

▶ 분묘물권(또는 분묘기지권)이란 타인의 토지에 분묘를 설치하는 경우, 일정한 조건하에 철거하지 않아도 되는 권리를 말한다. 이것은 우리 민족의 미덕 중에 하나인 조상숭배라는 전통적 윤리관에서 비롯된 것으로, 법원의 판례가 창설한 일종의 관습법상의 물권이다. 분묘물권이 성립하는 경우로는 첫째, 토지소유자의 승낙을 얻어 분묘를 설치한 경우, 둘째, 토지소유자의 승낙이 없어도 분묘를 설치한지 20년이 넘고 그 동안 토지소유자의 철거요구가 없었던 경우, 셋째, 자기의 소유일 때, 분묘가 설치되었다가 토지를 처분하면서 분묘는 철거하지 않는다는 특약이 있었던 경우 등이다. 분묘물권이 성립되면, 분묘 그 자체와 제사를 지낼 수 있는 최소한의 면적에 대해서는 철거의무가 없다.

Ⅲ. 법과 종교

1. 종교의 의의

종교란 초감각적 본체로서의 무한자, 절대자, 신에의 귀의를 본질로 하는 인간의 생활현상을 말하며, 천지, 우주, 사회에 대하여 일정한 태도를 가지고 생활할 것을 요구하는 생활방식에 관한 사회규범이다. '신은 존재할지 모른다'는 막연한 가능성과 '모든 사람은 죽는다'는 확실한 사실이 결부된 종교적 심리가 이 세상에 가치체계를 성립시키고, 질서를 유지하는 데 결정적인 역할을 한다.

원시시대로부터 중세시대에 이르기까지 종교규범은 법규범으로서의 기능을 해왔다. 즉, 고대 유태인에게는 예언자를 통해 그들에게 일러주는 신의 계시가 곧 그들의 사회생활규범이었고, 모세5경은 그들의 신앙의 근원이었으며, 중세시대에서도 교회법이 유럽사회를 지배하였다. 우리나라에서도 신라시대 화랑도의 세속오계, 소도 등이 그러한 예이다.

2. 법과 종교의 구별기준

(1) 법의 강제성과 종교의 비강제성

법은 개개인이 준수여부를 결정하는 것이 아니라, 국가권력에 의해 강제되고, 그 위반에 대해서 일정한 제재가 따르는 규범인 반면, 종교는 신앙심을 바탕으로 준수여부가 결정되며, 강제성이 없다.

(2) 법의 외면성과 종교의 내면성

법은 신교(信敎)의 자유를 인정하는 것이기는 하지만 외면적 결과를 중시하는 외면적 규범인 반면에, 종교는 각자의 관념의 기초인 양심의 자유에 의해 성립한다는 의미에서 내면적 규범이라 할 수 있다.

(3) 법의 양면성과 종교의 일면성

법은 국가와 국민, 권리와 의무, 채권과 채무와 같이 대립되는 양면성을 가지는 규범인 반면에, 종교는 신을 대상으로 하여 신에 대한 봉사라는 일방통행적 일면성을 가지는 규범이다.

3. 법과 종교의 관련성

법과 종교는 어느 정도 구별이 가능하지만 절대적 구별은 될 수 없고, 상호 관련성을 많이 내포하고 있다. 예를 들면, 유태인들의 신앙의 근원이었던 모세5경 중, 10계명에는 '살인하지 말라', '남의 물건을 훔치지 말라', '거짓증언을 하지 말라'고 되어 있는 바, 이는 법규범에서도 살인죄, 절도죄, 위증죄 등으로 각각 처벌하도록 되어 있다.

또한, 법과 종교는 내용면에서도 일치하는 경우가 있다. 예컨대, 증인, 감정인 등의 선서제도, 대통령취임선서 등과 같이 실정법에서 그 실효성을 확보하기 위하여 종교적 감정을 이용하는 경우 등을 들 수 있다.

따라서 법과 종교는 전혀 다른 사회규범이 아니라, 사회에 대해 일정한 태도를 가지고 생활할 것을 요구하는 생활방식에 관한 사회규범으로 사회의 정의나 평화를 실현하려는 공통의 목적을 가지고 있기 때문에 양자 간의 조화가 필요하다.

사례연구 16 설교방해죄

목사 다미선은 "1999년 10월 10일 지구의 종말이 오고, 그때에는 성령을 받은 신도만이 들림 된다."고 설교하였다. 목사의 종말론에 대하여 신도들은 지지파, 중립파, 반대파로 나뉘게 되었고, 어느 날 반대파에서는 "다미선 목사는 이단이다."는 요지의 유인물을 돌리게 되었으며, 차츰 중도파까지 교회를 떠나게 되었다. 다미선 목사가 반대파를 상대로 고소하는 경우, 어떻게 될 것인가?

▶ 우리 헌법 제20조에는 종교의 자유를 인정하고, 국교(國敎)의 부정과 정교분리(政敎分離)의 원칙을 규정하고 있다. 종교의 자유는 신앙의 자유, 종교적 행위의 자유 및 종교적 집회 · 결사의 자유의 세 가지 요소를 내용으로 하고 있으며, 형법에서는 예배, 설교 등 종교적 행사의 자유를 방해하는 행위에 대해 처벌하고 있다. 여기서 '방해'란 언어, 거동, 폭행, 협박 등 수단과 방법을 가리지 않으며, 종교적 행사의 진행뿐만 아니라 직전의 행위까지 처벌된다. 다만, 위의 사례와 같이 다미선 목사를 반대하고 유인물을 배포한 것에 불과한 것이며, 예배나 설교의 방해, 목사의 업무를 방해하는 행위로 나가지 않는 한 설교방해죄, 예배방해죄가 성립되지 않는다.

제2장 법의 분류

제1절 서 설

법은 복잡한 사회생활관계를 규율하는 것이므로, 그 사회생활관계에 따라 법적 체제도 아주 복잡하다. 따라서 법의 체계를 간단·명확하게 설명한다는 것은 어려운 일이 아닐 수 없으며, 법은 그 분류의 기준과 목적에 따라 다양하게 나타난다.

이하에서는 편의상, 자연법과 실정법, 국내법과 국제법, 공법, 사법 및 사회법, 일반법과 특별법, 원칙법과 예외법, 강행법과 임의법, 실체법과 절차법, 고유법과 계수법, 행위법과 조직법 등으로 나누어 설명하기로 한다.

제2절 실정법과 자연법

1. 실정법

실정법이란 어떠한 특정한 시대 및 사회에서 효력을 가지고 각종 사회생활관계를 규율하고 있는 법규범을 말한다. 실정법은 역사와 더불어 변화하고, 국가와 민족에 따라 다양하게 나타난다. 그러나 실정법은 군주가 정하든, 의회의 다수결에 의해 정하든, 아니면 법관의 재량에 의해 정하든 결국은 인간이 만든 법이므로 어떠한 경우도 불완전함을 면할 수 없다.

2. 자연법

자연법이란 시대·사회 등을 초월하여 보편타당성을 갖는 영구불변의 초실정법 이상의 법이다. 즉, 자연법은 인간의 이성에 의하여 선험적으로 인식되어 지는 어떤 근원적인 것이며, 시대, 민족, 사회 등을 초월하여 보편 타당성을 갖는 초실정법적인 것으로 생각되고 있다.

그런데 자연법을 인정할 경우 그 근거가 무엇인가에 대해서는 시대와 학자에 따라 다양하게 설명되고 있는데, 고대에는 '자연의 질서'를, 중세에는 '신의 섭리'를, 근대에는 '인간의 본성'을, 현대에는 '사물의 본성'에서 찾으려고 한다. 자연법은 시간적·장소적으로 제약받지 않으며, 실정법보다도 고차원의 규범이고, 그 기본원리로서 존재하며, 또 실정법에 타당한 근거 또는 기준을 제공해 주는 것이다.

사례연구 17 제2차 세계대전 중, 악의의 밀고자

1944년 독일에서 남편 A와 헤어지기를 바라던 부인 B는 남편 A가 히틀러를 비방했다고 당국에 고발하였다. 남편 A는 사형선고를 받았으나 집행되지 않고, 최전방으로 보내졌다. 제2차 세계대전이 끝난 후, 남편 A는 부인 B를 감금죄로 고소하였는데, 부인 B는 어떻게 처리되었는가?

▶ 이 재판에서 부인 B는 지도자에 대한 비난은 누구나 고발해야 할 의무가 있다는 나치스법률이 있고, 이에 따라 남편 A가 체포된 것이므로 자신은 범죄를 저지르지 않았다고 주장하였으나, 서독법원에서는 자연법에 근거하여 부인 B에게 유죄판결을 내렸다.

사례연구 18 전쟁범죄인에 대한 국제군사재판소의 판결

제2차 세계대전에 참가한 군인 중 사망자 2,200만명, 부상자 3,400만명 등이 발생하였다고 한다. 그런데 제2차 세계대전이 끝난 후, "유럽추축국의 전쟁범죄인의 소추처벌을 위한 협정"에 따라 독일에는 뉘른베르크 국제군사재판소가 설치되고, 태평양연합군사령관의 "극동군사재판소 설치에 관한 선언"에 따라 일본에서도 극동국제군사재판소가 설치되어 전쟁범죄인을 처벌하였는데, 이때에는 어떤 법이 적용되었는가?

▶ 제2차 세계대전 이후, 전쟁범죄의 범위가 확대되어 종래의 전쟁범죄 외에 '평화에 관한 죄', '인도에 관한 죄'가 첨가되었고, 이를 근거로 전쟁범죄인을 처벌하였다. 이에 대하여, ⅰ) 평화에 대한 죄나 인도에 대한 죄는 사후법의 적용이며, 죄형법정주의에 반한다는 점, ⅱ) 전쟁범죄인으로 소추된 개인은 국가의 기관으로서 행동한 것이므로 이를 개인적 책임으로 돌린다는 것은 잘못이라는 점, ⅲ) 재판소의 구성이 연합국측 사람으로만 구성되었다는 점 등의 비판이 있었다. 그러나 제2차 세계대전의 전범자는 국제사회 전체의 이익을 해쳤으므로 여기에 제재를 가하는 것은 국제평화의 유지와 인권보장을 위해 필요한 일이고, 국제법의 발전적 현상으로 평가되기도 하며, 자연법의 실제적 요청이 승리한 예라고 볼 수 있다.

☞ 참고 사항 : 전쟁범죄

① 종래의 전쟁범죄(전시범죄) : 전쟁법규 또는 전쟁관례의 위반을 말한다.

② 평화에 대한 죄 : 침략전쟁 또는 국제조약 등에 위반한 전쟁의 계획·준비·착수·실행 또는 이러한 행위의 어떤 것을 달성하기 위한 공동계획 또는 모의에의 참가를 말한다.

③ 인도에 대한 죄 : 전쟁 전후, 민간인에 대한 살해, 절종(絕種), 노예화, 추방 및 그 밖의 비인도적 행위 또는 정치적·종속적 및 종교적 자유에 입각한 박해를 말한다.

제3절 국내법과 국제법

1. 의 의

국내법과 국제법의 구별은 주체에 따른 분류이다.

국내법은 국가, 공공단체 및 사인간의 법률관계를 규율하는 국내사회의 법을 말하며, 원칙적으로 그 국가의 영역과 국민에 대해서만 효력이 미친다. 반면에, 국제법은 국가, 국제조직 및 개인을 규율하는 국제사회의 법으로 국제조약과 국제관습법 등이 있다. 국제법에 대하여 과거에는 '국가 간을 규율하는 법'이라고 하였으나, 국제사회의 조직화와 긴밀화로 일정한 범위 내에서 국제조직과 개인도 국제법의 주체가 되었다.

사례연구 19 국제법의 법적 성질

국제법을 강의하는 A교수는 학생들에게 '국제사회에서 국제법이 존재하여 잘 지켜지고 있는지, 또한 국제법이 진정한 의미에서 법으로 존재할 수 있는가?' 하고 질문하였다. 학생들의 반응은 국제법이 관념상으로는 존재할지 몰라도 국제사회는 현실적으로 강대국이 약소국에게 일방적으로 강요하는 사회에 불과하다는 반응과 함께, 국제법이 국제사회에 존재한다면 전 세계가 이와 같은 혼란에 빠지지 않을 것이라고 대답하였다. 그렇다면 국제법은 법으로서의 성질을 가지고 있는가?

|▶ 국제법이 법으로서의 성질을 가지느냐에 대해서 과거에는 국제법은 i) 성립에 있어 통일적 입법기관이 없으며, ii) 적용에 있어 통일적 사법기관이 없고, iii) 국제법을 강제하는 집행기관이 없다는 점에서 부정설이 주장되었다. 그러나 현재에는 i) 법이 특정한 입법기관에 의해 제정되지 않는다는 주장은 성문법 만능의 독단이고, ii) 법은 법원에 의해 적용되기 이전에 이미 법으로서 존재하고 있으며, 실제 국제사회에는 국내법원과 같지는 않지만 상설적 법원이 존재하고 있고, iii) 법은 사실 · 존재의 세계가 아니고, 가치 · 당위의 세계이므로 규범적 강제로 보아야 한다는 긍정설이 통설로 되어 있다. 요컨대 국제법은 그 발달의 정도가 국내법보다는 못하지만, 그 점에 의해 국제법이 법으로서의 성질을 갖추고 있지 않다고 하는 것은 타당치 못하다.

사례연구 20 국제법의 분권적 성격

국내법에서는 A와 B가 법률적 분쟁이 발생하면 어느 한쪽 당사자의 청구에 의해서도 법원에서 재판이 진행되는데, 국제사회에서도 국가 간 분쟁이 발생하면 어느 한쪽의 청구만으로도 재판이 진행될 수 있는가?

|▶ 미국의 국제정치학자인 모오겐소(H. Morgenthau) 교수는 국제법은 법의 정립 · 적용 · 집행 면에 있어 국내법과 현격한 차이가 있는데, 이러한 국제법의 성격을 '분권적 성격'이라고 하였다. 예컨대, 국제법은 국내법과 같이 권력적으로 분쟁을 재판에 의하여 해결하는 체제가 없다. 즉, 제2차 세계대전 이후 국제연합에는 국제사법법원이 설치되어 있으나 일반국제법상 재판의 의무가 확립된 것은 아니고, 국가가 사전 또는 사후에 분쟁을 재판에 부탁할 것을 합의하지 않는 한, 원칙적으로 국제재판은 행해지지 않는다.

2. 국내법과 국제법과의 관계

국제법과 국내법이 서로 저촉(충돌)되는 경우, 예컨대 X국은 Y국과 군대의 주둔을 인정하는 A조약을 체결하고 동 조약에 기초하여 B특별법을 제정하였으나, B특별법을 개정하여 A조약과 상충된 경우에는 어떻게 해결할 것인가?

이론적으로는 이원론과 일원론(국내법 우위의 일원론과 국제법 우위의 일원론)이 있으나, 그 우열을 가리는 것은 각 학설 간에 여러 비판을 받을 수 있기 때문에, 이론적 구별을 유보한 채, 실제는 어떻게 되는지를 살펴보아야 한다. 먼저 국제법(국제사회) 질서 하에서 국내법의 위치는 항상 국제법이 우선한다. 반면에 국내법(국내사회) 질서 하에서 국제법의 위치는 각국마다 다르게 나타나는데, 우리나라 헌법 제6조 제1항의 규정에는 "헌법에 의해 체결·공포된 조약과 일반적으로 승인된 국제법규는 국내법과 동일한 효력을 가진다."고 규정하고 있고, 대체로 헌법 〉 국제법 = 법률 〉 명령의 순이며, 법률과 국제법과의 관계에서는 최종적으로 '신법우선의 원칙' 또는 '특별법 우선의 원칙'에 의하여 해결될 수 있다고 본다.

사례연구 21 국제법의 국내적 효력

X국은 Y국 군대의 주둔을 인정하는 A조약(국제법)을 체결하고 동 조약에 기초하여 B특별법(국내법)을 제정하였다. 그런데 B특별법의 위반에 관한 사건에서 X국 법원은 최근에 입법된 C법(국내법)에 상충된다는 이유로 B특별법이 무효라면서 피고인 갑에 대한 무죄판결을 내렸다. X국 정부는 피고인 갑에 대한 국내법원의 무죄판결을 근거로 A조약의 무효를 주장할 수 있는가?

▶ 국제법 질서 하에서 각국은 국내법을 이유로 국제법의 무효를 주장할 수 없다는 것이 확립된 국제법의 원칙이다. 즉, 설문의 경우, X국 법원이 C법에 상충된다는 이유로 B특별법이 무효이고, A조약이 무효라면서 피고인 갑에게 무죄판결을 내렸더라도 이는 X국의 국내법적 상황일 뿐이며 X국 정부는 Y국에게 A조약의 무효를 주장할 수 없다. 만약 X국 정부가 A조약이 자국 국내법의 내용에 위반함을 이유로 해서 Y국에 대해서 그 무효를 주장하면 국가책임문제가 발생하게 된다(조약법협약 제46조).

제4절 공법 · 사법 · 사회법

Ⅰ. 공 · 사법의 구별과 실익

1. 공법과 사법의 구별

법을 공법과 사법으로 분류하는 것은 로마법에 이래의 전통적인 방법이지만, 무엇을 기준으로 구분할 것인가에 대해서는 여러 학설이 있다.

공법과 사법의 구별은 로마법 시대에 법의 영역에서 공법을 제외시키기 위한 경우도 있고, 19세기의 자유방임주의시대에서는 국가의 간섭을 최소한으로 줄이면서 개인의 자유가 최대한 인정되는 사법분야가 확대되었다. 그러나 20세기에 들어와서 부의 불평등 등 자본주의의 모순이 나타나고 복지국가사상이 대두됨에 따라 사적 자치의 영역이 점차 제한되고 공법영역이 점차로 확대되는 이른바 '사법의 공법화 현상'이 대두되었으며, 일정한 분야에서는 공법과 사법의 중간영역이라 할 수 있는 사회법이 새롭게 등장하게 되었다.

2. 공 · 사법 구별의 실익

공 · 사법 구별의 실익으로는 첫째, 법적용과 그 원리가 상이하기 때문이다. 예컨대, 계약자유의 원칙은 사법영역에서는 적용되지만 공법영역에서는 적용되지 않는 것처럼, 사법은 사법규정 및 그 원리에 의하여 지배되지만, 공법은 그 특수성으로 인하여 사법규정 및 그 원리에 따라 지배되지 않는 것이 원칙이다. 둘째, 절차법상의 재판관할을 결정하기 위해 공 · 사법의 구별이 필요하다. 예컨대, 공법상의 행정소송에서 행정심판전치주의는 선택적으로 제기할 수도 있지만, 사법상의 소송에서는 이러한 적용이 없다는 점이다.

Ⅱ. 공 · 사법 구별기준에 관한 학설

1. 이익설

이익설은 공법과 사법의 구별을 법이 보호하는 이익을 기준으로 하여, 공법은 공익의 보호를 목적으로 하는 법이며, 사법은 사익을 목적으로 하는 법이라고 한다. 그러나 이 설의 내용이 되고 있는 공익과 사익의 구별이 명확하지 않고, 법익이 공법과 사법 가운데 어느 한쪽에 반드시 명확하게 속하는 것이 아니라는 난점이 있다.

2. 법률주체설

법률주체설은 공법과 사법의 구별을 법률관계의 주체를 기준으로 하여, 공법은 국가 기타의 공공단체 상호간의 관계, 또는 국가 · 공공단체와 개인 간의 관계를 규율하는 법이며, 사법은 사인상호간의 관계를 규율하는 법이라고 한다. 그러나 국가 또는 공공단체가 건물을 임대차한다든지, 물품을 구입하는 경우 등은 사인과 대등한 입장에서 법률행위를 하는 것이므로 사법이어야 함에도 불구하고 공법으로 보게 된다는 데에 이 학설의 난점이 있다.

3. 법률관계설

법률관계설은 공법과 사법의 구별을 법이 규율하는 법률관계가 평등관계에 있느냐의 여부를 기준으로 하여, 공법은 불평등관계, 즉 지배복종관계를 규율하는 법이고, 사법은 대등한 법률관계를 규율하는 법이라고 하며, 이를 성질설이라고도 한다. 그러나 이 설에 따르면 국가간의 평등관계를 규율하는 국제법이 사법으로 되고, 민법의 친족관계는 평등관계가 아니므로 공법이라고 하지 않을 수 없으므로 이 학설도 옳지 못하다.

4. 생활관계설

생활관계설은 공법과 사법의 구별을 사람의 생활관계를 기준으로 하여, 공법은 권력적 통치관계인 국가생활관계를 규율하는 법이고, 사법은 비권력적 동등한 생활관계인 사회생활관계를 규율하는 법이라고 한다. 즉, 공법은 공익적·국가적·강제적·복종적 생활관계를 규율하는 반면에, 사법은 사익적·개인적·자율적·평등적 생활관계를 규율하는 법이다. 따라서 이론적 모순이 비교적 적은 이 생활관계설이 오늘날 통설이 되고 있다.

Ⅲ. 사회법

1. 의 의

사회법이란 인간의 사법적 생활관계에 있어서 경제적인 약자를 보호할 목적으로 공법적인 통제를 가하여 사인의 실질적 평등을 실현하려고 하는 법을 말한다. 따라서 사회법은 라드브루흐(G. Radbruch)가 말하는 바와 같이 공법도 사법도 아닌 중간적인 성격을 가지고 있는 '새로운 제3의 법'이라고 할 수 있다.

개인주의와 자유 및 평등사상을 기본이념으로 하는 근대 시민사회는 20세기에 들어와 예상하지 못했던 새로운 사회적 모순에 직면하게 되었다. 즉, 계약자유의 원칙이란 미명 하에 경제적 강자에 의한 일방적인 계약조건이 성립됨으로써 사실상 계약의 부자유를 가져오게 되었고, 소유권절대의 원칙에 따라 생산수단과 부를 소유한 자본가계급과 이를 소유하지 못한 노동자계급이 탄생하여 양자간의 대립이 심화되었으며, 과실책임의 원칙에 따라 사용자를 위하여 일하게 되는 피용자인 근로자가 제3자에 대한 책임을 져야 하는 현실적 모순을 가져오게 되었다.

결국, 20세기에 들어와서 독일의 바이마르헌법처럼 인간다운 생활을 보장하고(제151조), 재산권은 의무를 수반한다(제153조)는 규정과 같이 근대 시민법질서하의 자유방임주의를 배제하고 국가적 통제와 간섭 하에 시민생활의 실질적 평등을 구현하여 개인의 생존권을 확보하고자 하는 사상이 나타나게 되었는데, 이러한 사상에 기초한 법을 사회법이라고 하고, 이를 사법의 공법화 또는 법의 사회화라고 한다.

사회법에 속하는 것으로는 아래와 같이 노동법, 경제법, 사회보장법 등이 있다.

2. 종 류

(1) 노동법

노동법이란 자본주의 경제사회에 있어서 근로자의 지위 향상을 위해 국가가 노동관계에 적극적으로 관여·간섭하는 규제적 법규를 말한다. 즉, 노동법은 자본주의사회에 있어서의 근로관계를 규율하는 법으로서 노동자의 생존권 확보와 사회적 지위향상을 도모하는데 그 목적이 있다.

노동법은 먼저, 직접 국가가 근로조건의 최저기준을 정하는 등 계약내용에 개입하고 사적 자치를 일정 한도에서 배제함을 내용으로 하고 있는 법으로 근로기준법, 직업안정법 등과 같은 개별적 근로관계법이 있고, 노동자의 단결을 허용하고 이를 적극적으로 보호·조장함으로써 사용자와의 대등한 교섭력을 갖도록 하여 노사간의 실질적 평등을 실현하고자 함을 내용으로 하고 있는 법으로 노동조합 및 노동관계조정법, 노동위원회법, 근로자참여 및 협력증진에 관한 법률 등과 같은 집단적 근로관계법이 있다.

(2) 경제법

경제법은 국민경제의 균형 있는 발전과 그 수급관계의 조정을 목적으로 하여 사적 경제활동에 대한 국가의 통제를 규정하고 있는 법을 말하며, 기업 집중 방지, 독과점 해소, 소비자 보호, 경제여건 조성 등을 통하여 자본주의 발달과 더불어 나타나는 문제점을 해결하고 경제정의를 실현하고자 하는 목적을 두고 있다. 따라서 전술한 노동법이 근로자의 생활을 보호하기 위한 근로자의 법인데 반하여, 경제법은 기업가의 과도한 경제적 활동을 통제하기 위한 기업가의 법이라고 할 수 있다.

주요한 경제법으로는 부정경쟁방지 및 영업비밀보호에 관한 법률, 대외무역법, 소비자기본법, 물가안정에 관한 법률 등이 있다.

사례연구 22 **매점매석행위에 대한 처벌**

허생은 마을 사또에게 1만냥을 빌려 그 돈으로 전국에 있는 과일을 닥치는대로 사들임으로써 마침내 과일 품귀현상이 벌어졌다. 허생은 과일이 썩어나가는데도 과일을 팔지 않고 있다가, 10배의 이윤이 남을 수 있게 되자 이를 시장에 내다 팔아 많은 돈을 벌었다. 현재의 시점에서 허생의 행위는 위법행위가 되는가?

▶ 현대의 각국은 국민경제의 균형있는 발전과 그 수급관계의 조정을 목적으로 하여 사적 경제활동에 대한 국가의 통제를 규정하고 있는 경제법을 두고 있으며, 물가안정에 관한 법률도 그 예에 속한다. 동법 제7조에는 "사업자는 폭리를 목적으로 물품을 매점(買占)하거나 판매를 기피하는 행위로서 기획재정부장관이 물가의 안정을 해칠 우려가 있다고 인정하여 매점매석 행위로 지정한 행위를 하여서는 아니 된다."고 규정하고 있으며, 이에 대한 위반행위에 대해서는 2년 이하의 징역 또는 5천만원 이하의 벌금에 처하도록 하고 있다(같은 법 제26조). 다만, 시장에서 판매하던 상품의 잔품을 자가용 기타 목적으로 일시 자가에 저장하였다면 이는 소정의 축적이라고 볼 수 없다(대판 1953. 7. 14).

(3) 사회보장법

사회보장법이란 자본주의가 발달함에 따라 점점 늘어나고 있는 사회적 약자 내지 빈민계층에 대하여 그것을 각자의 책임으로 보지 않고 오히려 사회국가의 책임으로 그의 생존권을 보장하기 위하여 마련한 일련의 법규를 말한다. 즉, 사회의 연대책임 하에 모든 국민의 기본적인 생계·보건·안전 등을 보장하기 위하여 만들어진 법이다.

주요한 사회복지법으로는 사회보장기본법, 사회복지사업법, 국민기초생활보장법, 아동복지법, 노인복지법, 장애인복지법, 국민연금법, 국민건강보험법 등이 있다.

제5절 일반법과 특별법

Ⅰ. 의의와 구별기준

1. 의 의

일반법과 특별법의 구별은 법의 효력이 미치는 범위가 일반적으로 적용되는가 아니면 특수적인 것에 국한되는가 하는 것에 따른 분류이다. 일반법이란 사람 · 장소 · 사항 등에 관하여 그 효력에 특수한 제한이 없이 일반적으로 적용되는 법을 말하며, 특별법이란 그 효력이 특정한 사람 · 장소 · 사항에만 미치는 법을 말한다.

2. 구별기준

(1) 사람을 기준으로 한 구별

법의 효력이 전 국민에 미치는 법을 일반법이라 하고, 어떤 특정한 직업 · 신분을 가진 사람에게만 미치는 법을 특별법이라 한다. 예컨대, 민법, 형법 등은 전 국민에게 적용되므로 일반법이지만, 군형법 · 국가공무원법 · 소년법 · 외국인토지법 등은 특수한 직업 · 신분, 즉 군인 · 국가공무원 · 만 19세 미만의 소년 · 외국인에게만 적용되므로 특별법이다.

(2) 지역을 기준으로 한 구별

법의 효력이 국가의 전 영역에 걸쳐서 미치는 법을 일반법이라 하고, 그 국가영역의 일부지역에만 미치는 법을 특별법이라 한다. 예컨대, 민법, 형법, 상법 등은 일반법에 해당하지만, 각 도 · 시 · 군의 조례나 규칙 등은 특별법으로 각 지방자치단체의 관할구역 내에서만 그 효력이 미친다.

(3) 사항을 기준으로 한 구별

법의 효력이 어떤 사항전반에 걸쳐서 미치는 법을 일반법이라 하고, 특정한 사항에 대해서만 미치는 법을 특별법이라 한다. 예컨대, 민법은 민사에 관한 일반법이고, 상법은 민사관계 중에서 특히 상사에 관한 사항에 대해서만 효력이 미치는 민사특별법이다.

II. 구별의 상대성과 특별법 우선의 원칙

1. 구별의 상대성

일반법과 특별법은 일단 사람 · 지역 · 사항을 기준으로 구별할 수는 있지만, 절대적인 구별이 아니라 상대적 구별에 지나지 않는다. 즉, 상법은 민법에 대해서는 특별법이지만, 보험업법 · 은행법에 대해서는 일반법의 관계에 놓인다. 또한, 동일한 법령 중의 규정 상호간에도 일반법적 규정과 특별법적 규정이 존재하는 경우도 있는데, 예컨대, 형법 제250조 제1항은 일반살인죄로 일반법적 규정인 반면, 동조 제2항은 존속살인죄로 특별법적 규정이다. 또한, 채권의 소멸시효는 10년으로 하고 있으나, 음식료, 음식점, 여관비 등 특별한 채권은 소멸시효가 단축된다(민법 제162조 내지 제164조).

사례연구 23 **채권의 소멸시효**

김태평은 한국대학교 앞에서 맥주집 상아탑을 경영하는 마음씨 좋은 주인이다. 한국대학교에 다니는 법학과 3학년인 신외상은 밤만 되면 친구들을 상아탑으로 데려와 술과 안주를 시켜 먹어 외상값이 70만원이나 되었고, 김태평에게 데이트 비용으로 20만원까지 빌려 사용하였다. 김태평은 '학생 신분에 돈이 어디 있어! 졸업 후 직장을 구하면 받지!'라며 태평하기만 하다. 김태평은 신외상의 외상값 70만원과 차용금 20만원을 2~3년 뒤에도 청구할 수 있는가?

▶ 동일한 법령 중의 규정 상호 간에도 일반법적 규정과 특별법적 규정이 존재하는 경우가 있다. 민법 제162조 제1항에는 "채권은 10년간 행사하지 않으면 소멸시효가 완성된다."고 하여 채권에 대한 일반소멸시효를 규정하고 있지만, 이자, 부양료, 급료, 사용료 등을 목적으로 하는 채권과 같이 소멸시효가 3년인 경우가 있고(동법 제163조), 여관, 음식점, 음식료 등의 채권과 같이 소멸시효가 1년인 경우도 있다(동법 제164조). 따라서 김태평이 신외상에게 1년 동안 외상값을 갚으라고 하지 않은 경우에는 받을 수 없지만, 1년이 경과하기 하루 전이라도 신외상에게 외상값을 갚으라고 하였다면 시효의 중단으로 인하여 그때부터 다시 1년간 소멸시효가 연장된다. 다만, 데이트 비용 20만원은 소멸시효가 완성되지 않았기 때문에 청구할 수 있다.

2. 특별법 우선의 원칙(구별의 실익)

특별법 우선의 원칙이란 동일한 사항에 일반법과 특별법이 있는 경우에는 특별법이 일반법에 우선하여 적용된다는 원칙을 말한다. 즉, 일반법과 특별법이 서로 저촉되는 경우에는 특별법에 의해야 하며, 일반법은 특별법에 규정되어 있지 않은 것을 보충하는 의미에서 적용된다.

일반법과 특별법의 구별이 절대적 구분이 아닌 상대적 구별임에도 불구하고, 양법을 구별하는 실익은 위와 같이 법적용상의 원칙과 관련된 사항, 즉 특별법이 일반법에 우선한다는 점에 있고 그밖에 법해석상의 원칙과 관련된 사항으로서, 일반법은 넓게 해석하고, 특별법은 좁게 해석해야 한다는 점에 있다.

사례연구 24 특별법 우선의 원칙

김도주는 비가 오는 새벽길을 운전하다가 술에 취해 무단 횡단하던 이횡단을 치었다. 김도주는 이횡단을 구호하지 않고 도주하였으며, 결국 이횡단은 사망하였다. 김도주는 택시운전사 이모범의 신고로 이틀 만에 검거되었는데, 김도주에게는 어떤 법이 적용되는가?

▶ 형법 제268조(업무상과실·중과실 치상죄)에는 업무상 과실 또는 중대한 과실로 인하여 사람을 사상(死傷)에 이르게 한 자는 5년 이하의 금고형이나 2천만원 이하의 벌금형에 처하도록 규정하고 있어 김도주에게 동법이 적용될 경우 비교적 지은 죄에 비해 가벼운 금고형이나 벌금형도 가능하다. 그러나, 위와 같은 사건은 교통사고를 내고도 피해자를 구호하지 않고 도주한 행위이므로 일반법인 형법이 적용되지 않고 특별법인 "특정범죄 가중처벌 등에 관한 법률"이 적용되어 피해자를 사망에 이르게 하고 도주하거나, 도주 후에 피해자가 사망한 경우에는 무기 또는 5년 이상의 징역의 무거운 처벌을 받게 된다. 한편, 피해자를 상해에 이르게 한 경우에는 1년 이상의 유기징역 또는 500만원 이상 3천만원 이하의 벌금에 처해진다(제5조의3 제1항 제1호 및 제2호).

제 6 절 원칙법과 예외법

원칙법과 예외법의 구별은 법의 적용범위에 따른 분류로, 원칙법이란 일정한 사항에 대하여 일반적으로 적용되는 법이며, 예외법은 일정한 사항에 대하여 특별한 사정이 있는 경우에 원칙법이 적용되지 않는 예외를 정하고 있는 법을 말한다. 예컨대, 민법 제5조 제1항의 전단에는 미성년자가 법률행위를 함에는 법정대리인의 동의를 얻도록 하여 원칙법을 규정하고 있으나, 동조 단서에는 권리만을 얻거나 의무만을 면하는 행위는 그러하지 아니한다고 규정하고 있는 바, 이와 같은 단서조항이 대표적인 예외법이라 할 수 있다. 또한, 민법 제3조에는 "사람은 생존한 동안 권리와 의무의 주체가 된다."는 원칙규정을 두고 있으나, 태아도 손해배상청구(민법 제762조) 및 상속순위(민법 제1000조 제3항)에 있어서는 이미 출생한 것으로 보는 예외규정을 두고 있다. 그리고 민법 제249조의 선의취득은 원칙법이고, 제250조의 도품, 유실물에 대한 특례는 예외법이다.

원칙법과 예외법은 일반법과 특별법을 구별하는 기준과 유사하지만, 원칙법과 예외법은 동일한 법령 중에서 또는 동일한 조문 중에서 구별되는 것이 보통이며, 일반법과 특별법의 구별은 그 범위가 더 넓을 뿐만 아니라 법령과 법령 사이에서 구별되는 것이라는 점에서 양자 간에 차이가 있다.

사례연구 25 태아의 권리능력

김야타 씨는 부모로부터 상당한 재산을 물려받았고 박복한 양과 결혼까지 하였으나, 총각시절의 야타병(?)이 도져 미모의 탤런트 한미모와 청평유원지로 가서 하룻밤의 유희를 즐긴 후 돌아오는 길에 교통사고로 사망하였다. 김야타의 많은 재산은 박복한이 상속받게 되었다. 그런데 5개월 뒤 갑자기 한미모가 나타나 김야타의 아이를 가졌다며 상속권을 주장하였는데, 태아도 사람으로 대접받을 수 있는가?

▶ 우리 민법 제3조에는 "사람은 생존한 동안 권리와 의무의 주체가 된다."고 규정하고 있으며, 태어나는 시점을 태아가 모체에서 완전히 분리된 때로 보고 있다(완전노출설). 그러나 예외없는 법은 없듯이 태아도 손해배상청구(민법 제762조) 및 상속순위(민법 제1000조)에 있어서는 이미 출생한 것으로 보는 예외규정을 두고 있다. 태아도 박복한과 마찬가지로 김야타의 상속권자가 될 수 있다. 다만, 태아가 살아서 태어난다는 전제 하에 그와 같은 권리가 인정되므로 박복한은 출산 때까지 기다려 보자고 한미모에게 제안하거나, 합의해 볼 수 있다.

사례연구 26 도품, 유실물에 대한 특례

사진작가 지망생 김예술은 신미술에게 카메라 한 대를 샀다. 김예술은 가까운 유원지에 가서 사진을 찍고 있는데 이칠칠이 나타나서 그 카메라는 자기가 6개월 전에 도난당한 것이라며 돌려 달라고 한다. 김예술은 신미술에게 돈을 주고 샀으므로 그것을 돌려줄 수 없다고 맞섰다. 카메라는 누구에게 돌아갈까?

▶ 민법 제249조의 선의취득은 원칙법이지만, "도난당한 물건(도품)이나 잃어버린 물건(유실물)은 도난 또는 유실한 날로부터 2년 내에 반환을 청구할 수 있다."는 동법 제250조의 도품·유실물에 대한 특례는 예외법이다. 김예술이 가지고 있는 그 카메라는 이칠칠이 6개월 전에 도난당한 도품이고, 따라서 이칠칠은 2년 내이므로 반환청구권을 행사할 수 있다. 결국 김예술은 이칠칠에게 그 카메라를 돌려 주고 신미술에게 손해배상을 청구할 수 있다. 그런데 위 설문과 달리 김예술이 경매나 공개시장 또는 같은 종류의 물건을 판매하는 상인에게서 산 것이라면 이칠칠은 대가를 주고 단지 반환을 청구할 수 있을 뿐이고, 김예술은 그 카메라를 되돌려 주지 않아도 된다.

제7절 강행법과 임의법

강행법과 임의법의 구별은 법의 적용이 절대적이냐 임의적이냐 하는 것, 즉 당사자의 의사에 의하여 법의 적용을 배제할 수 있느냐의 여부에 따른 분류이다. 강행법은 당사자의 의사와 관계없이 적용되는 법을 말하는데, 헌법, 행정법, 형법, 소송법 등 공법은 대부분 강행법의 성질을 갖는다. 이에 대하여 임의법은 당사자의 의사에 따라 그 적용이 배제될 수 있는 법을 말하는데, 임의법은 민법 중에서 계약에 관한 모든 규정과 상법 중에 상행위에 관한 규정 등에서 많이 볼 수 있다.

법조문상으로 보면, 민법 제5조 제1항에서 "미성년자가 법률행위를 함에는 법정대리인의 동의를 얻어야 한다."는 규정이나, 동법 제17조 제1항에서 "무능력자가 사술(詐術)로써 능력자로 믿게 한 때에는 그 행위를 취소하지 못한다."는 규정의 예와 같이 '… 하여야 한다' 또는 '… 하지 못 한다'는 것이 강행규범이다. 반면에 민법 제468조 제1항 전단에 "당사자의 특별한 의사표시가 없으면 변제기 전이라도 채무자는 변제할 수 있다."는 규정이나 동법 제473조 전단에 "변제비용은 다른 의사표시가 없으면 채무자의 부담으로 한다."와 같이 '… 당사자의 특별한 의사표시가 없으면 …' 또는 '… 다른 의사표시가 없으면 …'이라고 규정한 예가 임의법인 것이다.

사례연구 27 **미성년자의 행위능력**

만 18세인 대학생 김배짱은 H자동차 영업소를 방문하여 성년으로 위조된 주민등록증을 제시하면서 영업사원 이대리와 부모의 동의없이 자동차를 24개월 할부로 구입하는 계약을 체결하였다. 학교 때문에 부모와 떨어져 살던 김배짱은 이 사실을 알게 된 부모로부터 꾸중을 듣고 일주일 만에 계약관계를 해소하고자 하는데, 이는 가능한가?

▶ 만 19세가 되어야 성년이 되므로, 김배짱은 법정대리인의 동의없이 계약을 체결할 수 없다. 강행규범인 민법 제5조 제1항 및 제2항에는 '미성년자가 법률행위를 함에는 법정대리인의 동의를 얻어야 하고, 동의를 얻지 않고 한 행위는 무능력자 자신이나 법정대리인 또는 승계인이 이를 취소할 수 있다'고 규정하고 있으나, 동법 제17조 제1항에서 "제한능력자가 속임수로써 자기를 능력자로 믿게 한 경우에는 그 행위를 취소할 수 없다."고 규정하고 있다. 위의 조항들은 강행규범이므로 무능력자(김배짱)가 속임수로써 능력자로 믿게 한 때에는 제한능력자(김배짱)도, 법정대리인(부모)도 그 행위를 취소하지 못한다. 미성년자가 속임수로써 법정대리인의 동의가 있는 것으로 믿게 한 때에도 마찬가지이다.

제3장 법의 연원

제1절 의 의

법의 연원, 즉 법원(法源, Source of Law)이라는 용어는 로마법의 'fonte juris (법의 원천)'라는 용어에서 유래한 것으로, 이 용어 자체가 매우 비유적이며 애매한 표현인 까닭에 학자들에 따라 여러 가지 다양한 의미로 사용되고 있는데, 대체로 다음과 같은 세 가지 의미로 사용되고 있다.

첫째, 법을 제정할 수 있는 근본적인 힘이 누구로부터 나오는가 하는 '법의 기초'를 의미하기도 하고, 둘째, 법전이나 입법이유서, 판례집, 학자들의 저서 또는 논문 등과 같이 구체적으로 법의 내용을 인식하기 위한 근거가 되는 자료는 무엇인가 하는 '법의 인식자료'라는 의미로 사용되기도 하며, 셋째, 현실사회를 규율하는 법이 어떠한 형태로 존재하는지를 의미하는 '법의 존재형식'으로도 사용되고 있다.

그런데 보통 법원이라 하면 법의 존재형식을 의미하고 있으며, 학자들도 대체적으로 그러한 의미로 사용하고 있다. 법의 존재형식은 그 표현방식에 따라 성문법(성문헌법, 법률, 명령, 조례, 규칙 등)과 불문법(관습법, 판례법, 조리)으로 나누어진다.

제2절 성문법

Ⅰ. 성문법의 의의와 장 · 단점

1. 성문법의 의의

성문법이란 문자로 작성되고 일정한 형식과 절차에 따라 제정 · 공포되는 법을 말한다. 일반적으로 성문법을 '문장으로 된 법규'라고 하는 경우가 있으나, 이것은 판례법과 같이 문서로 기록된 것이 있기 때문에 올바른 정의가 아니다.

우리나라는 성문법주의 국가로서 가장 중요한 법원을 성문법으로 하고 있으며, 성문법으로는 성문헌법, 법률, 명령, 자치법규(조례, 규칙) 등이 있다.

2. 성문법의 장 · 단점

성문법은 다음과 같은 장 · 단점을 갖고 있다.

먼저, 성문법의 장점으로는 첫째, 불문법에 비하여 법의 의미와 내용이 명확하다는 점, 둘째, 법을 통일적으로 정비하기가 용이하다는 점, 셋째, 법적 질서의 안정성을 도모할 수 있다는 점 등을 들 수 있다.

그러나 단점으로는 첫째, 문장의 형식으로 이루어짐에 따라 문장이 갖는 성질상의 불완전성으로 말미암아 법규의 진정한 내용을 알기가 곤란하다고 하는 점, 둘째, 법이 문자나 문장으로 표현되기 때문에 법의 경직화 내지 고정화를 가져오게 됨에 따라 유동적 사회현상에 적응하기 어렵다는 점, 셋째, 법의 성립과정에서 사회적 필요 내지 국민의 확신을 무시하고 입법자의 자의 또는 정당간의 타협에 의해 탄생할 소지가 많아 법만능사상에 빠지기 쉽다는 점 등을 지적할 수 있다.

II. 성문법의 종류

1. 헌 법

헌법이라 함은 국가의 통치조직, 통치작용의 원칙을 정하고, 국민의 기본권을 보장하는 국가의 근본법(최고법)을 말하며, 세계 최초의 성문헌법은 1776년 버지니아헌법이다.

헌법은 성문법원 중에서 국가의 최고법·근본법으로서 하위의 법인 법률, 명령, 조례, 규칙 등은 헌법을 위반할 수 없으며, 헌법에 위반된 법률, 명령, 조례, 규칙 등의 효력을 부인하는 제도로 위헌법률심사제도(헌법 제107조 제1항) 및 명령·규칙 심사권(헌법 제107조 제2항) 등을 두고 있다.

우리나라는 성문헌법 국가로서 대한민국헌법은 1948년 7월 17일 공포되어 시행되었고, 현재까지 9차례에 걸쳐 개정되어, 1988년 2월 25일부터 제6공화국헌법이 시행되었다. 이 헌법에는 전문과, 제1장 총강, 제2장 국민의 권리와 의무, 제3장 국회, 제4장 정부, 제5장 법원, 제6장 헌법재판소, 제7장 선거관리, 제8장 지방자치, 제9장 경제, 제10장 헌법개정 등 본문 130조와 부칙으로 구성되어 있다.

사례연구 28 **위헌법률심사제도**

김패륜은 매일 도박을 하고, 술만 먹으면 아내인 이박복을 구타하게 되자 아내는 더 이상 함께 살 수 없다고 판단, 친정으로 가버렸다. 아내를 데리러 처가에 온 김패륜은 장인, 장모로부터 심한 꾸중을 듣던 중, 화가 나서 옆에 있던 엽총으로 장인을 살해하였다. 형법상 존속살인죄는 보통살인죄보다 형이 가중되어 있다고 하는데, 이는 헌법 제11조의 평등권에 위배된다는 것이 아닌가?

▶ 김패륜은 형법상의 존속살인죄가 헌법상의 평등권을 위반하였다고 위헌법률심판을 제기할 수 있다. 위헌법률심판권이란 법률이 헌법에 위반되는 여부가 재판의 전제가 되는 경우에 법원의 제청에 의하여 헌법재판소가 심판하여 위헌법률의 효력을 부인할 수 있는 권한을 말한다. 위헌판정을 받은 법률 또는 법률사항은 그 결정이 있는 날로부터 효력을 상실한다. 다만, 형벌에 관한 조항은 소급하여 그 효력을 상실한다. 한편, 형법은 살인의 대상

이 '자기 또는 배우자의 직계존속'인 경우에는 보통살인보다 무거운 형벌을 과하고 있어 우리 헌법 제11조의 평등권을 위반하는 것이 아닌가에 대한 논란이 오래 전부터 제기되어왔다. 존속살인죄의 가중처벌을 합헌이라고 하는 이유는 자식의 부모에 대한 도덕적 의무를 근거로 자식의 패륜성을 비난하기 위한 것이라고 하고 있으며, 반면에 위헌론은 합헌론의 주장이 봉건사회에서나 통용되는 시대착오적 발상이며 평등권을 기초로 하는 근대법의 원리에 반하는 것이라고 주장한다. 과거의 형법에서는 존속살인죄에 대해 사형 또는 무기징역에 처하도록 규정하고 있었으나, 위헌성 논란 등에 의해 형량을 낮추게 되었고〈개정 1995. 12. 29.〉, 현재 헌법재판소에서는 존속살인죄에 대한 가중 처벌을 위법으로 보지 않고 있으므로 김패륜의 주장은 이유없다.

2. 법 률

법률은 입법권을 가지고 있는 국회의 의결에 의해 제정된 법규범을 말하며, 법에 있어서 가장 중추적 역할을 하고 있다. 현대법치주의 국가에서는 국민의 권리·의무에 관한 중요한 사항을 법률로 정하도록 하고 있는데, 이를 입법사항이라 한다. 즉, 국민에 대한 권리의 제한이나 의무의 부과는 반드시 법률에 의하지 않으면 안되고, 헌법에서는 특히, 국적에 관한 사항, 조세의 종목과 세율, 근로조건 등에 대하여 반드시 법률로 규정하도록 하고 있다.

법률의 효력은 최고법·근본법인 헌법보다는 하위에 있으나, 명령, 자치법규(조례, 규칙)보다는 상위에 있기 때문에 명령 등이 법률의 내용을 위반할 수 없으며, 이때에는 그 위반의 한도 내에서 효력이 부인된다. 법률은 헌법의 하위규범으로서 그 효력이 헌법에는 미치지 못하지만, 법률상호간의 관계에 있어서는 원칙적으로 우열이 없다. 다만, 규범간의 내용에 상호모순이 있을 때에는 신법이 구법에 우선하며(신법 우선의 원칙), 또 일반법과 특별법의 관계에 있을 때에는 특별법이 일반법보다 우선하여 적용된다(특별법 우선의 원칙).

사례연구 29 **대통령의 법률안거부권**

대통령 김소신은 S당 소속으로 대통령에 입후보하여 당선되었으나 S당의 정책노선과 갈등을 빗게 되었고 급기야 S당을 탈당하였다. 그런데, 국회에서 S당의 주도 하에 국회의원 전원 찬성으로 X법을 의결하였으나 일부조항은 대통령 김소신의 생각과는 배치되는 내용을 담고 있어 일부조항만을 수정하여 재의를 요구하고자 하는데, 이는 가능한가?

▶ 대통령은 국회에서 의결되어 정부에 이송되어온 법률안에 대하여 이의가 있을 때에는 이의서를 붙여 국회의 재의를 요구하는 제도가 있는데, 이는 대한민국 헌법 제53조가 규정하고 있는 대통령의 대 입법부 견제장치의 핵심 중 핵심인 법률안 거부권이라 한다. 대통령이 국회에서 의결된 법률안에 대하여 이의가 있을 때에는 국무회의의 심의를 거쳐 법률안이 정부에 이송된 후 15일 이내에 이의서를 붙여 국회로 환부하고, 그 재의를 요구할 수 있는데, 이를 환부거부라고 한다. 다만, 대통령은 법률안의 일부에 대하여 또는 법률안을 수정하여 재의를 요구할 수 없도록 하고 있다(헌법 제53조 제3항). 따라서 대통령 김소신은 일부조항만을 수정하여 재의를 요구할 수 없다. 한편, 우리나라는 건국 이후 1948년 9월 30일 이승만 대통령이 양곡매입법안에 대해 처음으로 거부권을 행사하였으나, 같은 대통령제를 채택하고 있는 미국에 비해 상대적으로 거부권 행사 사례가 적은 편으로, 미국의 경우 루스벨트 대통령은 재임 기간 12년 중 635회나 거부권을 행사하기도 하였다.

3. 명 령

명령이란 국회의 의결을 거치지 않고 대통령 이하의 행정기관이 제정한 법규를 말한다. 명령은 법률과의 형식적 효력 면에 있어서 하위에 있기 때문에 명령에 의하여 헌법 또는 법률은 개폐되지 않는다. 다만, 예외적으로 대통령의 긴급재정경제처분·명령권, 긴급명령권은 법률과 동일한 효력을 갖는다.

헌법 제76조 제1항에는 "대통령은 내란·외환·천재·지변 또는 중대한 재정·경제상의 위기에 있어서, 국가의 안전보장 또는 공공의 안녕질서를 유지하기 위하여 긴급한 조치가 필요하고, 국회의 집회를 기다릴 여유가 없을 때에 한하여 최소한으로 필요한 재정·경제상의 처분을 하거나 이에 관하여 법률의 효력을 갖는 명령을 발할 수 있다."(대통령의 긴급재정경제처분·명령권)고 규정하고 있다. 또한, 동조 제2항에는 "대통령은 국가의 안위에 관계되는 중대한 교전상태에 있어서 국가를 보위하기 위하여 긴급한 조치가 필요하고, 국회의 집회가 불가능한 때에 한하여 법률의 효력을 가지는 명령을 발할 수 있다."(대통령의 긴급명령권)고 규정하고 있다.

명령은 관점에 따라 여러 가지로 분류된다. 즉, ① 권한의 소재(제정권자)를 표준으로 대통령령, 총리령, 부령으로, ② 수권의 근거를 표준으로 하여 직권명령과 위임명령으로, ③ 법률에 대한 관계를 표준으로 하여 위임명령, 독립명령으로, ④ 규정사항의 내용을 표준으로 하여 위임명령과 집행명령(시행령, 시행규칙) 등으로 각각 분류된다.

사례연구 30 **명령의 확대경향**

우리나라 헌법은 '국가가 국회에서 만든 법에 의해 다스려져야 한다'는 법치주의를 기본원리로 하고 있다. 그런데 우리나라에는 약 4,000여개의 법령이 있는데, 법치주의 원리와는 달리 예전에 비해 행정부에서 만든 법인 명령의 범위가 늘어나고 있는데, 그 이유는 무엇인가?

▶ 원래 입법권은 국회에 속하는 것으로써 근대국가는 법치주의의 요청에 따라 법률이 법의 존재형식으로서 우월한 지위를 차지하게 되어 명령의 범위는 좁았다. 그러나 현대사회에서는 행정이 거대화 · 전문화됨에 따라 모든 사회현상의 세부적 사항, 특히 전문적 · 기술적 사항을 전부 법률로써 규정하기는 불가능하며 부적당하기도 하므로, 법률은 그 대강만을 정하고 세부적인 내용은 실제 법집행을 담당하는 행정부로 하여금 정하게 하는 것이 현대국가의 일반적인 경향이 되었고, 보통 '시행령', '시행규칙'이라고 불리우는 명령이 중요한 법의 존재형식이 되었다.

4. 자치법규

(1) 의 의

자치법규란 지방자치단체가 법령이나 명령이 위임하는 사항에 대하여 자치권의 범위 내에서 지방자치단체의 조직, 사무 및 주민의 권리 · 의무에 관하여 제정한 법규를 말하며, 이와 같은 권능을 자치입법권이라 한다.

우리나라 헌법 제117조 제1항에서도 "지방자치단체는 주민의 복리에 관한 사무를 처리하고 재산을 관리하며, 법령의 범위 안에서 자치에 관한 규정을 제정할 수 있다."고 하여 지방자치단체에 자치입법권을 부여하고 있다.

이러한 지방자치단체의 자치법은 국가법에 대응하는 것으로 그 지방자치단체의 지역 내에서만 적용되는 지방법이다. 따라서 자치법규는 국가법인 법률이나 명령을 위반할 수 없다.

사례연구 31 **민사책임을 규정한 조례**

겨울이면 눈이 내려 아름답기도 하지만, 길거리마다 눈을 치우지 않음으로서 낙상 사고가 많이 발생하였다. 그래서 국회에서는 X법을 제정하여 건축물 관리자가 건축물 주변의 눈과 얼음을 치우도록 의무화함과 동시에 구체적인 내용은 지방자치단체의 조례로 정하도록 위임하였다. 그런데 어느 날 S시에 거주하는 김낙상 할아버지가 건물 앞 보도를 걷다가 치우지 않은 눈과 얼음에 미끄러져 전치 8주의 부상을 입었다. 이런 경우, 김할아버지는 누구에게 보상을 받아야 하는가?

▶ 자연재해대책법 제27조(건축물관리자의 제설책임) 제1항에는 "건축물의 소유자·점유자 또는 관리자로서 그 건축물에 대한 관리 책임이 있는 자(이하 "건축물관리자"라 한다)는 관리하고 있는 건축물 주변의 보도(步道), 이면도로, 보행자 전용도로, 시설물의 지붕(대통령령으로 정하는 시설물의 지붕으로 한정한다)에 대한 제설·제빙 작업을 하여야 한다."고 규정하고 있고, 같은 조 제2항에는 "건축물관리자의 구체적 제설·제빙 책임 범위 등에 관하여 필요한 사항은 해당 지방자치단체의 조례로 정한다."고 규정하고 있다. 각 지방자치단체가 같은 법을 기초로 '눈치우기' 조례가 제정되었다면 집 주변 보도의 눈을 치우지 않아 발생한 안전사고나 재해에 대해 건축물 관리자에게 민사상 책임을 물을 수 있다. 따라서 김낙상 할아버지는 S시에 위와 같은 조례가 제정되어 있다면 건축물 관리자에게 일정범위 내에서 손해배상을 받을 수 있다.

(2) 종 류

자치법규는 조례와 규칙 등 두 가지가 있다. 조례는 지방자치단체가 법령의 범위 안에서 그 사무에 관하여 지방의회의 의결을 거쳐 제정하는 자치법규이며, 규칙은 지방자치단체의 장이 법령 또는 조례의 범위 내에서 그 권한에 속하는 사무에 관하여 제정한 자치법규를 말한다. 한편, 현재 지방자치단체로는 ① 특별시와 광역시 및 도, ② 시와 군 및 구 등 2종류가 있다(지방자치법 제2조).

사례연구 32 **시민제안제도의 법적 근거**

민선 지방자치시대를 맞아 S시에서 당선된 김민선 시장은 시민 또는 공무원들로부터 S시가 발전할 수 있는 정책 제안을 받아 이를 심사하여 포상하고 행정에 적극 반영하고자 하는데, 어떤 법적 근거를 가지고 해야 하는가?

▶ 각 지방자치단체는 시민 또는 소속공무원들로부터 창의적인 정책 아이디어를 발굴하여 정책에 반영하고 있다. 지방자치단체가 법령이나 명령이 위임하는 사항에 대하여 자치권의 범위 내에서 지방자치단체의 조직, 사무 및 주민의 권리·의무에 관하여 조례 또는 규칙 등 자치법규를 제정할 수 있는데, 일반적으로 시민제안제도에 대해서는 조례 제정을 통하여, 공무원제안제도에 대해서는 규칙 제정을 통하여 이를 시행하고 있다.

제3절 불문법

I. 불문법의 의의와 장·단점

1. 불문법의 의의

불문법이란 성문화되지 않고, 일정한 절차에 따라 제정·공포되지 아니한 법규를 말한다. 불문법 중에서 판례법과 같은 것은 문서로 기록되어 있는 것이지만, 일정한 기관에 의해 제정·공포되지 않았다는 점에서 불문법에 속한다.

법의 존재형식을 역사적으로 보면, 불문법이 성문법보다 먼저 발달하였지만, 사회가 복잡하고 경제가 눈부시게 발전함에 따라 오늘날에는 질서의 명확화라는 요청에서 성문법의 중요성이 더해지고 있고, 대부분의 국가들도 성문법주의를 채택하고 있다. 그러나 성문법만으로는 모든 생활관계를 다 규율할 수 없을 뿐만 아니라, 성문법으로 규율하기가 적당치 못한 분야도 있으므로 불문법의 중요성을 간과할 수 없다.

2. 불문법의 장·단점

불문법은 다음과 같은 장·단점을 가지고 있다.

먼저, 불문법의 장점으로는 첫째, 문장의 형식으로 법이 고정되어 있지 않음으로써 유동적 사회현상에 탄력적으로 적응하기 쉽다는 점, 둘째, 법의 성립과정에서 입법자의 자의 또는 정당간의 타협에 의해 법이 탄생하는 것이 아니라, 사회적 필요 내지 국민의 확신에 따라 법이 성립될 수 있다는 점 등을 들 수 있다.

반면에 불문법의 단점으로는 첫째, 국가에 존재하는 법을 통일적으로 정비하기가 곤란하다는 점, 둘째, 법적 질서의 안정성에 문제가 있을 수 있다는 점, 셋째, 법의 존재여부가 명확하지 않아 법을 적용할 때에 법 발견의 어려움이 있다는 점 등을 들 수 있다. 특히, 관습법은 법의 성립시기가 애매하고, 법이 성립하였다 하더라도 그 내용이 불명확하며, 법이 성립하는 데에 많은 시간이 걸린다는 단점을 가지고 있다.

다만, 이러한 불문법의 단점들은 상대적인 것으로 불문법주의를 채택하고 있는 미국이나 영국과 같은 국가들이 훌륭한 법전통을 유지하고 있다는 것은 오히려 법을 적용하며, 그것을 적용받는 구성원들의 운영여하에 따라서는 이러한 단점들이 어느 정도 극복될 수 있는 것이라 할 수 있다.

불문법으로는 다음과 같이 관습법, 판례법, 조리 등이 있다.

Ⅱ. 불문법의 종류

1. 관습법

(1) 의 의

관습법이란 사회에서 스스로 발생하는 일정한 관행이 오랜 기간 동안 지속되어 단순한 예의적 또는 도덕적인 규범으로서 지켜질 뿐만 아니라, 사회의 법적 확신에 의하여 사회구성원의 사회생활을 규율하게 된 법을 말한다.

인간이 영위하는 사회생활에는 여러 가지의 생활관습이 발생하게 되는데, 그 관습 전체가 관습법이 되는 것은 아니다. 즉, 관습 중에서도 사회적 · 경제적 요인에 의하여 법질서의 구성부분이 될 만큼 통용되거나, 가치를 가지고 있는 관습만이 법적 구속력을 갖게 되어 관습법이 되는 것이다. 따라서 아직 법질서의 구성부분이 될 만큼 발전하지 못하고 다만 사회생활 가운데 단순한 사실로만 행해지고 있는 관습을 '사실인 관습'이라고 한다.

(2) 관습법의 성립요건

관습법이 성립하기 위해서는 다음의 여러 요건이 갖추어져야 한다.

첫째, 일정한 관행이 존재해야 한다. 즉, 관습법이 성립하기 위해서는 오랜 세월을 두고 계속되는 관행이 존재해야 한다.

둘째, 국민이 관습의 가치에 대한 법적 확신이 필요하다. 즉, 국민이 그 관습에 대하여 단순한 도덕적 내지 종교적인 규범이 아니라, 법규범으로서의 의식을 가지고 지키는 경우라야 관습법이 성립될 수 있다.

셋째, 선량한 풍속 기타 사회질서를 위반하지 않아야 한다. 여기서 선량한 풍속이란 사회의 일반적 도덕관을 말하며, 선량한 풍속도 넓은 의미에서 사회질서에 포함된다. 법은 국가사회의 질서유지 및 그 발전을 목적으로 하고 있기 때문에 관습이 법적 효력을 갖는 관습법으로 성립하기 위해서는 사회질서를 위반해서는 안된다. 우리 민법 제103조에서도 "선량한 풍속 기타 사회질서에 위반한 사항을 내용으로 하는 법률행위는 무효로 한다."고 규정하고 있다.

사례연구 33 **사회질서에 반하는 법률행위(1)**

우리는 속칭, 고스톱이란 도박 등으로 인하여 패가망신하는 경우를 종종 볼 수 있다. 김타자는 소문난 고스톱꾼이었으나 "마음을 잡고 포장마차를 운영하면서 열심히 살아가겠다."고 말하면서 친구인 원의리에게 500만원을 빌렸다. 그러나 제버릇 뭐 못준다고 그 돈을 노름으로 날렸는데, 김타자는 노름에 사용된 500만원을 받을 수 있는가?

▶ 윤리적 질서에 반하는 행위(예컨대, 첩계약 등), 개인의 자유를 매우 심하게 제한하는 행위(예컨대, 인신매매 등), 생존의 기초가 되는 재산의 처분(장차 취득하게 될 전재산을 양도하겠다는 것 등), 범죄 기타 부정행위를 권하거나 가담하는 행위(예컨대, 도박 등) 등은 사회질서를 위반하는 행위로 이와 같은 계약은 무효이다. 따라서, 도박자금을 빌려주는 계약은 무효가 된다. 다만, 사례와 같이 원의리는 김타자가 한 말을 믿고 빌려준 것이기 때문에 설령 그 돈이 사회질서를 위반하는 데에 사용되었다 하더라도 받을 수 있다. 그리고 원의리가 법적으로 보호받아야 하는 이유는 차용증이나 각서를 받아두었기 때문은 아니다.

사례연구 34 사회질서에 반하는 법률행위(2)

처자까지 있는 김한량은 중년에 들어 위험한 사랑 놀음에 빠졌다. 그래서 김한량은 한몸매와 동거하는 조건으로 아파트 한 채를 사주기로 하였다. 이러한 김한량과 한몸매 간의 계약은 유효한가? 또한, 만약 김한량과 한몸매가 아무런 조건없이 동거하다가 각자의 자리로 돌아가기로 하면서 김한량이 한몸매에게 그동안의 정과 헤어지는 대가로 동거하고 있던 아파트를 주겠다고 한 증여계약은 유효한가?

|▶ 김한량과 한몸매의 행위는 일부일처제의 혼인질서에 반하는 것으로서 반사회적 법률행위가 되어 무효이다. 따라서 김한량은 한몸매에게 아파트를 사주지 않아도 한몸매는 그 이행을 청구할 수 없으며, 만약 사주었다면 반환청구를 할 수 없다(민법 제746조). 다만, 불륜관계를 해소하기로 하고 또는 해소와 관련하여 행하는 법률행위는 유효하기 때문에 만약 한몸매와의 불륜관계를 해소하면서 아파트를 사 주겠다고 하였다면 그 계약은 유효하다. 결국, 반사회적 법률행위는 무효이지만 그것을 해소하는 과정에서의 법률행위는 유효한 것이다(대판 1980. 6. 24. 80다458).

(3) 관습법의 법원성과 효력

관습법의 효력에 관한 문제는 '관습법과 사실인 관습과의 관계'와 '관습법과 성문법과의 관계'로 나타난다.

(가) 관습법과 사실인 관습과의 관계

관습법과 사실인 관습은 다음과 같이 구별되는 관계에 있다.

첫째, 관습법은 법규범이기 때문에 당사자의 의사와는 관계없이 법적 구속력을 갖는다. 그러나 우리 민법 제106조에 "법령 중의 선량한 풍속 기타 사회질서에 관계없는 규정과 다른 관습이 있는 경우에 당사자의 의사가 명확하지 아니한 때에는 그 관습에 의한다."고 규정하여, 사실인 관습은 다만 당사자의 의사가 불명확한 때에만 법률행위의 내용을 결정하는 법적 구속력이 있는 표준이 됨을 인정하고 있다.

둘째, 상법 제1조에는 "상사에 관하여 본법에 규정이 없으면 상관습법에 의하고, 상관습법이 없으면 민법의 규정에 의한다."고 규정하여, 상관습법은 민법에 대하여 우선적 효력을 인정하고 있는데, 이것을 특별법 우선의 원칙이라 한다. 따라서, 상관습법은 민법상의 강행규범을 위반하는 경우라도 법적 구속력이 인정되지만, 사실인 상관습은 그러하지 아니한다.

(나) 관습법과 성문법과의 관계

성문법주의를 채택하고 있는 우리나라도 관습법의 법원성을 인정하고 있지만, 그 효력에 관하여는 성문법에 대한 보충적 효력을 인정하는 것이 원칙이다. 우리 민법 제1조에는 "민사에 관하여 법률에 특별한 규정이 없으면 관습법에 의하고 … "라고 규정하여 관습법은 단지 성문법이 없는 경우에 한하여 보충적으로 효력이 인정되고 있을 뿐이다. 그런데 상관습법은 성문 상법에 대하여 보충적 효력이 인정되고 있지만, 사실인 상관습은 그렇지 않다.

또한, 관습법은 성문법인 법률을 개폐하는 경우가 있다. 즉, 성문법규의 내용과 모순 내지 저촉되는 관습법이 성립하여 기존법규를 개폐할 수 없다는 것이 통설이지만, 우리 민법 제185조와 같이 물권에 관한 관습법은 성문법과 대등한 효력을 인정하여 민법 제1조의 예외를 인정하는 경우가 있듯이 실제로는 성문법과 모순되는 관습법이 효력을 발휘하는 경우가 있다.

2. 판례법

(1) 의 의

판례법이란 법원이 동일한 사건에 대해 동일한 판결을 되풀이함에 따라서 법으로서의 역할을 하게 된 것을 말한다. 즉, 판례는 어떤 법률문제에 대한 법원의 선언이고, 개별적 사건에 대한 법규의 적용을 말하며, 이와 같이 내려진 판결례는 유사한 사건에 반복됨으로써 그 판결에 법적 규범력을 갖게 되는데, 이것을 판례법이라 한다.

한편, 관습법은 동일한 행위가 관행적으로 장기간에 걸쳐 계속되어야 하며, 관행에 대한 사회의 법적 확신이 있어야 하는 반면, 판례법은 한번의 행위(판결)로서 충분하며, 국가기관인 법원의 행위 자체에 내포된 강제력의 소산이라는 점에서 차이가 있다.

(2) 판례법의 법원성

판례법이 법의 존재형식이 될 수 있는가에 대해서는 영미법계 국가와 대륙법계 국가가 각각 다르다.

오늘날 영국과 미국 등과 같은 영미법계 국가들에 있어서는 판례법이 그 국가들의 법체계에 근간을 이루고 있으며, 판례법은 주요한 법원이 되고 있다.

그러나 유럽대륙 여러 국가나 또 이 대륙법을 계수한 일본, 우리나라 등과 같은 대륙법계 국가들은 성문법주의가 발달하여 순전히 법전주의에 입각한 결과, 판례는 법원에 대하여 법적 구속력을 갖지 못하는 것이 원칙으로 되어 있다. 따라서 하급법원은 상급법원의 판례와 다르게 판결할 수 있고, 또 법원은 자기가 내린 종전의 판례와도 다른 판결을 내릴 수 있으므로, 일반적으로 대륙법계 국가에서는 판례법의 법원성을 인정하고 있지 않다. 다만 대법원의 판결에서 판시한 법령의 해석은 당해 사건에 관하여 하급심을 기속하며, 또한 대법원의 선결례를 변경하고자 할 때에는 대법원의 합의부에서 처리하도록 되어 있다는 점에서 판례는 어느 정도 구속력을 갖는다고 보아야 할 것이다.

3. 조 리

조리란 사람의 건전한 상식으로 판단할 수 있는 사물의 이치를 말한다. 대법원에서도 조리란 '사물의 도리에 따르는 이치'라고 판시한 바 있다. 조리는 이성에 의하여 승인된 사회생활의 원리로서 경험법칙, 사회통념, 선량한 풍속, 사회질서, 신의성실, 정의, 형평 등으로 표현되기도 한다.

우리 민법 제1조에는 "민사에 관하여 법률의 규정이 없으면 관습법에 의하고, 관습법이 없으면 조리에 의한다."고 규정함으로써 법의 결여 시에는 조리에 따라 재판하여야 한다는 원칙을 명문화하여 조리가 직접 민사법원의 하나임을 인정하고 있다. 다만, 형법의 영역에서는 죄형법정주의 원리에 따라 조리의 법원성이 당연히 부인된다.

요컨대, 현대사회는 법률을 아무리 정밀하게 규율해도 유동적 생활관계 모두를 규율할 수는 없고, 그렇다고 해서 법관이 '법률의 부재'를 이유로 재판을 거부할 수 없다는 점에서 볼 때, 조리는 법의 최후의 보충적 법원이라 할 수 있다.

제4장 법의 효력

제1절 서 설

법은 인간의 사회생활을 규율하는 규범이므로 법의 생명은 곧 그것이 미래의 세계가 아닌 현실의 세계에서 실현되는 데 있다. 이와 같이 법규범은 현실세계에서 실현되기를 요구하고 있지만, 사실상 실현되는 규범도 있고, 사실상 실현되고 있지 않는 규범도 존재한다. 법이 사실상으로 실현되든, 실현되지 않든간에 법규범에는 그 규정대로 준수해야 한다는 요구가 내재하고 있는데, 이것을 법의 효력이라 한다. 즉, 법이 인간의 사회생활관계를 규율하기 위해서는 법으로서의 규범력을 가져야 하는데, 이와 같이 법이 가지고 있는 규범력을 법의 효력이라고 한다.

예컨대, 우리 형법 제269조 제1항에는 "부녀가 약물 기타 방법으로 낙태한 때에는 1년 이하의 징역 또는 200만원 이하의 벌금에 처한다."고 규정하고 있으나, 낙태행위에 대해서는 실제 처벌되는 경우가 극히 드물었다. 그러나 이와 같이 사실상 실현되지 않는 법규범도 그 때문에 당장 법규범으로서의 의미를 상실하는 것이 아니라 그 법규범을 준수해야 한다는 요구가 내재하고 있다.

법의 효력은 "법이 현실사회에서 실현되는 것은 무엇 때문인가" 하는 실질적 효력문제와 "실정법은 시간적 · 공간적 · 인적으로 어떠한 한계성을 갖느냐" 하는 형식적 효력으로 나누어지므로, 이하에서는 법의 실질적 효력 및 형식적 효력으로 나누어 살펴본다.

제 2 절 법의 실질적 효력

Ⅰ. 의 의

법의 실질적 효력은 "법은 왜 효력이 있는가", "법이 현실사회에서 실현되는 것은 무엇 때문인가", 하는 것을 말한다. 이와 같은 법의 실질적 효력은 "법규범이 국민의식에 합치하고 있는가"라고 하는 구체적 타당성의 문제와 "규범이 현재 사실대로 실현되고 있는 상태인가" 하는 사실적 실효성의 문제가 서로 합치될 때, 법의 효력이 충분히 발휘될 수 있다.

법규범은 행위규범과 강제규범의 2중 구조로 되어 있는데, 행위규범적 측면은 법의 규범적 타당성을 요구하는 것이고, 강제규범적 측면은 법의 사실적 실효성을 뒷받침해 주는 것이라고 볼 수 있다. 즉, "살인하지 말라"는 행위규범이 있음에도 불구하고 살인행위가 발생하는 경우, 이에 대하여 강제규범으로서 적절한 처벌이 뒤따르게 함으로써 실효성을 확보하듯이, 행위규범이 실현되지 못하였을 때에 그 위반자에 대해 강제규범이 적절하게 발휘될 때에 실효성을 가지는 것이며, 법의 효력은 이와 같은 타당성과 실효성이 확보될 때에 완전한 것이 된다.

Ⅱ. 법의 타당성과 실효성

1. 법의 타당성

법의 타당성이란 행위규범으로서 법이 사실로서 실현되지 않으면 아니 된다는 요구, 즉 당위성을 말하는 것이다. 행위규범으로서의 법은 사람에게 명령이나 금지의 형식을 통하여 행위의 준칙을 제공한다. 즉, 법은 행위규범으로서 사람에게 '무엇을 하라'는 작위의무(명령)를 부과하거나, '무엇을 하지마라'는 부작위의무(금지)를 명하고 있다. 즉, "계약은 성실히 이행하여야 한다."고 의무를 명하고, "사람의 명예를 훼손해서는 안된다."고 금지를 명한다. 그러나 현실적으로 그러한 명령이나 금지는 늘 지켜지는 것이 아니라, 침해되거나 무시되기도 하는 것이므로 행위규범으로서 법이 요구하는 것은 현실적으로 그 규정이 실현되어야 한다는 것이다.

이와 같이 법 자체가 실현되어야 한다는 당위성의 요구가 바로 법의 타당성인 것이다. 법이 실효성을 갖는 것은 법의 타당성을 바탕으로 하기 때문에, 법의 타당성이 결여된 법은 악법으로 법의 실효성에 거부감을 갖게 된다. 독일 나치정권의 폭정을 경험한 라드브루흐는 '악법에 복종하는 것은 범죄행위'라고 하였고, 나치정권의 독재로 수난을 당한 철학자 야스퍼스는 '나치스의 악법에 복종한 독일국민 전체가 전범자'라고 하였다. 법의 효력으로서 타당성만 강조하게 되면 악법은 법으로서의 효력을 가질 수 없고, 이러한 악법에 대항하는 저항권이 인정된다.

사례연구 35 **법의 타당성과 악법의 문제**

소크라테스는 '악법도 법이다'면서 독배를 마시고 죽음을 택했는데, 이는 어떤 의미가 있는가?

▶ 소크라테스는 아무리 악법일지라도 조국의 법에 따르겠다고 말하면서, 도망치라는 권유도 물리치고 사약을 마셨다. 소크라테스는 당시 극도의 가치 상대주의에 빠져있던 소피스트를 반대하고 절대적 진리탐구를 위해 평생을 바쳤으며, 자신의 절대적 진리를 굽히지 않았다. 만약 하나의 법이 잘못되었다고 도망갔다면 절대적 진리를 포기하는 결과가 되기 때문에 '악법도 법이다'는 말을 남기며 독배를 마심으로써 자신의 신념을 지킨 것이다.

그러나 도덕에 반하는 법에 대하여 자연법적 입장에서 본다면, 법은 보다 궁극적인 도덕에 기초하고 이에 합치되어야 법으로서 효력을 갖는다고 생각하므로 '악법은 법이 아니다'라고 할 수 있고, 이 악법에 저항해야 하지만, 저항의식보다 개선의지가 앞서야 한다고 생각된다.

2. 법의 실효성

법의 실효성이란 법관을 수범자로 하는 강제규범으로서 법이 국가권력(공권력)에 의하여 규범의 의미·내용대로 현실적으로 실현되는 상태를 말한다. 즉, 구체적으로 일정한 작위·부작위를 명령·금지하는 행위규범에 위반한 사실이 현실적으로 발생하면 그 위반자에 대하여 그 행위의 효력을 인정하지 않거나 손해를 배상하게 하거나 형벌을 가하거나 강제집행을 하여 강제규범을 적용·

실현시키는 것을 말한다. 따라서 원칙적으로 법의 실현은 국가권력(공권력)에 의하여야 한다.

제 3 절 법의 형식적 효력

법은 "법규범이 국민의식에 합치하고 있는가"라고 하는 구체적 타당성의 문제와 "규범이 현재 사실대로 실현되고 있는 상태인가" 하는 사실적 실효성의 문제가 서로 합치될 때, 법의 효력이 충분히 발휘될 수 있다. 그러나 이와 같은 실질적 효력 이외에도 실정법은 시간적·공간적·인적으로 어떠한 한계하에서 그 효력을 가질 수밖에 없다. 예컨대, 고조선시대의 8조금법이 오늘날에는 효력이 없고, 독일에서 제정된 법이 우리 나라에서는 그 효력이 없으며, 우리 나라에 거주하는 외국인에 대해서는 우리 나라의 법이 일정한 경우에 배제되고 있다. 이와 같이 실정법은 시간적·공간적·인적으로 어떠한 한계성을 갖는데, 이를 법의 형식적 효력이라 한다.

Ⅰ. 법의 시간적 효력

1. 법의 시행과 폐지

(1) 법의 시행

법은 그 시행일로부터 폐지하는 날까지 효력을 갖는다. 시행일로부터 폐지일까지를 시행기간 또는 유효기간이라고 한다. 법은 이 기간 내에 발생한 사항에 대해서만 적용되고, 그 기간 외에 대해서는 적용되지 않는다는 것이 원칙이다.

모든 법은 시행과 더불어 그 효력이 발생하는데, 그러면 법은 언제 시행되는가?

관습법과 같은 법은 성문법처럼 시행일을 정할 수 없으므로 성립과 동시에 효력이 발생한다. 즉, 관습법은 성립이 언제 되었는지를 알 수 없으므로 성립과 동시에 효력이 발생하되, 그것은 중요한 판례에 의해 확인되거나 관계정부기관의 해석을 거쳐 확립되는 것이 보통이다. 그러나 일반적으로 성문법과 같은 것은 성립과 동시에 효력이 발생하는 것은 아니다. 반드시 일정한 절차를 거쳐 공표해야 하는데, 이와 같이 성립된 법을 공표하는 행위가 '공포'이다. 이와 같은 공포는 법의 시행에 앞서 그 법률의 내용을 국민에게 알리기 위한 것이며, 공포를 할 때 국가의 법령과 조약의 경우는 관보에 게재해야 하며, 조례, 규칙 등은 당해 지방자치단체의 공보나 신문에 게시하거나 게재해야 한다.

시행일에 대해서는 법의 부칙에서 정하는 것이 보통인데, 특별한 규정이 없는 한, '공포한 날'로부터 20일이 경과한 후에 효력이 발생한다. 여기서 '공포한 날'이라 함은 그 법령을 게재한 관보 또는 신문이 발행된 날을 의미하며, '관보가 발행된 날'에 대해서는 중앙관보보급소에서 일반국민이 최초로 구독하여 볼 수 있는 상태, 즉 최초구독시설이 통설 및 판례의 입장이다.

법의 시행과 공포는 구별되어야 하는 바, 공포일로부터 시행일 사이에 설정된 일정한 기간을 주지기간이라 한다. 법의 제정 또는 공포와 동시에 시행하게 될 경우, 법정책상 여러 가지 폐단이 있으므로 법은 그 시행에 앞서 그 법률의 존재를 국민에게 알리기 위해 공포를 하고, 공포와 시행일 사이에 주지기간을 두는 것이 보통이다.

사례연구 36 **법의 시간적 효력**

제주도에 사는 유관광 씨는 생계유지를 위해 2018년 1월 A사업을 시작하였는데, 2018년 7월 1일에 'A사업을 경영하고자 하는 자는 관할경찰서장의 허가를 받도록 하고, 만약 허가없이 A사업을 경영하는 자는 200만원 이하의 벌금 또는 구류에 처한다'는 X법을 제정하면서 '동법은 공포일로부터 시행한다'고 하였다. 같은 법의 내용을 알지 못했던 유관광은 7월 2일 영업을 한 행위가 적발되어 입건되었다. 그런데 관보는 동년 X법은 동년 7월 2일 인쇄 완료되어 7월 3일 6시에 중앙관보보급소에 배달되었다. 유관광의 입건행위는 적법한가?

▶ 법의 시행일에 대해서는 법의 부칙에서 정하는 것이 보통인데, 특별한 규정이 없는 한, '공포한 날'로부터 20일 경과 후에 효력이 발생한다. 여기서 '공포한 날'이란 '그 법령을 게재한 관보 또는 신문이 발행된 날'이며, '발행

된 날'이란 관보일자설, 인쇄완료시설, 최초구독시설, 지방배포시설 등의 학설이 있는데, 중앙관보보급소에서 일반국민이 최초로 구독하여 볼 수 있는 상태, 즉 최초구독시설이 통설 및 판례의 입장이다. 따라서 유관광의 7월 2일 영업행위에 대한 입건행위는 위법이다.

(2) 법의 폐지

법의 폐지란 법이 가지고 있는 구속력을 소멸시키는 것을 말하며, 명시적 폐지와 묵시적 폐지가 있다.

명시적 폐지란 법문에 그 폐지의 뜻을 명확히 규정함으로써 폐지하는 것을 말한다. 이와 같은 명시적 폐지는 첫째, 법령에 스스로 법의 효력 존속기간을 정해 놓고 그 존속기간의 종료와 더불어 법령은 당연히 폐지되는 경우가 있다. 이와 같이 어떤 법령이 스스로의 존속기간을 미리 정해 놓은 법령을 한시법이라 한다. 둘째, 법의 개정을 통해 폐지되는 경우, 즉, 법이 개정됨에 따라 신법의 규정에 의해 구법의 일부 또는 전부가 폐지되는 경우 등이 있다.

사례연구 37 한시법의 효력

X국 정부에서는 수년간 대가뭄으로 인해 쌀 생산이 급격히 감소하게 되자, 매점매석을 단속하기 위해 2018년 1월부터 1년간 시행되는 '쌀 암거래 단속법'을 제정하여 시행하게 되었다. 그런데 심매석은 2018년 12월 10일부터 닥치는대로 사두었던 쌀을 동년 12월 20일 내다 팔아 큰 돈을 벌었다. 심매석은 동법 위반으로 입건되었고, 2019년 2월에 재판을 받게 되었는데, 이와 같이 유효기간 중에 한 행위를 유효기간이 끝난 2019년 2월에도 처벌할 수 있는가?

|▶ 쌀 암거래 단속법은 미리 유효기간을 정해 놓은 법이므로 한시법에 속한다. 그런데 문제는 유효기간 중에 있었던 위법행위를 유효기간 경과 후에도 그 한시법으로 처벌할 수 있느냐는 점이다. 이에 대하여 우리나라에서는 추급효부정설이 다수설인데, 이 설의 논거는 형법 제1조 제2항의 신법주의의 예외를 인정할 법적 근거가 없고, 그럼에도 불구하고 추급효를 인정하는 것은 죄형법정주의에 반한다는 점 등이다. 따라서 시행기간 만료 후에는 유효기간 전의 위반행위를 처벌할 수 없다고 보아야 한다(다수설의 입장). 그러나 대법원에서는 "… 시행 당시 행해진 위반행위에 대한 가벌성을 소멸시킬 이유가 없으며, 그 폐지 이후에도 행위 당시 시행되던 법에 따라 처벌되어야 한다."고 판시한 바 있다(대판 1988. 3. 22. 87도2678). 그러므로 이와 같은 문제

점의 해결방법으로는 한시법을 제정할 때, 법의 효력기간이 종료된다 하더라도 법의 존속기간 중에 발생한 사건에 대해서는 효력이 미친다는 규정을 두는 것과 같은 입법적 고려가 필요하다고 본다.

묵시적 폐지란 법문에 그 폐지의 뜻을 명확히 규정하지 않고 폐지하는 것을 말한다. 이와 같은 묵시적 폐지는 몇 가지 형태가 있는데, 첫째, "신법은 구법을 개폐한다."는 원칙과 "일반적 신법은 특별적 구법을 개폐하지 못한다."는 원칙의 적용으로 인하여 법이 폐지되는 경우가 있다. 동일한 사항에 대하여 신법과 구법이 모순·저촉될 때에는 그 저촉의 한도에서 구법은 묵시적으로 당연히 폐지된다. 또한, 일반법의 변경에 의하여 기존의 특별법은 영향을 받지 않는데, 그 이유는 특별법은 일반적 사항에서 특수한 사항을 가려내어 그것에 관하여 어느 면에서 특별히 취급한다는 것을 목적으로 하고 있으므로 일반법에 우선하여 적용하지 않으면 안 되기 때문이다. 둘째, 입법 목적사항의 소멸로 인하여 법이 자연히 폐지되는 경우를 말한다. 즉, 처음부터 일정한 조건의 성취, 목적의 달성을 위하여 제정된 법은 그 조건의 성취, 목적사항의 달성으로 당연히 폐지된다.

사례연구 38 **입법 목적달성으로 인한 법의 폐지**

X광역시에서는 대대적인 도로보수작업이 진행 중에 있는데, 이 보수작업이 끝날 때까지 모든 차량에 대해 2부제 운행을 하되, 이에 위반할 때에는 10만원의 과태료를 부과하도록 하는 공고를 하였다. 그런데, 김도로 광역시장은 도로보수작업이 끝났음에도 불구하고 마침 전국체전이 열리게 되자 교통난의 해소를 위해 자동차 운행제한처분을 그대로 유지하려고 하는데, 이와 같은 김도로 광역시장의 행위는 가능한가?

▶ 설문의 경우는 묵시적 폐지로 도로보수공사가 끝남에 따라 처분의 목적이 달성됨과 동시에 해제조건이 성취된 것으로, 결국 설문의 처분은 실효사유의 발생으로 김도로 광역시장의 별도의 의사표시의 유무와 관계없이 도로보수작업이 종료된 시점에서 당연히 실효된다. 따라서 전국체전의 개최로 인한 교통난의 해소와 같은 새로운 목적을 위해 자동차 운행제한처분의 효력을 그대로 유지할 수 없으며, 교통난 해소를 위한 자동차 운행제한처분은 따로 이루어져야 한다.

2. 법률불소급의 원칙

(1) 의 의

법률불소급의 원칙이라 함은 새로 제정 또는 개정된 법률의 효력은 그 시행기간 중에 발생한 사항에 대해서만 적용되고 그 시행 이전에 발생한 사항에 대해서는 적용되지 않는다는 원칙을 말한다. 이 원칙의 예로는 2006년 3월 24일 개정된 주민등록법과 같이 다른 사람이 주민등록 번호를 단순 도용한 자도 처벌할 수 있게 되었지만 그 이전의 행위에 대해서는 처벌할 수 없도록 한 경우 등이다.

이러한 원칙이 인정되는 이유는 법의 소급효를 인정하여 그 시행 이전의 사항에 대해서도 신법을 적용한다면 법적 안정성을 해치고 국민에게 불안감과 법에 대한 불신감을 일으키게 할 염려가 있으며, 나아가 구법에 의하여 발생한 법률관계, 특히 기득권을 보호하기 위한 것이다.

다만, 이 원칙은 법률 본래의 성질에서 나온 것이 아니라, 법적 안정성과 기득권 존중을 위해 법적용상의 원칙에 불과한 것이다.

(2) 내 용

(가) 죄형법정주의 : 죄형법정주의란 어떤 행위가 범죄가 되고, 그 범죄에 대해서 어떤 형벌을 부과할 것인가 하는 것을 미리 성문의 법률로 규정해 놓아야 한다는 원칙을 말한다(자세한 내용은 제3장 형법 제1절 서설 Ⅲ. 죄형법정주의 참조).

사례연구 39 죄형법정주의

육군 소장 전두안은 군사 쿠테타를 일으켜 조국수호 비상대책위원회를 구성하고, '사회질서수호법'을 만들어 국민에게 침묵과 무비판적 충성을 강요하였다. 동법 제1조는 '누구든지 사회질서를 어지럽힐 수 없다', 제2조는 '위반자는 징역에 처한다'고 규정한 단 2개 조문으로 되어 있다. 그리고 부칙은 '이 법은 제정되기 이전의 행위에 대해서도 적용된다'고 규정하고 있다. 어느 날 '도대체 이런 법이 어디 있소!'라고 항의하던 강직해는 구속되었는데, 사회질서수호법은 과연 정당한가?

▶ 입법사항은 국회에 속하므로, 독재자 마음대로 법을 제정한다는 것은 있을 수 없는 악법이며, 위 사례는 형법적 측면에서 볼 때도 죄형법정주의를

위반한 것이다. 즉, 동법 제1조의 '누구든지 사회질서를 어지럽힐 수 없다'는 규정은 명확성의 원칙, 제2조의 '위반자는 징역에 처한다'는 규정은 절대적 부정기형의 금지 등의 위반이며, 부칙에 규정된 '이 법은 제정되기 이전의 행위에 대해서도 적용된다'는 것도 형벌불소급의 원칙을 위반하는 것이다. 따라서 사회질서수호법에 따른 강직해의 구속은 죄형법정주의를 위반 위헌적 행위이다.

(나) 기득권 존중의 원칙 : 기득권 존중의 원칙은 이미 폐지된 구법에 의하여 생긴 권리, 즉 기득권은 신법에 의해 변경·소멸시킬 수 없다는 원칙을 말한다. 이 원칙은 역사적으로는 주로 개인의 재산권에 대하여 주장하여 왔던 것이었으나, 오늘날에 있어서는 절대적인 것은 아니다. 그러나 법적 안정성을 위하여, 일단 부여된 기득권은 존중되도록 노력하여야 할 것이다.

(3) 예 외

이러한 법률불소급의 원칙도 절대적인 것은 아니다. 즉, ① 국민이 소급입법을 예상할 수 있거나 법적 상태가 불확실하고 혼란스러웠거나 하여 보호할 만한 신뢰의 이익이 적은 경우, ② 소급입법에 의한 당사자의 손실이 없거나 아주 경미한 경우, ③ 신뢰보호의 요청에 우선하는 심히 중대한 공익상의 사유가 소급입법을 정당화 하는 경우 등은 그 예외가 인정된다.

개별 법률에도 법률불소급의 원칙에 대한 예외를 두고 있다. 즉, 민법 부칙 제2조 전단에는 "이 법은 특별한 규정이 있는 경우를 제외하고는 이 법 시행 전에 생긴 사항에 대하여도 이를 적용한다."고 규정하고 있다. 또한 형법 제1조 제2항에는 "범죄 후 법률의 변경에 의하여 그 행위가 범죄를 구성하지 아니하거나 형이 구법보다 경한 때에는 신법에 의한다."고 규정하고 있는데, 이 규정은 형벌불소급의 원칙이 범인에게 불이익하게 소급되는 것을 금지하는 것이 본래의 뜻이기 때문에 소급하는 것이 오히려 이익이 될 때는 소급하도록 한 것이다.

이 밖에도 반민주행위자 공민권제한법(4·19 후의 입법), 부정선거관련자처벌법, 정치활동정화법, 부정축재자처리법(5·16 후의 입법), 정치풍토쇄신법(10·26 이후 입법), 5·18 민주화운동 등에 관한 특별법 등의 소급입법이 있다.

사례연구 40 소급효 금지 원칙의 예외

제2차 세계대전 당시 레지스탕스를 소탕하는 임무를 맡고 수많은 프랑스인을 고문·살해했던 '뚜비에'는 1947년 국가 반역죄로 사형선고를 받고 복역 중 탈출하였고 20년이 지난 1967년 시효가 완성되었다. 그러나 피해자 유족들은 1964년에 제정된 X법을 근거로 1973년 뚜비에를 다시 고소하였고, 결국 뚜비에는 1994년 '반인도적 범죄' 혐의로 종신형이 선고되었는데, 이는 죄형법정주의 내용 중, 소급효 금지의 원칙을 위반하는 것이 아닌가?

|▶ 공소시효란 검사가 수사에 착수하여 공소를 제기할 수 있는 기간을 말하는데, 공소시효가 지나면 더 이상 공소를 제기할 수 없으므로 처벌도 불가능하다. 다만 법률불소급의 원칙도 반인도적 범죄행위에 대해 단죄를 내린다고 하는 공익적 필요성에 의해 그 예외를 인정할 수 있다. 예컨대 인도에 관한 죄, 평화에 관한 죄 등 전쟁범죄는 많은 사람들의 기본적 인권을 말살하는 반인륜적 범죄이므로 시효를 두지 말자는 주장이 제기되어 입법화되고 있다. 12·12 군사쿠데타에 대해 시효를 정지시키도록 한 '5·18민주화운동에 관한 특별법'도 그러한 예의 하나이다. 다만, 이러한 법률은 법의 이념 중 정의를 구현할 수 있지만 법적 안정성을 해치게 된다.

사례연구 41 5·18특별법의 공소시효정지

5·18특별법 제2조는 '12·12 및 5·18사건 등 헌정질서파괴범죄의 공소시효정지'를 규정하고 있는데, 이는 형벌불소급 등 헌법상의 원칙을 위반한 것인가?

|▶ 헌법재판소에서는 "5·18특별법 제2조의 공소시효정지는 헌법에 위반된다고 선언할 수 없다."는 결정을 내린 바 있다. 즉, 내란범죄 등 헌정질서파괴범죄는 일반형사범과는 달라 죄형법정주의, 법치국가의 원리, 평등원칙, 적법절차의 원리에 어긋나지 않는다(합헌의견; 소수의견 4명). 다만, 다수의견(5명)으로 헌정질서파괴범죄의 처벌도 헌법의 테두리 안에서 법치주의 내지 적법절차의 원리에 따라 이루어져야 하며, 5·18특별법 시행 이전에 12·12 및 5·18사건의 공소시효가 지났다고 볼 경우, 공소시효 정지조항은 형벌불소급의 원칙에 위반된다는 한정위헌결정을 내린 바 있다(1996. 2. 16. 96헌가2).

3. 경과법

법령이 개정·폐지되는 경우에는 구법 시행시의 사항에 대해서는 구법을 적용하고, 신법시행 후의 사항에 대해서는 신법을 적용하는 것이 원칙이다. 그러나 구법의 적용기간에 발생한 사항이 신법 적용기간까지 계속하여 진행되는 경우에는 구법을 적용할 것인가, 아니면 신법을 적용할 것인가가 문제가 되는데, 이의 해결을 위해 만들어진 법을 경과법이라고 하고, 이와 같은 경과법은 신법·구법시대를 연결하는 시제법으로서 양법간의 조화를 꾀하는 것이 그 목적이다. 경과법은 법령의 부칙에 규정하는 것이 보통인데, 특히 시행법, 시행령 등을 제정하여 규정하는 경우도 있다.

Ⅱ. 법의 장소적 효력

1. 원 칙

법의 장소적 효력이란 법이 어떠한 지역적 범위에서 적용될 것인가 하는 법의 공간적 효력을 말한다. 한 나라의 법은 원칙적으로 그 국가의 전영역에 걸쳐 적용된다. 즉, 법의 장소적 효력은 자국의 영역 안에서만 미치고, 그 영역 밖에는 미치지 않는다는 것이 원칙이다.

국가의 영역은 국가의 영토고권이 배타적으로 행사되는 공간을 말하며, 영토, 영해, 영공 등을 포함하고 있으므로 법은 그 나라의 영역 내에 거주하는 사람이라면 내국인, 외국인을 막론하고 모든 사람에게 적용된다.

사례연구 42 **영토고권**

1960년 이스라엘은 유태인에 대한 잔혹한 반인륜적 범죄행위를 저지른 독일의 게슈타포의 유태인과장이었던 아돌프 아이히만(Otto Adolf Eichmann)을 아르헨티나로부터 몰래 납치하였고, 아이히만은 예루살렘지방법원에 사형이 언도되어 교수형이 집행되었다. 그의 주검은 화장되었으며, 성스러운 유태인의 땅을 사탄의 재로 더럽히지 않겠다는 이스라엘에 의해 재를 지중해에 뿌렸다. 여기에서 아이히만을 아르헨티나로부터 몰래 납치한 이스라엘의 행위는 국제법을 위반한 것인가?

▶ 예루살렘지방법원에서는 '설사 연행에 불법이 있다하더라도 그것은 연행방법에 대한 것이지 재판관할권에 영향을 주지 않는다'고 하였으나, UN 안전보장이사회에서는 국가가 영역 내의 모든 사람과 사물에 대해 행사하는 배타적 권리인 영토주권을 위반하였으므로 이스라엘에 대해 적절한 배상을 하도록 권고한 바 있다(Otto Adolf Eichmann 사건, 1960).

사례연구 43 **대한민국 법령의 북한 적용문제**

우리나라의 영토는 한반도와 그의 부속도서로 하고 있는데, 우리의 법이 북한에도 미치는가? 또한, 북한주민이었던 이조선이 중국인과 혼인을 통해 중국 국적을 취득한 후 중국주재 북한대사관으로부터 공민증을 발급받은 경우에 우리의 국적을 가질 수 있는가?

▶ 우리나라의 영토는 한반도와 그의 부속도서(헌법 제3조)이므로 북한지역도 우리의 영역이므로 효력이 미치지만 실효성이 없을 뿐이다. 대법원 판결(1961. 9. 28)에서도 '북한지역은 대한민국의 영토의 일부로서, 이 지역에는 대한민국의 주권이 미친다'고 판시한 바 있다. 또한 북한 공민권을 갖고 있는 경우에 우리의 국적을 가질 수 있는지의 여부도 북한지역이 대한민국의 영토에 속하는 만큼 대한민국 국적을 유지하는데 아무런 문제가 없다. 즉, 북한주민도 엄연한 대한민국 국민이다(대판 1996. 11. 12).

2. 예 외

한 나라의 법은 원칙적으로 그 국가의 전 영역에 걸쳐 적용되지만, 다음과 같은 예외가 있다.

첫째, 외국에 의한 점령지역이나 조차지, 영사재판권 행사지역 등에 대해서는 자국법의 효력이 미치지 아니한다. 예컨대, 제2차 세계대전 당시 독일이 점령한 폴란드 내의 경우, 1898년의 중국과 영국의 조약에 의한 홍콩의 조차와 같은 경우, 그리고 1842년 청나라의 아편전쟁 후, 청나라와 영국간에 남경조약을 체결하여 청나라에 재유하고 있는 영국인에 대하여 그 본국의 영사 등이 재판하게 된 경우 등이 있다.

둘째, 군함, 공선 그리고 군용·공용의 항공기 등은 자국영토의 일부로 보고 있기 때문에 자국 영역 내에 있는 외국의 군함·공선 또는 군용·공용의 항공기 안에서는 자국법의 효력이 미치지 않으며, 반대로 공해상에 있거나 외국영역 내에 있는 자국의 군함·공선 또는 군용·공용의 항공기 안에서는 자국법이 적용된다.

셋째, 지방자치단체가 제정한 자치법규, 즉 조례나 규칙 등은 국가의 전 영역에 효력이 미치는 것이 아니라, 그 제정 목적상 그 지방에 한하여 적용된다.

넷째, 법의 제정목적이 특정한 지역을 대상으로 하는 경우에는 그 지역에 대해서만 효력을 미친다.

다섯째, 자국민이 외국에 있더라도 참정권, 청원권, 병역의무, 친족·상속권, 자국 외교사절이 타국에 거주하고 있는 경우 등에 대해서는 자국법이 적용된다.

Ⅲ. 법의 인적 효력

1. 원 칙

법의 인적 효력이란 법이 어떠한 사람에게 적용되는가 하는 문제, 즉 누가 법의 적용을 받으며, 또 누가 법의 적용으로부터 제외되는가 하는 것을 말한다. 법의 장소적 효력에 의하면 법은 그 나라 전 영역에 걸쳐 그 효력이 미치는 것이 원칙이지만, 그 법의 효력이 그 나라에 거주하는 외국인에게 전적으로 미치는가, 또는 외국에 거주하는 자국민에게도 전적으로 미치는가가 문제된다.

이에 관해서는 종래로부터 속인주의와 속지주의가 대립하고 있다.

속인주의란 한 나라의 법은 그 사람의 국적을 기준으로 그가 자국 내에 있던지, 아니면 외국에 있던지를 묻지 않고 항상 본국법에 따르게 하는 입법주의를 말하며, 대인고권의 요청에서 비롯된 것이다. 반면에 속지주의란 한 나라의 법은 국가의 영역을 기준으로 그 영역 내에 거주하는 사람이 내국인인지, 아니면 외국인인지를 묻지 않고 항상 절대적으로 적용된다는 입법주의를 말하며, 영토고권의 요청에서 비롯되었다.

다만, 오늘날 국제사회에는 영토고권이 대인고권에 우선한다는 원칙(속지주의 우선의 원칙)이 확립되어 있는데, 국가상호간의 영역을 존중한다는 의미에서 속지주의가 원칙적으로 적용되며, 이에 따른 불편이나 모순을 시정하기 위하여 속인주의를 보충·병행하고 있다.

그런데 이와 같은 법의 인적 효력문제에 있어서는 자국 내에 거주하는 외국인에게 거주국의 법을 적용하려는 속지주의와 외국인의 본국법을 적용하려는 속인주의가 충돌될 때, 어느 주의를 적용시킬 것인가가 문제된다. 예컨대, 갑국이 속지주의를 채용하고 있는 법에 따라 자국 내에 거주하는 을국의 국민에게 자국의 법을 적용하려고 하고, 을국은 속인주의를 채용하고 있는 법에 따라 갑국에 있는 자국민에 대하여 본국법을 적용하려고 하는 경우에 양국의 법이 충돌되는 일이 발생된다. 이것을 법률의 저촉이라고 하며, 이 저촉을 해결하고 섭외적 법률관계에 관한 준거법을 지정하기 위하여 국제사법을 두고 있다.

사례연구 44 속인주의와 속지주의

한영특은 임신 8개월의 임산부이다. 한영특은 장차 태어날 아이의 유학비용 문제 등을 고려하여 미국에서 아이를 낳기로 결심하고 언니가 살고 있는 하와이에 가서 이미국을 출산하였다. 한영특은 사회적 물의를 빚고 있는 이른바 원정출산을 하였다. 이 경우, 이미국은 한국 국적을 취득하는가 아니면 미국 국적을 취득하는가?

▶ 우리나라는 부모의 국적에 따라 국적이 결정되는 속인주의, 즉 혈통주의를 원칙으로 하고, 대한민국에서 발견된 기아에 대하여 예외적으로 속지주의를 채택하고 있다(국적법 제2조). 따라서 이미국은 대한민국 국적을 취득한다. 다만, 미국은 속지주의를 채택하고 있으므로 이미국은 미국 국적을 아울러 취득할 수 있어 이중국적을 갖게 된다. 그런데, 우리나라 국적법은 "만 20세가 되기 전에 복수국적자가 된 자는 만 22세가 되기 전까지, 만 20세가 된 후에 복수국적자가 된 자는 그 때부터 2년 내에 제13조와 제14조에 따라 하나의 국적을 선택하여야 한다"고 하여 이중국적자에 대한 국적선택의무조항을 두고 있으므로(제12조 제1항), 이미국은 만 22세가 되기 전까지 우리의 국적법에 따라 대한민국 또는 미국 중에 하나의 국적을 선택해야 한다.

2. 예 외

한 나라의 법은 원칙적으로 모든 사림에게 적용되지만, 다음과 같은 예외가 있다.

첫째, 재외국민에 대해서 자국법이 적용되는 경우가 있다. 즉, 참정권 · 청원권 · 병역의무 등과 같이 그 성질상 속지주의를 강행하기 어려운 것은 외국에 있는 자국민에게도 본국법이 적용된다.

둘째, 형법상 일정한 범죄에 대해서는 재외국민은 물론 재외타국인에 대해서도 자국법이 적용되는 경우가 있다. 이런 문제와 관련하여 우리 형법 제5조에서는 내란 · 외환 · 국기 · 통화 · 유가증권 · 우표 · 인지 등의 범죄에 관해서는 우리 나라 밖에서 그 죄를 범한 내국인뿐만 아니라 외국인에 대해서도 우리 형법을 적용한다고 규정하고 있다. 다만, 그와 같은 죄를 범한 자가 있는 재류국으로부터 범죄자의 인도를 받지 못하면 그 법을 적용할 방법이 없다.

셋째, 외교사절의 특권과 면제를 향유하는 자에 대해서는 재류국의 법을 적용하지 않는다는 것이 국제법상의 원칙이다. 여기서, 외교사절의 특권과 면제(외교특권)라 함은 접수국에서 보통의 국민이나 외국인보다 특별한 보호 · 대우가 인정되며, 일정한 경우 접수국의 관할권으로부터 면제가 된다. 외교특권에는 불가침권(신체 · 공관 · 문서의 불가침), 재판권의 면제(형사 · 민사 및 행정, 증언의 면제), 사회보장의 면제, 과세권의 면제, 통신 · 여행의 자유 등이 있다. 또한, 외국에 주둔하고 있는 군대의 군인인 경우, 공무상 과실 등인 경우에는 소속 국가의 법을 적용받는 것이 일반적이다.

사례연구 45 외교사절의 특권과 면제

X국 주재 Y국 대사관 2등서기관 야추태는 야유회에서 술을 마시고 운전을 하다가 X국 국민인 이억울에게 중상을 입히고 도주하던 중 X국 경찰에 의해 저지를 당하였다. X국에서는 야추태를 체포하여 형사상 소추를 할 수 있는가? 그리고 이억울은 야추태를 상대로 민사상 손해배상청구가 가능한가?

▶ 외교사절은 접수국의 경찰권으로부터 면제된다. 접수국은 외교사절에 대하여 경찰권을 과할 수 없다. 외교사절이 접수국의 경찰규칙에 위반하는 경우에는 접수국은 파견국에 대하여 소환을 요구하거나 외교사절에 대하여 퇴거를 요구할 수 있을 뿐이다. 다만, 외교사절이 경찰규칙에 위반하는 경우에 긴급한 필요가 있을 때에는 일시적으로 신체의 자유를 구속할 수 있다. 또한, 외교사절은 일정한 경우를 제외하고는 접수국의 민사재판권으로부터 면제가 된다. 따라서 외교사절에 대한 민사소송은 접수국 법원에 제기될 수 없고, 접수국 법원이 이를 수리할 수도 없다(1961년 비엔나협약 제31조). 따라서 X국은 야추태에 대한 형사소추가 불가능하고, 이억울도 야추태를 상대로 민사소송을 제기할 수 없다.

넷째, 대통령과 국회의원과 같이 그 직무수행을 충실히 하도록 하기 위하여 신분상의 특권을 향유함으로써 형사상의 책임이 면제되는 경우가 있다. 우리 헌법 제84조에는 "대통령은 내란 또는 외환의 죄를 범한 경우를 제외하고는 재임 중 형사상의 소추를 받지 아니한다."고 규정하여 대통령의 국가원수로서의 지위를 보장하기 위한 특권을 부여하고 있다. 또한, 헌법 제44조 제1항에는 "국회의원은 현행범인인 경우를 제외하고는 회기중 국회의 동의없이 체포 또는 구금되지 아니한다.", 그리고 같은 조 제2항에는 "국회의원이 회기 전에 체포 또는 구금된 때에는 현행범인이 아닌 한 국회의 요구가 있으면 회기중 석방된다."고 하여 국회의원에 대한 불체포특권을 규정하고 있으며, 같은 법 제45조에는 "국회의원은 국회에서 직무상 행한 발언과 표결에 관하여 국회 외에서 책임을 지지 아니한다."고 규정하여 국회의원에 대한 발언·표결의 자유를 인정하고 있다.

사례연구 46 국회의원의 불체포특권

정기국회 대정부질의를 벌이고 있던 야당의원인 정의감은 여당의 비밀장부 등을 펼쳐 보이면서 '지난 대통령 선거에서 한마음당은 차떼기(?)로 거액의 불법정치자금을 거둬들였다. 그 주역은 현재 한마음당의 사무총장 서상모 의원인데, 당장 체포하여 수사하라!'고 촉구하였다. 이와 같이 증거가 명백한 경우, 검찰은 국회 회기 중에 국회의원 서상모를 체포하여 수사할 수 있는가?

▶ 국회의원은 현행범인인 경우를 제외하고는 회기 중 국회의 동의없이 체포 또는 구금되지 아니하며, 국회의원이 회기 전에 체포 또는 구금된 때에는 현행범인이 아닌 한 국회의 요구가 있으면 회기 중에 석방된다(제44조). 여기서 '회기 중'이란 집회일로부터 폐지일까지를 의미한다. 따라서 서상모 의원에 대한 체포는 국회 회기가 끝나야 가능하다. 그런데 이와 같은 국회의원의 불체포특권을 남용하여 국회 회기가 끝날 때마다 다시 임시회의를 소집하여 체포·구금할 수 없게 만드는 이른바 '방패국회(?)'가 문제가 되고 있다. 국회의원에 대한 불체포특권은 국회의원의 범죄행위에 대한 책임면제가 아니라 행정부의 부당한 체포권의 남용을 막기 위해 인정된 특권이므로 불체포특권의 남용방지를 위한 입법적 고려가 필요하다.

사례연구 47 **국회의원의 발언·표결의 자유**

국회의원 김홍분은 본회의에서 대정부질의를 하던 중, '우리 헌법에는 복수정당제가 인정됨에도 불구하고 진보적 성향이 강한 창당준비위원회를 해산시킨 것은 우리 헌법상 인정되는 복수정당제를 부인하는 것이 아닌가' 하며 정부를 비난하였다. 그런데 국무총리 이소신은 '창당을 준비하고 있는 사람들은 과거의 이념적 색채가 의심된다'면서 '붉으스래한 창당준비위위원회를 해산시키는 것은 헌법수호 차원에서 정당하다'는 소신을 굽이지 않자, 김홍분은 흥분한 나머지 욕설과 함께 김소신의 과거 여성편력까지 들먹였는데, 이에 대해 모욕죄 내지 명예훼손의 죄로 처벌할 수 있는가?

|▶ 국회의원은 국회 내에서 직무상 행한 발언과 표결에 관하여 국회 외에서 책임을 지지 아니한다(헌법 제45조). 이는 국회의원의 지위와 직능상의 특수성에 의해 정책적으로 인정한 특권이지만, 국회 내에서의 징계, 책임추궁과 외부(국민)에 대한 정치적 책임까지 면제되는 것은 아니다. 따라서 김홍분을 형사처벌할 수 없지만, 국회 내의 윤리위원회의 제소는 가능하다.

다섯째, 특별법에 의해 인적 효력의 범위가 제한되는 경우가 있다. 법은 모든 국민에게 평등하게 제한없이 적용되어야 할 것이지만, 특별법과의 관계로 인하여 법이 전국민에게 적용되지 않고 일정한 신분을 가진 사람에게만 적용되는 경우가 있다. 예컨대, 국가공무원법은 국가공무원에 대해서만, 소년법은 소년에게만, 그리고 근로기준법은 사용자와 근로자에게만 적용되는 것이 그 예이다.

사례연구 48 **친족의 범인은닉**

김사랑은 억대 도박판을 벌여 지명수배를 받고 있던 아들 김도박을 지하차고에 숨겨 주었다. 경찰이 와서 김도박의 행방을 물을 때마다 집에 들어오지 않았다고 거짓말을 하였는데, 김사랑의 이와 같은 행위는 처벌되는가?

|▶ '벌금 이상의 형에 해당하는 죄를 범한 자'를 은닉하거나 도피시키게 되면 범인은닉죄로 처벌받는다. 다만, 행위자가 범인과 친족 또는 동거하는 가족관계에 있는 경우에는 처벌하지 않는다. 우리 형법은 친족간에는 혈연, 인정, 본능이라는 끈끈한 정서로 결합되어 있다는 것을 고려하여 특례를 인정하고 있다.

사례연구 49 형사미성년자

한덩치의 실제 나이는 16세이나 부모가 출생신고를 늦게 하여 호적으로는 13세이다. 한덩치는 동급생 한미모를 짝사랑하였고, 마침내 데이트 신청을 하였으나 한미모가 이를 거절하자 강제로 납치하고 결혼까지 요구하였다. 한덩치는 처벌되는가?

▶ 형법은 14세 미만의 자를 '형사미성년자'라고 하여 책임능력이 없는 자로 보아 그의 범죄행위를 처벌하지 않는다(형법 제9조). 여기서 14세 미만이란 13세 11개월 29일까지, 즉 만 14세 생일 전까지를 말한다. 민법상의 성년은 만 19세지만, 형법에서는 19세 미만의 미성년자에 대해서 소년법에서 특별히 취급하는 바, 원칙적으로 형벌이 아닌 '보호처분'을 하며, 형벌을 과하는 경우에도 정기형이 아니라 단기형과 장기형이 부과되는 상대적 부정기형을 선고하여 교정과 교화를 시도한다. 다만, 14세 미만인지의 여부는 호적을 기준으로 하지 않고, 실제 나이를 기준으로 한다. 따라서 실제 나이가 16세인 한덩치는 감금죄로 처벌받는다.

제5장 법의 해석과 적용

제1절 서 설

법은 인간의 사회생활관계를 규율하는 규범이다. 그러므로 법 그 자체라고 하는 것은 아무런 의미가 없으며, 법의 생명은 그의 실천에 있다. 즉, 법은 그 내용에 있어 사회생활의 구체적 사실을 실현하여야 하는 실천적 성격을 가지고 있는 것이다. 법은 현실적·효과적으로 사회를 규율하여, 사회 구성원들로 하여금 법의 규범을 지키도록 하며, 법에 위반하지 않도록 지배·구속하는 힘을 발휘하지 않으면 그 존재가치를 상실하고 만다.

그러나 법은 그것이 어떤 특정한 사건에 적용되기 위한 것이 아니기 때문에 그 내용은 일반적이고 추상적이다. 이와 같이 법이 규정하는 내용은 일반적·추상적이기 때문에 그것을 구체적인 사건에 적용하기 위해서는 법의 의미·내용을 그 사건에 결부시킬 수 있도록 구체화하여야 한다.

요컨대, 법을 적용함에 있어서는 구체적으로 법적 가치판단의 대상이 되는 사회적 사실관계를 확정해야 하며, 그에 적용될 법규의 의미나 내용을 명백히 하지 않으면 안 된다.

제2절 법의 해석

Ⅰ. 의 의

법의 해석이라 함은 일반적·추상적 법규범을 구체적인 사건에 적용하기 위하여 법규범의 의미와 내용을 밝히고 확정하는 것을 말한다. 즉, 법의 해석이란 객관적으로 존재하는 법에 대하여 법의 목적과 이념에 합당하게 그 의미·내용을 명백히 하는 것으로서 법의 내용을 파악하는 과정이다.

법해석의 대상이 되는 것은 주로 성문법이다. 관습법도 해석을 필요로 하지만, 관습법은 구체적 성격이 강하기 때문에 해석상의 곤란은 별로 없다. 성문법에 있어서 해석이 필요한 이유는 다음과 같다.

첫째, 성문법의 불완전성에 있다. 사회생활은 대단히 복잡, 미묘하기 때문에 그 전반을 모두 규율하는 것은 도저히 불가능하고, 또 구체적인 사실은 천차만별이기 때문에 성문법의 정립에 있어서는 문장이 갖는 성질상 고정적·일반적·추상적일 수밖에 없으므로, 이것을 유동적·구체적인 생활관계에 적용하기 위해서는 반드시 해석과정을 거치지 않으면 안되기 때문이다. 예컨대, 형법 제250조 제1항의 "사람을 살해한 자는 …"이라고 할 때, '사람'이라는 의미가 쉽게 파악되지 않는다는 점이다. 즉, 언제부터 사람이고, 언제부터 죽는 것인가, 태아는 사람인가, 또 사자(死者)는 언제부터인가, 여기에서의 사람에는 '법인'은 포함되지 않는 점에서 민법에서 말하는 '인'(人)과도 다르다.

둘째, 성문법의 불완전성을 해결할 목적에서 인정되는 이른바 '백지규정'의 존재에 있다. 성문법 중에는 그 법규에 포괄성·탄력성을 주기 위하여 매우 추상적이며, 막연한 윤곽만을 보이고 있는 규정이 있어, 그 내용을 알기 위해서는 해석을 통하지 않으면 안 되는 것이다. 예컨대, 법조문 가운데는 '정당한 사유', '어쩔 수 없는 사유', 혹은 '불가항력' 등의 표현이 있는데, 이러한 표현이 쓰인 규정의 적용은 해석을 떠나서는 무의미한 것이 된다.

셋째, 성문법에 쓰이는 용어는 일반인의 상용어와는 달라서 누구나 쉽게 알지는 못한다. 예컨대, '선의로'는 통속적으로는 '호의로'를 뜻하지만, 법률용어로서는 '어떤 사정을 알지 못하고'라는 의미로 사용되고 있으며, '악의로'

의 통속적 의미는 '해칠 의사로'를 뜻하지만 법률용어로서는 '어떤 사정을 알면서'의 의미로 사용되고 있으므로 특히 법조문의 의미·내용의 해석은 중요하다.

Ⅱ. 법해석의 종류

법해석의 종류에는 국가기관에 의한 해석과 학문적 해석으로 나눌 수 있다. 첫째, 국가기관에 의한 해석이란 법규를 제정·집행·선언할 권위있는 국가기관이 그 권한에 근거하여 해석하는 것으로서 유권해석이라고 하고, 둘째, 학문적 해석이란 법학적 견지에서 법을 해석하는 것으로 학리해석(무권해석)이라 한다.

1. 유권해석

유권해석이란 권한있는 국가기관에 의한 법규의 해석을 말하며, 공적 구속력을 가지고 있기 때문에 공권적 해석이라고도 한다. 유권해석은 어떤 기관에 의한 해석이냐에 따라 다시 입법해석, 사법해석, 행정해석 등으로 세분된다.

(1) 입법해석

입법해석이란 입법기관에 의한 해석을 말하며, 법규해석, 법정해석, 강제해석이라고도 한다. 즉, 입법기관이 입법권에 근거하여 일정한 법개념 또는 법규범의 해석을 다시 법규정으로 정해 놓은 것을 말한다. 이는 실질적으로는 법의 해석이 아니라 법규인 것이며, 새로운 법의 정립이라 할 수 있다. 입법해석은 그 자체가 독립한 법규이기 때문에 절대적인 권위를 가지고 있으며, 가장 공적 구속력이 강한 해석이다.

입법해석은 다음과 같은 경우가 있다.

첫째, 동일법령 가운데 성문법규의 용어에 대한 해석규정을 두는 경우가 있다. 예컨대, 상법 제4조의 "자기의 명의로 상행위를 하는 자를 상인이라 한다."는 규정이나 청소년보호법 제2조는 "'청소년'이란 만 19세 미만인 사람을 말한다. 다만, 만 19세가 되는 해의 1월 1일을 맞이한 사람은 제외한다."는 규정이 그 예이다.

둘째, 부속법규에 그 해석규정을 두는 경우가 있다. 예컨대, 수표법 부칙 제66조의 "본법에서 휴일이라 함은 국경일, 공휴일, 일요일 기타의 일반휴일을 이른다."는 규정이 그 예이다.

셋째, 법문 가운데 실례를 보여 해석의 표준으로 하는 경우가 있다. 예컨대, 민법 제32조에 비영리법인에 대하여 학술, 종교, 자선, 기예, 사교 기타 영리 아닌 사업을 목적으로 하는 사단 또는 재단 등으로 규정하고 있는 것이 그 예이다.

사례연구 50 **노동관계법상 '근로자'에 대한 입법해석**

행복방송회사에는 아름다운관현악단이 있고, 회사에는 악단원과 출연계약을 체결하면서 출연계약자는 월 100시간 출연할 것을 약속하고, 회사는 이에 대해 정액의 보수를 지급하고 있다. 출연자들은 아름다운노동조합을 결성하였고, 공연 중 무대장치가 무너져 단원 김나팔이 부상당했다. 아름다운노동조합은 김나팔에 대해 산재보험 절차를 취해주고, 향후 근로기준법 적용을 요구하는 단체교섭을 신청하였는데, 행복방송회사는 단체교섭에 응해야 하는가?

▶ 근로기준법(제2조 제1항 제1호)이나 노동조합 및 노동관계조정법(제2조 제1호)에는 "근로자"라 함은 직업의 종류를 불문하고 임금·급료 기타 이에 준하는 수입에 의하여 생활하는 자라고 규정하고 있는데, 이를 입법해석이라 한다. 사례에서 김나팔은 행복방송회사와의 교섭에 의해 정해지는 정액의 보수에 의해 생활하는 자이므로 노동관계법상의 근로자이고, 아름다운노동조합도 노동조합에 해당한다. 따라서 행복방송회사는 아름다운노동조합과의 단체교섭에 응해야 한다.

(2) 사법해석

사법해석이란 사법기관, 즉 법원에 의하여 행해지는 해석을 말하며, 보통 판결의 형식으로 이루어지므로 재판해석이라고도 한다. 예컨대, '종중의 구성원은 성인 남녀로 한다(대법원)'는 것이나 'ATV[all tertain vehicle, 전지형(전지형)만능차, 주로 레저용으로 사용됨]는 도로교통법상의 자동차에 해당되어 음주운전으로 인한 사고에 대한 배상책임이 있다(대법원)'는 것 등이 그 예이다. 법원은 구체적인 법률상의 분쟁이 있을 때에 무엇이 법인가를 판단하고, 선언하는 기관이므로 법의 최종적 해석기관이다.

그러면 사법해석이 타법원에 대해 구속력이 있는가?

영미법계 국가인 영국에 있어서는 상급법원의 판결례는 이후 그 법원이나 하급법원에 있어서 동질의 사건에 관해서는 전 판례와 다르게 판결할 수 없기 때문에 사법해석에 구속력이 항상 인정되고 있다.

반면, 로마법을 계수한 유럽제국, 중국, 일본, 우리나라 등 대륙법계 국가들은 성문법이 발달되어 순전히 법전주의에 입각한 결과, 사법해석, 즉 판례는 법원에 대하여 법률상의 구속력을 갖지 못하는 것이 원칙이다. 그러나 실제에 있어서는 하급법원이 상급법원과 다른 판결을 하게 되면 그 판결이 상급법원에 가서 파괴될 염려가 있으므로, 하급법원은 상급법원의 판결을 존중할 수밖에 없고, 법원조직법 제8조와 같이 "상급법원 재판에서의 판단은 해당 사건에 관하여 하급심을 기속한다."고 규정하고 있어 대법원의 판결은 국민이나 법원에 대하여 사실상의 구속력을 가지므로 개별적으로 취급되는 당해사건에 관한 한 사법해석은 원칙적으로 최종적인 구속력을 가진다.

사례연구 51 **'축산물 위생관리법'상 '가축'에 대한 사법해석**

한건강씨는 여름철 기력회복을 위해 흑염소 소주를 만들 목적으로 야산에서 자기가 키우던 흑염소를 도축하였다. 이에 김확대 검사는 흑염소도 같은 법상 가축에 포함되는 것으로 생각하여 한건강을 같은 법 위반으로 기소하였다. 한건강은 어떻게 되는가?

▶ '축산물 위생관리법'은 축산물의 위생적인 관리와 그 품질의 향상을 도모하기 위하여 가축의 사육·도살·처리와 축산물의 가공·유통 및 검사에 필요한 사항을 정함으로써 축산업의 건전한 발전과 공중위생의 향상에 이바지함을 목적으로 제정되었다(제1조). 구(舊) 축산물가공처리법(현, 축산물 위생관리법) 제45조 제1항 제1호에는 '소, 돼지, 말, 양을 위생처리시설이 아닌 장소에서 도축한 자는 7년 이하의 징역 또는 1억원 이하의 벌금에 처한다'고 규정하고 있었다. 이에 따라 법원은 '흑염소는 동법의 가축에 포함되지 않는다'면서 무죄판결을 하였는데 이를 사법해석이라 한다. 그 후 국회에서는 축산물 위생관리법 제2조 제1항 제1호에서 "가축이란 소, 말, 양(염소 등 산양을 포함한다. 이하 같다), 돼지(사육하는 멧돼지를 포함한다. 이하 같다), 닭, 오리, 그 밖에 식용을 목적으로 하는 동물로서 대통령령으로 정하는 동물을 말한다."고 개정하였는데 이를 입법해석이라 하고, '허가받은 작업장이 아닌 곳에서 가축을 도살·처리한 자는 10년 이하의 징역 또는 1억원 이하의 벌금에 처한다'고 규정하고 있다(같은 법 제45조 제1항 제1호).

(3) 행정해석

행정해석이란 행정기관에 의한 해석, 즉 행정관청에서 법을 집행함에 있어서 필요한 경우, 법 집행권한에 근거하여 내리는 해석을 말한다. 행정관청이 스스로의 판단에 의하여 법을 해석, 집행하는 경우도 있고, 상급행정관청이 법의 해석에 관하여 회답, 훈령, 통첩 등의 형식으로 지시를 주는 경우도 있는데, 행정해석은 일단 유효하지만 최종적인 구속력은 없다.

2. 학리해석(무권해석)

학리해석이란 법문 자체, 법의 입법취지 및 그 법을 적용할 사물의 성질 등을 기초로 하여 법의 의미나 내용을 확정하는 것을 말한다. 즉, 학리해석은 권한있는 기관에 의한 해석이 아니라, 주로 사인 특히 법률학자의 학리에 기초하여 행하여지는 지식적 해석을 말하며, 공권력을 가지고 있지 않기 때문에 무권해석이라고도 하며, 문리해석과 논리해석으로 나누어진다.

(1) 문리해석

문리해석이란 법령의 문장, 문구의 의의를 기초로 하여 문자 그대로 해석하는 방법을 말한다. 문리해석은 법해석의 방법 중에서 가장 많이 쓰이고, 이를 떠나서는 법의 해석이 있을 수 없지만, 문리해석만으로 법의 해석이 완전할 수 없기 때문에 문리해석은 어디까지나 법해석의 첫 단계에 지나지 않는다.

문리해석 방법으로는 첫째, 문자와 문장은 그 전문(全文)에 관련시켜 해석하여야 하며, 둘째, 동일법령 중에 있는 동일한 문자 및 문장은 동일한 의미로 해석하여야 한다. 셋째, 문자와 문장을 그 제정 당시의 의미가 아닌 해석 당시의 의미로 파악해야 할 것이다.

사례연구 52 과다노출죄와 문리해석

우리나라에 미니스커트를 유행시킨 사람은 가수 윤복희로 알려지고 있고, 짧은 미니스커트는 처벌받은 경우도 있다. 유행도 변하여 1994년 여름부터 소위 배꼽티가 유행하였는데, 배꼽티를 입은 여자에 대해 처벌을 할 수 있는가?

▶ 누구나 자기의 사적생활을 자유롭게 영위할 수 있다. 그러나 국가안전보장 · 질서유지 · 공공복리를 위해 법률에 정하는 바에 따라 어느 정도의 사

생활의 자유는 제한된다. 구(舊) 경범죄처벌법 제1조 제41호(과다노출)에는 “여러 사람의 눈에 뜨이는 곳에서 함부로 알몸을 지나치게 내놓거나, 가려야 할 곳을 내어 놓아 다른 사람에게 부끄러운 느낌이나 불쾌감을 준 사람”에 대해서는 10만원 이하의 벌금, 구류 또는 과료의 형으로 처벌된다고 규정하였다. 문리해석에 있어서 유의할 점은 법 규정이 시대나 장소에 따라 같지 않을 것이므로 제정 당시의 의미로 파악할 것이 아니라, 해석 당시의 의미로 파악해야 할 것이다. 과거 우리나라에서는 무릎으로부터 일정한 높이 이상의 미니스커트를 입은 사람을 처벌한 적도 있으나, 현재에는 배꼽티를 입는 행위도 경범죄처벌법이 적용되지 않고 있으며, 같은 조의 적용 문제는 결국 사회통념이 무엇인가에 달려 있다. 한편, 현행 경범죄처벌법 제3조 제33호(과다노출)에는 “공개된 장소에서 공공연하게 성기·엉덩이 등 신체의 주요한 부위를 노출하여 다른 사람에게 부끄러운 느낌이나 불쾌감을 준 사람”으로 개정되었고, 이를 위반한 경우에는 10만원 이하의 벌금, 구류 또는 과료(과료)의 형으로 처벌된다.

(2) 논리해석

(가) 확장해석 : 확장해석이란 법문(법문)의 의미를 보통의 뜻보다 넓게 해석하는 방법을 말한다. 즉, 문리해석에 의한 법문의 단순한 해석이 너무 좁아서 법규의 진정한 뜻을 실현할 수 없을 때, 그 문구가 나타내는 뜻보다 넓게 해석하는 방법을 말하는 것으로 ‘우마차(牛馬車) 통행금지’를 ‘모든 동물이 끄는 차의 통행금지’로 해석하는 것이 그 예이다. 또한, 형법 제250조에 “사람을 살해한 자는 …”이라고 하는 것은 칼로 사람을 상해하는 것과 같이 반드시 작위에 의한 살인만을 의미하는 것이 아니라, 갓난 아이에게 젖을 주지 않음으로써 죽게 하는 것과 같이 부작위에 의한 살인을 포함하는 것과 같은 경우이다. 이와 같은 확장해석은 주로 사법의 분야에서 널리 쓰이고 있으나, 형법의 범위에서는 죄형법정주의의 요구로 인하여 인정되지 않는 경우가 많다.

사례연구 53 상해죄

김외골은 이미녀를 죽자 살자 따라 다녔지만, 이미녀는 김외골이 징그럽기만 하였다. “제발 징그럽게 따라다니지 말라”고 매몰찬 소리를 듣게 된 김외골은 “그럼 정말 징그러운 것이 무엇인지 보여 주겠다.”면서 이미녀의 가방 속에 뱀을 몰래 넣어 두었다. 가방을 열어본 이미녀는 기절하였고, 며칠 동안 식욕부진과 불면증에 시달려야만 했다. 외상이 전혀 없는 이미녀에 대해 김외골은 무슨 죄를 범한 것인가?

▶ 상해죄는 사람의 신체를 고의로 상해를 입히는 범죄, 즉 신체의 생리적 기능에 장해를 발생하게 하는 행동을 함으로써 발생하는 범죄이다. '신체'는 언어학적 의미로 보면 '몸통(즉 살과 근육)과 사지(四肢)(즉 뼈로 된 형상)'를 말하지만 '상해죄'의 입법적 취지는 그보다 넓게 해석된다. 예컨대, 폭행으로 인해 팔·다리가 부러지는 등 부상을 입히거나, 여자의 머리카락을 자르거나, 남자들의 수염을 자르는 것과 같이 신체에 상처를 내는 경우(외상)가 대부분이지만, 외상이 없더라도 상해죄는 성립할 수 있다. 즉, 인사불성(기절상태)에 빠뜨리는 것, 보행불능에 빠뜨리는 것, 피부의 표피를 하는 것, 중독증상을 일으켜 현기·구토를 하게 하는 것, 치아의 탈락, 피로·권태를 일으키게 하는 것, 수면장애를 일으키는 것, 식욕을 감퇴시키는 것 등도 상해에 해당한다. 따라서 김외골의 행위는 상해죄에 해당되어, 7년 이하의 징역, 10년 이하의 자격정지 또는 1천만원 이하의 벌금에 처해지게 된다(형법 제257조).

(나) 축소해석 : 법문의 의미를 통상의 경우보다 좁게 해석하는 방법을 말한다. 즉, 법규정의 언어적 표현 자체보다도 더 좁게 제한하는 해석방법으로, 제한해석이라고도 한다. 예컨대, 보통 재물이라 하면 동산과 부동산이 포함되는 것으로 이해하지만, 형법 제329조의 절도죄의 경우에서의 '재물'은 부동산은 포함되지 않는다고 해석하는 경우, 그리고 민법 제450조에서 정한 '제3자'란 모든 제3자를 의미하는 것이 아니라, 지명채권의 양도에 관하여 이익을 주장하는 자라고 하는 경우 등과 같다.

사례연구 54 토지소유권의 범위

최부자는 자신의 땅 위에 10층 빌딩을 지으려 하는데, 지하철공사가 최부자의 땅 50m 밑으로 지하철을 건설하기로 하였다. 최부자는 자기의 땅 밑으로 지하철이 지나는 것이 마음에 걸려, 50m 아래도 자기의 땅이니 공사를 하지 말라고 주장하고 있는데, 이는 타당한가?

▶ 민법 제212조에 "토지의 소유권은 정당한 이익 있는 범위 내에서 그 상하에 미친다"고 규정하고 있는데, 여기서 '상하'는 문자 그대로 해석하듯이 반드시 무한대를 의미하는 것은 아니다. 여기서 문제는 '정당한 이익 있는 범위 내에서'가 어디까지인가 하는 것인데, 이것에 대한 법률규정이 없다. 법원에서는 현재 지하 50m까지 사용자가 토지소유자에게 보상을 해주어야 한다는 판결이 나온 바 있으나, 결국 이 문제는 법원의 결정에 따를 수밖에

없는 문제이다. 우리 헌법 제23조에는 모든 국민의 재산권은 보장되지만(제1항), 재산권의 행사는 공공복리에 적합하게 행사하도록 하고 있다(제2항). 최부자의 소유권은 공공복리와 조화를 이루어야 함으로 지하철공사에 공사 중지를 주장할 것이 아니라 보상청구를 해야 할 것이다.

(다) 반대해석 : 반대해석이란 어떤 사항에 관하여 금지 또는 허용규정이 있는 경우에 그것 이외의 사항에 대해서는 반대의 원칙이 적용되는 것이라고 해석하는 방법을 말하며, '미성년자 금연'이라는 규정에서 성년자의 금연은 금지되지 않는다는 것, '야간통행금지'의 규정은 주간통행은 허용된다고 해석하는 것 등이 그 예이다. 또한, 민법 제3조의 "사람은 생존하는 동안 권리와 의무의 주체가 된다."는 규정으로 볼 때, 사람이 사망하는 경우에는 권리와 의무가 없다고 해석하는 경우를 말한다.

사례연구 55 일상가사대리권

말단 회사원인 김평범은 다양한 취미생활을 즐기는 손만 큰 아내 한취미를 모시고(?) 살고 있다. 그런데 어느 날 한취미는 여름이 오자 남편과 상의없이 새로운 취미를 위해 윈드서핑은 물론 제트스키까지 할부로 구입하였는데, 남편 김평범은 할부금을 갚아주어야 할 의무가 있는가?

▶ 우리 민법 제832조에는 "부부의 일방이 일상의 가사에 관하여 제3자와 법률행위를 한 때에는 다른 일방은 이로 인한 채무에 대하여 연대책임이 있다."고 규정하고 있으므로, 이를 반대해석하면 일상가사가 아니면 연대책임이 없다고 해석된다. 여기서, '일상가사'란 보통 의류의 구입, 연료, 식료품, 가옥의 임대차 등과 같이 부부의 공동생활에서 필요로 하는 통상의 사무를 말한다. 다만, 일상가사의 범위와 정도는 부부의 생활 정도, 수입, 사회적 지위, 재산 등에 의하여 구체적으로 판정될 문제이다. 사례의 경우, 말단사원인 남편 김평범은 한취미의 윈드서핑, 제트스키 할부금까지 갚아주어야 할 법적 의무는 없다고 본다.

(라) 보정해석 : 보정해석이란 법규의 문구가 틀렸거나, 부정확하다고 생각되는 경우에 이를 수정 또는 변경하여 법 본연의 진정한 의미에 맞도록 해석하는 것을 말한다. 즉, 법조문의 용어에 명백한 오류가 있고, 그것을 문리해석할 때에는 법의(法意)에 현저히 반하는 경우에, 그 법조문의 문자

를 수정·변경하여 법의에 맞도록 해석하는 것을 말한다.

사례연구 56 **미성년자의 법률행위 실행 전의 철회(보정해석)**

아버지 김부자는 18세 대학생인 김복동이 소유하고 있는 부동산을 매각하여 다른 부동산을 매입하면 큰 돈을 벌수 있다고 판단하여 김복동 소유의 부동산을 매각할 수 있도록 법정대리인으로서 동의를 하였다. 그런데, 새로 매입하려는 부동산이 이른바 '떳다방'에 의한 헛소문이라는 것을 알고 이를 취소(?)하려고 한다. 이는 가능한지의 여부와 '취소'라는 단어를 사용하는 것이 옳은 것인가?

▶ 민법 제7조에는 "법정대리인은 미성년자가 아직 법률행위를 하기 전에는 전2조의 동의와 허락을 취소할 수 있다."고 규정하고 있으나, 여기서 '취소'는 '철회'라고 보정하여 해석하는 것이 좋을 것이다. 왜냐하면 '취소'란 일정한 원인에 의하여 의사표시의 효과를 소급적으로 소멸시키는 것을 말하는데, 여기에서는 법정대리인이 미성년자에게 행한 '동의'나 '승낙'이 장래에 대하여만 그 효력이 발생하지 못하도록 하는 것에 불과하기 때문이다.

(마) 물론해석 : 물론해석이란 법문이 어떤 사항을 규정하고 있는 경우에 그 법문에 명시하지 않은 사항이라 할지라도 입법정신이나 사물의 성질상 당연히 그 규정에 포함되어 있는 것으로 해석하는 방법을 말한다. 물론해석은 법조문의 자구(字句) 중에 다른 사례가 당연히 포함되어 있다고 해석되는데 반하여, 확장해석은 법조문의 자구를 확장하여 해석하는 점에서 서로 다르다. 물론해석을 예로 들면, 다리 위에 자동차 운행금지라는 푯말이 있으면 당연히 중장비 차량의 통행도 금지된다고 해석하는 방법이다.

사례연구 57 **물론해석**

김욕심은 자신이 키우던 소(牛)를 이억울에게 400만원에 인도하기로 매매계약을 체결하는데, 소값이 오르자 매매된 사정을 모르는 낯선 상인 박도매에게 450만원을 받고 팔아 버렸다. 이를 나중에 알게 된 이억울은 그 소를 내놓던지 소 값을 물어달라고 한다. 이에 대하여 김욕심은 미안하다고 사죄하고 소 값으로 400만원을 배상하겠다고 한다. 그런데 현재 그런 소는 500만원을 호가하고 그것도 더 오를 것 같다. 이억울은 소를 내놓으라고 할 수 있는가? 이억울은 얼마의 손해배상을 받을 수 있는가?

▶ 민법 제396조의 "채무불이행에 관하여 채권자에게 과실이 있는 때에는 법원은 손해배상의 책임과 그 금액을 정함에 이를 참작하여야 한다."는 규정에 대하여 과실보다 더 중한 주관적 귀책사유인 고의는 물론 포함된다고 해석하는 방법을 물론해석이라 한다. 이억울은 김욕심으로부터 소 한 마리를 넘겨받기로 한 채권자인데, 김욕심이 박도매에게 450만원에 팔아버렸으므로 채무불이행이 된다. 사례와 같이 과실로 소를 판 것이 아니라 욕심이 나서 고의로 박도매에게 소를 판 것이므로 더더욱 책임을 져야한다. 이억울이 김욕심에게 소를 내놓으라고 할 수는 없지만, 이억울은 김욕심에게 손해배상을 청구할 수 있고, 손해배상액은 당시의 소 값이 500만원을 호가하므로 500만원이 배상액이다.

3. 유추와 준용

법의 해석과 관련하여 주의해야 할 것으로 유추와 준용이 있다.

(1) 유 추

유추라 함은 어떠한 사항에 관하여 직접적인 규정이 없는 사항에 대하여 그와 유사한 성질의 사항에 관한 법령을 그 사항에 적용하는 것을 말한다. 예컨대, 민법 제326조에는 "유치권의 행사는 채권의 소멸시효의 진행에 영향을 미치지 아니한다."고 규정하고 있는데, 질권에 대해서도 유치권의 경우와 다르게 취급할 이유가 없기 때문에 유치권의 성질과 비슷한 질권에도 민법 제326조를 유추하여 적용할 수 있다고 해석하는 경우이다.

한편, 유추는 직접 적용할 법규가 없을 때, 다른 법규를 적용하는 것이므로, 법규정에 나타난 문구의 의미를 그 목적에 적합하도록 법규의 범위 안에서 확장하는 확장해석과는 다르다. 또한, 유추는 적용할 법규가 전혀 없을 때, 그와 입법취지가 같은 다른 법을 적용하는 것이므로 법조문의 근거를 두고 그 언어적 표현과는 반대의 의미로 해석하는 반대해석과도 차이가 있다.

다만, 유추에 있어서 주의할 점은 법령 중 특히 형벌 법규의 해석에 있어서는 죄형법정주의의 정신에 따라 유추해석을 할 수 없다는 유추해석금지의 원칙이 있다. 만일 형법에 있어서 유추해석을 허용하면 형법에 규정되어 있지 않은 행위에 대해서도 처벌할 수 있기 때문에 근대 형법의 기본원리인 죄형법정주의를 위반하게 되는 것이다.

사례연구 58 유추해석

동물애호가 견사랑은 공원을 산책할 때에 애완용으로 기르고 있는 세퍼드 천하무적과 함께 다녔다. 그 개로 인하여 주변사람들이 겁에 질리거나, 아무데서나 변을 눠 지저분하게 되자, 공원관리소에서는 "이 공원에서는 개를 데려올 수 없음"이라고 공고하였다. 그러나 견사랑은 이제 개가 아닌 애완돼지를 끌고 다니면서 "개가 아닌 애완돼지인데 무슨 상관이냐"고 하고 있는데, 이런 경우는 어떻게 되는가?

▶ 유추란 유사한 두 개의 사실 중, 하나의 사실에 관하여만 규정하고 있는 경우에, 다른 사실에 관하여도 이와 같은 효과를 인정하는 해석방법이다. 예컨대, 마차통행금지의 규정이 있지만, 우차(牛車)의 통행에 관하여 규정이 없더라도 우차의 통행을 금한다는 것으로 해석하는 것이다. 따라서 견사랑은 공원에 애완돼지를 끌고 올 수 없다. 한편, 경범죄처벌법 제1조 제12호에는 "길, 공원, 그밖에 여러 사람이 모이거나 다니는 곳에서 함부로 침을 뱉거나 대소변을 보거나 또는 그렇게 하도록 시키거나 개 등 짐승을 끌고 와서 대소변을 보게 하고 이를 치우지 아니한 사람"에 대해서는 10만원 이하의 벌금, 구류 또는 과료의 형으로 처벌된다.

(2) 준 용

준용이라 함은 각 경우에 일일이 규정하여야 할 것을 번잡한 중복을 피하고 법조문을 간결하게 하기 위하여 다른 법조문을 응용하여 적용하는 것을 말한다. 예컨대, 민법 제12조 제2항에는 "한정후견개시의 경우에 제9조 제2항을 준용한다"고 규정하고 있다. 따라서 준용은 법규의 존재를 전제로 하는 것이므로 유추와는 다르다.

4. 법해석에 있어서 주의해야 할 법률용어

(1) 선의 · 악의

법률에서 선의 · 악의의 개념은 윤리적인 것과는 거리가 멀다. 즉, 법률에서 선의란 어떤 사실을 알지 못한 것이고, 악의란 어떤 사실을 알고 있는 것이다. 예컨대, 타인의 물건인 것을 알지 못하고 산 사람은 선의의 매수인이 되고, 타인의 물건임을 알고서 산 사람은 악의의 매수인이다. 선의 · 악의에 따라 법률효과가 다른 경우가 많다(민법 제29조 제2항 · 제110조 등).

(2) 제3자

제3자란 당사자 이외의 모든 사람을 가리키는 말이다. 그러나 경우에 따라서는 그 범위가 제한되는 때가 있다.

(3) 대항하지 못 한다.

법률에는 제3자에게 '대항하지 못 한다'는 문장이 많이 나온다. '대항하지 못 한다'는 뜻은 법률행위의 당사자가 제3자에 대하여 법률행위의 효력을 주장하지 못한다는 것을 의미한다. 그렇지만 법률행위의 효력을 인정하는 것은 상관없다. 선의의 제3자를 보호하여 거래의 안전을 확보하려는 경우에 사용된다.

제3절 법의 적용

I. 의 의

법의 적용이란 인간의 사회생활에서 발생한 구체적 사실에 대하여 법의 내용을 구체적으로 실현시키는 것이라 할 수 있다. 법은 그 성질상 일반성·추상성을 가진 규범으로 나타나므로 어떤 구체적인 사실에 대하여 법률효과를 발생하기 위해서는 법의 적용과정을 거치지 않으면 안 된다.

형법 제260조 제1항에 "사람의 신체에 대하여 폭행을 가한 자는 2년 이하의 징역, 500만원 이하의 벌금, 구류 또는 과료에 처한다."고 폭행죄를 규정하고 있다. 여기에서 법의 적용은 '사람을 폭행한 자는 징역에 처한다'는 법규를 대전제로 하고, '갑이 주먹으로 을을 폭행하였다'는 구체적인 사실을 소전제로 하여 '갑을 징역 몇 년에 처한다'는 구체적인 결론을 내리는 3단론법의 과정을 통해 이루어진다. 즉, 먼저 폭행의 사실을 정확히 인정하고 범인의 성격, 연령, 범죄의 동기, 경중, 정황 등을 고려하여 형법 제260조의 규정에 맞추어 이 사건의 경우는 징역 몇 년 몇 월이라는 구체적이며 합리적 판단을 내리는 것이다. 이와 같은 것을 법의 적용이라 한다.

(법의 적용)

사건발생 ⇒ 사실확정 ⇒ 법의 발견 ⇒ 법의 해석 ⇒ 법의 적용 ⇒ 결론(판결)

형법 제260조 제1항

대전제	사람의 신체에 대하여 폭행을 가한 자 (법률요건)	2년 이하의 징역, 500만원 이하의 벌금, 구류 또는 과료에 처한다 (법률효과)
소전제	갑이 을을 폭행하였다	
결론(판결)	갑은 징역 1년에 처한다	

II. 사실의 확정

법이 적용되기 위해서는 먼저 법의 적용대상인 사실의 존부 및 그 내용이 확정되지 않으면 안 된다. 예컨대, 갑이 을을 폭행하였다고 하면, 먼저 사실상 폭행을 하였는가? 왜 폭행을 하였으며 그 동기는 무엇인가? 고의냐 아니면 과실이냐? 언제 어디서 폭행을 하였으며 어떠한 방법으로 폭행을 하였는가? 가해자는 피해자와 어떤 관계인가? 그리고 피해자는 어느 정도로 폭행을 당하였는가? 등의 사실을 명백히 하지 않으면 안 된다.

다만, 사실의 확정은 사회생활에서 발생한 사실을 있는 그대로, 즉 자연적으로 인식하는 것이 아니라 법적으로 인식하는 것을 말한다. 즉, 동일한 폭행이라 할지라도 상해의 의사로 폭행을 하는 경우와 강도나 강간의 의사로써 폭행하는 경우, 또한 폭행을 하기 위해 폭행하는 경우 등이 있을 수 있다. 이러한 경우에 상해 또는 강도·강간 등 어느 의사로써 행한 폭행인가를 결정하는 것이 법적으로 인식하는 것이다.

이와 같은 사실의 확정은 법의 적용에 있어서 그 전제가 되는 것으로서 이것을 사실문제라고 한다. 그리고, 이 사실문제에 대하여 사실을 규율하는 법규의 내용을 밝혀내는 법의 해석에 관한 문제를 법률문제라고 한다.

요컨대, 사회생활관계에서 일어난 사실에 대한 구체적이고 명백한 진상이 밝혀지면 비로소 법을 적용하게 된다. 이와 같은 사실의 확정은 사실의 입증, 사실의 추정, 사실의 의제로 나누어 설명할 수 있다.

1. 사실의 입증

사실의 입증이란 법률관계 또는 사실관계의 존재를 판단하는 데 필요한 증거자료를 제시하는 것을 말한다. 이와 같은 것을 제시하는 것은 법을 적용하는 데 있어서 매우 중요한 일로써, 이러한 사실의 확정에 있어서 근거가 되는 것을 증거라 한다.

재판에 있어서 그 판단의 전제가 되는 개개의 분쟁사실의 존부에 대하여 어느 당사자가 입증책임을 지느냐에 대해서는 원칙적으로 "입증책임은 주장하는 자에게 있지 부정하는 자에게 있지 않다."는 원칙이 적용되는 것이 보통이다.

사실을 확정하기 위한 입증방법에는 증명과 소명의 두 가지가 있다. 여기서 증명이란 당사자가 법원으로 하여금 그 사실관계에 대하여 확신을 얻도록 하는 것이며, 소명이란 확신을 얻게까지는 못할지라도 다만 그럴 것이라는 개연적 심증을 얻게 하는 정도의 입증을 말한다.

2. 사실의 추정(推定)

사실의 추정이란 명확하지 않은 사항을 일단 있는 것으로 가정하여 법률효과를 발생시키고, 만일 그에 대한 반증을 들면 가정에 의해 발생한 법률효과가 전복되는 것을 말한다.

따라서 반대의 사실을 주장하는 당사자는 반대의 증거를 들어 이를 부정할 수 있다. 예를 들면, 민법 제200조가 "점유자가 점유물에 대하여 행사하는 권리는 적법하게 보유한 것으로 추정한다."고 규정하고 있는데, 이 경우에 점유하고 있다는 사실만으로 일단 점유자가 적법하게 보유하였다고 가정하여 법률효과를 발생시키지만, 점유의 사실이 부적합하게 성립한 것이라는 반증이 성립되면, 점유자의 점유물에 대한 권리는 무효가 되는 것이다.

사례연구 59 동시사망의 추정

남편 한문화는 어머니와 아내(이미망), 그리고 아들 한 명을 두고 있는데, 평소 청소년 문제는 가정에서의 자식들에 대한 무관심에서 발생한다고 생각하여 가족과 함께 가는 여행을 통해 많은 대화를 나누곤 하였다. 어느 날, 남편 한문화는 어머니와 아내(이미망)가 일이 있어서 함께 하지 못하였고, 아들과 함께 A국적기를 타고 괌으로 여행을 떠났으나, A국적기가 공항 근처의 야산을 들이받는 불의의 사고가 발생하여 두 명 모두 사망하였다. 남편 한문화와 아들 중 누가 먼저 사망하였느냐에 따라 상속이 달라지게 되는데, 이 경우에는 어떻게 되는가?

▶ 만일 아들이 남편 한문화보다 1분이라도 늦게 사망하였다면 한문화의 유산은 아내(이미망)만 상속하게 되고, 아들이 남편 한문화보다 1분이라도 먼저 사망하였다면 어머니와 아내(이미망)가 공동으로 상속하게 된다. 그런데 위와 같은 사건에 있어서는 누가 먼저 사망하였는지가 분명하지 않은데, 이 경우에는 민법 제30조에서 "2인 이상이 동일한 위난으로 사망한 경우에는 동시에 사망한 것으로 추정한다."고 규정하고 있으므로, 남편 한문화와 아들이 동시에 사망한 것으로 하여 어머니와 아내(이미망)가 공동으로 상속하게 된다.

3. 사실의 의제(擬制)

사실의 의제란 그 사실의 진실여부와는 관계없이 법에 의하여 일정한 효과를 부여하는 것을 말한다. 따라서, 사실의 존부·진부 여하를 불문하고 반증을 들어도 법규가 의제한 법률효과가 전복되지 않는다는 점에서 추정과 구별된다. 즉, 사실의 의제는 어떤 사실의 진실성과는 처음부터 관계가 없으며, 법률생활의 안정과 공익적 측면, 그리고 어떤 법률주체의 보호를 위하여 법률정책적으로 그렇게 인정된 것이기 때문에 반증을 들어 이를 부인할 수 없다.

사실의 의제는 법규에서 주로 '… 으로 본다' 또는 '… 으로 간주한다'고 규정하고 있는 것이 보통이다. 예를 들면, 민법에는 실종의 선고를 받은 자는 실종의 기간이 만료한 때에는 사망한 것으로 본다고 규정하고 있는데(제28조), 만일 실종자가 살아서 돌아오는 경우와 같이 실종선고가 사실과 다르다는 것이 뒤늦게 입증되더라도 그 실종선고를 취소하지 않는 한 사망이 뒤집어지는 것은 아니다.

사례연구 60 사실의 의제와 실종선고

김방랑이 알래스카 크루즈여행을 하던 중 암초로 인해 배가 두 동강 나는 사고가 발생하였다. 다수의 사상자가 발생하였는데, 그 중 몇 사람은 생사여부를 확인할 수 없었고, 김방랑도 그 중의 한 사람이었다. 유람선 사고 발생 후 2년이 되도록 남편 김방랑의 생사조차 알 수 없었던 부인 한불쌍은 법원에 실종선고를 청구했다. 법원의 실종선고로 김방랑은 사망한 것으로 간주되었고, 한불쌍은 이방콕과 재혼하여 새로운 가정을 가지게 되었는데, 이게 어찌된 일인가? 죽은 줄로만 알았던 김방랑이 살아 돌아왔는데, 법률관계는 어떻게 되는가?

|▶ 어떤 이유로 인하여 생사불명상태가 장기간에 이르러 사망의 개연성이 크지만, 그렇다고 사망의 확증도 없는 경우가 있다. 이런 경우에는 일정한 조건하에 가족, 재산관리인, 채권자와 같은 이해관계인 또는 검사가 법원에 실종선고를 청구하여 사망한 것으로 간주하는 제도가 있다. 실종선고를 청구하기 위해서는 상당한 실종기간이 필요한 바, 전쟁, 선박, 항공기 추락 등에 의한 재난으로 실종된 경우에는 1년이고, 그 밖의 실종에는 5년이 경과되어야 한다(민법 제27조). 위 사례에서의 법률관계는 i) 사망으로 간주된 김방랑은 법원에 실종선고 취소를 청구할 수 있고, ii) 만약 부인 한불쌍에게 김한량의 재산이 상속되었다면 김한량이 다시 돌려받을 수 있고, iii) 한불쌍과 이방콕 중 어느 한쪽이 김방랑이 살아 있다는 것을 알고도 재혼하였다면 김한량과 한불쌍의 혼인은 다시 부활하지만 이혼사유가 되고, 한불쌍과 이방콕의 혼인은 중혼이 되어 취소할 수 있다. 또한, 한불쌍과 이방콕 모두가 사망한 것으로 알고 재혼한 경우에는 그 혼인은 그대로 유지된다.

사례연구 61 사실의 의제와 절도죄

자린고비 영감 구두새는 투철한 절약정신으로 초가삼간에 살면서 먹을 것도 먹지 않고, 입을 것도 안 입으면서 많은 재산을 모았다. 남들에게 보란 듯이 대궐같은 집을 지었으나 전기세가 무척 많이 나와 배가 아팠다. 구두새의 절약정신이 도를 넘어 전기세까지 절약하기 위하여 계량기를 조작하였고, 전기세는 1/2로 줄였다면 어떤 죄가 되는가?

|▶ 형법 제329조에는 “타인의 재물을 절취한 자는 6년 이하의 징역 또는 1천만원 이하의 벌금에 처한다.”고 규정하고 있는데, 보통 재물이라 하면 눈에 보이는 유체물을 의미하므로 전기의 절취, 속칭 도전행위(盜電行爲)는 절도죄가 되지 않는다고 생각할 수 있다. 그러나 형법 제346조에는 “본장의 죄

에 있어서 관리할 수 있는 동력은 재물로 간주한다."고 규정하고 있으므로 구두새의 도전행위는 절도죄가 성립한다(대판 1958. 10. 31). 여기서 관리할 수 있는 동력으로는 전기, 수도, 인공냉기, 인공열, 수력, 공기의 압력 등이 포함된다.

Ⅲ. 법 적용의 순서

법의 적용은 추상적으로 규정된 법규범의 내용 또는 효력을 사회생활에서 실제로 발생한 구체적인 사실에 실현시키는 것을 말한다. 그런데 법규범은 상위법과 하위법, 일반법과 특별법, 구법과 신법 및 법률불소급의 원칙 등이 존재하기 때문에 법적용 순서의 원칙이 문제가 되는데, 첫째 상위법 우선의 원칙, 둘째, 특별법 우선의 원칙, 셋째, 신법 우선의 원칙 및 법률불소급의 원칙의 순으로 적용하는 것이 일반적이다.

여기서 상위법 우선의 원칙이란 실정법상 상위의 법규는 하위의 법규에 우선하여 적용된다는 원칙을 말하고, 헌법 〉 법률 〉 명령 〉 조례 〉 규칙 등의 순이며, 상위의 법규를 위반하는 하위의 법규는 정상적인 효력이 발생하지 않는다.

특별법 우선의 원칙이란 동일한 사항에 일반법과 특별법이 상호 충돌(저촉)할 때에는 특별법이 일반법에 우선하여 적용된다는 원칙을 말한다.

신법 우선의 원칙이란 법령이 새로 제정 또는 개정되어 법령의 내용이 상호 충돌(저촉)할 때에는 신법이 구법에 우선하여 적용된다는 원칙을 말한다.

법률불소급의 원칙이란 새로 제정 또는 개정된 법률의 효력은 그 시행기간 중에 발생한 사항에 대해서만 적용되고 그 시행 이전에 발생한 사항에 대해서는 적용되지 않는다는 원칙을 말한다.

사례연구 62 법 적용의 순서

IMF 구제금융 이후, 회사원들의 대량 해직사태가 벌어지게 되었다. 박무모도 그중의 한 사람으로 퇴직금을 요식업 사업에 투자하였으나 경험 부족으로 장사가 잘되지 않았다. 박무모는 자재대금이 밀려 고민하던 중 명함 크기만한 '싼이자 대출' 홍보물을 보고 급한 나머지 속칭 '딸라돈'을 빌려 사용하게 되었으며, 인정사정없는 채권자로부터 협박까지 받고 있는데, 박무모는 현재 어떤 법으로 보호받을 수 있는가?

▶ 경제가 어렵다 보니 속칭 '딸라돈'을 빌려 씀으로써 패가망신하는 경우를 종종 볼 수 있다. 이러한 폐단을 막기 위해 제정된 이자제한법 제2조 제1항에는 "금전대차에 관한 계약상의 최고이자율은 연 25퍼센트를 초과하지 아니하는 범위 안에서 대통령령으로 정한다."고 규정하고 있다(2014. 1. 14. 개정). 따라서 그전에 제정된 민법이나 상법 등 보다 이자제한법이 신법이고, 특별법적 성질을 가지고 있으므로 신법우선의 원칙, 특별법 우선의 원칙에 따라 이자제한법이 우선하여 적용된다.

제6장 권리와 의무

제 1 절　법률관계

인간의 사회생활관계는 매우 복잡하고 다양하여 종교, 관습, 도덕, 법 등 각종 사회규범에 의하여 규제되고 있다. 이러한 인간의 사회생활관계는 친구관계, 사제관계, 신앙관계 등과 같이 도덕, 종교, 관습의 대상이 되는 생활관계가 있는데 이를 사실관계라 하고, 매매관계, 임차관계, 혼인관계, 상속관계 등과 같이 법의 대상이 되는 생활관계를 법률관계라 한다.

이러한 법률관계를 역사적으로 보면, '의무본위'에서 '권리본위'로, 다시 '권리본위'는 '의무중시'로 발달하게 되었다. 즉, 중세봉건사회에서는 법률관계의 내용으로 상하의 지배복종체제 하에서 권리 보다는 의무가 더 강조되었고, 근대사회에 이르러서는 개인의 자유와 평등을 이상으로 하여 상하의 신분적 종속관계가 타파되고 모든 사람이 기본적 인권을 향유하게 됨에 따라 권리가 더 중시 되었으며, 현대국가에는 개인의 자유와 이에 따른 책임이 강조되면서 권리와 의무가 함께 중시되고 있다.

제2절 권 리

Ⅰ. 권리의 개념

권리란 '특정한 이익을 누리게 하기 위하여 법에 의하여 특정인에게 주어진 법률상의 힘(권리법력설의 입장)'이라고 할 수 있으며, 이를 분설하면 다음과 같다.

첫째, 권리는 특정한 이익을 내용으로 한다. 따라서 "태평양, 달, 태양을 달라"고 하는 것과 같이 막연한 이익을 목적으로 하는 것은 권리가 아니며, 반드시 특정이익이어야 한다. 즉, 특정된 이익이 아니라 법 규정에 의한 반사작용으로 인한 이익이 생긴다 하더라도 이것은 권리가 될 수 없다. 또한, 여기서 '이익'이란 사람이 사회생활을 하는데 있어서 가지는 일반 이익을 말하며, 재산적 이익뿐만 아니라 생명, 신체, 자유, 명예 등과 같은 비재산적 이익도 포함된다.

사례연구 63 **권리와 반사적 이익**

국가에서 X산업의 발전을 위해 Y제품의 제조업에 대하여 법령으로써 보조금을 줌에 따라 허망해 씨는 싼 가격으로 그 제품을 구입하였다. 그러나 어느 날 국가에서 보조금을 중단함에 따라 비싼 값에 그 물품을 사게 되었던 허망해는 국가에 의해 권리가 침해되었다고 하여 소송을 제기하고자 하는데, 이는 정당한가?

▶ 권리란 '특정한 이익을 누리게 하기 위하여 법에 의하여 특정인에게 주어진 법률상의 힘'인 반면, 반사적 이익은 '강행법규의 취지가 사익보호에 있는 것이 아니라 전적으로 공익보호만을 목적으로 한 결과 특정인이 반사적으로 누리는 이익'을 말하며, 반사권이라고도 한다. 즉, 반사적 이익은 법령 시행의 결과, 그 반사로서 이익을 누릴 뿐이고, 그 이익을 권리로서 청구할 수 없는 이익 상태를 말한다. Y제품 제조업에 대한 국가의 보조금 지급은 어떤 특정인의 이익을 보호하려는 것이 아니므로, 개인이 국가에 대하여 보조금지급을 청구할 수는 없다.

둘째, 권리는 특정인에게 부여된 것이다. 권리는 사람에게 이익을 부여하려는 것이므로 그 권리를 가지는 사람이 특정되지 않으면 안된다. 여기서 사람이란 자연인과 법인을 포함하며, 사람이 아닌 동물이나 또는 특정되지 않은 가공인물은 권리를 가질 수 없다.

셋째, 권리는 법률상의 힘이다. 따라서, 그것은 사실상의 힘이나 물리적 실력과는 구별되며, 이 힘은 법에 의하여 정당화된 힘이다. 권리는 사람이 법익을 부여받으려고 하였는지의 여부와 관계없고, 또 이미 그것을 부여받고 있는지의 여부와 관계없을 뿐만 아니라, 의사무능력자나 행위무능력자, 혹은 권리의 존재 자체를 몰랐던 사람도 권리의 주체가 될 수 있다.

Ⅱ. 권리의 분류

권리는 여러 가지 표준에 의하여 분류할 수 있다. 그러나 가장 기본적인 분류는 권리의 존립근거인 법의 분류에 따르는 방법이다. 즉, 법을 공법, 사법, 사회법으로 나눌 수 있듯이 권리도 공권, 사권, 사회권 등으로 나눌 수 있다.

1. 공 권

공권이란 공법관계에 있어서 당사자의 어느 한쪽이 가지는 권리를 말한다. 공법을 국내법과 국제법으로 분류하듯이 공권도 국내법상의 공권과 국제법상의 공권으로 분류할 수 있다.

(1) 국내법상의 공권

국내법상의 공권이란 국가, 공공단체 또는 개인이 공법관계에서 가지는 권리를 말하며, 국가적 공권과 개인적 공권으로 분류할 수 있다.

국가적 공권이란 국가 또는 공공단체가 그 자체의 존립을 위하여 가지는 권리 및 국민에 대하여 강제할 수 있는 권리를 말하며, 여러 가지 표준에 의해 세분된다. ① 권리의 목적으로 한 분류로는 행정조직권, 재정권, 군정권 형벌권, 경찰권, 공기업권 등이 있고, ② 권리의 내용으로 한 분류로는 명령권, 강제권, 형성권, 공법상의 물권 등이 있으며, ③ 권리의 작용을 기준으로는 입법권, 사법권, 행정권 등이 있다.

개인적 공권이란 국민(개인)이 국가나 공공단체에 대하여 갖는 권리를 말하며, 이에는 자유권, 참정권, 수익권 등으로 분류된다.

(2) 국제법상의 공권

국제법상의 공권은 국가가 국제법상 갖는 권리를 말하고, 주권, 평등권, 자위권, 외교적 보호권 등이 있다.

여기서 주권이란 국제법상 다른 국가의 권력이나 어떠한 국제적인 권력에도 복종하지 않고, 자주적으로 통치를 행하고 독립적으로 행동할 수 있는 권리를 주권이라 하며, 영토주권(영토주권, 국내관할권)과 대외주권(독립권)이 있다. 평등권은 모든 국가가 평등하게 국제법상 권리·의무를 향유하고 있는 것을 말한다. 자위권은 급박 또는 현존하는 위해로부터 국가 또는 국민을 방위하기 위하여 부득이 필요한 한도 내에서 실력을 행사할 수 있는 국가의 권리를 말한다. 외교적 보호권이란 국가가 외국에 체류하고 있는 국민(재외국민)이 체류국으로부터 부당한 대우를 받거나 불법하게 권리침해를 받는 경우에 체류국에 대해 적절한 구제를 요구할 수 있는 권리를 말한다.

사례연구 64 **자위권의 요건**

A국에 파견되어 있는 B국 상사원 20명 중에서 무장게릴라에 의해 5명이 사망하고 15명이 지사건물에 인질로 잡혀 있는데, 동 게릴라는 인질석방조건으로 복역 중인 동료 5명과 1,000만불을 요구하였다. A국은 국내의 다른 세력들에 의한 쿠테타의 위협으로 인질사건에 적극적이지 못하자, UN가맹국인 B국 정부는 특공대를 파견하여 인질을 구출하게 되었다. A국은 침략이라고 항의를 하자, B국은 자위권의 행사라고 주장하고 있는데, 동 구출작전을 자위권 행사로 볼 수 있는가?

▶ UN헌장 제51조의 자위권은 종래의 자위권 요건보다 그 요건을 강화시키고 있다. 즉, 급박한 공격의 위해만으로 자위권을 인정한 것이 아니라 무력공격의 현실적인 발생에 한해서만 자위권을 발동하도록 하고 있고(행정적 통제), 안보리가 국제평화와 안전에 필요한 조치를 취할 때까지만 취할 수 있으며(행사시기에 관한 통제), 자위권 행사국이 취한 조치들을 즉시 안보리에 보고하도록 함(적부심사에 의한 통제)으로써 필요한도 이상의 자위권행사를 방지하도록 하고 있다. 따라서, B국은 위 요건을 충족하지 않은 불법행위로 A국에 대해서 국가책임을 져야 할 것이다.

사례연구 65 외교적 보호권

A국의 사기업인 X건설회사는 B국정부와 B국 항만공사 계약을 체결하였다. 그런데 어느날 X건설회사는 B국정부의 계약위반을 이유로 B국에서의 국내적 구제를 하지 않은 채 공사장비를 철거하였고, A국은 B국에 대하여 계약위반에 따른 손해배상을 청구하고자 하는데, 이 청구는 국제법상 인정될 수 있는가?

▶ 본국이 외교적 보호권을 발동하기 위해서는 ① 자국민의 손해가 발생해야 하며, ② 자국민이 재류국의 국내적 구제절차를 거친 후에 행사할 수 있고(국내구제의 원칙), ③ 권리가 침해된 때부터 외교적 보호가 행해질 때까지 피해자는 계속해서 본국국적을 보유하여야 한다(국적계속의 원칙). 따라서 X기업이 B국 내에서 국내적 구제절차를 완료하여야 하며, A국은 X기업이 B국 내에서 국내적 구제절차를 완료하지 않은 경우에는 외교적 보호권을 행사할 수 없다.

2. 사 권

사권이란 사법관계에 있어서 당사자인 권리주체가 갖는 권리를 말한다. 즉, 사인상호간에 존재하는 권리 및 국가 또는 공공단체가 통치관계를 떠나서 사인과 대등한 관계에서 행동하는 경우에 국가 또는 공공단체와 국민간에 존재하는 권리를 말한다. 사권은 여러 가지 표준에 의하여 분류될 수 있다.

(1) 권리의 내용에 의한 분류

권리의 내용에 의한 분류에는 ① 인격권, ② 재산권(물권, 채권, 지적재산권), ③ 신분권, ④ 사원권 등이 있다.

① 인격권은 권리자로부터 분리할 수 없는 인격적 이익을 향유하는 것을 내용으로 하는 권리를 말하며, 예를 들면 생명권, 신체권, 자유권, 명예권, 정조권 등이 있다.

② 재산권은 경제적 이익을 목적으로 하는 권리를 말하며, 물권, 채권, 지적재산권(무체재산권) 등이 있다. 여기에서 물권이란 일정한 물건을 직접 지배하여 이익을 얻는 배타적 권리를 말하고, 민법이 인정하는 물권의 종류로서는 점유권・소유권・지상권・지역권・전세권・유치권・질권・저당권 등이 있다. 채권이란 특정인(채권자)이 특정인(채무자)에 대하여 일정한 행위(급부)를 청구

할 수 있는 권리를 말한다. 우리 민법에는 특정물채권, 종류채권, 금전채권, 이자채권, 선택채권 등이 있다. 지적재산권(무체재산권)이란 저작, 발명 등과 같이 정신적・지능적 창조물인 무형의 이익을 목적으로 하는 권리이며, 저작권과 산업재산권으로 나뉜다. 저작권은 문학, 학술 또는 예술의 영역에서 창작된 저작물에 대해 갖는 권리를 말하고, 저작권자는 존속기간 동안 독점적・배타적 권리행사가 가능하다. 반면 산업재산권은 기술, 창작물에 대해 발명자나 고안자가 그것에 대해 일정기간 동안 갖는 독점적・배타적 권리를 말하고, 산업재산권에는 기술적 창작물에 대한 권리인 특허권, 실용성 있는 개량기술에 대한 권리인 실용신안권, 물품의 형상, 모양, 색채 등을 느낄 수 있는 창작물에 대한 권리인 디자인권, 등록 상표를 독점적으로 사용할 수 있는 권리인 상표권 등이 있다.

사례연구 66 저작권

한국대학교의 경찰행정과 김주석 교수는 경찰행정학과의 홈페이지를 만들면서 인터넷 포털 사이트에 떠돌던 멋진 제복의 여경사진을 퍼다가 홈페이지 메인 화면에 게재하였다. 어느 날 X법률사무소에서 '여경사진을 무단 게재하였으니 손해배상을 하라'고 하는데, 이는 정당한가?

▶ 저작권이란 저작물을 창작한 자가 자신의 인간의 사상 또는 감정을 표현한 창작물을 독점적으로 이용하거나 이를 남에게 허락할 수 있는 인격적・재산적 권리를 말한다(저작권법 제2조 제1호 및 제2호 참고). 예컨대 작사자의 허락없이 음악 파일을 유명가수 팬클럽 사이트에 올리는 행위, 자신의 카페에 어린 학생이 창작하여 인터넷 포털 사이트 블로그에 올린 소설을 복제하여 올리는 행위 등이 그 예이다. 저작재산권은 특별한 규정이 있는 경우를 제외하고는 저작자가 생존하는 동안과 사망한 후 70년간 존속하고(같은 법 제39조), 저작재산권, 그 밖에 이 법에 따라 보호되는 재산적 권리를 복제, 공연, 공중송신, 전시, 배포, 대여, 2차적 저작물 작성의 방법으로 침해한 자는 5년 이하의 징역 또는 5천만원 이하의 벌금에 처하거나 이를 병과할 수 있다(같은 법 제136조 제1항). 위 사례는 타인의 저작권을 침해한 사례로 불법행위에 해당하여 5년 이하의 징역 또는 5천만원 이하의 벌금에 처하거나 이를 병과할 수 있고, 저작권자에게 손해배상책임을 지게 된다.

③ 신분권이란 권리자 자신의 일정한 신분에 따르는 권리로서 권리자로부터 분리할 수 없는 권리이며, 친족권, 상속권 등이 있다. 신분권의 특색은 신분과 끊을 수 없는 일신전속적인 권리이며, 거래의 객체도 될 수 없으며, 이를 포기할 수 없는 것을 원칙으로 한다는 데에 있다.

④ 사원권이란 사단법인의 사원이 그 사원의 지위에서 법인에 대하여 갖는 권리를 말하며, 사단(社團)의 운영에 참가하는 것을 내용으로 하는 공익권(예컨대, 의결권, 소수사원권, 의무집행권 등)과 사단에 대한 사원 자신의 권리의무를 내용으로 하는 자익권(예컨대, 이익배당청구권, 시설이용권, 출자의무 등)으로 나눌 수 있다.

(2) 권리의 작용을 표준으로 한 분류

권리의 작용을 표준으로 한 분류에는 ① 지배권, ② 청구권, ③ 형성권, ④ 항변권 등이 있다.

① 지배권이란 권리의 내용인 일정한 이익을 직접 지배하는 권리를 말하며, 물권, 지적재산권(무체재산권), 친족권의 대부분이 이에 속한다. 지배권인 물권이 침해당하였을 경우에는 손해배상청구권이나 방해제거청구권 등의 물권적 청구권이 생긴다.

② 청구권이란 타인의 작위 또는 부작위를 요구할 권리를 말한다. 청구권은 지배권과는 달리 권리의 목적인 이익을 얻기 위하여 타인의 행위를 필요로 하는 것이 특색이며, 채권이 그 전형적인 예이다.

③ 형성권이란 권리자의 일방적 의사표시에 의하여 권리의 발생, 변경, 소멸 기타의 법률상의 효과를 발생시키는 권리를 말하며, 예를 들면 취소권, 추인권, 해제권, 해지권, 선택권, 인지권, 상계권 등이 있다.

사례연구 67 **상계권**

한우정은 친구 술고래로부터 맥주집을 차리는데 부족한 500만원을 차용하였다. 한우정이 맥주집을 개업한 후, 술고래는 날마다 친구들을 데려와 먹고 간 외상값이 400만원이 되었다. 술고래는 한우정에게 꿔 준 돈 500만원을 갚으라고 한다. 한우정은 술고래의 외상값을 받아야 하는데, 어떻게 하면 좋을까?

▶ 상계는 채권자와 채무자 사이에 서로 같은 종류의 채권을 가지는 경우에 그 채권과 채무를 대등액에서 소멸시키는 채무자의 의사표시를 말한다.

이와 같은 상계가 인정되는 이유는 채권자, 채무자가 서로 현실적으로 청구하는 번거로운 절차를 생략할 수 있다는 편리성 때문에 인정되며, 또한 당사자의 한쪽에서 재력이 악화되거나 파산상태가 되는 경우, 그렇지 않은 한쪽에게 채무의 전액을 변제하게 되면 공평하지 못하기 때문이다. 따라서, 한우정은 술고래에게 자기의 채권(외상값)과 술고래의 채권(대여금)을 상계하자고 말하고 잔액 100만원을 술고래에게 지불하면 된다.

④ 항변권이란 타인이 요구하는 청구권에 대하여 이를 거절할 수 있는 권리를 말하며, 항변권의 행사는 상대방에게 단지 청구의 작용을 일시 정지시키는데 그친다. 예를 들면, 보증인의 최고·검색의 항변권(민법 제437조)이나 동시이행의 항변권(민법 제536조) 등이 있다.

사례연구 68 동시이행의 항변권

X은행 대부계에서 근무하고 있는 이대출 씨는 무대포 씨에게 자신의 아파트를 매매하기로 약정하고 계약금과 중도금을 받았고, 1개월 뒤에 잔금 5,000만원을 받기로 하였다. 그런데, 5,000만원의 잔금을 주기로 한 날에 무대포가 이대출을 찾아와서 돈이 모자라니 등기를 넘겨주면 X은행에서 대출을 받아 갚겠다고 하는데, 이대출은 무대포에게 등기를 넘겨주어야 하는가?

▶ 부동산 매매처럼 매도인과 매수인이 서로 반대되는 계약상의 의무를 부담하는 형태의 계약을 쌍무계약이라 한다. 쌍무계약에서 생긴 두 채무는 어느 일방이 선이행한다는 특약이 없는 한, 동시에 이행하는 것이 신의칙과 공평의 원칙에 적합하다. 쌍무계약의 당사자 한쪽은 상대방이 그 채무의 이행을 제공할 때까지 자기의 채무이행을 거절할 수 있는데, 이를 동시이행의 항변권이라고 한다(민법 제536조). 즉, 상대방이 자신의 의무는 이행하지 않고 청구만 하는 경우, 이를 거절할 수 있는 권리이다. 따라서 이대출은 잔금을 받기 전까지 무대포에게 등기를 넘겨줄 의무는 없고, 이대출은 무대포의 잔대금채무와 자기의 등기이전의무를 동시에 이행할 것을 주장하는 것이 좋다.

사례연구 69 최고·검색의 항변권

한의리는 친구 이미숙의 요청에 의해 자동차 할부구입 시, 보증을 서주었다. 그런데 이미숙이 자동차를 인수한 후 시승식을 한다며 운전하다가 얼마 가지 못하고 운전미숙으로 사고를 내고 자동차는 폐차되었다. 한 번밖에 타지 못한 차가 폐차가 되어 속이 상한 이미숙은 자동차 할부금을 갚지 않게 되자, H자동차회사에서는 한의리에게 대신 갚으라고 하는데, 한의리는 이를 거절할 수 있는가?

▶ 보증인은 주채무자가 이행하지 아니하는 채무를 이행할 의무가 있다(민법 제428조 제1항). 다만 보증인은 주채무의 이행이 없는 경우에 비로소 이행할 책임을 지게 됨으로써 보증인은 채권자가 자기에게 이행을 요구할 때, 주채무자에게 먼저 청구하라고 할 수 있는 최고의 항변권이 인정되며, 채권자가 주채무자에게 이행을 요구한 후, 다시 보증인에게 청구하면 보증인은 주채무자의 변제능력이 있다는 사실 및 그 집행이 용이함을 증명하여 먼저 주채무자의 재산에 대하여 집행할 것을 주장할 수 있는 검색의 항변권이 인정된다. 따라서 한의리는 H자동차회사의 청구에 대하여 최고 · 검색의 항변권을 주장할 수 있다.

(3) 그 밖의 분류

그 밖의 분류로는 ① 절대권과 상대권, ② 일신전속권과 비전속권, ③ 주된 권리와 종된 권리 등이 있다.

① 권리의 효력을 표준으로 한 분류에는 절대권과 상대권이 있다. 절대권이란 모든 사람에게 주장할 수 있는 권리를 말하며, 인격권, 물권, 무체재산권 등이 이에 속한다. 그리고 상대권이란 특정인에게만 주장할 수 있는 권리를 말하며, 채권 등이 이에 속한다.

② 권리의 이전성을 표준으로 하는 분류에는 일신전속권과 비전속권이 있다. 일신전속권이란 권리의 성질상 권리자에게만 전속하여 양도, 상속 등으로 타인에게 이전할 수 없는 것을 말하며, 신분권, 인격권 등이 이에 속한다. 비전속권은 권리자로부터 분리할 수 있는 권리이며, 양도성과 상속성이 인정된 권리로 재산권은 대부분 이에 속한다.

③ 독립된 2개의 물건 사이에 사회적 · 경제적 기능으로 보아 한편이 다른 한편의 효용을 돕는 관계에 있을 때, 그 한 쪽을 종물이라고 하고 다른 한 쪽을 주물이라고 한다(민법 제100조 제1항). 즉, 주물은 종물에 의하여 경제적 도움을 받는 물건이고, 종물은 주물의 경제적 효용을 극대화하기 위하여 도움을 주는 물건이며, 종물은 주물의 처분에 따르기 때문에 법률적 운명을 같이 한다(민법 제100조 제2항). 예컨대 시계와 시계줄, 배와 노, 자물쇠와 열쇠 등의 관계를 말한다.

사례연구 70 주물과 종물

골동품 수집가인 이얍체 씨는 어느 산골마을을 지나가다가 우연히 한뒤통 씨의 집에 있는 개 밥그릇이 200년 묵은 골동품이라는 것을 알게 되었다. 이얍체는 개 밥그릇에 욕심이 생겨 개를 시가보다 5배나 비싸게 주고 사고, 개 밥그릇까지 달라고 하자, 한뒤통은 "이 개 밥그릇 때문에 개를 100마리나 팔았소!"라고 하였다. 이얍체가 개를 산 경우, 개 밥그릇까지 산 것으로 볼 수 있는가?

▶ 개와 개 밥그릇이 주물과 종물의 관계로 볼 수 있는가의 문제로, 종물이 되기 위해서는 i) 어떤 물건(종물)이 주물의 상용에 공하여야 하고, ii) 특정한 주물에 종속되었다고 인정할 수 있을 정도의 장소적 관계가 있어야 하며, iii) 독립한 물건으로서 두 물건이 동일소유자에 속하여야 한다. 설문의 경우는 개와 개 밥그릇이 장소적으로 밀접한 관계에 있고, 동일 소유자에게 속한다 하더라도 한뒤통이 개 밥그릇을 개의 상용에 공한 것으로 보기 어렵기 때문에 주물과 종물로 보기 어렵다. 이얍체가 개를 샀다고 해서 개 밥그릇까지 산 것은 아니다.

3. 사회권

사회권이란 사회법상 인정된 권리를 말한다. 사회권은 국가의 기능이 치안의 유지, 외적의 방어 등과 같은 소극적인 것에 머무르지 않고 적극적으로 국민의 인간다운 생활을 보장하는 것이 국가의 책임으로 됨으로서 생긴 권리이며, 공권과 사권의 혼합적 성격을 지니고 있다.

사회권은 우리 헌법상 근로의 권리(제32조 제1항), 교육을 받을 권리(제31조 제1항), 근로자의 단결권, 단체교섭권 및 단체행동권(제33조), 인간다운 생활을 할 권리(제34조 제1항), 신체장애자 및 생활무능력자들에 대하여 국가의 보호를 받을 권리(같은 조 제3항), 국가로부터 혼인 및 가족생활과 모성 및 보건을 보호받을 권리(제36조) 등을 그 예로 들 수 있다.

Ⅲ. 권리의 행사와 그 한계

1. 권리의 행사의 의의

권리의 행사란 권리자가 권리를 주장하여 법에서 보호하는 권리의 내용을 실현하는 행위를 말한다. 예컨대, 대통령이 효부에게 표창하는 것은 영전수여권의 행사이며, 경찰이 범죄인을 체포하는 것은 경찰권의 행사이다. 또한, 임차인이 임차한 건물을 사용하는 것은 임차권의 행사이며, 부모가 미성년자인 자녀를 보호·교육하는 것은 친권의 행사인 것이다.

권리를 행사함에는 자신이 권리자임을 인식해야 하며, 그렇지 못한 자는 권리 위에서 잠자는 자로서 보호할 필요가 없다. 예컨대, 권리를 장기간 행사하지 않는 경우에는 시효제도에 의해 권리가 소멸된다. 뿐만 아니라 제한되어 있는 사회생활의 이익을 자기의 것으로 하기 위해서는 자신의 권리가 침해되지 않도록 늘 배려를 하여야 한다. 예링은 그의 저서「권리를 위한 투쟁(1872)」에서 "권리자는 자기의 권리를 위해 침해에 대한 과감한 투쟁을 해야 한다."고 하면서 "자기의 권리를 위해 싸운다는 것은 침해된 자기인격을 회복하기 위한 윤리적 의무"라고까지 하였다.

사례연구 71 점유 취득시효

한성실은 가난과 빚에 시달리다가 30년 전 어느 지방의 산골로 내려갔다. 그곳의 김할아버지는 많은 야산을 갖고 있었는데, 한성실은 그 야산을 개간해 주며 살았다. 몇 해 지나서 김할아버지는 한성실을 어여삐 여겨 밭 1,000평을 무상으로 증여했다. 한성실은 너무 고마운 마음에 등기하지도 못하고 25년간 농사를 지으며 살았고, 이제 주변 지역이 개발되어 땅 가격도 상당히 올라 살만한 형편이 되었다. 세월이 흘러 고마운 주인 김할아버지가 사망하고 나자 장남인 김유산이 찾아와 '땅을 내놓고 한 달내에 떠나라'고 하는데, 한성실은 어떻게 하면 좋을까?

▶ 20년간 소유의 의사로 평온, 공연하게 부동산을 점유하는 자는 등기함으로써 그 소유권을 취득한다(민법 제245조 제1항). 이와 같이 '20년간 소유의 의사로 평온, 공연하게 부동산을 점유한 경우'에 소유권을 취득할 수 있도록 한 것이 '취득시효제도'이며, 20년간의 점유로 인정된다고 해서 '점유취득시

효'라고 한다. 한성실은 25년간 증여받아 자기 땅으로 알고 사용, 관리해 왔으므로 한성실은 그 땅의 소유권을 취득하게 되는데, 한성실은 김유산을 상대로 등기를 청구할 때, 한성실은 증여받았다는 사실이나, 25년간 점유하였다는 사실을 선택적으로 또는 한꺼번에 주장할 수 있다. 다만, 김유산이 제3자에게 부동산을 매도할 수 있으므로 소(訴) 제기 전에 미리 '처분금지 가처분신청'을 해두는 것이 좋다.

2. 권리의 행사의 제한

근대에서는 권리의 행사를 각자에게 맡겨두면 사회전체가 모두 행복하게 살 수 있게 될 것으로 기대하였으나, 20세기에 이르러 부의 불평등 등 자본주의 폐해가 나타남에 따라 이러한 기대는 무너지게 되었다. 따라서 근대의 개인주의·자유주의사상에 기초를 둔 개인본위·권리본위의 법체계가 현대에 들어와서 사회본위·의무본위로 바뀌게 되었고, 이러한 요망은 권리의 행사를 일정한 경우에 제한하는 형태로 나타나게 되었다.

권리를 제한하는 형태로는 일반적으로 재산권의 제한, 신의성실의 원칙, 권리남용금지의 원칙 등이 있다.

(1) 재산권의 제한

1919년 독일 바이마르헌법 제153조 제3항에서는 "소유권은 의무를 부담한다. 그 행사는 동시에 공공복리에 적합하도록 행사하여야 한다."고 규정하였으며, 우리 헌법 제23조에서도 모든 국민의 재산권은 보장되지만(제1항), 재산권의 행사는 공공복리에 적합하게 행사하도록 하고 있다(제2항). 이와 같이 재산권 행사의 공공복리성을 명시함에 따라 권리가 점차 사회적인 성격을 띠게 되었고, 권리자가 권리를 행사함에 있어서도 공공복리를 위하여 의무를 수반하게 되었다.

(2) 신의성실의 원칙

신의성실의 원칙이란 모든 사람은 사회공동생활의 일원으로서 그 질서유지를 위하여 서로 상대방의 신뢰를 헛되이 하지 않도록 성실하게 행동하여야 한다는 원칙을 말한다. 그리하여 당사자 간에 체결된 계약은 가급적이면 유효하게 성립하도록 하는 것이 상대방을 신뢰하고 거래한 계약의 취지에 합당하며 사소한 잘못이 있는 경우라도 이를 이유로 취소할 수 없도록 하고 있다.

이 원칙은 법과 도덕을 조화시키려는 중요한 관념으로서 처음에는 계약법에서만 적용되었던 것이 점차로 권리의무관계를 규율하는 민법 제2조 제1항에 "권리의 행사와 의무의 이행은 신의에 좇아 성실히 하여야 한다"고 규정하여 일반원칙으로 확대 적용되었으며, 오늘날에는 민사소송법, 행정법, 형법, 국제법 등 모든 법분야에 적용되는 대원칙으로 작용하고 있다. 결국, 신의성실의 원칙은 권리의 행사와 의무의 이행은 신의에 좇아 성실히 하여야 한다는 윤리적 의무를 강조한 것이다.

사례연구 72 신의성실의 원칙

1) 김얌체는 이국장에게 자기소유의 토지를 5천만원에 팔기로 매매계약을 체결하였다. 그러나 매수인 이국장 그 후 갑자기 형편이 어려워져 대금지급 약정일을 넘기게 되었고, A로부터 대금지급의 이행최고를 받았다. 이국장은 그 최고기일까지 최선을 다하여 대금을 마련하였으나 약 30만원이 부족한 매매대금만을 지급할 수밖에 없었다. 그러자 A는 30만원의 미지급을 이유로 계약해제를 주장하고 있는데, 과연 이는 정당한가?

2) X회사 김사장은 근로자 이얌체가 장기간 무단결근하자 해고하고 퇴직금을 법원에 공탁하였다. 그런데 이얌체는 아무 조건없이 공탁금을 수령하였음에도 9개월 뒤 갑자기 마음을 바꿔 김사장을 상대로 해고무효확인 소송을 제기한다면, 이는 정당한가?

▶ 1) 채무자에게 책임있는 사유로 이행지체가 발생한 경우 채권자는 상당한 기간을 정하여 그 이행을 최고하게 된다. 그리고 이 최고기간 내에도 채무자의 책임있는 사유로 인하여 채무를 이행하지 않는 경우에는 원칙적으로 채권자는 계약해제권을 갖는다. 위의 사례에서 이국장은 이미 이행기일을 도과하였고 또한 A로부터 이행의 최고를 받았으나, 그 최고기일에도 완전한 이행을 하지 못하였다. 따라서 이국장은 그 부족액 30만원에 대하여 불가항력이나 동시이행의 항변 및 기타 면책사유를 입증하지 못하는 한 김얌체의 계약해제의 주장에 대하여 대항할 수 없다. 그러나 토지에 대한 매매대금 5,000만원 중 불과 30만원의 미지급액을 이유로 계약을 해제한다는 것은 정의와 형평에 맞지 않는다. 즉, 채권자가 특별한 손해를 받지 않는데도 불구하고 채무자의 경미한 하자 또는 근소한 이행지체를 이유로 계약해제권을 행사한다는 것은 신의칙에 비추어 부당하다고 생각된다.

2) 이얍체가 장기간 무단결근의 사유로 해고당한 후, 퇴직금을 수령했음에도 수개월 지나서 해고의 무효를 주장하는 것은 부당하다. 왜냐하면 퇴직금 수령으로 인해 회사에서는 해고처분의 효력에 대해 이의를 제기하지 않을 것으로 신뢰하였고, 노사분쟁의 신속한 해결이라는 요청에 비추어 허용될 수 없기 때문이다.

(3) 권리남용금지의 원칙

권리남용금지의 원칙이란 외견상 적법한 권리의 행사인 것처럼 보이는 경우라도 그 권리가 인정된 사회적 목적에 위반되는 경우에는 권리의 남용으로서 금지된다는 원칙을 말한다. 그리하여 첫째, 오직 타인을 해할 목적으로 권리를 행사하는 경우, 둘째, 적법한 이익이 없음에도 불구하고 권리를 행사하는 경우, 셋째, 공서양속에 위반되는 방법으로 권리를 행사하는 경우, 넷째, 사회적 기능에 반하여 권리를 행사하는 경우에는 권리의 남용이 되어 금지된다. 결국 권리의 행사는 남용할 수 없으며, 만일 선량한 풍속 기타 사회질서에 반하거나 강행법규에 반하는 사항을 내용으로 하는 경우에는 불법행위를 구성하게 된다.

프랑스에서는 1850년대에 이르러 이른바 '질투 건축', '질투로 우물파기' 등의 판결에서 권리남용을 인정하였고, 그 건축 등의 철거 또는 손해배상을 명하였다. 독일 민법 제26조에는 "단순히 타인에게 손해를 가할 목적으로서의 권리행사는 이를 허락치 않는다."고 규정하고 있다.

사례연구 73 **권리남용금지의 원칙**

1) 만 18세 10개월인 미성년자 김복동은 할아버지로부터 물려받은 땅 1,000평을 소유하고 있었고, 토지에 대한 관리는 법정대리인인 아버지가 하고 있었다. 어느 날 아버지가 김복동의 토지를 큰 아들 김팔동에게 증여하려 하자, 이를 강력히 반대하였음에도 불구하고 아버지는 김복동 소유의 토지를 김팔동에게 증여하고 사망하였다면, 법정대리인인 친권자의 친권 남용에 해당하는가?

2) 토지소유자인 나남용은 자신의 토지 위에 설치된 변전소의 철거를 요구하고 있다. 토지의 가격은 6억인데 비해 변전소의 철거 및 신축비용은 이보다 훨씬 많이 소요될 것으로 예상된다면, 나남용의 요구는 정당한가?

▶ 1) 김복동은 2개월 후면 성년이 된다는 점, 법정대리인에게 강력하게 항의하였다는 점, 법정대리인의 증여행위는 오로지 김팔동만을 위한 것이라는 점 등이 인정되므로, 아버지가 김팔동에게 김복동의 토지를 증여한 행위는 친권의 남용에 해당한다(대판 1981. 10. 13, 81다649 참조).

2) 위 사례에 대해 대법원은 '변전소를 철거하게 되면 수만여 가구의 전력공급이 불가능하고, 변전소 인근은 이미 개발이 완료되어 그 부지를 확보하기 어렵다. 설사 그 부지를 확보한다 하더라도 신축에는 상당한 기간이 소요되고, 토지의 시가는 약 6억원인데 비해 변전소를 철거하고 신축하는데는 약 164억원이 들고, 이것은 토지소유자에게 별다른 이익을 주지 못한다'며 권리남용의 원칙을 확인하는 판결을 내렸다.

제3절 의 무

Ⅰ. 의무의 개념

의무라 함은 일정한 행위를 하여야 할 또는 하지 않아야 할 법률상의 구속을 말한다. 여기서 '법률상의 구속'이란 개인이 원하든, 원하지 않든 관계없이 어떤 행위를 하거나 하지 않도록 법률상 강제되는 것을 말한다.

의무의 내용에 있어서는 적극적인 형태인 작위를 강요당하는 것과 소극적인 형태인 부작위의 구속을 받는 것 등이다. 명령을 내용으로 구속하는 경우에는 작위의무가 되고, 금지를 내용으로 구속하는 경우에는 부작위의무가 된다.

의무는 책임과 같은 의미로 사용되는 경우가 있으나, 이는 구별하여야 한다. 즉, 의무는 일정한 작위 또는 부작위를 해야 할 법률상의 구속이지만, 책임은 의무위반에 대하여 형벌, 강제집행, 손해배상 등 일정한 제재를 받을 수 있는 기초를 말한다.

II. 의무의 분류

의무는 여러 가지 표준에 의하여 분류할 수 있다. 가장 기본적인 분류는 의무를 발생시키는 근거에 따른 분류로 공의무, 사의무, 사회법상의 의무(사회의무) 등으로, 그리고 의무의 내용에 따라 작위의무와 부작위의무로 나눌 수 있다.

1. 의무발생의 근원에 따른 분류

(1) 공의무

공의무는 공법상에 있어서 존재하는 의무를 말하며, 국내법상의 공의무와 국제법상의 공의무로 나눌 수 있다.

국내법상의 공의무는 국내의 공법관계로부터 나오는 의무를 말하고, 여기에는 국가적 공의무와 국민적 공의무가 있다. 전자는 국가가 국민에 대하여 지는 의무로서 국민의 자유를 보장하는 의무, 국민평등을 확보할 의무, 참정을 인정하는 의무, 국민의 수익권 확보의무 등을 예로 들 수 있으며, 후자는 국민이 국가에 대하여 지는 의무로서 납세의 의무, 재판복종의 의무, 근로의 의무, 공용비용부담의 의무 등을 예로 들 수 있다.

국제법상의 공의무는 국가가 국제법상의 주체로서 가지는 의무를 말한다. 가장 기본적인 것으로는 국내문제 불간섭의 의무와 조약이행의무 등이 있는데, 전자는 국가 또는 국제조직이 국제법에 위반하여 타국의 국내문제에 간섭하지 않을 국제법상의 의무이며, 후자는 국가가 타국과 체결한 조약상의 부담을 이행할 의무를 말하는 것으로 이에 위반한 경우에는 국제법상의 국가책임이 발생한다.

사례연구 74 국내문제의 불간섭 의무

미국은 투자이민을 받아들이고 있으나 일본인의 이민으로 인한 경제권 장악을 두려워한 나머지 일본인에 대해서는 이민을 받아들이지 않는 X법을 제정하였다. 이와 같이 특정국가에 대해 차별적으로 이민을 허용하지 않는 것은 국제법을 위반하는 것인가?

▶ 이민문제는 국내문제이기 때문에 특정국가의 국민에게 차별적으로 행

한다 하더라도 비우호적인 행위로 외교적 항의를 받을 수는 있지만, 국제법상의 위법행위가 되지는 않는다. 예컨대, 1924년 미국의회가 이른바 '배일이민법'을 통과하였을 때에 일본은 국제예양을 위반한 불공정한 조치라고 항의하였을 뿐이다. 각국은 국적문제, 헌법문제 등과 같은 국내문제에 대해서 간섭할 수 없는데 이를 국내문제 불간섭의 의무라고 한다.

(2) 사의무

사의무란 사권에 대응하는 사법관계에 있어서 존재하는 의무이다. 즉, 사인 상호간에 존재하는 의무 및 국가 또는 공공단체가 통치관계에서 행동하지 아니하고, 사인과 대등한 관계에서 행동한 경우에 국가 또는 공공단체와 사인과의 사이에 존재하는 의무이다. 예컨대 채권에 대해서는 채무가 따르게 되고, 물권에 대해서는 불가침의 의무가 있게 되고, 친권에 대해서는 친권에 복종할 의무가 상대방에게 지워지는 것이다.

(3) 사회법상 의무

사회법상의 의무는 사회권에 대응하는 사회법관계에 있어서 존재하는 의무이다. 즉, 사회법상의 의무는 사회권에 대응하여 국가 또는 사용자가 지는 의무이다. 예컨대 국가가 근로자의 단결권을 보장할 의무, 사용자가 근로자의 단체교섭에 응하여 단체협약을 체결할 의무 등이 이에 속한다.

2. 의무의 내용에 의한 분류

(1) 작위의무

작위의무란 의무자가 어떤 행위를 할 것을 필요로 하는 의무로서 적극적 의무라고도 하며, 여기에는 근로의 제공, 금전의 급부 등이 있다.

(2) 부작위의무

부작위의무란 의무자가 어떤 행위를 하지 않을 것을 필요로 하는 의무로서 소극적 의무라고도 한다. 예컨대 토지소유자는 매연, 열기체, 액체, 음향, 진동 기타 이에 유사한 것으로 이웃 토지의 사용을 방해하거나 이웃 거주자의 생활에 고통을 주지 아니하도록 적당한 조처를 할 의무를 부담하지만(민법 제217조 제1항), 이웃 거주자도 이와 같은 사태가 이웃 토지의 통상의 용도에 적당한 것인 때에는 이를 참고, 방해하지 않아야 할 의무(인용의무)도 있다.

제 2 편

공 법

제1장 헌 법

제1절 서 설

Ⅰ. 헌법의 의의

헌법이라 함은 국가의 통치조직, 통치작용의 원칙을 정하고, 국민의 기본권을 보장하는 국가의 근본법(최고법)을 말한다.

1. 헌법 개념의 역사적 변천

(1) 고유한 의미의 헌법

국가의 근본조직과 작용에 관한 기본법을 말한다. 이런 의미의 헌법은 어떠한 시대, 어떠한 국가를 막론하고 국가가 존재하는 한 반드시 존재한다. 조선시대엔 경국대전이라는 헌법이 있고, 북한에도 헌법이 있다라 함은 이를 의미하는 것입니다

(2) 근대 입헌주의적 의미의 헌법

국민의 자유와 권리를 보장하고, 권력분립에 의하여 국가의 권력을 억제하는 것을 내용으로 하는 헌법을 말한다. 1789년 프랑스 인권선언 제16조는 “권리의 보장이 확보되지 아니하고, 권리의 분립이 규정되지 아니한 사회는 헌법을 가지는 것이 아니다.”라고 규정하고 있는데, 이는 근대 입헌주의적 의미의 헌법에 대한 대표적 규정이라 할 수 있다. 근대 입헌주의적 의미의 헌법은 국민주권주의, 기본권 보장의 원리, 권력분립, 성문헌법의 원칙, 경성헌법, 법치주의, 의회제도 등을 그 특색으로 하고 있다.

(3) 현대 복지주의적 의미의 헌법

근대 입헌주의적 의미의 헌법이 실질화 되도록 발전한 것으로, 국민의 인간다운 생활을 보장하기 위한 사회적 법치국가의 이념에 입각한 헌법을 말하며, 1919년 바이마르헌법이 효시가 된다. 현대복지주의적 의미의 헌법은 국민주권주의의 실질화, 생존권적 기본권의 보장, 국제평화주의, 경제민주화 등을 그 특색으로 하고 있다.

2. 형식적 의미의 헌법과 실질적 의미의 헌법

형식적 의미의 헌법이란 헌법이라는 명칭을 가진 성문법전, 즉 헌법전이라고 하는 한 법전의 형식을 갖추고 있는 것을 말한다. 토크빌(Tocqueville)이 “영국에는 헌법이 없다.”라고 한 것은 영국에는 실질적 의미의 헌법은 가지고 있으나, 성문화된 형식적 의미의 헌법은 없다는 것을 의미한다.

실질적 의미의 헌법이란 형식 여하를 불문하고 그 성질상 국가의 기본조직에 관한 법규의 전체를 말한다. 즉, 통치조직의 유래 및 그 행사방법, 국토와 국민의 구성, 국민의 국가권력에 대한 지위보장 등을 규율하는 근본적 법규범을 뜻한다.

사례연구 75 헌법의 의의

S국 헌법에는 ‘연방은 동물의 보호에 관한 법률을 제정한다’고 규정하고 있고, E국은 최고규범인 ‘헌법이 없다’고 하는데, 이는 어떤 의미의 헌법인가?

▶ 헌법은 형식적 의미의 헌법과 실질적 의미의 헌법으로도 분류될 수 있다. 먼저, 형식적 의미의 헌법은 법의 내용 여하에 불구하고 법규범의 외형적 특징인 존재형식, 성립형식 등을 기준으로 헌법 개념을 파악한 것이다. 예컨대 구(舊) 스위스헌법에는 동물을 마취시키지 아니하고 도살함을 금지하도록 하였고(제25조a), 스위스헌법에는 동물의 보호에 관한 법률을 제정하도록 규정하고 있고(제80조 제1항), 미국 수정헌법에는 미국과 모든 사법권이 영토에서 음료용 주류의 제조, 판매 또는 운송, 수입, 수출을 금지하였던 금주조항을 두고 있었으며(제18조 제1절 제1항, 1933년 수정헌법 제21조로 폐기), 바이마르헌법에는 국가는 자연환경이 특히 뛰어난 곳이나 역사적인 유적지와 그 주변을 보호할 의무를 지웠던 풍치조항(제150조) 등이 그 예이다. 또한, 토

크빌(Tocqueville)이 "영국에는 헌법이 없다"라고 한 것은 영국에는 정부조직법, 국회법, 법원조직법, 헌법재판소법, 공직선거 및 선거부정 방지법, 정당법, 선거관리위원회법 같은 실질적 의미의 헌법은 가지고 있으나, 성문화된 형식적 의미의 헌법은 없다는 것을 의미한다.

Ⅱ. 헌법의 분류

1. 헌법의 전통적 분류

헌법은 여러 가지 기준에 따라 분류할 수 있다. ① 성문헌법성 여부에 따라서는 성문화된 형식적 헌법전을 가지고 있는 성문헌법과 성문화된 형식적 헌법전을 가지지 않는 국가의 헌법인 불문헌법이 있다. ② 제정주체에 따른 분류로는 군주 한 사람에 의해 제정되는 흠정헌법(군정헌법), 군주와 국민 또는 그 대표기관과의 협정에 의해 성립되는 협약헌법, 국민의 의사에 의해 제정되는 민정헌법 등이 있다. 또한, ③ 개정절차의 난이성에 따라 개정절차가 일반법률의 개정절차보다 까다로운 경성헌법과 개정절차가 일반법률의 개정절차와 같은 연성헌법 등이 있는데, 웨어(Wheare)는 개정절차의 난이도보다 실제로 빈번히 개정되는 헌법을 연성헌법이라고 한다.

2. 헌법의 효력에 따른 분류

위의 전통적인 분류는 형식적이고 비현실적인 것이어서 현대국가의 헌법에는 그 중요성이 없음을 지적하면서 새로운 분류방법이 등장하였는데, 그 중의 하나가 효력에 따른 분류이다.

헌법의 효력에 따른 분류(헌법의 존재론적 유형)는 뢰벤슈타인(Lowenstein)이 분류한 것으로 다음의 세 가지가 있다. 즉, ① 헌법규정과 권력행사의 현실이 일치하는 규범적 헌법, ② 헌법은 있으나 현존하는 사회·경제적 조건들로 말미암아 헌법규범이 권력과정과 일치하지 않는 명목적 헌법, ③ 헌법은 완전히 적용·운영되지만 국가기관을 장악하여 실제로 권력을 가지고 있는 자의 배타적 이익을 위하여 현존 정치권력구조를 형성하고 있는데 불과한 가식적 헌법(장식적 헌법) 등이 있다.

Ⅲ. 헌법의 제정과 개정

1. 헌법의 제정

헌법의 제정이란 실질적으로는 '정치적 통일체의 종류와 형태에 관하여 헌법제정권력자가 내린 근본적인 결단을 규범화하는 것'을 말하고, 형식적으로는 '성문헌법으로서의 헌법의 법전화'를 의미한다. 헌법제정권력은 시원적 권력이지만 무제한의 것은 아니고, 인격불가침, 법치주의의 원리, 민주주의의 원리 등을 포함하고 있는 근본규범에 의해 제한을 받는다.

2. 헌법의 개정

헌법의 개정이란 헌법에 규정된 개정절차에 따라 헌법의 기본적 동질성을 그대로 유지하면서 헌법 개개의 조항을 의식적으로 수정·삭제·증보함으로써 헌법의 형식이나 내용에 변경을 가하는 행위를 말한다.

사례연구 76 헌법의 개정 절차

1987년 이후 우리나라 대통령의 임기는 5년 단임제이다. 이와 같은 단임제는 대통령이 취임하자마자 레임덕이 올 수 있다는 견해 등도 있어 의원내각제, 이원적 집정부제, 4년 중임제 등으로 개헌하는 문제가 제기되기도 하였다. 만약 위와 같이 헌법을 개정하기 위해서는 어떠한 절차로 진행되어야 하는가?

▶ ⅰ) 헌법을 개정하기 위해서는 먼저, 대통령 또는 국회의원 재적 1/2 이상의 찬성으로 제안, ⅱ) 20일 이상의 공고, ⅲ) 공고 후 60일 이내 국회의원 재적 2/3 이상 찬성, ⅳ) 국회 의결 후 30일 이내 국회의원 선거권자 1/2 이상이 투표하여 1/2 이상이 찬성, ⅴ) 즉시, 대통령이 공포하는 절차에 의해 헌법을 개정할 수 있다.

사례연구 77 헌법개정의 한계

민주개정당 소속의 한황당의원은 '지구의 0.03%에 불과한 한반도(대한민국)로는 대국이 될 수 없다'며, 우리나라의 영토를 '한반도와 그의 부속도서 및 달나라'로 하는 개정(안)을 제출하고자 하는데, 이와 같은 헌법개정은 이론상 가능한가?

▶ 헌법개정의 개정방법으로써 '모든 헌법 규정을 개정할 수 있는가'의 문제가 있는데, 법리상 한계가 없다는 한계부정설과 법리상 한계가 있다는 한계긍정설(통설)이 있다. 한계긍정설은 헌법 외재적 한계(사실상의 조건, 국제법의 일반원칙, 자연법 원리의 제한 등), 헌법 내재적 한계(의회제도의 폐지, 국민주권주의의 폐지 등), 실정법적 한계(공화국의 형태는 개정할 수 없다거나 영토점령시기에는 개정할 수 없다 등) 등이 있는데, 설문의 경우는 헌법 외재적(초월적) 한계에 해당한다. 한편, 1980년 경 '달나라를 판다' 고 미국의 데니스 호프라는 사람이 시작한 달장사는 600만달러가 넘는 수익을 올렸다고 한다. 호프는 유엔협약 등이 우주공간에 대해 국가의 소유권은 인정하지 않지만 개인 소유를 제한하지 않았다는 점에 착안한 것이었다.

Ⅳ. 국가의 구성요소

국가라 함은 일반적으로 '일정한 지역을 지배하는 최고권력에 의하여 결합된 인류의 집단'을 말하며, 국가의 구성요소는 주권, 영역, 국민 등이다.

1. 주 권

주권은 국가의사를 결정하는 최고의 원동력, 즉 국가의 정치형태의 최고결정권・헌법제정권력의 뜻으로 쓰인다. 또한, 국가의사의 결정에 대한 대내적 최고성・대외적 독립성을 가진다.

보댕(Bodin)은 '국가에 관한 6편(1576년)'에서 주권을 '국가의 절대적이고도 항구적인 권력'이라고 하고, 주권이 군주에게 있다는 군주주권론을 최초로 주장하였다. 또한, 주권이 국민에게 있다는 국민주권론은 알투지우스(Althusius), 로크(Locke), 루소(Rousseau) 등이, 그리고 주권이 국가에게 있다는 국가주권론은 19세기 후반 독일의 법실증주의학파인 예리네크(Jellinek) 등이 각각 주장하였다. 주권론은 군주주권론에서 국민주권론, 국가주권론, 다시 국민주권론으로 변천하였다.

2. 영 역

국가의 영토고권이 배타적으로 행사되는 공간을 말하며, 영토, 영해, 영공 등이 있다.

영토란 육지와 도서에 의해 구성되는 국가영역을 말한다. 우리 영토는 한반도와 그 부속도서(제3조)이므로 북한지역도 우리의 영역이지만 실효성이 없을 뿐이다. 영해는 영토의 연안선에 접속한 일정범위의 수역을 말하며, 영해의 폭은 현재 12해리설을 채택하고 있다(UN해양법협약 제3조, 영해 및 접속수역법 제1조). 그리고 영공은 영토와 영해의 상부공간으로 구성되는 국가영역으로, 영공의 상부한계에 관해서는 우주공간이 시작되는 곳까지로 하려는 경향이 뚜렷하게 나타났다.

사례연구 78 헌법상 영토조항과 현실문제

우리 헌법상 영토는 한반도와 그 부속도서(헌법 제3조)로 하고 있음에도 불구하고 우리의 법이 북한에 미치지 않는데 북한지역을 우리의 영역으로 볼 수 있는가?

|▶ 헌법 제3조의 법리상 한반도와 그 부속도서 내에서는 대한민국의 주권과 부딪치는 어떠한 국가단체도 인정할 수 없으므로 북한은 대한민국의 영토고권을 침해하는 반국가단체이다(대판 1990. 9. 25). 남북 국회회담, 남북한 유엔동시가입, 남북사이의 화해와 불가침 및 교류 · 협력에 관한 합의서에 서명하였다는 등의 사유가 있다하여 북한이 국가보안법상의 반국가단체가 아니라고 할 수 없다(대판 1992. 7. 24). 다만 우리나라의 법은 북한지역에 대하여 규범력은 있으나 실효성은 없다.

3. 국 민

국민이란 국가의 항구적 구성원으로서 국가의 통치권에 복종할 의무를 가진 사람을 말한다. 대한민국의 요건은 법률로써 정하도록 되어 있고(국적단행법주의), 국적의 취득은 선천적 취득(출생)과 후천적 취득(혼인, 인지, 귀화, 국적의 회복) 등이 있으며, 속인주의(혈통주의)를 원칙으로 하되, 예외적으로 속지주의(출생지주의)를 인정하고 있다(국적법 제2조 제1항 및 제2항).

사례연구 79 **복수국적자의 국적선택의무와 병역의 의무**

대한민국 국적 보유자인 이원정은 장차 태어날 아이의 유학비 및 병역문제 등의 이유로 임신 8개월에 미국에서 아이 김미필을 낳았다. 그런데, 국회의원 홍준포의 발의에 따라 일정한 경우, 병역의무를 마친 후에만 비로소 국적이탈신고를 할 수 있도록 관련법을 개정하였다. 이에 따라 김미필은 국적이탈을 할 수 없게 되자 자신의 행복추구권, 양심의 자유 등을 침해받았다고 주장하는데, 이는 정당한가?

|▶ 복수국적의 인정은 병역자원의 일정한 손실을 초래하고, 생활의 근거를 한국에 두면서 각종 혜택을 누리다가 의무는 다하지 않는 기회주의 행태가 허용된다면 병역부담형평의 원칙이 심각하게 훼손된다. 따라서 국적법에서는 병역을 기피할 목적으로 원정출산 등 편법적 방법으로 외국국적을 취득하는 것을 방지하기 위하여 병역법 제8조에 따라 병역준비역에 편입된 자는 편입된 때부터 3개월 이내에 하나의 국적을 선택하거나, 직계존속(直系尊屬)이 외국에서 영주(永住)할 목적 없이 체류한 상태에서 출생한 자는 병역의무의 이행과 관련하여 현역·상근예비역 또는 보충역으로 복무를 마치거나 마친 것으로 보게 되는 경우, 전시근로역에 편입된 경우. 병역면제처분을 받은 경우에 해당하는 경우에만 국적이탈신고를 할 수 있다(국적법 제12조 제1항 내지 제3항).

사례연구 80 **재외동포와 재외국민의 보호**

독립운동을 위해 만주로 갔던 광복이는 해방이 되어도 고국에 생활근거가 없어 돌아오지 못하고 그곳에서 아들 감격이를 낳았다. 현행법상, 감격이는 재외동포인가?

|▶ 재외동포란 재외국민과 한국계 외국인이 있다. 여기서, 재외국민이란 대한민국 국민으로서 외국에 생활근거를 가지고 거주하는 자를 말하고, 한국계 외국인은 한국국적을 상실한 자를 말한다. 구(舊) '재외동포의 출입국과 법적 지위에 관한 법률'에는 '대한민국 국민 또는 대한민국 국적을 보유했던 자와 그 직계후손'으로 정하고 있어, 1948년 정부 출범 이전에 나간 사람들을 재외동포에서 제외하였다. 그 결과 일제시대 독립운동을 위해 만주나 연해주 등지로 이주한 독립운동가 후손이나, 일본에 징용으로 끌려가 귀화한

사람과 그 후손은 재외동포에서 제외되었다. 이러한 법률의 모순은 우리 헌법에 '임시정부의 법통'을 계승하고 있다는 규정에 비추어 보면 입법의 미비이고, 결국 이 문제는 위헌시비의 문제가 있었다. 그러나, 현행법 제2조(정의)에서 "재외동포"란 i) 대한민국의 국민으로서 외국의 영주권(永住權)을 취득한 자 또는 영주할 목적으로 외국에 거주하고 있는 자(재외국민), ii) 대한민국의 국적을 보유하였던 자(대한민국정부 수립 전에 국외로 이주한 동포를 포함한다) 또는 그 직계비속(直系卑屬)으로서 외국국적을 취득한 자 중 대통령령으로 정하는 자(외국국적동포)로 개정되었다(2008.3.14).

제 2 절 대한민국헌법의 기본질서

Ⅰ. 우리 헌법의 제정과 개정과정

1. 우리 헌법의 제정

1947년 3월 10일 당시 미군정법령 제175호에 의하여, 미군정청에서 설치한 임시입법의원에서 채택한 국회의원선거법을 공포하여 1948년 5.10선거가 실시되었다. 5.10선거로 우리나라에서 처음으로 국회가 구성되었고, ① 양원제 국회, ② 의원내각제, ③ 위헌법률심사권의 대법원 부여 등을 골자로 한 우리나라 최초의 헌법이 제정되었다.

2. 우리 헌법의 개정

(1) 제1공화국헌법

대통령제를 채택하였으나, 대통령을 국회에서 선출하는 간선제였다. 제1차 개헌은 소위 발췌개헌으로서 정·부통령 직선제가 주요 골자였으며, 제2차 개헌은 소위 사사오입개헌으로서 초대대통령에 한해서 중임제한을 철폐하였고, 주권의 제한 및 영토변경에 대한 국민투표를 채택하였다.

(2) 제2공화국헌법

1960년 4 · 19혁명 이후 이루어진 제3차 개헌으로 의원내각제를 채택하였으며, 중앙선거관리위원회를 신설하였다. 제4차 개헌은 3 · 15부정선거자 및 4 · 19혁명 당시 무력진압자 처벌을 위한 특별법규정(소급입법)의 근거규정을 마련하기 위하여 헌법부칙의 개정이 있었다.

(3) 제3공화국헌법

1961년 5.16군사쿠데타 이후 실시된 제5차 개헌은 국민투표에 의한 최초의 헌법개정이었으며, 최초로 국민직선에 의한 대통령제를 채택하였다. 제6차 개헌은 대통령의 3선 허용을 위한 것이었다.

(4) 제4공화국헌법

10월 유신선언에 의한 제7차 개정헌법(유신헌법)으로서 통일주체국민회의를 신설하고, 영도적 대통령제를 채택하였으며, 대통령에게 사전예방적 긴급조치권을 부여하였다.

(5) 제5공화국헌법

1979년 10월 26일 이후 신군부에 의하여 제8차 개헌이 실시되었는데, 그 주요 내용은 대통령의 선출은 선거인단에 의한 간선제였으며, 평화적 정권교체를 위하여 대통령 중임가능개헌의 효력을 제한하였다.

(6) 제6공화국헌법

1987년 6월 29일 이후 여야의 최초 합의개헌으로서 임기 5년의 대통령직선제를 채택하였고, 대통령의 국회해산권을 인정하지 않는 등 대통령의 권한을 축소하였으며, 기본권 보강, 헌법재판소의 신설 등이 그 특색이다.

Ⅱ. 헌법의 전문

1. 헌법 전문(前文)의 의의

헌법전문이란 헌법전의 서문으로서 그 전문에서 헌법제정의 유래와 헌법이 채택하고 있는 기본원리를 선언하고 있는 것은 대다수 헌법에서 취하고 있는 보편적 원리이다.

2. 헌법전문의 내용

우리 헌법전문의 내용은 헌법의 성립유래, 대한민국 임시정부의 법통계승(건국이념), 자유민주적 기본질서, 조국의 평화적 통일, 기본적 인권의 존중, 세계평화주의, 민족문화국가의 지향, 헌법개정의 역사 등을 선언하고 있다.

사례연구 81 헌법 전문의 법적 성격

인구 30만의 찬란시에서 거주하는 한문화는 서울 등을 제외하고는 국립극장이나 시립극장 하나 없는 것에 불만을 품고 문화체육관광부장관에게 "찬란시에 국립극장의 설치를 요망한다."는 청원서를 제출했으나 예산부족을 이유로 거절당하자, 우리 헌법전문 및 제9조의 문화국가주의 원리에 위반된다고 주장하고 있는데, 한문화의 주장은 정당한가?

▶ 헌법전문은 구체적인 사건에 직접 적용될 수 있는 재판규범으로서의 성격을 갖느냐에 대해서는 학설상 대립이 있으나, 우리 나라 헌법재판소는 헌법재판에 있어 헌법전문의 내용을 원용하여 구체적 판단을 하는 등 헌법전문의 재판규범성을 인정하고 있다(헌재 1991. 11. 25. 91헌가6). 그러나 헌법전문이 국민 개개인에 대한 구체적인 권리를 인정하는 것은 아니므로 한문화의 주장은 현행법의 규정이 없는 한 구속력이 없다.

Ⅲ. 우리 헌법의 기본원리

우리 헌법의 전문과 본문을 보면 우리 헌법의 기본원리 내지 지도원리가 규정되어 있다. 헌법의 기본원리는 헌법조항을 비롯한 모든 법령의 해석기준을 제공할 뿐만 아니라, 입법이나 정책결정의 방향을 제시하며, 공무원을 비롯한 모든 국민·국가기관이 헌법을 존중하고 수호하도록 할 지침이 된다.

우리 헌법의 기본원리는 헌법전문에 개괄적으로 선언되어 있고, 헌법본문에는 ① 국민주권주의, ② 자유민주주의, ③ 기본권 존중주의, ④ 권력분립주의, ⑤ 법치주의, ⑥ 복지(사회)국가의 원리, ⑦ 사회적 시장경제주의, ⑧ 문화국가원리, ⑨ 국제평화주의와 평화적 통일지향, ⑩ 방어적 민주주의 등을 들고 있다.

Ⅳ. 정당제도

현대정치는 정당정치라 일컬어진다. 정당이란 정치적 의견을 같이하는 사람들이 정당을 합법적으로 실현하고, 정권을 획득할 목적으로 조직한 영속적 단체를 말한다.

정당의 법적 지위는 정당설립의 자유와 복수정당제의 보장에 있으며, 그 기능으로서는 공직선거후보자의 추천 및 지지, 국민의 정치의사형성에 참여하는 것 등이 있다. 특히, 정당의 의무로서 조직, 활동 및 목적이 민주적이어야 하며, 국민의 정치적 의사형성에 참여하는 데 필요한 조직을 가져야 하고, 정당의 목적이나 활동이 민주적 기본질서를 위반해서는 안 된다.

사례연구 82 **정당의 해산**

이석귀 등은 가칭 '통일당'을 결성하기로 하고 창당준비위원회를 구성하여 정당설립의 실질적 요건을 완비하였다. 그러나 창당취지문에서 주한미군철수와 한미합동군사훈련 중단을 주장한 것이 문제가 되어 행정자치부 장관으로부터 해산명령을 받았다. 이석귀 등은 헌법 제8조 제4항을 들어 위 해산명령은 위헌이라고 주장하는데, 이는 정당한가?

|▶ 정당의 목적이나 활동이 민주적 기본질서에 위배될 때에는 행정자치부 장관이 아닌 헌법재판소의 심판에 의해 해산되도록 하고 있다. 다만, 창당준비위원회가 정당으로서의 성질을 가지고 있느냐 하는 것이 문제가 되지만, 미등록의 정당 중에서도 이미 정당법상의 법정시 · 도당수(정당법 제17조, '5 이상 시 · 도당'), 시 · 도당의 법정당원수(동법 제18조, '1천인 이상') 등의 요건을 실질적으로 구비하고 다만 등록만을 미필한 경우나 등록절차를 진행 중에 있는 경우 등과 같이 정당의 실질적 요건을 갖춘 경우에는 정당에 준하는 것으로 해석하여 행정자치부 장관의 해산명령은 부당하다고 본다.

Ⅴ. 선거제도

1. 선거의 의의

선거라 함은 다수의 선거인에 의한 공무원선임행위를 말하며, 대표민주제에 의하여 국민주권을 실현하는 기능을 한다. 대의정치(간접민주, 의회정치)를 원칙으로 하는 현대민주주의 국가에서는 선거야말로 주권행사의 핵심이 되는 기회라고 할 수 있다.

2. 선거의 기본원칙

선거의 기본원칙에는 누구에게나 선거권을 부여하는 보통선거, 누구나 1표씩 부여하는 평등선거, 일반 선거권자가 직접 후보자에게 투표하는 직접선거, 득표가 어떤 선거인단에게서 나왔는지를 모르게 하는 비밀선거, 선거에 있어서 압력없이 자유롭게 투표가 행하여지는 자유선거 등이 있다.

사례연구 83 평등선거와 국회의원선거구 유권자 수의 불균형

2000년 실시된 16대 국회의원선거에서 인구가 가장 많은 경기도 안양시 동안구와 가장 적은 경북 고령·성주군의 인구비율이 3.65 대 1이었는데, 이는 투표의 가치에 차이가 있어 헌법에 규정하고 있는 평등선거를 위반한 것인가?

▶ 누구나 다같이 1표씩 투표하고, 투표의 가치에 차이를 두지 않는 것이 평등선거이며, 평등선거가 잘 구현되기 위해서는 각 선거구의 인구가 균등해야 한다. 우리나라 헌법재판소에서도 전국 평균선거구의 유권자에 비하여 60% 이상의 편차를 보이는 선거구는 평등원칙에 위반한다고 판시한 바 있고(헌재 1995. 12. 27), 2001년 10월 헌법재판소는 현행 국회의원 지역구에서 최대 선거구와 최소 선거구의 인구비율을 4 : 1 미만으로 규정한 선거법 조항은 헌법의 평등선거 정신에 위배되어 2003년 12월 31일까지 관련규정을 개정하라는 결정을 내린 바 있으며, 2014년 10월 30일 "현행 선거구 획정은 평등원칙에 위배되고 투표가치의 평등은 국회의원의 지역 대표성보다 우선해야 한다"면서 국회의원 선거구 간의 인구 편차를 최대 3배까지 허용한 공직선거법에 대해 헌법 불합치 결정을 내리면서 인구편차가 2 : 1이 넘지 않도록 입법 개선을 촉구한 바 있다. 이와 같은 결정은 도농지역 간의 인구 격차를 도외시한 점이 없지 않으나 시대적 흐름에 부합하는 판단이다.

3. 선거구제와 대표제

선거구제란 선거를 행하는 지역적 단위를 말하며, 선거구는 정당세력과 밀접한 관계가 있어 복잡한 정치문제의 성질을 띠고 있기 때문에 국회에서 법

률로써 정하는 것이 원칙인데, 이를 선거구 법정주의라고 하고, 선거구를 특정정당이나 후보자에게 유리하게 인위적으로 확정하는 것을 게리맨더링(Gerry-mandering)이라 한다.

선거구의 종류는 소선거구제와 대선거구제가 있다. 소선거구제는 한 선거구에서 한 사람을 선출하는 제도로서, 선거관리가 용이하고, 선거비용이 적게 들고, 양당제 확립을 통한 정국안정, 투표율이 높다는 장점을 지니고 있는 반면, 선거인의 매수가 용이하고, 전국적 인물보다 지방명사가 당선되기 쉽다는 단점을 지니고 있다. 대선거구제는 한 선거구에서 2인 이상 다수인을 선출하는 제도로서, 전국적 인물의 당선이 용이하고, 소수당에게 유리한 반면, 선거비용이 많이 들고, 후보자의 난립 등의 단점을 가지고 있다.

대표제란 의원정수의 결정방법을 말한다. 선거제에는 한 선거구에서 최고득표자만을 당선자로 하는 다수대표제, 한 선거구에서 2인 이상의 당선자를 내는 소수대표제, 그리고 정당의 존재를 전제로 각 정당의 득표수에 비례하여 당선자를 결정하는 비례대표제, 선거인을 각 직역으로 나누고 그 직역을 단위로 하여 대표를 선출하는 직능대표제 등이 있다

사례연구 84 게리맨더링

집권당 정의민주당 소속 박철새의원은 자기 지역구가 포함된 C도를 중심으로 한 민주자유연합이라는 신당이 창당되고 많은 세를 규합하게 되자, 탈당하여 민주자유연합으로 옮기려 하고 있다. 정의민주당은 박철새의원의 탈당을 막고자 그에게 유리하게 기형적인 선거구를 책정하였데, 이러한 것을 무엇이라 하는가?

▶ 선거구는 정당세력과 밀접한 관계가 있어 복잡한 정치문제의 성질을 띠고 있기 때문에 국회에서 법률로써 정하는 것이 원칙인데, 이를 선거구법정주의라고 한다. 이는 정부나 여당에게만 유리한 선거구의 획정, 즉 게리맨더링을 방지하기 위한 것이다. 이와 같은 게리맨더링은 미국의 게리(Garry)라는 매사추세츠 주지사가 자기 소속당인 공화당에 유리하도록 선거구를 획정한 결과, 셀러맨더스라는 고대 신화 속의 도룡뇽과 비슷한 기형의 선거구가 된데서 유래하였다. 1812년 상원의원 선거결과, 게리 지지파는 50,164표에 29명이 당선된 반면, 상대방은 51,766표에 11명이 당선되는데 불과하였다.

제3절 국민의 권리와 의무

Ⅰ. 기본권 서설

1. 기본권의 개념과 연혁

(1) 기본권의 개념

기본권이란 인간으로서 존재하고 국민으로서 생활하는 이상 그 신분, 성, 신앙, 신조 등의 여하를 막론하고 당연히 인정되지 않으면 안 되는 기본적 권리를 의미한다.

(2) 기본권 보장의 역사적 변천

세계 최초로 인간의 기본권에 대한 정치적 고찰이 이루어진 시기는 1215년 영국의 대헌장(Magna Charta)으로부터 비롯되었으며, 대헌장은 왕에 대한 귀족들의 봉권적 권한을 재확인한 봉건적 문서였다. 그 후 기본권 사상은 영국의 로크에 의해 주창되었고, 프랑스의 루소에 의해 계승되었으며 미국의 독립과 프랑스혁명을 통하여 발전하였다.

2. 기본권의 제한과 그 한계

우리 헌법은 헌법 제2장(제10조~제36조) 등에서 기본적 인권을 보장하고 있으나, 기본권의 일반적 헌법유보조항으로 제37조 제2항에서 국가안전보장·질서유지·공공복리를 위하여 필요한 경우에 기본권을 제한할 수 있도록 하고 있다.

또한, 개별적 헌법유보조항을 두고 있는 바, 언론·출판은 타인의 명예나 권리 또는 공중도덕이나 사회윤리를 침해해서는 않되며(제21조 제4항), 군인·군무원·경찰공무원 등의 국가배상청구권이 제한되고(제29조 제2항), 공무원의 노동3권이 제한되고 있다(제33조 제3항). 그리고, 법률에 의한 기본권 제한의 예외로는 대통령의 긴급재정경제처분·명령권(제76조 제1항), 긴급명령(제76조 제2항), 계엄선포(제77조) 등이 있다.

그러나 기본권은 최대한 보장되어야 하므로 그 제한은 필요한 최소한에 그쳐야 하며, 기본권의 본질적 내용을 침해해서는 안 된다(제37조 제2항 단서).

사례연구 85 기본권의 내재적 한계

신라시대 헌강왕 시절, 처용(處容)이 지은 향가인 처용가는 '서라벌 달 밝은 밤에 밤 깊도록 노닐다가 집에 와 침실에 들어가 보니 가랑이가 넷이로구나. 둘은 내 것인데, 나머지 둘은 누구의 것인가? 본디 내 것이었다마는, 빼앗겨 버렸으니 어쩌겠는가!'라 하고 있다. 형법 제241조의 간통죄는 헌법재판소의 위헌결정에 따라 폐지되었는데, 주요 결정이유는 무엇인가?

▶ 성적 자기 결정권이란 자신의 성적 활동을 자신이 결정할 수 있는 권리를 말한다. 성적 취향과 행동을 개개인이 스스로 자유롭게 결정할 수 있는 일종의 인격권으로서, 성적인 의사표현, 성적 취향을 아는 것, 나아가 자신의 판단과 선택 그리고 성적 행동에 대해 책임을 지는 것까지 포함한다. 그동안 개인의 성적 자기결정권도 절대적인 것이 아닐 뿐만 아니라 헌법 제37조 제2항의 공동체 목적을 위해 제한이 불가피한 경우에는 성적 자기결정권의 본질적 내용을 침해하지 않는 한도 내에서 법률로써 제한할 수 있다(헌재결 1990. 9. 10. 89헌마82 ; 동지(同旨) 1993. 3. 11)고 헌법 합치 결정을 한 바 있다. 그러나 2015년 2월 26일, 5번째로 간통죄에 관한 위헌 여부 결정에서 재판관 7대2의 의견으로 국가가 법률로써 간통을 처벌하는 것은 국민의 기본권을 침해하는 것으로 위헌이라는 헌법재판소의 결정에 따라 형법 제241조(간통)는 제정된지 62년 만에 효력을 잃게 되었다. 헌법재판소는 "간통죄의 보호법익인 혼인과 가정의 유지는 당사자의 자유로운 의지와 애정에 맡겨야지, 형벌을 통하여 타율적으로 강제될 수 없는 것이며, 현재 간통으로 처벌되는 비율이 매우 낮고, 간통행위에 대한 사회적 비난 역시 상당한 수준으로 낮아져 간통죄는 행위규제규범으로서 기능을 잃어가고, 형사정책상 일반 예방 및 특별 예방의 효과를 거두기도 어렵게 되었다.(중략) 심판대상조항이 일률적으로 모든 간통행위자 및 상간자를 형사처벌하도록 규정한 것은 개인의 성적 자기결정권을 과도하게 제한하는 국가형벌권의 과잉행사로서 헌법에 위반된다.(중략) 간통 및 상간행위에는 행위의 태양에 따라 죄질이 현저하게 다른 수많은 경우가 존재함에도 반드시 징역형으로만 응징하도록 한 것은 구체적 사안의 개별성과 특수성을 고려할 수 있는 가능성을 배제 또는 제한하여 책임과 형벌간 비례의 원칙에 위배되어 헌법에 위반된다."고 판단하였다(헌법재판소 2009헌바17 등).

3. 기본권의 제3자적 효력

오늘날은 국가나 공공단체에 의한 기본권 침해보다는 사회적 세력·단체들이 생겨 이들에 의한 기본권 침해가 크게 문제되어 기본권의 타당범위를 국가권력에 대한 관계에만 국한시키지 않고 제3자인 사인상호간의 관계에 확대하여 기본권의 제3자적 효력이 논의되게 되었다.

이에 관한 독일의 학설로는 ① 효력부인설(무관계설), ② 직접적 효력설(직접적용설), ③ 간접적 효력설(간접적용설·공서양속설)이 있다. 간접적 효력설이란 기본권 보장에 관한 헌법조항을 사법관계에서 직접 적용하지 않고 사법의 일반규정의 해석을 통하여 간접적으로 적용하자는 설로 현재의 다수설이다.

사례연구 86 기본권의 제3자적 효력

A회사는 노동양의 취업 전에 "출산할 때에는 퇴직하겠다."는 각서를 제출하라고 하여 A회사의 요구대로 각서를 제출하였고, 취업할 수 있었다. 그후 3년이 지난 뒤 노동양은 A회사에 근무 중 출산을 하였는데도 회사에 사직원을 제출하지 않자, A회사는 각서와 더불어 취업규칙상의 "업무상의 사정이 있을 때"라는 해고사유에 의거하여 노동양을 해고하였는데, 이런 경우 어떤 처벌을 받게 되는가?

▶ 기본권은 국가권력뿐만 아니라 사인간에도 침해될 수 있다. 위의 사례에서 임신을 퇴직사유로 하는 노동계약 또는 취업규칙은 헌법 제11조 제1항의 평등권, 근로기준법 제6조 및 남녀고용평등과 일·가정양립지원에 관한 법률 제11조에 위반한 행위로, 5년 이하의 징역 또는 3천만원 이하의 벌금에 처해지게 된다(남녀고용평등과 일·가정양립지원에 관한 법률 제37조). 노동양은 해고무효확인소송을 제기할 수 있으며, 각서를 제출하였더라도 마찬가지이다.

4. 기본권의 침해와 그 구제

기본권의 침해는 입법·행정·사법기관 등 국가기관에 의한 것과 사인에 의한 것이 있다.

먼저, 입법기관에 의한 기본권 침해의 구제방법으로는 위헌법률심판, 청원권 행사, 선거권 행사 등이 있고, 행정기관에 의한 기본권 침해의 구제방법으로는 청원권 행사, 행정심판, 행정소송, 국가배상청구, 형사보상청구권 등이 있으며, 사법기관에 의한 기본권 침해의 구제방법으로는 사법기관에 대한 청원제도, 형사보상청구권, 항소, 상고 · 재심 · 비상상고 등이 있다.

그리고 사인에 의해 기본권이 침해된 경우에는 고소 및 고발 등이 있다. 그리고 예외적 구제방법으로는 자구행위에 의한 구제(정당방위, 긴급피난)와 저항권에 의한 구제 등이 있다.

Ⅱ. 포괄적 기본권

1. 인간의 존엄과 가치 · 행복추구권

기본권 보장의 대원칙으로 우리 헌법 제10조는 "모든 국민은 인간으로서의 존엄과 가치를 가지며, 행복을 추구할 권리를 가진다. 국가는 개인이 가지는 불가침의 기본적 인권을 확인하고 이를 보장할 의무를 진다."고 규정하고 있다.

인간의 존엄이란 인간의 본질로 간주되고 있는 인격의 내용을 의미하고, 인간의 가치란 이러한 인간에 대한 총체적인 평가를 의미하며, 인격권을 근거로 한 헌법재판소의 결정예로는 정정보도청구권, 사죄광고, 알권리의 이념적 기초 등이 있다. 그리고 행복추구권은 고통이 없는 상태, 안락하고 만족스러운 삶을 살 수 있는 권리를 말하며, 그 내용으로는 생명권, 인격권(성명권, 초상권, 명예권 등), 평화적 생존권, 휴식권, 수면권, 일조권 등이 있다.

사례연구 87 초상권

모 영자신문 사진기자 김초상은 사치풍조에 대한 취재를 하던 중, E대생 한정장과 이명품이 정장차림의 값비싼 옷을 입고 교문을 나오는 장면을 촬영하여 게재하였다. 평소 검소한 차림으로 학교를 다녔으나, 그 날은 졸업앨범사진을 찍기 위하여 모처럼 정장차림을 한 것에 불과하며, 본인의 동의없이 잡지에 게재하는 것은 인격을 모독한 것이라고 주장하여 위자료를 청구하고자 하는데 이는 가능한가?

▶ 사람의 얼굴이나 전신은 그의 동의없이 촬영하거나 촬영된 사진을 사용할 수 없으며, 동의하였다 하더라도 본인이 예상한 것과 다른 방법으로 공표할 수 없는데, 이와 같이 사람이 자신의 얼굴에 대하여 갖는 권리가 초상

권이다. 초상권이 침해된 경우, 피해자는 위자료의 청구, 사죄광고게재의 청구, 다음 호 잡지에 게재하는 것을 중지시키는 청구 등을 할 수 있다.

사례연구 88 **성전환자의 호적상 성별정정과 행복추구권**

연예인 하이수는 남자로 태어났으나 성장과정 속에서 남자가 아닌 여자라는 확신을 갖게 되고 여자로의 생활을 영위해 가고 있다. 하이수는 헌법상 인간의 존엄과 가치, 행복추구권이 인정되고 있으므로 호적상 성별정정신청을 하고자 하는데, 이는 가능한가?

|▶ 과거의 대법원 판례는 "성전환수술을 해도 성염색체는 변하지 않는다"며 바뀐 성을 인정하지 않았다. 그러나 각급 법원은 성전환자의 성별정정 여부를 판단하면서 성염색체 구성에 따라 성이 결정된다는 생물학적 관점과 심리적 · 정신적인 면까지를 고려해야 한다는 사회통념설에 따라 엇갈린 결정과 판결을 내려 왔었다. 그러나 2006년 대법원이 사법사상 처음으로 호적상 성별정정을 허가하는 결정을 내렸다. 즉, "성전환자도 인간으로서의 존엄과 가치를 향유하며, 행복을 추구할 권리와 인간다운 생활을 할 권리가 있고, 이런 권리들은 질서유지나 공공복리에 반하지 않는다"면서 "다만, 성전환자에게 호적상 성별란의 기재사항을 바꿔줘도 기존의 신분관계 및 권리 · 의무에는 영향을 미치지 않는다"고 밝혔다(2006. 6. 22).

2. 평등권

평등권은 자연법사상, 민주주의사상 등의 영향을 받아 보편화되었으며, 1776년 미국의 버지니아권리장전에서 최초로 성문화되었다.

우리 헌법 제11조 제1항에는 "모든 국민은 법 앞에 평등하다. 누구든지 성별 · 종교 또는 사회적 신분에 의하여 정치적 · 경제적 · 사회적 · 문화적 생활의 모든 영역에 있어서 차별을 받지 아니한다."고 규정하고, 제11조 제2항 및 제3항에서 사회적 특수계급제도의 부인, 영전일대의 원칙을 규정하고 있다. 그 밖에 교육에 있어서의 균등(제31조 제1항), 혼인과 가족생활에 있어서의 양성의 균등(제36조 제1항), 선거에 있어서의 평등에 관한 규정(제41조 제1항), 균형있는 국민경제의 발전에 관한 규정(제119조 제2항) 등이 있다.

여기서 헌법 제11조 제1항의 '법'이란 헌법, 법률, 명령, 규칙 등의 성문법뿐만 아니라 관습법 등 불문법을 포함하는 일체의 법을 의미하고, '평등'이라 함은 절대적 평등이 아니라 상대적 · 비례적 평등을 말한다.

제11조 제1항의 '성별 · 종교 또는 사회적 신분'은 예시규정이므로 기타 근거에 의한 불합리한 차별도 금지된다. 국가인권위원회에서는 대학입학시험의 동점자 처리과정에서 나이가 많다는 이유로 불합격 처리한 사안에 대해 구제권고를 내린 바 있고(2002. 9. 25), 크레파스와 수채물감의 특정색을 '살색'으로 이름붙인 것은 평등권을 해친 것이라며 이의 시정권고를 내린 바 있다(2002. 8. 2). 그러나 존속살인에 대한 중벌, 누범자에 대한 중벌, 병역의무를 남성만이 가지는 것, 여성의 생리휴가, 미성년자 관람불가 등은 합리적 차별대우이므로 위헌이 아니다.

사례연구 89 공무원시험 군필자 가산점과 평등권

E모여대 4학년 한평등 양은 공무원 채용시험에서 현역 군필자에게 과목별 만점의 5~3%를 가산해 주도록 한 구(舊)제대군인법 제8조 제1항 및 제3항 등에 대해 "이는 자신의 의지와는 무관하게 군 복무에서 제외된 사람들에게 채용시험에서부터 불이익을 주는 것으로 이는 평등권에 위배된다."고 주장하고 있다. 한평등 양의 주장은 정당한가?

▶ 과거, 공무원 채용시험에서 현역 군필자에게 가산점을 주는 제도는 대부분의 여성, 심신장애가 있어 군복무를 할 수 없는 남자, 보충역에 편입되어 복무를 마친 남자를 차별하고 있었다. 이에 대해, "가산점이 단순한 혜택이 아니라 병역의무를 자진해 수행하는 풍토를 조성하는 데 기여하고, 병역의무이행으로 인한 불이익에 대한 당연한 보상"이라는 주장도 있다. 그러나 헌법재판소는 "제대군인 가산점 제도는 아무런 재정적 뒷받침 없이 현역 군필자를 지원하려 한 나머지, 결과적으로 여성과 신체장애인 등 사회적 약자들의 희생을 초래하고 있다."며 "헌법과 전체 법체계에 비춰볼 때 기본질서 중의 하나인 여성과 장애인에 대한 차별금지와 보호원칙에 저촉된다."는 결정을 내렸다(1999. 12. 23. 98헌마363). 그러므로 한평등의 주장은 정당하다.

사례연구 90 아파트 경비원 채용 시 연령 차별

한체력은 대기업에 다니다가 명예퇴직을 하였고, 퇴직금을 가지고 사업을 하였으나 실패하였으며, 67세 현재 H아파트에 경비원으로 근무하고 있다. 그런데 H아파트는 새로운 경비용역업체 선정공고 및 경비용역계약 체결 시 경비원의 나이를 만 65세 이하로 제한함으로써 기존 경비원들의 고용승계 기회가 원천적으로 봉쇄되었는데, 이는 정당한가?

▶ 국가인권위원회는 새로운 경비용역업체 선정공고 및 경비용역계약 체결 시 경비원의 나이를 만 65세 이하로 제한함으로써 기존 경비원들의 고용승계 기회가 원천적으로 봉쇄된 사안에서 '경비 본연의 업무수행 여부는 근로자 개인별로 판단할 사항이지 특정 연령을 기준으로 일률적으로 판단할 사항이 아니며, 아파트 입주민들 입장에서는 경비원들이 책임감 있게 경비업무를 수행해주기를 기대할 수 있으나 이는 엄격한 근태 관리 등을 통해 달성해야 할 것이라고 판단된다. 또한 피진정인의 아파트 단지에서 발생한 절도 등 사건 빈도가 인근 아파트 단지들에 비해 특별히 더 높지도 않을 뿐만 아니라 이 사건 피해자들이 모두 고령으로 인해 경비 본연의 업무수행을 하지 못하여 사건이 발생하였다고 보기도 어렵다.'면서 연령을 이유로 한 불합리한 차별에 해당한다고 판단하였다(인권위 2010. 8. 20. 10진정0235000).

Ⅲ. 자유권적 기본권

1. 자유권적 기본권의 의의

자유권적 기본권이란 타인의 자유 또는 권리를 해하지 않는 한 국가권력에 의하여 각인의 자유로운 활동이 간섭 또는 구속을 받지 않을 권리를 말하며, 방어적 · 소극적 권리이다.

2. 신체의 자유

(1) 연 혁

신체의 자유는 가장 기본적인 자유권으로서 1215년 영국의 대헌장(Magna Carta)이 최초로 규정하였고, 1628년 영국의 권리청원, 1676년 인신보호령, 1776년 버지니아권리장전, 1776년 미국독립선언, 1789년 프랑스인권선언 등에서 선언 · 규정되었다.

(2) 신체의 자유의 실체적 보장

(가) 처벌 등의 법률주의 : 모든 국민은 신체의 자유를 가진다. 누구든지 법률에 의하지 아니하고는 체포 · 구속 · 압수 · 수색 또는 심문을 받지 아니하며, 법률과 적법한 절차에 의하지 아니하고는 처벌 · 보안처분 또는 강제노역을

받지 아니한다(제12조 제1항). 여기서 처벌의 법률주의는 죄형법정주의에 관한 규정으로 근대형사법의 기본원칙이다.

사례연구 91 신체의 자유

A교도소는 장기수가 도주, 자살, 자해 등을 할 우려가 있어 평소에 이중금속수갑 또는 가죽수갑을 채웠고, 1년이 넘는 기간 동안 일주일에 두 세차례 약 두시간 정도를 탄원서나 소송서류의 작성, 목욕, 세탁 등을 위해 수갑을 풀어 주었을 뿐이다. 이런 경우, 신체의 자유를 침해한 것인가?

▶ 헌법재판소는 교도소의 수감자에게 도주 및 자살, 자해 등을 막기 위하여 수갑 등의 계구(戒具)를 사용한 사건에 대해 '항상 이중금속수갑과 가죽수갑을 착용하여 두 팔이 몸에 고정된 상태에서 생활하였고, 이와 같은 상태에서 식사, 용변, 취침을 함으로써 일상생활을 정상적으로 수행할 수 없었으므로 그로 인하여 신체적, 정신적으로 건강에 해를 입었을 가능성이 높고, 인간으로서 최소한의 품위유지조차 어려운 생활을 장기간 강요당했다.'면서 이런 행위는 헌법상의 신체의 자유를 침해했다고 판시하였습니다(헌재 2003. 12. 18., 2001헌마163).

(나) **무죄추정의 원칙** : 형사피고인은 유죄의 판결이 확정될 때까지는 무죄로 추정된다(제27조 제4항). 이 원칙은 형사정책과 관련하여 피의자뿐만 아니라 피고인까지도 유죄의 선고를 받기까지는 무죄로 추정된다는 원칙이다. 무죄추정의 원칙은 프랑스 시민 혁명의 산물인 「인간과 시민의 권리선언」의 제9조에서 "누구든지 범죄인으로 선고되기까지는 무죄로 추정한다."라고 선언한 것이 시발점이 되었고, 1948년 12월 10일 유엔이 제정한 「세계인권선언」 제11조에서도 규정되어 있으며, 우리나라는 1980년 10월 21일 제5공화국 헌법 제27조 제2항에 "형사 피고인은 유죄의 판결이 확정될 때까지는 무죄로 추정된다."라고 하여 무죄추정의 원칙을 선언하고 있다.

사례연구 92 무죄추정의 원칙과 공무원의 징계처분

A교사는 기간제 교사로 근무하던 중 신규 교사 채용과 관련하여 동료교사로부터 사전에 시험문제를 입수하여 시험을 치름으로서 00지방법원으로부터 업무방해죄로 재판 중에 있는데, 이를 사유로 00교육청은 A교사의 임용을 취소하였다. A교사는 형사재판 중에 있음에 불구하고 유죄판결을 받았는데, A

교사에 대한 임용취소 처분은 적법·정당한가?

|▶ 공무원에게 징계사유가 인정되는 이상 관련된 형사사건이 아직 유죄로 확정되지 아니하였다거나 수사기관에서 이를 수사 중에 있다 하여도 징계처분은 할 수 있다(대법원 1984. 9. 11. 선고 84누110 판결).

(3) 신체의 자유의 절차적 보장

(가) 고문 및 불리한 진술의 강요금지 : 모든 국민은 고문을 받지 아니하며, 형사상 자기에게 불리한 진술을 강요당하지 아니한다(제12조 제2항). 여기에서 고문이란 정신적·육체적인 고통을 주는 일체의 행위를 말하며, 이러한 공무원의 위법행위에 대해서는 국가배상책임을 져야 한다. 또한, 불리한 진술을 강요당하지 않을 권리는 묵비권의 보장을 말한다.

사례연구 93 알몸 수색과 신체의 자유

X노동단체 조합원 민노동양 등 3명은 선거법 위반혐의로 연행되어 유치장에 처음 수용될 때에 속옷을 입은 상태에서 간단한 수색을 받았다. 그후 변호인 접견을 마치고 다시 유치장에 수용될 때에는 거부의 의사표시를 하였으나 상의를 겨드랑이까지 올리고 하의를 무릎까지 내린 상태에서 정밀 신체수색을 받을 수밖에 없었다면, 이는 헌법상의 신체의 자유를 침해한 것인가?

|▶ 헌법재판소는 "신체수색은 흉기 등의 반입 여부를 조사하기 위해 불가피한 조치로 필요성은 어느 정도 인정되나 수단과 방법이 해당자의 명예 등 기본권을 침해해서는 안 된다"면서 "경찰이 관행적으로 피의자를 과도하게 알몸 수색하는 것은 헌법에 보장된 인격권 및 신체의 자유를 침해한 것"이라는 결정을 내린 바 있다(2002. 6. 18).

(나) 영장제도 : 체포·구속·압수 또는 수색을 할 때에는 적법한 절차에 따라 검사의 신청에 의하여 법관이 발부한 영장을 제시하여야 한다(제12조 제3항 전단). 이는 미국헌법의 정신을 계승한 것이며, 범죄수사로 인한 부당한 인권침해와 신체의 자유에 대한 침해를 막기 위한 것이다. 영장주의의 예외로는 현행범인인 경우와 장기 3년 이상의 형에 해당하는 죄를 범하고 도피 또는 증거인멸의 염려가 있을 때에는 사후에 영장을 청구할 수 있고(제12조 제3항 후단), 대통령의 비상계엄이 선포된 경우(제77조 제3항) 등이다.

사례연구 94 영장대기자의 경찰서 보호실 유치

김대기는 00경찰서 철창으로 되어 있는 보호실에 가두어져 있고, 폭행혐의로 영장이 청구 중에 있다. 그런데, 아직 영장이 발부되지 않았음에도 불구하고 다른 대기자와 함께 있었고, 가족들의 출입이 제한되었다. 이런 경우 헌법상 보장되어 있는 영장주의를 위반한 것인가?

▶ 대법원은 영장대기자를 경찰서 보호실에 유치하는 것에 대해 "경찰서에 설치되어 있는 보호실은 그 시설 및 구조에 있어 통상 철창으로 된 방으로 되어 있어 그 안에 대기하고 있는 사람들이나 그 가족들의 출입이 제한되는 등 일단 그 장소에 유치되는 사람은 그 의사에 기하지 않고 일정 장소에 구금되는 결과가 되므로, 제한적으로 운영되는 경우를 제외하고는 구속영장을 발부받음이 없이 피의자를 보호실에 유치하는 것은 영장주의에 위배되는 위법한 구금에 해당한다"고 판시하였다(대법원 1999. 4. 23. 선고 98다41377 판결).

(다) 변호인의 조력을 받을 권리 : 누구든지 체포 또는 구속을 당한 때에는 즉시 변호인의 조력을 받을 권리를 가진다(제12조 제4항). 피고인뿐만 아니라 형사피의자도 일단 체포·구속당하면 변호인의 조력을 받을 권리를 가지므로 변호인과의 접견, 교통을 금지하는 것은 위헌이다. 그리고 형사피고인이 스스로 변호인을 구할 수 없을 때에는 법률에 따라 국선변호인을 붙인다.

(라) 고지의무 : 누구든지 체포 또는 구속의 이유와 변호인의 조력을 받을 권리가 있음을 고지받지 아니하고는 체포 또는 구속을 당하지 아니한다(제12조 제5항).

사례연구 95 미란다 원칙

김미란은 남동생 김억울과 함께 한국대학교 앞에서 자취를 하고 있었는데, 어느날 밤늦은 시간에 싸우는 소리가 들렸고 주민이 사망하였다는 것을 알았다. 며칠 뒤 학교 교문을 나오고 있던 김억울은 경찰관이라며 신분증만을 보여 준 2명에게 체포되었고, 누나 김미란에게도 연락할 수 없는 상태에서 조사를 받았다. 이 경우, 경찰관의 체포행위 등은 정당한가?

▶ 1963년 범죄자 미란다가 미국에서 18세 여성을 납치하여 성폭행한 사건에서 유래된 미란다 원칙은 경찰이나 검찰이 용의자를 연행할 때, 체포이유, 변호인의 도움을 받을 수 있는 권리, 진술을 거부할 수 있는 권리 등이

있음을 미리 알려 주어야 한다는 원칙을 말한다. 우리 헌법 제12조 제5항에도 "누구든지 체포 또는 구속의 이유와 변호인의 조력을 받을 권리가 있음을 고지받지 아니하고는 체포 또는 구속을 당하지 아니한다. 체포 또는 구속을 당한 자의 가족 등 법률이 정하는 자에게는 그 이유와 일시·장소가 지체없이 통지되어야 한다"고 규정하고 있다. 그러므로 경찰관이 김억울에 대하여 체포할 당시 미란다 원칙을 고지하지 않았다면 이는 불법체포가 된다.

(마) **구속적부심사청구권 :** 누구든지 체포 또는 구속을 당한 때에는 적부의 심사를 법원에 청구할 권리를 가진다(제12조 제6항). 이것은 아직 기소되지 않은 형사피의자의 권리를 보장하기 위해 마련된 조항이다.

(바) **자백의 증거능력제한 :** 피고인의 자백이 고문·폭행·협박·구속의 부당한 장기화 또는 기망 기타의 방법에 의하여 자의로 진술된 것이 아니라고 인정될 때 또는 정식재판에 있어서 피고인의 자백이 그에게 불리한 유일한 증거일 때에는 이를 유죄의 증거로 삼거나 이를 이유로 처벌할 수 없다(제12조 제7항). 이것은 형사소송법이 피고인의 권리를 보장하기 위해 둔 규정(형소법 제309조 내지 제310조)에 대해 헌법적인 근거를 제시한 것으로서 자백이 증거능력을 갖기 위해서는 임의성을 필요로 하며, 자백이 증명력을 갖기 위해서는 보강증거를 필요로 한다.

(사) **형벌법규 불소급의 원칙과 일사부재리의 원칙 :** 모든 국민은 행위시의 법률에 의하여 범죄를 구성하지 아니하는 행위로 소추되지 아니하며, 동일한 범죄에 대하여 거듭 처벌받지 아니한다(제13조 제1항).

(아) **연좌제 금지 :** 모든 국민은 자기의 행위가 아닌 친족의 행위로 인하여 불이익한 처우를 받지 아니한다(제13조 제3항). 여기서 불이익한 처우란 해외여행의 제한이나 공무담임권의 제한 기타 모든 영역에 있어서 국가기관에 의한 모든 불이익한 처우를 포함하는 것이며, 이와 같은 연좌제 금지는 형법상의 자기책임의 원칙에 따른 당연한 귀결이다.

3. 거주·이전의 자유

모든 국민은 거주·이전의 자유를 갖는 바(제14조), 거주·이전의 자유란 국민이 자기가 원하는 곳에 주소나 거소를 정하고 또 그것을 이전할 자유 및 일단 정한 주소 · 거소를 그의 의사에 반하여 옮기지 아니할 자유를 말한다. 거주 · 이전의 자유의 내용으로는 ① 국내외 거주 · 이전의 자유, ② 국적이탈의 자유가 있으며, ③ 외국인의 입국의 자유는 제한되지만, 출국의 자유는 인정된다는 것이 국제관행이다. 다만, 거주 · 이전의 자유는 헌법 제37조 제2항에 의한 제한, 국가보안법, 소방법, 전염병예방법, 해외이주법, 여권법 등에 의해 제한되고 있다.

사례연구 96 거주 · 이전의 자유

부부생활 20년 차인 조선미는 이혼의 의사는 없지만 남편과 당분간 떨어져 자유롭게 살고 싶었으나, 이를 남편이 절대 반대하자 자주 부부싸움을 했다. 이런 부모를 못마땅하게 생각한 18세 김질풍은 마침내 가출하여 중국을 통해 부모가 올 수 없는 함경도로 갔다. 민법상 동거의무, 미성년자의 가출의 자유 그리고 북한지역으로의 이전도 거주 · 이전의 자유에 포함되는가?

▶ 민법 제826조 제1항의 동거의무는 헌법상 혼인과 가족생활의 보장(제36조 제1항)과 조화적으로 이해해야 되기 때문에 거주 · 이전의 자유에 포함되지 않는다. 그리고 미성년자의 '가출의 자유'는 헌법상 미성년자에 대한 부모의 1차적 교육권(제31조 제2항)과 민법상 부모의 자녀에 대한 거소지정권(제914조)이 있기 때문에 거주 · 이전의 자유에 포함되지 않으며, 거주 · 이전의 자유가 인정되는 것은 우리 나라의 통치권이 실질적으로 미치는 곳으로의 이전을 의미하므로 통치권이 실질적으로 미치지 않는 북한으로의 이전은 거주 · 이전의 자유가 인정되지 않고 국가보안법에 의하여 처벌된다.

4. 직업선택의 자유

모든 국민(자연인, 법인)은 직업선택의 자유를 갖는 바(제15조), 직업선택의 자유의 내용으로는 ① 직업결정의 자유, ② 영업의 자유, ③ 이전의 자유, ④ 무직업의 자유 등이 있다. 이러한 직업선택의 자유는 바이마르헌법에서 처음으로 규정되었으며, 우리 헌법도 제3공화국에서 처음으로 규정하였다.

과거에는 보사부고시로 생수의 국내시판을 불허한 바 있었으나, 대법원에서는 이에 대해 "헌법상 보장된 직업선택의 자유, 행복추구권 및 환경권을 침해하는 것으로 무효이다."라고 판시한 바 있다(1994. 3. 8. 92누1728).

사례연구 97 직업선택의 자유와 아동관련기관의 취업 제한

한성실 선생님은 수업을 방해하는 학생에 대해 야단을 쳤는데, 김불량 학생은 아버지에게 문자메시지로 "선생님이 때렸어요!"라고 허위문자를 보냈고, 흥분한 아버지는 수업시간에 교실로 찾아와 "네가 선생이냐?", "깡패야?" 면서 항의하고 「아동복지법」 위반으로 형사고소 하였다. 아동복지법으로 5만원의 벌금형만 받아도 아동관련기관에 취업할 수 없나요?

▶ 누구든지 아동의 신체에 손상을 주거나 신체의 건강 및 발달을 해치는 신체적 학대행위를 하여서는 안 되고(아동복지법 제17조 제3호), 이를 위반할 경우 5년 이하의 징역 또는 5천만원 이하의 벌금에 처해지게 된다(같은 법 제71조 제1항 제2호). 교사가 아동학대 관련범죄로 벌금형 이상을 선고받으면 10년까지의 기간 동안 아동관련기관을 운영하거나 아동관련기관에 취업 또는 사실상 노무를 제공할 수 없었다. 그러나 2018년 6월 28일, 헌법재판소는 「아동복지법」 제29조의3(아동관련기관의 취업제한 등)이 「헌법」 제15조 직업선택의 자유를 침해한다고 재판관 전원일치의 의견으로 결정하였고(헌법재판소 2018. 6. 28., 2017헌마130), 이에 따라 「아동복지법」 제29조의3(아동관련기관의 취업제한 등)은 법원에서 아동관련기관의 취업제한 기간을 선고하도록 하였고, 그 기간은 10년을 초과하지 못하도록 개정되었다.

5. 주거의 자유

모든 국민은 주거의 자유를 침해받지 아니한다. 주거에 대한 압수나 수색을 할 때에는 검사의 신청에 의하여 법관이 발부한 영장을 제시하여야 한다(제16조). 여기서 '주거'란 사람이 거주하는 설비로서 학교, 회사, 여관의 객실 등이 이에 속한다. 주거의 불가침은 신체의 자유와 더불어 최소한의 자유로서 오늘날 형사상·행정상의 절차적 보장을 초월하여 프라이버시(privacy)에 관한 권리의 일환이 되고 있다.

사례연구 98 도청장치 설치와 주거의 자유

X정보기관은 사상이 불온하다고 생각하는 김투쟁의 사생활을 감시하기 위해 그의 집에 도청장치를 설치하기도 하고, 창문 밖으로 흘러나오는 주거내의 대화를 도청하였다. 이러한 경우 X정보기관의 도청행위는 주거의 자유를 침해한 것인가?

▶ 김투쟁의 집에 도청장치를 설치한 것은 사생활의 자유를 침해한 것은 물론이고 도청장치를 설치함으로서 주거의 '주거'로서 기능을 상실하게 되므로 주거의 자유를 침해하는 것이 된다. 다만, 창문 밖으로 흘러나오는 대화를 도청한 것은 주거의 자유를 침해한 것이라고 볼 수는 없다.

6. 사생활의 자유와 비밀

모든 국민은 사생활의 비밀과 자유를 침해받지 아니하는 바(제17조), 사생활의 자유와 비밀(제17조)은 1890년 워렌(S. D. Warren)과 브렌다이스(L.D. Brandeis)의 논문인 '프라이버시의 권리'에 의해 독립된 권리로 인정되었으며, 우리 헌법에서는 제5공화국헌법에서 최초로 규정되었다. 여기서 '사생활의 자유'란 개개인 누구나를 불문하고 자기의 사적 생활을 자유롭게 영위하는 것을 말하고, '사생활의 비밀'이란 부당한 공개를 당하지 않을 권리를 말한다.

사례연구 99 공직자 등의 병역사항 신고 및 공개와 사생활의 자유

돌쇠는 징병검사에서 한쪽 눈 실명으로 병역면제처분을 받았다. 돌쇠는 국회에서 근무하고 있는 공무원으로서, '공직자 등의 병역신고 및 공개에 관한 법률'에 따라 2005년 8월 1일에 병역신고를 하였는데, 이 신고사항이 관보 및 인터넷에 게재하는 방식으로 공개되었다. 이에 돌쇠는 위 법률조항 등이 헌법상 사생활의 자유 등을 침해한다고 주장하고 있는데, 이는 정당한가?

▶ '공직자 등의 병역신고 및 공개에 관한 법률'에 따라 병무청장은 신고기관의 장으로부터 병역사항을 통보받은 때에는 1월 이내에 관보 또는 인터넷에 게재하여 공개하도록 하고 있다(동법 제8조 제1항). 4급 이상의 공무원들까지 대상으로 삼아 모든 질병명을 아무런 예외 없이 공개토록 한 것은 사생활의 비밀과 자유를 침해한 것이다. 질병명은 내밀한 사적 영역에 근접하는 민감한 개인정보이고, 해당 공무원의 공적 활동과 관련하여 생성된 정보가 아니라 그 이전에 생성된 것으로서 극히 사적인 정체성을 드러내는 정보이기 때문이다. 예컨대, 후천성면역결핍증, 정신분열장애, 매독 등의 질병 명을 예외 없이 공개하는 것은 사생활의 비밀을 심각하게 침해하는 것이다.

7. 통신의 자유

우리 헌법 제18조에서는 "모든 국민은 통신의 비밀을 침해받지 아니한다." 고 규정하여 개인의 사생활의 비밀을 보장하며, 개인의 인격을 보호하고 있다. 여기서 '통신'이란 신서·전신·전화 및 그 밖의 우편물과 같이 우편기관에 의하여 다루어지는 격지자간의 의사전달은 물론 물품의 수수까지 포함하며, '침해받지 아니한다'는 것은 발신에서부터 수신 사이에 비밀이 침해되지 않는 것을 의미한다.

사례연구 100 통신의 비밀

국회의원 김안전은 국가안전보장 등에 대한 위협으로부터 헌법질서와 국가존립을 수호하기 위하여 편지, 전화 등의 통신내용을 열람·도청·녹음할 수 있는 권한을 X관계당국에게 부여하는 '(가칭)통신비밀제한법'을 제안하기로 하고, 동법에는 국가전복이나 국가안전보장을 위협하는 범죄를 계획 또는 실행 중에 있지만 다른 방법으로 그와 같은 사실을 탐지할 수 없는 경우에는 통신비밀이 제한되고, 제한조치는 당사자에게 고지되지 않으며, 예외를 인정하지 않을 것을 주요내용으로 하고 있다. 동 법안의 위헌성 여부는?

|▶ 당사자에게 통신의 자유를 제한한다고 고지하더라도 감시목적을 달성할 수 있거나 국가안전보장 등에 아무런 문제가 없는 경우에도 통신의 비밀을 제한하는 것이 헌법상 정당화 될 수 있는지가 문제된다. 위의 '(가칭)통신비밀제한법'상의 통신비밀의 자유에 대한 제한조치는 비례의 원칙 중 최소침해성 원칙에 따라 그것을 은밀히 수행해야 할 상황이 더 이상 존재하지 않는 경우에는 고지해야 함에도 불구하고 동법은 예외를 전혀 인정하지 않으면서 당사자에게 고지없이 제한조치를 취할 수 있다는 점에서 헌법 제18조의 통신의 자유를 침해하는 것으로 위헌이다.

8. 양심의 자유

양심의 자유(제19조)는 종교의 자유와 함께 인간내심의 자유로서 정신적 자유의 근원으로 인정되고 있으며, 1850년 프로이센헌법이 최초로 종교의 자유와 함께 규정하였다. 양심의 자유의 내용으로는 ① 양심상 결정의 자유(양심형성의 자유), ② 침묵의 자유, ③ 사상 및 신념에 반하는 행위를 강요당하지 않는 자유 등이 있다. 양심의 자유는 양심이 외부에 표현될 때에 한하여 제한이 따른다는 내면적 무한계설이 통설이다.

사례연구 101 **종교적 신앙 등에 따른 병역거부자**

김여호 군은 입영 통지를 받았으나 평소 종교적 신념에 따라 무기를 들어야만 하는 군대에는 가지 않겠다고 결심하고 병역을 거부함에 따라 병역법 제88조 위반으로 기소되었다. 김여호 군은 '나는 양심상 총을 들 수 없다. 양심을 버릴 수 없고 우리 헌법에는 양심의 자유가 보장되고 있다'고 주장하고 있는데, 이는 정당한가?

▶ 양심상의 이유에 의한 집총거부자에 관하여 병역을 면제하는 국가도 있고, "반전론자 등 개인의 양심을 존중하면서 병역거부자들이 다른 방식으로 사회에 봉사할 기회를 주는 대체제도를 마련하는 것이 국가의 의무"라는 주장과 "분단이라는 특수상황에서 양심적 병역거부 또는 대체복무 도입은 악용될 우려가 있다."는 주장이 있다. 헌법재판소에서는 2004년 8월 26일 '병역법 제88조(입영의 기피)에 대해 3년 이하의 징역에 처하도록 한 규정은 헌법을 위반하지 않다'고 결정하였으나(헌재 2004. 8. 26. 2002헌가1), 2018년 6월 28일, 헌법재판소는 양심적 병역 거부 처벌 조항으로 사용되던 병역법 제88조 제1항에 대해서는, 법원이 정당한 사유의 해석에 따라 양심적 병역거부자에 대해 현행 조항으로도 충분히 무죄 선고가 가능하며, 병역기피자들을 처벌하는 조항으로서 여전히 기능할 수 있다는 취지로 처벌조항에 대해서는 합헌 결정을 내리면서도, 대체복무제가 없는 병역법 제5조 제1항에 대해서는 헌법 불합치 판결을 내렸다. 또한 2018년 11월 1일, 대법원 전원합의체는 여호와의 증인 신자의 양심에 따른 병역 거부 사건에 대해 9대4의 다수 의견으로 종교적인 양심도 입영 거부의 "정당한 사유"에 해당한다고 인정하여 무죄를 선고했다.

한편 국방부는 2019년 1월 4일 대체복무제와 관련해 군에서 병역의무를 이행했거나 이행 중이거나 이행할 사람들이 비양심적인 것처럼 오해될 수 있다는 국민적 우려를 고려 '양심적 병역거부자' 대신 '종교적 신앙 등에 따른 병역거부자'라는 용어를 사용하겠다고 밝힌 바 있다.

9. 종교의 자유

모든 국민은 종교의 자유를 가지며, 국교는 인정되지 아니하고 종교와 정치는 분리된다(제20조)고 하여 종교의 자유와 국교금지, 정교분리의 원칙을 규정하고 있다. 종교의 자유는 신앙의 자유, 종교적 행위의 자유 및 종교적 집회·결사의 자유를 그 내용으로 하고 있다. 신앙의 자유는 절대적 자유지만, 종교적 행위의 자유 및 종교적 집회·결사의 자유는 대외적 행위의 자유이므로 제한이 가능하다.

또한 국교금지 및 정교분리의 원칙은 종교의 자유를 명실상부하게 보장하기 위한 제도로, 특정종교단체에 대한 재정지원·특권부여금지, 국가적 식전에서 특정종교의 의식거행 등은 금지된다.

사례연구 102 종교의 자유와 종교교육

신앙사립고등학교에 다니는 성심양은 불교 신자인데, 신앙고교는 기독교 재단에서 세운 종교학교이다. 성심양은 시험을 보지 않고 거주지별로 추첨, 일괄 배정하는 고교평준화제도에 의해 신앙고교에 입학한 것으로, 정규수업 시간에서의 종교교육은 헌법상 보장된 종교의 자유를 침해하는 것이라고 주장하고 있는데, 성심양의 주장은 정당한가?

▶ 종교행위의 자유와 관련하여 종교교육의 자유가 문제된다. 교육법상 국공립학교에서의 일반적인 종교교육은 허용되나 특정한 종교교육은 금지되고, 종교적 학교(종교학교)에 있어서의 종교교육은 인정된다. 다만, 입시제도가 자유선택이 아닌 추첨에 의해 강제 배정된다는 점에서 아무리 종교이념에 의해 설립된 사립학교라도 획일적 종교교육실시는 위헌이라는 주장이 강력히 제기되고 있다. 대법원도 종교교육에 대한 학생들의 태도나 학생들이 불이익이 있을 것을 염려하지 아니하고 자유롭게 대체과목을 선택하거나 종교교육에 참여를 거부할 수 있었는지 여부 등의 구체적인 사정을 종합적으로 고려하여 사회공동체의 건전한 상식과 법감정에 비추어 볼 때 용인될 수 있는 한계를 초과한 종교교육이라고 보이는 경우에는 위법성을 인정하였다(대법원 2010. 4. 22. 2008다38288).

10. 학문과 예술의 자유

모든 국민은 학문과 예술의 자유를 가진다(제22조 제1항). 여기서 학문의 자유에는 연구의 자유, 연구결과발표의 자유, 교수의 자유 및 연구를 위한 집회·결사의 자유를 포함한다. 또한, 예술의 자유에는 예술창작의 자유, 예술적 결사의 자유가 포함되며, 그 중에서 아름다움을 추구하는 예술창작의 자유는 절대적 자유이지만, 예술작품의 전시는 상대적인 자유이다.

사례연구 103 초등학교의 정화구역 내의 극장시설 및 영업금지

조영화는 유치원 및 초등학교가 밀집한 지역 내에 영화관을 개업하려고 하는데, 이 지역은 일명 정화지역이다. 이런 곳에서의 영화시설 및 영업행위는 가능한가?

▶ 과거 학교보건법에는 유치원 및 초등학교 정화구역 내에서 영화시설 및 영업행위를 일률적으로 금지하고 있었다. 그러나 헌법재판소는 '정화구역 내에 위치하더라도 초·중·고등학교 학생들에게 유해한 환경이라고 하기 보다는 오히려 학생들의 문화적 성장을 위하여 유익한 시설로서의 성격을 가지고 있어 바람직한 방향으로 활용될 가능성이 높다는 점을 부인하기 어렵다. 그렇다면 정화구역 내의 절대금지구역에서는 이와 같은 유형의 극장에 대한 예외를 허용할 수 있는 가능성을 전혀 인정하지 아니하고 일률적으로 금지하고 있는 이 사건 법률조항은 그 입법목적을 달성하기 위하여 필요한 정도 이상으로 극장운영자의 예술의 자유를 제한하는 법률이다(헌법재판소 2004. 5. 27. 선고 2003헌가1)'고 판시하면서 당시 학교보건법이 극장운영자의 예술의 자유를 침해한다고 결정하였다.

11. 표현의 자유

표현의 자유는 정신적 자유의 하나로서 정신활동의 자유, 정신적 표현의 자유를 말한다. 즉, 종교·양심·사상·학문·예술을 외부적으로 표현하는 언론·출판의 자유 및 집회·결사의 자유(제21조)를 표현의 자유라고 본다.

언론·출판의 자유는 외부적 표현의 자유, 즉 의사표현의 자유로 오늘날 민주정치에 있어서 빼놓을 수 없는 자유로 인정되고 있다. 언론의 자유에는 보도의 자유(사상·표현을 표명하고 전파할 자유), 알 권리(정보를 모집·처리할 자유 : 표현받는 자유), 방송·방영 등의 자유 등을 포함하며, 여기서 '언론'이라 함은 구두에 의한 표현을, '출판'이란 문자 및 형상에 의한 표현을 뜻한다. 언론·출판에 대한 허가나 검열은 인정되지 않으며, 이는 언론·출판에 대한 사전억제를 금지하기 위한 것이다. 다만, 언론·출판의 자유는 헌법 제21조 제4항, '정간법(정간법)' 및 '방송법' 등에 의해 일정한 제한을 받고 있다.

집회·결사의 자유는 민주주의 사회에서의 정치적 자유로서 민주정치실현에 불가결의 전제가 되고 있다. 여기서 '집회'란 다수인이 일시적으로 공통의

목적을 가지고 일정한 장소에 집합하는 것으로 공식·비공식적 집회, 옥내·옥외집회를 불문하며, '결사'란 공통의 목적을 가진 계속적인 다수인의 집단을 말한다. 집회·결사에 대한 허가제는 인정되지 않지만, 신고제는 행정상 참고를 위한 것이므로 인정되며, 집회·결사의 자유는 "집회 및 시위에 관한 법률", "사회단체등록에 관한 법률" 등에 의해 제한받는다.

사례연구 104 언론·출판의 자유(알권리)

김보안은 형법을 전공하는 박사과정 대학원생인데, 보안처분에 관한 논문을 작성하기 위하여 보안처분 통계가 필요하여 X관계기관에 관련 통계의 공개를 요청하였다. 그런데 X관계기관은 정보공개를 요청한 정보가 보안처분이라서 공개할 수 없다고 하는데, 이는 정당한가?

▶ 정보의 공개는 알권리를 충족시키고 행정의 투명화라는 긍정적 효과를 가져 오고 우리나라에서는 1996년에 "공공기관의 정보공개에 관한 법률"을 제정하여 시행해 오고 있다. 같은 법 제9조 제1항은 비공개대상정보를 규정하고 있으며, '진행 중인 재판에 관련된 정보와 범죄의 예방, 수사, 공소의 제기 및 유지. 형의 집행, 교정, 보안처분에 관한 사항으로서 공개될 경우 그 직무수행을 현저히 곤란하게 하거나 형사피고인의 공정한 재판을 받을 권리를 침해한다고 인정할 만한 상당한 이유가 있는 정보'도 비공개대상이다. 그러나 논문을 통한 이러한 내용의 공개로 인하여 보안관찰법 집행에 상당한 어려움이 발생하지는 않을 것이고, 이로 인한 국가안전보장에 위협이 될 만한 상당한 이유가 없으므로 비공개는 정당하지 못하다고 본다.

사례연구 105 집회의 자유

한국자동차노조 S시 지부는 2019년 2월 15일 14시에 S시 하천 고수부지에서 노사관련법 개정을 위한 집회를 갖기 위해 동년 2월 13일 10시에 경찰서장에게 집회신고서를 제출하였으나 경찰서장은 "교통소통을 위해 필요하다"는 이유로 2월 14일 10시에 집회의 금지를 통고하였다. 그러자 갑은 즉시 이에 대한 이의신청을 접수시켰으나, 이에 대한 아무런 통보도 없자 집회를 강행하였는데, 경찰서장의 행위와 갑의 행위는 정당한가?

▶ 교통소통에 지장을 주지 않는 한 금지통고를 할 수 없고(집시법 제12조 제1항), 더욱이 질서유지인을 두고 도로를 행진하는 경우에는 금지할 수 없다(제12조 제2항). 따라서, 고수부지에서의 집회는 가능하며, 경찰서장의 금지통

보는 부당하다. 또한, 24시간 이내에 이의신청에 대한 재결서를 보내지 않은 경우에는 금지통보의 효력이 상실되므로 갑의 행위는 정당하다.

12. 재산권의 보장

재산권의 보장은 근대경제사회를 구성하는 기초원칙의 하나이며, 근대의 자유국가 내지 법치국가는 이 원칙을 제도화한 사유재산제도 위에 성립되고 있다. 우리 헌법에서 모든 국민의 재산권은 보장되며, 그 내용과 한계는 법률로 정하도록 하였다. 그리고 재산권의 행사는 공공복리에 적합하도록 행사하여야 하며, 공공필요에 의한 재산권의 수용・사용 또는 제한 및 그에 대한 보상은 법률로써 하되, 정당한 보상을 지급하도록 하고 있다(제23조). 여기서 손실보상의 이론적 근거는 특정인에게 가해진 특별한 희생은 이를 전체의 부담으로 보상하는 것이 정의와 공평에 맞는다는 데에 있다(특별희생설의 입장).

사례연구 106 재산권의 보장

김세입 씨는 신주인 씨의 주택에 대해 전세권을 설정하여 10개월 동안 살고 있던 중, 신주인이 세금을 내지 않았다는 이유로 경매에 붙여지게 되었다. 구(舊) 국세기본법 제35조 제1항 제3호에는 전세권・질권・저당권에 의해 담보된 채권보다 그 담보설정 후 1년 이내에 성립된 조세채권이 우선 징수된다는 규정에 따라 전세금을 받을 수 없게 되었는데, 동법의 규정은 정당한가?

▶ 구(舊) 국세기본법 제35조 제1항 제3호의 규정은 재산권인 담보물권 내지 사유재산제도의 본질적인 내용을 침해하는 것이며, 과잉금지의 원칙에도 위반되므로 위헌적 조항에 해당한다(헌재결 1990. 9. 3. 89헌가95). 현행 국세기본법에서는 국세・가산금 또는 체납처분비는 다른 공과금이나 그 밖의 채권에 우선하여 징수한다. 다만, 법정기일 전에 전세권, 질권 또는 저당권 설정을 등기하거나 등록한 사실이나 「주택임대차보호법」 제3조의2 제2항 또는 「상가건물 임대차보호법」 제5조 제2항에 따른 대항요건과 확정일자를 갖춘 사실이 대통령령으로 정하는 바에 따라 증명되는 재산을 매각할 때 그 매각금액 중에서 국세 또는 가산금(그 재산에 대하여 부과된 국세와 가산금은 제외한다)을 징수하는 경우의 그 전세권, 질권 또는 저당권에 의하여 담보된 채권이나 확정일자를 갖춘 임대차계약증서 또는 임대차계약서상의 보증금은 그러하지 아니한다(제35조 제1항 제3호).

Ⅳ. 생존권적 기본권

생존권적 기본권은 생활에 필요한 여러 조건을 국가가 적극적으로 관여하여 확보해 줄 것을 요청할 수 있는 권리이다. 종래 기본권이 '국가로부터의 권리'인 자유권적 기본권인데 비하여 생존권적 기본권은 '국가에 의한 권리'라고 할 것이며, 1919년 바이마르헌법 제151조에 최초로 규정되었다.

1. 교육을 받을 권리

교육을 받을 권리라 함은 교육을 받을 수 있도록 국가의 적극적인 배려를 요구할 수 있는 있으며, 의무교육의 무상, 교육의 자주성·전문성·정치적 중립성 및 대학의 자율성 보장, 평생교육진흥의무, 교육제도와 그 운영, 교육재정 및 교원의 지위를 법률로 정하도록 하고 있다.

사례연구 107 **청소년 미혼모와 교육받을 권리**

○○고등학교에 다니는 한조숙양은 같은 반 김무모를 사랑하게 되었고, 급기야 임신까지 하게 되었다. ○○고등학교에서는 자퇴할 것을 강요하고 있는데, 이는 정당한가?

▶ 교육기본법 제3조(학습권)에는 "모든 국민은 평생에 걸쳐 학습하고, 능력과 적성에 따라 교육 받을 권리를 가진다."고 규정하고 있고, 같은 법 제4조 제1항에는 "모든 국민은 성별, 종교, 신념, 인종, 사회적 신분, 경제적 지위 또는 신체적 조건 등을 이유로 교육에서 차별을 받지 아니한다"고 규정하고 있다. 또한 유엔아동권리협약에서도 '당사국은 교육에 대한 아동의 권리를 인정하며, 균등한 기회 제공을 기반으로 이 권리를 점진적으로 달성하기 위한 조치'를 취하도록 선언하고 있다(제28조). 이러한 각 규정의 취지에서 볼 수 있듯이 학습권은 아동의 성장과 발달, 인격완성을 위해 필요한 학습을 할 고유의 권리로서 기본권적 인권 중에서도 핵심적인 기본권이다. 그동안 징계나 은폐의 대상으로 여겨져 왔던 청소년 미혼모에게도 교육받을 권리는 예외일 수 없다.

2. 근로의 권리와 노동3권

(1) 근로의 권리

근로의 권리란 근로자가 근로의 기회제공 및 근로조건상의 제조건에 있어서 보호를 받을 권리를 말한다. 근로의 권리는 1919년 바이마르헌법 이래 국민의 생존권을 보장하려는 각국의 헌법에 규정되고 있다. 우리 헌법 제32조에는 고용증진, 적정임금의 보장, 최저임금제의 실시 등에 대한 국가의 의무(제1항 및 제2항), 근로기준의 법정주의(제3항), 근로관계에 있어서 여성에 대한 차별금지(제4항), 연소자근로의 특별보호(제5항), 국가유공자 등 유가족의 근로기회 우선보장(제6항) 등을 규정하고 있다.

(2) 노동3권

노동3권이란 근로자가 근로조건의 향상을 위하여 자주적으로 단결·단체교섭 및 단체행동을 할 수 있는 권리를 말한다. 근로3권은 근로조건의 향상을 위한 것이므로 순수한 정치적 파업이나 정치적 행동권은 제외되며, 자주적인 행사여야 하므로 동정파업 등은 제외된다.

우리 헌법 제33조에는 단결권, 단체교섭권 및 단체행동권을 보장하고 있으나, 공무원은 법률로 인정된 자만이 노동3권을 가지며, 법률이 정하는 주요방위산업체 근로자의 단체행동권은 법률에 의해 제한될 수 있다.

3. 인간다운 생활을 할 권리

인간다운 생활을 할 권리(제34조)란 일반적으로 인간의 존엄성에 상응하는 건강하고 문화적인 최소한도의 생활을 할 권리를 말하며, 생존권적 기본권 중 가장 핵심적인 권리이다. 이와 같은 권리는 사회보장을 받을 권리, 생활보호를 받을 권리, 재해예방과 위험보호에 관한 권리 등을 그 내용으로 하고 있다. 이의 구체적인 실현을 위해 사회보장급여의 이용·제공 및 수급권자 발굴에 관한 법률, 직업안정법, 아동복지법, 모자보건법, 노인복지법, 의료급여법, 재해구호법 등을 두고 있다.

사례연구 108 장애인과 인간다운 생활을 할 권리

우리나라는 인간다운 생활을 할 권리를 보장하기 위해 최저생계비를 보장하고 있다. 휠체어를 타고 다니는 이동해 씨는 특별한 직업이 없어 최저생활비로 근근히 생활하고 있는데, 장애인가구에 대해서는 일반인보다 추가지출비용이 많으므로 이를 반영하여야 한다고 주장하고 있는데, 이는 정당한가?

▶ 헌법재판소에서는 "국가가 생활능력 없는 장애인의 인간다운 생활을 보장하기 위한 조치를 취함에 있어서 국가가 실현해야 할 객관적 내용의 최소한도의 보장에도 이르지 못하였다거나 헌법상 용인될 수 있는 재량의 범위를 명백히 일탈하였다고 보기 어렵다"고 결정하였다(헌재 2004. 10. 28. 선고 2002헌마328). 즉, 보건복지부장관이 최저생활비를 고시함에 있어서 장애로 인한 추가지출비용을 반영하지 않았다고 하더라도 장애인복지법 등에 의해 보호되고 있기 때문에 국가가 인간다운 생활을 위한 최소한의 조치를 취하지 않은 것은 아니라고 판단하였다.

4. 혼인 · 가족제도 · 모성 및 보건에 관한 권리

혼인 · 가족제도(제36조 제1항)는 혼인 및 가정생활에 있어서 남존여비의 봉건적 관념을 청산함으로써 개인의 존엄과 양성평등을 기초로 하는 가정의 민주화를 확립하려는 원칙규범 내지 제도보장이다. 따라서 매매혼, 강제혼, 결혼퇴직제 등 혼인의 자유를 침해하는 경우에는 위헌이 되며, 일부일처제를 침해하는 등의 혼인의 순결을 침해하는 경우도 위헌이다. 국가는 모성의 보호를 위해 노력할 의무를 가지며(동조 제2항), 이를 구체화하기 위해 모자보건법, 모자복지법 등을 두고 있다.

보건의 권리(동조 제3항)는 국민이 그 건강을 유지하는 데 필요한 국가적 급부와 배려를 요구할 수 있는 권리를 말하며, 개인의 건강의 침해, 건강의 유지를 위해 필요한 시설이나 환경을 요구할 수 있는 권리를 그 내용으로 하고 있다.

사례연구 109 임신부의 보호와 모성에 관한 권리

기혼 여성근로자 김허약은 임신 6개월이 되었는데, 갑자기 유산하게 되었다. 여성근로자가 출산을 할 경우 유급 출산휴가를 받도록 하는 법률로 보호하고 있는데, 김허약과 같이 유산한 경우도 유급 휴가를 받을 수 있는가?

▶ 헌법상 국가의 모성보호 노력 의무를 구체화하기 위해 만든 법률 중에는 대표적으로 모자보건법, 모자복지법 등이 있으나, 그 외에도 남녀고용평등과 일·가정 양립 지원에 관한 법률, 근로기준법 등에 많은 법적 장치를 두고 있다. 남녀고용평등과 일·가정 양립 지원에 관한 법률에도 산전후휴가에 대한 지원(제18조), 육아휴직(제19조), 일·가정 양립 지원(제20조), 직장어린이집 설치 및 지원(제21조), 그 밖의 보육관련지원(제21조의2) 등을 규정하고 있다. 또한, 근로기준법 제72조 제1항은 90일간의 유급산전후 휴가를 규정하고 있고, 같은 조 제3항 전단에는 "사용자는 임신 중인 여성이 유산 또는 사산한 경우로서 그 근로자가 청구하면 대통령령으로 정하는 바에 따라 유산·사산 휴가를 주어야 한다."고 규정하고 있다. 따라서 김허약은 보호휴가를 받을 수 있다.

5. 환경권

환경권이란 인간다운 건강하고 쾌적한 환경 속에서 생활할 권리를 말한다. 환경권은 1960년대 이후에 천부인권으로서가 아닌, 공해 또는 환경파괴로부터 생명과 신체의 안전을 수호하기 위한 권리개념으로서 미국을 중심으로 등장하였다.

환경권에는 수인의 한도를 넘는 국가의 환경침해 내지 환경보호에 반하는 국가시책을 지양하도록 요구할 수 있는 권리, 국가 이외의 다른 원인(사인 등)에 의하여 발생하는 환경침해를 막아줄 것을 요구할 수 있는 권리, 건강하고 쾌적한 생활환경을 만들고 보전해 줄 것을 국가에게 요구하는 권리 등을 내용으로 하고 있다.

국가기관에 의해 환경권이 침해된 경우에는 청원권, 행정소송, 국가배상청구권, 헌법소원 등의 방법으로, 그리고 사인에 의해 환경권이 침해된 경우에는 민사소송에 의한 배상청구, 물권적 청구권에 의한 구제 등을 통해 권리를 구제할 수 있다.

사례연구 110 환경권과 권리구제

X회사는 Y군 군수의 허가를 받아 Y군에 소재하는 산에서 석재를 채취하고 있다. 그런데 채석으로 인한 산림훼손이나 소음, 먼지 등이 심해져 주민

들의 생활환경에 막대한 피해가 발생하였다. 주민 이환경은 환경피해에 대한 구제를 구하고자 하는데 어떤 방법이 있는가?

▶ 환경피해는 기업활동 내지 사람의 활동에 의하여 발생 또는 예상되는 해양오염, 수질오염, 대기오염, 폐기물오염, 악취진동으로 인한 오염, 일조권이나 조망권 방해 등으로 인한 건강·재산·정신에 대한 피해를 말한다. 이에 대한 구제방법으로는 물권적 방해제거 및 예방청구, 손해배상청구, 환경침해 금지청구 등 사법적 수단이 있고, 진정 및 민원처리제도, 행정쟁송, 국가배상제도, 환경분쟁조정제도 등 공법적 수단이 있다. 다만, 이환경은 사법적 구제는 입증이 어렵고 시간과 경비가 많이 소요되기 때문에 먼저 환경분쟁조정제도를 이용하는 것이 필요할 것으로 보인다.

V. 청구권적 기본권

청구권적 기본권은 국민이 국가에 대하여 적극적으로 특정한 행위를 요구하거나 국가의 보호를 요구하는 권리를 말하며, 기본권보장을 위한 기본권, 권리구제를 위한 기본권, 수익권 등으로도 불리운다.

1. 청원권

청원권이란 국민이 국가나 국가기관에 대하여 의견이나 희망을 진술할 권리를 말하며, 우리 헌법에는 국가기관에 문서로 청원할 권리를 갖도록 규정하고 있다(제26조). 청원할 수 있는 사항(청원법 제4조)은 예시적 사항으로 ① 피해의 구제, ② 공무원의 위법·부당한 행위에 대한 시정이나 징계의 요구, ③ 법률·명령·규칙의 제정·개정 또는 폐지, ④ 공공의 제도 또는 시설의 운영, ⑤ 그 밖에 공공기관 등의 권한에 속하는 사항 등이며, 청원할 수 없는 사항으로는 ① 재판에 간섭하는 것(청원법 제5조), ② 국가원수를 모독하는 것을 내용으로 하는 것(청원법 제5조), ③ 타인을 모해할 목적으로 허위의 사실을 적시하는 것(청원법 제10조) 등이다. 공무원, 군인 등도 청원할 수 있지만, 직무와 관련된 집단적 청원만은 원칙적으로 허용되지 않는다.

사례연구 111 **청원권**

국민이 낸 세금을 착복한 혐의로 X시 북구청 직원 박모씨가 구속되었다. X시에서 군복무를 대신하여 병역특례병으로 복무 중인 방위병 허약해는 다른 구청에서 이와 유사한 사례가 있다고 알고 있는데, 관련기관에서는 다른 구청에 대해서는 적극적으로 수사를 하고 있지 않다는 사실을 알게 되었다. 이 경우에 허약해는 관련기관에 증거도 제시하지 않으면서 다른 구청에서도 세금착복 의혹이 있다고 청원할 수 있는가?

▶ 청원할 수 있는 사항(청원법 제4조)은 예시적 사항으로 ① 피해의 구제, ② 공무원의 비위의 시정 또는 공무원에 대한 징계나 처벌의 요구, ③ 법률·명령·규칙의 제정·개정 또는 폐지, ④ 공공의 제도 또는 시설의 운영, ⑤ 기타 공공기관의 권한에 속하는 사항 등이며, 청원할 수 없는 사항(청원의 불수리)으로는 ① 감사·수사·재판·행정심판·조정·중재 등 다른 법령에 의한 조사·불복 또는 구제절차가 진행 중인 때, ② 허위의 사실로 타인으로 하여금 형사처분 또는 징계처분을 받게 하거나 국가기관 등을 중상모략하는 사항인 때, ③ 사인간의 권리관계 또는 개인의 사생활에 관한 사항인 때, ④ 청원인의 성명·주소 등이 불분명하거나 청원내용이 불명확한 때 등이다(청원법 제5조).

2. 재판청구권

재판청구권 또는 재판을 받을 권리는 독립된 법원에서 신분이 보장된 법관에 의해 적법한 절차에 따른 공정한 재판을 받을 권리를 말한다. 재판청구권은 1215년 마그나 카르타(Magna Carta)에 그 연원을 두고 있으며, 1789년 프랑스인권선언과 1791년 프랑스헌법에서 성문화되었다.

재판청구권은 법관에 의한 재판을 받을 권리(제27조 제1항), 신속·공개재판을 받을 권리(동조 제3항), 형사피고인 및 형사피의자에 대한 무죄추정권(제27조 제4항), 형사피해자의 재판진술권(동조 제5항) 등의 내용을 포함하고 있다.

다음과 같은 내용을 포함하고 있다.

첫째, 헌법과 법률이 정한 법관에 의한 재판을 받을 권리가 있으며(제27조 제1항), 군인 또는 군무원이 아닌 경우에는 군사재판을 받지 아니한다. 다만, 중대한 군사상의 비밀·초병·초소·유독음식물 제공·포로·군용물에 관한 죄 중 법률이 정한 경우와 계엄이 선포된 경우 등은 예외로 하고 있다(동조 제2항).

둘째, 신속·공개재판을 받을 권리를 가진다(동조 제3항). 여기서 재판의 공개라 함은 소위 일반공개이나, 재판장이 법정질서 유지상 방청권을 발행하고 그 소지자만 방청을 허용하는 것도 재판의 공개가 아니라고 할 수 없다(대판 1975. 4. 8. 74도3323). 다만, 심리는 국가의 안전보장 또는 안녕질서를 방해하거나 선량한 풍속을 해할 염려가 있을 때에는 법원의 결정으로 재판을 공개하지 아니할 수 있다(제109조 단서).

셋째, 형사절차상 형사피고인 및 형사피의자의 인권보장, 즉, 명예와 신체의 자유보장을 위해 형사피고인 및 형사피의자는 유죄의 판결이 확정될 때까지 무죄로 추정된다(제27조 제4항).

넷째, 형사피해자는 법률이 정하는 바에 따라 당해사건의 재판절차에서 진술할 수 있다(동조 제5항).

사례연구 112 **신속한 재판을 받을 권리**

김모함 씨는 명예훼손죄 등의 죄목으로 기소되어 1차 공판을 마친 후, 5년 동안 심리가 진행되지 않다가 갑자기 2차 심리의 통보를 받았다. 큰일군은 동 법정에서 그동안 아무런 이유없이 재판을 지연시켜 온 것은 헌법상의 신속한 재판을 받을 권리를 위반한 것으로 본건에 대해 면소 또는 공소기각의 판결을 해야 한다고 주장하고 있는데, 이는 정당한가?

▶ 김모함 씨에 대한 재판이 이유없이 개정되지 않은 것은 증거나 증인이 없는 것으로 보는 것이 상식이며, 특히 확정판결 전까지는 무죄의 추정을 받고 있으므로 그동안 형사피고인으로서의 정신적·물질적 피해는 상당할 것으로 보여지므로 당연히 소송절차는 종결되어야 한다. 이때에 면소판결을 내릴 것인가 아니면 공소기각의 판결 내지 결정을 내릴 것인가 만이 문제가 되며 이에 대해서는 형사소송법에 상세히 규정하고 있다(제326조~제329조).

3. 형사보상청구권

형사보상청구권이란 형사피의자 또는 형사피고인으로 구금되었다가 법률이 정하는 불기소처분을 받거나 또는 무죄판결을 받은 경우에 그 정신적·물질적 손실을 보상해 주도록 국가에 대하여 청구할 수 있는 권리를 말한다(제28조).

형사보상청구권의 발생요건은 ① 형사피의자 또는 형사피고인으로서 구금되어 있어야 하며, 기소유예·기소정지처분을 받은 자는 예외로 한다. ② 불기소처분 또는 무죄판결이 확정되어야 하며, 면소·공소기각의 재판을 받은 자는 무죄판결을 받을 만한 현저한 사유가 있을 때에 한하여 청구할 수 있다(형사보상법 제25조).

사례연구 113 형사보상청구권

경찰관 억울해 씨는 추억여관에서 애인 정성애를 살해한 혐의로 구속되었다. 그는 재판과정에서 정성애와 함께 추억여관에 투숙한 것은 사실이지만 정성애를 살해하지 않았다고 주장하였으며, 결국 무죄판결을 받았다. 형사피고인으로 구금되었던 억울해는 막대한 정신적 및 물질적 피해를 입게 되었는데, 이에 대한 구제방법은?

▶ 억울해는 「형사소송법」에 따른 일반 절차 또는 재심(再審)이나 비상상고(非常上告) 절차에서 무죄재판을 받아 확정된 사건의 피고인이 미결구금(未決拘禁)을 당하였을 때에는 이 법에 따라 국가에 대하여 그 구금에 대한 보상을 청구할 수 있고(형사보상 및 명예회복에 관한 법률 제2조 제1항), 상소권회복에 의한 상소, 재심 또는 비상상고의 절차에서 무죄재판을 받아 확정된 사건의 피고인이 원판결(原判決)에 의하여 구금되거나 형 집행을 받았을 때에는 구금 또는 형의 집행에 대한 보상을 청구할 수 있다(같은 조 제2항). 구금에 대한 보상을 할 때에는 그 구금일수(拘禁日數)에 따라 1일당 보상청구의 원인이 발생한 연도의 「최저임금법」에 따른 일급(日給) 최저임금액 이상 대통령령으로 정하는 금액 이하의 비율에 의한 보상금을 지급한다(같은 법 제5조 제1항). 그리고 보상청구는 무죄재판이 확정된 사실을 안 날부터 3년, 무죄재판이 확정된 때부터 5년 이내에 하여야 하고(같은 법 제8조).

4. 국가배상청구권

국가배상청구권이란 공무원의 직무상의 불법행위로 손해를 받은 국민이 국가 또는 지방자치단체에 대하여 손해의 배상을 청구할 수 있는 권리를 말한다(제29조).

사례연구 114 공무원의 위법한 직무행위로 인한 손해배상

소방공무원이 유흥주점에 소방안전점검을 하고 이에 적절한 시정조치를 하지 않아 유흥주점에 감금된 채 윤락을 강요받으며 생활하던 여종업원들이 유흥주점에 화재가 났을 때 미처 피신하지 못하고 유독가스에 질식해 사망한 경우, 소방공무원의 법적 책임은?(군산시 유흥주점 '대가'와 '아방궁'화재로 인한 사망사건)

▶ 소방공무원이 유흥주점에 대하여 화재발생 전 실시한 소방점검 등에서 구 소방법상 방염규정위반에 대한 시정조치 및 화재발생시 대피에 장애가 되는 잠금장치의 제거 등 시정조치를 명하지 않은 직무상 의무위반은 현저히 불합리한 경우에 해당하여 위법하고, 이러한 직무상 의무위반과 여종업원들의 사망의 결과 사이에 상당인과관계가 존재한다. 이에 유가족들은 소방공무원의 불법행위에 대하여 국가배상법에 근거하여 손해배상을 청구할 수 있다.

사례연구 115 공공시설의 하자로 인한 국가배상

심순애는 서울특별시에서 신규로 분양한 시영아파트에 입주하였는데 온돌방의 설치와 보존상의 하자로 인하여 연탄가스가 스며 나와 그곳에 살던 주민 심순애가 사망하였다. 이러한 경우, 유족들은 그 사망자에 대해 국가를 상대로 손해배상을 할 수 있는가?

▶ 국가배상법 제5조 제1항 전단에는 "도로·하천, 그 밖의 공공의 영조물(營造物)의 설치나 관리에 하자(瑕疵)가 있기 때문에 타인에게 손해를 발생하게 하였을 때에는 국가나 지방자치단체는 그 손해를 배상하여야 한다."고 규정하고 있다. 위 사례와 같이 시영아파트의 온돌방의 설치와 보존상의 하자로 인하여 연탄가스가 스며 나와 사망한 경우, 그 건물소유자(서울특별시)는 그 피해에 대한 배상책임이 있다.

5. 범죄피해자 구조청구권

범죄피해자 구조청구권이란 타인의 범죄행위로 인하여 생명·신체의 피해를 입은 경우에는 국가에 대하여 경제적 구조를 청구할 수 있는 권리를 말한다(제30조). 이는 타인의 범죄행위로 인한 사망, 중상의 경우에 가해자의 불명, 무자력인 경우에 범죄피해구조의 실질화를 위해 마련된 제도로 제9차 개헌

(1987년)에 의해 신설되었으며, 동 규정을 구체화하기 위해 범죄피해자구조법을 제정하였으나, 범죄피해자를 보호·지원하는 제도와 범죄피해자를 구조하는 제도는 정책 방향이 같으므로 「범죄피해자구조법」을 범죄피해자보호법에 통합하게 되었다. 당초 범죄피해자구조법은 구조 대상을 생명·신체에 대한 행위로 사망한 자의 유족이나 중장애를 당한 자로 하였으나, 장해 및 중상해까지 확대하고 구조금의 지급요건에서 가해자의 불명 또는 무자력 부분을 삭제하여 범죄피해자 구조의 범위를 확대하였다.

사례연구 116 **범죄피해자 구조청구권**

평소 의로운 행동을 많이 하던 김의인 씨는 귀가 도중, 술에 취해 양귀비 양에 대하여 성폭력을 하려는 박거세 씨를 잡으려고 격투를 하던 중, 박거세가 휘두른 등산용 칼에 의해 살해되었다. 그의 유족으로는 31살의 미망인과 2살난 여자아이가 있는데, 살길이 막막한 이들에게 경제적 구조를 해주는 방법이 있는가?

▶ 헌법상 타인의 불법행위로 인하여 피해를 받은 경우에는 그 유족을 위해 경제적으로 구조하는 제도, 즉 범죄피해자구조청구권이 있다. 따라서 유족들은 김의인 씨의 사망에 따른 유족구조금을 범죄발생 관할 범죄피해구조심의회에 신청하여 일시금으로 지급받을 수 있다(범죄피해자보호법 제16조 내지 제32조).

Ⅵ. 참정권

참정권이란 국가의 구성원인 국민이 국정에 참여하는 권리를 의미한다. 참정권은 선거권, 공무담임권 등 간접참정권, 국민발안, 국민소환, 국민투표 등 직접참정권 등이 있다. 참정권의 주체는 모든 국민이며, 외국인과 법인은 성질상 그 주체성이 부인된다.

1. 선거권

선거권은 국민이 공무원을 선거하는 권리를 말한다. 모든 국민은 법률이 정하는 바에 의하여 선거권을 가지며(제24조), 현재 만 19세부터 선거권을 가지고 있고(공직선거법 제15조 제1항, 2005. 8. 4. 개정), 대통령선거권, 국회의원선거권, 지방의회의원 및 단체장선거권 등이 있다. 원칙적으로 간접민주제를 채택하고 있는 우리나라에서는 공무원선거권이 국민의 참정권 중 가장 중요한 것이다.

사례연구 117 **선거권**

한우쭐 군은 만 18세 1개월로 고등학교 졸업을 앞두고 있는데, 만 19세 미만이라는 이유로 '공직선거 및 선거부정방지법'에 의해 국회의원 선거에서 선거권을 행사하지 못하게 될 것으로 예상되자, 고등학교 졸업연령인 만 18세의 국민들에게 선거권을 인정하지 않고 선거권 행사의 연령을 만 19세로 제한한 규정은 헌법 제41조 제1항의 보통·평등선거의 원칙에 반하는 위헌조항이라고 주장하는데, 이는 정당한가?

▶ 대학진학과 취업을 앞둔 고등학교에 재학 중인 학생 일부를 정치에 참여케 하는 선거권 부여는 교육법상 바람직하지 않은 것으로 보인다(교육법 제96조, 제102조의2, 제107조). 또한 만 18세의 미성년자들은 부모나 보호자에게 의존하므로 이러한 미성년자의 정치적 의사표현은 독자적인 판단에 의한 바람직한 결과가 나타나지 않을 수도 있다(2001. 6. 28. 2000헌마111). 구(舊) '공직선거 및 선거부정방지법'은 선거연령을 만 20세로 규정하고 있었으나, 2005년 8월 4일 동법 개정을 통해 선거연령을 만 19세로 낮추었고, 일부 정치권에서는 만 18세로 하자는 주장이 제기되고 있다.

2. 공무담임권

공무담임권은 입법부, 사법부, 행정부와 기타 일체의 직무(공무)를 담당할 수 있는 권리를 말한다. 모든 국민은 법률이 정하는 바에 의하여 공무담임권을 가진다(제25조). 공무원이 현실적으로 공무를 담임하기 위해서는 법률이 정하는 바에 따라 일정한 자격을 구비하여야 한다.

사례연구 118 **경찰채용의 색신이상자 응시제한과 공무담임권**

김모범은 초등학교 시절부터 줄곧 경찰이 되어 민중의 지팡이가 되고자 하였고, 마침내 S대학교 경찰행정과에 입학하였다. 그런데 이게 웬 청천벽력일까? 경찰청에서는 경찰공무원 채용 공고를 내면서 색신이상자에 대하여 응시제한을 하였는데, 이는 정당한가?

▶ 헌법 제25조에는 "모든 국민은 법률이 정하는 바에 의하여 공무담임권을 가진다."고 규정하여 입법자에게 넓은 입법형성권이 인정되고 있다. 경찰청은 범인 추격과 검거같은 경찰 업무는 업무 특성상 색을 구분하는 능력이 필수적이고, 순환근무제에서 여러 분야 업무를 해야 하기 때문에 약도 이외에 색신이상자의 응시제한은 불가피하다고 주장하고 있다. 그러나 국가인권위원회에서는 '약도 이외에 색신이상자 채용 기회를 전면 제한하는 행위는 헌법에 보장된 직업선택의 자유와 공무담임권을 침해하고, 합리적인 이유없이 신체 조건을 이유로 한 차별이다'면서 전면제한 규정의 개정을 세 차례(2016~2018) 권고하였다.

3. 국민투표권

국민투표권은 국민이 국가의사의 형성 내지 결정에 직접 참여하는 권리를 말한다. 국민투표제도는 직접민주정치의 한 형태로 간접민주정치를 보완하기 위한 것이다. 우리 헌법에서는 일반적인 법안에 대한 국민발안제나 국민투표제를 인정하지 아니하고 대통령이 회부한 안건과 헌법개정에 대한 국민투표만을 인정하고 있다. 직접참정권에는 이 밖에도 국민소환제도와 일반적 신임투표제도가 있으나 우리 나라에서는 인정되지 않는다.

Ⅶ. 국민의 기본의무

국민의 의무는 국민이 통치대상으로서의 지위에서 부담하는 의무를 말한다. 국민의 의무에 관해서는 헌법에 규정하고 있는데, 그 구체적인 내용은 각국 헌법이념과 역사적 발전단계에 따라 일치하지 않는다.

국민의 의무는 근대적·고전적 국민의 의무라 할 수 있는 납세의 의무와 병역의 의무가 있으며, 현대적·새로운 의무로는 교육의 의무, 근로의 의무, 재산권행사의 공공복리 적합의무, 환경보전의무 등이 있다.

1. 납세의 의무

납세의 의무란 국가존립의 기초가 되는 재원의 중요한 요소인 납세를 할 의무를 말하며, 모든 국민은 법률이 정하는 바에 의하여 납세의 의무를 진다(제38조). 납세의 의무부과는 모든 국민에게 능력에 따라 공평하게 부과되어야 하며, 조세의 종목과 세율은 반드시 법률에 의해서만 부과해야 하는데, 이를 조세법률주의라고 한다.

사례연구 119 **조세법률주의**

정부는 세수가 부족하자 쉽게 세수 재원을 확보하기 위하여 기획재정부 훈령으로 자동차 거리에 따라 부과되는 유류세 세목을 신설하고자 하는데, 이러한 징수방법은 타당한가?

|▶ 우리 헌법 제38조에 국민들로 하여금 법률이 정하는 바에 따라 납세의무를 부담하도록 규정하고 있으며, 제59조는 "조세의 종목과 세율은 법률로 정한다."고 규정하고 있기 때문에 법률에 근거하지 않은 조세부과는 헌법위반이 된다.

2. 국방의 의무

국방의 의무란 외국의 침략으로부터 국가의 독립과 영토를 유지, 보전하기 위한 국토방위의 의무를 말한다. 모든 국민은 법률이 정하는 바에 의하여 국방의 의무를 지며, 누구든지 병역의무의 이행으로 인하여 불이익한 처우, 예컨대 복직, 보수, 승진 등에 있어 불이익을 받지 아니한다(제39조).

사례연구 120 **병역의무이행으로 인한 불이익처우금지**

X시 소재 군부대에서 근무하던 군법무관 김고시는 1989년 전역한 후, X시에서 변호사 개업을 하려고 하였으나 변호사법상 군법무관의 전역후 개업지를 제한하는 규정에 의해 X시에서는 개업을 할 수 없게 되었는데, 이는 정당한가?

|▶ 판사(군법무관 포함)였던 자가 퇴임 후 일정기간 동안 자신의 근무지 관할에서 개업하지 못하도록 하였다면 이는 위헌이다. 구(舊) 변호사법 제10조 제2항은 퇴임하는 판・검사들에게 일정기간 동안 자신의 근무지 관할 법원 소속의 지역에서 개업을 하지 못하도록 규정하였으나, 헌법 제39조 제2항의 "누구든지 병역의무의 이행으로 인하여 불이익한 처우를 받지 아니한다."는

규정에 위반된다는 헌법재판소의 결정으로 동 조항은 1993년 삭제되었고, 현재는 자유롭게 개업할 수 있다.

3. 교육의 의무

교육의 의무는 문화복리국가의 구현을 위한 현대적 국민의 의무로 모든 국민은 그 보호하는 자녀에게 적어도 초등교육과 법률이 정하는 교육을 받게 할 의무를 진다(제31조 제2항). 교육의 의무는 초등교육과 법률이 정하는 교육, 그리고 의무교육의 무상성을 그 내용으로 하고 있다.

4. 근로의 의무

근로의 의무는 국민이 근로함으로써 국부의 증식에 이바지하여야 할 의무를 말한다. 모든 국민은 근로의 의무를 지며, 근로의무의 내용과 조건은 민주주의원칙에 따라 법률로 정하도록 하고 있다. 여기서 '근로'란 반드시 육체적 노동이나 유급노동만을 의미하는 것이 아니라 정신적 노동을 포함하는 넓은 의미의 노동도 포함된다.

5. 재산권행사의 공공복리 적합의무

재산권행사의 공공복리 적합의무(제23조 제2항)는 재산권을 공공복리에 적합하도록 이용·개발하고 남용하지 아니할 권리를 말하며, 이것은 1919년 독일 바이마르헌법 이후의 재산권의 사회적 의무성을 규정한 것이다.

6. 환경보전의무

환경보전의무는 국가와 국민이 쾌적하고 건강한 환경을 보전하기 위한 노력을 말하는 것으로, 우리 헌법에는 국가와 국민은 환경보전을 위하여 노력하여야 한다고 규정하고 있다(제35조 제1항 후단). 환경보전의무는 환경을 오염시키지 않을 의무, 공해방지시설을 설치할 의무 등이 있으며, 이러한 의무에 대해서는 대기환경보전법 등에 규정되어 있다.

제 4 절 통치구조

Ⅰ. 통치구조의 기본원리

1. 통치구조의 본질과 이념

국민주권주의에 입각한 민주국가에 있어서 통치구조는 전국가적 자연권으로서의 기본권을 보장하기 위한 국가권력의 조직적 내지 기능적인 제도장치이다. 자유민주적 통치구조가 존중해야 할 근본적 이념으로서는 통치권의 기본권에의 기속성, 민주적 정당성, 통치권 행사의 절차적 정당성이 요청된다.

2. 권력분립론

제2장 행정법 제1절 Ⅰ. 1. (p. 210) 참고.

3. 정부형태

정부형태라 함은 권력분립의 원리가 국가권력의 구조에 어떻게 적용되고 있느냐 하는 것을 말한다.

(1) 대통령제

대통령제란 권력분립이 엄격히 행해지고 상호간의 독립이 보장되며 대통령이 독립하여 행정권을 행사하는 정부형태를 말한다. 전형적인 미국 대통령제의 특색으로는 행정의 성립과 존속이 국회로부터 완전히 독립되어 있으며, 상호견제와 균형이 이루어지고, 행정부는 일원적 구조를 가지며, 입법부는 양원제를 채택하고 있다. 대통령제의 장점으로는 ① 정국의 안정, ② 다수파의 횡포방지 등이 있으며, 단점으로는 ① 독재화의 위험성, ② 국정의 통일적 수행의 방해, ③ 국정책임소재가 불분명하다는 것 등이 있다.

(2) 의원내각제

의원내각제란 집행부가 대통령과 내각수반 등 이원적으로 구성되어 입법부와 공존하는 제도를 말한다. 의원내각제의 특색으로는 입법부와 행정부간의 평등과 균형이 이루어지며, 입법부와 행정부 간에 공화·협조관계를 유지하고, 행정부가 이원적 구조를 가진다. 의원내각제의 장점으로는 ① 책임정치 구현, ② 신속한 국정처리 ③ 의회와 정부의 조화·협조관계로 능률적·적극적인 국정수행 등이 있으며, 단점으로는 ① 군소정당의 난립시 정국의 혼란, ② 다수당의 횡포, ③ 강력한 정치의 추진 곤란, ④ 국회가 정권획득을 위한 정쟁의 장소화가 될 우려 등이 있다.

(3) 이원적 집정부제

이원적 집정부제란 의원내각제적 요소와 대통령제적 요소가 결합한 형태, 즉 위기시에는 대통령이 행정권을 전적으로 행사하지만, 평상시에는 내각수상이 행정권을 행사하고, 하원에 대해 책임을 지는 제도를 말한다. 이원적 집정부제는 평시와 비상시의 국정운영을 달리함으로써 운영의 묘를 발휘할 수 있는 반면, 강력한 권위주의에 의한 독재화가 우려된다.

(4) 의회정부제

의회정부제 또는 의회제란 입법부가 모든 권력을 독점하고, 집행부는 입법부에 종속되어 있는 제도를 말한다

(5) 우리나라의 정부형태

우리나라의 정부형태는 제2공화국에서 의원내각제를 실시한 경우를 제외하고는 대통령제를 채택하고 있다. 다만, 우리나라의 대통령제는 의원내각제적 요소가 가미된 대통령제로, 이는 헌법이론상 체계의 정당성보다는 일정한 정치목적달성을 위해 혼합 내지 변경된 것으로 볼 수 있으며, 제6공화국에서는 국회의 국무총리·국무위원에 대한 해임의결권이 해임건의권으로 완화되어 의원내각제적 요소가 완화되었다. 또한, 제6공화국은 대통령의 비상조치권과 국회해산권이 폐지되고, 국회의 국정감사권을 부활하는 등 국회권한이 강화되었다.

Ⅱ. 입법부

1. 의회제도의 발달

의회란 국민의 선거에 의한 의원을 본질적 요소로 하는 합의제의 국가기관을 의미한다. 영국에서는 중세기 등족회의가 전제군주의 권력을 제한하기 위

한 정치적 수단으로 생성되어 그 후 모범회의(Model Parliament)로 발전하였고, 유럽제국에서는 1789년 프랑스혁명을 계기로 근대의회가 발생하였다.

2. 국회의 헌법상의 지위

(1) 국민대표기관으로서의 국회

오늘날과 같이 국민이 주권을 가지고 있는 국민주권주의 하에서는 국민이 국민대표기관을 지정하고, 이 기관에게 입법권을 부여하고 있다. 국민은 대표기관을 통하여 행위하고, 대표기관의 행위가 국민의 행위로 간주되지만, 선거인인 국민과 국회의원 사이에 강제위임은 없으며 다만, 국회는 정치적으로만 책임을 지게 된다.

(2) 입법기관으로서의 국회

국회의 가장 본질적이고 역사적인 권한은 입법에 대한 권한이다. 다만, 오늘날 정당정치의 발달과 국가기능의 확대, 전문화에 따른 국회의 '통법부화(通法府化)'현상으로 입법기관으로서의 국회의 지위가 크게 약화되고 있다.

(3) 국정의 감시・비판기관으로서의 국회

현대 국회의 가장 중요한 지위・기능이다. 국회는 정부의 행정권 행사에 대해 통제를 하고, 행정부를 감시・비판하는 기능을 하고 있다. 이를 위해 국회는 국정감사・조사권, 국무총리와 국무위원에 대한 국회출석요구권, 질문권, 대통령・국무총리・국무위원에 대한 탄핵소추권, 대통령의 긴급재정경제처분・명령 및 긴급명령에 대한 승인권, 계엄해제요구권, 예산안심의권 등을 가지고 있다.

3. 국회의 구성과 운영

(1) 국회의 구성

제6공화국은 단원제 국회를 채택하고 있고, 국회의원은 국민의 보통・평등・직접・비밀선거에 의하되, 의원정수는 지역구 국회의원과 비례대표 국회의원을 합하여 300명으로 한다(공직선거법 제21조 제1항). 만 19세 이상의 국민은 선거권을 가지며, 결격사유가 없는 한 만 25세 이상의 국민은 국회의원 피선거권이 있다.

(2) 국회의 운영

국회에는 임기 2년의 의장 1인, 부의장 2인을 두며, 전문적 지식의 활용과 시간·경비절약 등을 위해 위원회제도를 두고 있으며, 단일정당이 아니더라도 의원 20인 이상이 모여 교섭단체를 구성할 수 있다.

제5공화국헌법에서는 국회의 회기가 대통령이 요구한 경우를 제외하고 연간 150일을 초과할 수 없었으나, 제6공화국헌법에서는 제한이 없다. 따라서 필요시에는 국회 재적의원 4분의 1 이상과 대통령의 요구로 임시회의가 소집된다(제47조 제1항). 정기회의 회기는 100일, 그리고 임시회의 회기는 30일을 초과할 수 없다.

의사원칙으로는 ① 의사진행을 공개하여 국민의 감시·비판을 받기 위한 의사공개의 원칙, ② 회기 중에 의결되지 못한 법률안과 기타 의안을 폐기할 수 없다는 회기계속의 원칙, ③ 회기 중에 이미 의결된 문제는 그 회기 중에 다시 제출할 수 없다는 일사부재의의 원칙 등이 있다.

의결정족수는 헌법 또는 법률에 특별한 규정이 없는 한 그 재적의원 과반수의 출석과 과반수의 찬성으로 의결하며(제49조), 특별정족수를 요하는 것으로는 법률안의 재의(제53조 제4항), 국무총리·국무위원의 해임건의(제63조 제2항), 국회의원의 제명처분(제64조 제3항), 탄핵소추의결(제65조 제2항), 헌법개정의 의결(제130조 제1항), 계엄해제요구(제77조 제5항) 등이 있고, 가부동수인 경우에는 부결된 것으로 간주한다(제49조 후단).

4. 국회의원의 지위와 특권

(1) 국회의원의 지위

국회의원은 국회의 구성원으로서의 지위를 가진다. 국회의원이 국민의 대표자로서의 지위를 갖는가에 대해서는 헌법적 대표설, 정치적 대표설, 대의적 대표설 등이 있으나, 국회의원은 법적 대표기관이 아니라 정치적·이념적으로 국민의 대표라는 정치적 대표설이 타당하다고 본다.

(2) 국회의원의 특권

국회의원은 누구로부터도 자유·독립적으로 활동하고, 그의 직책을 원활히 수행할 수 있도록 하기 위하여 다음과 같은 특권이 인정된다.

(가) **불체포의 특권 :** 국회의원은 현행범인인 경우를 제외하고는 회기중 국회의 동의없이 체포 또는 구금되지 아니하며, 국회의원이 회기 전에 체포 또는 구금된 때에는 현행범인이 아닌 한, 국회의 요구가 있으면 회기 중에 석방된다(제44조). 이는 국회의원의 범죄행위에 대한 책임면제가 아니라 행정부의 부당한 체포권의 남용을 막기 위해 인정된 특권이다.

사례연구 121 **국회의원의 불체포특권**

국회의원 박뇌물은 홍여인으로 부터 몇 달 전 2억원의 금품을 받은 바 있는데, 정기국회가 개원되어 법무부에 대한 국정감사를 벌이던 중 박뇌물의 금품수수 혐의가 언론에 공개되었다. 검찰은 법무부에 대한 감사가 끝나고 회의가 열리지 않고 있는 일요일에 국회의원 박뇌물을 체포하여 수사하고자 하는데, 이는 가능한가?

|▶ 국회의원은 현행범인인 경우를 제외하고는 회기 중 국회의 동의없이 체포 또는 구금되지 아니하며, 국회의원이 회기 전에 체포 또는 구금된 때에는 현행범인이 아닌 한 국회의 요구가 있으면 회기 중에 석방된다(제44조). 여기서 '회기 중'이란 집회일로부터 폐지일 까지를 의미한다. 국회의원에 대한 불체포특권은 국회의원의 범죄행위에 대한 책임면제가 아니라 행정부의 부당한 체포권의 남용을 막기 위해 인정된 특권이다. 따라서 국회의원 박뇌물에 대해서는 회기 중 체포할 수 없지만, 회기가 끝나는 대로 체포하여 수사할 수 있다. 한편, 제27조(의원 체포의 통지) 정부는 체포 또는 구금된 의원이 있을 때에는 지체 없이 의장에게 영장 사본을 첨부하여 이를 통지하여야 한다(국회법 제27조)(전문개정 2018. 4. 17.).

(나) **발언 · 표결의 자유(면책특권) :** 국회의원은 국회에서 직무상 행한 발언과 표결에 관하여 국회 외에서 책임을 지지 아니한다(제45조). 이는 국회의원의 지위와 직능상의 특수성에 의해 정책적으로 인정한 특권이지만, 국회 내에서의 징계, 책임추궁과 외부에 대한 정치적 책임까지 면제되는 것은 아니다.

사례연구 122 **국회의원의 발언 · 표결의 자유**

정기국회에서 국방부에 대한 국정감사가 실시되고 있는데, 김대포 의원은 장관의 답변이 불성실하자, 장관의 사상이 '불그스레한 공산주의 같다', '방위업체로부터 뇌물을 수수하지 않았느냐'하면서 허위로 장관의 명예를 훼손하는 발언을 한 경우, 형사처벌을 받게 되는가? 또한, 위와 같은 국정감사장에서의 발언을 지역구 구민이 모인 자리에서 속기록을 읽은 경우에는 어떻게 되는가?

▶ 국회의원은 국회 내에서 직무상 행한 발언과 표결에 관하여 국회 외에서 책임을 지지 아니한다(헌법 제45조). 이는 국회의원의 지위와 직능상의 특수성에 의해 정책적으로 인정한 특권이지만, 국회 내에서의 징계, 책임추궁과 외부(국민)에 대한 정치적 책임까지 면제되는 것은 아니다. 한편, 김대포 의원이 국정감사장에서의 발언을 지역구 구민이 모인 자리에서 속기록을 읽은 경우에는 국회 외에서의 발언이므로 책임을 지게 된다.

(다) 보수 및 기타의 편익을 제공받을 권리 : 국회의원은 상당한 보수를 받고, 법률에서 정하는 바에 따라 수당과 여비를 받는다(국회법 제30조).

5. 국회의 권한

(1) 입법에 관한 권한

국회는 입법권을 가진다(제40조). 입법권은 국회의 권한 중 가장 본질적인 권한이다. 법률안 제안권자는 국회의원과 정부이다(제52조). 국회의원이 법률안을 제안할 경우에는 의원 10인 이상의 찬성을 얻어야 하며(국회법 제79조 제1항), 정부가 법률안을 제출할 때에는 국무회의의 심의를 거쳐야 한다(제89조 제3호).

국회는 법률안을 심의·의결한다. 법률안 심의는 상임위원회를 중심으로 하며, 위원회에 회부되어 상정되지 아니한 의안(예산안, 기금운용계획안 및 임대형 민자사업 한도액안은 제외한다) 및 청원은 국회법 제59조(의안의 상정시기) 각 호의 구분에 따른 기간이 지난 후 30일이 지난 날(청원의 경우에는 위원회에 회부된 후 30일이 지난 날) 이후 처음으로 개회하는 위원회에 상정된 것으로 보고, 위원장이 간사와 합의하는 경우에는 그러하지 아니하다(제59조의2)(2018. 4. 17.). 국회에서 의결된 법률안은 정부로 이송되어 15일 이내에 대통령이 서명·공포하여야 한다(제53조 제1항). 그러나 이송된 법률안에 이의가 있을 때에는 대통령은 이의서를 첨부하여 국회에 환부하여 그 재의를 요구할 수 있는데, 이를 법률안거부권이라 한다.

국회는 법률안 이외에 헌법개정에 관하여 제안권과 의결권을 가지며(제128

조 및 제130조), 대통령의 조약체결비준에 앞서 헌법에 정한 중요조약에 대해서 동의권을 가진다(제60조).

사례연구 123 **국회의원의 법률안 심의 · 의결권**

국회부의장 무소신은 야당인 M당과 J당이 물리력을 동원하여 본회의 개의를 저지하자, 여당인 S당 소속 국회의원 155인이 출석한 가운데 본회의를 개의하여 5개 법률안을 상정 · 표결하여 가결되었음을 선포하였다. 이에 대해 10명의 야당의원들은 M당과 J당에게 변경된 본회의 개의 시간을 통지도 하지 않은 채 비공개로 본회의를 개의하는 등의 행위는 국회의원의 법률안 심의 · 의결권을 침해한 것이라고 주장하는데, 이는 정당한가?

▶ 법률안의 의결처리 과정에서 야당의원이 물리력을 행사하여 본회의 개의를 방해하여 정상적인 국회운영을 진행할 수 없다 하여 본회의 개의시간을 통보하지 않고 비공개로 본회의를 개의하여 법률안을 상정 · 표결한 것은 국회의원의 법률안 심의 · 의결권을 침해한 것이다(헌재 1997. 7. 16. 96헌라2).

(2) 재정에 관한 권한

국회는 입법에 관한 권한과 함께 또 하나의 중요한 권한으로서 국가가 그의 존립과 기능을 수행하기 위하여 필요한 재력을 조달 · 관리 · 사용하는 작용인 재정권을 가지고 있다.

우리 헌법은 "조세의 종목과 세율은 법률로 정한다."(제59조)고 하여 조세법률주의를 선언하고 있으며, 이는 역사적으로 볼 때 "법률 없으면 과세없다."는 사상을 배경으로 하는 것이다. 국회는 행정부가 작성 · 제출한 예산안을 심의 · 확정함으로써 국비의 지출을 통제할 수 있다. 정부는 회계연도 개시 90일 전까지 국회에 예산안을 제출해야 하며, 국회는 회계연도 개시 30일 전까지 예산안을 심의 · 의결해야 하고, 법정기간 내에 예산안이 의결되지 못한 경우, 정부는 전년도 예산에 준하여 집행할 수 있는데, 이를 준예산이라 한다(제54조).

국회는 그 밖에 ① 기채동의권, ② 예산 외의 국가부담이 될 계약체결에 대한 동의권, ③ 예비비 지출에 대한 승인권, ④ 결산심사권 등을 가진다.

사례연구 124 시청료와 조세법률주의

한국전력공사는 안티비 씨에 대하여 TV수신료 금 2,500원의 부과처분을 하였는데, 안티비는 위 부과처분의 취소를 구하는 행정소송을 제기하고, 소송 진행 중에 부과처분의 근거가 된 'TV방송을 수신하기 위하여 TV 수상기를 소지한 자는 TV수신료를 납부하여야 한다'는 규정(구 한국방송공사법 제35조, 제36조 제1항)이 조세법률주의를 위반한다고 주장하고 있는데 이는 정당한가?

▶ (구)한국방송공사법에 따라 징수하는 수신료는 공영방송사업이라는 특정한 공익사업의 소요재원 충당의 목적이 있으므로 일반 재정수입을 목적으로 하는 조세와 다르고, TV방송을 수신하기 위하여 TV 수상기를 소지한 자에게만 부과된다는 점 등으로 볼 때, 일반 국민 및 주민을 대상으로 부과되는 조세와는 차이가 있으므로 헌법 제59조의 "조세의 종목과 세율은 법률로 정한다."는 조세법률주의를 위반했다고 볼 수 없다(헌재 1999. 5. 2. 98헌바70). 현재는 방송법에 따라 텔레비전방송을 수신하기 위하여 텔레비전수상기를 소지한 자는 대통령령이 정하는 바에 따라 공사에 그 수상기를 등록하고 텔레비전방송수신료를 납부하여야 한다(제64조).

(3) 일반국정에 관한 권한

행정부에 대한 감시·비판을 내용으로 하는 정부통제권은 국민의 대표기관인 국회가 국민의 여론을 배경으로 하여 행사하는 것이 가장 실효적이다. 헌법상 이에 관한 권한으로는 국무총리 임명동의안(제86조 제1항), 국무총리·국무위원 출석요구권 및 질문권(제62조 제2항), 국무총리·국무위원 해임건의권(제63조), 탄핵소추권(제65조), 긴급재정경제처분·명령승인권(제76조 제3항), 계엄해제요구권(제77조 제5항), 국정감사·조사권(제61조), 일반사면에 대한 동의권(제79조 제2항), 대법원장·감사원장 임명에 대한 동의권(제104조 제1항 및 제98조 제2항), 중앙선관위의 위원선임권(제114조 제2항) 등을 가진다.

(4) 내부사항에 관한 자율적 권한

국회는 그 내부사항에 관하여 자율적으로 결정할 수 있는 권한을 가진다. 이에는 의사규칙 제정권(제64조 제1항), 국회의원 신분에 관한 권한(제64조 제2항 및 제44조), 의사진행에 관한 자율권(제64조 제1항), 내부경찰권 및 국회가택권, 자격심사와 징계권(제64조 제2항) 등을 가진다.

사례연구 125 **비례대표 국회의원의 당적이탈**

국회의원 김철새는 X당 소속 비례대표로 당선되었으나, X당이 강제비 최고위원을 중심으로 분당해 나가자 X당을 함께 탈당하고자 하는데, 비례대표로 당선된 국회의원이 탈당한 경우, 국회의원직을 상실하게 되는가?

▶ 우리 헌법재판소에서는 "비례대표 의원도 그를 공천한 정당을 탈당하였다고 하여도 별도의 법률규정이 있는 경우는 변론으로 하고 당연히 국회의원직을 상실하지는 않는다(헌재결 1994. 4. 28)"고 하였다. 현행 헌법에는 의원의 당적 변경이나 소속정당의 해산이 의원직의 상실을 초래한다고 규정하지 않고 있으나, 현행 공직선거법 제192조 제3항 및 제4항에는 비례대표 의원에 대해서 당선이 무효로 되거나 퇴직될 수 있도록 하였다. 따라서 김철새가 탈당할 경우에는 국회의원의 직을 상실하게 되지만, X당에서 제명되는 경우에는 당적을 옮길 수 있으며 국회의원의 직도 유지된다.

Ⅲ. 정 부

1. 대통령

(1) 대통령의 지위

대통령은 국가원수로서의 지위, 행정부의 수반으로서의 지위, 국가수호·지도자로서의 지위 등이 있다.

대통령은 국가원수로서의 지위를 갖는데, 국가원수란 대외적으로 국가를 대표하고, 대내적으로 국가의 통일성·전체성을 대표할 자격과 그를 가진 국가기관을 말한다. 대통령은 대외적 대표성으로 조약체결·비준권, 외교사절의 신임·접수·파견권, 선전포고·강화권, 국가승인권 등을 가진다. 또한, 대통령은 대내적 대표성으로 사면권, 영전수여권, 헌법기관구성권, 헌법개정안 발의권, 중요정책의 국민투표 회부권, 임시국회 소집권, 국회에 대한 의견표시권 등을 갖는다.

대통령은 행정부의 수반으로서의 지위를 갖는데, 행정수반이란 행정의 최고책임자로서 행정부를 조직하고 통할하는 지위를 말하며, 대통령은 행정권의 수반으로서의 지위를 갖는다. 따라서 국군통수권, 행정정책결정권 및 집행권, 국무총리 · 국무위원 임명권, 행정입법권 등을 가진다.

대통령은 국가의 수호자로서의 지위를 가지며, 이 지위에서 긴급재정경제처분 · 명령권 및 긴급명령권, 계엄선포권, 전쟁수행권 등을 가진다. 또한, 국정의 최고지도자의 지위에서 헌법개정제안권, 국민투표회부권, 위헌정당해산제소권 등을 가진다.

(2) 대통령의 신분상의 지위

대통령은 국민의 보통 · 평등 · 직접 · 비밀선거에 의하여 선출한다(제67조 제1항). 대통령으로 선출될 수 있는 자는 국회의원 피선거권이 있고, 선거일 현재 40세에 달해야 한다(제67조 제4항). 대통령의 임기가 만료되는 때에는 임기만료 70일 내지 40일 전에 후임자를 선거해야 하며(제68조 제1항), 대통령이 궐위된 때 또는 대통령당선자가 사망하거나 판결 기타의 사유로 그 자격을 상실한 때에는 60일 이내에 후임자를 선거하되(제68조 제2항), 후임자의 임기는 전임자의 잔여임기가 아니라 새로이 임기가 시작된다. 대통령의 임기는 5년이며 중임하지 못한다(제70조).

대통령은 내란 또는 외환의 죄를 범한 경우를 제외하고는 재직 중 형사상의 소추를 받지 아니한다(제84조). 따라서 재직 중의 민사 · 행정상의 책임과 퇴임 후의 형사상 소추까지 면제되는 것은 아니다.

사례연구 126 대통령의 특권

국민들의 절대적 신임을 받고 있는 대통령 김대출은 '어떤 누구에게도 정치자금을 받지 않겠다'고 선언하였으나, 당 운영비도 보조해 주지 못하는 상황이 되자, 총선을 위해 S시에 거주하는 이부자에게 10억원을 차용하였다. 그러나 대통령 김대출은 국민의 절대적 신임을 이용하여 이부자에게 약속한 날짜에 돈을 갚지 않고 버티게 되었다. 과연 이부자는 대통령 김대출을 상대로 소송을 제기할 수 있는가?

▶ 대통령은 재임 중 형사상의 소추를 원칙적으로 받지 않는다. 다만, 국가의 안위에 관한 중대한 범죄인 내란죄, 외환죄만은 재임 중이라도 소추할 수 있다(헌법 제84조). 또한, 재임 중이라도 민사에 관해서는 소추할 수 있고, 행정상의 책임추궁인 탄핵소추도 할 수 있으며, 퇴직 후에는 재임 중에 범한 죄에 대하여 소추할 수 있다. 따라서 이부자는 대통령을 상대로 민사소송을 제기할 수 있다.

(3) 대통령의 권한

행정권의 수반으로서의 행정에 관한 권한으로 중요한 것은 행정의 최고결정권과 법령집행권, 조약체결 · 비준권, 선전포고 · 강화권, 외교사절의 신임 · 접수 · 파견권, 국군통수권, 공무원임명권, 정당해산제소권, 예산안 · 추가경정예산안제출권 및 예비비지출 · 예산집행권, 각종 회의주재권, 영전수여권 등을 가진다.

대통령의 국회에 관한 권한으로는 국회임시회 소집요구권, 국회출석발언 및 의견표시권 등을 가진다.

대통령의 입법에 관한 권한으로는 법률안제출권, 법률공포권, 법률안거부권, 대통령령제정권(위임명령, 집행명령) 등을 가진다.

사례연구 127 **위임입법의 위임과 한계**

당구장 출입문에 18세 미만의 출입금지를 하도록 규정한 "구(舊) 체육시설의 설치이용에 관한 법률시행규칙" 제5조는 위임입법의 한계를 벗어난 부당한 규정인가?

|▶ 체육시설의 설치이용에 관한 법률 제5조에서 위임한 "안전관리 및 위생기준"은 동법 제1조가 규정하고 있는 목적달성에 필요한 체육시설업의 건전한 질서유지와 사고방지, 청결성 등을 보장하는 기준일 뿐, 위 수권을 아무리 넓게 해석하여도 시설이용자 배제에 관한 것까지 포함하는 것은 아니므로 위임의 범위를 일탈한 것이다(헌재결 1993. 5. 13. 92헌마80). 현(現) 체육시설의 설치이용에 관한 법률시행규칙 제5조에는 "법 제8조에 따라 국가나 지방자치단체 등이 체육시설을 지역 주민에게 개방하는 경우에는 개방시간과 이용방법 등을 잘 볼 수 있게 게시하여야 하며, 그 체육시설을 관리하는 데에 드는 경비의 범위에서 이용료를 그 이용자에게 부담시킬 수 있다〈개정 2015. 8. 4〉."고 규정하고 있다.

대통령의 사법에 관한 권한으로는 법률이 정하는 바에 의하여 사면 · 감형 · 복권을 명할 수 있는데, 이는 국무회의의 심의를 거쳐야 하며(제89조 제9항), 일반사면의 경우에는 국회의 동의를 얻어야 한다(제79조).

대통령의 헌법개정 및 국민투표에 관한 권한으로는 대통령은 헌법개정에 관한 제안권을 가지며, 제안된 헌법개정안은 20일 이상 공고하여야 한다. 헌법개정이 국민투표로 확정되면 대통령은 이를 즉시 공포하여야 한다. 또한,

대통령은 필요하다고 인정할 때에 외교 · 국방 · 통일 기타 국가위기에 관한 중요정책을 국민투표에 회부할 수 있다(제72조).

대통령의 통치기구 구성에 관한 권한으로는 헌법재판소재판관 · 헌법재판소장임명권(제111조), 대법원장 · 대법관임명권(제104조), 국무총리 · 국무위원임명권(제86조, 제87조), 감사원장 · 감사위원임명권(제98조), 중앙선거관리위원회위원 3인 임명권(제114조) 등을 가진다.

대통령은 긴급재정경제처분명령권 및 긴급명령권 그리고 계엄선포권 등 긴급권을 갖는다.

① **긴급재정경제처분명령권 및 긴급명령권**

대통령은 최소한으로 필요한 재정 · 경제상의 처분권을 가지며, 이에 관하여 법률의 효력을 갖는 명령권을 가진다(제76조 제1항). 그 발동요건으로는 내란 · 외환 · 천재 · 지변 또는 중대한 재정 · 경제상의 위기에 있어서, 국가의 안전보장 또는 공공의 안녕질서를 유지하기 위하여 긴급한 조치가 필요하고, 국회의 집회를 기다릴 여유가 없어야 한다. 또한, 대통령은 법률의 효력을 갖는 긴급명령권을 가진다(동조 제2항). 그 발동요건으로는 국가의 안위에 관계되는 중대한 교전상태에 있어서 국가를 보위하기 위하여 긴급한 조치가 필요하고, 국회의 집회가 불가능해야 한다. 그러나 이 긴급권은 제4공화국의 긴급조치권이나 제5공화국의 비상조치권이 헌법을 정지하는 권한까지 갖는데 반하여, 제6공화국의 긴급재정경제처분 · 명령권 및 긴급명령권은 법률대체적인 효력을 가지는데 불과하므로 훨씬 약화되었다고 할 수 있다.

② **계엄선포권**

국가비상사태에 있어서의 국가긴급권의 일종으로, 대통령은 전시 · 사변 또는 이에 준하는 국가비상사태에 있어서 병력으로써 군사상의 필요에 응하거나 공공의 안녕질서를 유지할 필요가 있을 때에는 법률이 정하는 바에 의하여 계엄을 선포할 수 있다(제77조 제1항). 계엄에는 비상계엄과 경비계엄이 있으며(동조 제2항), 비상계엄이 선포된 때에는 법률이 정하는 바에 의하여 영장제도, 언론 · 출판 · 집회 · 결사의 자유, 정부나 법원의 권한에 관하여 특별한 조치를 할 수 있다(동조 제3항). 한편, 계엄을 선포한 때에는 대통령은 지체없이 국회에 통보해야 하며(동조 제4항), 국회가 재적의원 과반수의 찬성으로 계엄의 해제를 요구한 때에는 대통령은 이를 해제하여야 한다(동조 제5항).

2. 국무회의

국무회의는 행정부의 최고심의기관이다. 국무회의는 의장인 대통령, 부의장인 국무총리 및 15인 이상 30인 이하의 국무위원으로 구성한다(제88조).

국무회의의 심의를 거쳐야 하는 사항(제89조)은 다음과 같은 17가지 사항으로 ① 국정의 기본계획과 정부의 일반정책, ② 선전・강화 기타 중요한 대외정책, ③ 헌법개정안・국민투표안・조약안・법률안 및 대통령령안, ④ 예산안・결산・국유재산처분의 기본계획・국가의 부담이 될 계약 기타 재정에 관한 중요사항, ⑤ 대통령의 긴급명령・긴급재정경제처분・명령 또는 계엄과 그 해제, ⑥ 군사에 관한 중요사항, ⑦ 국회의 임시회 집회의 요구, ⑧ 영전수여, ⑨ 사면 사형과 복권, ⑩ 행정각부간의 권한의 획정, ⑪ 정부안의 권한의 위임 또는 배정에 관한 기본계획, ⑫ 국정처리상황의 평가・분석, ⑬ 행정각부의 중요한 정책의 수립과 조정, ⑭ 정당해산의 제소, ⑮ 정부 제출 또는 회부된 정부의 정책에 관계되는 청원의 심사, ⑯ 검찰총장・합동참모의장・각군참모총장・국립대학교총장・대사 기타 법률에 정한 기타 공무원과 국영기업체 관리자의 임명, ⑰ 기타 대통령・국회총리 또는 국무위원이 제출한 사항 등이며, 제5공화국 헌법에 있었던 국회해산권은 삭제되었다.

3. 국무총리

국무총리는 대통령의 명을 받아 행정각부를 통할하고(제86조 제2항), 국무회의의 부의장의 지위를 갖는다. 국무총리는 국회의 동의를 얻어 임명하며(동조 제1항), 군인은 현역을 면한 후가 아니면 임명될 수 없고(동조 제3항), 국회의원과 겸직이 가능하다.

국무총리는 국무위원과 행정각부의 장의 임명제청권(제87조 제1항, 제94조), 대통령권한대행(제71조), 국무회의에서의 심의권 및 부서권(제88조, 제82조), 행정각부통할권(제86조 제2항), 총리령을 발하는 권한(제95조), 국회출석발언권(제62조) 등을 가진다.

사례연구 128 국무총리의 행정각부통할권의 범위

국회의원 김호통은 국회 본회의에서 국무총리 정직해에게 '북한의 공격에 의해 구축함이 침몰하였는데 국방부장관은 무엇을 했으며, 국가정보원장도 근무를 태만히 한 것으로 보는데, 총리께서 대통령에게 관계장관의 해임을 건의해야 된다'면서 호통을 치고 있는데, 이와 같은 각부 장관의 해임건의권이 국무총리의 권한인가?

▶ 헌법 제86조 제2항 및 제94조에서 말하는 국무총리의 통할을 받는 행정각부는 입법권자가 헌법 제96조의 위임을 받은 정부조직법 제26조에 설치하는 행정각부만을 의미한다. 따라서 국방부장관의 해임건의권은 인정된다. 다만, 국무총리의 관할을 받지 아니하는 대통령직속기관인 국가안전기획부(현, 국가정보원)의 설치근거와 그 직무범위 등을 정한 정부조직법 제17조와 국가안전기획부법(현, 국가정보원법) 제4조 및 제7조의 규정은 헌법에 위배된다고 할 수 없다(헌재결 1994. 4. 28. 89헌마221).

4. 국무위원과 행정각부장관

국무위원은 대통령 및 국무총리와 더불어 최고심의기관인 국무회의를 구성하는 구성원으로, 국무총리의 제청으로 대통령이 임명하고(제87조 제1항), 국무총리는 국무위원의 해임을 건의할 수 있고(제87조 제3항), 국회도 개별적으로 국무위원의 해임을 건의할 수 있다(제63조 제1항). 국무위원은 국무회의에서의 심의권, 대통령권한대행권, 부서권, 국회출석·발언권 등이 있으며, 국회의 요구에 따라 출석·답변할 책임 등이 있다.

행정각부의 장은 국무총리의 제청으로 대통령이 임명하고(제94조), 법률이 정하는 바에 따라 소관사무를 결정·집행할 수 있는 권한과 부령의 제정·공포권을 가진다(제95조).

5. 대통령의 자문기구

대통령의 자문기구로는 국가원로자문회의, 국가안전보장회의, 민주평화통일자문회의, 국민경제자문회의 등이 있다.

6. 감사원

감사원은 대통령 직속 하에 국가의 세입·세출의 결산, 국가 및 법률에 정한 단체의 회계검사와 행정기관 및 공무원의 직무에 관한 감찰을 하는 권한을 가지고 있다.

감사원장은 대통령이 국회의 동의를 얻어 임명하며(제98조 제2항 전단), 감사위원은 원장의 제청으로 대통령이 임명한다(제98조 제3항 전단). 감사원장과 감사위원의 임기는 각각 4년이며, 1차에 한하여 중임할 수 있다(제98조 제2항·제3항 후단).

Ⅳ. 사법부

1. 사법권의 개념

우리 헌법 제101조 제1항은 "사법권은 법관으로 구성된 법원에 속한다."고 규정하고 있다. 사법권이란 법원의 사항으로 되어 있는 사항은 모두 사법이라고 하는 형식설이 현재의 통설이다.

2. 사법권의 독립

사법권의 독립이란 사법권을 행정권 및 입법권으로부터 독립시켜 재판을 다른 권력 내지 세력 간의 간섭을 배제하고 독립시켜 법관이 오직 자기 자신의 양심에 따라 심판을 하도록 하는 것을 말한다(제103조). 사법은 법률적 쟁송을 재판하는 작용인데, 재판의 공정을 확보하기 위해서는 법관의 지위가 독립되어야 한다는 것이 절대적인 요청이다.

사법권 독립의 구체적인 내용은 ① 사법기관인 법원을 입법기관, 행정기관으로부터 독립시켜 그 간섭을 배제하고(사법부의 독립), ② 법관의 심판을 독립시켜 사법외부로부터 간섭은 물론 사법부 내의 간섭을 배제하고(법관의 재판상의 독립), ③ 이를 위하여 사법인사를 독립시키고 법관의 신분을 보장하는 것이다(법관의 신분상의 독립).

사례연구 129 **법관의 양심에 따른 재판**

우리 헌법 제103조에는 "법관은 헌법과 법률에 의하여 그 양심에 따라 독립하여 심판한다."고 규정하고 있다. 그런데 특정범죄가중처벌 등에 관한 법률 제5조의2 제2항 제1호에는 미성년자의 약취·유인에 관한 법정형을 최하 10년 이상의 유기징역과 무기징역 및 사형으로 규정하고 있는 바, 이는 법관의 양심에 따른 심판을 위반하는 위헌조항인가?

▶ 법관으로서의 양심은 법조적 양심, 직업상 양심, 논리적 양심, 법해석상의 확신, 객관적인 양심, 헌법과 법률에 따른 양심을 의미하는 것으로, 동법 제5조의2 제2항 제1호는 법관의 양형결정권과 재판상의 독립을 침해하는 위헌이다(헌재결 1992. 4. 28).

사례연구 130 **법관의 신분보장**

법관이었던 김소신은 1980년 이른바 사회정화차원에서 무더기 해직이 강요된 공무원이다. 1980년 해직공무원의 보상에 관한 특별조치법이 제정되어 보상을 받으려 하였으나 동법 제2조에서 "차관급 이상의 보수를 받는 자"에 법관을 포함시키게 됨에 따라 보상청구를 할 수 없었던 바, 동법 제2조는 법관의 신분을 침해하는 위헌조항인가?

▶ 동법의 보상대상에서 제외되는 "차관급 이상의 보수를 받는 자"에 법관을 포함시킴은 헌법에서 직접 신분을 보장한 취지가 다른 국가기관인 국회의 법률이나 특히 행정부에 의하여 함부로 그 지위를 박탈할 수 있다거나 기타 불이익한 처분(보상대상에서 제외 등)을 못하게 함으로써 그 직무인 재판상 독립을 유지하는 데 필수불가결한 조건으로서의 신분보장을 침해하는 위헌이다(헌재결 1992. 11. 12. 91헌가2).

3. 법원의 조직과 운영

(1) 법원의 조직

법원은 최고법원인 대법원과 각급 법원으로 조직된다. 대법원과 각급 법원의 조직은 법률로 정하도록 되어 있다(제102조). 그에 관한 법률이 법원조직법이고, 법원은 대법원·고등법원·특허법원·지방법원·가정법원·행정법원 등을 두고 있으며, 모두 3심제를 채택하고 있다.

대법원은 대법원장과 대법관으로 구성되며, 현행 법원조직법상 대법원장 1인과 대법관 13인으로 구성되어 있다(제4조 제2항). 대법원장은 대통령의 제청으로 국회의 동의를 얻어 임명하며, 임기는 6년이고 중임할 수 없다. 또한, 대법관은 대법원장의 제청으로 국회의 동의를 얻어 대통령이 임명하며, 임기는 6년이고 연임할 수 있다. 대법원의 심판권은 대법원판사 전원의 3분의 2 이상의 합의체에서 이를 행사하며, 예외적으로 대법관 3인 이상으로써 구성된 부에서 재판할 수 있다.

고등법원은 고등법원장과 법률로서 정한 인원수의 판사로 구성된다. 고등법원장은 10년 이상, 고등법원판사는 5년 이상의 법조 경력을 가져야 된다. 고등법원에는 민사부・형사부・특별부를 두며, 고등법원의 심판권은 판사 3인으로 구성된 합의부에서 행한다.

지방법원은 지방법원장과 법률로써 정한 인원수의 판사로 구성된다. 지방법원 및 그 지원의 심판권은 원칙적으로 단독판사가 행하는데, 합의심판을 요할 때에는 판사 3인으로 구성된 합의부에서 행한다.

그 밖에 법원은 가사사건을 관장하는 가정법원과 군사재판을 관할하기 위한 군사법원, 특허사건을 담당하는 특허법원, 행정사건을 관할하는 행정법원 등 특별법원이 있다.

(2) 법원의 운영

법원에서의 심급제는 3심제를 원칙으로 하지만(행정소송도 3심제), 예외적으로 국회의원선거소송은 대법원이 관장하는 단심제이며, 비상계엄하의 군사법원도 일정한 경우에 단심제로 운영한다.

그리고 재판은 재판의 공정성과 소송당사자의 인권보장을 위하여 공개하는 것이 원칙이며 예외적으로 재판의 심리가 국가안전보장 또는 안녕질서를 방해하거나 선량한 풍속을 해할 염려가 있을 때에는 법원의 결정으로 공개하지 않을 수 있다. 다만, 이 경우에도 재판의 선고만은 공개하여야 한다.

4. 법원의 권한

법원은 위헌법률심사제청권, 명령・규칙심사권, 대법원의 규칙제정권, 행정심판권, 법정질서유지권 등의 권한을 가진다.

위헌법률심사제청권이란 법률이 헌법에 위반되는 여부가 재판의 전제가 된 경우에 법원이 헌법재판소에 위헌심판을 제청하는 권한을 말한다(제107조 제1항). 명령·규칙심사권이란 명령·규칙이 헌법이나 법률에 위반되는 여부가 재판의 전제가 된 경우에 법원이 이를 심사할 수 있는 권한을 말하며(제107조 제2항), 대법원이 최종심사권을 가진다. 대법원의 규칙제정권이란 대법원이 법률에 저촉되지 아니하는 범위 안에서 소송에 관한 절차, 법원의 내부규율과 사무처리에 관한 규칙을 정하는 권한을 말한다(제108조). 그리고 법정질서유지권은 법정의 존엄과 질서를 해할 우려가 있는 자의 입정을 금지하거나 퇴정을 명하며, 기타 법정의 질서유지에 필요한 명령을 발할 수 있는 권한을 말한다(법원조직법 제58조).

사례연구 131 **법정질서유지권**

대학생 김민주, 이자유 등이 관련된 "집회 및 시위에 관한 법률" 위반사건의 공판일에 다수인의 동료학생들이 방청인으로 참석하였다가 법관 한소신 판사가 입정하자 선구자 등의 노래를 부르며 소란을 피우므로 한소신은 이들의 퇴정을 명하게 되었고, 이에 김민주, 이자유 등은 한소신에게 야유를 보내는 등 소란을 피웠다. 법관 한소신은 어떠한 결정을 선고할 수 있는가?

▶ 법원은 법정에서 질서를 유지하고 심판을 방해하는 행위를 배제·제지할 수 있는 법정질서유지권을 갖는 바, 법관 한소신은 입정금지, 퇴정명령 기타 필요한 명령을 발할 수 있다(법원조직법 제58조~제60조). 또한 한소신의 법정질서 유지명령에 위배된 김민주, 이자유 등과 동료학생들에 대해서 20일 이내의 감치와 100만원 이하의 과태료를 부과할 수 있다(동법 제61조).

V. 헌법재판소

1. 헌법재판소의 지위

헌법재판소는 위헌법률심사권, 정당해산심판권, 탄핵심판권, 기관간권한쟁의심판권, 헌법소원심판권 등을 가지고 우리 헌법의 민주적 기본질서를 수호하는 기관이다. 우리 나라의 헌법재판소는 주권의 한 행사기관이고, 또 하나의 최고기관이며, 최종적인 기본권 보장기관이다.

2. 헌법재판소의 구성 · 조직

헌법재판소는 법관의 자격을 가진 자로서 국회에서 선출하는 3인, 대법원장이 지명하는 3인, 대통령이 지명하는 3인 등 9인의 재판관으로 구성하며(제111조 제2항 및 제3항), 헌법재판소의 장은 국회의 동의를 얻어 재판관 중에서 대통령이 임명하고(동조 제4항), 재판관은 대통령이 임명한다(동조 제2항 후단).

재판관의 임기는 6년이며 법률이 정하는 바에 따라 연임할 수 있고(제112조 제1항), 정당에 가입하거나 정치에 관여할 수 없으며(동조 제2항), 탄핵 또는 금고 이상의 형의 선고에 의하지 아니하고는 파면되지 아니한다(동조 제3항).

헌법재판소는 법률에 저촉되지 아니하는 범위 안에서 심판에 관한 절차, 내부규율과 사무처리에 관한 규칙을 제정할 수 있고(제113조 제2항), 헌법재판소의 조직과 운영 기타 필요한 사항은 법률로 정한다(동조 제3항).

3. 헌법재판소의 권한

(1) 위헌법률심판권

법률이 헌법에 위반되는 여부가 재판의 전제가 되는 경우에 법원의 제청에 의하여 헌법재판소가 심판하여 위헌법률의 효력을 부인할 수 있는 권한을 말한다. 위헌판정을 받은 법률 또는 법률사항은 그 결정이 있는 날로부터 효력을 상실한다. 다만, 형벌에 관한 조항은 소급하여 그 효력을 상실한다.

사례연구 132 위헌법률심판권

교육공무원 김한약은 한의사였던 선친으로부터 어깨 넘어 배운 것으로 무면허 의료행위를 하다가 징역 1년의 형을 선고 받았다. 그런데 공무원연금법 제64조에 따라 연금이 감액되자, 김한약은 억울하다고 주장하는데, 이는 정당한가?

▶ (구)공무원연금법 제64조(형벌 등에 의한 급여의 제한)에는 '재직 중의 사유로 금고 이상의 형을 받은 때'는 퇴직급여 및 퇴직수당의 일부를 감액하여 지급하도록 규정하고 있었다. 그런데 행정법원에서는 "교육공무원이 무면허 의료행위를 하였다는 것은 공무원의 신분이나 직무상 의무와 관련된 범죄라고 볼 수 없으므로 '재직 중의 사유로 금고 이상의 형을 받은 때'에 해당하지

않으므로 감액처분은 위법하다"고 판시한 바 있다. 또한, 헌법재판소에서도 '공무원의 직무상 의무나 공무원의 신분과 관련이 없는 범죄로 처벌받은 경우에는 퇴직급여를 감액하는 것은 헌법에 위반하는 것으로 보아 헌법불합치 결정을 내렸다(2005헌바38).

(2) 탄핵심판권

탄핵심판이란 일반적으로 사법절차나 징계절차에 따라 교정하기 곤란한 고위직 및 신분이 보장된 공무원이 직무상 중대한 비위를 범한 경우에 의회가 소추하여 처벌하거나 파면하는 제도를 말하며, 헌법재판소가 탄핵심판권을 가진다(제111조 제1항 제2호). 탄핵결정에는 재판관 6인 이상의 찬성이 있어야 하며(제113조 제1항), 탄핵결정은 공직으로부터 파면하는 것에 그치나 민사상·형사상의 책임이 면제되는 것은 아니다(제65조 제4항).

사례연구 133 **탄핵심판**

감사원장 김탐관은 X기업에게 관급공사를 맡도록 하기 위해 관계공무원에게 압력을 행사하고 그 대가로 X기업체로부터 수천만 원의 사례금을 받았다. 이와 같은 사실이 언론에 보도되어 사회적 물의를 일으키고 있는데, 김탐관을 파면할 수 있는가? 또한 김탐관에 대한 파면으로서 형사상의 책임이 면제될 수 있는가?

|▶ 국회는 감사원장(5공화국에서는 탄핵대상에서 제외되었음)에 대해 탄핵의 소추를 의결할 수 있는데, 이를 위해서는 국회재적의원 3분의 1 이상의 발의가 있어야 하며, 그 의결은 국회재적의원 과반수의 찬성이 있어야 한다(헌법 제65조 제1항 및 제2항). 그리고 탄핵심판권은 헌법재판소가 가지고 있고(헌법 제111조 제1항 제2호), 탄핵심판절차는 국회의 소추의원이 소추의결서 정본을 헌법재판소에 제출함으로써(헌법재판소법 제49조 제2항) 개시되며, 재판관 6인 이상의 찬성(헌법 제113조 제1항)으로 탄핵이 결정된다. 한편, 탄핵심판결정에 의해 파면 당하였다고 하여 민·형사상의 책임추궁까지 면제되는 것은 아니며, 특히 탄핵에 의한 파면과 형사책임의 추궁은 일사부재리의 원칙과 무관하다.

(3) 위헌정당해산심판권

위헌정당해산심판은 정당의 목적이나 활동이 민주적 기본질서에 위배될 때에 정부의 제소와 헌법재판소의 심판에 의하여 위헌정당을 해산하는 제도를 말한다. 즉, 헌법재판소는 위헌정당해산심판권을 가지며(제111조 제1항 3호), 정부는 국무회의의 심의를 거쳐 그 해산을 제소할 수 있다. 위헌정당의 해산은 재판관 6인 이상의 찬성이 있어야 한다(제113조 제1항).

(4) 기관간권한쟁의심판권

헌법재판소는 국가기관간에 권한의 존부 또는 범위에 관하여 적극 또는 소극적인 분쟁이 발생한 경우에 그 권한의 존부·범위·내용·한계 등을 명백하게 함으로써 그 분쟁을 해결하는 권한을 가지고 있으며(제111조 제1항 4호), 이때에는 재판관 7인 이상의 출석으로 심리하여 과반수의 찬성으로 결정한다(헌법재판소법 제23조).

(5) 헌법소원심판권

헌법소원제도는 헌법상 보장된 국민의 기본권이 공권력의 행사 또는 불행사로 인하여 침해당한 자가 직접 그 구제를 요구하는 제도를 말하며, 헌법재판소가 그 권한을 가지고 있다. 헌법소원의 제기요건이나 심판절차에 관해서는 법률로 정하며, 헌법소원에 관한 인용결정을 할 때에는 재판관 6인 이상의 찬성이 있어야 한다(제113조 제1항).

사례연구 134 헌법소원심판의 청구절차

김억울 씨는 한사기 씨로부터 부동산매매와 관련하여 사기를 당하여 한사기를 사기죄로 고소하였으나 담당검사는 증거불충분을 이유로 한사기에 대하여 불기소처분을 하였고, 김억울은 이에 불복하여 항고 및 재항고를 하였으나 다시 기각처분 통지를 받았다. 김억울은 검사의 불기소처분에 대해 헌법소원을 청구할 수 있는가? 그리고 헌법소원청구가 가능하다고 하면 그 청구절차는 어떻게 되는가?

▶ 검사가 고소사실에 대해 현저히 정의와 형평에 반하는 수사를 하였거나, 헌법의 해석, 법률의 적용 또는 설문과 같이 증거판단에 있어서 결정에 영향을 미친 중대한 잘못으로 불기소처분을 하였다면 평등권, 피해자의 진술권 등 헌법에 보장된 기본권 침해이므로 헌법소원심판의 대상이 될 수 있다. 그리고 헌법소원심판청구는 공권력 행사 또는 불행사로 피해를 본 국민이 그 사유가 있음을 안 날로부터 90일 이내, 그 사유가 있은 날로부터 1년 이내, 그리고 설문과 같이 다른 구제절차를 거친 경우에는 그 최종결정 통지를 받은 날로부터 30일 이내에 청구해야 한다(헌법재판소법 제69조 제1항).

제2장 행정법

제 1 절 행정법통칙

Ⅰ. 행정의 의의

1. 권력분립과 행정의 개념

(1) 권력분립주의

권력분립주의는 자유주의적 정치조직의 원리로 근대 여러 국가의 헌법이 채택한 기본적인 원리의 하나이다. 권력분립의 목표는 국가권력을 여러 기관에 분담시켜 서로 견제하게 함으로써 권력상호간의 균형을 유지하여 권력의 남용을 막고 국민의 자유와 권리를 보장하려고 하는 것이다.

권력분립주의는 로크(J. Locke, 1632~1704)가 「국정이론(시민정부이론)」(1690)에서 입법권과 집행권 등 입법권 우위의 2권분립론을 최초로 주장한 이후, 몽테스키외(C.L. de S. Montesquieu)가 「법의 정신」(1724)에서 입법권·사법권·행정권 등 3권분립론을 주장하여 권력분립론을 완성시켰다. 현대에 들어와서 뢰벤슈타인(Loewenstein)은 20세기의 다원적인 대중사회의 현실에 부응할 수 있는 권력과정의 구분으로 정책결정권·정책집행권·정책통제권 등 수정 3권분립론을 주장하였다. 한편 중화민국 손문에 의한 권력분립론은 입법권, 행정권, 사법권, 고시권, 감찰권 등 5권분립을 주장하였다.

(2) 행정의 개념

(가) 성립 : 행정개념의 성립은 권력분립을 전제로 입법·사법에 대한 개념으로서 사용되었다. 근대 법치국가에 이르러서 자유주의적인 권력분립주의의 영향 하에 종래의 전제적인 통일적 국가권력이 분화하여 비로소 입법·사법·행정의 구별이 인정되게 된 것이다.

(나) 실질적 의미의 행정 : 국가작용 성질상의 특색에 착안하여 입법·사법·행정의 개념을 규정하는 경우를 실질적 의미 또는 객관적 의미의 입법·사법·행정이라 한다. 행정이란 "법 아래에서 현실적으로 국가목적 또는 공익을 실현하기 위한 능동적·적극적인 국가활동"이다. 따라서 일반적으로 추상적인 규범을 새로이 정립하는 국가작용인 입법과 구별되며, 당사자의 신청에 따라 구체적인 법률상의 분쟁에 대해 법을 판단·선언함으로써 국가목적을 실현하는 사법과도 구별된다. 예컨대, 행정심판의 재결, 부령(部令)의 제정, 조세체납처분, 조례의 제정 등이 있다.

(다) 형식적 의미의 행정 : 국가작용의 성질을 묻지 않고 현실적인 국가기관의 제도상의 권한을 기준으로, 입법기관의 권한에 속하는 작용이 입법이고, 사법기관의 권한에 속하는 작용이 사법이며, 행정기관의 권한에 속하는 작용이 행정이라고 하는 견해를 말한다. 따라서 성질상 입법에 속하는 행정입법과 사법에 속하는 재정상의 통고처분, 재결 등도 행정이라고 한다.

2. 통치행위

(1) 개 념

통치행위라 함은 고도의 정치성을 띤 제4권적 국가작용으로서 사법심사의 대상에서 제외되는 것을 말한다. 행정소송의 개괄주의 하에서 행정재판소의 판례로서 발달해 왔다.

(2) 학설과 한계

법치주의 실현 및 행정소송의 개괄주의 인정을 근거로 통치행위를 부정하는 견해도 있으나 이론적으로 긍정하는 견해가 지배적이다. 통치행위의 이론적 근거에 대해서는 사법한계설(권력분립설), 재량행위설, 사법자제설, 대권행위설 등이 있다.

통치행위의 효과성과 사법권의 독립에 필요한 최소한의 범위 내에서 한정적으로 인정해야 하며, 통치행위의 관념은 사법절차에 대한 국민의 권리구제를 부정하는 것이므로 그 범위를 매우 제한적으로 인정하여야 할 것이다.

(3) 우리나라에서의 통치행위

우리나라의 실정법상 일반적인 규정은 없으나, 통설과 판례는 이를 인정하고 있다. 대법원은 '과거 유신헌법(1972. 12. 27 개정헌법) 제53조상의 긴급조치와 비상계엄선포행위는 사법심사의 대상이 되지 않는다'고 판시하여 통치행위의 관념을 인정하고 있다.

현행 제6공화국 헌법상으로는 대통령의 법률안에 대한 거부권의 행사(제53조 제2항), 외교에 관한 행위(제73조), 긴급재정경제처분 · 명령 및 긴급명령권의 행사(제76조), 계엄선포권의 행사(제77조), 사면권의 행사(제79조), 영전수여권의 행사(제80조), 국무위원 등의 임면(제86조 및 제87조), 국회의 내부규율과 의원자격심사(제64조) 등이 이에 속한다고 볼 수 있다.

사례연구 135 통치행위와 사법심사(1)

대통령은 강도죄를 범하여 형의 선고를 받은 한강도의 잔형을 면제하는 특별사면을 하였다. 갑과 공범으로 함께 형의 선고를 받은 김불만은 공범 한강도만에 대한 사면을 헌법 제11조 평등권에 위반한다는 이유로 소송을 제기하고자 한다. 이상과 같은 대통령의 특별사면권은 소송의 대상이 될 수 있는가?

▶ 대통령의 사면권행사는 통치행위의 일종으로 사법심사의 대상이 되지 않는다. 따라서, 김불만은 공범 한강도만에 대한 특별사면을 위법이라하여 법원에 소송을 제기할 수는 없다.

사례연구 136 통치행위와 사법심사(2)

대통령 김연삼은 금융실명제도의 개선을 위하여 '금융실명제에 관한 긴급재정경제명령'을 발하였다. 이로 인하여 오만석 소유 주식의 시가가 폭락하게 되었다. 이에 오만석은 위 긴급재정경제명령을 행정소송 또는 헌법소원으로 다투고자 하는데, 법원 또는 헌법재판소가 이를 심사 · 판단할 수 있는가?

▶ 긴급재정경제명령의 발령은 통치행위에 해당하는 바, 원칙적으로 헌법

재판의 대상이 되지 아니한다. 다만, 그 긴급재정경제명령이 국민의 기본권 침해와 직접 관련된다면 헌법재판의 대상이 된다. 뿐만 아니라 긴급재정경제명령의 발령은 행정소송의 대상인 처분에 해당하지 않으므로 행정소송으로 다툴 수 없다(헌재 1996. 2. 29. 93헌마186).

Ⅱ. 행정법의 의의와 기본원리

1. 행정법의 의의

행정법이란 행정의 조직·작용 및 그 구제에 관한 국내공법을 말한다. 이를 분설하면, 첫째, 행정법은 '행정'에 관한 법이다. 즉, 행정권을 중심으로 그의 조직·작용 및 행정구제에 관한 법으로 헌법, 입법법, 사법법 등과 구별된다. 둘째, 행정법은 행정에 관한 '공법'이다. 즉, 행정법은 행정에 관한 모든 법을 의미하는 것이 아니라, 그 중에서 사법을 제외하고 오로지 행정에 관한 특수·고유한 법, 즉 공법만을 가리킨다. 셋째, 행정법은 행정에 관한 '국내법'이다. 즉, 행정법은 행정에 관한 일체의 공법을 가리키는 것이 아니라, 그 중에서 오로지 국내행정에 관한 법만을 가리킨다. 다만, 헌법에 의해 체결·공포된 국제조약과 일반적으로 승인된 국제법규는 국내법과 동일한 효력이 인정되므로 그 한도 내에서 행정법의 대상이 된다.

2. 행정법의 특질

(1) 형식상의 특질

(가) 성문성 : 행정법은 국민의 권리·의무에 관한 사항에 대해 일방적으로 규율하려는 것이므로, 장래에 대한 예측가능성과 법적 생활의 안정성을 위해 성문의 형식을 취하고 있다.

(나) 형식의 다양성 : 행정법은 위임명령, 집행명령, 조례, 규칙, 고시, 공고 등 다양한 형태를 취하고 있다.

(2) 성질상의 특질

(가) 획일·강행성 : 행정법은 다수국민을 상대로 하여 공공적 견지에서

개개인의 의사 여하를 묻지 않고 강제적으로 획일·평등하게 규율하려고 한다.

(나) 기술성 : 행정법은 공공의 이익의 실현을 목적으로 그 목적에 이바지하는 기술적·수단적 성질을 갖는다. 오토 마이어(Otto Mayer)는 "헌법은 변해도 행정법은 변하지 않는다."고 하였는데, 이는 헌법의 근본체제가 변천되어도 행정법을 기초화하는 독자적인 이론체계에는 변함이 없다는 것으로 행정법의 기술성을 나타내는 말이다.

(3) 내용상의 특질

(가) 행정주체의 우월성 : 국가·공공단체 등 행정주체는 상대방인 국민의 의사를 묻지 않고 일방적으로 명령·강제하고, 또는 일방적으로 법률관계를 형성하는 권력 등이 인정된다. 예를 들면, 조세의 부과, 토지수용 등이 있다.

(나) 공익우선성 : 공익목적의 달성을 위하여 일반사법과는 다른 여러 가지 특별한 취급을 인정하는 경우가 많은데, 이것은 사익을 무시한다는 의미가 아니라 사익과의 조화를 도모하면서 전체로써 공공목적의 실현을 기하고자 하는 것이다.

(다) 집단성·평등성 : 행정법은 많은 사람을 동시 또는 단일의 규율대상으로 삼는다는 점에서 평등성이 더욱 뚜렷하고 강하게 지배한다.

3. 행정법의 법원

(1) 성문법원

성문법의 형식으로는 헌법(특히, 행정조직과 작용에 관한 규정), 법률(형식적 법률뿐만 아니라 법률과 동등한 효력을 갖는 긴급재정경제처분·명령 및 긴급명령권, 계엄선포권 등), 조약·국제법규 중 행정에 관한 것, 명령, 조례, 규칙 등이 있다.

사례연구 137 조약의 행정법 법원성

A국 국민인 한주식은 우리나라에서 외자를 도입하여 주식회사를 설립하고 그 주식의 51%를 인수할 생각으로 외자도입에 관하여 규정한 X법(시행일은 1972년 5월 1일)에 따라 관계장관에게 인가신청을 하였는데, 관계장관은 X법에 외국인은 주식의 50% 이상을 인수할 수 없도록 규정하고 있음을 들어 신청을 기각하였다. 한주식은 대한민국과 A국간의 '우호·통상 및 항해조약'(1973년 3월 1일) 제7조 제1항의 내국민대우 규정에 위반한 행정행위라하

여 행정소송을 제기하였다. 관계장관의 위 기각처분은 위법한 것인가?

▶ 대한민국과 A국간의 우호·통상 및 항해조약은 국내법과 동일한 효력이 있으며, X법과의 관계에 있어서도 인적범위에 관한 면에서 특별법적 성질을 가지고 있으며, 신법으로서 우선하는 효력을 갖고 있다. 따라서 관련장관의 위 기각처분은 위법한 것이다.

(2) 불문법원

불문법의 형식으로는 ① 관습법으로서 행정선례법과 민중관습법이 있으며, ② 판례법, ③ 최후의 보충적 법원으로서 조리법 등이 있다.

사례연구 138 **행정선례법의 행정법 법원성**

부가가치세법의 규정에도 불구하고 세무관서에서는 영세상인 보호의 차원에서 이른바 구멍가게는 부가가치세를 부과하지 않는다는 방침 하에 이를 3년간 시행하여 왔기 때문에 영세상인뿐만 아니라 일반인까지도 납세의무가 없는 것으로 인식하고 있는데, A세무서장은 구멍가게 주인 이영세에게 돌연 부가가치세법의 관계조항을 근거로 납세통지서를 발급하였는 바, A세무서장의 위 과세처분은 적법한 것인가?

▶ A세무서장이 이영세에게 부과가치세를 부과한 것은 행정선례법을 위반한 것으로, 이영세는 그 위법성을 들어 국세기본법이 정하는 행정쟁송절차에 따라 그 과세처분의 취소를 구하는 쟁송을 제기할 수 있다.

4. 행정법의 일반원리

(1) 의 의

행정법의 일반원리란 관습법과 판례법에 속하지 않는 모든 행정법의 불문법원리를 말한다. 이는 그 종류와 연원, 효력 등이 모두 다른 각각의 원리들을 포괄적으로 규정한 관념이다.

(2) 종 류

행정법의 일반원리로는 평등의 원칙, 행정의 자기구속의 원칙, 비례의 원칙(과잉금지의 원칙, 신뢰보호의 원칙, 부당결부금지의 원칙) 등이 있다.

평등의 원칙이란 정당한 사유가 없는 한 다른 자에게 행한 처분보다 불리한 처분을 하여서는 안된다는 원칙을 말한다. 예컨대, 당직근무대기 중 심심풀이로 화투놀이를 한 경우 3명에게는 견책에 처하고 한명은 파면한 경우 이는 재량의 범위를 넘어선 위법한 것이다(대판 1972. 12. 26. 72누195).

행정의 자기구속의 원칙이란 평등의 원칙에서 도출되는 원리로서 동종의 사안에 대하여 제3자에게 한 것과 동일한 기준의 결정을 상대방에게도 하여야 한다는 원칙을 말한다.

비례의 원칙(과잉금지의 원칙)이란 행정작용에 있어 목적과 수단 사이에는 합리적인 비례관계가 있어야 한다는 원칙을 말한다. 비례의 원칙은 행정기관의 조치·수단은 그 목적달성에 적합한 것이어야 한다는 적합성의 원칙, 목적달성을 위한 여러 수단이 존재하는 경우 침해가 가장 적은 방법을 선택해야 한다는 필요성의 원칙(최소침해의 원칙), 이상 두 가지 요건이 충족되는 경우에도 그것에 의해 달성되는 이익이 침해되는 불이익보다 더 커야 한다는 상당성의 원칙(협의의 비례원칙) 등 3요소를 내용으로 하고 있다.

신뢰보호의 원칙이란 행정기관의 일정한 명시적·묵시적 언동으로 인한 개인의 보호가치 있는 신뢰를 보호해야 한다는 원칙을 말하고, 영미법상의 '금반언의 법리'와 같은 의미이다.

부당결부금지의 원칙이란 행정작용을 함에 있어서 그와 실체적 관련이 없는 상대방의 반대급부를 조건으로 해서는 안된다는 원칙을 말한다. 예컨대 백화점 신축허가에 있어 인근공원의 미화사업을 조건으로 하는 경우 등이다.

사례연구 139 **행정법의 일반원칙(1)**

택시운전사 김모범 씨는 새로운 주거 지역에서 개인택시사업을 하고자 해당 지방자치단체에 사업허가를 요청하였으나 개인택시운송사업면허업무규정의 개인택시운송사업면허신청 자격에 해당되지 않는다는 이유로 거부당했다. 이에 대하여 김모범은 해당 사업허가 신청의 거부가 위법하다고 주장할 수 있는가?

▶ 대법원(2005. 4. 28)에서는 위의 사례에서 '매년 상황에 따라 적절히 면허 숫자를 조절하여야 할 필요성이 있는 개인택시면허제도의 성격, 택시운송사업 및 시내버스운송사업의 공익성, 지역실정에 따라 근로자의 이동을 억제하고 지역에서의 장기간 근속을 장려함으로써 안정적인 여객운송서비스를 제공할 필요성, 기준의 명확성 요청 등의 제반 사정에 비추어 이는 합리적인

제한이라고 보아야 할 것이므로, 수단, 방법이 적절하지 아니하여 비례의 원칙 내지 과잉금지의 원칙에 위배되거나 헌법 제37조 제2항에 반한다고 볼 수 없으며, 개인택시면허발급 여부는 해당 지방자치단체가 처한 교통수급상황 등 지역적 여건을 고려하여 정하지 않을 수 없는 이상 필연적으로 다른 지역과 차이가 있을 수밖에 없으므로 김모범이 다른 지역에 거주하였다면 이 사건 면허신청 자격이 있었을 것이라는 사유만으로 이를 형평성에 반한다고 볼 수도 없다'고 판시한 바 있다.

사례연구 140 **행정법의 일반원칙(2)**

한선량은 단란주점 영업행위를 하는 자로서 평소에 유흥종사자를 두지 않고 영업을 하고 있었다. 어느날 집에 제사가 있어서 21시에 영업소를 퇴근한 한선량은 직원들에게 자정 이전에 영업을 마감할 것을 알렸으나, 직원들은 과외수입을 올릴 목적으로 미성년자인 유흥종사자를 고용하여 자정 이후인 심야에 영업을 하다가 담당공무원에게 적발되어 영업허가 취소처분을 받게 되었다면 이는 정당한가?

▶ 당해 허가처분취소처분은 법적요건은 충족하고 있지만, 한선량이 평소에 유흥종사자 고용영업을 하지 않고 있었다는 사실, 당일도 밤 자정 이전에 종료하도록 지시하였다는 사실, 1회 의무위반이었다는 사실 등 여러 사정이 있음에도 불구하고 곧바로 허가취소처분을 내린 것은 비례의 원칙에 반하는 위법성이 인정될 수 있다. 따라서 한선량은 취소심판 또는 취소소송을 제기할 수 있다.

5. 법치행정의 원리

(1) 의 의

법치행정의 원리란 인권보장을 위해 권력분립의 원칙 하에서 행정도 국회에서 만든 법률에 따라 행해져야 한다는 원칙을 말하고, 근대적 법치주의(O. Mayer의 법치주의), 형식적 법치주의, 현대적 법치주의로 나눌 수 있다.

(2) 근대적 법치주의(O. Mayer의 법치주의)

행정법의 아버지라 할 수 있는 독일의 오토 마이어(O. Mayer)에 의해 체계화된 근대적 법치주의는 국민의 권리·의무에 영향을 미치는 일반·추상적 성문규범인 국회에서 만든 법률에 의해야 한다는 '법률의 법규창조성', 법률의 형식으로 표현되는 국가의사는 다른 모든 국가작용보다 우위에 있다는 것으로 특히 행정권의 행사는 법률에 저촉되어서는 안 된다는 '법률의 우위', 행정권의 발동은 반드시 개별적인 법률에 근거해야 한다는 '법률의 유보' 등 3대원칙이 있다.

사례연구 141 **법률유보의 원칙**

한짱이 씨는 법무부의 교정시설 내 안전과 질서유지를 위한 '특별관리대상자 관리지침'에 따라 엄중격리대상자로 지정되어 청송 2교도소에 수감되었다. 교도소장은 법원에 계류 중이던 민사재판을 받기 위해 법정에 출석하는 한짱이 씨에게 운동화 착용 불허, 적색 긴팔 티와 적색 반팔 티 영치품 사용신청을 불허한 것에 대해 한짱이 씨는 헌법상 보장된 기본권을 침해한 것이라고 주장하는데, 이는 정당한가?

|▶ 국민의 자유와 권리는 국가안전보장·질서유지 또는 공공복리를 위해 필요한 경우에 한하여 법률로서 제한할 수 있지만, 제한하는 경우에도 자유와 권리의 본질적 내용을 침해할 수 없도록 규정하고 있다(헌법 제37조 제2항). 따라서 기본권의 제한은 법률상의 근거를 요한다. 교도소장의 운동화불허행위는 구 행형법 제20조의 위임과 구 행형법 시행령 제73조 제2항의 재위임에 따른 구 수용자의류 및 침구급여에 관한 규칙과 수용자 피복관리 및 제작에 관한 치침의 근거 하에 이루어진 행위이므로, '국가의 작용을 통해 국민의 권리와 자유를 침해하는 경우에는 개별적인 법률의 근거가 필요하다'고 하는 법률유보의 원칙에 위배되지 않는다(헌재 2011. 2. 24. 2009헌마209).

(3) 형식적 법치주의

O. Mayer의 법치주의 3대 원칙은 독일·일본 등의 군국주의에 의해 악용되어 변질되었다. 즉 법률의 법규창조성은 군주의 독립명령·긴급명령 등 행정권에 대한 입법권의 포괄적인 수권이 행해졌고, 법률의 우위는 법률의 형식과 절차만 갖추면 실질적 내용은 문제삼지 않아 인권유린 내용의 법률이 적법하게 시행되었고(통치의 합법성), 법률의 유보는 침해적 행정행위에만 적용하고 그 밖의 행정작용은 법률의 근거없이 자의적으로 행함으로서 법치행정의 본래의 의미가 변질되었다.

사례연구 142 형식적 법치주의

그리스 신화에 나오는 프로크루스테스는 나그네들을 자신의 침대에 쉬어 가도록 하였는데, 그는 나그네의 키가 침대보다 작으면 침대 길이에 맞게 늘리고, 침대보다 크면 그만큼 신체를 잘라내었다. 이와 같은 프로크루스테스의 행위를 굳이 법치주의에 관련지어 본다면 어떤 법치주의에 해당하는가?

|▶ 오토 마이어(O. Mayer)는 법률의 형식으로 표현되는 국가의사는 다른 모든 국가작용보다 우위에 있다는 것으로 특히 행정권의 행사는 법률에 저촉되어서는 안 된다(법률 우위의 원칙)고 하였으나, 독일 · 일본 등의 군국주의에 의해 법률의 형식과 절차만 갖추면 실질적 내용은 문제삼지 않아 인권유린 내용의 법률이 적법하게 시행되는 등 통치의 합법성만을 강조하였다. 그리스 신화 속의 프로크루스테스는 그때그때 상황에 따라서 침대를 조정하는 것이 아니라 침대라는 도구에 맞추어 상황을 조정한 것이다. 이것은 형식적 법치주의와 맥을 같이 하는 것이라 볼 수 있다.

(3) 현대적 법치주의

제2차 세계대전 이후, 행정의 모든 영역에서 법치행정원칙이 일반적으로 적용되었고, 입법권의 위임없이 행해지던 행정권의 행정입법권이 거부되어 개별적 · 구체적 위임에 의하도록 하였으며, 위헌법률심사제도의 채택으로 합헌적 법률만이 인정되게 되었다(통치의 정당성). 또한, 법률유보의 원칙은 주로 침해적 행정행위에 국한시켜 왔으나 그 범위가 확대되었고, 헌법재판제도 채택, 행정절차에 대한 통제 강화 등 법치행정을 보장하기 위한 각종 제도가 강화되었다.

6. 우리나라 행정법의 기본원리

현대 민주헌법 아래 있어서의 우리나라 행정법은 헌법의 기본원리에 입각하여, ① 행정의 조직 · 운영에 있어서의 민주주의 원리의 실현과, ② 자유주의적 법치국가의 확립을 기함과 아울러, ③ 사회복지국가를 지향하고, ④ 영 · 미적인 사법국가의 원리를 도입하여 법치주의의 완전한 실현을 도모하고 있다.

Ⅲ. 행정법관계

1. 행정상의 법률관계

행정상의 법률관계라 함은 국가 또는 지방자치단체와 같은 행정주체가 당사자가 되는 모든 법률관계를 말하며, 여기에는 사법관계와 공법관계(행정법관계)가 있다.

(1) 사법관계

행정주체가 국고(국고)인 사인의 지위에서 재산권의 주체로서 경제적 활동을 내용으로 하는 법률관계로 사법의 규율을 받으며, 여기에는 국유재산관리・불하, 국가의 물품구입계약, 공사도급계약, 국유철도이용관계 등이 있다.

(2) 공법관계(행정법관계)

공법의 규율을 받는 법률관계로 권력관계와 관리관계가 있는 바, 전자는 행정주체가 우월한 의사주체의 지위에서 국민에게 명령・강제하는 법률관계로서 일반권력관계와 특별권력관계가 있으며(예컨대, 조세징수, 병역부과 등), 후자는 행정주체가 관리권의 지위에서 공공복리의 실현을 목적으로 공적재산사업을 관리・경영하는 작용을 내용으로 하는 법률관계이다(예컨대, 공법상의 계약, 공법상 합동행위 등).

사례연구 143 **공법관계에 대한 사법의 적용**

18세인 미성년자인 김독립 군은 부모의 동의를 얻지 않고 S시 시장에게 음식점 영업허가를 신청하였는데, S시 시장은 이를 허가해 주어야 하는가?

▶ 민법 제5조는 "미성년자가 법률행위를 함에는 법정대리인의 동의를 얻어야 한다. 그러나 권리만을 얻거나 의무만을 면하는 행위는 그러하지 아니하다"고 규정하고 있는데, 이는 사법상의 거래관계에서 미성년자의 불이익을 구제하는 데 근본적인 목적이 있다. 그러나 사적 거래와는 성질을 전혀 달리하는 행정청의 공법상 영업허가에 대해서는 이러한 행위능력에 관한 민법 규정을 그대로 적용할 필요가 없고, 식품위생법에서도 다른 법(공인회계사법 제4조 등)과는 달리 미성년자에 대한 허가를 부인하는 규정을 두고 있지 않으므로 S시 시장은 이를 허가하여야 할 것이다.

2. 행정법관계의 당사자

(1) 행정주체

행정권을 행사하고, 그의 법적 효과가 궁극적으로 귀속하는 당사자로 상대방보다 우월한 지위에 있는 자이다. 행정주체로는 ① 국가, ② 공공단체(지방자치단체, 공공조합, 영조물법인), ③ 공권력을 수여받은 사인(별정우체국장, 소득세 원천징수의무자, 항해 중인 선장 등) 등이 있다.

(2) 행정객체

행정작용의 상대방을 말하며, 사인이 원칙이나 국가와 다른 공공단체와의 관계에서 공공단체도 행정객체의 지위에 선다.

3. 행정법관계의 내용

행정법관계의 내용이라 함은 행정법관계의 당사자가 행정법관계에서 가지는 권리·의무를 말한다. 사권, 사의무 등 사법관계와 본질적인 차이는 없으나, 실정법상 행정주체의 우월한 지위를 인정하여 사법관계와 다른 특수성이 인정된다.

(1) 공 권

(가) 공권의 개념 : 공권이라 함은 공법관계에 있어서 그 권리주체가 직접 자기를 위하여 일정한 이익을 주장할 수 있는 법률상의 힘을 말한다. 따라서 법이 어떠한 명령·제한·금지 등을 규정하고 있는 반사적 효과로서 이익을 받는 '반사적 이익'과 구별된다.

사례연구 144 권리와 반사적 이익

한주장의 남편 김불행은 귀가 길에 과속으로 달려오던 차에 치어 중상을 입었다. 목격자의 증언에 의하면 당시 남편은 생명에 지장이 없었는데, 처음 찾아간 불성실병원에서는 김불행의 사고 상태를 확인하고 의료사고로 소송에 휘말릴 것을 염려하여 응급의료조치도 없이 거절당하였고, 그 후 몇몇 병원을 찾았으나 마찬가지로 거절당함에 따라 결국 남편 김불행은 사망하였다. 한주장은 병원 측에서 남편에게 응급의료조치만 취했어도 살 수 있었다는 생각하고, 이들 병원을 상대로 손해배상을 청구하고자 하는데, 이는 가능한가?

▶ 의사는 진료개시의무가 있고, 응급을 요하는 환자에 대해 최선의 처치를 해야 한다. 의료법 제15조 제1항에는 "의료인 또는 의료기관 개설자는 진료나 조산 요청을 받으면 정당한 사유 없이 거부하지 못한다."는 진료의 거부금지규정을 두고 있으나, 이는 환자의 권리가 아닌 반사적 이익에 불과하다. 즉, 반사적 이익이란 '강행법규의 취지가 사익보호에 있는 것이 아니라 전적으로 공익보호만을 목적으로 한 결과 특정인이 반사적으로 누리는 이익'을 말하며, 반사적 이익은 법률 시행의 결과, 그 반사로서 이익을 누릴 뿐이고, 그 이익을 권리로서 청구할 수 없다. 또한 '진료를 거부할 수 있는 사유'란 일률적으로 정할 순 없지만 대체로 의사의 부재·만취·질병과 같은 것이 이에 해당한다. 즉, 한주장은 반사적 이익을 갖는 것 뿐이며, 손해배상청구를 행사할 수 없다. 다만, 의사가 진료를 거부한 경우라면 일정한 기간을 정하여 그 시설·장비 등의 전부 또는 일부의 사용을 제한 또는 금지하거나 위반한 사항을 시정하도록 명할 수 있다(의료법 제63조).

(나) 공권의 성립요건 : 공권의 성립요건으로는 일반적으로 강행법규의 존재와 사적이익의 보호 등 두 가지가 인정되고 있다. 강행법규의 존재란 그 법규범에 의거한 행정주체의 행위가 기속행위로서의 성질을 가져야 한다는 것을 의미하고, 사적이익의 보호란 행정법규가 단순히 공익실현이라는 목적 이외에 사적이익도 보호해야 한다는 의미이다.

(다) 공권의 확대화 경향 : 현대복리국가에서는 국민의 권리구제의 범위를 확대시키기 위하여 종래 단순한 반사적 이익에 지나지 않는다고 보았던 것을 공권으로 인정하는 경향이 증가하고 있다. 이는 공권의 성립요건을 개인에게 유리하게 해석 내지 이론 구성하는 것을 통해 이루어지고 있다. 그 예를 보면 ① 강행법규가 존재하지 않는 경우에도 재량행위를 '재량권의 영(0)으로의 수축이론'을 통하여 기속행위로 전환하여 공권의 성립을 인정하는 것, ② 가급적이면 관계법규가 공익보호와 아울러 사익보호도 목적으로 하고 있는 것으로 해석하려는 것 등이다.

사례연구 145 **행정개입청구권**

청정광역시에 살고 있는 주민 이환경은 주변에 들어선 공장에서 발생하는 분진, 매연 때문에 빨래를 밖에 널 수도 없고, 숨쉬기조차 힘들어 지는 등 환경오염에 의한 피해를 입고 있다. 이에 대해 이환경은 해당 공장에 분진 흡착 장치 및 기타 필요한 환경오염 저감 대책 및 처리를 명할 것을 청정광역시장에게 청구하고자 하는데, 이는 정당한가?

|▶ 법률상 행정청에 규제 · 감독 기타 행정권 발동의무가 부여되어 있는 경우, 그에 대응하여 사인이 행정청에 그러한 행정권 발동을 구하는 것을 행정개입청구권이라 하는데, 이러한 권리는 공권의 확대현상에 기인한 것이다. 주변 공장의 분진, 매연 등으로 환경권이 침해된 경우 재량권이 '0'(영)으로 수축되어 사인에게는 행정개입청구권이 인정된다. 독일 연방행정법원은 주거지역에 설치된 석탄제조 및 하역업소에서 사용하는 띠톱에서 배출되는 먼지와 소음으로 피해를 입고 있는 인근 주민이 행정청에 건축경찰상의 금지처분을 명할 것을 청구한 이른바 '독일 띠톱사건'에 대해 '경찰법상의 일반수권조항의 해석에 있어서 인근 주민의 무하자재량행사청구권을 인정하고, 재량권의 '0'으로의 수축이론에 의거하여 원고의 청구를 인용'하였다. 사례와 같이 공권의 침해가 발생할 때에는 부작위위법확인심판, 부작위위법확인소송, 의무이행심판, 이무이행소송, 국가배상법에 따른 손해배상청구 등의 구제방법이 있다.

사례연구 146 수용유사침해의 법리

김패션은 도로변에서 의류가게를 운영하고 있는데 지하철 공사를 위한 차량통행제한으로 장사가 잘되지 않는다. 어느 날 갑자기 지하철공사장 붕괴사고가 일어나 매상이 1/3로 감소되었는데, 김패션은 손해배상을 받을 수 있을까?

|▶ 개인의 권리를 타인이 침해해서는 안 되지만, 권리의 행사는 공공복리에 따른 사회적 제약 하에 있다. 위 사안의 경우, 관련법률이 존재하지 않아 지하철공사는 특별한 사정이 없는 한 적법하게 시행되고 있는 것으로 보여지므로 다소 영업상의 손실이 있다하더라도 보상의 대상이 되기는 쉽지 않다. 다만, 그 공사기간이 부당하게 장기화됨으로써 그 피해의 정도가 심하여 통상의 손해를 벗어나게 되면 '수용유사침해의 법리'에 의하여 그 손해보상청구가 가능하다고 보며, 대법원에서도 수용유사침해에 대해 일정부분 인정한 경우도 있었다.

(라) 공권의 특수성 : 국가적 공권은 행정주체가 법률상 인정된 우월한 의사의 주체로서의 지위에서 권리의 내용을 스스로 결정할 수 있고, 원칙적으로 자력에 의하여 그 내용을 실현할 수 있다. 개인적 공권은 그의 인정이

개인뿐만 아니라 국가나 사회의 이익에도 부합하기 때문에 그 이전의 제한, 포기의 제한 및 공권의 보호 등이 인정된다.

사례연구 147 공권의 특수성

A시 당국은 동시(동시)의 재정궁핍을 타개하기 위해 전 직원에게 향후 1년간 봉급의 10%에 해당하는 금액에 대한 봉급청구권을 포기하도록 요망하고자 하는데, 이는 가능한 것인가?

▶ 공권은 권리자 자신의 이익뿐만 아니라 사회공공의 이익을 위해서도 인정되므로 이를 포기할 수 없다. 또한, 공무원의 봉급청구권을 임의로 포기할 수 있게 한다면, 당해 공무원의 직무상 사기저하를 초래할 수 있고, 직장 전체의 능률과 책임에도 영향을 미칠 수 있기 때문에 포기할 수 없다. 요컨대 봉급청구권과 같은 공권은 포기할 수 있는 권리가 아니며, 봉급의 수령 후 기부행위는 가능하다.

(2) 공의무

공의무라 함은 공권에 대응하여 타자의 이익을 위하여 받은 공법상의 의사의 구속을 말한다. 국가 또는 공공단체의 납세징수권에 대한 국민의 납세의무, 공무원의 봉급청구권에 대응하는 국가 또는 공공단체의 지불의무 등이 있다.

4. 특별권력관계(특별행정법관계)

(1) 의 의

특별권력관계라 함은 특별한 법률상의 원인에 의하여 공법상의 특정목적을 달성하기 위하여 필요한 범위 내에서 일방이 타방을 포괄적으로 지배하고 타방이 그에 복종할 의무를 지는 것을 내용으로 하는 관계를 말한다.

(2) 성 립

특별권력관계는 직접 법률의 규정에 의해 성립하는 경우(예컨대, 전염병환자의 강제입원, 죄인의 수감 등)와 상대방의 동의에 의해 성립하는 경우(예컨대, 공무원의 임명, 국·공립대학의 입학, 학령아동의 취학 등)가 있다.

(3) 종 류

특별권력관계의 종류로는 공법상의 근무관계(예컨대, 공무원 임명, 현역병 소집), 공법상의 영조물이용관계(예컨대, 국공립도서관 이용, 전염병원 입원), 공법상의 특별감독관계(예컨대, 국가의 공공조합, 특허기업자에 대한 감독관계), 공법상의 사단관계(예컨대, 공공조합과 그 조합원과의 관계) 등이 있다.

(4) 특별권력의 발동형태와 그 한계

(가) 특별권력의 발동형태 : 특별권력관계의 목적 실현과 내부질서 유지를 위한 권력은 내용에 따라 명령권과 징계권으로 나뉘어 진다. 명령권은 특별권력의 주체가 그의 상대방에 대하여 특별권력관계의 목적수행에 필요한 명령・강제를 할 수 있는 권력이며, 징계권은 특별권력의 주체가 특별권력관계의 내부질서유지를 위해 의무위반자에게 제재를 과하는 권력을 말한다.

(나) 특별권력의 한계 : 특별권력관계 설정목적의 범위 내에서 법령에 위반하지 않아야 하며, 비례의 원칙에 적합하도록 행사해야 한다. 또한, 기본권은 개인의 의사에 의한 포기도 제한되며, 기본권의 제한은 헌법 또는 헌법의 유보에 의한 법률의 규정이 있어야만 한다.

(5) 특별권력관계와 사법심사

특별권력관계의 행위는 원칙적으로 행정소송의 대상이 되지 않는다. 그러나 법규에 직접 규정된 행위, 즉 일반국민으로서 향유하는 어떤 중요한 기본권이 침해된 경우 및 재량권의 일탈과 남용은 사법심사의 대상이 된다.

사례연구 148 특별권력관계(특별행정법관계)

행복광역시 이강직 건설과장은 부하직원인 이비리 씨가 공금을 횡령하고 도주하자, 이에 대한 책임으로 시장으로부터 서면경고조치를 받았다. 이강직 과장은 이러한 조치가 자신의 인사고과에 영향을 미치게 됨을 우려하여 이의를 제기하고자 하는데, 이러한 이의 제기는 정당한가?

▶ '경고'는 징계책임을 물을 정도에 이르지 아니한 사항이나 시효의 완성으로 징계사유가 소멸되어 다른 조치가 곤란할 때, 주의 처분을 받은 자가 1년 이내에 동일 사유 또는 다른 비위 사유로 다시 주의에 해당되는 비위를 저질렀을 경우 중 이에 대하여 엄중 경고할 필요가 있는 경우에 내려진다. 그러나 공무원에 대하여 하급공무원의 행위에 대한 책임의 일환으로 서면경고를 하는 행위는, '국가공무원법'이 예정하는 징계행위에 해당하지 않는다(국가공무원법 제79조). 즉 서면경고행위는 공무원관계의 내부질서유지를 위한 행위에 불과하므로, 업무수행행위로서의 실질을 갖는다고 보아야 한다. 따라

서 이에 대하서 당사자는 법 이외의 방법을 통한 내부적인 진정 등의 방법으로 자신의 이해관계를 주장하는 가능성은 별론으로 하고, 법원을 통한 권리구제는 불가능하다.

제 2 절 행정작용법

Ⅰ. 행정행위

1. 행정행위의 개념과 특질

(1) 행정행위의 개념

행정행위라 함은 행정주체가 구체적인 사실에 대한 법집행행위로서 하는 대외적인 공권력의 발동으로서의 단독적 공법행위를 말한다(가장 좁은 의미). 행정행위는 학문상의 용어이지 실정법상의 용어는 아니다. 실정법에서는 허가・인가・면허・특허 등의 용어와 함께 행정처분 또는 처분이라는 용어를 사용하고 있다.

(2) 행정행위의 특질

행정행위는 민법상의 법률행위와 구별되는 여러 가지 특색을 가지고 있다.

(가) 법적합성 : 행정행위는 내용적으로 법에 적합해야 하기 때문에 법의 구체화이며 집행이라고 할 수 있다.

(나) 공정성 : 행정행위는 명백하고 중대한 하자로 인하여 당연히 무효가 되는 경우를 제외하고는, 권한있는 기관에 의하여 취소될 때까지는 일응 적법한 것으로 추정받아 행정청 및 제3자에 대해 구속력을 가진다.

사례연구 149 행정행위의 공정력

16세의 미성년자 김위조 군은 성년인 형 김배영의 명의로 된 관계서류를 갖추어 자동차운전면허시험에 응시, 합격하여 관계 행정청으로부터 운전면허를 받아 자동차운전을 하였다. 어느 날 경찰의 불심검문에 의하여 김위조가 소지한 운전면허는 부정한 방법에 의해 발급된 것임이 밝혀짐으로써 무면허운전이라 하여 S법원에 행정범으로 기소되었는데, 김위조는 무면허운전으로 유죄를 선고받게 될 것인가?

▶ 김위조 군이 받은 운전면허는 비록 부정한 방법으로 발급받은 것이라 하더라도 그 자체로서 당연무효인 행위라고 할 수 없다. 즉, 행정행위의 하자가 있는 경우에도 그것이 중대·명백하여 당연무효로 인정되는 경우를 제외하고는 권한있는 기관에 의해 취소되기까지는 유효하게 통용되는 공정력이 인정되고 있는 바, 김위조의 운전면허는 행정행위의 공정력으로 말미암아 일응 적법한 것으로 추정되어 유효하게 통용될 수 있는 것이며, 법원이라 하더라도 소정의 절차에 의한 행정소송의 관할법원이 아닌 한 독자적으로 그 위법성 여부를 판단할 수 없다. 따라서 김위조의 행위를 무면허운전이라 할 수 없다. 한편, 식품위생법 위반으로 영업정지 1개월 처분을 받게 되자, 이에 불복하여 행정심판청구를 제기하고, 행정심판이 종료되기 전에 행정행위에 하자가 있으므로 행정심판에서 이길 자신이 있다하여 영업을 할 수 있는 것은 아니다.

(다) 실효성 : 행정행위는 행정청이 자력으로 강제하고 실현하는 힘(자력집행력)과 의무위반에 대한 제재를 가하여(제재력) 그 내용의 실현을 담보할 수 있다.

(라) 확정성 : 행정행위는 설혹 하자가 있다하더라도 일정한 기간이 경과한 뒤에는 그 효력을 적법하게 다툴 수 없으며(불가쟁력), 또 일정한 경우에는 행정청 자신도 그 행정행위를 임의로 취소·변경할 수 없는 효력이 있다(불가변력).

(마) 쟁송절차의 특수성 : 행정소송도 일반법원이 담당하지만 사법행위와는 달리 민사소송에 대한 특례가 인정되는 경우가 많다.

(바) 손해보전제도의 특수성 : 공공의 필요에 의한 적법한 행정행위로 인한 손실의 보상과 공무원의 직무상 불법행위 등에 의한 손해배상에 대해 그 내용 및 절차에서 민사소송에 대한 특례가 인정되는 경우가 많다.

2. 행정행위의 종류

(1) 내용에 의한 분류

(가) 법률행위적 행정행위 : 의사표시를 구성요소로 하고 그 의사표시의

내용에 따라서 법률적 효과를 발생하는 것을 말하며, 허가, 하명, 면제, 특허, 대리 등이 있다.

(나) 준법률행위적 행정행위 : 의사표시 이외에 인식, 관념 등 정신작용 등의 표시를 요소로 하며, 일정한 정신작용의 표현에 대하여 법규가 정하는 내용의 법적 효과가 발생하는 것으로, 확인, 공증, 통지, 수리 등이 있다.

(2) 법규의 구속정도에 의한 분류

(가) 개념 : 행정행위는 법규의 구속정도에 따라 기속행위와 재량행위로 나눌 수 있다. 전자는 법규가 행정주체에 대하여 어떠한 재량의 여지도 주지 않고 오직 그 법규를 집행하게 하는 것을 말한다. 후자는 법규가 행정기관에게 일정 범위까지 판단의 자유를 허용하는 경우를 말하며, 이는 '무엇이 법인가'의 재량인 기속재량행위와 '무엇이 공익목적 내지 행정목적에 적합한 것인가'를 판단하는 재량인 자유재량행위가 있다.

(나) 재량권의 한계 : 행정청은 일정한 범위 내에서만 재량권을 행사할 수 있는 것으로서 이를 넘으면 위법행위가 되는 바, 이를 재량권의 일탈 또는 유월이라 하고(외적 한계), 재량권의 외적 한계 내에서 그 행사가 조리상의 원칙에 어긋나면 위법이 되는 것으로서 재량권의 남용이라 한다(내적 한계).

사례연구 150 **재량행위의 하자(1)**

제과점을 경영하고 있는 김어굴은 정기휴일에 영업행위를 함으로써 X시로부터 60일간의 영업정지처분을 당하였다. 김어굴은 이번이 처음 위반이고, 체육대회를 하는 단체의 주문으로 빵을 공급하지 않으면 안 되었다는 점을 들어 선처를 호소하였으나 위와 같은 처분을 받게 되었는데, 이와 같은 X시의 처분은 정당한가?

▶ 행정청이 영업정지처분을 명할 때는 빵집의 규모와 빵의 판매경위 및 동 처분으로 인해 갑이 받게 될 불이익의 정도 등을 고려하여 정당하게 행해져야 함에도 불구하고 60일간의 영업정지처분을 명한 것은 재량권의 범위를 일탈한 위법으로 볼 수 있다. 따라서 갑은 행정소송을 통해 구제받을 수 있고, 정지처분으로 인해 발생한 손해에 대해 손해배상을 청구할 수도 있다.

사례연구 151 재량행위의 하자(2)

환경부 공무원인 이진실은 국회감사에 대한 답변 도중에, 서울근교에 공사중인 폐기물처리장이 환경영향평가를 받지 않은 사실을 인정하였다. 이 사실이 언론에 보도되고, 인근주민들의 반발이 격화되자 서울시장은 당해 공사를 중지하였고, 환경부장관 한성질은 이 사실을 누설하였다는 이유로 이진실을 해임하였는데, 이는 정당한가?

▶ 공무원은 징계사유가 존재한다고 인정되면 반드시 징계하여야 하나 그 유형의 선택은 재량행위로서의 성질을 갖는다. 그러나 이 경우에는 공무원 이진실의 행위는 일반국민의 알권리를 충족하는 행위로서 당해 의무의 한계에 해당한다고 보여진다. 따라서 이진실의 행위는 공무원의 비밀엄수의무위반으로 볼 수 없으며 한성질장관의 징계권 행사가 잘못된 사실의 기초 하에서 행해졌다고 볼 수 있으므로 재량의 남용에 해당하여 해임은 위법하다. 이에 이진실은 소청심사 및 취소소송을 제기할 수 있다.

(3) 법률효과에 의한 분류

(가) 수익적 행정행위 : 상대방에게 권리·이익을 부여하는 행위를 말하며, 허가, 특허, 인가 등이 있다.

사례연구 152 수익적 행정행위의 직권취소

S시 외각에 토지를 소유하고 있는 오천석은 S시장의 건축허가를 받아 기초공사를 마무리하였을 때 경기도 감사과정에서 해당지역이 주택을 지을 수 없는 개발제한구역임이 밝혀졌다. 이에 S시장은 오천석에게 건축허가취소를 하였는데, 이는 적법한가?

▶ 개발제한구역 안에서의 건축허가는 금지되므로 S시장의 오천석에 대한 건축허가는 위법하여 직권취소의 대상이 된다. 그러나 수익적 행정행위의 직권취소는 사익보호를 위해 공익의 요청이 중대한 경우에만 가능한데, 사안에서 개발제한구역의 유지에 대한 공익상의 요청이 사익보호의 요청보다 중대한 것으로 판단되므로 S시장의 오천석에 대한 건축허가취소는 적법하다.

(나) 부담적 행정행위 : 권리의 제한, 의무의 부과 등 상대방에게 불리한 효과를 발생시키는 행위를 말하며, 하명·특허나 허가의 취소 등이 있다.

(다) 복효적 행정행위 : 하나의 행정행위로서 2인 이상의 관계자를 가지

며, 적어도 그 중에 한 사람 이상이 법적 이익을 받고, 다른 한 사람 이상이 법적 불이익을 받게 되는 행정행위를 말하며, 오염물질 제거시설명령, 공장철거명령 등이 이에 속한다.

사례연구 153 복효적 행정행위의 취소 · 철회

행복시 시장 김행복은 X지역에 적법한 절차에 따라 연탄공장영업허가를 내주었다. 그러나 인근지역 주민들은 분진 등으로 건강이 악화되고, 생활에 불편함으로 초래할 수 있고 땅값도 하락할 수 있으니 동 영업허가를 취소·철회하라고 하는데, 어떻게 해야 하는가?

▶ 복효적 행정행위의 취소·철회에 있어서는 공익 및 상대방의 신뢰보호뿐만 아니라, 제3자의 이익도 구체적으로 비교·형량하여야 한다. 따라서 신뢰보호원칙에 따른 취소 제한의 필요성 보다는 그 취소에 따른 제3자의 이익이 훨씬 더 큰 것을 때에는 당해 행위의 존속에 대한 상대방의 신뢰가 보호할 만한 것임에도 불구하고 당해행위를 취소할 수 있다.

3. 행정행위의 내용

법률행위적 행정행위는 그 효과의 내용에 따라 명령적 행위(하명, 허가, 면제)와 형성적 행위(특허, 인가, 대리)로, 준법률행위적 행정행위는 확인, 공증, 통지, 수리 등으로 나눈다.

(1) 하 명

국민에게 작위 · 부작위 · 급부 · 수인 등의 의무를 명하는 행정행위를 말하며, 위법건축물의 철거, 통행금지, 조세의 납부, 건강진단 등이 그 예이다. 수명자(수명자)는 하명의 내용에 따라 일정한 공법상의 의무를 지며, 하명위반은 처벌의 대상이 되지만(행정벌, 행정상 강제집행), 반드시 무효로 되는 것은 아니다.

(2) 허 가

법령에 의한 일반적 금지를 특정한 경우에 해제하여 적법하게 특정의 행위를 할 수 있게 하는 행정행위를 말하며, 영업허가, 건축허가, 화약제조허가 등이 그 예이다. 허가의 효과는 일반적으로 과해진 부작위의무의 소멸이므로 설권행위가 아니라 권리 회복적 성질을 가진다.

사례연구 154 허가의 갱신

김광고 씨는 시설비 5천만원을 투자하여 지주이용 야립간판 3개에 관하여 설치기간까지 3년으로 한 광고물표시허가를 받아 설치 이용하여 오다가 허가기간 3년이 지난 후 야립간판의 표시허가기간을 연장해 줄 것을 신청하자 A구청장이 옥외광고물 등의 관리와 옥외광고산업 진흥에 관한 법률 시행령 제16조 제1항의 규정에 의한 연장 신청을 거부하였다. 이에 김광고의 기간연장신청에 대하여 A구청장이 새로운 근거법의 위반을 이유로 허가연장신청을 거부한 것은 타당한가?

▶ 허위의 사례에서 '허가권자는 이를 새로운 허가신청으로 보아 법의 관계 규정에 의하여 허가요건의 적합 여부를 새로이 판단하여 그 허가 여부를 결정하여야 할 것이다'고 판시하였다. 따라서 A구청장이 허가신청이 기간연장신청 당시에 시행중이던 관계법령을 근거로 기간연장신청을 거부한 것은 적법하다.

(3) 면 제

법령에 의하여 정해진 작위·급부·수인 등의 의무를 특정한 경우에 해제하는 행정행위를 말하며, 조세·사용료 등의 납부의무의 면제, 예방접종을 받을 의무의 면제 등이 그 예이다.

(4) 특 허

직접 상대방을 위하여 특정의 권리·능력 또는 포괄적인 법률관계를 설정·변경 또는 소멸시키는 행정행위를 말하며, 하천택지의 점용허가, 나룻터 도강료 징수, 토지수용권 설정, 어업면허, 공기업 특허, 광업허가 등이 그 예이다. 특허는 상대방에 대하여 권리·능력 등의 법률상의 힘을 발생시키는 효과를 가지고 있다.

사례연구 155 특허

이주일은 자신의 소유인 건물과 폭 8m에 마주한 부지에 건축허가를 받은 다음, 양 건물을 연결하는 지하 연결도로통로의 개설을 위해 건축허가 변경신청을 하고자 하는데, 이는 가능한가?

▶ 특허는 특정한 상대방을 위하여 새로이 권리를 설정하는 행위, 능력을 설정하는 행위 및 법적 지위를 설정하는 행위를 말한다. 도로법에 의한 도로

점용은 일반 공중의 교통에 사용되는 것이지만 이주일이 신청한 건축허가 변경의 내용은 특정부분(마주한 건물의 8m 도로의 지하)을 유형적 · 고정적으로 특정한 목적을 위해 사용하는 행위이므로 이는 특정인에게 일정한 공물사용권을 설정하는 설권행위이다(대판 2008. 11. 27. 2008두4985).

(5) 인 가

제3자의 행위에 동의를 부여하여 그 효력을 보충함으로써 그 법률적 행위의 효과를 완성시키는 행정행위를 말하며, 영업양도의 인가, 특허기업의 요금인가 등이 그 예이다.

사례연구 156 수정인가

서울특별시에서 버스 여객자동차운송사업을 경영하는 A회사는 버스요금을 1,200원에서 1,400원으로 인상하기 위하여 인가를 신청하였는데, 행정청의 조사결과 1,300원이 적정가격이라고 판단되는 경우, A회사의 인가신청에 대해 행정청이 수정인가할 수 있는가?

▶ 당사자의 의사에 불구하고 일방적으로 법률행위의 내용을 변경하여 인가한다는 것은 인가의 본질에 반하는 것이다. 수정인가는 법령에 특별한 규정이 없는 한 할 수 없다. 따라서 행정청은 인가신청에 대해 각하하는 것이 마땅하며, A회사는 그 행정청의 거부사유를 고려하여 그에 적절한 요금을 정해 새로이 인가를 신청해야 할 것이다.

(6) 대 리

제3자가 해야 할 행위를 행정주체가 대신하여 행함으로써 제3자가 스스로 한 것과 같은 효과를 발생시키는 행정행위를 말하며, 체납체분에 있어서의 공매 등이 그 예이다.

(7) 확 인

특정의 법률사실 또는 법률관계에 관하여 의문이나 다툼이 있는 경우에 행정청이 공적 권위로서 그 존부 또는 정부를 공적으로 확정하는 행정행위를 말하며, 당선인의 결정, 발명의 특허 등이 그 예이다.

(8) 공 증

특정의 사실 또는 법률관계의 존부를 공적으로 증명하는 행정행위를 말하는 것으로 공적 증거력을 갖게 된다.

(9) 통 지

특정 또는 불특정다수인에 대하여 특정사실을 알리는 행정행위를 말하며, 사업인정의 고시, 특허출원의 공고, 대집행의 계고, 납세의 독촉 등이 그 예이다.

(10) 수 리

타인의 행위를 유효한 행위로서 수령하는 행정행위를 말하며, 신고·소장 등의 수리 등이 그 예이다. 수리는 단순한 도달과는 달리 수동적인 의사행위이다.

4. 행정행위의 부관

(1) 의 의

행정행위의 효과를 제한하기 위하여 주된 의사표시에 부가되는 종된 의사표시를 말한다. 행정행위의 효과의 제한이 직접 법규에 의하여 정해져 있는 법정부관과는 구별된다.

(2) 종 류

(가) 조건 : 행정행위의 효과의 발생 또는 소멸을 장래 도래가 불확실한 사실에 의존케하는 행정청의 의사표시를 말하며, 조건의 성취로 당연히 효과가 발생하는 정지조건(재해시설완비를 조건으로 한 도로사용허가 등)과 조건의 성취로 당연히 효과가 소멸하는 해제조건(일정기간 내에 공사 착수할 것을 조건으로 한 공기업특허 등)이 있다.

(나) 기한 : 행정행위의 효과의 발생 또는 소멸을 장래 도래가 확실한 사실에 의존케하는 행정청의 의사표시를 말하며, 기한의 도래로 당연히 그 효력이 발생하는 시기(X년 X월 X일부터 영업허가 등)와 기한의 도래로 당연히 그 효력이 소멸하는 종기(사망할 때까지 연금지급 등)가 있다.

사례연구 157 **행정행위의 부관**

김토목 씨는 해당관청에 사업신고를 하고 영업을 하고 있던 중 해당관청의 불허가사업처분을 받았다. 김토목은 사업허가서에 기재되어 있는 기일이 너무 짧은 경우라 하여 이의를 제기 하였는데 해당관청은 이것을 받아들이지 않았다. 김토목의 허가기간에 대한 적법성 여부는?

▶ 위 사례에 대하여 대법원(2007. 10. 11)에서는 '일반적으로 행정처분에 효력기간이 정하여져 있는 경우에는 그 기간의 경과로 그 행정처분의 효력은 상실되고, 다만 허가에 붙은 기한이 그 허가된 사업의 성질상 부당하게 짧은 경우에는 이를 그 허가 자체의 존속기간이 아니라 그 허가조건의 존속기간으로 보아 그 기간이 도래함으로써 그 조건의 개정을 고려한다는 뜻으로 해석할 수는 있지만, 그와 같은 경우라 하더라도 그 허가기간이 연장되기 위해서는 그 종기가 도래하기 전에 그 허가기간의 연장에 관한 신청이 있어야 하며, 만일 그러한 연장신청이 없는 상태에서 허가기간이 만료하였다면 그 허가의 효력은 상실된다'고 판시하였다.

(다) **부담 :** 상대방에 대해 작위 · 부작위 · 급부 또는 수인 등 특별한 의무를 부과하는 것을 말하며, 도로 · 하천 점용에 대한 점용료 부과 등이 그 예이다.

(라) **철회권의 유보 :** 특정의 경우에 행정행위를 철회할 수 있음을 유보하는 의사표시를 말한다.

(마) **법률효과의 일부배제 :** 법령이 일반적으로 그 행위에 부과하고 있는 효과의 일부를 배제하는 의사표시를 말하며, 버스노선지정 등이 그 예이다.

(3) 한 계

(가) **부관의 가능성 :** 이 문제는 어떤 경우에 부관을 붙일 수 있느냐 하는 것으로, 의사표시를 요소로 하는 법률행위적 행정행위와 법의 엄격한 기속을 받지 않은 재량행위에 대해서 부관을 붙일 수 있다.

(나) **부관의 한계성 :** 부관은 법에 적합하고, 행정행위의 목적상 필요한 한도 내에서, 비례 · 평등의 원칙에 위반하지 않아야 한다.

사례연구 158 **부관의 사후변경**

㈜대한건설은 원창무시장으로부터 '도시 및 주거환경정비법'에 따라 도시환경정비사업 인가를 받았다. 그런데 이 사업의 준공을 앞두고 원창무시장은 신축건물의 일부를 복지시설로 무상사용하기를 원하여 사업시행인가조건을 새로이 추가하고자 하는데, 이는 가능한가? 또한 공공무상임대계약을 체결한 것은 유효한가?

▶ 당초 사업시행인가조건으로 부과되지 않은 사항을 사후에 새롭게 부담시키는 것은 "부관의 사후변경"인데, 이에 대해서 대법원은 "행정처분이 발하여진 후 새로운 부담을 부가하거나 이미 부가되어 있는 부담의 범위 또는 내용 등을 변경하는 이른바 사후부담은, 법률에 명문의 규정이 있거나 그것이 미리 유보되어 있는 경우 또는 상대방의 동의가 있는 경우에 허용되는 것이 원칙이다"라고 판시하였다(대법원 2007. 12. 28. 선고 2005다72300 판결, 대법원 2009. 11. 12. 선고 2008다98006 판결).

사례연구 159 부관의 한계

김양도 씨는 관계장관으로부터 "본 허가로 인한 권리·의무는 타인에게 양도할 수 없으며, 만약 양도 시에는 그때부터 효력이 소멸한다."는 부관이 붙은 하천점용허가를 받았다. 그런데 김양도는 허가를 받은 후, 5개월 후에 사망하게 되고, 김양도의 장자인 김복동이 호주상속을 하였기 때문에 김복동은 김양도가 받은 하천점용허가를 승계하고자 하는데, 이는 가능한가?

▶ 하천점용허가로 인하여 발생한 권리·의무를 전적으로 양도 금지한 것은 하천법 및 동법 시행령을 위반한 무효인 행정행위로, 김양도의 상속인인 김복동은 그 부관에 관계없이 김양도가 받은 하천점용허가로부터 발생한 권리를 승계할 수 있다.

5. 행정행위의 성립과 효력

(1) 성립요건

행정행위가 행정행위로서 유효하게 성립하기 위해서는 그 주체, 내용, 절차, 형식 등 모든 점에서 법이 정하는 요건에 적합하여야 한다. 또한, 행정행위는 행정기관의 정신작용의 표시이기 때문에 그것이 외부적으로 표시되거나 또는 외부에서 인식할 수 있는 표상을 갖추었을 때 비로소 완전하게 성립한다.

(2) 효력발생요건

수령을 요하는 행정행위는 상대방에게 통지하여 도달되어야 하며, 상대방이 불특정다수인인 경우에 있어 고지는 공고의 방법에 의한다.

(3) 행정행위의 효력

행정행위가 그 성립요건·효력발생요건을 갖추게 되면 그 내용에 따라 일정한 효력이 발생하나 보통은 구속력, 공정력, 확정력, 강제력(자력집행력 및 제재력)을 갖는다.

사례연구 160 **행정행위의 공정력**

간질환을 가지고 있는 허약해 군은 현역병 입영대상자로 병역처분을 받고 입영하였으나 자신이 병역처분을 받은 것은 하자있는 행정행위라 생각하고 군무를 이탈하였다. 이에 허약해 군은 군무이탈죄로 기소되자 군형법의 적용대상자가 아니라고 주장하고 있는데, 이는 정당한가?

▶ 병역의무자가 소정의 절차에 따라 현역병 입영대상자로 병역처분을 받고 징집되어 입영하였다면, 설령 그 병역처분에 하자가 있다하더라도 그 흠결이 당연무효가 되지 않은 한, 그 행정처분은 권한있는 기관에 의하여 취소될 때까지는 일응 적법한 것으로 추정받아 관련청과 제3자를 구속력을 갖게 되므로 허약해 군의 주장은 정당하지 않다.

6. 행정행위의 하자

(1) 하자의 의의

행정행위의 하자란 행정행위의 유효요건이 결여된 행정행위를 말하며, 위법행위와 부당행위가 있다. 하자있는 행정행위의 효력에 대해서는 일반적·개별적 규정은 없으나, 민법과 마찬가지로 하자의 정도에 따라서 무효인 행정행위와 취소인 행정행위로 나누고 있다.

사례연구 161 **행정행위의 무효와 취소**

김서민은 최근 아파트를 신규로 분양받아 입주하는 과정에서 학교용지부담금을 납부하였다. 그런데 1년이 지난 시점에서 헌법재판소가 위 부담금에 대하여 헌법상 의무교육의 무상원칙에 반한다는 이유로 위헌결정을 내렸다. 이에 김서민은 헌재결정에 납부한 학교용지부담금을 돌려받기 위하여 다른 입주자들과 함께 부당이득반환청구소송을 제기하려고 준비 중이다. 만일 위헌결정의 소급효가 미친다고 할 경우 위헌인 법률에 근거하여 내려진 행정처분이 당연무효라고 보아 무효확인소송을 제기할 수 있는가?

▶ 위헌인 법령에 근거한 처분이 무효인가, 취소할 수 있는 행위인가를 논하는 취소소송의 제기 기간이 도과한 경우에 당해 처분에 의해 침해된 권익을 구제받을 수 있는가에 있다. 이에 대한 일응의 기준은 법적 안정성과 신뢰보호라는 공익과 개인의 권리구제라는 사익사이의 조화의 문제로 다수설인 중대명백설에 따라 판단하되, 하자의 승계가 인정될 수 있는 경우에는 후행처분의 취소를 구하면서 위헌인 법률에 근거한 선행처분의 위법을 주장할 수 있다고 본다. 하지만 이 사안에서는 위헌법률에 근거한 행정행위는 그 하자가 취소사유에 불과하므로 무효확인소송을 제기할 수 없다.

(2) 하자의 승계

두 개 이상의 행정행위가 일련의 절차로 연속하여 행하여지는 경우, 후행행위에는 하자가 없어도 선행행위의 하자가 후행행위에 승계되는 경우를 말한다.

사례연구 162 행정행위 하자의 승계

김폭군은 서울시경 소속 수사경찰공무원으로서 살인사건의 용의자를 심문하는 과정에서 고문을 한 사실이 적발되어 직위해제처분을 받았다. 그 후 3개월의 기간 동안 복직되지 못하자 김폭군은 면직처분을 받게 되었다. 이러한 면직처분을 받은 후 비로서 김폭군은 권리구제를 강구하려 하는데, 이는 가능한가?

▶ 직권면직처분은 직위해제처분에 근거한 것이므로 그 자체로서는 위법성이 존재하지 않는다. 따라서 김폭군은 직위해제처분만을 대상으로 위법성을 주장할 수 있게 된다. 그러나 직위해제처분에 대해서는 그 사이에 3개월의 기간이 경과한 점에 비추어 불가쟁력이 발생한 것으로 판단될 수 있다. 따라서 김폭군은 직위해제처분 그 자체를 대상으로 취소쟁송을 제기하지 못한다. 직위해제처분과 이에 근거한 직권면직처분은 각각 별개의 법률효과를 추구하는 행정행위라고 보아야 하므로, 선행 직위해제처분에 발생한 하자는 후행 직권면직처분에 승계되지 않는다고 보아야 한다. 따라서 김폭군은 권리구제를 강구할 방법이 없다.

(3) 하자의 치유와 전환

(가) 하자의 치유 : 취소할 수 있는 행정행위가 그 뒤의 어떤 행위 또는

사실에 의하여 하자 없는 행정행위로 됨에 따라 종전의 하자를 이유로 취소할 수 없게 되는 것을 말한다. 치유의 사유로는 요건의 사후보완, 장기간방치, 취소할 수 없는 공공복리상의 필요가 발생한 경우 등이 있다.

사례연구 163 하자의 치유

행복고등학교에 재직 중인 한불쌍 교사는 수업태도가 불량한 학생에 대해 간접체벌을 하였다는 사유로 징계위원회에서 견책처분을 받게 되자 교원소청심사위원회에 이의 취소를 구했다. 한불쌍 교사는 소청심사일 3일전에 통지를 받았지만, 심사에 참석하여 충분히 취소청구 이유를 설명하였다. 이 경우, 한불쌍 교사는 심사통지는 심사 개최 7일 전까지 당사자에게 심사기일 및 장소를 통지하여야 한다면서 행정행위의 절차상 하자를 또다시 주장할 수 있는가?

▶ 심사통지를 7일 전까지 통지하지 않은 것은 절차상의 하자로 원칙적으로 무효이지만 예외적인 경우에만 인정됩니다. 대법원에서는 '청문서 도달기간을 다소 어겼다 하더라도 영업자가 이의를 제기하지 않은 채 방어의 기회를 충분히 가졌다면 그 하자는 치유된 것으로 본다'고 판시하였다(대판 1992. 10. 23. 92누2844). 즉, 행정행위의 절차상의 하자는 행정쟁송 제기 이전까지 치유할 수 있기 때문이다. 따라서 한불쌍은 절차상의 하자를 주장할 수 없다.

(나) 하자의 전환 : 무효인 행정행위가 다른 행정행위로서의 요건을 갖춘 경우에 유효한 다른 행위로서 효력이 승인되는 것을 말한다.

사례연구 164 하자의 전환

김발명은 특허청장에게 특허출원을 한 상태에서 사망하였는데, 특허청장은 사망사실을 모르고 사자인 김발명에 대해 발명특허를 부여하였으며, 그 통지서를 받은 김발명의 자(子)인 김복동이 수령하였다면, 발명특허의 효력은 어떻게 되는가?

▶ 사자에 대한 행정행위는 무효이므로 김발명에 대한 발명특허는 무효가 된다. 다만, 특허 받을 수 있는 권리는 상속 기타의 사유로 인하여 타인에게 양도할 수 있는 재산권의 일종이므로 이 무효인 행정행위가 김복동에 대한 것으로 전환되어 그 효력을 발생할 수 있다.

(4) 무효인 행정행위

(가) 의의 : 행정행위가 외관상으로 존재하나 행정행위의 성립에 중대하고 명백한 하자로 인하여 처음부터 당연히 효력이 발생하지 않는 것을 말한다.

(나) 무효원인

① **주체에 관한 하자** : 정당한 권한을 가진 행정기관의 행위가 아닌 자의 행위, 행정기관의 권한 외의 행위, 행정기관의 의사에 결함이 있는 행위 등이 있다.

② **내용에 관한 하자** : 내용이 실현불능인 행위, 내용이 불명확한 행위 등이 있다.

③ **절차에 관한 하자** : 법률상 필요한 상대방의 신청・동의를 결한 행위, 필요한 공고 또는 통지를 결한 행위, 필요한 공청 또는 변명의 기회를 주지 아니한 행위 등이 있다.

④ **형식에 관한 하자** : 문서에 의하지 않은 행위, 행정청의 서명・날인을 결한 행위, 이유・일자 기타 필요적 기재가 없는 행위 등이 있다.

(5) 취소인 행정행위

(가) 의의 : 일응 유효하게 성립한 행정행위를 그 성립에 하자가 있음을 이유로 권한있는 기관이 그 법률상의 효력을 원칙적으로 행위 시까지 소급하여 상실시키는 별개의 독립된 행정행위를 말한다. 직권취소란 행정청이 직권으로 행하는 별도의 행정행위인 취소를 말하고, 쟁송취소는 행정행위의 위법성을 이유로 소송의 제기에 의해 법원이 행하는 취소를 말한다.

사례연구 165 **수익적 행정행위와 직권취소**

한머리 군은 군복무를 면하기 위하여 병무청의 군의관에게 금품을 제공하여 신체등위판정을 위법하게 받았다. 이 경우 한머리의 신체등위판정은 유효한가?

▶ 위 사례에서 대법원(2002. 5. 28)은 "행정처분을 한 처분청은 그 처분의 성립에 하자가 있는 경우 이를 취소할 별도의 법적 근거가 없다고 하더라도 직권으로 이를 취소할 수 있는바, 병역의무가 국가수호를 위하여 전 국민에게 과하여진 헌법상의 의무로서 그를 수행하기 위한 전제로서의 신체등위판정이나 병역처분 등은 공정성과 형평성을 유지하여야 함은 물론 그 면탈을

방지하여야 할 공익적 필요성이 매우 큰 점에 비추어 볼 때, 지방병무청장은 군의관의 신체등위판정이 금품수수에 따라 위법 또는 부당하게 이루어졌다고 인정하는 경우에는 그 위법 또는 부당한 신체등위판정을 기초로 자신이 한 병역처분을 직권으로 취소할 수 있다"고 판시하였다.

(나) 취소권자 : 하자있는 행정행위의 취소는 정당한 권한을 가지는 행정청 또는 법원만이 할 수 있다.

(다) 취소사유 : 법률에 명문의 규정이 있는 경우에는 그에 의하고, 명문의 규정이 없는 경우에는 무효원인인 하자 이외의 하자가 있을 때이다.

사례연구 166 취소인 행정행위

김주점 씨는 룸싸롱을 하는 자로서 미성년자를 출입시켰다는 이유로 해당 구청장 한착각으로부터 영업정지처분을 받았다. 그러나 사실은 한착각이 김주점을 다른 영업소와 혼동하여 잘못된 처분을 발령한 것이다. 김주점은 어떠한 권리구제방법을 강구할 수 있는가?

▶ 김주점에 대한 영업정지처분은 처분청인 한착각의 착오에 기인한 것이므로, 취소사유인 하자있는 행정행위가 된다. 따라서 김주점은 통상적인 권리구제방법으로서 취소심판과 취소소송을 제기할 수 있다. 이때 김주점은 손해배상청구도 인정되는 바, 김주점은 자신의 권리구제방법으로서 취소쟁송을 거치지 않고서도 행정상의 손해배상청구를 제기할 수 있다.

(라) 취소권의 제한 : 취소권의 제한은 그 취소의 성질상 주로 직권취소에 해당하는 것으로, 한편으로는 취소에 의해 달성하려는 공익상의 필요와 다른 한편으로는 상대방 또는 제3자의 신뢰보호·법적 안정성·기득권 존중 등의 요청을 비교형량하여 구체적으로 타당성 있게 결정해야 한다.

사례연구 167 취소권의 제한

한부자는 자신의 대지에 아파트를 신축하기 위하여 건축허가 신청을 하여 A구청장 신강남으로부터 건축허가를 받아 김입주 등 200세대에게 분양하였다. 3년이 지난 후 한부자가 동일 지역 내에 있는 자신의 나머지 대지를 이용하여 상가건물을 신축하기 위해 건축허가신청을 하였을 때에. 신강남 구청장은 이 신청을 심사하던 중 3년 전의 건축허가처분이 건축물의 높이제한 규정에 위반되어 잘못된 것임을 알게 되었다. 신강남 구청장은 자신의 3년 전의 한부자에 대한 건축허가 처분을 취소할 수 있는가?

▶ 한부자의 고의나 과실이 존재하지 않는다면 사익보호의 고려필요성이 공익보다 강한 것으로 인정될 수 있다고 판단된다. 따라서 취소권행사가 제한된다고 보아야 한다. 그러나 반대의 경우로서 한부자의 고의나 과실이 존재하는, 보호할 가치가 없는 신뢰가 존재하는 경우라고 하더라도 김매매 등 200세대의 이해관계와 이미 건물이 완성되어 있다는 사실관계에 비추어 취소가능성이 인정되기는 어렵다고 할 수 있다.

(마) 취소의 효과 : 행정행위의 취소는 법률상 성립할 수 없는 행위의 효력을 상실시키는 것을 목적으로 하는 것이므로, 그 효과는 기왕에 소급한다.

7. 행정행위의 소멸

(1) 의 의

행정행위가 일단 완전하게 성립한 후에 일정한 원인에 의하여 그 효력을 상실하는 경우를 총칭하여 행정행위의 소멸이라 한다. 행정행위의 소멸원인에는 행정행위의 철회와 실효 등 두 경우가 있다.

(2) 행정행위의 철회

(가) 의의 : 행정행위의 성립에 하자가 없는 행위에 대하여 공익상 그 효력을 존속시킬 수 없는 새로운 사유가 발생한 까닭에 장래에 향하여 그 효력을 상실시키기 위하여 행하는 독립적인 행정행위를 말하며, 폐지라고도 한다.

(나) 철회권자 : 처분청만이 할 수 있고, 감독청은 법률에 특별한 규정이 없는 한 할 수 없다.

(다) 철회원인 : 공익상 행정행위의 효력을 존속시킬 수 없는 새로운 사정이 발생하여야 한다. 예컨대, 불이익을 가하는 행정행위의 요건인 사실의 소멸, 행정행위에 유보된 철회사유의 발생, 상대방의 의무위반, 행정행위의 존속으로 인한 공익상의 중대한 장해의 발생, 법령에 규정된 철회사유의 발생 등이다.

(라) 철회의 효과 : 그 성질상 당연히 장래에 향해서만 그 효과가 발생한다.

사례연구 168 행정행위의 철회

김건축 씨는 서울시 한강남 구청장으로부터 건축허가를 받아 약 3억원의 공사비를 들여 약 70%의 공사를 진행하던 중, 위 한강남 구청장에 의하여 허가한 높이 제한을 약 30cm 높게 하였다는 이유로 건축허가취소처분을 받았는데, 이는 정당한 것인가?

▶ 철회사유가 존재하는 경우, 행정청은 원칙적으로 철회권을 행사할 수 있으나 특히 수익적 행정행위에 있어서는 침해되는 적법한 이익과 실현코자 하는 공익간의 이익형량에 의해 판단해야 한다. 건축허가취소로 철거하게 되는 김건축의 손해는 너무나 막대하므로 철회권은 제한되며, 김건축은 행정심판의 제기 등 소정의 절차를 거쳐 취소소송을 제기하여 구제받을 수 있다.

(3) 행정행위의 실효

행정청의 의사표시에 의하지 않고 일정한 사실에 의하여 당연히 그 효력을 상실하는 경우를 말하며, 그 상대방의 사망, 목적물의 멸실, 해제조건의 성취, 기한의 도래 등에 의하여 자연히 그 효력을 상실한다.

사례연구 169 행정행위의 실효

중동에서 전쟁이 일어나자 원유수급의 차질을 우려한 관계 장관은 '전쟁이 종식될 때까지 모든 차량에 대해 5부제 운행을 하되, 이를 위반할 때에는 50만원의 과태료를 부과'하도록 하는 공고를 하였다. 그런데 몇 개월 후, 전쟁이 종식되었는데도 불구하고 전국체전에 따른 교통난의 해소를 위해 자동차운행제한처분을 그대로 유지하려고 하는 동 장관의 행위는 타당한가?

▶ 전쟁의 종식으로 처분의 목적이 달성됨과 동시에 해제조건이 성취된 것으로, 결국 설문의 처분은 실효사유의 발생으로 장관의 별도의 의사표시의 유무와 관계없이 전쟁이 종료된 시점에서 당연히 실효된다. 따라서 새로운 목적을 위해 자동차운행제한처분의 효력을 그대로 유지할 수 없으며, 교통난 해소를 위한 자동차운행제한처분은 따로 이루어져야 한다.

Ⅱ. 행정입법

행정권이 법조의 형식으로서 일반·추상적인 규정을 정립하는 행위를 행정입법 또는 행정권에 의한 입법이라 하며, 이에는 법규명령과 행정규칙(행정명령) 등이 있다.

1. 법규명령

(1) 의 의

행정권이 정립하는 법규로서의 성질을 가지는 규정을 말한다. 형식상은 행정청의 의사표시이지만, 실질상은 원칙적으로 입법행위의 성질을 갖기 때문에 국가기관은 물론, 국민에 대해서도 직접 구속력을 가지는 법규범이다. 행정청이 이를 위반하면 위법행위로서 행정상 손해배상, 행정상 쟁송 등의 문제가 발생한다.

(2) 종 류

① 수권의 근거를 표준으로 하여 직권명령과 위임명령으로, ② 법률에 대한 관계를 표준으로 하여 위임명령과 독립명령으로, ③ 규정사항의 내용을 표준으로 하여 위임명령과 집행명령으로, ④ 권한의 소재를 표준으로 하여 대통령령, 총리령, 부령, 중앙선거관리위원회규칙 등으로 구분한다.

(3) 근 거

법규명령은 헌법(제75조 및 제95조)과 법률 또는 법률에 의거한 상위명령의 근거가 있어야 한다.

(4) 한 계

위임명령은 법률 또는 상위명령에 의하여 '구체적으로 범위를 정하여 위임받은 사항'만을 규정할 수 있으며, 집행명령은 상위명령을 집행하기 위하여 필요한 구체적·개별적인 규정을 할 수 있을 뿐, 새로운 법규사항을 제정할 수 없다.

사례연구 170 **위임입법의 한계(1)**

W시에 거주하는 전원주는 의료기기 판매업자로 의료기기에 대하여 사전 광고심의를 받은 내용과 다르게 광고함으로서 의료기기법에 따라 행정청으로부터 2개월의 업무정지처분을 받았다. 이에 전원주는 의료기기법이 업무

정지기간을 보건복지부장관에게 포괄적으로 위임하였다는 점을 근거로 위법을 주장하고 있는데, 이는 정당한가?

|▶ 법치행정의 원리에 의하면 국민의 권리·의무에 관한 사항은 법률로써 규정하여야 하는 바, 일반적·포괄적 위임은 법치주의의 실질을 부정하는 것으로서 허용되지 않으며, 위임은 반드시 '구체적으로 범위를 정하여(헌법 제75조)' 하여야만 한다. 위 사례에서 의료기기 판매업자인 전원주에 대한 업무정지처분의 사유뿐만 아니라 업무정지기간도 헌법상 직업선택의 자유(영업할 자유)와 관련한 중요한 사항이다. 의료기기법은 업무정지기간의 범위, 최소한 상한 규정을 두어야 함에도 그러하지 않은 것은 포괄적 위임에 해당하는 것으로 전원주의 주장은 정당하다(헌재 2011. 9. 29. 2010헌가93).

사례연구 171 위임입법의 한계(2)

(구)약사법 제19조 제4항에 "약국을 관리하는 약사 또는 한의사는 보건복지부령으로 정하는 약국관리에 필요한 사항을 준수하여야 한다"는 규정이 있는데, 김약사는 '약국관리'와 관련하여 무엇을 준수해야 하는지에 대한 구체적 범위를 예측할 수 없어 불편하다. 법적 안정성을 침해할 수 있는 위와 같은 위임은 헌법을 위반하는 것이라고 생각하는데, 김약사의 주장은 정당한가?

|▶ 헌법재판소에서는 위의 조항에 대해서 "'약국관리에 필요한 사항'이라는 처벌 법규의 구성요건 부분에 관한 기본사항에 관하여 보다 구체적인 기준이나 범위를 정함이 없이 그 내용을 모두 하위 법령인 보건복지부령에 포괄적으로 위임함으로써, 약사로 하여금 광범위한 개념인 '약국관리'와 관련하여 준수하여야 할 내용이나 범위를 구체적으로 예측할 수 없게 하고, 나아가 헌법이 예방하고자 하는 행정부의 자의적인 행정입법을 초래할 여지가 있으므로 헌법상 포괄위임입법 금지원칙 및 죄형법정주의의 명확성 원칙에 위배된다"고 판시한 바 있다(헌결 2000. 7. 20., 99 헌가 15).

2. 행정규칙

(1) 의 의

행정청이 정립하는 일반·추상적인 규정으로서 법규로서의 성질을 가지지 않는 것을 말한다. 국가와 국민간의 권리·의무에 관계없는 사항에 관한 규정(행정사무분배에 관한 규정), 공공시설의 이용자 기타 특별권력관계에 복종하는 자만을 구속하는 규정(훈령, 특허명령, 영조물관리규칙) 등이 그 예이다.

(2) 종 류

(가) 내용에 의한 분류 : 조직규칙(사무분담규정 · 사무처리규정), 근무규칙, 영조물규칙(학칙 · 도서관규칙 · 영조물이용규칙) 등이 있다.

(나) 형식에 의한 분류 : 훈령, 지시, 일일명령, 예규 등이 있다.

(3) 근거와 한계

특별한 법규의 수권을 요하지 아니하며, 법규와 상위행정규칙에 저촉되지 않고, 특정행정목적의 필요한 범위 내에서 그 당연한 권능으로서 제정할 수 있다. 다만, 특정의 고시 · 훈령 등 법규의 보충명령의 성질이 있는 경우에는 그 법규의 구체적인 위임이 필요하다.

사례연구 172 행정규칙의 위반에 대한 권리구제방법

45세인 김신고 씨는 자신의 아파트를 3억 3천만원에 매매하고 기준시가에 의한 양도차익 예정신고를 하여 이에 근거한 양도소득세를 납부하였다. 그러나 세무서장 김공평은 이를 인정하지 않고, 아파트의 실제거래가격을 조사하여 이에 따라 양도소득세를 부과하는데, 이러한 김공평의 행위는 재산제세조사 사무처리규정에 위반한 것이다. 이때에 김신고는 어떠한 권리구제방법을 생각할 수 있는가?

▶ 김신고가 주장할 수 있는 행정심판방법은 조세행정쟁송의 특수한 체계로 인하여 '국세기본법'이 별도로 규율하고 있음에 유의하여 당해 처분에 대해서는 행정심판전치주의가 적용되며, 구체적으로는 국세청장에 대한 심사청구 또는 조세심판원장에 대한 심판청구 절차를 거쳐야 한다. 또한 행정심판을 통하여 권리구제가 행해지지 않는 경우에는 취소소송을 제기하여야 한다.

3. 행정입법에 대한 통제

현대국가에 있어서 행정입법의 중요성이 증대됨에 따라 그 남용을 방지하기 위한 통제가 중요한 문제로 제기되었다. 행정입법에 대한 통제로는 의회에 의한 통제(탄핵소추권, 국무총리 · 국무위원의 해임건의권, 국정조사권 등), 법원에 의한 통제(명령 · 규칙심사권), 행정적 통제(행정조직내부에 있어서 감독권이나 행정절차를 통한 통제) 등으로 구분할 수 있다.

Ⅲ. 행정절차

1. 행정절차의 의의

행정청이 행정처분 기타의 공권력을 행사함에 있어서 의거해야 할 사전의 절차로서의 행정절차, 즉 행정처분 기타 행정청의 공식결정에 선행하는 사전절차로서의 1차적 행정절차를 의미한다. 행정절차의 필요성은 행정의 민주화, 행정의 적정화, 행정작용에 대한 사전적 권리구제, 행정의 능률화 등이 있다.

2. 행정절차의 연혁

행정절차는 원래 영·미에서 자연적 정의의 원칙과 적법절차에 기초를 두고 행정행위의 적정화의 고려에서 발달하였으나, 대륙법계 국가에서는 주로 행정행위의 능률화의 요청에 기인한다.

3. 행정절차의 내용

(1) 사전통지

일정한 행정작용을 하기에 앞서 이해관계인에게 행정작용의 내용 및 청문이나 의견 또는 자료제출의 일시·장소 등을 알려주는 것을 말한다.

(2) 청 문

규칙제정이나 행정처분을 함에 있어서 이해관계인으로 하여금 자기를 위하여 의견을 진술하며 증거를 제출하고, 그에 대한 반대심문이나 반증 등을 인정하는 일련의 심리절차를 말한다.

(3) 결정이유의 명시

행위를 하게 된 이유를 명시함으로써 행정청의 자의적 결정을 배제하고 이해관계인으로 하여금 행정구제절차에 대처할 수 있도록 하려는 것이다.

사례연구 173 청문절차의 흠결과 행정행위의 효력

청와대 행정관으로 재직 중인 반도덕 씨는 건설업자에게 골프접대 등 향응을 제공받았다는 사유로 정직 1월 처분을 받게 되자 이의 취소를 구하는 소청심사를 청구하였다. 만약에 심사기일 통보를 심사일 3일 전에 통보받았다면 어떻게 되는가?

▶ 심사기일 통지는 심사일 7일 전에 도달하도록 하고 있으므로 행정행위의 절차상의 하자에 해당한다. 다만, 대법원에서는 '청문서 도달기간을 다소 어겼다 하더라도 영업자가 이의를 제기하지 않은 채 방어의 기회를 충분히 가졌다면 그 하자는 치유되는 것'으로 보고 있으나(대판 1992. 10. 23. 92누2844), 위 사례에서는 반도덕이 3일 만에 자신의 변명기회와 유리한 자료를 확보하기에는 시간적으로 부족하므로 적법한 청문절차로 볼 수 없다.

Ⅳ. 비권력적 행정작용

1. 공법상의 계약과 합동행위

(1) 공법상 계약의 의의

공법상 계약이라 함은 공법적 효과의 발생을 목적으로 하는 복수당사자 사이의 반대방향의 의사표시의 합치로 성립하는 공법행위를 말한다.

(2) 공법상 계약의 가능성과 자유성

공법상 계약이 성립할 수 있느냐 하는 가능성의 문제는 가능성을 인정하는 것이 오늘날 통설 및 판례의 입장이다. 다만, 자유성의 문제는 현대국가의 복리적 기능을 고려할 때, 강행법규에 저촉되지 않은 범위 내에서, 특별규정이 없는 한 비권력행정의 분야에서 인정된다 할 것이다.

(3) 공법상 계약의 종류

(가) 행정주체 상호간의 계약 : 공공단체 상호간에 도로비용분담비율의 협의, 도로관리의 협의 등이 있다.

(나) 행정주체와 사인간의 계약 : 공법상의 보조계약, 전문직공무원의 채용계약, 토지수용에 있어서의 협의, 공법상의 보상계약 등이 있다.

(다) 사인 상호간의 계약 : 토지수용에 있어서의 협의 등이 있다.

사례연구 174 공법상의 계약

김발레는 2017년부터 2018년까지 K시립무용단원으로서 년 임기의 연봉 5,000만원으로 근무하다가 위촉기간이 만료되자 K시예술회관장은 김발레의 재위촉 신청에 대하여 재정상의 이유로 재위촉을 거부하였다. 이에 K시 예술회관장의 재위촉 거부에 대하여 김발레의 대응할 수 있는 법적수단은 무엇인가?

▶ 사례의 공법상 무용단원채용계약은 분쟁이 발생한 경우 행정행위를 대상으로 하는 항고소송이 아닌 당사자소송으로 하여야 한다. 따라서 김발레는 재위촉거부에 대한 취소소송이 아닌 무용단원의 지위확인을 구하는 공법상 당사자소송을 제기할 수 있다. 대법원에서는 시립합창단원의 위촉, 시립무용단원의 위촉, 전문직 공무원인 공중보건의사의 채용계약해지 등을 공법상 계약으로 보았다.

(4) 공법상 합동행위

공법상 합동행위란 공법적 효과의 발생을 목적으로 하는 복수당사자의 동일방향 의사표시의 합치에 의하여 성립하는 공법행위를 말한다. 예컨대, 공공조합·공공조합연합회의 설립행위 등이다.

2. 행정지도

(1) 의 의

행정지도란 행정주체가 일정한 행정질서를 형성하기 위하여 일정한 방향으로 행정객체를 유도할 의도 하에서 행하는 비권력적 사실행위이다.

(2) 필요성

탄력적 행정기능의 수행, 전문적·기술적 지식 등의 제공, 비권력적 수단에 의한 원활한 행정운영, 분쟁의 사전회피 등을 들 수 있다. 그러나 법률의 근거가 없이 행하여진다는 점에서 그 남용을 방지해야 한다.

(3) 종 류

자치단체·행정기관에 대한 행정지도로는 국가의 지방자치단체에 대한 산업교육의 진흥장려 등이 있으며, 사인에 대한 행정지도로는 목적에 따라 기업합리화지도, 시정지도 등이 있으며, 기능에 따라서 전문·기술적 지도, 규제·조정적 지도, 단순한 희망적 지도 등이 있다.

(4) 행정지도의 한계

법규에 위반할 수 없고, 특히 조직법상의 목적·임무·소관사무·권한의 범위를 넘을 수 없으며, 비례원칙·평등원칙·신뢰보호원칙 등이 존중되어야 한다.

(5) 행정지도와 행정구제

행정지도는 아무런 법적 효과도 발생하지 않는 비권력적 사실행위이므로 행정소송의 대상이 되지 않는다(통설·판례). 행정지도가 상대방의 자유로운 판단에 따라 임의적인 동의 내지 협력을 전제로 하기 때문에 손해보상을 청구하기 어렵지만, 행정지도에 대한 국민의 신뢰보호라는 관점에서 국가가 적정한 보상을 하는 것이 바람직하다.

사례연구 175 행정지도와 대집행

김천수 씨는 하천관리청인 S시장 최우직으로부터 하천유수인용허가를 받아 유수를 사용하는 자인데, 허가기간의 만료일이 가까워지자 전과 동일한 조건으로 유수허가를 최우직에게 신청하였다. 그런데 주민들의 유수사용에 대한 동의를 구할 것을 권고하였고 김천수는 최우직의 권고를 따르지 않아 최우직은 하천유수인용허가기간의 연장을 불허하였다. 이와 같이 최우직은 김천수가 권고에 따르지 않았음을 이유로 하천유수인용허가 기간연장 신청을 불허할 수 있는가?

|▶ S시장 최우직이 주민들의 동의를 구해올 것을 권고한 바, 이는 행정지도이고 이에 따르지 않았다는 이유로 하천유수인용허가 기간연장을 불허한 것은 행정절차법 제48조 제2항의 불이익조치 금지원칙에 반하므로 정당화될 수 없다. 행정지도의 경우 강제성은 없고 상대방의 임의적인 협력을 요함을 특징으로 하므로 이에 따르지 않았다는 이유로 하천유수인용허가 기간연장을 불허한 것은 위법하다.

3. 행정계획

(1) 개 념

행정계획이란 행정청이 일정한 행정목적을 위해 목표를 설정하고, 상호 관련성있는 행정수단의 조정과 종합화를 통하여 그 목표를 정한 장래의 시점에 있어서의 일정한 질서를 실현하기 위한 구상 또는 활동기준의 설정을 말한다.

(2) 기 능

목표설정기능, 행정수단의 종합화 기능, 행정·국민간의 매개적 기능 등이 있다. 그러나 계획내용의 전문성과 세부적 확정곤란성 때문에 그 구체적인 내용을 법률에 규정할 수 없는 약점이 있다. 따라서 최소한 행정계획정책상의 절차적 보장이 중요하다.

(3) 법적 근거와 절차

법률의 근거를 필요로 한다. 다만, 단순히 행정의 지침적 구실만 하는 계획은 법률의 근거를 필요로 하지 않는다. 그리고 일반적 규정은 없으나, 의견조정, 이해관계인의 참여, 공고 등의 절차가 보통이다.

(4) 행정계획과 행정구제

대외적으로 법적 구속력이 없는 행정계획에서는 설사 그로 인하여 손해가 발생하였더라도 행정쟁송 또는 손해보상을 청구할 수 없다고 본다. 그러나 처분적 성격의 행정계획에 의하여 특정인의 권리·이익을 구체적·직접적으로 침해하는 경우에는 가능하다고 보아야 할 것이다.

사례연구 176 **행정계획과 손실보상**

S시 및 관련 여러 단체로 발족한 S추모공원건립추진협의회는 S시내 일명 개나리골을 추모공원으로 S시에 추천하였고 사업 시행을 맡은 X주식회사는 일정기간을 사용한 후 S시에 기부체납하기로 하였다. 이에 따라 S시는 S시 도시계획심의위원회의 심의를 거쳐 추모공원 사업을 고시하였다. 이에 추모공원 내의 토지소유자와 인근지역주민들은 추모공원사업이 사익을 전혀 고려하지 않고 진행되었다고 주장하고 있는데, 이는 정당한가?

▶ 행정계획에 있어서도, 그에서 설정되는 목표는 그 근거법에 합치되어야 하고, 채택되는 수단은 비례의 원칙에 따라 목표 달성에 적합한 것이어야 하며, 관련법이 존재할 경우, 그 절차를 준수하여야 하는 외에 관계 여러 이익을 고려하여 형량하여야 한다(형량명령의 원칙). 형량이 전혀 없었던 경우, 형량에 있어 반드시 고려되어야 할 특정이익이 전혀 고려되지 아니한 경우, 형량에 있어 특정 사실·이익 등에 대한 평가를 현저히 그르친 경우, 공익·사익의 비교형량에 있어서 비례원칙을 위배한 경우 등은 형량 상의 하자가 있어 위법한 것으로 된다. 따라서 토지소유자와 인근지역주민들의 주장은 정당하다(대판 2007. 4. 12. 2005두1893).

사례연구 177 행정계획과 손실보상

김억울 씨는 D시에 3필지의 땅을 소유하고 있었는데, D시 토지수용위원회는 3개 필지 중 1개 필지를 수용재결하였다. 그런데 정사각형이었던 3개 필지가 이로 인해 삼각형으로 됨에 따라 땅의 효율적 이용이 어려워졌고, 그에 따라 땅값이 떨어지게 되어 그 손해에 대해 손실보상을 청구하는데, 이는 정당한가?

▶ 이와 관련하여 2018년 11월, 대구지법 행정1부 한○○부장판사는 "도로 개설로 일부가 수용돼 원고의 토지가 면적이 좁아지고 형상도 삼각형이 돼 이용 상황이 불리해진 것이 인정되는 만큼 피고는 원고에게 나머지 토지의 가격 감소에 따른 손실을 보상할 의무가 있다"고 판결했다. 그리고 "잔여지가 토지수용 목적사업에 따라 새로 설치되는 도로에 접하게 되는 이익을 누리게 됐더라도 그 이익을 수용 자체 법률 효과에 의한 가격 감소의 손실과 바꿀 수 없다"며 "달성군은 손실보상금 등 1억5천여만원을 A씨에게 지급하라"고 덧붙였다

V. 행정의 실효성 확보수단

1. 행정상 강제집행

(1) 의 의

행정법상 의무의 불이행에 대하여 행정권의 주체가 장래에 향하여 실력으로서 그 의무를 이행시키거나 또는 그 이행이 있는 것과 같은 상태를 실현하는 작용을 말한다.

(2) 근 거

행정상 강제집행도 권력작용인 이상 법치행정의 원리에 의해 법률의 근거가 필요하다. 이에 관하여 일반법으로는 행정대집행법과 국세징수법이 있으며, 특별법으로는 토지수용법, 출입국관리법, 해군기지법, 산림법, 방어해면법 등이 있다.

(3) 수 단

(가) 대집행 : 타인이 대신할 수 있는 작위의무의 불이행에 대하여 당해 행정청이 스스로 의무자가 하여야 할 행위를 하거나 또는 제3자로 하여금 그것을 행하게 하고 그 비용을 의무자로부터 징수하는 것을 말한다. 대집행의

절차는 계고, 대집행영장에 의한 통지, 대집행의 실행, 비용징수 등에 의하며, 대집행에 불복이 있으면 행정심판 또는 행정소송을 제기할 수 있다.

사례연구 178 **대집행의 요건**

공무원 강직해 씨는 관할지역 하천 내에 이목축 씨가 하천법 제33조를 위반하여 가축을 방목하여 사육하고 있는 것을 적발하고 행정대집행을 하려하는데 이는 가능한지, 그리고 가축을 공매하는 것도 행정대집행의 범위 내의 행위인가?

▶ 행정대집행법상 행정대집행의 요건은 첫째 공법상 의무의 불이행이 있을 것, 둘째 불이행된 의무는 대체적 작위의무를 인 것, 셋째 그 불이행을 방치함이 심히 공익을 해한다고 인정될 것, 넷째 다른 방법이 없을 것 등이다(제2조). 위 사례에서 하천 내에서 가축 방목행위가 하천법 제33조 제1항 제1호 위반에 해당한다 하더라도 하천법에 의해 하천 내 가축을 방목하지 않아야 할 부작위의무 위반만으로는 행정대집행의 요건을 충족하지 못하므로 즉시 대집행을 할 수 없고, 원상회복이나 가축 이동 등을 명하여 부작위의무를 작위의무로 전환해야만 대집행을 할 수 있다(대법원 1996. 6. 28. 96누4374 판결).

(나) 직접강제 : 행정상 의무불이행에 대하여 직접 의무자의 신체 또는 재산에 실력을 가하여 의무가 이행된 것과 같은 상태를 실현하는 것을 말하며, 외국인의 출국정지, 퇴거의 강제, 금지사항을 위반한 영업장소의 폐쇄 등이 그 예이다. 현행법상 일반적 규정은 없으며, 방어해면법(제7조), 군사기지 및 군사시설보호법(제11조) 등의 개별법에서 예외적으로 인정하고 있다.

(다) 집행벌 : 부작위의무 또는 타인이 대신할 수 없는 작위의무의 불이행에 대하여 그 의무를 강제하기 위하여 과하는 금전벌을 말한다.

(라) 행정상의 강제징수 : 국민이 국가 또는 지방자치단체에 대하여 부담하는 공법상의 금전지급의무를 이행하지 아니하는 경우에, 행정청이 강제수단에 의하여 그 의무가 이행된 것과 같은 결과를 실현하기 위하여 하는 작용을 말한다. 공법상 금전의무의 불이행에 대하여 많은 법률에서 국세체납 또는 지방세체납의 예에 따라 강제징수하도록 규정하고 있고, 국세징수법 및 지방세기본법은 행정상 강제징수에 관한 일반법적 역할을 하고 있다. 국세징수법상의 절차로는 독촉, 체납처분(재산 압류, 매각, 청산), 결손처분 등이 있으

며, 과세처분, 독촉·압류·공매 등은 행정쟁송의 대상이 되므로 행정심판, 행정소송 등으로 불복할 수 있다.

2. 행정상의 즉시강제

(1) 의 의

행정상 즉시강제란 목전에 급박한 행정상 장해를 제거할 필요가 있는 경우에 미리 의무를 명할 시간적 여유가 없을 때 또는 그 성질상 의무를 명해 가지고는 목적달성이 곤란할 때에 직접 국민의 신체 또는 재산에 실력을 가하여 행정상 필요한 상태를 실현하는 작용을 말한다.

(2) 근 거

법치행정의 원리상, 엄격한 법률의 근거를 요하며, 경찰관의 직무집행상의 구체적 수단을 정한 경찰관직무집행법 이외에 각 행정법규 중에 각각 필요한 구체적인 규정을 두고 있다.

(3) 한 계

법규의 범위 내에서도 일정한 조리상의 한계가 있는 바, 급박성의 원리, 보충성의 원리, 비례성의 원리, 소극성의 원리 등이 있으며, 이 한계를 넘는 강제권발동은 위법행위가 된다.

(4) 수 단

(가) 대인적 강제 : 사람의 신체에 실력을 가하여 행정상 필요한 상태를 실현하는 것으로 강제격리, 강제건강진단, 강제수용, 원조강제 등이 그 예이다.

(나) 대물적 강제 : 타인의 물건에 대한 소유권 기타의 권리를 실력으로 침해함으로써 행정상 필요한 상태를 실현하는 행정작용으로 물건의 폐기, 물품대장의 검사·압수, 유해물의 제거·파괴 등이 그 예이다.

(다) 대가택 강제 : 현 관리자의 의사에 불구하고 타인의 가택에 출입·수색하는 행정작용이며, 가택출입, 임검, 검사, 수색 등이 그 예이다.

(5) 행정상 즉시강제에 대한 구제

(가) 적법한 즉시강제에 대한 구제 : 행정상 즉시강제가 적법하더라도 그로 인하여 귀책사유없이 수인의 범위를 넘은 특별희생에 대하여 각 단행법의

규정에 의해 행정상 손실보상청구가 인정된다.

(나) 위법한 즉시강제에 대한 구제 : 행정상 소송의 제기, 정당방위, 행정상 손실보상의 청구, 기타 직원에 의한 취소 · 정지, 공무원의 형사책임 · 징계책임 등이 있다.

사례연구 179 경찰상의 즉시강제

김성실 씨는 주유소에서 차량과 마이크를 이용하여 채소 및 과일 등의 판매를 하는 자이다. 어느 날 김성실은 인근주민들로부터 교통방해는 물론 소음공해가 심하다는 신고를 받고 긴급 출동한 경찰관 한강제 씨로부터 강제로 동 차량이 견인되어 그 지점으로부터 1km 가량 떨어진 고수부지에 옮겨놓아지게 되었는데, 이와 같은 경찰관 한강제의 행위는 정당한가?

▶ 경찰관 한강제가 김성실로 하여금 판매차량을 이동시키고 마이크의 소음을 줄이라고 하명함으로써 경찰목적을 달성할 수 없을 만큼 시간적 여유가 없거나 그 의무를 명해서는 그 목적을 달성하기가 곤란했느냐가 쟁점이다. 경찰은 공공의 안녕과 질서유지를 그 주요 임무로 하고 있으나, 설문과 같은 경찰관 한강제의 조치는 목적에 급박한 상황이 있어 이를 제거하여야 할 시간적 여유가 없다거나 기타 즉시강제조치를 하여야 할 만한 상황은 아니므로 부당하다고 본다. 이와 같이 직접강제는 강제집행 중에서 기본권 침해가능성이 대단히 높은 가장 강력한 제재수단이므로 과잉금지원칙(비례원칙) 및 보충성의 원칙이 특별히 준수되어야 한다.

3. 행정벌

(1) 의 의

행정상의 의무위반에 대하여 일반통치권에 의하여 제재로서 과하는 벌을 말하며, 행정법규의 실효성 확보와 간접적으로 심리적 압박에 의한 행정법상 의무이행을 확보하기 위한 것이다.

(2) 근 거

행정벌도 형벌 기타 처벌이므로 죄형법정주의가 적용된다. 다만, 법률에 의하여 구체적 · 개별적으로 벌칙제정권을 위임받은 경우에 한하여 명령으로서 벌칙을 제정할 수 있다.

(3) 종 류

행정벌은 처벌의 내용에 따라 세 가지로 나눌 수 있다. 즉, 행정형벌은 형법상 형명(형명)이 있는 벌(사형, 징역, 금고, 자격상실, 자격정지, 벌금, 구류, 과료, 몰수 등)을 과하는 행정벌로 특별한 규정이 없는 한 형법총칙이 적용되고, 행정소송법 절차에 의하며, 예외적으로 통고처분, 즉결심판 등이 인정된다. 행정질서벌은 행정법상의 의무위반에 대한 과태료라는 금전벌을 과하는 행정벌을 말한다. 조례에 의한 과태료는 지방자치단체의 장이 부과·집행한다.

(4) 행정형벌의 특수성

(가) 형법총칙의 적용 : 행정벌의 총칙규정이 없으므로 특별규정이 없는 한 원칙적으로 형법총칙이 적용되며, 행정범의 특수성을 고려하여 그 적용상 일정한 조리상의 한계가 있다.

(나) 행정형벌의 특수성

① **범의** : 행정범의 성립에 범의가 필요하고, 위법성의 인식이 필요하다(고의). 과실에 의한 행정법상의 의무위반을 처벌할 명문규정이 있거나, 해석상 과실에 의한 의무위반을 처벌할 뜻이 명백한 경우는 예외가 된다.

② **책임능력** : 법상의 책임무능력자의 처벌규정의 적용이 배제·제한되는 경우가 있다.

③ **법인의 책임** : 법인의 범죄능력을 인정하여 행위자에 대한 처벌 이외에 법인에 대해서도 재산형을 과하는 양벌주의를 규정한 예가 많다.

④ **공범** : 행정상 의무의 다양성으로 공범성립을 부인하는 경우가 있으며, 이는 책임자가 법령상 의무자에게 한하기 때문으로 형법의 공범규정의 적용을 할 수 없을 때가 많다.

⑤ **타인의 비행에 대한 책임** : 행정범의 책임자는 반드시 현실의 행위자가 아니고 법령상 책임자로 규정된 자를 말하며, 그 책임은 주의감독의무를 태만히 한 과실책임이다.

⑥ **누범·경합범·양형** : 형법총칙 적용을 배제하는 특별규정을 두는 각 단행법이 많다.

(다) 행정형벌의 과벌절차 : 일반절차로는 형사소송법이 정하는 바에 따라 법원의 선고에 의한다. 특별절차로는 간이한 특별처리절차로서 통고처분과 즉결심판이라는 예외적인 과벌절차가 인정되고 있다.

사례연구 180 통고처분

물류회사를 운영하는 강기름 씨는 경유와 등유를 혼합해 가짜 석유 50만ℓ를 제조하고 거래업체에게 실제 공급한 유류대금보다 3억원 가량을 부풀린 허위세금계산서 38장을 발급받았다. 이에 세무서장은 A씨를 검찰에 고발하였는데, 사흘 뒤 강기름 씨에게 벌금액에 상당하는 1,500만원을 납부하라는 통고처분을 내렸고 A씨는 곧바로 이를 모두 납부했지만 기소됐습니다. 이는 일사부재리의 원칙을 위반한 것인가?

▶ 대법원은 '세무서장이 통고처분을 거치지 않고 즉시 고발했다면 조세범칙사건에 대한 조사 및 처분 절차는 종료되고 형사 절차로 이행돼 세무서장이 동일한 조세범칙행위에 대해 더 이상 통고처분을 할 수 없다'면서 '세무사장이 조세범칙행위에 대해 고발한 후에 동일한 조세범칙행위에 대해 통고처분을 했다 하더라도 이는 법적 권한 소멸 후에 이루어진 것으로 그 효력이 없고 조세범칙 행위자가 이러한 통고처분을 이행했더라도 일사부재리의 원칙이 적용될 수 없다'고 판시하였다.

(5) 행정질서벌의 특수성

행정질서벌은 일반적으로 형벌이 아니므로 형법총칙이 적용되지 않는다. 또, 행정질서벌은 비송사건절차법상의 재판절차에 따라 과해지는 것이 원칙이다.

4. 행정조사

(1) 의 의

행정조사란 행정기관이 행정작용에 필요한 자료나 정보를 얻기 위하여 하는 권력적 조사작용을 말한다.

(2) 근거와 한계

행정조사는 비록 행정목적의 수행을 위하여 불가피한 것이라 하더라도 그 결과 국민의 신체 또는 재산에 대하여 중대한 침해가 되는 것이므로 구체적인 법률의 근거가 필요하다. 우리 나라에는 행정조사에 대한 일반법은 없으나, 경찰관직무집행법 제3조의 불심검문, 식품위생법 제13조의 음식물조사, 소득세법 제201조의 세무조사 등 개별법의 규정이 있다.

행정조사는 법률에 근거가 있는 경우에도 법적합성, 합목적성, 비례성, 보충성의 원칙이 적용되며, 원칙적으로 영장주의가 적용된다.

(3) 행정조사에 대한 구제

적법한 행정조사에 있어서 특별한 희생에 대한 손실보상청구가 인정되며, 위법한 행정조사에 대하여는 행정쟁송, 행정상 손해배상, 정당방위 등이 인정된다.

사례연구 181 **행정조사와 영장주의**

한위생 씨는 냉면집을 경영하고 있는데, 손님 중 일부에게서 식중독 증세가 발생하였다. 이에 따라 S시 공무원 김단속 씨는 소정의 증표를 제시하고 한위생의 음식점에 들어가 필요한 검사를 하려고 한다. 김단속은 단순히 증표만을 제시하고 음식점에 들어가 필요한 검사를 할 수 있는지의 여부와 한위생의 거부에도 불구하고 김단속은 실력으로 음식점에 들어가 필요한 검사를 할 수 있는가?

▶ 음식점에 대한 행정조사는 식품위생법 제17조를 그 법적 근거로 하고 있다. 공무원 김단속은 증표제시 이외에도 원칙적으로 영장을 제시하여야 하지만 식중독 확산을 방지한다는 긴급한 필요성이 인정된다고 볼 수 있으므로 영장주의에 반하지 않으며, 한위생이 임의적 협력을 하지 않고 이를 거부하면 김단속은 행정조사를 할 수 없고, 징역, 벌금, 과태료(같은 법 제93조 내지 제101조) 등 별도의 벌칙규정에 따라 간접강제를 할 수밖에 없다.

5. 새로운 의무이행확보수단

(1) 과징금

과징금이란 행정청이 일정한 행정법상의 의무위반에 대한 제재로서 부과하는 금전적 부담을 말하며, 여객자동차운수사업법상의 의무위반에 대한 사업정지처분에 갈음한 과징금(동법 제88조), 환경보전법상의 오염물질 등의 배출에 대한 과징금(동법 제75조 내지 제82조) 등이 그 예이다.

(2) 가산금

가산금이란 일정한 행정법상의 급부의무를 진 자가 그 의무를 위반한 경우에 과하는 일정한 금전부담을 말하며, 조세의 체납자에게 과하는 가산금, 납부불성실가산세와 신고불성실가산세 등이 있다.

(3) 공급거부

행정법상의 의무위반자에 대하여 일정한 행정상의 역무나 재화의 공급을 거부하는 행정조치를 말하며, 건축법위반의 건축물에 대한 수도 · 전기 · 전화의 공급거부가 그 예이다.

사례연구 182 공급거부

김수로 씨는 그의 가옥담장에 대한 수리를 하지 않았다는 이유로 서울특별시로부터 수도의 단수조치를 당하였다. 서울특별시의 이와 같은 단수조치는 적법한가, 그리고 위법하다면 그 구제방법은?

▶ 김수로의 담장은 처음부터 건축법을 위반한 것이 아니므로 건축법상 시정명령에 대한 불이행의 경우에는 공급을 거부할 수 있다는 규정을 적용할 수 없으며, 붕괴위험이 있을 때에는 대집행의 방법으로서 의무를 이행토록 하는 것이 정도이고, 과잉금지의 원칙으로 보더라도 문제가 있는 조치이다. 따라서 김수로는 의무이행심판을 제기하고, 단수로 인한 손해의 발생에 대해 배상을 청구할 수 있다.

(4) 공 표

일정한 행정법상의 의무위반이 있는 경우에 그 위반상황을 불특정다수인에게 알 수 있도록 공시하는 행위를 말하며, 환경오염물질의 배출업소를 공시하는 것 등이 그 예이다.

사례연구 183 공 표

X제조업체를 경영하는 이탈세 씨는 세금을 포탈하였다는 이유로 국세청장에 의해 그 명단이 각 신문과 방송을 통해 공개되어 명예와 신용의 침해를 입게 되었는데, 이와 같은 국세청장의 명단공개는 적법한가?

▶ 행정의무 위반사실 등의 공표는 그 초기에는 구체적 법적 근거가 없이 행해지는 경우가 적지 않았다. 현재 우리나라에서는 명단 등의 공표를 규정하고 있는 일반법은 없고, 국세기본법 제85조의 5, 아동청소년성보호에 관한 법률 제49조, 공직자윤리법 제10조 및 제10조의2, 식품위생법 제73조 등 개별법에서 규정하고 있다.

(5) 관허사업의 제한

일정한 행정법상의 의무위반이 있는 경우에 기왕에 그 의무위반자에게 주어진 인가·허가 등 수익적 행정행위를 철회하거나 정지함으로써 불이익을 주어 행정법상의 의무이행을 간접적으로 강제하는 수단을 말한다.

제3절 행정구제법

Ⅰ. 행정상의 손해전보

1. 행정상 손해배상

(1) 의 의

행정상 손해배상이란 공무원의 위법한 직무집행행위 또는 국가나 공공단체의 영조물의 설치·관리의 하자로 인하여 개인에게 재산상의 손해를 가한 경우에 국가나 공공단체가 그 손해를 배상하는 것을 말한다.

원래는 국가무과실의 원칙하에 국가배상을 인정하지 않고 공무원 자신의 개인적인 민사책임만을 인정하였으나, 오늘날은 영국, 미국, 프랑스, 독일 등에서 입법 또는 판례상 인정하고 있으며, 우리나라 헌법 제29조 제1항에서도 이를 규정하고 있다.

(2) 공무원의 위법한 직무행위로 인한 손해의 배상

(가) 배상책임의 요건 : 국가나 지방자치단체는 공무원 또는 공무를 위탁받은 사인(이하 '공무원'이라 한다)이 직무를 집행하면서 고의 또는 과실로 법령에 위반하여 타인에게 손해를 입히거나, 「자동차손해배상보험법」에 따라 손해배상의 책임이 있을 때에는 국가배상법에 따라 그 손해를 배상하여야 한다(국가배상법 제2조 제1항 본문).

① **공무원의 직무행위** : '공무원'이라 함은 국가공무원, 지방공무원뿐만 아니라 널리 공무를 위탁받아 실질적으로 이에 종사하는 자를 포함하고, '직무행위'란 주로 공권력 행사를 의미하며, '직무를 집행함에 당하여'는 직무

행위 자체는 물론 외형상 그것과 관련이 있는 행위를 포함한다(통설 및 판례).

② **위법행위** : 고의 또는 과실로 법령에 위반되는 행위가 있어야 한다.

③ **손해의 발생** : 손해와 직무상 위법행위와의 사이에는 인과관계가 있어야 한다.

(나) 배상의 범위 : 배상액은 가해자와 상당인과관계가 있는 모든 손해이다. 생명·신체의 침해와 물건의 멸실·훼손으로 인한 침해에 대해서는 일정한 배상책임액이 정해져 있으나, 군인, 군무원, 경찰공무원 또는 예비군대원이 전투·훈련 등 직무집행과 관련하여 전사·순직하거나 공상을 입은 경우에 본인이나 그 유족이 다른 법령에 의한 보상을 받을 뿐, 국가배상법 및 민법에 의한 손해배상을 청구할 수 없다.

(다) 배상청구권의 양도·압류금지 : 생명·신체의 침해에 대한 국가배상청구권은 이를 양도하거나 압류하지 못한다.

(라) 배상책임 : 배상책임자는 국가 또는 지방자치단체이며, 공무원에게 고의 또는 중대한 과실이 있을 때에 한하여 당해 공무원에 대하여 구상권을 가진다.

사례연구 184 **공무원의 위법한 직무행위로 인한 손해배상**

술을 좋아하는 한고래 씨는 영하 13도의 날씨에 친구들과 함께 술을 마시다 취하여 새벽 2시경 무심지구대 부근 길가에 쓰러져 잠이 들었다. 무심지구대 소속 경찰관 김방심 씨는 한고래를 보았으나 '별일 아니겠지' 하는 생각에 아무런 보호조치도 취하지 않았고, 결국 한고래는 동사(凍死)하였다. 이 경우 유족들은 국가를 상대로 손해배상 청구를 할 수 있는가?

▶ 국가배상청구권을 갖기 위해서는 국가배상법 제2조가 정하는 요건을 구비하여야 한다. 위 사례에서 ① 김방심은 공무원이고, ② 구호조치는 경찰관의 직무이고, ③ 한고래의 사망은 보호조치라는 직무집행에 당하여 발생한 것이고, ④ 한고래의 동사는 김방심이 적절한 조치를 취하지 않은 과실에서 비롯된 행위이고, 보호조치를 취하지 않은 것은 경찰관직무집행법 및 동법 시행령을 위반한 것이고, ⑤ 한고래가 사망이라는 피해가 발생하였고, ⑥ 한고래의 사망은 경찰관의 직무집행과 인과관계가 있으므로 사망한 한고래의 유족은 국가배상법 제2조 제1항이 정하는 요건을 구비하였으므로 국가배상을 청구할 수 있다.

사례연구 185 군인에 대한 국가배상청구권의 문제

A경찰서에 파견 근무 중이던 방위병 한허실은 동 경찰서소속 경찰관 김과격이 운전하는 관용차에 탑승하고 우범지역을 순찰하던 도중, 김과격의 부주의로 인한 차량전복사고로 하지절단의 상해를 입었다. 한허실은 공상으로 판명되어 '국가유공자 등 예우 및 지원에 관한 법률'에 의하여 의료지원 등을 받고 매월 일정한 보상연금을 지급받게 되었지만, 가해자인 김과격에 대해서도 배상청구를 하고자 하는데 이는 가능한가?

▶ 우리 헌법에는 군인·군무원·경찰공무원 등은 직무수행과 관련하여 받은 손해에 대해서는 법률이 정하는 보상 외에 배상을 청구할 수 없도록 규정되어 있고(제29조 제2항), 국가배상법 제2조 단서는 "다만, 군인·군무원·경찰공무원 또는 예비군대원이 전투·훈련 등 직무 집행과 관련하여 전사(戰死)·순직(殉職)하거나 공상(公傷)을 입은 경우에 본인이나 그 유족이 다른 법령에 따라 재해보상금·유족연금·상이연금 등의 보상을 지급받을 수 있을 때에는 이 법 및 「민법」에 따른 손해배상을 청구할 수 없다."고 규정하고 있다. 한허실은 이미 국가유공자 등 예우 및 지원에 관한 법률에 의해 의료지원(제41조), 진료(제42조)를 받음과 동시에 소정의 보상금(제11조)을 지급받고 있으므로 국가배상법이나 민법에 의한 손해배상청구권을 따로 가질 수 없다.

(3) 공공시설의 하자로 인한 국가배상

(가) 배상책임의 요건

국가배상법 제5조 제1항 전단은 "도로·하천 그 밖에 공공의 영조물의 설치 또는 관리에 하자가 있기 때문에 타인에게 손해를 발생하게 하였을 때에는 국가 또는 지방자치단체는 그 손해를 배상하여야 한다."고 규정하고 있다. 본조는 공작물 등의 점유의 배상책임에 관한 민법 제758조에 상응하나 그에 비하여 범위를 확대하였고, 점유자의 면책규정을 두지 않았다.

① **공공의 영조물** : 공공목적에 제공되는 유체물을 뜻하며, 인공공물, 자연공물은 물론 동산, 동물도 포함된다.

② **시설 또는 관리의 하자** : 사회통념상 영조물의 설치·관리에 통상 갖추어야 할 안전성을 결한 것을 의미하며, 그 발생이 불가항력인 경우(지진, 강풍 등)를 제외하고는 자연력에 의하든 인력에 의하든 불문하고 관리자의 과실 유무도 불문한다.

③ **손해의 발생** : 하자와 손해간에 상당인과관계가 있어야 하고, 그

입증책임은 피해자가 진다. 하지만 피해자가 영조물로 인해 손해가 발생하였음을 입증하면 그 하자가 있는 것으로 일응 추정된다(일응 추정의 원리).

(나) 배상의 범위 : 상당인과관계에 있는 모든 손해액이다.

(다) 배상책임자 : 국가 또는 지방자치단체이다. 공공시설관리자와 비용부담자가 동일하지 않을 때에는 후자도 배상책임을 지며, 내부관계에서 구상권을 청구할 수 있다.

(라) 구상권 : 손해의 원인에 대하여 따로 책임질 자가 있을 때에는 그에게 구상할 수 있다.

사례연구 186 공공시설의 하자로 인한 국가배상(1)

서울특별시가 관리하는 도로상에 설치한 맨홀 뚜껑이 파손된 채 방치되어 있었는데 마침 한밤중에 그곳을 지나가던 아뿔사 씨가 실족하여 부상당한 경우에 아뿔사는 서울특별시를 상대로 손해배상을 청구할 수 있는가?

▶ 행인 아뿔사의 부상은 서울특별시가 설치·관리하는 공공시설의 관리상의 하자로 인한 손해배상의 요건인 첫째 공공의 영조물, 둘째 시설 또는 관리의 하자, 셋째 손해의 발생 등을 모두 갖추었기 때문에 배상심의위원회에 배상금신청을 하여 그 결정에 따라 배상금을 지급받을 수 있으며, 배상심의회에 배상신청을 하지 아니하고도 손해배상 소송을 제기할 수 있다(제9조).

사례연구 187 공공시설의 하자로 인한 국가배상(2)

태풍 사라가 한반도 남부지방을 강타하였고, 폭우와 강풍으로 인해 X시에 있는 다리가 무너졌다. 이 사고로 마침 다리를 걷고 있던 김구조 씨는 급류에 휩쓸려 떠내려 가다가 의용소방대원에 의해 극적으로 구조되었으나 전치 8주의 부상을 입었으며, 이 사고의 충격으로 정신불안증세까지 보였다. 무너진 다리에 대한 X시와 전문가의 합동조사결과 Y건설회사 부실공사로 밝혀졌다면, 김구조는 국가를 상대로 손해배상을 청구할 수 있는가?

▶ 공공시설의 하자로 인한 국가배상청구권을 갖기 위해서는 국가배상법 제5조 제1항 전단 부분의 요건을 구비하여야 한다. 위 사례에서 ① X시의 다리는 공공의 영조물이고, ② X시와 전문가의 합동조사결과, 영조물의 설치의 하자로 인한 사고이고, ③ 김구조는 다리가 무너져 급류에 떠내려간 것이 원인이 되어 전치 8주의 중상을 입고 정신불안증세까지 보인 것이므로 김구조

는 국가배상법 제2조 제1항 전단이 정하는 요건을 구비하였으므로 국가가 아닌 X시를 상대로 행정상 손해배상을 청구할 수 있고, X시는 Y건설회사를 상대로 구상권을 청구할 수 있다.

2. 행정상 손실보상

(1) 의 의

행정상의 손실보상이란 적법한 공권력 행사에 의하여 가해진 재산상의 특별한 희생에 대하여 전체적인 공평부담의 견지에서 이를 조절하기 위하여 하는 재산의 전보를 말한다. 행정상의 손실보상은 '적법행위에 기한 손실'의 보상이므로 불법행위에 기한 손해배상과 구별되며, '공권력의 행사'에 기한 손실의 보상이며, 그 보상은 공법적 성질을 갖기 때문에 사법상의 손해에 대한 배상 또는 사법계약상의 반대급부와도 구분된다.

(2) 근 거

(가) 이론적 근거 : 사유재산에 대한 특별·우연한 희생은 사회전체의 공동부담으로 하는 것이 정의와 공평의 견지에서 당연하다고 한다(특별희생설).

(나) 실정법적 근거 : 헌법 제23조 제3항에 근거하여 일반법으로서 공익사업을 위한 토지 등의 취득 및 보상에 관한 법률이 있고, 개별법으로서 징발법, 도시 및 주거환경정비법, 건축법, 하천법, 도로법 등이 있다.

(3) 손실보상의 내용

(가) 보상의 기준 : 손실보상의 기준에 관하여 많은 입법예는 '정당한 보상'을 규정하고 있는 바, 무엇이 정당한 보상인가에 대해서는 완전보상설과 상당보상설 등이 있으나, 자유국가에서는 사유재산의 존중에 중점을 두는 결과, 완전보상설을 원칙으로 하고 있다.

(나) 우리나라 헌법상의 기준 : 우리 헌법도 "… 보상은 법률로써 하되, 정당한 보상을 지급하여야 한다."고 규정(제23조 제3항 후단)하고 있는 바, 완전보상을 원칙으로 하면서도, 공익상의 합리적인 이유가 있을 경우에는 그것을 하회할 수 있는 것으로 보아야 한다. 도로, 급수시설, 배수시설, 그 밖의 공공시설 등 통상적인 수준의 생활기본시설이 포함되어야 하며, 이에 필요한 비용은 사업시행자가 부담한다

사례연구 188 정당한 보상

S시에 살고 있는 정이주는 S시의 도시계획에 따라 타 지역으로 이주하게 되었는데, 이주정착지에 대한 급수 및 배수시설 등을 정이주 등 이주자에게 부담시키려 하자 이는 부당하다고 주장하고 있는데 이는 정당한가?

▶ 공익사업을 위한 토지 등의 취득 및 보상에 관한 법률 제78조 제4항은 사업시행자가 이주정착지에 택지를 조성하거나 주택을 건설하여 공급하는 경우, 이주정착지에 대한 도로, 급수시설, 배수시설, 그 밖의 공공시설 등 통상적인 수준의 생활기본시설이 포함되어야 하며, 이에 필요한 비용은 사업시행자가 부담하도록 하고 있으며, 이를 이주자에게 전가할 수 없다. 이주자는 택지의 용지비 및 조성비 등과 같은 택지조성 원가와 건축원가만을 부담시켜야 한다(대판 2011. 2. 24. 2010다43498).

(4) 손실보상의 절차

(가) 보상액의 결정방법 : 이에 대한 통칙적 규정은 없고, 각 개별법에서 여러 가지의 방법을 규정하고 있는 바, 당사자간의 협의(공익사업을 위한 토지 등의 취득 및 보상에 관한 법률 등), 행정청의 재결(토지수용위원회의 재결과 같은 합의제기관의 재결), 소송에 의하는 경우 등이 있다.

(나) 손실보상에 대한 불복 : 손실보상의 금액이나 시기 등의 결정에 대하여 이의가 있는 경우에는 행정소송절차에 의하여 불복신청을 할 수 있다. 손실보상에 관한 행정소송에 대하여는 각 개별법에 특별한 규정이 있는 예가 적지 않으며, 그 이외에는 행정소송인 당사자소송으로 직접 이행의 소로써 손실보상금지급을 청구할 수 있다(통설).

사례연구 189 행정상 손실보상

고속전철사업 시행발표 후 김대지 씨의 토지수용에 대하여 협상이 결렬된 후 지방토지수용위원회에 의해 수용이 결정되었다. 김대지는 이에 불복하였다. (1) 이의절차는? (2) 김대지가 행정소송을 제기하여 보상금의 증액만을 요구하고자 할 경우, 어떻게 해야 하는가?

▶ (1) 김대지는 「공익사업을 위한 토지 등의 취득 및 보상에 관한 법률」 제34조의 규정에 의한 재결에 대하여 당해 지방토지수용위원회를 거쳐 중앙토지수용위원회에 이의를 신청할 수 있고(동법 제83조 제2항), 재결에 불복할

때에는 재결서를 받은 날부터 90일 이내에, 이의신청을 거쳤을 때에는 이의신청에 대한 재결서를 받은 날부터 60일 이내에 각각 행정소송을 제기할 수 있다. 이 경우 사업시행자는 행정소송을 제기하기 전에 제84조에 따라 늘어난 보상금을 공탁하여야 하며, 보상금을 받을 자는 공탁된 보상금을 소송이 종결될 때까지 수령할 수 없다(동법 제85조 제1항). (2) 김대지는 동법 제85조 제1항의 규정에 따라 사업시행자를 피고로 하여 보상금의 증액에 관한 소송을 제기하면 된다.

II. 행정쟁송

1. 행정상 쟁송의 의의와 종류

(1) 행정쟁송의 의의와 기능

행정쟁송이란 행정상의 법률관계에 관하여 분쟁이 있는 경우, 이해관계인으로부터 쟁송의 제기에 기하여 일정한 판단기관이 이를 심판하는 절차를 총칭하나(넓은 의미), 때로는 행정조직 내의 특별한 기관에 의하여 행정상의 법률관계에 관한 분쟁을 심판하는 절차를 의미할 때도 있다(좁은 의미).

법치행정의 원리에 의하여 모든 행정작용은 법에 적합해야 하며, 또한 행정의 목적과 공익에 합당한 합목적성 내지 타당성을 가져야 한다. 그러므로 행정쟁송제도는 위법·부당한 행정작용으로부터 국민의 권리·이익을 구제하는 기능(행정구제적 기능)과 행정작용의 적법성과 타당성을 담보하는 기능(행정통제적 기능)을 가지고 있다.

(2) 행정쟁송의 종류

(가) 실질적 쟁송과 형식적 쟁송 : 실질적 쟁송은 분쟁의 존재를 전제로 이를 해결하기 위한 절차이며(항고쟁송, 당사자쟁송), 형식적 쟁송은 분쟁의 존재를 전제함이 없이 행정처분의 신중·공정을 위한 사전 절차적 규제인 행정절차이다(행정절차).

(나) 정식쟁송과 약식쟁송 : 정식쟁송은 분쟁의 공정한 해결을 위하여 심판기관이 독립된 제3자 기관이고, 당사자에게 구두변론의 기회가 보장되는 쟁송을 말하며, 약식쟁송은 정식의 절차에 의하지 않는 경우의 쟁송을 말한다.

(다) **당사자쟁송과 항고쟁송 :** 당사자쟁송은 대등한 입장에서 법률관계의 형성·존부를 다루는 쟁송절차이며(행정청에 대한 재결신청, 공무원의 봉급청구·손실보상청구), 항고쟁송은 이미 행하여진 위법·부당한 행정행위의 시정을 구하는 경우를 말한다(행정심판, 항고소송).

(라) **주관적 쟁송과 객관적 쟁송 :** 주관적 쟁송은 쟁송제기자의 개인적 권익의 보호를 직접 목적으로 하는 쟁송이며, 객관적 쟁송은 일반공공의 이익보호 또는 법적용의 적정을 기하기 위한 쟁송을 말한다(민중소송, 기관소송).

(마) **기관쟁송과 민중쟁송 :** 기관쟁송은 행정기관 상호간의 권한쟁의에 관한 쟁송을 말하며, 민중쟁송은 법규의 위법한 적용을 시정하기 위하여 민중이 제기하는 쟁송을 말한다.

(바) **행정심판과 행정소송 :** 행정심판은 쟁송의 제기에 기하여 행정청이 심리·판단하는 약식쟁송을 말하며, 행정소송은 법원이 심리·판단하는 정식의 소송이다.

2. 행정심판

(1) 의의와 목적

(가) **의의 :** 행정심판이란 행정상의 법률관계에 관하여 다툼이 있는 경우에 이해관계인으로부터의 쟁송의 제기에 의하여 행정기관이 이를 심판하는 절차를 말하며, 이의신청, 심사청구, 소원 등 여러 가지 명칭으로 불리우고 있다.

(나) **목적 :** 행정심판법은 행정심판 절차를 통하여 행정청의 위법 또는 부당한 처분이나 부작위로 침해된 국민의 권리 또는 이익을 구제하고, 아울러 행정의 적정한 운영을 꾀함을 목적으로 하고 있다(행정심판법 제1조). 행정심판은 약식쟁송으로서 절차가 불완전하고 심판받아야 할 행정기관 자신이 심판자의 지위에 서게 되는 등 불합리성을 내포하고 있으나, 행정청의 자율성 보장, 간이·신속한 분쟁의 해결, 사법기능의 보충, 시간·노력·비용의 절감, 행정청의 전문지식 활용 등의 이유로 널리 인정되고 있다.

사례연구 190 행정심판전치주의

농구선수로 장래가 유망한 여중생 유진아는 K도에서 운동여건이 좋은 서울특별시로 전학하여 농구선수로의 꿈을 키우고자 전학하였으나, K도로부터 선수이적동의를 받지 못하여 선수생활을 할 수 없게 되었다. 유진아는 행정소송을 제기하기 위하여 먼저 행정심판을 제기하여야 하는가?

▶ 종전에는 행정소송을 제기하려면 반드시 먼저 행정심판을 거치도록 되어 있었으나(행정심판전치주의), 현행 행정소송법은 원칙적으로 당해 법률에 다른 규정이 있는 경우를 제외하고는 행정심판 제기 유·무 및 그 전·후에 관계없이 행정소송을 제기할 수 있다.

(2) 행정심판의 대상과 종류

(가) 행정심판의 대상 : 행정심판의 대상이란 심판청구를 할 수 있는 대상을 말하며, 일반적으로 위법 또는 부당한 행정행위로 권리 또는 이익이 침범되었을 경우에 제기할 수 있는 개괄주의와 법령에 열거하고 있는 사항에 대해서만 제기할 수 있는 열기주의가 있다. 우리나라는 개괄주의를 채택하여 원칙적으로 모든 '행정청의 처분 또는 부작위'에 대하여 행정심판을 인정하고 있으며, 대통령의 처분 또는 부작위에 대해서는 원칙적으로 행정심판을 제기할 수 없다.

(나) 행정심판의 종류

① **취소심판** : 행정청의 위법 또는 부당한 처분의 취소 또는 변경을 구하는 심판을 말한다.

② **무효 등 확인심판** : 행정청의 처분의 효력 유무 또는 존재 여부에 대해 확인을 하는 심판이다.

③ **의무이행심판** : 행정청의 위법 또는 부당한 거부처분이나 부작위에 대하여 일정한 처분을 하도록 하는 심판이다.

(3) 행정심판기관

(가) 재결청 : 행정심판위원회의 의결에 따라 사건에 대한 재결할 권한을 가진 합의체 행정기관이며, 원칙적으로 처분청의 상급기관이다.

(나) 행정심판위원회 : 행정청의 처분 또는 부작위에 대한 심판청구에 대하여는 행정청 또는 그 소속 행정청의 행정심판위원회, 「부패방지 및 국민권

익위원회의 설치와 운영에 관한 법률」에 따른 국민권익위원회 소속 하의 중앙행정심판위원회 그리고 시·도지사 소속으로 두는 행정심판위원회에서 심리·재결한다(제6조).

(4) 행정심판의 당사자 및 관계인

행정심판절차에 있어서 청구인과 피청구인이 당사자로서 서로 대립하는 대심구조를 취하고, 구술심리의 기회를 보장하고 있는 바, 여기서 청구인은 행정심판의 대상인 처분 또는 부작위에 불복하여 그의 취소 또는 변경을 구하는 법률상 이익이 있는 자이고, 피청구인은 심판청구를 제기받은 상대방인 당사자(행정청)를 말하며, 행정심판의 관계인으로 참가인과 대리인이 있다.

(5) 행정심판의 제기

심판청구사항은 위법·부당한 모든 행정처분이나 부작위이며, 심판청구서는 재결청 또는 피청구인인 행정청에 제출하여야 한다. 심판청구는 행정처분이 있음을 안 날로부터 90일 이내, 행정처분이 있었던 날로부터 180일 이내에 제기해야 하고(제27조 제1항 및 제3항), 반드시 문서에 의해야 하며, 처분의 효력이나 그 집행 또는 절차의 속행에 영향을 주지 아니한다(집행부정지원칙).

사례연구 191 제3자의 행정심판 제기기간

S시에 살고 있는 김걱정 씨는 이웃 빈터에 김가스 씨가 S시 시장으로부터 허가를 받아 LPG자동차충전소를 설치하려는 것을 알게 되었다. 위 허가처분이 위법하다고 생각한 김걱정은 2018년 12월 20일에 S시장의 상급관청인 K도지사에게 행정심판을 제기하고자 하는데, 이는 가능한가?(처분이 있은 날은 2018년 4월 20일이었음).

▶ 김걱정은 심판청구기간 내(180일)에 심판청구가 가능하였다는 특별한 사정이 없는 한, 허가처분이 있음을 곧 알 수 없는 처지에 있다. 따라서 180일 이내에 행정심판청구를 제기하는 일은 어렵기 때문에, 행정심판이 가능하다고 본다. 판례에서도 심판청구기간 내에 심판청구가 가능하였다는 특별한 사정이 없는 한 기간을 지키지 못한 정당한 사유가 있는 때에 해당한다고 판시한 바 있다(대판 1983. 7. 12 ; 1988. 9. 27).

(6) 행정심판의 심리

심리의 내용은 심판청구제기요건의 구비여하에 대한 심리인 요건심리와 청구의 인용여부에 대해 심리하는 본안심리가 있다. 심리는 서면심리주의를 원칙으로 하며, 당사자는 위원·직원의 기피신청권, 구술심리신청권, 보충서면제출권, 물적증거제출권, 증거조사신청권 등이 인정되고 있다.

(7) 행정심판의 재결

행정심판위원회는 재결할 내용을 의결하여 서면으로 재결청에 통고해야 하고, 원칙적으로 행정청이 심판청구서를 받은 날로부터 60일 이내에 하여야 하며(부득이한 사정이 있는 경우에는 위원장이 직권으로 30일 연장 가능), 불고불리·불이익변경금지의 원칙이 적용된다. 재결의 내용은 각하재결, 기각재결, 인용재결, 사정재결 등이 있다.

(8) 재결에 대한 불복

재결 자체의 고유한 위법을 이유로 직접 재결을 대상으로 행정소송을 제기하거나 원처분의 위법을 이유로 원처분의 취소·변경을 구하는 행정소송을 재결서를 받은 날로부터 90일 이내에 제기할 수 있다.

(9) 고지제도

행정청이 행정처분을 함에 있어서 당해 행정처분의 상대방이 행정심판을 제기하고자 하는 경우의 필요사항을 아울러 알려주어야 할 의무를 지는 제도를 말하며, 우리 행정심판법은 행정청에 대해 일반적으로 고지의무를 부여함으로써(동법 제48조) 고지제도를 부여하고 있다.

3. 행정소송

(1) 행정소송의 의의

행정소송은 행정법규의 적용에 관하여 분쟁이 있는 경우에 당사자의 쟁송제기를 전제로 하여 법원이 심리·판단하는 소송절차를 말하며, 행정상 쟁송인 점에서 형사소송이나 민사소송과 구별되며, 정식쟁송인 점에서 행정심판의 약식쟁송과 구별된다.

사례연구 192 후행처분에 대한 행정소송

2019년 2월 25일 건물의 철거명령과 그 철거를 위한 대집행계고처분을 받은 한억울은 이에 불복하여 선행처분인 철거명령에 대하여 소정의 행정심판절차를 마쳤는데, 후행처분인 계고처분에 대해서도 행정심판절차를 거쳐야 행정소송을 제기할 수 있는가?

▶ 개정 행정소송법(1998.3.1)은 이전의 필요적 행정심판전치주의를 폐지하고 임의적 행정심판전치주의를 채택하고 있으므로, 위법·부당한 행정처분으로 인하여 권익이 침해당한 자는 원칙적으로 행정심판을 거치지 않고 행정소송을 제기할 수 있다. 다만, 다른 법률에 의하여 행정심판의 재결을 거친 후가 아니면 행정소송을 제기할 수 없다는 규정이 있는 경우에는 행정심판을 거치도록 규정하여 예외적으로 필요적 전치주의를 채택하였다. 행정심판전치주의 적용의 예외적인 경우는 동종사건에 관하여 이미 행정심판의 기각재결이 있은 때, 서로 내용상 관련되는 처분 또는 같은 목적을 위하여 단계적으로 진행되는 처분 중 어느 하나가 이미 행정심판의 재결을 거친 때, 행정청이 사실심의 변론종결후 소송의 대상인 처분을 변경하여 당해 변경된 처분에 관하여 소를 제기하는 때, 처분을 행한 행정청이 행정심판을 거칠 필요가 없다고 잘못 알린 때(행정소송법 제18조 제3항 제1호 내지 제4호) 등을 들 수 있고, 이 경우에는 행정심판을 제기함이 없이 취소소송을 제기할 수 있도록 하고 있다.

(2) 행정소송의 한계

직접 법령의 효력 또는 해석, 그리고 반사적 이익은 소로 다툴 수 없고, 객관적 소송은 법률의 근거가 있어야 소의 제기가 가능하며, 구체적 사건성을 결여하는 경우에는 제소할 수 없다. 또한, 행정상의 방침규정, 자유재량행위, 통치행위, 특별권력관계의 내부사항 등 법적 해결성을 결여하는 경우도 심리가 불가능하다.

(3) 행정소송의 종류

(가) 항고소송 : 행정청의 위법한 처분이나 재결 또는 부작위로 인하여 권익을 침해당한 자가 그 위법을 다투기 위하여 제기하는 소송을 말하며, 항고소송에는 행정청의 위법한 처분 등을 취소 또는 변경하는 소송인 취소소송, 행정청의 처분 등의 효력유무 또는 존재여부를 확인하는 소송인 무효 등 확인소송, 행정청의 부작위가 위법하다는 것을 확인하는 소송인 부작위위법확

인소송 등이 있다.

사례연구 193 작위의무확인소송

김애국 씨는 독립운동가의 활동상을 고쳐 독립운동사 등의 책자를 다시 편찬・보급하고, 독립기념관 전시실의 해설물・전시물 중 사실과 다른 부분을 고쳐 다시 전시해야 한다고 하며 이에 대한 작위의무확인소송을 제기하려 하는데, 이는 정당한가?

▶ 현행 행정소송법에서 항고소송은 취소소송, 무효 등 확인소송, 부작위위법확인 소송 등 3가지를 인정하고 있다. 국가보훈처장 등이 잘못된 독립운동사 및 독립기념관 전시물 등에 대해 책자 및 전시물 등을 다시 고쳐 보급 또는 전시해야 할 의무가 있음을 확인하는 청구는 작위의무확인소송으로서 이는 항고소송의 대상이 되지 않는다(대법원 1990. 11. 23. 90누3553).

사례연구 194 부작위 위법확인소송

김건축 씨는 자신의 오래된 집을 개조하기 위하여 집앞 도로의 일부구간을 공사 기간 동안 사용하기 위하여 자신이 살고 있는 지역의 시장에게 도로점용허가를 신청하였다. 그러나 3개월이 지나도록 도로점용허가신청에 대한 결정 통보가 없었고, 김건축이 재차 시청에 문의해 본 결과 담당 공무원은 기다리라는 답변만을 하며 아무런 처분을 내리지 않고 있다. 이에 김건축이 취할 수 있는 조치는?

▶ 시청의 처분은 재량행위로서, 재량행위의 부작위에 대해서는 실체적 하자를 주장하기 어려우므로 이에 따른 요건을 검토하여 무하자재량행사청구권을 주장할 수 있다. 따라서 김건축은 무하자재량행사청구권의 침해를 이유로 하는 의무이행심판 또는 부작위위법확인소송을 제기할 수 있다.

사례연구 195 행정청의 부작위로 발생한 손해에 대한 배상

김붕괴 씨를 포함한 수십 명은 오래 전부터 X시의 소유 임야 상에 무허가 주택을 짓고 살면서 통・반을 조직하여 Y마을을 이루어 주민세 등을 납부해 오고 있다. 그런데 Y마을 뒤쪽에 자연암반이 돌출되고, 균열도 있어 붕괴의 위험이 있어 X시 시장에게 방지대책을 세워줄 것을 요구하였으나 묵살되었다. 2009년 여름 집중호우로 인해 암벽이 붕괴되고 김붕괴의 집을 포함한 여러 주택이 파손되었다. 이에 김붕괴는 손해배상을 신청하였으나 시장은 무허가

건물이므로 배상을 해줄 수 없다고 하였다. 이에 X시 시장의 부작위로 인한 재해에 대하여 김붕괴 등이 국가배상법에 따른 손해배상을 받을 수 있는가?

▶ Y마을 뒤쪽에서 김붕괴 등이 여러 번 방지대책을 요청하였으나 X시장의 부작위로 인한 재해에 대하여 부작위의 사익보호성도 아울러 가지고 있는 지방자치법 제9조 제2항의 위반으로 인해, 또는 재량권의 영으로 수축된 경우임에도 불구하고 아무런 조치를 취하지 않은 것으로서 위법한 재량권의 불행사로 인한 직무집행상의 위법한 행위가 있었다고 볼 수 있다. 이에 국가배상법 제2조 제1항의 요건을 충족하며, 김붕괴를 포함한 피해자들은 X시를 상대로 손해배상청구를 할 수 있다.

(나) 당사자소송 : 행정청의 처분 등을 원인으로 하는 법률관계에 관한 소송, 그밖에 공법상의 법률관계에 관한 소송으로서 그 법률관계의 한쪽 당사자를 피고로 하는 소송을 말한다.

(다) 민중소송 : 국가 또는 공공단체의 기관이 법률에 위반되는 행위를 한 때에 직접 자기의 법률상 이익과 관계없이 그 시정을 구하는 소송을 말한다.

(라) 기관소송 : 국가나 공공단체의 기관 상호간에 권한의 존부 또는 그 행사에 관한 다툼이 있을 때에 그에 관하여 그 시정을 구하는 소송이다.

(4) 행정소송의 재판관할과 당사자

(가) 행정소송의 재판관할 : 항고소송과 당사자소송은 행정법원이 관할법원이며, 민중소송, 기관소송, 특별소송은 대법원이 관할법원이 된다.

(나) 행정소송의 당사자 : 원고는 법률상 소의 이익이 있는 자가 되며, 피고는 항고소송의 경우는 처분청이, 그리고 대통령의 처분에 대해서는 소속장관이 되며, 당사자소송의 경우에는 국가와 공공단체가 된다.

(5) 행정소송의 제기

행정소송의 제기요건으로는 행정처분이 존재할 것, 위법일 것, 소의 이익이 있을 것, 당사자 적격이 있을 것, 소장이 제출될 것, 출소 기간내 일 것(행정심판을 거친 경우에는 행정심판재결서정본을 송달받을 날부터 90일, 재결이 있은 날로부터 1년 내에 소를 제기해야 하고, 행정심판을 거치지 않은 경우에는 처분 등이 있음을 안 날로부터 90일, 처분이 있은 날로부터 1년 내에 제기해야 함) 등이다.

사례연구 196 소의 이익

모닝캄 씨는 A시에서 탑모닝이라는 상호로 유흥주점을 운영하던 중 2차례 청소년에게 주류를 판매하여 영업정지처분을 받았다. 만약 모닝캄이 2차 위반에 대하여 다시 한 번 위반할 경우 영업허가 취소처분을 받을 것을 우려하여 영업정지처분의 기간이 경과한 후에 2차 위반에 대한 영업정지처분을 항고소송으로 다투고자 한다면, 모닝캄에게 소의 이익이 인정되는가?

▶ 선행처분을 받은 상대방은 비록 그 처분에서 정한 제재기간이 경과하였다 하더라도 그 처분의 취소소송을 통하여 그러한 불이익을 제거할 권리보호의 필요성이 충분히 인정된다고 할 것이므로, 선행처분의 취소를 구할 법률상 이익이 있다고 보아야 하므로 모닝캄의 소의 이익이 인정되고, 항고소송을 제기할 수 있다.

사례연구 197 인인(隣人)의 원고적격인정 여부

서울특별시에 있는 김언덕 씨의 집은 북쪽으로 경사진 곳의 중턱에 위치하고 있어 일조상태가 별로 좋지 않은 편인데, 얼마 전 김언덕의 집 바로 위쪽에 3층짜리 주택의 건축허가가 났다는 소식을 들었다. 만약 이 주택이 완공되면 김언덕의 일조권은 완전히 상실될 것 같은데, 김언덕은 X구청장을 상대로 건축허가 취소소송을 제기할 수 있는가?

▶ 위 건축허가가 건축법이나 도시 및 주거환경정비법을 위반하여 처분이 내려진 것이라면 일조권 침해를 원인으로 하여 그 취소를 구하는 법률상의 이익이 있으므로 행정쟁송을 제기할 수 있다. 따라서 김언덕은 X구청장을 상대로 서울특별시에 건축허가의 취소를 구하는 행정쟁송을 제기하되, 건축허가처분의 집행정지를 쟁송절차와 병행하는 것이 실효적이다. 한편, 대법원은 2007년 6월 14일 일조권, 즉 햇볕을 쬘 권리를 인정하였으나(선고 2005다72058 판결), 모든 일조권을 전면적으로 인정한 것이 아니라, 보통 사람들이라면 참기 어려울 정도로 햇빛이 안 들 경우에만 일조권 침해로 인정하였으며, 법원의 판례에 따르면 통상적으로 일조권이 지켜지려면 동짓날을 기준으로 오전 9시부터 오후 3시 사이에 2시간 연속적으로, 또는 오전 8시부터 오후 4시 사이에 4시간 이상의 일조 시간이 확보돼야 한다고 간주하고 있다.

(6) 행정소송의 심리

심리는 요건심리와 본안심리가 있으며, 요건이 구비되지 않으면 각하한다.

구두변론이 원칙이며, 필요한 경우에는 직권심리주의가 적용되며, 공정력과 입증책임과는 법적 관련이 없기 때문에 민사소송의 입증책임분배원칙에 의한다는 것이 통설 · 판례이다.

(7) 행정소송의 판결

(가) 중간판결 · 종국판결 : 중간판결은 종국판결을 할 준비로서 소송진행 중에 생긴 개개의 쟁점을 해결하기 위한 확인적 성격의 판결이며, 종국판결은 행정소송의 전부나 일부를 종료시키는 판결을 말한다.

(나) 소송판결과 본안판결 : 소송판결은 소송의 제기요건에 흠이 있음을 이유로 각하하는 판결이고, 본안판결은 행정소송 청구의 당부에 대한 판결을 말한다.

(다) 기각판결 · 인용판결 : 기각판결은 본안심리의 결과, 원고의 주장을 배척하는 판결이며, 인용판결은 원고의 주장이 이유있다고 인정하여 청구의 전부 또는 일부를 인용하는 판결을 말한다. 다만, 청구에 이유가 있는 경우에도 예외적인 경우에는 기각판결을 할 수 있는데, 그 예로는 사정판결이 있다.

사례연구 198 **위법한 행정처분의 사정판결**

국토교통부는 사랑댐건설을 위하여 하천점용허가처분을 하였으나 동 처분은 관계법규에 위반되는 위법한 처분임이 뒤늦게 판명되었다. 위 국토교통부의 하천점용허가는 위법행위이므로 반드시 취소되어야 하는가?

▶ 사랑댐건설을 위한 하천점용허가처분이 비록 위법한 처분이었다 하더라도 이를 취소하여 원상회복시키는 것은 현저히 공공복리를 해치는 결과가 발생될 것이므로 동 허가처분을 그대로 유지시키는 것이 타당하다. 이와 같이 원고의 청구가 이유있다고 인정하는 경우에도(처분 등이 위법인 경우) 당해 처분 등을 취소 · 변경함이 현저하게 공공복리에 적합하지 아니하다고 인정하여 이유있는 원고의 청구를 기각하는 판결을 사정판결이라 한다(행정소송법 제28조 제1항).

(8) 소송비용

민사소송법상의 원칙에 따라 패소자가 부담하며, 일부인용판결의 경우에는 각 소송당사자가 분담하나, 사정판결의 경우에는 피고가 부담한다.

제3장 형 법

제1절 서 설

Ⅰ. 형법의 의의

형법(Criminal law)이란 어떠한 행위가 범죄로 되고 이에 대한 법적 효과로서 어떠한 형사제재(형벌 또는 보안처분)를 과할 것인가를 규정하고 있는 법규범의 총체이다. 근대 법치국가에 있어서는 국가적 공동생활의 질서에 위반하는 행위를 범죄라 하고, 이 범죄행위자에 대하여 형벌이라는 제재를 과하기 위하여는 법적 근거가 있어야 한다. 이와 같이 범죄와 형벌에 관한 법규범을 형법이라 한다. 다만, 형사정책의 근대화에 따라 형벌 이외에 보안처분제도가 새로운 형사제재로서 추가됨으로써 형법의 개념적 정의도 형벌 이외에 보안처분을 포함하게 되었다.

Ⅱ. 죄형법정주의

1. 죄형법정주의의 의의

죄형법정주의는 "법률이 없으면 범죄도 없다."와 "법률이 없으면 형벌도 없다."고 하는 두 개의 명제로 성립된 근대형법의 원칙을 말한다. 즉, 어떤 행위가 범죄가 되고, 그 범죄에 대해서 어떠한 형벌을 부과할 것인가 하는 것을 미리 성문의 법률로 정해 놓아야 한다는 원칙이다.

"법률이 없으면 형벌도 없다."는 것은 자유주의 국가의 형법이념으로서, '근대형법학의 아버지'로 불리워지고 있는 포이에르바하(Feuerbach)의 「형법론」(1801)에서 처음으로 주장되었다.

죄형법정주의는 1215년 영국의 대헌장(Magna Carta)에 기원을 두고 있으며, 1776년 미국독립선언, 1789년 프랑스의 인권선언 등을 통해 성립되었다.

2. 죄형법정주의의 내용

죄형법정주의의 내용은 전통적으로 관습형벌금지의 원칙, 소급효금지의 원칙, 유추해석금지의 원칙, 명확성의 원칙, 절대적 부정기형 금지의 원칙이라고 하는 파생원칙을 그 내용으로 하고 있으며, 죄형법정주의의 현대적 의의에 맞추어 적정성의 원칙이 논의되고 있다.

(1) 관습형벌금지의 원칙

범죄와 형벌은 반드시 성문의 법률로 규정하여야 하며, 관습법은 형법의 법원(법원)이 될 수 없다는 원칙이다. 즉, 관습법의 적용을 허용하는 경우에는 관습법의 존재여부를 재판관이 판단하기 때문에 결국은 재판관의 자의, 독선을 초래하는 결과가 되기 때문이다.

(2) 소급효금지의 원칙

법률행위 및 그 밖의 법률요건이 그 성립 이전으로 거슬러 올라가서 효력을 갖지 못하도록 하는 원칙이다. 형법에 소급효를 인정하여 행위 시에 범죄가 되지 않는 행위에 대하여 사후적으로 법률을 제정하여 처벌하는 것은 범죄와 형벌을 미리 성문법인 법률로 규정하여야 한다는 죄형법정주의에 반하는 것이 된다.

(3) 유추해석금지의 원칙

형법은 개인의 권리 및 자유와 깊은 관련이 있기 때문에 그 해석은 문리해석으로 엄격히 해야 하고, 유추해석에 의해 처벌해서는 안 된다는 것이다. 왜냐하면, 유추해석을 허용하게 될 경우에는 형법에 명시되지 않은 행위가 범죄로서 처벌받게 됨으로써 개인의 자유와 권리가 부당하게 침해될 우려가 있기 때문이다. 따라서, 만약 형법의 해석에 있어서 의문이 있는 경우에는 피고인에게 가능한 한 유리한 방향으로 해석해야 할 것이다.

(4) 명확성의 원칙

어떤 행위가 형법에 의해 금지되고 있는지가 누구나 알 수 있도록 명확해야 한다는 원칙이다. 즉, 누구나 알 수 있어야 한다. 예컨대, '건전한 국민감정을 해치는 자는 처벌한다'라든지 또는 '사회질서를 어지럽힌 자는 처벌한다'는 등의 조항은 불명확하기 때문에 죄형법정주의에 위반되는 조항이다. 또한 형벌에 있어서도 명확히 규정되어야 한다.

(5) 절대적 부정기형 금지의 원칙

부정기형, 특히 절대적 부정기형 제도를 형법에 채용해서는 안된다는 원칙이다. 여기서 부정기형이란 형기를 재판에 의해 확정하지 않고 행형의 경과에 따라서 사후적으로 결정하는 형을 말하며, 부정기형은 재판에 있어서 장기와 단기로 정하여 언도하는 상대적 부정기형과 재판에 있어서 전혀 기간을 정하지 않는 절대적 부정기형이 있다. 죄형법정주의의 요구로서는 절대적이든 상대적이든 부정기형은 부정되며, 절대적 확정기형이 이상적이다.

사례연구 199 죄형법정주의

김시위 씨는 '한미 FTA 저지 범국민운동본부'가 2007년 6월 29일에 주최한 '한미 FTA 저지를 위한 범국민 총궐기대회'의 참가자들과 공모하여 약 3시간가량 종로1가 로터리, 세종로 로터리 등 차도 전 차선을 점거한 채 집회 및 행진을 함으로서 교통을 방해하여 형법 제185조에 따라 벌금 100만원의 형을 선고받았다. 이에 김시위 씨는 형법 제185조가 죄형법정주의의 명확성의 원칙에 위반한다고 주장하고 있는데, 이는 정당한가?

▶ 형법 제185조는 "육로, 수로 또는 교량을 손괴 또는 불통하게 하거나 기타 방법으로 교통을 방해한 자는 10년 이하의 징역 또는 1,500만 원 이하의 벌금에 처한다"고 규정하고 있다. 교통 방해의 유형 및 기준 등을 입법자가 일일이 세분하여 구체적으로 한정한다는 것은 입법 기술 상 불가능하거나 현저히 곤란하므로 위와 같은 예시적 입법형식은 그 필요성이 인정된다. 또한 '기타의 방법'에 의한 교통방해는 육로 등을 손괴하거나 불통하게 하는 행위에 준하여 의도적 또는 직접적으로 교통을 방해하는 것을 의미하므로 그 의미가 불명확하다고 볼 수 없다(헌재 2010. 3. 25. 2009헌가2).

3. 죄형법정주의의 수정

죄형법정주의는 본래 근대자유주의 인권사상이 요구하는 최소한도의 보루였다. 그러나 국가의 기능이 문화국가 내지 복리국가로 이행되고, 형법이론에 있어서도 목적형주의(교육형주의)가 나오면서부터 죄형법정주의 사상도 수정되지 않으면 안 되게 되었다.

즉, 고전적 · 극단적 죄형법정주의를 완화하여 행위자에게 유리한 유추해석 또는 소급효는 어느 정도 인정하는 경우가 있으며, 소년법상의 부정기형, 형법상의 집행유예 · 가석방제도 등의 채용은 그러한 수정의 경향이라 할 수 있다. 그러나 이러한 수정의 경향에도 불구하고 죄형법정주의원칙이 가지고 있는 법률적 · 사회적 의의는 오늘날 아직도 매우 큰 것이다.

사례연구 200 소급입법의 금지원칙과 예외

일제시대의 친일파 후손 김매국은 국가를 상대로 자신의 소유로 되어 있던 재산을 되찾는 재산반환소송에서 승소하였고, 이를 계기로 친일파 후손들의 재산반환소송이 급증하였다. 이에 분개하여 국회의원 김광복은 '과거 일제시대의 친일파 및 민족반역자의 재산을 국유로 환수한다'는 내용과 '일제의 불법적 국권침탈과 민족말살정책에 협조하여 얻게 된 재산에 대해서는 소유권을 주장하는 소송을 청구하지 못한다'는 내용을 주요 골자로 한 '친일파재산환수에관한특별조치법(안)'을 제안하였는데, 위 법안은 합헌적인가?

|▶ '친일파재산환수에관한특별조치법(안)'은 "… 3 · 1운동으로 건립한 대한민국 임시정부의 법통을 계승하고 …"라는 헌법전문에 근거하여 임시정부의 법통계승 및 일제잔재청산이라는 헌법적 요청에 부합하지만, 우리 헌법 제13조에는 법률불소급의 원칙, 소급입법으로 인한 재산권 박탈 금지 조항을 두고 있다. 따라서 헌법 전문과 헌법 본문 규정간의 모순 · 충돌이 일어나지만 양자를 존중하여 양립시키는 올바른 헌법적 해석이 필요하다. 법률불소급의 원칙도 신뢰보호의 요청에 우선하는 심히 중대한 공익상의 사유가 소급입법을 정당화하는 경우에는 예외가 될 수 있고, 일제잔재의 청산으로 민족자주 · 국가독립의 이념을 수호한다고 하는 공익적 필요의 중대성에 있으므로 국회의원 김광복이 제안한 동 특별법(안)은 헌법을 위반하지 않는다고 본다.

4. 우리나라 현행법상의 죄형법정주의

우리나라에 있어서도 이 원칙은 헌법 제12조 제1항에서 "누구든지… 법률과 적법한 절차에 의하지 아니하고는 처벌·보안처분 또는 강제노역을 받지 아니한다."라고 규정하고 있고, 제13조 제1항 전단에서는 "모든 국민은 행위시의 법률에 의하여 범죄를 구성하지 아니하는 행위로 소추되지 아니하며 …"라고 하여 사후입법 금지를 명문화하고 있다.

또한, 이러한 헌법정신에 따라 형법도 제1조 제1항에서 범죄의 성립과 처벌은 행위시의 법률에 의하도록 하여 형법의 소급효를 금지하고, 동조 제2항에서는 범죄 후 법률의 변경에 의하여 그 행위가 범죄를 구성하지 아니하거나 형이 구법보다 경한 경우에는 신법에 의하도록 하여 피고인에게 유리한 경우에는 소급효를 인정하고 있다. 그리고 형사소송법에 있어서도 유죄판결의 경우에는 반드시 법조를 명시하도록 하여(형소법 제323조), 엄격한 죄형법정주의의 원칙하에 있다.

제2절 범 죄 론

Ⅰ. 범죄의 의의

실질적 의미의 범죄란 법질서에 비추어 보아 형벌을 과할 필요가 있는 행위로서 사회적 유해성 내지 법익을 침해하는 반사회적 행위를 의미하고, 형식적 의미의 범죄란 구성요건에 해당하는 위법하고 책임있는 행위로써 형법의 해석과 죄형법정주의에 의한 형법의 보장적 기능의 기준이 되는 범죄를 말한다.

범죄의 개념을 형식적·실질적 의미 모두를 고려하면, 범죄란 '법익을 침해한 어떤 행위가 위험할 뿐만 아니라 법질서를 위반하여 사회의 비난을 받기 때문에 어떠한 형식이든지 강제조치를 가할 필요성이 있는 행위'를 말한다.

범죄가 성립하기 위해서는 구성요건 해당성, 위법성, 책임성 등의 요건을 갖추어야 하는데, 이를 범죄 성립의 3대 요소라 한다.

Ⅱ. 행위의 구성요건해당성

1. 구성요건의 의의

구성요건이란 '사람을 살해한 자'(형법 제250조), '사람의 신체를 상해한 자'(형법 제257조) 등과 같이 형벌을 과하는 근거가 되는 행위의 유형을 추상적으로 기술한 것을 말한다. 말하자면, 입법자가 형법을 제정함에 있어서 사회에서의 행동을 규율하는 많은 규범 가운데 특히 중요한 규범을 선택하여 그 규범의 위반에 대하여 특히 형벌로 처벌할 가치가 있다고 인정되는 것을 추상화・유형화하여 개념적으로 정립한 것이다. .

2. 부작위범(不作爲犯)

부작위범이란 부작위(소극적 동작)에 의한 범죄, 즉 법규범이 요구하는 일정한 행위를 이행하지 않음으로써 성립하는 범죄를 말한다. 다만, 형법상 부작위라 함은 '아무것도 하지 않는다'는 것이 아니라 '무엇인가를 하지 않는 것', 즉 기대된 작위를 하지 않는 것이다.

부작위범의 종류에는 다중불해산죄, 퇴거불응죄, 집합명령위반죄 등과 같이 구성요건이 처음부터 부작위를 예상하고 있을 경우와 같은 순수한 부작위범(진정부작위범)과, 영아에게 젖을 먹이지 않음으로써 죽게 하는 것과 같이 작위에 의하여 실현되는 것을 예상한 범죄가 사실상 부작위에 의하여 실현되었을 경우와 같은 부작위에 의한 작위범(부진정부작위범)이 있다.

사례연구 201 부작위범

야구선수인 김홈런과 수영선수인 김물개는 부모의 유산문제로 사이가 좋지 않은 이복형제간이다. 어느 날 김홈런이 술에 취해 비틀거리다가 발을 헛디뎌 저수지에 빠지게 되었다. 마침, 그곳을 지나가던 김물개는 김홈런의 살려달라는 애원에도 불구하고 못 본 체하고 그냥 지나쳤고, 마침내 김홈런은 익사하였다. 김물개는 형사책임이 있는가?

▶ 부작위범이란 부작위(소극적 동작)에 의한 범죄, 즉 법규범이 요구하는 일정한 행위를 이행하지 않으므로써 성립하는 범죄를 말한다. 다만, 형법상

부작위라 함은 '아무것도 하지 않는다'는 것이 아니라 '무엇인가를 하지 않는 것', 즉, 기대된 작위를 하지 않는 것이다. 부작위범이 성립하기 위해서는 행위자에게 먼저 어떤 의무가 전제되어야 한다. 이를 작위의무라고 하고, 그 내용은 결과나 위험을 방지할 의무를 말한다. 김물개는 김홈런에게 닥친 목전의 위험을 방지해야 할 의무, 즉 형법 제271조 제1항이 전제하는 긴급구조의무를 위반하고 있다. 따라서, 김물개가 김홈런을 구조하는데 별 위험이 없으면서 구조의무를 이행하지 않았기 때문에 유기죄가 성립되고, 형법 제271조 제4항에 따라 2년 이상의 유기징역에 처해지게 된다(대판 1992. 2. 11. 91도2951). 다만, 조상대대로 원수지간으로 지내온 이웃 사람 중 한명이 강물에 빠졌을 경우, 이를 목격한 사람은 구조행위를 하지 않더라도 친족간이 아니므로 구조의무가 없다.

3. 인과관계

형법상의 범죄의 성립에 있어서 결과의 발생을 필요로 하는 것이 있는데, 이때 행위와 결과 사이에는 인과관계가 있어야 한다. 여기서, 인과관계란 결과의 발생을 요하는 범죄에 있어서 그 행위가 없었다고 하면 그런 결과가 발생하지 않았을 것이라는 관계를 말한다.

인과관계에 관한 학설에는 여러 가지가 있으나, 인과관계의 유무를 경험법칙에 비추어서 그 행위에서 그 결과가 발생되는 것이 보통 인정되는 경우에 비로소 인과관계가 있다고 인정하는 상당인과관계설이 학설 및 판례의 입장이다. 예컨대, 얼굴을 강타하였더니 사망한 경우, 임신 8개월의 여자를 걷어차 낙태와 심근경색증으로 사망케 한 경우 등에는 행위와 결과 간에 인과관계가 있다고 보고 있다.

사례연구 202 인과관계

최우직 씨는 친일파 김매국 씨를 살해하기 위하여 권총으로 저격하였다. 생명을 잃을 정도의 부상을 입지 않았던 김매국은 공교롭게도 병원으로 긴급후송 도중 마주오던 트럭과 정면충돌함으로써 사망하였다. 최우직은 살인미수죄가 되는가, 아니면 살인죄가 되는가?

|▶ 살인미수죄가 성립하기 위해서는 범죄자의 행위와 피해자가 입은 결과 간에 소위 '인과관계'가 있어야 하는데, 판례와 통설을 따를 경우 최우직의

경우 인과관계가 있다고 볼 수 없다. 즉, 살인의 고의를 가지고 저격하였으나 부상만 입고 후송 도중에 교통사고를 당해 사망한 경우, 저격행위와 사망 간에는 상당한 인과관계가 있다고 볼 수 없으므로 최우직은 살인미수죄만 성립한다는 것이 통설이다.

4. 고 의

고의란 행위자가 구성요건에 해당하는 사실을 인식하면서 그러한 행위로 나오는 행위자의 의사태도를 말한다. 고의는 의지적 요소(내가 저 사람을 죽이겠다)와 지적 요소(저 사람을 칼로 찌르면 죽을 것이다)로 이루어진다. 형법 제13조 전단에는 "죄의 구성요소인 사실을 인식하지 못한 행위는 벌하지 아니한다."고 규정하고 있다.

고의는 지적 요소와 구성요건 실현에 대한 행위자의 의사관련에 따라 확정적 고의와 불확정적 고의로 나누어진다. 확정적 고의는 구성요건적 결과의 실현을 행위자가 인식하였거나 확실히 예견한 때를 말하고, 불확정적 고의는 구성요건적 결과에 대한 인식 또는 예견이 불명확한 경우를 말한다. 불확정적 고의 가운데 특히 결과의 예견을 인용한 경우를 미필적 고의라 하고, 결과의 발생은 확실하나 객체가 불확실하여 그것이 택일적인 경우인 택일적 고의, 그리고 일정한 범위의 객체에 있어서 결과의 발생은 확실하나 어느 객체에서 결과가 발생한 것인가가 불확정한 개괄적 고의 등이 있다.

사례연구 203 미필적 고의

한탄해 씨는 휴가철에 동해안으로 피서 한번 가지 못한 자신의 처지가 한탄스러워 세상살기가 싫어졌다. 한탄해는 모든 세상사람들을 원망하며 살아가다가 어느 날 차를 몰고 가다가 동네 골목길에서 어린아기가 놀고 있는 쪽으로 눈을 감고 무조건 질주하여 어린아이 1명을 사망케 하였다. 한탄해는 살인할 고의가 없었기 때문에 살인죄가 성립하지 않는다고 주장하고 있는데, 그의 주장은 정당한가?

▶ 자기의 행위로 범죄가 발생한다는 확실한 인식은 없으나, 그러한 결과의 발생이 있더라도 용인하겠다는 내심의 인식이나 의사가 있는 경우를 미필적 고의라 하고, 이에 대한 형법적 처리는 확정적 고의와 같다. 차를 몰고

군중속으로 질주하는 행위는 특정인을 살해하겠다는 확정적 고의는 없지만, 자기의 행위로 누군가가 죽을 것이라고 예상하고 있으며, 누가 죽더라도 할 수 없다는 의사가 있으므로 미필적 고의에 의한 살인죄가 성립한다.

5. 사실의 착오

착오란 인식한 사실과 결과간의 불일치, 즉 행위자가 주관적으로 인식한 것과 객관적·사실적으로 발생된 사실이 일치하지 않는 경우를 말하며, 착오는 사실의 착오와 법률의 착오로 구별된다.

사실의 착오는 구성요건에 해당하는 위법한 사실을 알지 못하거나 오인하여 행위자가 주관적으로 인식한 바와 객관적으로 발생한 사실이 일치하지 않는 경우를 말하며, 예를 들면, 남편을 살해하기 위하여 보약에 독약을 넣었으나, 엉뚱하게 가정부가 이를 마시고 사망한 경우를 말한다.

반면에 법률의 착오는 자기의 행위가 법률상 허용되지 않는다는 점에 관한 착오, 즉 범죄사실에 대한 형벌적 평가를 그르친 경우를 말하며, 형법 제16조 제1항은 “자기의 행위가 법령에 의하여 죄가 되지 아니하는 것으로 오인한 행위는 그 오인에 정당한 이유가 있는 때에 한하여 벌하지 아니한다.”고 규정하고 있다.

사례연구 204 사실의 착오

한국그룹 오만석 회장은 부인과 사별한 후 애첩 양귀비와 동거하고 있다. 그러나 오만석 회장은 동거 전에 양귀비에게 약속한 혼인신고를 계속 미루고 있고 건강도 쇠약해지고 있으나 유산에 대한 아무런 언질도 주지 않자, 초조했던 양귀비는 유언장을 위조한 뒤 오만석 회장을 독살하기로 마음먹었다. 양귀비는 오만석 회장이 매일 아침 마시는 보약에 독약을 넣어 두었으나 오만석 회장이 이를 깜박 잊고 마시지 않았는데, 엉뚱하게 가정부 아주머니가 호기심에 마시고 되었고 결국 사망하였다. 양귀비의 형사 책임은 어떻게 되는가?

|▶ 범죄자가 인식한 ‘고의’와 실제발생한 ‘결과’ 사이에 착오가 생긴 경우, 범죄자의 형사 책임은 어떻게 되는가의 문제이다. 범죄 행위에는 원칙적으로 고의가 있어야 하지만, 행위자가 인식·의도한 사실과 실제로 발생한 객관적인 사실이 일치하지 않는 경우도 적지 않다. 위의 사례에서 오만석 회장

을 살해하려고 보약에 독약을 넣어두었으나 엉뚱하게 가정부가 마시고 사망한 경우도 사실의 착오에 해당되고, 양귀비는 가정부에 대한 살인죄가 인정된다.

6. 과 실

과실이란 정상의 주의를 태만함으로써 죄의 성립요소인 사실을 인식하지 못한 행위를 말한다. 과실은 언제나 처벌되는 것이 아니라 법률에 특별한 규정이 있는 경우에 한하여 처벌되는데, 과실범은 행위자의 의사에 의해서가 아니라 부주의에 의해서 법질서의 명령을 위반한 것으로 고의범보다 그 불법과 책임이 가볍다. 예컨대, 가정부가 가스렌지를 켰다가 깜박 잊고 잠그지 않았는데, 가정부가 잠든 사이에 가스렌지에서 새어나온 가스에 의해 아이가 사망하는 경우는 과실범이며, 과실치사죄가 성립한다.

사례연구 205 과실범

가정부인 도우미 씨가 하는 일은 식사준비, 집안청소, 아기를 돌보는 일 등이다. 어느 날 도우미 씨는 아기의 젖병을 끓이기 위해 가스렌지를 켰다가 깜박 잊고 가스렌지를 잠그지 않았다. 잠시 도우미 씨가 잠든 사이, 가스렌지에서 새어나온 가스에 의해 아이만 질식사하였는데, 도우미 씨의 죄는?

▶ 도우미 씨는 가스를 오래 켜두면 가스가 샐 염려가 있다는 것을 예상하고, 주의를 다해야 함에도 이를 다하지 않은 과실이 인정되기 때문에 과실범이다. 따라서 과실치사죄가 성립하고, 살인죄는 성립되지 않는다.

7. 결과적 가중범

결과적 가중범이란 행위자의 일정한 고의에 기한 범죄행위가 그 고의를 초과하여 중한 결과를 발생시킨 경우, 그 중한 결과를 이유로 형벌을 가중하는 범죄를 말한다. 예컨대, 상대방의 얼굴을 한 대 때렸는데 땅에 넘어지면서 돌에 머리가 부딪쳐 사망한 경우는 폭행치사죄라는 결과적 가중범에 속하며, 그 밖에 낙태치사상죄, 유기치사상죄, 체포구금치사상죄, 강간치사상죄, 강도치사상죄, 교통방해치사상죄 등이 여기에 속한다.

Ⅲ. 위법성

1. 위법성의 의의

위법성이란 구성요건에 해당하는 행위가 법질서 전체의 관점에 비추어 보아 허용되지 않는 경우를 말한다. 어떠한 행위든지 위법성이 있어야만 범죄가 성립될 수 있는 것이며 행위가 범죄구성요건에 해당하더라도 위법성이 없으면 범죄는 성립하지 않는다.

2. 위법성 조각사유

범죄가 성립하려면 각 규정의 구성요건에 해당하는 행위가 있어야 한다. 그러나 어떤 행위가 구성요건에 해당하더라도 위법하지 않음으로 인하여 범죄가 성립되지 않는 경우가 있는데, 이를 위법성 조각사유라고 한다. 형법상 위법성 조각사유로는 다음과 같은 것이 있다.

(1) 정당방위

정당방위란 자기 또는 타인의 법익에 대한 현재의 위법·부당한 침해를 방위하기 위한 행위로서 상당성이 있어서 위법한 행위로 평가할 수 없는 행위를 말한다. 정당방위의 성립요건은 ① 타인으로부터 현재의 부당한 침해가 있을 것, ② 자기 또는 타인의 법익을 방위하기 위한 행위일 것, ③ 방위행위가 상당한 이유가 있을 것 등이다.

사례연구 206 정당방위

학부모가 교사의 학생지도를 문제 삼아 교실로 찾아와 욕을 하고 흥분하여 방망이로 교사의 머리를 가격하려 할 때, 교사가 학부모의 팔을 잡아 밀쳤는데 넘어지면서 손가락에 가벼운 부상(실금)을 입혔다. 이 경우, 정당방위가 성립하는가?

▶ 정당방위란 자기 또는 타인의 법익에 대한 현재의 부당한 침해를 방위하기 위한 행위로서 상당성이 있어서 위법한 행위로 평가할 수 없는 행위를 말한다(형법 제21조). 정당방위의 성립요건은 ① 타인으로부터 현재의 부당한 침해가 있을 것, ② 자기 또는 타인의 법익을 방위하기 위한 행위일 것, ③ 방

위행위가 상당한 이유(행위 당시의 사정에 비추어 방위에 필요하고 사회상규에 반하지 않는 경우)가 있을 것 등이다. 사안의 경우, 첫째, 현재 침해행위가 진행되고 있고, 둘째, 자신의 법익을 방위하기 위한 행위였으며, 셋째, 교사의 방위행위로 인한 자신의 법익 보호와 상대방(학부모)이 받는 피해를 비교·형량하여 볼 때, 정당방위가 성립되고 위법성이 조각되어 범죄는 성립하지 않으며, 정당방위가 인정되면 형벌 뿐만 아니라 손해배상책임도 부담하지 않는다.

(2) 긴급피난

긴급피난이란 자기 또는 타인의 법익에 대한 현재의 위난을 피하기 위한 상당한 이유있는 행위를 말한다. 긴급피난은 정당방위와 같이 긴급행위로서 처벌되지 않지만, 정당방위는 위법한 침해에 대한 정당한 방위인 반면, 긴급피난은 위법하지 않은 침해에 대하여 일정한 한도에서 피난하는 것을 법이 허용하는 것이다. 긴급피난의 성립요건은 ① 현재의 위난이 있어야 하고, ② 자기 또는 타인의 법익에 대한 위난을 피하기 위한 행위여야 하며, ③ 상당한 이유가 있어야 한다. 예컨대, 싯가 500만원 하는 애견을 데리고 산책을 하던 중, 싯가 100만원 하는 이웃집 도사견이 목줄을 끊고 애견을 공격하려고 하자, 단검으로 도사견을 처리한 경우는 긴급피난이 인정되어 손괴죄에 해당되지 않는다.

사례연구 207 긴급피난

다세대주택에서 살고 있는 명월이는 이거세가 성폭행을 하려 하자 이를 피하여 3층 옥상까지 도피하다가 결국 이웃집 마당으로 뛰어 내렸고, 장독대도 깨졌는데, 이에 대한 법적 견해는?

▶ 긴급피난은 정당방위와 마찬가지로 방위행위에 상당한 이유가 있어야 하는데, 사회적 통념뿐만 아니라 피난행위가 유일한 행위여야 하며(보충성의 원칙), 침해행위와 방위행위는 어느 정도 균형이 맞아야 하는(법익균형의 원칙) 등의 조건이 더 필요하다. 따라서, 위 사례의 경우는 긴급피난이 인정되어 주거침입죄가 성립하지 않고, 그 피신과정에서 장독대가 깨졌어도 손괴죄에 해당하지 않는다. 다만, 장독대의 주인은 불법행위가 없으므로 장독대 파손에 대해서는 긴급피난을 일으킨 불법행위자(이거세)에 대해 손해배상을 청구할 수 있다.

(3) 자구행위

자구행위란 법률의 절차에 의하여 권리를 보전하기 곤란한 경우, 그 권리의 실행불능이나 실행의 곤란을 피하기 위한 실력적 행위로서 상당성이 인정되어 위법성이 배제되는 행위를 말한다.

자구행위의 성립요건은 ① 법정절차에 의하여 청구권을 보전하기가 불가능한 경우일 것, ② 청구권의 실행불능 또는 현저한 실행곤란을 피하기 위한 행위일 것, ③ 상당한 이유가 있을 것 등이다.

사례연구 208 자구행위

김추적 씨는 집에 보관 중이던 수십만 달러와 다이아몬드반지 등 값비싼 보석을 도난당했다. CCTV를 확인한 결과, 집이 비었던 명절 황금휴가 기간 중에 해외를 다녀온 사이 도망해 씨가 담장을 넘어 절취해 간 것이었다. 김추적은 우연히 해외로 도피하려고 공항에 있던 도망해를 발견하고 경찰서로 끌고 가려 했으나 완강히 저항하여 어쩔 수 없이 전치 2주의 상처를 입혔는데, 김추적은 상해죄로 처벌받는가?

▶ 절도범을 현장에서 추적해서 도난 물품을 탈환하는 행위는 정당방위가 되지만, 며칠 뒤 절도범을 발견해서 약간의 폭행과 협박을 가해서 도난당한 물품을 탈환하는 행동은 자구행위가 된다. 김추적의 행위는 도망해가 해외로 도피할 경우 권리실현에 상당한 어려움이 예상된다 할 것이므로 자구행위로 볼 수 있다. 다만, 자구행위가 지나쳐 그 상당성의 정도를 벗어난 과잉자구행위가 되는 경우에는 처벌받게 된다.

(4) 피해자의 승낙

피해자의 승낙이란 법익의 주체가 타인에 대하여 자기의 법익을 침해하는 것을 허용하는 것을 말한다. 피해자의 승낙은 로마법의 "승낙이 있으면 침해가 되지 아니한다."는 법언에 의해 로마법 이래 위법성 조각사유로 인정되어 왔다. 피해자의 승낙에 의해 위법성이 조각되려면, ① 법익주체의 유효한 승낙이 있을 것, ② 승낙에 의한 행위라도 처벌하는 특별한 규정이 없을 것, ③ 사회상규에 위배되지 않을 것 등이다.

예컨대, 갑이 을에게 수혈하기 위하여 병의 승낙을 얻어 그의 피를 뽑는 행위는 상해죄가 성립되지 않지만, 병역을 면제받을 목적으로 무릎수술을 해달라고 한 경우에 아무리 피해자의 승낙에 의한 것일지라도 의사가 수술을 하게 되면 위법성이 있고, 살인, 방화, 낙태 등은 승낙이나 촉탁이 있어도 범죄가 성립한다.

사례연구 209 피해자의 승낙

어느 날 김정의 씨가 친구의 집으로 가던 중 반대편 골목길에서 연기가 나는 것을 보고 그곳으로 달려갔는데, 한 가정집에서 불이 나고 있었다. 김정의는 집주인의 허락없이 창문을 깨고 들어가 불을 껐는데, 죄가 성립되는가?

▶ 김정의는 한 가정집의 창문을 깨고 들어갔으므로 원칙적으로 형법 제319조의 주거침입죄와 제366조의 재물손괴죄에 해당한다. 그러한 김정의의 행동이 위법성 조각사유인 피해자의 승락에 해당하는가가 문제가 된다. 집주인의 명시적 승낙이 없었으므로 피해자의 승낙으로 인해 위법성이 조각될 수는 없다. 다만, 학설과 판례에서는 위 사례와 같이 피해자가 있었더라면 법익의 침해를 당연히 승인하였을 객관적 사정이 있는 경우 피해자의 승낙이 있었다고 추정하는 '추정적 승낙'이라는 위법성 조각사유를 인정하고 있다. 따라서 김정의는 범죄가 성립하지 않는다.

(5) 정당행위

정당행위란 법령에 의한 행위 또는 업무로 인한 행위, 기타 사회상규에 위배되지 아니하는 행위로서, 벌하지 않는 행위, 즉 위법성이 조각되는 사유를 말한다. 여기서, 법령에 의한 행위로는 공무집행행위, 징계행위, 현행범의 체포, 정신병자에 대한 감호행위 등이며, 업무로 인한 행위로는 의사의 치료행위, 변호사의 소송행위 등이 있고, 사회상규에 위배되지 아니하는 행위란 사회통념상 정당시되는 행위이면 된다.

사례연구 210 부항 시술행위와 정당행위

민의술 씨는 부항시술을 잘하는 사람으로 알려졌고, 부항시술행위로 많은 돈도 벌었다. 보건범죄단속에 관한 특별조치법 제5조에는 의사(한의사)가 아닌 사람이 의료행위(한방위료행위)를 업(業)으로 하는 행위를 한 사람은 무기 또는 2년 이상의 징역에 처한다. 이 경우 100만원 이상 1천만원 이하의 벌금을 병과하도록 규정하고 있는데, 부항시술행위는 정당행위인가?

▶ 대법원에서는 "부항 시술행위가 광범위하고 보편화된 민간요법이고, 그 시술로 인한 위험성이 적다는 사정만으로 그것이 바로 사회상규에 위배되지 아니하는 행위에 해당한다고 보기는 어렵고, 다만 개별적인 경우에 그 부항 시술행위의 위험성의 정도, 일반인들의 시각, 시술자의 시술의 동기, 목적, 방법, 횟수, 시술에 대한 지식수준, 시술경력, 피시술자의 나이, 체질, 건강상태, 시술행위로 인한 부작용 내지 위험발생 가능성 등을 종합적으로 고려하여 법질서 전체의 정신이나 그 배후에 놓여 있는 사회윤리 내지 사회통념에 비추어 용인될 수 있는 행위에 해당한다고 인정되는 경우에만 사회상규에 위배되지 아니하는 행위로서 위법성이 조각된다."면서 부항 시술행위가 정당행위에 해당하지 아니한다고 판시하였다(대법원 2004. 10. 28. 선고 2004도3405 판결).

Ⅳ. 책임성

1. 책임의 개념

책임이란 구성요건에 해당하는 위법한 행위를 한 자에 대하여 가해지는 인격적 비난을 말한다. "책임이 없으면 형벌도 없다."라는 것은 현대 형법의 근본원칙이다. 위법성은 행위와 법질서 사이의 모순·불합치의 관계를 말하는 것으로서 그것은 행위 그 자체에 대한 부정적 반가치판단이지만, 책임은 그러한 위법행위에 관련된 행위자의 주관에 관한 부정적 가치판단이다.

2. 책임능력

책임능력이란 육체적 건전과 정신적 성숙에 의하여 사회적 행동을 할 수 있는 정신적 능력을 말한다. 즉, 행위의 사회적·도덕적 의미를 이해하고 그 이해에 따라 의사를 결정할 수 있는 능력을 말한다.

우리 형법에는 책임능력을 적극적으로 규정하지 않고, 소극적으로 책임능력의 전부 또는 일부가 결여된 경우만을 규정하고 있다. 우리 형법상 14세가 되지 아니한 자와 심신장애로 인하여 사물을 변별할 능력이 없거나 의사를 결정할 능력이 없는 자의 행위와 같이 행위 시에 책임능력이 완전히 결여된 절대적 책임무능력자는 책임이 조각되고, 심신장애로 인하여 전항의 능력이 미약한 자와 농아자(청각장애와 발음기능에 모두 장애가 있는 자)의 행위는 형을 감경할 수 있다. 다만, 위험의 발생을 예견하고 자의로 심신장애를 야기한 자의 행위에는 감경되지 않는다(제9조 및 제10조).

사례연구 211 심신장애인

폭주가 한고래 씨는 술을 너무 많이 마셔서 속된 말로 필름이 끊긴 상태에서 술집 종업원을 추행하려다가 경찰서로 끌려 왔다. 한고래는 술이 깨고 나서 왜 자기가 경찰서에 왔는지 조차도 모를 정도로 그 전의 일을 전혀 기억하지 못하고 있다. 심신상실의 경우에는 책임이 조각된다는데, '술에 만취된 상태'도 심신상실 상태로 보는가?

▶ 음주로 만취가 된 상태에서 저지른 행위도 심신상실 상태 하의 범죄로 보아야 하는가 하는 것은 어려운 문제이다. 만취상태였기 때문에 기억을 못한다고 하는 말은 외부인이 판단하기가 상당히 어렵기 때문이다. 그러나 대법원에서는 "술에 만취되어 범행을 기억하지 못한다는 사실만으로 바로 범행 당시 심신상실 상태에 있었다고 단정할 수 없다."고 판시한 바 있다(대판 1985. 5. 28). 다만, "책임을 면할 정도의 만취상태였는가의 여부는 음주량이나 혈액 속의 알콜수치로 판단할 성질의 것이 아니고, 구체적 행위에 있어서 사물의 변별능력 또는 의사결정능력과 관련해서 판단해야 한다."고 판시하고 있다(대판 1997. 9. 28). 형법에서는 위험의 발생을 예견하고 자의로 심신장애를 야기한 자의 행위에는 감경 규정을 적용하지 않는다(제10조 제3항).

3. 위법성의 인식

위법성의 인식이란 행위자가 행위시에 자신의 행위가 위법하다는 것을 인식한 내부적·심리적 요소를 말한다. 위법성의 인식은 책임을 인정하기 위한 핵심적 요소이다. 우리 형법에서는 "자기의 행위가 법령에 의하여 죄가 되지 아니하는 것으로 오인한 행위는 그 오인에 정당한 이유가 있는 때에 한하여 벌하지 아니한다."고 규정하고 있다(제16조).

4. 기대가능성

기대가능성이란 행위 당시의 구체적인 사정 하에서 행위자가 그러한 범죄행위를 하지 않고 다른 적법한 행위를 할 것을 기대할 수 있는 가능성을 말한다. 특수한 사정에 따라서는 행위자에게 책임능력이 있고, 자기 행위의 위법성을 현실적으로 알고 있고, 또는 이를 알 가능성이 있음에도 불구하고 당해 위법행위를 하지 않고 적법행위를 취할 것을 기대하는 것이 도저히 불가능한 경우에는 행위자를 비난할 수 없는 것이고, 따라서 책임이 조각되는 것이다. 즉, 책임능력자의 위법행위가 있을지라도 구체적인 경우에 적법행위의 기대가능성이 없을 때에는 책임이 조각된다.

이 기대가능성 이론은 1897년 독일의 판례로부터 시작하였던 바, "마부인 피고인이 나쁜 습성이 있는 말의 사용을 거부하게 되면 즉시 주인으로부터 해고되어 생계에 위협을 받게 되므로 마부는 그 말의 사용을 거부하는 것을 기대할 수 없다"는 이유로 무죄선고를 내린 바 있다.

우리 형법 제23조에 "저항할 수 없는 폭력이나 자기 또는 친족의 생명·신체에 대한 위해를 방어할 방법이 없는 협박에 의하여 강요된 행위는 벌하지 아니한다."고 규정한 것은 이 기대가능성의 이론을 적용한 것이다.

V. 미 수

1. 미수범

미수범이란 범죄의 실행에 착수하여 행위를 종료하지 못하였거나, 결과가 발생하지 않은 경우에 성립하는 범죄를 말한다. 이와 같이 미수범이란 구성요건의 내용을 충족하지 못한 경우에 성립되는 범죄로 형법 각 조문에 처벌규정이 있는 경우에 한하여 처벌되며, 기수(旣遂)보다 형이 감형될 수 있다. 미수범에는 장애미수, 중지미수, 불능미수가 있는데, 이 중에서 장애미수를 좁은 의미의 미수라고 한다.

예컨대, 소매치기를 하려고 타인의 안주머니에 손을 집어넣다가 다른 사람에게 발각되어 제지당함으로써 소매치기를 할 수 없는 경우 등이 여기에 속한다.

2. 중지미수

중지미수란 범죄의 실행에 착수하였으나 행위자가 자기의 의사에 의하여 범죄를 중지한 경우의 미수를 말한다. 미수는 '실행의 착수'가 있었다는 점에서 예비·음모와 구별되며, 범죄를 완성하지 못하였다는 점에서 기수와 구별되는데, 이와 같은 중지미수는 그 형을 감면 또는 면제한다(형법 제26조). 중지미수에서 주의할 것은 행위자가 자기의 의사에 의해 중지했다는 점으로, 예컨대 불을 낸 방화범이 불길이 맹렬히 솟는 것을 보고 놀라 도망친 경우에는 중지미수가 아니라 방화죄의 기수범이 된다.

사례연구 212 중지미수

장거세는 친구인 김카사와 함께 황진이를 강간하기 위해 으슥한 골목길로 끌고 갔으나 양심의 가책을 느낀 김카사가 한거세를 말리며 다투고 있던 중 신고를 받고 출동한 경찰관에 의해 체포되어 현재 특수강간미수의 혐의로 구속되었다. 실제 강간이 이루어진 것도 아니고 장거세를 말리다가 다투기까지 하였는데, 김카사의 형벌은 장거세에 비해 더 가벼워지는가?

▶ 장거세와 김카사는 「성폭력 범죄의 처벌 등에 관한 특례법」의 특수강간미수죄로 처벌받는다(제4조). 다만, 김카사와 같이 외부적 장애로 인한 것이 아닌 범죄행위자의 자의에 의하여 범죄 실행을 중지했거나 결과발생 등을 적극적으로 방지했을 경우에 이를 입증한다면 중지범으로서 형을 감경 또는 면제될 수 있다.

3. 불능미수

실행수단 또는 대상의 착오로 인하여 결과발생이 불가능한 경우를 불능범이라고 한다. 불능범은 원칙적으로 처벌되지 않으나 불능범 중 결과발생이 불가능하더라도 행위의 위험성이 있는 경우에는 불능미수라 하여 처벌된다.

사례연구 213 불능미수와 불능범

소매치기를 하려고 안주머니를 뒤졌으나 지갑이 없어서 목적을 이루지 못한 경우와 살해하기 위해 대상자에게 설탕을 독약인 줄 알고 먹임으로서 죽지 않은 경우에는 법적으로 어떻게 다른가?

▶ 설문과 같이 소매치기에 실패한 경우와 같은 것은 불능미수로, 결과의 발생은 사실상 불가능하지만 위험성으로 인하여 불능미수범으로 처벌된

다. 반면에 살인죄의 고의로 살해대상자에게 설탕을 독약인 줄 알고 먹였으나 죽지 않은 경우와 같이 불능범은 사실상 결과의 발생이 불가능할 뿐만 아니라 객관적 위험성이 없기 때문에 불능범에 해당하여 벌할 수 없다.

Ⅵ. 공 범

1. 공범의 의의

본래 1인에 의해서도 가능한 범죄에 2인 이상이 협력했는가, 구성요건상 당연히 2인 이상의 공동작용이 예정된 경우였는가에 따라 임의적 공범과 필요적 공범으로 구분된다.

2. 공동정범

공동정범이란 2인 이상의 자가 공동하여 범죄를 실행하는 것을 말하고, 각자를 그 죄의 정범으로 처벌한다(제30조). 각 공동행위는 서로 협력하여 분업적으로 구성요건을 실현하는 것이므로 비록 각 행위자가 구성요건의 일부만을 실현한 경우라도 그 전부의 실현에 대한 책임을 진다는 점에서 단독정범과 구별된다.

공동정범이 성립하려면 주관적으로는 2인 이상의 자가 실행행위를 공동으로 한다는 의사가 있고, 객관적으로는 공동실행의 사실이 있어야 한다.

사례연구 214 공동정범

김노조 씨와 이데모 씨는 임금을 체불하고 있는 악덕기업주 한폭리 씨를 널리 알리기 위해 한폭리의 회사에 불을 지르고 그 취지를 알리기로 하였다. 어느 날, 김노조는 불을 지르고, 이데모는 건물옥상으로 올라가 이 방화의 의의, 목적 등의 뜻이 담긴 유인물을 살포하였다. 이 경우에 직접 방화에 가담하지 않은 이데모를 방화죄의 정범으로 처벌할 수 있는가?

▶ 공동정범의 성립요건은 각 공범자가 공동실행의 의사가 있어야 하며, 공동으로 실행행위(사실)를 해야 한다. 그런데 법원의 판례에서는 더 나아가 공범자간에 공동실행의 의사가 있었던 이상, 그중에 1인이 공동의 실행행위

(사실)에 가담하지 않았더라도 그 실현된 범죄의 공범이 된다는 입장을 취하고 있는 바, 이를 공모공동정범이라 한다. 따라서, 이데모도 방화죄의 공동정범이다.

3. 교사범

교사범이란 타인을 교사하여 죄를 범하게 하는 것을 말한다. 여기서, '교사'란 고의없는 자에게 고의를 유발케 하는 것이라는 점에서 종범과 구별되며, 또한 스스로 범행의 실행을 분담하는 것이 아니라는 점에서 공동정범과 구별된다. 교사범의 성립요건은 교사자의 교사행위와 정범의 실행행위가 있어야 하고, 교사자의 교사행위에는 교사하려는 의사가 있어야 하며, 정범의 실행행위에도 범죄를 실행할 결의가 있어야 한다.

형법 제31조 제1항에는 "타인을 교사하여 죄를 범하게 한 자는 죄를 실행한 자와 동일한 형으로 처벌한다."는 교사범에 대한 규정을 두고 있다. 그리고 특수교사범, 즉 자기의 지휘, 감독을 받는 자를 교사 또는 방조하여 전항의 결과를 발생하게 한 자는 교사인 때에는 정범에 정한 형의 장기 또는 다액에 그 2분의 1까지 가중하고 방조인 때에는 정범의 형으로 처벌한다(제34조 제2항).

사례연구 215 교사범

어떤 회사 부설연구소 내에 X그룹과 Y그룹 간에 가치관의 차이로 심한 분쟁이 일고 있는데, 어느 날 X그룹에 속한 허경대 씨는 뭘 모르는 강대연에게 "Y그룹에서는 강직해가 문제다. 강직해의 연구실을 부숴 혼을 내주어야 하는데 …" 하고 은근히 권유하였다. 며칠 후, 강대연은 강직해의 연구실을 부수었다. 이 경우, 허경대의 행위는 형법적으로 어떻게 평가해야 하는가?

▶ 허경대는 손괴의 의사가 없었던 강대연에게 범죄를 결의케 한 것이므로 손괴죄의 교사범이 된다. 교사의 수단과 방법은 제한이 없다. 즉, 명령, 강제, 위협, 이익의 제공이나 약속, 간청, 권고 등 명시적이든 묵시적이든 범행의 의사가 없는 자에게 범죄의 의지를 발생케 하고 그 범죄를 수행케 하면 교사범이 된다.

4. 종 범

종범이란 정범의 범죄를 방조하는 공범의 하나로 방조범이라고도 하며, 방조의 수단방법은 유형·무형을 가리지 않는다. 즉, 흉기의 제공과 같은 유형적인 방법이든, 조언·격려 등 무형적 방법(정신적 방법)에 의하든 관계없다. 종범의 처벌은 정범의 형보다 감경한다.

사례연구 216 종 범

양촌리 마을 청년들이 마을회관에서 술을 마시던 중 안주가 떨어져 그중 한명인 김양촌은 '또래오래 양계장'에 닭서리에 나섰다. 김양촌이 양계장 철조망 밑으로 들어가 계사에 접근하는 것을 발견한 친구 신경비는 이를 못본 체하여 김양촌은 소기의 목적을 달성하였다. 닭서리도 절도죄가 되는데, 신경비도 죄가 되는가?

▶ 타인의 범죄를 도와 주는 일체의 행위를 종범 또는 방조범이라 한다. 신경비가 김양촌이 양계장 철조망 밑으로 들어가 계사에 접근하는 것을 발견하고도 저지하지 않은 것은 부작위의 방조행위가 된다. 즉, '또래오래 양계장'의 경비원인 신경비가 친구 김양촌의 절도 범행을 목격하고도 눈감아 준 경우 부작위에 의한 절도 방조범이 된다. 다만, 신경비의 처벌은 김양촌의 형보다는 감경된다.

5. 간접정범

간접정범이란 직접정범에 대한 개념으로, 타인을 도구로 이용하여 범죄를 실행하는 것을 말한다. 예컨대, 정신병자를 충동하여 어린아이를 살해하게 하거나, 내용을 모르는 간호사에게 독약을 주어 환자를 살해하게 하는 것 등이 그 예이다. 우리 형법 제34조 제1항에서는 "어느 행위로 인하여 처벌되지 아니하는 자 또는 과실범으로 처벌되는 자를 교사 또는 방조하여 범죄행위의 결과를 발생케 한 자는 교사 또는 방조의 예에 의하여 처벌한다."고 간접정범을 규정하고 있다.

한편, 도구를 사용한다는 점에서는 같으나 정의 사실을 모르는 타인을 도구로 사용하는 간접정범과 자기 자신을 도구로 사용하는 원인에 있어 자유로운 행위(제10조 제3항)는 구별할 필요가 있다. 또한 최근 미성년자를 대상으로 한 성범죄(조두순, 김수철 사건)에 있어서 음주로 인한 심신미약상태를 이유로 감경받으려는 사안에 있어서 판례는 고의 또는 과실로 심신상실상태를 야기하여 고의 또는 과실에 의해 실행행위를 한 경우 감경하지 않고 있다(대법원 96도857, 95도826, 92도999).

사례연구 217 **간접정범**

김흡연과 한망난은 상습적으로 대마초를 흡연하는 자들로서 유심해가 자신들을 모욕했다며 공모하여 유심해를 살해하였다. 그런데, 재판 과정에서 김흡연과 한망난은 심신상실의 상태에서 살해했음을 주장하며 무죄를 주장하고 있는데, 이는 정당한가?

▶ 김흡연과 한망난은 상습적으로 대마초를 흡연하는 자들로서 이 사건 살인범행 당시에도 대마초를 흡연하여 그로 인하여 심신이 다소 미약한 상태에 있었음은 인정되나, 이는 위 김흡연과 한망난이 유심해를 살해할 의사를 가지고 범행을 공모한 후에 대마초를 흡연하고, 위 범행에 이른 것으로 대마초 흡연 시에 이미 범행을 예견하고도 자의로 위와 같은 심신장애를 야기한 경우에 해당하므로, 형법 제10조 제3항에 의하여 심신장애로 인한 감경 등을 할 수 없다(대법원 96도857).

6. 공범과 신분

범죄에는 일정한 신분관계가 범죄의 구성적 요건으로 되어 있는 경우(예컨대, 수뢰죄), 또는 신분관계로 인하여 형이 가중 혹은 감경되는 경우(예컨대, 존속살인죄)가 있다.

신분관계로 인하여 성립될 범죄에 가담한 행위는 신분관계가 없는 자에게도 공범에 관한 규정을 적용한다. 그러나 신분관계로 인하여 형의 경중이 있는 경우에는 중한 형으로 벌하지 아니한다(제33조 단서). 예컨대, 갑과 을이 공동하여 갑의 아버지를 살해하였을 경우에 공범이론에 따르면 을도 존속살인의 공동정범이 되지만, 이때 갑은 존속살인죄로 처벌되고, 을은 보통살인죄로 처벌된다.

Ⅶ. 죄수론

1. 죄수론의 의의

범죄의 수가 한 개인가, 아니면 수 개인가의 문제를 죄수론이라 한다. 형법상 범죄의 수 그 자체에 중요성이 있는 것이 아니라, 행위자에게 형벌을 과할 때 일죄(一罪)(하나의 죄)와 수죄(數罪)(여러 가지 죄)를 어떻게 처벌하느냐에 중요성이 있다. 따라서 죄수론은 특히 경합범의 형 가중의 관계 등에서 형벌론과 밀접한 관계가 있고, 형의 적용상 중요한 의미를 가질 뿐만 아니라 공소의 효력, 기판력의 범위의 관계에서 절차법상으로도 중요하다.

2. 일 죄

범죄의 수가 1개인 것을 일죄라고 하며, 단순일죄와 처분상 일죄가 있다.

단순일죄에는 범죄사실은 하나인데 적용법조의 수가 여러 개인 법조경합(法條競合)(예컨대, 존속살인과 보통살인)과 수개의 행위가 포괄적으로 1개의 구성요건에 해당하여 단순히 일죄를 구성하는 포괄일죄(예컨대, 동일인에 대한 체포와 감금)가 있다. 처분상 일죄는 이론상 수죄(數罪)에 속하나 과형상 일죄로 처벌하는 경우를 말한다. 예컨대, 갑은 을이 약 1시간 가량 가게를 비운 사이에 3차례에 걸쳐 TV 3대를 훔쳤는데, 이 경우, 포괄일죄, 즉 1개의 절도죄가 된다. 어떤 행위자에 의해 수행된 여러 개의 행위가 모두 하나하나의 구성요건에 해당되어 수죄가 되지만, 그 행위의 특수성에 비추어 특별히 여러 개의 행위를 포괄하여 1죄로 처리한 경우가 있는데, 이를 포괄일죄라 한다.

사례연구 218 **일죄(一罪)**

행복중학교에 재직 중인 김성실 교사는 자신이 담임을 맡고 있는 3학년 무작정 학생의 학교생활태도가 바르지 못하여 생활지도를 하였으나, 무작정의 학부모 무대포는 학교에 불만을 품고 학교장과의 면담 자리에서 김성실 교사에 대한 담임교체 및 폭언을 하고 교장실의 컴퓨터를 던져 파손하는 등 난동을 피웠는데, 무대포의 범죄행위는 몇 가지로 처벌되는가?

▶ 무작성 학생의 학부모 무대포는 교장과의 면담 자리에서 한성실 교사

에게 폭언을 하고 교장실의 컴퓨터를 던져 파손하는 등 난동을 피웠으므로, 형법상 공무집행방해죄(제136조 제1항) 및 손괴죄(제366조)로 처벌받을 수 있다. 다만, 공무집행을 방해한 수단이 모욕이나 재물손괴라면 이것은 공무집행을 방해한 죄의 불가벌적 수반행위로써 인정되므로 재물손괴죄, 단순폭행죄, 모욕죄 등은 공무집행방해죄에 포함되는 일죄(一罪) 관계이므로 공무집행방해죄(국·공립학교) 또는 업무방해죄(사립학교 교원)가 성립한다면 그 수단에 해당하는 범죄는 별도로 성립하지 않는다. 처분상 일죄는 이론상 수죄(數罪)에 속하나 과형상 일죄로 처벌하는 경우를 말하는 바, 예컨대 사람을 살해하기 위해 총을 한발 발사하였는데, 1발의 총알이 사람을 죽이고 다시 날아가 유리창을 깨는 것은 살인죄와 재물손괴죄가 성립하지만 과형상 일죄로 취급되며, 이때 수개의 죄 중에서 가장 중한 죄의 형으로 처벌한다.

3. 수 죄

수죄에는 상상적 경합범, 실체적 경합범 등이 있다.

상상적 경합범이란 한 개의 행위가 수개의 죄명에 해당하는 경우를 말한다. 예컨대, 한발의 탄환으로 여러 사람을 살해하는 경우나 한발의 총알로 사람을 살해하고 재물을 손괴한 경우, 자동차로 건널목의 행인을 치고 좌회전하던 자동차까지 치는 사고를 낸 경우 등이다.

실체적 경합범이란 보통 판결이 확정되지 않은 수개의 범죄를 말하나, 어떤 범죄에 관하여 이미 확정판결이 있는 때에는 "판결이 확정된 죄와 그 판결 확정 전에 범한 죄"도 실체적 경합범이 된다.

사례연구 219 실체적 경합범

한머리 씨는 사기죄, 상해죄, 혼인빙자간음죄 등 세 가지 범죄를 저지르고 체포되었다. 여러 개의 죄로 한번에 재판을 받을 경우, 법원에서 형기를 결정, 선고하는 방법은?(단, 사기죄는 10년 이하 징역, 상해죄는 7년 이하 징역, 협박죄는 3년 이하 징역으로 함)

▶ 한머리가 저지른 3개의 범죄는 실체적 경합범이다. 실체적 경합범에 대한 형기를 결정하는 방법은 가장 중한 죄의 2분의 1을 가중할 수 있다. 따라서, 한머리는 사기죄의 법정형인 10년과 가중되는 5년을 합쳐 15년 징역형까지 선고할 수 있다.

제3절 형 벌 론

Ⅰ. 형벌의 의의와 종류

1. 형벌의 의의

형벌이란 범죄행위에 대한 법률상의 효과로서 국가가 그 형벌권에 근거하여 행위자에게 과하는 법익의 박탈을 의미한다. 국가는 범인의 악행에 대한 비난의 표현으로서 범죄자에게 형벌이라는 해악을 과하고 있다. 어떤 이유에서 범죄인에 대하여 형벌을 과하는가에 대해서 형벌의 본질을 범죄에 대한 정당한 응보에 있다고 하는 응보형주의와 장래에 범죄가 일어나지 않도록 하기 위하여 과해지는 것이라는 목적형주의 등이 있다.

사례연구 220 형벌에 대한 형벌의 응보형주의와 목적형주의

한국에서 막노동을 하고 있는 파키스탄인 알라 씨는 인근 야산에서 독버섯이 있다는 사실을 모른채, 버섯을 채취하였다. 알라는 집에서 가족들과 함께 버섯요리를 만들어 먹었는데, 그중 자녀 1명이 사망하게 되었다. 이상과 같이 알라 씨는 살인의 책임을 져야 하는가 하는 문제에 대해 형법이론적 측면에서 설명하라?

▶ 형법학설에는 여러 가지가 있는데, 먼저, 일반예방주의의 관점에서 보면 독버섯의 위험성을 언론을 통해 일반인에게 깨우쳐주는 것으로 충분하며, 특별예방주의의 관점에서 보면 알라는 다시는 버섯채취를 하지 않을 것이기 때문에 형법을 과할 필요가 없다. 또한, 응보형주의에 의하면 자녀 1명 사망에 대하여 형법 제267조의 과실치사죄를 인정해야 하며, 목적형주의에 의하면 독버섯의 전량을 수거·폐기처분하는 공적 조치가 가장 좋은 방법이다. 이와 같이 인간의 행위에 대한 형사책임의 설명도 보는 관점과 이론에 따라 다를 수 있으므로 어떤 형법이론을 구성하는 것이 결과적으로 더 합리적인 것인가는 깊이 생각해야 할 문제이다.

2. 형벌의 종류

형법상 형벌의 종류로는 사형, 징역, 금고, 자격상실, 자격정지, 벌금, 구류, 과료, 몰수 등 9종이 있다. 이것을 박탈하는 법익의 종류에 따라 분류하면, 생명형, 자유형, 명예형, 재산형으로 나누어진다. 또한, 기타 형사정책수단으로 보호관찰, 사회봉사명령, 수강명령 등이 있다.

(1) 형벌의 종류

(가) 생명형(사형) : 사형은 생명을 박탈하는 형벌로서 가장 중한 벌이다. 사형은 교도소에서 교수형으로 집행한다. 사형에 관하여는 인도주의적 · 형사정책적 입장에서 그 폐지론이 주장되고 있으며, 상당한 수의 국가가 사형을 폐지하거나 제한하는 경향이 있다. 우리나라는 1997년 12월을 마지막으로 더 이상 사형집행을 하지 않고 있다. 사형제도는 있으나 집행은 하지 않는 나라로, 이른바 '실질적 사형 폐지국'이다.

사례연구 221 사형제도

1960년 영국에서 사형집행관이 사형수에게 물었다. "마지막으로 할 말이 있으면 해보시오." 사형수는 "나는 결코 아내를 죽이지 않았습니다."라는 말을 남기고 형장의 이슬로 사라졌다. 그 후 진범은 체포되었고, 영국은 사형제도를 폐지하였다. 우리나라에서는 사형제도가 인정되고 있는데, 흉악범에 대하여 사형이라는 형벌은 필요한가? 또한 사형은 생명권을 기본권으로 인정한 헌법을 위반한 것이 아닌가?

▶ 사형폐지론을 최초로 주장한 학자인 베까리아는 1764년 「범죄와 형벌」이란 저서를 통해 사형은 인간본성에 따라 곧 잊혀질 것을 방지할 수 없고 위하력에 있어서도 무기형이 훨씬 크기 때문에 사형은 폐지되어야 한다고 주장하였다. 흉칙한 사건이 발생할 때마다 사형제도의 존폐론이 제기되고 있는데, 사형의 폐지를 주장하는 근거는 ① 사형은 인도적 견지에서 존치시킬 수 없으며, ② 종교적 견지에서 허용될 수 없으며, ③ 생명권을 근본적으로 부정하는 것으로 헌법위반이며, ④ 형벌의 본질은 교화인데 사형은 이를 포기하는 것이며, ⑤ 범죄예방효과가 없으며, ⑥ 오판의 가능성이 있다는 점 등이다. 반면에 사형의 존치를 주장하는 근거는 ① 사형은 범죄억제효과가 대단히 높으며, ② 살인, 강도 · 강간 등 흉악범의 생명박탈은 사회적 정의이며, ③ 국민의 확실한 지지를 받고 있다는 점 등이다. 사형은 흉악범에 대한

응징을 통해 사회질서를 유지하기 위해 불가피하다는 합헌이 통설 및 판례의 입장이다.

(나) **자유형** : 자유형은 구금에 의하여 범죄자의 신체적 자유를 박탈하는 형벌이다. 자유형에는 교도소 내에 구치하여 정역(定役)에 복무하게 하는 징역, 교도소 내에 구치할 뿐 정역에 복무하게 하지 않는 금고, 유치장에 구치하는 가장 약한 자유형인 구류가 있다.

(다) **명예형** : 명예형은 일정한 자격을 박탈 내지 정지하게 하는 형벌로서 형법은 자격상실과 자격정지의 두 가지가 있다. 자격상실은 형의 선고로써 일정한 자격을 영구적으로 박탈하는 형벌로서 사형, 무기징역 또는 무기금고의 판결을 받은 자는 ① 공무원이 되는 자격, ② 공법상의 선거권과 피선거권, ③ 법률로 요건을 정한 공법상의 업무에 관한 자격, ④ 법인의 이사, 감사 또는 지배인 기타 법인의 업무에 관한 검사역이나 재산관리인이 되는 자격을 상실한다. 자격정지는 수형자의 일정한 자격을 일시적으로 정지시키는 형벌로 유기징역 또는 유기금고의 판결을 받은 자는 그 형의 집행이 종료하거나 면제될 때까지 전술한 ①~③에 기재된 자격이 정지된다. 다만, 다른 법률에 특별한 규정이 있는 경우에는 그 법률에 따른다(제43조).

(라) **재산형** : 재산형은 범죄자의 재산적 이익을 박탈하는 형벌로서 형법상의 재산형에는 벌금과 과료가 인정되며, 몰수는 재산형적 성질을 가지고 있으나, 부가형으로 되어 있기 때문에 주형(주형)으로서의 재산형에는 포함되지 않는다. 벌금은 감경하는 경우를 제외하고는 5만원 이상이며 상한이 없고, 과료(과료)는 2,000원 이상 50,000원 미만이다. 몰수는 범죄행위와 관련된 일정한 재산의 박탈을 내용으로 하는 형벌로, 몰수할 수 있는 것은 범인의 소유에 속할 것 또는 범죄 후 범인 이외의 자가 그 사정을 알면서 취득한 물건(범죄행위에 제공하였거나 제공하려고 한 물건, 범죄행위로 인하여 생하였거나 이로 인하여 취득한 물건과 이를 대가로 취득한 물건) 등이다.

(2) 기타 형사정책 수단

형법상 형벌의 종류로는 사형 등 9종이 있지만, 현행 형벌제도로는 신축성 있는 대처가 어렵다는 문제점이 있는데, 이를 보완하기 위한 제도로 보호관찰, 사회봉사명령, 수강명령 등을 두고 있다.

보호관찰제도는 죄가 인정되거나 보호 처분의 필요성이 인정된 자에 대해 자유로운 사회생활을 허용하면서 일정한 의무사항을 지킬 것을 부과하는 처분이고, 사회봉사명령은 일정시간 무보수로 복지시설이나 공동시설에서 봉사활동을 하게 하는 것이며, 수강명령은 마약사범이나 가정폭력사범, 성폭력 사범 등에게 일정 시간동안 강의, 체험학습 등 범죄성 개선을 위한 교육을 받도록 명령하는 것이다.

사례연구 222 **사회봉사명령제도**

그룹 총수인 최완식 회장은 한나래당에 불법적 정치자금을 제공한 혐의로 기소되었지만, 최완식의 구속으로 인해 우리나라 경제에 막대한 영향을 미칠 수 있어 판사의 고민은 깊어지고 있다. 결국 판사 김아량은 징역 1년에 집행유예 2년을 선고하면서, 기타 회개하는 시간을 주고 싶은데 어떻게 하면 되는가? 또한 일정액의 금전출연을 주된 내용으로 하는 사회공헌계획도 사회봉사로 인정되는가?

▶ 재벌 총수들이 비자금을 만들어 정당의 선거자금으로 제공하여 사회적 물의를 일으키는 경우가 많다. 그룹 총수의 구속은 곧 그룹 신용도의 하락을 가져오게 되고 우리나라 경제에도 악영향을 끼칠 염려가 있어 동정론도 일부 있다. 형법상의 형벌제도 이외에 양로원, 고아원, 무료급식소 등에서 일정기간 봉사하게 하는 사회봉사명령제도를 활용할 수 있을 것으로 본다. 다만, 여기서 사회봉사는 자유형의 집행을 대체하기 위한 것으로 500시간 내에서 시간 단위로 부과될 수 있는 일 또는 근로활동을 의미하므로 일정액의 금전출연을 주된 내용으로 하는 사회공헌계획은 사회봉사로 허용될 수 없다(대법원 2008. 4. 11. 2007도8373).

II. 형벌의 집행

1. 선고유예

선고유예란 경미한 범죄자에 대하여 일정한 기간 동안 형의 선고를 유예하였다가 이 기간이 무사히 경과된 경우에는 면소된 것으로 간주하는 제도이다. 우리 형법에 있어서 가장 가벼운 제재방법으로 단기자유형의 폐단을 제거하고, 특별예방의 목적을 달성하려고 하는 것이다.

선고유예는 1년 이하의 징역이나 금고·자격정지 또는 벌금의 형을 선고할 경우에 있어서, 개전의 정상이 현저한 때에는 그 선고를 유예할 수 있다. 단, 자격정지 이상의 형을 받은 전과가 있는 자에 대하여는 예외로 한다(제59조 제1항).

2. 집행유예

집행유예란 유죄판결을 하면서 그 형의 집행을 유예하여 일정기간을 무사히 경과하면 형의 선고가 없었던 것으로 취급하는 제도를 말한다. 이는 실제적으로 개과천선의 실효를 거두지 못하고 있는 단기자유형의 폐단을 시정하고 동시에 형의 현실적 집행과 동일한 효과를 실현하려는 제도이다.

집행유예는 3년 이하의 징역이나 금고 또는 500만원 이하의 벌금의 형을 선고할 경우에 그 정상에 참작할 만한 사유가 있는 때에는 1년 이상 5년 이하의 기간 형의 집행을 유예할 수 있다. 다만, 금고 이상의 형을 선고한 판결이 확정된 때부터 그 집행을 종료하거나 면제된 후 3년까지의 기간에 범한 죄에 대하여 형을 선고하는 경우에는 집행유예를 내릴 수 없다(제62조 제1항).

사례연구 223 집행유예기간 중의 범죄

좀도둑 반양상 씨는 절도죄로 징역 6월에 집행유예 1년의 선고를 받았으나, 집행유예기간 중 다시 절도미수로 구속 기소되어 재판을 기다리고 있는데, 동 절도미수사건에 대해 다시 집행유예 선고를 받으면 풀려 나올 수 있는가?

▶ 집행유예기간 중이라도 절도미수사건을 저지른 것이라면 풀려 나올 수 있다. 왜냐 하면 절도미수의 법정형에는 징역형 이외에 벌금형도 있으므로 벌금형을 선고받을 수 있고, 이런 경우에는 종전의 집행유예는 실효되지 않아 결국 종전의 형은 집행되지 않을 수 있다. 다만, 이와는 달리 교통사고 등으로 인한 과실치사로 기소된 피고인이 법관으로부터 집행유예선고를 받고, 그 기간 중에 다시 재범(再犯)을 한 경우에는 재차 집행유예를 할 수 없다는 것이 판례의 입장이다.

3. 가석방

가석방이란 징역 또는 금고의 집행 중에 있는 수형자를 개전의 정이 현저하다고 인정되는 경우에 형기 만료 전에 조건부로 석방하는 제도이다.

사례연구 224 가석방

김과격 씨는 친구들과 술을 마시던 중, 자신에게 인간적인 모멸감을 준 김건방 씨를 흉기로 찔러 살해하였다. 개전의 정이 뚜렷한 김과격 씨는 현재 10년 형의 선고를 받고 만 3년째 교도소에 복역 중인데 곧 돌아오는 광복절에 가석방될 수 있는가?

▶ 가석방은 징역 또는 금고의 집행 중에 있는 자가 그 행상이 양호하여 개전의 정이 현저한 때에는 무기에 있어서는 20년, 유기에 있어서는 형기의 3분의 1을 경과한 후 행정처분으로 가석방을 할 수 있다. 다만, 벌금 또는 과료의 병과가 있는 때에는 그 금액을 완납하여야 한다. 따라서, 한과격은 유기징역 10년을 선고받고 아직 1/3이 경과하지 않았으므로 개전의 정이 뚜렷하더라도 가석방의 대상이 되지 않는다.

Ⅲ. 형의 시효와 소멸 및 기간

1. 형의 시효

형의 시효란 형의 선고를 받아 판결이 확정된 후 그 형의 집행을 받지 않고 법률이 규정한 일정한 기간을 경과하면 집행이 면제되는 제도를 말한다. 형의 시효는 이미 확정된 형벌의 집행권을 소멸시키는 점이라는 점에서 미확정의 형벌권인 공소권을 소멸시키는 공소시효와 구별된다.

사례연구 225 형의 시효제도

김폭주 씨는 4년전 교통사고특례법위반으로 금50만원의 벌금형을 선고받았으나 이를 납부하지 않은 채 행방불명되었다. 위 선고 2년 후 김폭주 명의의 승용차에 대한 검사의 집행명령에 의하여 집행관이 집행하였으나 집행불능으로 종료되었으며 최근 다시 벌금을 납부하라는 통지를 받았다. 벌금은 3년이 지나면 시효완성이 되는데, 김폭주는 벌금을 내야 하는가?

▶ 형법상 형의 시효는 형을 선고하는 재판이 확정된 후 그 집행 받음이 없이 ① 사형은 30년, ② 무기징역 또는 금고는 20년, ③ 10년 이상의 징역 또는 금고는 15년, ④ 3년 이상의 징역이나 금고 또는 10년 이상의 자격정지는 10년, ⑤ 3년 미만의 징역이나 금고 또는 5년 이상의 자격정지는 5년, ⑥ 5년

미만의 자격정지, 벌금, 몰수 또는 추징은 3년, ⑦ 구류 또는 과료는 1년이 경과함으로써 완성된다. 위 사례에서 검사의 집행명령에 의하여 집행관이 집행을 개시한 때인 2년 전에 시효가 중단되었으므로 집행불능이 된 때부터 다시 3년이 지나야 시효가 완성되므로 벌금을 납부해야 한다.

2. 형의 소멸

형의 소멸이란 유죄판결의 확정에 의하여 발생한 국가의 형벌집행권이 소멸하는 것을 말하는데, 이것은 형사소송법에서 말하는 공소권의 소멸과는 다르다.

형의 소멸의 원인으로는 형의 집행의 종료 또는 면제, 형의 선고유예 또는 집행유예기간의 경과, 가석방기간의 만료, 형의 시효의 완성, 범인의 사망과 범인의 소멸, 사면 또는 형의 실효 및 복권 등의 경우이다.

3. 형의 기간

기간의 계산은 년 또는 월로써 정한 기간으로 역수에 따라 계산하고(제83조), 형기는 판결이 확정된 날로부터 기산하며(제84조 제1항), 징역, 금고, 구류와 유치에 있어서는 구속되지 아니한 일수는 형기에 산입되지 아니한다(제84조 제2항).

제 4 절 형법각론

Ⅰ. 개인적 법익에 대한 죄

1. 생명 · 신체에 대한 죄

(1) 살인죄

살인죄란 사람을 살해함으로써 그 생명을 침해하는 것을 내용으로 하는 범죄를 말하며, 자기 또는 배우자의 직계존속을 살해한 때에는 가중처벌한다. 여기서 살해란 고의로 사람의 생명을 자연적으로 사망하기 전에 단절시키는 것을 말한다(제250조~제253조).

사례연구 226 살인죄

1) 금술 좋았던 부부에게 불행이 닥쳤다. 남편 김금술 씨에게 치명적 위암 선고가 내려졌기 때문이다. 김금술의 아내 한일편은 향후 벌어지게 될 남편의 고통, 그리고 남편이 죽으면 자기도 삶의 의미를 잃게 된다고 생각하여 우리 같이 죽자면서 각자 다량의 수면제를 먹었다. 그러나 남편 김금술은 죽고 한일편은 살았을 경우, 어떻게 되는가?

2) 만약 아내 한일편이 남편 김금술의 사망으로 인한 보험금을 타기 위해 자신은 소량의 수면제를 먹어 살아나고, 남편은 다량의 수면제를 먹어 사망한 경우라면 어떻게 되는가?

▶ 합의동사(合意同死)는 자살의 공동정범에 불과하기 때문에 자살이 처벌되지 않는 것처럼 처벌할 수 없다는 견해도 있지만, 통설은 다음과 같이 두 가지 경우를 나누어 처벌한다. 1)의 사례는 진정으로 같이 죽을 것을 생각으로 죽을 약속을 하고 정사를 기도하였으나 아내만 살아났으면 타인의 자살을 방조 또는 교사한 사실이 인정되어 자살방조죄 또는 교사죄로 처벌된다. 2)의 사례는 위계살인죄가 성립된다. 위계살인죄는 위계로써 사람의 촉탁 또는 승낙을 받아 그를 살해하거나 자살을 결의하게 하여 자살케 함으로써 성립한다. 여기서 위계란 목적이나 수단을 상대방에게 알리지 않고 그의 무지나 착오를 이용하여 목적을 달성하는 것으로 기망의 방법뿐만 아니라 동반자살과 같은 유혹도 포함된다. 김금술은 한일편이 따라 죽을 것으로 믿고 있었으므로 한일편은 위계촉탁살인죄가 성립된다(제253조).

(2) 상해와 폭행의 죄

폭행과 상해의 죄는 사람의 신체에 대한 침해를 내용으로 하는 범죄이다(제257조~제262조). 폭행죄는 신체에 대한 일체의 불법적인 유형력의 행사를 하는 범죄이며, 그 성질이 반드시 상해의 결과를 초래할 필요는 없다. 즉, 그 성질이 반드시 상해의 결과를 초래할 필요는 없으므로 신체에 공간적으로 근접하여 고성으로 폭언이나 욕설을 하는 행위, 손으로 밀어 넘어뜨리는 경우, 손을 세차게 잡아당기는 행위, 침을 타인의 신체에 뱉는 행위, 몸에 물을 뿌리는 행위 등도 포함된다. 반면, 상해죄는 사람의 신체를 고의로 상해를 입히는 범죄, 즉 신체의 생리적 기능에 장해를 발생하게 하는 행동을 함으로써 발생하는 범죄이다. 즉, 폭행으로 인해 병원에서 치료를 요하는 정도의 상해(부상)뿐만 아니라 성병에 감염시키는 것과 같이 신체의 생리적 기능에 장해를 발생하면 성립하게 된다.

폭행죄와 상해죄는 큰 차이가 없어 혼동하는 경우가 많다. 폭행이란 예를 들어 강제로 멱살을 잡는다거나 밀친다거나 의사에 상관없이 상대방의 몸에 손을 대는 행위는 폭행이라고 볼 수 있고, 이러한 행위들로 인해서 팔이 부러지는 등 부상을 입게 되면 상해가 되는 것이다. 폭행죄는 2년 이하의 징역 500만 원 이하의 벌금이지만(제260조 제1항), 피해자의 명시적인 의사에 반하여 처벌할 수 없는 반의사불벌죄가 적용된다. 그러나, 상해죄는 7년 이하의 징역, 10년 이하의 자격정지 또는 1,000만 원 이하의 벌금으로 폭행죄에 비해 상해죄가 더욱 중하며(제257조), 피해자의 처벌의사와 관계없이 처벌된다.

사례연구 227 상해죄 · 폭행죄

1) 김미망은 3개월 전 남편이 사망한 후, 시어머니와 별거 중에 있었는데, 상속문제를 둘러싸고 시어머니와 싸우다가 시어머니가 가벼운 부상을 입게 되었다. 위의 경우, 존속상해죄가 성립하는가, 아니면 일반상해죄가 성립하는가?

2) 미국의 런디바스는 야구선수로써도 유명했지만, 수염으로도 유명했다. 어느 날 런디바스가 이발소에 와서 이발하며 잠시 졸던 중, 수염 기르는 것을 싫어한 이발사가 수염을 전부 밀어 버렸는데, 이발사는 어떤 죄가 되는가?

▶ 1) 배우자의 직계존속이라 함은 그 배우자가 사망한 후까지를 포함하는가가 문제가 되는데, 존속상해죄(형법 제257조 제2항)는 가중처벌규정이므로 엄격히 해석해야 한다. 따라서, 배우자의 직계존속이란 생존배우자의 직계존속을 의미하고, 사망한 사람의 배우자였던 자의 직계존속을 의미하는 것은 아니라는 것이 통설이므로 일반상해죄가 성립한다. 2) 사람의 수염을 승낙 없이 밀어 버리는 행위는 신체에 대한 불법한 유형력(물리력)의 행사로서 폭행죄가 된다(일본 판례의 입장).

(3) 과실치사상의 죄

과실치사상의 죄는 과실로 인하여 사람을 사망에 이르게 하거나 사람의 신체를 상해하는 것을 내용으로 하는 범죄이다. 업무상 과실이나 중과실인 경우에는 형이 가중된다(제266조~제268조).

사례연구 228 과실치사죄

김임대 씨는 이가난 씨에게 방 한 칸을 월세로 주었는데, 이가난이 이사 온 지 20일이 지난 어느 날 연탄가스로 사망하였다. 세놓은 방은 그 동안 정상적으로 가스배출기가 작동되었으나, 경찰의 조사결과, 가스배출기의 고장과 문턱에 생긴 작은 틈으로 연탄가스가 스며들어 이가난이 죽게 된 것으로 판명되었다. 김임대는 과실치사죄가 성립되는가?

▶ 임차목적물(셋방)에 있는 하자가 임차목적물을 사용할 수 없는 정도로 부수어진 상태거나, 아니면 반드시 임대인에게 수선할 의무가 있는 대규모의 것이 아니라면 이는 세입자에게 수리 및 관리의 의무가 있으므로 김임대에게 과실치사죄를 물을 수 없다(대판 1986. 7. 8. 86도383).

사례연구 229 업무상 과실치상죄

1) 의사인 한깜빡 씨는 김재수 씨의 맹장수술을 끝냈으나, 김재수가 복통을 호소해옴에 따라 엑스레이(X-ray)를 찍어 보니 김재수의 뱃속에 수술용 칼이 들어 있었다. 의사 한깜빡의 형사책임은?

2) 집마당에서 세파트 개의 목줄이 풀려서 집 담을 넘어 아이를 물어 3주 진단이 나왔다면 세파트 주인에게 형사처벌이 가능한가?

▶ 1) 의사 한깜박의 행위는 업무로 인하여 사람을 치상에 이르게 함으로써 성립하는 업무상 과실치상죄에 해당한다. 본죄는 주체가 일정한 업무에 종사하는 자란 신분관계 때문에 형이 가중되는 범죄유형이다. '업무상 과실'이란 업무상 요구되는 필요한 주의의무를 다하지 못하는 일체의 경우를 말한다. 2) 세파트 개의 주인은 세파트 개를 관리할 의무가 있고, 세파트 개에게 물려 상해를 입어야 하고, 상처가 있다면 병원에서 상해진단서를 받아서 고소할 수 있다. 그러나, 진돗개에게 물렸는데 자국이나 상처가 없다면 상해가 되지 않고, 병원에서 일반진단서를 받게 되면 고소가 불가능하다. 과실치사상죄는 최대형량이 500만원 이하의 벌금, 구류 또는 과료에 처해지는 비교적 경미한 범죄이다(제266조 제1항).

(4) 낙태의 죄

낙태의 죄는 태아를 자연분만기 이전에 인위적으로 모체 밖으로 배출하거나, 태아를 모체 안에서 살해하는 것을 내용으로 하는 범죄이다. 다만, 모자보건법 제14조에서는 의학적 · 우생학적 · 윤리적 적응에 의하여 낙태가 허용되는 경우를 규정하고 있다(제269조~제270조).

사례연구 230 낙태죄

자유분방한 성격의 미스 김미니 양은 동해안 여름휴가를 갔다가 우연히 만난 사람과 하루 밤의 유희를 즐겼으나, 공교롭게도 바캉스 베이비를 갖게 되었다. 그러나 결혼하지 않은 몸으로 아이를 낳아 기를 수 없었던 그녀는 의사인 성도덕을 찾아가 불량배에 의해 강제로 임신되었다고 속인 후, 임신중절을 간청하였다. 의사 성도덕 씨는 김미니의 말을 믿었으며, 수술비 등의 비용을 받고 임신중절수술을 하였는데, 성도덕과 김미니는 형사책임을 지게 되는가?

▶ 우리 형법은 임신한 부녀가 스스로 낙태하거나(자낙태), 또는 타인이 그녀의 동의를 얻어 낙태하거나(동의낙태죄), 동의를 얻지 않은 낙태(부동의 낙태)를 모두 처벌하고 있으므로, 미스 김미니는 낙태죄, 의사 성도덕은 동의낙태죄에 해당한다. 우리나라에서는 과거에 인구증가 억제정책을 강력하게 실시함에 따라 낙태행위에 대해서는 실제 처벌되는 경우가 드물었다. 한편, 1973년 제정된 모자보건법에서는 i) 임산부나 그 배우자가 우생학적 또는 유전학적 정신장애나 신체질환이 있는 경우, ii) 강간 또는 준강간에 의하여 임신된 경우, iii) 법률상 혼인할 수 없는 혈족 또는 친족 간에 임신된 경우, iv) 임신의 지속이 보건의학적 이유로 모체의 건강을 심히 해치거나 해칠 우려가 있는 경우 등은 낙태를 허용하고 있다.

(5) 유기와 학대의 죄

유기와 학대의 죄란 노유(老幼) · 질병 기타 사유로 인하여 부조를 요하는 자를 보호할 의무가 있는 자가 유기 또는 학대함으로써 성립하는 범죄를 말한다. 여기서 유기란 부조를 요하는 자를 보호받지 못하는 상태에 두는 것을 말하며(제271조~제275조), 예컨대 교통사고로 수혈이 필요한 자녀에게 종교상의 이유로 수혈을 거부함으로써 사망케 한 경우 등을 말한다. 또한 학대란 부조를 요하는 자에 대하여 비인간적이고 가혹한 행위를 하는 것을 말한다.

사례연구 231 유기와 학대의 죄

고려장이란 고증할 방법이 없어 사실이라고 할 수 없지만, 연로한 부모를 먼 산에 버려서 그곳에서 죽도록 하는 고약한 풍습이다. 김패륜 씨는 팔순의 어머니 한불쌍을 모시기 싫어서 필리핀 여행을 시켜 준다며 출국했다가 필리핀 어느 깊숙한 산에 버려두고 왔는데, 며칠 후 나무꾼이 아사(餓死) 직전의 한불쌍을 구조하였다. 이 경우 김패륜은 무슨 죄가 성립되는가?

▶ 인조때 김상진이란 정승은 "부모와 자식사이 하늘 삼긴 지친이다. 부모 곧 아니면 이 몸이 있을 쏘냐. 오조(검은 까마귀)도 반포(까마귀는 반드시 은혜를 갚는다)를 하니 부모 효도 다 하여라"라는 시를 지었는데 급속한 노령사회인 우리나라에 시사하는 바가 크다. 김패륜이 한불쌍을 산속 깊은 곳에 유기할 당시 살해의 미필적 고의가 있었으므로 김패륜은 존속살인죄의 미수에 해당한다.

2. 자유와 안전에 관한 죄

(1) 체포와 감금의 죄

체포와 감금의 죄는 불법하게 사람을 체포 또는 구금하여 사람의 신체적 활동의 자유를 침해하는 것을 내용으로 하는 범죄이다. 체포란 사람의 신체에 대하여 직접적이고 현실적인 구속을 가함으로써 활동의 자유를 박탈하는 것이다. 그리고 감금이란 일정한 장소에서 떠나고 싶을 때 떠나지 못하게 하는 것을 말한다(제276조~제282조).

사례연구 232 감금의 죄

어느 날 나무꾼 이산골은 나무를 채취하기 위해 산속으로 들어갔는데, 계곡 어느 연못에서 한선녀가 옷을 다 벗고 목욕을 하고 있었다. 한눈에 한선녀에게 반해 버린 이산골은 한선녀의 옷을 감추고 자기의 아내로 삼고 싶었다. 이 경우, 이산골은 어떤 죄가 되는가?

▶ 선녀와 나무꾼에 나오는 이야기 중에서 나무꾼이 목욕하는 선녀의 옷을 훔친 것처럼, 감금죄는 목욕 중인 여자의 옷을 감추어 수치심 때문에 못 나오게 하는 것도 포함된다(제276조~제282조).

(2) 협박의 죄

협박의 죄란 사람에게 외포심(畏怖心)(두려움)을 생기게 할 만한 해악을 가할 것을 고지하여 상대방을 공포케 하는 것으로 사람의 의사결정의 자유를 침해하는 범죄이다. 협박의 내용은 상대방의 신체, 정조, 업무, 신용, 명예 등에 대해 해를 끼치겠다고 알리는 것이며, 예컨대 '죽여 버리겠다', '다리를 부러뜨려 놓겠다' 등이 이에 해당한다(제283조~제286조).

(3) 약취와 유인의 죄

약취와 유인의 죄는 사람을 약취 또는 유인하여 자기 또는 제3자의 실력적 지배하에 둠으로써 개인의 자유를 침해하는 것을 내용으로 하는 범죄이다. 여기서 약취는 폭행 또는 협박을 수단으로 하고, 유인은 기망 또는 유혹을 수단으로 한다는 점에서 구별된다. 과거, 우리 나라의 풍습이었던 이른바 '보쌈'은 결혼목적 약취·유인죄에 해당한다(제287조~제296조).

(4) 정조에 관한 죄

정조에 관한 죄는 폭행·협박·위계·위력 등의 방법으로 피해자의 성적 자유를 침해하는 것으로 위법한 강제수단을 동원하여 정조에 관한 인격적 자유를 침해하는 범죄이다. 강간죄, 준강간죄, 강제추행죄, 준강제추행죄, 유년자추행죄, 강간강제추행치사상죄, 피감호부녀간음죄, 혼인빙자 등에 의한 간음죄 등이 이에 속한다(제297조~제306조). 강간죄는 피해자나 법정대리인의 고소가 있어야 하는 친고죄이지만, 흉기 기타 위험한 물건을 휴대하거나 2인 이상이 합동하여 강간을 한 경우에는 고소가 없거나 고소를 취소해도 처벌된다. 특히 2012년 12월 18일 법률개정에서는 강간의 객체를 '부녀'에서 '사람'으로 규정하였다.

사례연구 233 강간죄

> 1) 나벼락 군과 약혼한 김처녀 양은 모임에서 술을 마신 후 만취상태에서 이거세 씨에게 강간당하였는데, 파혼이 두려워 이거세를 고소할 수도 없는 형편인데 이거세를 처벌하려면 반드시 김처녀의 고소가 필요한가?
>
> 2) 한거부 씨는 남편 이거세의 부정행위로 이혼을 결심하고 있던 차에 남편 이거세가 "이혼을 요구할 수 있느냐"며 억지로 끌고 간 뒤 두 손을 움직이지 못하게 하고 성추행을 했다면 형법상 죄가 되는가?

3) 한정숙 씨는 어머니가 친정에 있는 동안 의붓아버지에게 강간당하였는데, 한정숙이 의붓아버지를 고소하지 않아도 처벌되는가?

▶ 형법상 강간죄를 포함한 성범죄의 대부분은 고소권자의 고소가 있어야 공소를 제기할 수 있는 친고죄였으나(제297조) 현재는 친고죄가 아니다. 특수강간죄, 강간치상죄, 친족관계에 의한 강간·강제추행죄, 신체장애인 또는 정신장애인에 대한 강간·강제추행죄, 13세 미만 자에 대한 강간·강제추행죄의 경우에는 피해자의 고소가 없어도 처벌할 수 있다. 그러므로 1)의 경우는 김처녀의 고소가 없어도 처벌할 수 있다. 2)의 경우에는 결혼한 부부는 배우자의 성관계 요구에 응할 의무가 있지만 그렇다고 해서 성적 자기결정권까지 포기해야 한다는 의미는 아니며, 상대방에게 성관계를 강요할 수 없으므로 강제추행죄가 성립된다. 3)의 경우에는「성폭력 범죄의 처벌 및 피해자 보호에 등에 관한 법률」제7조의 위반으로, 존속 등 친족이 강간죄를 범한 때에는 5년 이상의 유기징역으로 처벌하는데, 친족의 범위는 4촌 이내의 혈족과 2촌 이내의 인척으로 규정하고 있으므로 의붓아버지는 2촌 이내의 인척에 포함되므로 동법에 의해 고소가 없어도 처벌할 수 있다.

사례연구 234 아동에 대한 성추행

12살 사랑이는 아버지와 어머니가 교통사고로 돌아가셔서 의붓 할아버지와 살고 있다. 그런데 이 의붓 할아버지는 '아픈 배를 낫게 해주겠다'면서 사랑이의 음부 등 신체를 만지는 등 성추행을 저질렀는데, 어떤 죄가 적용되는가?

▶ 대법원에서는 2009년~2010년 의붓 손녀에게 '아픈 배를 낫게 해 주겠다'는 따위의 말을 하여 초등학생인 의붓 손녀의 신체를 만지는 등 성추행 혐의로 기소된 사건에서 '할아버지가 손녀를 예뻐하는 것처럼 가장해 몸을 더듬었다면 위계에 의한 성추행, 즉 속임수 성추행에 해당하고, 피해자가 어려 성추행의 의미를 제대로 알지 못하고 판단력이 부족하며 할아버지를 믿고 따르는 점을 이용해 추행한 점이 인정된다.'고 판시하였다(대법원 2013. 5. 8. 판결). 13세 미만의 사람에 대하여 간음 또는 추행을 한 자는 10년 이하의 징역 또는 1천 500만원 이하의 벌금에 처해지게 되고(형법 제298조 및 제305조), 공소시효도 적용되지 않는 등 일반 성범죄에 대한 처벌보다 엄중하게 처벌하고 있다(형법 제305조 및 아동·청소년성보호법 제20조 제3항).

3. 명예 · 신용 · 사무에 관한 죄

(1) 명예에 관한 죄

명예에 관한 죄는 공연히 사실을 적시하여 사람의 명예를 훼손하거나 모욕하는 것을 내용으로 하는 범죄이다(제307조~제312조). 여기서 '공연히'의 의미는 '특정인 또는 다수인이 직접 인식할 수 있는 상태'를 의미한다(대법원 1996. 7. 12. 선고 96도1007 판결).

명예훼손죄는 공연히 사실 또는 허위의 사실을 적시하여 사람의 명예를 훼손함으로서 성립하는 범죄로써, 사람을 비방할 목적으로 공연히 사실을 적시하여 신문, 잡지 또는 라디오 기타 출판물에 의하여 명예를 훼손한 자는 3년 이하의 징역이나 금고 또는 700만원 이하의 벌금에 처해 지고, 허위의 사실을 적시한 경우에는 7년 이하의 징역, 10년 이하의 자격정지 또는 1천 500만원 이하의 벌금에 처해진다. 죽은 사람의 명예훼손은 허위의 사실을 적시한 경우에만 성립한다(제307조~제312조). 반면, 모욕죄는 공연히 사람을 모욕함으로써 성립하는 범죄이고, "모욕"이란 사실을 적시하지 않고 경멸의 의사를 표시하는 것을 말하며, 공연히 사람을 모욕한 자는 1년 이하의 징역이나 금고 또는 200만원 이하의 벌금에 처해지게 됩니다.

명예훼손죄는 사실의 적시가 필요하나, 모욕죄는 사실의 적시없이 그냥 욕만으로도 성립된다. 반의사불벌죄인 명예훼손죄가 성립하면, 검사는 피해자측의 고소가 없어도 기소를 할 수 있으나, 친고죄(피해 또는 일정한 고소권자의 고소가 있어야 비로소 공소를 제기할 수 있는 범죄)인 모욕죄의 경우에는 반드시 피해자 측이 고소를 해야만 검사가 기소를 할 수 있다.

사례연구 235 명예훼손죄

1) 김카사와 이분방은 1년간 동거하던 중 헤어졌다. 이 사실을 알고 있는 이웃집 아주머니 한촉새가 그 사실을 동네 사람들에게 알린 행위는?

2) 한막말은 동생의 교통사고로 병원에서 가해자 측과 합의를 보려는 과정에서 상대방이 욕설을 하기에 이에 대응하여 '사기꾼'이라고 말하였다. 가해자는 한막말을 명예훼손죄로 고소한다고 하는데, 과연 한막말은 명예훼손죄가 성립되는가?

3) 김불량 학생의 학부모가 학교를 찾아와 수업 중에 다른 교사와 학생들

이 보는 앞에서 성실해 선생에게 '네가 선생이냐?', '선생 자격도 없는 인간에게 우리 아이를 못 맡겨!, 담임 교체해!'라는 모욕을 주고, '성실해 교사는 학생들을 폭행 · 학대하는 나쁜 교사이고, 성실해 교사가 김불량 학생을 경찰에 고소하지 않았음에도 스승이 제자를 매정하게 고소하였다.'고 허위사실을 인터넷에 게재하여 성실해 교사에 대한 부정적 이미지를 심어주었는데, 이 경우 학부모의 형사법적 책임은 어떻게 되나요?

▶ 1) 명예훼손죄는 반드시 허위사실의 전파에 의해 성립하는 것이 아니라, 사실을 전파했어도 성립한다. 즉, 명예는 사람의 성격, 신분, 가계, 건강, 외모, 재능, 경력, 과거, 신용 등 모든 사회적 평가나 가치가 포함되는 것이며, 훼손은 제3자가 이러한 사람의 명예를 공연히 왜곡하거나 오도하고 깍아내리는 것을 말하고, 명예훼손은 사실의 적시만으로도 성립한다. 2) '사기꾼' 등의 말은 가치판단인 동시에 사실의 주장이 될 수 있어 명예훼손죄에 해당될 수도 있지만, 사람들이 다수 모여 있는 장소에서 단순한 '도둑놈', '사기꾼' 등의 모욕적인 말은 명예훼손죄 보다는 모욕죄에 해당한다고 본다. 3) 김불량 학생의 학부모는 정보통신망을 통해 공공연하게 거짓의 사실을 드러내어 다른 사람의 명예를 훼손하였으므로 형법상의 명예훼손죄가 적용되지 않고, 정보통신망법에 따라 이보다 훨씬 형량이 높은 7년 이하의 징역, 10년 이하의 자격정지 또는 5천만원 이하의 벌금에 처해지게 된다(제70조).

(2) 신용 · 업무와 경매에 관한 죄

신용 · 업무와 경매에 관한 죄는 사람의 신용을 훼손하거나, 업무를 방해하거나, 경매 · 입찰의 공정성을 침해하는 것을 내용으로 하는 범죄를 말한다. 신용이란 사람의 경제적 활동에 대한 사회적 평가, 즉 사람의 지불능력이나 지불의사에 대한 사회적 신뢰를 말하고, 업무는 사람이 그 사회적 지위에 있어서 계속적으로 종사하는 사무 또는 사업을 말하며, 경매와 입찰은 그것이 국가 또는 공공단체, 개인임을 불문한다(제313조~제315조).

4. 사생활의 평온에 관한 죄

(1) 비밀침해의 죄

비밀침해의 죄는 개인의 사생활에 있어서의 비밀, 즉 프라이버시(privacy)를 침해하는 것을 내용으로 하는 범죄이다. 이에는 봉함, 기타 비밀 장치한 타인의 신서 · 문서 또는 도화를 개피한 경우의 비밀침해죄와 사업상의 비밀을 누설한 경우에 성립되는 업무상 비밀누설죄가 있으며, 이와 같은 죄는 고소가 있어야 논하는 친고죄이다(형법 제316조~제318조).

(2) 주거침입의 죄

주거침입의 죄는 사생활의 본거를 이루는 거주의 평온을 침해하는 범죄로 사생활의 평온을 보호법익으로 한다. 여기에는 사람의 거주, 간수하는 저택·건조물이나 선박 또는 점유하는 방실(房室)에 침입함으로써 성립하는 주거침입죄, 이러한 장소에서 퇴거의 요구를 받고 이에 응하지 않음으로써 성립하는 퇴거불응죄, 단체 또는 다중의 위력을 보이거나, 위험한 물건을 휴대하여 위와 같은 행위를 함으로써 성립하는 특수주거침입죄, 사람의 신체, 주거, 간수하는 저택·건조물이나 선박 또는 점유하는 방실(房室)을 수색함으로써 성립되는 주거수색죄 등이 있다(제319조~제322조).

사례연구 236 주거침입죄

김임대 씨는 이전세 씨에게 자신이 소유하고 있는 가옥를 2년간 임대해 주었는데 그 임대기간이 만료되었는데도 불구하고 퇴거하지 않자 집주인인 김임대가 이전세의 퇴거를 독촉하기 위해 그 가옥에 들어간 경우 형법상 주거침입죄가 성립하는가?

▶ 장주거침입죄는 거주의 평온을 침해하는 범죄로 사생활의 평온을 보호법익으로 하고 있으므로 주거에 관하여 소유관계는 문제가 되지 않는다. 따라서 차가(借家)는 가옥의 소유자 및 임대인에 대해서도 임차인의 주거일 뿐이다. 따라서 김임대는 주거침입죄에 해당된다.

5. 재산에 관한 죄

(1) 절도의 죄

절도죄는 타인의 재물을 절취하는 것을 내용으로 하는 범죄로, 가장 단순하면서도 가장 오래된 범죄이다. 여기서 재물이란 유체물뿐만 아니라 전기, 수도 등 관리할 수 있는 동력도 포함된다. 또한, 절취한다는 것은 자기 이외의 타인의 재물을 그 의사에 반하여 자기 또는 제3자의 지배 하로 옮기는 것을 말한다. 폭행 또는 협박이 없다는 점에서 강도죄와 구별된다(형법 제329조~제332조).

사례연구 237 절도죄

외상녀는 X전자대리점에서 TV, 냉장고 등 250여만원 상당의 가전제품을 외상으로 구입하였으나 남편의 사업실패로 약속 날짜에 그 대금을 지급하지 못하였다. 대리점 주인 김전자는 외상녀에게 '대금을 갚지 않으면 판매한 가전제품을 도로 가져가겠다'고 하자 외상녀는 '곧 갚겠다'고 하였다. 그러나 며칠 후 김전자가 외상녀의 집에 마음대로 들어와 가전제품을 모두 가져갔다면 김전자를 처벌할 수 있는가?

▶ 김전자가 외상녀의 승낙을 받지 않고 위 물품을 가져갔다면 외상매매계약에 대한 해제가 있고, 그 물품에 대한 반환청구권이 김전자에게 있다 하더라도 김전자의 그 행위는 절도행위에 해당되어 절도죄로 처벌받는다(대법원 1973. 2. 28. 72도2538).

(2) 강도의 죄

강도죄는 폭행 또는 협박으로 타인의 재물을 강취하거나 기타 재산상의 이익을 취득하거나 제3자로 하여금 이를 취득케 함으로써 성립하는 범죄이다. 강도죄의 처벌로써 보호하려는 법익은 재산권 이외에도 생명·신체의 자유도 포함되며, 강도죄의 대상은 재물 이외에도 재산상의 이익도 포함된다(제333조~제340조).

(3) 사기의 죄

사기죄란 사람을 기망하여 재물을 편취하거나 재산상의 불법한 이득을 취득하거나 또는 제3자로 재물을 교부받게 하거나 재산상의 이득을 취득하게 함으로써 성립하는 범죄이다. 여기서 '기망'이란 널리 거래관계에서 지켜야 할 신의측에 반하는 행위로서 사람으로 하여금 착오를 일으키게 하는 것을 말한다(제347조~제348조).

사례연구 238 사기죄

한음큼 씨는 김깜빡 씨에게 자기 명의의 그랜자 승용차를 1,500만원에 팔기로 하고 매매계약을 체결하였다. 김깜박은 한음큼에게 1백만원권 자기앞수표 8매를 지급하였는데, 한음큼은 15장의 수표 중 1장이 5백만원권이라는 사실을 알았지만 모른 체하고 받았다. 이 경우, 한음큼의 형법상 죄책은 무엇인가? 만약 한음큼이 5백만원권이 1장 섞여 있었다는 사실을 몰랐다면 어떻게 되는가?

▶ 사기죄는 사람을 기망하여 재물을 교부받음으로써 성립한다. 그런데 기망에 있어서 '착오'란 기망행위가 거래관계에 있어서 신의칙에 반하는 정도에 이르는 단순한 동기의 착오만으로는 착오라고 할 수 없다. 대법원은 '어차피 금원을 대여하기로 합의하여 이를 교부한 경우에는 김사기가 말한 차용금 용도가 거짓이었다 하더라도 김사기가 당초부터 의사와 능력이 없이 차용한 것이라고 인정되지 않는 한 사기죄가 성립되지 않는다.'고 판시하였다(대법원 1984. 1. 17). 따라서 민사상 청구는 제기할 수 있으나, 이러한 착오가 형사상의 사기죄를 성립시키는 데 반드시 영향을 주는 것은 아니다.

(4) 공갈의 죄

공갈죄란 사람을 공갈하여 재물의 교부를 받거나 재산상의 불법한 이익을 취득하거나 타인으로 하여금 이를 얻게 함으로써 성립하는 범죄이다. 공갈이란 타인에게 폭행 또는 협박을 수단으로 해악을 가할 것을 통지하여 상대방으로 하여금 공포를 일으키게 하는 것을 말한다. 예컨대, 불량배와 친분이 있다면서 그 불량배를 통한 해악을 암시·공언하여 술값을 면제한 행위, 또한 도박자의 약점을 이용하여 경찰에 신고 또는 연행하겠다고 겁을 주어 도박에 제공된 돈을 갈취하는 것 등도 공갈죄에 해당한다(제350조~제350조의2).

(5) 횡령의 죄

횡령죄란 타인의 재물을 보관하는 자가 그 재물을 횡령하거나 반환을 거부하는 것을 내용으로 하는 범죄이다. 자기가 점유하는 재물을 영득한다는 점에서 타인이 점유하는 재산을 영득하는 것을 내용으로 하는 절도죄·강도죄·사기죄 및 공갈죄와 구별된다. 예컨대, 타인의 부탁으로 보관중인 물건을 처분한 경우에 설사 나중에 변상의 의사가 있었더라도 횡령죄가 되며, 택시에 두고 내린 지갑을 주어서 경찰에 신고하지 않고 갖는 행위는 점유이탈물 횡령죄에 해당한다(제355조~제361조).

사례연구 239 횡령죄

김한량 씨는 평소 자주 다니던 행복다방에서 종업원 초롱이에게 즉석복권 3장을 사오게 하여 김마담과 함께 나누어 긁은 결과 초롱이와 김마담이 긁은 복권이 각각 1,000원에 당첨되었다. 그 후 내친김에 다시 즉석복권을 사오게 하여 서로 골라잡고 긁었는데 그 중에서 한 장이 3천만원에 당첨되었다. 김한량은 자신의 돈을 가지고 산 것이므로 김마담과 초롱이에게 각각 2백만원을 주고 2,600만원은 자신이 가졌다. 김마담과 초롱이는 똑같이 나눌 것으로 생각하였는데 200만원씩만 주자 공평하게 분배할 것을 요구하였으나 김한량이 이를 거부하였는데, 이 경우에 죄가 되는가?

|▶ 횡령죄는 타인의 재물을 보관하는 자가 그 재물을 횡령하거나 반환을 거부함으로써 성립한다. 위 사례에서 복권 값이 1천원에 지나지 않고 교환해 온 복권을 그 자리에서 골라잡아 당첨여부를 확인하였다는 점으로 볼 때, 김한량을 포함한 위 2명은 어느 누가 당첨되더라도 당첨금을 공동으로 사용하기로 하는 묵시적 합의가 있었다고 볼 수 있다. 따라서 김마담과 초롱이는 각각 1천만원씩을 요구할 수 있고, 김한량이 이를 거부하면 불법영득의사가 있으므로 횡령죄가 성립된다(대판 2000. 11. 10. 2000도4335).

(6) 배임의 죄

배임죄란 타인의 사무를 처리하는 자가 그 임무에 위배하는 행위로써 재산상의 이득을 취득하거나 제3자로 하여금 취득하게 하여 재산상의 손해를 가함으로써 성립하는 범죄이다. 타인의 사무를 처리하게 되는 원인은 법령(예컨대, 친권자, 후견인, 법인의 대표자), 계약(예컨대, 위임, 고용), 관습, 사무관리 등 다양하고, 여기서 사무는 재산상의 사무에 국한된다. 예컨대, 계원들이 낸 곗돈을 자기가 소비한 행위는 배임죄에 해당하며, 은행원이 대출금을 갚을 능력이 없다는 것을 알고도 대출해 준 경우에는 업무상배임죄가 성립한다(제355조~제361조).

사례연구 240 배임죄

한국고등학교에 재직 중인 불성실 교사는 한국산업인력공단 등으로부터 학교시설을 시험장소로 대여한 대가로 사용료를 받아 이를 집행하는 업무를 총괄하면서 2007. 7. 2.부터 2009. 2. 19.사이에 공단으로부터 청소용역비 등의 명목으로 총 61회에 걸쳐 14,619,000원을 현금 또는 개인계좌로 받아 청소비 및 난방비 등으로 1,400,000원을 지출하고 남은 금액 13,219,000원을 부서운영비나 교사 회식비 등으로 사용하였는데, 이와 같은 불성실 교사의 행위는 형법상 어떤 책임을 지게 되는가?

|▶ 배임죄는 타인의 사무를 처리하는 자가 그 임무에 위배하는 행위로써 재산상의 이익을 취득하거나 제삼자로 하여금 이를 취득하게 하여 본인에게

손해를 가함으로서 성립하는 범죄이다. 불성실 교사가 시험장소 대여 등으로 받은 학교시설 사용료를 학교회계에 세입시키지 않고 부서운영비, 회식비 등으로 사용하였다면 형법상 업무상 배임죄로 10년 이하의 징역 또는 3천만원 이하의 벌금에 처해지게 된다.

(7) 장물의 죄

장물죄란 장물을 취득·양여·운반·보관하거나, 또는 이를 알선함을 내용으로 하는 범죄로, 재산죄 가운데 재물만을 객체로 하는 재물죄이다. '장물'이라 함은 재산범죄(영득죄)에 의하여 불법하게 영득한 재물을 말하며, 장물의 인식여부가 본 죄의 성립요건이 된다. 따라서, 물품을 구입하고 난 이후에서야 장물임을 알았을 경우에는 장물취득죄가 성립하지 않는다. 한편, 장물을 팔아 취득한 대금(현금)은 장물이 아니므로 이를 취득하더라도 본 죄가 성립하지 않는다(제362조~제365조).

(8) 손괴의 죄

손괴죄는 타인의 재물, 문서 또는 전자기록 등 특수매체기록을 손괴·은닉하거나 기타 방법으로 그 효용을 해함으로써 성립하는 재산범죄로서, 공무소에서 사용하는 서류 기타 물건 또는 전자기록 등 특수매체기록을 손상 또는 은닉하거나 기타 방법으로 그 효용을 해한 자는 7년 이하의 징역 또는 1천만원 이하의 벌금에 처하도록 규정하고 있다(형법 제366조). 재산죄 가운데 재물만을 객체로 하는 순수한 재물죄이며, 예컨대 자기 소유의 토지에 다른 사람이 승낙도 없이 경작하고 있는 농작물도 타인의 소유물이므로 그 농작물을 못쓰게 하는 경우에는 손괴죄에 해당된다(제366조~제372조).

(9) 권리행사방해죄

권리의 행사를 방해하는 죄란 타인의 점유 또는 권리의 목적이 된 자기의 물건을 취거·은닉 또는 손괴함으로써 성립하는 범죄를 말한다. 예컨대, 외상술값 때문에 맡긴 손목시계를 주인의 허락도 없이 가져가는 행위 등이 이에 해당한다(형법 제323조).

II. 사회적 법익에 대한 죄

1. 공공의 안전과 평온에 관한 죄

(1) 공안을 해하는 죄

공안을 해하는 죄란 공공의 법질서 또는 공공의 안녕과 평온을 해치는 것을 내용으로 하는 범죄를 말한다. 형법은 공안을 해하는 죄로 형법 제114조 이하에서 범죄단체조직죄(제114조), 소요죄(제115조), 다중불해산죄(제116조), 전시공수계약불이행죄(제117조), 공무원자격사칭죄(제118조)의 5개 범죄를 규정하고 있다.

사례연구 241 공안을 해치는 죄(다중불해산죄)

아파트 주민 100여명은 각목을 들고 재개발공사를 반대하는 시위를 벌이고 있어 경찰과 수차례 충돌하였고, 경찰은 해산을 계속하여 종용하였으나 응하지 않았다면 무슨 죄가 성립되는가?

▶ 폭행・협박 또는 손괴의 행위를 할 목적으로 집합한 다중에게 단속 권한이 있는 공무원이 3회 이상 해산명령을 받고도 해산하지 않은 경우에는 다중불해산죄로 처벌될 수 있다.

(2) 폭발물에 관한 죄

폭발물에 관한 죄는 폭발물을 사용하여 공중의 생명・신체 또는 재산을 해하거나 기타 공안을 문란케 함으로써 성립하는 범죄이다. 여기서 폭발물이란 점화 등 일정한 자극을 가하면 고체・액체 또는 가스 등의 급격한 팽창에 의하여 폭발 작용하는 물체를 말한다(제119조~제121조).

(3) 방화와 실화의 죄

방화죄는 불을 놓아 사람의 주거에 사용하거나 사람이 현존하는 건조물 등을 소훼(태우는 것)함으로써 성립하는 범죄를 말하고, 실화죄는 과실로 인하여 일정한 물건을 소훼함으로써 성립되는 범죄이다(제164조~제176조).

사례연구 242 방화와 실화의 죄

광염소는 원수처럼 지내는 이웃사람 김소실의 집을 태우기로 마음먹었다. 광염소는 밤을 선택하여 김소실의 초가집 밑에 헌 종이를 모아 놓고 성냥불을 그어대고 이 종이의 불이 지붕으로 약 1m 정도 번지고 있던 중, 김소실이 재빨리 불을 진화하였는데, 과연 광염소의 책임은?

|▶ 방화죄는 불을 놓아 목적물을 태우는 것을 말하는데, 그 목적물을 어느 정도 태워야 하는냐에 대해서는 의견이 나뉘어지고 있지만, 방화죄가 성립하기 위해서는 불을 놓아 그 불이 매개물에서 분리되어 목적물 자체로 옮겨져 목적물이 연소하기 시작하면 족한다(독립연소설, 판례의 입장). 따라서, 지붕의 처마 약 1m 정도가 타들어 갔다면 이는 방화죄가 성립된 것으로 보아야 한다.

(4) 일수와 수리에 관한 죄

일수죄(일수죄)란 수해를 일으켜 공공의 안전을 해하는 것을 내용으로 하는 범죄이다. 또한, 수리방해죄는 제방이나 수문을 파괴하거나 기타 방법으로 수리를 방해함으로써 성립하는 범죄를 말하고, 여기서 '수리(수리)'란 관개·목축·수차발전 등 일체의 물의 이용을 말한다(제177조~제184조).

(5) 교통방해의 죄

교통방해죄는 교통로(육로, 수로, 교량 등 포함) 또는 교통기관 등 교통설비를 손괴 또는 불통하게 하여 교통을 방해하는 것을 내용으로 하는 범죄이다(제185조~제191조).

2. 공공의 신용에 관한 죄

(1) 통화에 관한 죄

통화에 관한 죄란 행사할 목적으로 통화를 위조·변조하거나, 위조·변조한 통화를 사용·수입·수출 또는 취득하거나, 통화유사물을 제조함으로써 성립하는 범죄이다. 따라서 1만원권 지폐를 확대복사하여 판매하는 행위는 통화죄가 성립되지 않는다(제207조~제213조).

사례연구 243 통화에 관한 죄

룸싸롱에서 술을 마시던 이얍체 씨는 물건을 사고 거스름돈 속에 5만원권 위조화폐가 있는 것을 발견하고도 이를 종업원의 봉사료로 지급하였다면 죄가 성립하는가?

▶ 위조·변조한 통화를 사용하는 행위도 통화에 관한 죄가 성립하는 바, 위 사례는 위조통화취득 후 지정(지정)행사죄가 성립된다.

(2) 유가증권·우표와 인지에 관한 죄

유가증권에 관한 죄란 행사할 목적으로 유가증권을 위조·변조 또는 허위작성하거나 위조·변조·허위작성한 유가증권을 행사·수입 또는 수출함으로써 성립하는 범죄이다. 유가증권에 관한 법적 거래의 신용과 안전을 보호법익으로 하는 범죄이다. 유가증권이란 증권상에 표시된 재산상의 권리의 행사와 처분에 그 증권의 점유를 필요로 하는 것을 말하며, 우표와 인지는 유가증권의 일종이다(제214조~제224조).

사례연구 244 유가증권에 관한 죄

한음큼 씨는 김위조 씨로부터 물품대금으로 약속어음을 받았으나 확인해 보니 위조어음이었다. 그러나 너무 억울했던 한음큼은 모르는 척하고 이를 배서하여 김억울에게 양도하였는데, 이런 경우에 어떤 처벌을 받는가?

▶ 위조통화라든지 위조의 어음·수표 등을 그런 줄 모르고 수취한 자가 나중에 위조임을 알았을 때, 그 손해를 면하기 위해 타인에게 행사하는 것은 동정의 여지가 있기는 하지만, 형법상 위조유가증권행사죄가 성립되어 10년 이하의 징역에 처해진다.

(3) 문서에 관한 죄

문서에 관한 죄는 행사할 목적으로 문서를 위조·변조하거나, 허위문서를 작성하거나 또는 위조·변조·허위작성한 문서를 행사하는 것을 내용으로 하는 범죄이다(제225조~제237조의2). '문서'란 문자 기타 부호에 의하여 의사 또는 관념을 표시하는 물체이다. 넓게는 도화도 포함되는데, 여기서 '도화(圖畵)'란 문자 이외의 상형적 부호(象形的 符號)로 어떤 물체 상에 기재된 의사표시인데,

일정한 법률문제가 발생하였을 때에 증거가 되기도 한다.

예컨대, '사실에 부합하는 영수증을 일방적으로 만드는 행위', 즉 채무를 변제한 채무자가 채권자 명의의 영수증을 일방적으로 만드는 행위도 공문서위조에 해당하며, 공문서, 사문서를 불문하고 이 세상에 존재하지 않는 자(개인, 단체, 기관)의 명의로 문서를 위조해도 위조죄는 성립한다. 그리고 허위로 혼인신고를 한 경우에는 사문서위조 및 동행사죄(제231조 및 제234조)와 공정증서원본부실기재 및 동행사죄(제228조 및 제229조)가 성립한다.

사례연구 245 허위로 신고한 혼인신고

한미모는 소규모 무역회사 경리사원으로 근무하고 있는 여성으로 회사 거래처 직원 이목석으로부터 여러 차례 청혼을 받았으나 거절하였다. 그런데 얼마 전 이목석이 자기의 혼인관계증명서를 보여 주면서 아무리 해도 말을 듣지 않아 이렇게 혼인신고까지 해놓았으니 알아서 하라고 협박까지 하고 있다. 이제 창피해서 회사에도 다닐 수가 없는데, 이목석을 처벌할 수 있는가?

▶ 혼인의사 없이 혼인신고 된 당사자는 가정법원에 혼인무효확인심판을 제기하여 그 심판이 확정된 후 심판서 등본과 확정증명서를 관할구청에 제출하여 정정신청을 할 수 있고, 그로 인한 정신상의 고통에 대하여 민사상 손해배상청구를 할 수 있다. 또한 허위신고를 하여 공정증서 원본 또는 이와 동일한 전자기록 등 특수매체기록에 부실의 사실을 기재 또는 기록하게 한 자는 5년 이하의 징역 또는 1천만원 이하의 벌금에 처하고, 이를 행사하게 한 자도 똑같은 처벌을 받는다고 규정하고 있으므로 공정증서원부실기재 및 동행사죄가 성립한다.

(4) 인장에 관한 죄

인장에 관한 죄는 행사할 목적으로 타인의 인장·서명·기명·기호 등의 진정(眞正)을 침해하는 것을 내용으로 하는 범죄이다. 여기서 '인장'이란 특정인의 인격을 상징하고, 그 동일성을 증명하기 위하여 사용되는 일정한 상형(象形)이다. 인장은 문자에 의하거나 부호나 도형(圖形)에 의하거나를 불문한다(제238조~제240조).

3. 공중위생에 관한 죄

(1) 음용수에 관한 죄

음용수에 관한 죄란 일상 음용에 공할 정수(淨水) 또는 그 수원(水源)에 오물・독물 기타 건강을 해할 물건을 혼입하거나, 수도 기타의 시설을 손괴 또는 기타의 방법으로 불통(不通)하게 하여 공중의 음용수의 이용과 그 안전을 위태롭게 함으로써 성립하는 범죄이다(제192조~제197조).

사례연구 246 음용수에 관한 죄

한성질 씨는 평소 사이가 좋지 않은 이웃주민 억울해 씨가 무허가로 음용수 공급을 위한 부정수도를 설치하여 사용하자 배가 아픈 나머지 그 부정수도를 잘라 버렸다면 형법상 죄가 되는가?

▶ 한 마을의 음료수를 공급하는 수도관을 잘라 버린 경우에는 '수도불통죄'가 성립된다. 무허가의 부정수도를 손괴한 경우에도 그것이 현실에서 공중생활에 필요한 음용수인 경우라면 수도불통죄가 성립한다(대판 1957. 2. 1, 4289형상317)

(2) 아편에 관한 죄

아편에 관한 죄는 아편・몰핀 또는 그 화합물을 흡식하거나, 아편 또는 아편흡식기구를 제조・수입・판매 또는 소지하는 것을 내용으로 하는 범죄이다. 따라서, 세관공무원이 그 수입을 허가해도 본 죄가 성립되며, 아편・몰핀 또는 그 화합물 등을 소지만 해도 본죄가 성립한다(제198조~제206조).

4. 사회도덕에 관한 죄

(1) 성풍속을 해하는 죄

성풍속을 해하는 죄란 국민의 성도덕에 관한 선량한 풍속을 침해하는 것을 내용으로 하는 범죄로서, 성도덕 내지 건전한 성적 풍속을 보호법익으로 하고 있다. 즉, 본죄는 영리의 목적으로 사람을 매개하여 간음하게 하는 경우, 음란한 문서, 도화 등 기타 음란한 물건의 제작・전시・판매・임대・소지・수입・수출하는 경우, 또한 공연히 음란한 행위를 하는 경우에 성립하는 죄로, 음행매개죄, 음란물죄 및 공연음란죄 등이 있다(제242조~제245조).

사례연구 247 간통죄

김자유와 이부인은 서로 이혼합의서에 도장을 찍었으나 아직 이혼신고를 하지 않아 법적으로는 엄연히 부부이다. 이런 상태에서 김자유가 어떤 처녀와 호텔출입을 하는 것을 보았고 주머니 속에서 호텔 카드전표까지 발견하게 되었다. 열받은 이부인이 '도장 잉크도 마르지 않았는데 …' 하면서 이를 다그치자 간통사실을 시인하면서도 '증거가 없으니 마음대로 하라'며 큰소리를 치고 있다. 김자유의 행위는 현행 형법상 죄가 되는가?

▶ 간통 사실을 부인하더라도 고소사실과 일치되는 보강증거, 예컨대 호텔투숙객 명단, 호텔 카드전표가 있으면 간통죄로 처벌할 수 있다고 보았다(대판 1983. 5. 10. 83도686). 한편 법률혼의 부부가 이혼에 합의하였다면 아직 이혼신고는 하지 않았더라도 이혼합의 이후의 서로 다른 이성과 이루어진 성행위는 간섭하지 않는다는 의사표시가 포함되어 있는 것으로 보아 간통죄는 성립하지 않는다는 것이 판례의 입장이었다(대판 2006. 5. 11. 2006도1759). 그러나 우리나라 헌법재판소는 간통죄는 성적자기결정권 및 사생활의 비밀과 자유를 침해하여 헌법에 위반된다면서 위헌결정을 하였다(헌재 2015. 2. 26. 2009헌바17). 따라서 김자유의 행위는 현행 형법상 죄가 성립되지 않는다.

(2) 도박과 복표에 관한 죄

도박과 복표에 관한 죄란 도박을 하거나, 도박을 개장하거나, 복표(복권)을 발매·중개 또는 취득함으로써 성립하는 범죄이다. 즉, 사람의 사행심을 이용하여 우연한 사실로 재물의 손실을 결정하게 하는 행위를 내용으로 하는 범죄이다. 상습도박인 경우에는 가중처벌하고, 특히 영리를 목적으로 장소를 제공하는 자도 처벌하며, 이 경우 현실적으로 이득을 취하지 않아도 개장죄가 성립한다(제246조~제249조).

사례연구 248 도박죄

초상집에서 상주가 화투를 준비해 주고, 밤새도록 술과 음식을 날라 주었다. 초상집에서의 고스톱은 상주를 위로하기 위한 밤샘의 무료함을 달래주기 위한 것이었다. 초상집에서 하는 고스톱은 죄가 되지 않는가?

▶ 도박죄는 재물로서 도박을 하거나 영리를 목적으로 도박을 개장함으로

서 성립하는 범죄이다. 여기서 도박이란 당사자가 서로 재물을 걸고 우연한 승부에 의하여 그 재물의 귀속을 결정하는 것으로 이러한 도박성을 갖는 한 도박이 된다. 따라서 초상집에서의 고스톱은 재물이 걸려 있는 이상 도박죄가 성립된다.

(3) 신앙에 관한 죄

신앙에 관한 죄는 종교적 평온과 종교감정을 침해하는 것을 내용으로 하는 범죄이다. 즉, 장례식·제사·예배 또는 설교를 방해하거나, 사체·유골 등을 오욕하는 경우, 분묘를 발굴하는 죄 및 사체 또는 관내의 유물을 은닉·유기·영득하는 죄 등을 포함하는 신앙에 관한 선량한 풍속과 감정을 침해하는 경우에 성립하는 죄이다(제158조~제163조).

Ⅲ. 국가적 법익에 대한 죄

1. 국가의 존립과 권위에 관한 죄

(1) 내란의 죄

내란죄란 국가의 기본적인 조직을 다중의 폭력을 동원하여 파괴함으로써 국가의 존립을 위태롭게 하는 것을 목적으로 하는 범죄이다. 본죄는 국가의 내부적 질서를 공격의 대상으로 한다는 점에서 국가의 외부로부터 국가존립을 위험하게 하는 외환죄와 구별된다(제87조~제91조).

(2) 외환의 죄

외환죄는 외국의 무력침공을 유발하거나 또는 적국에 협력하여 국가의 안전과 존립을 위태롭게 하는 범죄를 말한다. 본죄는 적국에 가담하여 우리의 군사상 이익을 침해하는 것으로 국가의 대외적 지위의 안정성을 침해하는 것으로 그 자가 내국인이든 외국인이든, 또한 전시이건 평시이건, 군사상이건 정치외교상이건 관계없다. 형법에서는 현실적인 보호법익을 전시와 군사상 지위에만 인정하고 있다(형법 제92조~제104조).

(3) 국기에 관한 죄

국기에 관한 죄란 국가의 권위를 상징하는 표식인 국기와 국장을 손상·제거 · 오욕하는 것을 내용으로 하는 범죄이다. 개인의 명예를 보호하기 위하여 명예훼손죄 등의 규정을 두고 있듯이 국가의 명예를 보호하기 위하여 본죄를 두고 있다(제105조~제106조).

사례연구 249 국기모독죄

붉은 악마 김열광은 2010년 남아프리카공화국 월드컵을 응원하기 위해 태극기가 그려진 T셔츠도 입고, 태극기를 흔들며 서울광장에서 열광적으로 응원하고 있었다. 그런데 갑자기 급한 볼 일을 봐야 하는데 간이화장실에 화장지가 없자 입고 입던 T셔츠와 태극기를 사용하였다. 김열광의 행위는 죄가 되는가?

▶ 국기모독죄는 대한민국을 모욕할 목적으로 국기 · 국장을 손상 · 제거 · 오욕하는 자에 대해 5년 이하의 징역이나 금고, 10년 이하의 자격정지 또는 700만원 이하의 벌금에 처해질 수 있는 범죄이다. 그런데 위 사례에서 김열광이 국기를 모욕할 목적이 전혀 없었기 때문에 죄형법정주의 원칙상 죄가 되지 않는다.

(4) 국교에 관한 죄

국교에 관한 죄는 외국과의 평화로운 국제관계를 침해하여 국제법상 보호되는 외국의 이익을 침해함으로써 외국과의 국교관계 내지 자국의 대외적 지위를 위태롭게 하는 범죄를 말한다. 예를 들면, 외국원수 · 사절 및 국기에 대한 죄, 외국에 대한 사전 · 중립명령위반죄, 외교상 비밀누설죄 등이 있다(제107조~제113조).

2. 국가의 기능에 관한 죄

(1) 공무원의 직무에 관한 죄

공무원의 직무에 관한 죄란 공무원이 의무를 위반하거나 직권을 남용하여 국가기능의 공정성을 침해하는 것을 내용으로 하는 범죄이며, 국가의 기능이 직권남용, 뇌물 기타의 이유로 부패되는 것을 방지하기 위한 범죄라고 할 수 있다. 본죄에는 직무유기죄, 타인의 권리행사방해죄, 불법체포 · 구금죄, 폭행등 가혹행위죄, 피의사실공표죄, 공무상 비밀누설죄, 선거방해죄, 뇌물죄 등이 있다(제122조~제135조).

사례연구 250 뇌물죄

김뇌물은 X시에서 갈비집을 운영하고 있는데 김뇌물의 고향 선배인 파출소장 한탐관은 불법주차단속을 하지 않는 등 김뇌물의 영업에 많은 편의를 제공하고 있다. 김뇌물은 추석명절이 돌아오자 예의를 갖춘다는 명목으로 영광굴비 10두름을 마련하여 파출소에 주게 되었는데, 이와 같이 인사차 선물을 주는 것은 죄가 되지 않는가?

▶ 뇌물죄는 공무원 또는 중재인이 직무행위에 대한 대가로 법이 인정하지 않는 이익의 취득을 금지하는 것을 내용으로 하는 범죄이다. 사교생활상 또는 관습상 승인되는 정도를 넘지 않고 예의를 차리기 위한 선물은 뇌물이라고 볼 수 없으나, 절기의 선물을 빙자한 경우, 또는 사회통념상 허용되기 어려운 고가의 선물은 뇌물이다. 한탐관에게 선물을 준 것은 주차위반단속을 하지 않은 것에 대한 대가의 성격이 있으므로 뇌물죄에 해당한다.

(2) 공무방해에 관한 죄

공무방해죄란 국가나 공공단체의 기관이 직권으로서의 공권력을 행사하는 것을 방해함으로써 공무원에 의하여 실현되는 국가 또는 공공단체의 기능적인 작용을 방해하는 죄이다. 본죄는 공무원을 보호하기 위한 것이 아니라 공무 그 자체가 방해받지 않도록 하려는 것이다(제136조~제144조).

사례연구 251 공무집행방해죄

한국중학교에서 사회과목을 가르치는 김성실 교사는 이불량 학생이 교칙을 어겨서 청소와 반성문을 쓰게 하였는데, 수업 중에 이불량 학생의 학부모가 교실로 찾아와 "왜 우리 아이에게 청소를 시켜?"라면서 학생들이 보는 앞에서 얼굴에 물을 뿌리는 등의 짓을 저질렀는데, 학부모는 어떤 죄가 적용되는가?

▶ 국·공립학교 교원의 경우에는 형법상 공무집행방해죄가 적용되는데, 공무집행방해죄란 국가 또는 공공기관이 행사하는 일반 권력기능을 방해함으로써 성립되는 범죄로서, 직무를 집행하는 공무원에 대하여 폭행 또는 협박한 자는 5년 이하의 징역 또는 1천만원 이하의 벌금에 처하도록 규정하고 있습니다(형법 제136조 제1항). 반면, 사립학교 교원의 경우에는 형법상 업무방해죄가 적용되는데, 업무방해죄란 허위의 사실을 유포하거나 위계 또는 위력으로써 사람의 업무를 방해하는 범죄로서, 여기서 '위력'이란 사람의 의사를

제압할 만한 일체의 세력을 말하며, 업무를 집행하는 교원에 대하여 폭행 또는 협박한 자는 5년 이하의 징역 또는 1천 500만원 이하의 벌금에 처해질 수 있습니다(형법 제314조 제1항).

(3) 도주와 범인은닉의 죄

도주와 범인은닉의 죄는 형사사법에 있어서의 인적도피를 내용으로 하는 범죄이다. 여기서 도주의 죄란 법률에 의하여 체포 또는 구금된 자가 스스로 도주하거나, 타인이 이러한 자의 도주에 관여함으로써 성립하는 범죄이고, 범인은닉의 죄는 벌금 이상의 형에 해당하는 죄를 범한 자를 은닉 또는 도피하게 함으로써 성립하는 범죄를 말한다(제145조~제151조).

사례연구 252 범인은닉죄

1) 한사랑은 부녀자 성폭행을 일삼던 한발발을 지하창고에 숨겨 주었다. 경찰이 와서 행방을 물을 때마다 아들이 집에 들어오지 않았다고 거짓말을 하였는데, 한사랑의 이와 같은 행위는 처벌되는가?

2) 김의리 씨는 인명피해 교통사고를 낸 무면허 운전자 친구 행복해 씨를 대신하여 자신이 사고를 낸 운전자라고 신고하였다면 형법상 무슨 죄가 성립하는가?

▶ 1) '벌금 이상의 형에 해당하는 죄를 범한 자'를 은닉하거나 도피시키게 되면 범인은닉죄로 처벌받는다. 다만, 행위자가 범인과 친족 또는 동거하는 가족관계에 있는 경우에는 처벌하지 않는다. 우리 형법은 친족 간에는 혈연, 인정, 본능이라는 끈끈한 정서로 결합되어 있다는 것을 고려하여 특례를 인정하고 있다. 2) 범인의 자수나 타인의 고소·고발을 하지 못하도록 하거나 진범을 대신하여 자기가 범인이라고 허위 진술하는 경우도 범인은닉죄에 해당한다.

(4) 위증과 증거인멸의 죄

위증죄란 법률에 의하여 선서한 증인이 허위의 진술을 하거나, 법률에 의하여 선서한 감정인·통역인 또는 번역인이 허위의 감정·통역 또는 번역을 함으로써 성립하는 범죄이다. 그리고 증거인멸죄는 타인의 형사사건 또는 징계사건에 관한 증거를 인멸·은닉·위조 또는 변조하거나, 이러한 증거를 사용하는 것을 내용으로 하는 범죄이며, 공범자가 자신의 이익과 공범자의 이익을 위하여 증거를 인멸하는 경우에는 증거인멸죄가 성립하지 않는다(제152조~제155조).

사례연구 253 **번복증언과 위증죄**

김변덕 씨는 친구 강주먹 씨가 허약해 씨를 폭행하는 것을 목격하였고 본인도 몇 대 때렸다. 김변덕은 형사재판정에서 증인선서를 한 후 증언하면서 강주먹의 보복을 걱정하여 강주먹과 허약해가 언쟁만 했을 뿐 폭행은 하지 않았다고 하였고 자기의 범죄사실도 은폐하였다. 그러나 증인심문을 마치기 전에 위 진술은 사실과 다르다며, 강주먹이 허약해를 폭행하는 것을 보았다고 번복하여 증언하였다면, 앞의 진술은 허위증언으로 위증죄가 성립되는가?

▶ 1차로 허위의 진술을 하였으나 증인신문이 끝나기 전에 이를 정정하고 새로이 그가 알고 있는 사실대로 진술하였다면 증언의 전체 내용을 토대로 위증여부를 판단할 때 위증이 되지 않는다는 것이 판례의 입장이다(대판 1993. 12. 7. 93도2510). 한편, 범죄인이 타인의 형사피고사건의 증인으로 선서한 경우 자기의 범죄사실을 은폐한 경우는 위증죄로 처벌할 수 없으므로 김변덕 본인의 폭행행위에 대해서도 위증죄가 성립되지 않는다(대판 1965. 2. 23. 64도65).

(5) 무고의 죄

무고죄란 타인으로 하여금 형사처분 또는 징계처분을 받게 할 목적으로 공무소(공무소) 또는 공무원에 대하여 허위의 사실을 신고함으로써 성립하는 범죄이다. 본죄가 성립하기 위하여는 무고자에게 허위의 사실을 신고한다는 인식이 있어야 한다. 다만 이 인식은 확정적일 필요는 없다는 것이 판례의 입장이다(대판 1987. 3. 24. 85도2650). 또한, '나는 남의 물건을 훔쳤다'라고 경찰에 허위신고했을 경우와 같이 자기 자신을 무고했을 때는 무고죄가 성립하지 않는다(제156조~제157조).

〈 무고죄와 위증죄의 비교 〉

	무고죄	위증죄
보호법익	국가의 사법기능	
주체	제한이 없음	법률에 의하여 선서한 증인
행위	공무소 또는 공무원에 대해 허위의 사실을 신고	허위의 진술
고의	공무소 또는 공무원에 대하여 허위의 사실을 신고한다는 인식	- 법령에 의하여 선서한 증인이라는 점 - 진술이 자신의 기억에 반한다는 점
목적	타인을 형사처분 또는 징계처분을 받게 할 목적	
성립시기	허위사실의 신고가 수사기관에 도달한 경우	증인심문절차가 종료하여 그 진술을 철회할 수 없는 경우
자백자수의 특례	진술한 사건의 재판 또는 징계처분이 확정되기 전에 자백 또는 자수한 때에는 그 형을 감경 또는 면제함	

[출처 : 법제처, 찾기쉬운 생활법령정보(http://www.easylaw.go.kr), 무고죄 피해자 · 가해자, p. 9.]

사례연구 254 허위사실과 무고죄

자유다방 초롱이와 경쟁관계에 있는 행복다방 주인 김마담은 '초롱이가 세무서직원에게 정기적으로 뇌물을 건내기 때문에 세금을 적게 낸다'며 근거 없는 허위사실을 익명으로 관할경찰서장에게 우송하여 알렸다. 그후 초롱이의 심성에 감탄한 김마담이 자신의 이름을 밝히고 이를 취소한 경우, 김마담을 처벌할 수 있는가?

▶ 무고죄는 타인으로 하여금 형사처분 또는 징계처분을 받게 할 목적으로 공무소 또는 공무원에 대하여 허위의 사실을 신고하는 때에 성립하는 것인데, 여기에서 '허위사실의 신고'라 함은 신고사실이 객관적 사실에 반한다는 것을 확정적이거나 미필적으로 인식하고 신고하는 것을 말하는 것이다. 위 사례에서 초롱이에 대한 김마담의 행위는 초롱이로 하여금 형사처벌을 받게 할 목적으로 공무원에 대하여 허위사실을 신고한 것으로 무고죄가 성립한다. 허위신고 이후에 진실을 알리고 취소한 것은 자수 · 자백에 해당할 경우에 형을 감경 또는 면제하게 될 뿐 여전히 무고죄는 성립한다.

제4장 소송법

제 1 절 소송법 일반론

Ⅰ. 소송법의 개념

1. 의 의

소송법이란 국가가 설치·운영하는 소송제도를 실효성있게 하기 위하여 제정된 공법을 말하며, 이를 규율하는 법규의 총체를 소송법이라 한다. 즉, 추상적인 실체법규를 구체적인 사실에 적용하여 그 실현을 목적으로 하는 법규라는 의미에서 이를 형식법이라고도 하며, 또한 소송의 절차에 관한 규정을 중심으로 한다는 점에서 절차법이라고도 한다.

2. 종 류

소송법에는 소송의 종류에 따라 민사소송법, 형사소송법, 행정소송법, 가사소송법, 비송사건절차법, 가족관계의 등록 등에 관한 법률 등이 있다. 이 중 대표적인 것이 민사소송법과 형사소송법이다.

민사소송은 개인상호간의 권리·의무에 관한 분쟁인 민사사건을 해결하기 위한 재판·집행의 절차를 말하고, 형사소송은 범죄용의자인 피고인과 국가기관인 검사간의 형사분쟁을 말한다. 예컨대, 교통사고사건에 있어서 가해자가 피해자에게 입힌 손해배상에 관한 절차는 민사소송이고, 가해자의 형벌에 관한 절차는 형사소송이다. 이처럼 민사소송과 형사소송은 서로 별개의 것이므로, 하나의 교통사고에 있어서도 민사소송에 의하여 가해자의 과실을 이유로 한 손해배상의 판결을 받았더라도 형사소송에서는 불기소처분되거나 무죄판결을 받을 수 있다.

Ⅱ. 법원의 조직과 구성

1. 법원의 의의

법원의 의미는 크게 국법상의 법원과 소송법상의 법원으로 나뉘어진다. 국법상의 법원이란 사법행정상의 법원으로서 관청으로서의 법원과 관서(관서)로서의 법원을 말한다. 그리고 소송법상의 법원이란 개개의 소송사건에 관하여 실제로 재판권을 행사하는 재판기관, 즉 합의부 또는 단독판사를 말한다.

2. 법원의 종류와 그 조직

법원조직법상 법원에는 최고법원인 대법원과 하급법원인 고등법원, 특허법원, 지방법원, 가정법원, 행정법원 및 회생법원이 있다. 지방법원과 가정법원의 사무의 일부를 처리하기 위하여 그 관할법원 내에 지원 또는 순회심판소를 둘 수 있다. 그리고 특별법원으로서 헌법재판소, 군사법원 및 특허법원이 있다. 여기서 특별법원은 지적재산권 분쟁을 전담하기 위하여 1998년에 고등법원급으로 신설되었다. 대법원은 대법원장과 대법관으로 구성되며, 고등법원과 지방법원은 고등법원장 또는 지방법원장과 법률로 정한 일정수의 판사로 구성된다. 대법원의 심판권은 합의체(대법관 전원의 3분의 2 이상으로 구성)와 합의부(3인 이상의 대법관으로 구성)에서 행하고, 고등법원의 심판권은 판사 3인으로 구성되는 합의부에서 행하며, 지방법원 및 가정법원의 심판권은 단독판사가 행하는 것이 보통이지만 예외적으로 합의심판을 요하는 경우에는 판사 3인으로 구성되는 합의부에서 행한다.

사례연구 255 민사소송의 관할

서울에 사는 김상해 씨는 여름방학을 맞아 제주도로 피서를 갔다가 청주에 사는 한무심 씨가 운전하는 자동차에 치어 부당을 당하였다. 한무심과 합의에 실패한 김상해는 한무심을 상대로 민사소송을 제기하여 손해배상을 받으려 하는데 집이 서울이기 때문에 교통사고 발생지인 제주도까지 가서 소송을 하는 것은 시간과 경제적 부담이 되고 있다. 김상해는 자신의 주소지인 서울에서 소송을 진행할 방법은 없는가?

|▶ 민사소송법 제2조는 "소는 피고의 보통재판적(普通裁判籍)이 있는 법원이 관할한다."고 규정하고, 제3조는 "사람의 보통재판적은 그의 주소에 따라 정한다."고 규정하고 있으므로, 민사소송은 피고의 주소지를 관할하는 법원에 제기하는 것이 원칙이다. 그러나 동법 제11조는 재산권에 관한 소에 있어서는 '의무이행지'를 특별재판적으로서 인정하고 있다. 이와 같이 보통재판적 또는 특별재판적에 의하여 생기는 토지관할이 경합되는 경우에는 원고는 그 중 아무데나 임의로 선택하여 제소할 수 있다(대판 1964. 7. 24. 64마555). 따라서 위 사례에서 김상해는 손해배상청구를 위해 한무심의 주소지 관할법원인 청주지방법원, 의무이행지 관할법원인 서울지방법원 또는 불법행위지 제주지방법원 중에서 임의로 선택하여 제소할 수 있다.

Ⅲ. 법원의 독립과 공정성 확보

1. 사법권의 독립

공정한 재판을 통하여 개인의 자유와 권리를 보호하기 위하여는 사법권의 독립이 필수적 요소가 된다. 이것은 "법관은 헌법과 법률에 의하여 그 양심에 따라 독립하여 심판한다(헌법 제103조)"고 하는 헌법의 이념이기도 하다. 대개 사법권의 독립은 법원의 독립, 법관의 인적 독립 및 법관의 물적 독립을 그 내용으로 한다.

법원의 독립이란 행정부와 입법부로부터의 독립을 의미한다. 그리고 법관의 물적 독립이란 법관의 직무상의 독립을 말하는 것으로서, 법관을 그 직무를 수행함에 있어서 국가기관으로부터 어떠한 지휘·감독·간섭을 받지 않고 오직 헌법과 법률 또는 양심에만 구속받게 됨을 의미한다. 법관의 인적 독립이란 법관의 물적 독립을 확보하기 위하여 법관인사의 독립, 법관의 자격과 임기보장 등 신분상의 보장을 의미한다.

이와 같은 법관의 독립을 위하여 헌법에서는 법관을 대법관회의의 동의를 얻어 대법원장이 임명하도록 하고(헌법 제104조 제3항), 법관의 자격은 법률로 정하며(헌법 제101조 제3항), 그 임기는 10년이고 법률이 정하는 바에 따라 연임할 수 있도록 하고 있다(헌법 제105조 제3항). 또한 법관은 탄핵 또는 금고 이상의 형의 선고에 의하지 아니하고는 파면되지 아니하며, 징계처분에 의하지 아니하고는 정직·감봉 기타 불리한 처분을 받지 아니한다고 규정하고 있다(헌법 제106조 제1항).

2. 법원 구성원에 대한 제척·기피·회피

법관에 대한 제척·기피·회피란 어떤 구체적 사건을 취급하는 법관이나 그 밖의 법원직원이 그 사건과 인적·물적으로 특수한 관계에 있어서 불공정한 재판이 이루어질 염려가 있는 경우, 재판의 공정과 이에 대한 국민의 신뢰를 확보하기 위하여 그 법원구성원을 그 사건에 대한 직무집행으로부터 배제하는 제도를 말한다.

제척이란 법원구성원에게 법정사유(민사소송법 제41조, 형사소송법 제17조)가 있는 경우 당연히 그 사건의 직무집행으로부터 배제하는 제도이고, 기피란 위의 제척사유가 없음에도 불구하고 재판의 공정을 해할 염려가 있는 경우 당사자의 신청에 의하여 그 사건의 직무집행으로부터 배제하는 제도이며, 회피란 법원구성원 스스로가 기피의 원인이 있다고 판단되는 경우 그 직무집행으로부터 회피하는 것을 말한다.

제2절 민사소송

Ⅰ. 민사소송의 의의

민사소송이란 개인간의 생활관계에서 발생한 법적 분쟁이나 이해관계의 충돌을 국가의 재판권에 의하여 강제적으로 해결·조정하기 위한 절차를 말한다. 민사소송은 분쟁의 공권적·강행적 해결방법이라는 점에서 자치적 분쟁 해결방식인 화해, 조정, 중재 등과 구별되며, 또한 민사소송은 소송이라는 점에서 이른바 비송사건과도 구별된다.

비송사건이란 통상의 민사법원에서 처리하는 사건이지만, 법의 적용에 의한 법률적 판단이 아니라 민사상의 생활관계를 조정하거나 감독하기 위하여 국가가 직접 후견적 작용을 하는 것을 그 주된 목적으로 한다. 따라서 그것은 사법작용이 아니라 행정작용에 속하며, 민사소송이 당사자주의를 원칙으로 함에 반하여 비송사건은 직권주의를 원칙으로 한다.

Ⅱ. 민사소송법의 구조와 이념

1. 민사소송법의 구조

민사소송법은 형식적으로는 민사소송법전 그 자체를 말하지만, 실질적으로는 이외에도 법원조직법, 헌법, 민법, 채무자 회생 및 파산에 관한 법률, 변호사법, 소액사건심판법, 가사심판법, 행정소송법, 소송촉진 등에 관한 특례법 및 각종 대법원규칙 등을 모두 포함한다.

2. 민사소송법의 이념

(1) 소송의 적정

소송의 적정이란 재판의 내용이나 집행의 결과가 법규의 내용을 충실하게 실현하는 것을 말한다. 이를 위해서는 사실의 인정이 구체적 진실에 부합하여야 하며, 법의 해석과 적용이 정확하고 타당하여야 한다. 민사소송법은 심급제도, 재심제도, 특별항고, 전속관할, 석명권행사, 구술주의 및 직권증거조사 등의 제도를 두어 그 목적을 달성하고 있다.

(2) 소송의 공평

소송의 공평이란 소송에 관여하는 이해관계인을 동등하게 대우하고 또한 변론과 입증책임의 기회를 균등하게 부여하는 것을 말한다. 민사소송법은 심리의 공개, 당사자 평등주의, 변론주의, 제3자 소송참가, 제척·기피·회피 등의 제도를 두어 그 목적을 달성하고 있다.

(3) 소송의 신속

소송의 신속이란 소송을 가급적 신속히 진행하여 그의 완결을 이루는 것을 말한다. 이것은 소송이 아무리 적정·공평한 재판이라고 하더라도 신속하지 못하면 사권실현의 실효성을 거둘 수 없기 때문이다. 민사소송법은 소송절차의 직권진행, 실기(실기)한 공격·방어방법의 각하, 독촉절차, 제소전 화해, 준비절차 등의 제도를 두어 그 목적을 달성하고 있다.

(4) 소송의 경제

소송의 경제란 소송에 필요한 법원과 당사자의 비용을 가능한 적게 하고, 자력이 없는 자도 소송제도를 쉽게 이용할 수 있도록 배려하는 것을 말한다. 민사소송법은 소송구조제도, 소송의 이송, 소의 병합, 사물관할, 소액사건심판법에 의한 구술제소, 소액사건의 상고제한 등의 제도를 두어 그 목적을 달성하고 있다.

사례연구 256 **소송법상 신의성실의 원칙**

이대출 씨는 한채무 씨에 대해 5,000만원의 채권을 가지고 있었는데 한채무가 채무이행을 하지 않아 소송으로 해결하고자 한다. 이대출은 5,000만원을 청구하면 위자료산정에 불이익을 당할지도 모른다고 생각하여 2,000만원, 1,500만원, 1,500만원의 3개로 채권을 분할하여 청구하였다. 과연 이대출의 행위는 타당한가?

|▶ 민사소송은 적정, 공평, 신속 및 경제성의 네 가지를 그 이상으로 삼고, 이들 이상을 달성하기 위한 수단으로서 민사소송법 제1조는 신의성실의 원칙을 인정하고 있다. 그러나 민사소송에서의 신의칙은 법원이 소송을 진행하고 당사자가 소송을 수행하며 기타 관련인이 이에 협력하는 데에 있어서 신의에 좇아 성실히 하라는 것으로서, 이는 실체법상의 신의칙과는 구별된다. 따라서 위 사례에서 이대출이 합의부 관할인 5,000만원의 채권을 각각 분할하여 단독판사의 관할에 속하도록 한 것은 신의성실의 원칙에 위배된다. 신의칙에 반하는 소송행위는 부적법하므로 그 행위의 내용이나 성질에 따라 무효이거나, 또는 법원이 각하하게 된다.

Ⅲ. 민사소송의 당사자와 그 대리인

1. 민사소송의 당사자

소송당사자란 자기이름으로 법원에 대하여 판결과 집행을 요구하는 자와 그에 대립하는 상대방을 말한다. 제1심에서는 원고와 피고, 제2심에서는 항소인과 피항소인, 제3심에서는 상고인과 피상고인이라 하며, 독촉절차, 강제집행절차, 가압류와 가처분절차에서는 채권자와 채무자라 부른다.

이러한 소송당사자가 되기 위해서는 먼저 당사자가 될 자격(당사자적격)이 있어야 하고, 당사자가 될 수 있는 소송법상의 능력(당사자능력)이 있어야 하며, 또한 당사자가 소송에서 스스로 유효하게 소송행위를 하고 또 소송행위를 받기 위해서는 일정한 정신적 능력(소송능력)이 있어야 한다.

사례연구 257 민사소송의 당사자

18세의 미성년자 착실해 군은 야간고등학교에 다니면서 낮에는 상시 근로자 10인인 봉제공장에서 일하고 있다. 그런데 최근 3개월분 임금을 지급받지 못하여 소액심판청구를 하려고 하는데, 주위 분들이 미성년자는 단독으로 소송을 제기할 수 없다고 하는데 가능한가?

|▶ 소송을 제기하려면 당사자가 스스로 유효하게 소송행위를 하고, 또 상대방이나 법원의 소송행위를 받을 수 있는 능력, 즉 소송능력이 있어야 한다. 미성년자의 소송능력에 대해서는 의문이 있으나, 대법원에서는 “미성년자는 원칙적으로 법정대리인에 의하여서만 소송행위를 할 수 있으나, 미성년자 자신의 노무제공에 따른 임금의 청구는 근로기준법 제54조(현행 제68조)의 규정에 의하여 미성년자가 독자적으로 할 수 있다.”(대판 1981. 8. 25, 80다3149)고 판시하고 있으므로 착실해 군은 사용자를 상대로 임금청구소송을 단독으로 제기할 수 있다.

2. 민사소송의 대리인

소송대리인이란 당사자에 갈음하여 당사자의 이름으로 소송행위를 하거나, 소송행위를 받는 자를 말한다. 소송대리인에는 법정대리인과 임의대리인이 있다. 특히 임의대리인이란 변호사에 의한 소송대리를 말한다.

사례연구 258 소송의 당사자로서의 문중의 구성

김해 김씨 문중에서는 경기도 여주군 소재 임야 약 50,000평을 큰할아버님이셨던 김지성 씨에게 명의신탁하고 그 관리를 맡기고 있었던 바, 할아버님께서 10여년 전에 돌아가셨다. 그러자 그의 자녀들이 이를 상속하고 소유권을 주장하며 처분하려고 하고 있다. 김해 김씨의 문중에서는 소유권반환청구의 소를 제기하고자 하는데, 소송에서는 원고로서 문중을 구성해야 한다고 한다. 문중은 어떤 절차와 방법을 통하여 구성되어야 하는가?

|▶ 민사소송법은 자연인이나 법인뿐만 아니라, 일정한 요건을 갖추면 소송당사자가 될 수 있도록 하고 있다. 다만 그 요건은 사단이나 재단의 실체를 갖추고 있어야 한다. 사단이란 일정한 목적 하의 다수인의 결합체로서, 그 구성원의 가입·탈퇴에 관계없이 존속하여 대내적으로 그 결합체의 의사를 결정하고 목적달성을 위한 업무를 집행할 기관이 있고, 대외적으로 그 결합체를 대표할 대표자나 관리인의 정함이 있는 것을 말한다. 따라서 문중은 공동선조의 제사를 주재하는 등의 일정한 목적 하에 이루어진 조직체로서 '문중규약'이나 문중의 운영에 일정한 관습이 있다면 이에 의하여 업무집행기관과 대표자의 선임을 인정할 수 있을 것이다. 또한 종중의 대표자 선출에 있어서 종중의 일반관례를 인정하여 문중규약이나 문중의 관습이 없다면 종장 또는 문장 등이 성인남자인 종중원을 소집하여 출석자 과반수의 동의로 선출할 수 있다면 그에 의하여 대표자를 선출하고 종중을 대표하여 법정대리인으로서 소송을 수행할 수 있다.

Ⅳ. 민사소송의 절차

1. 소의 의의와 종류

소(訴)란 원고가 피고를 상대로 하여 특정한 청구의 당부에 관하여 법원에 그 심리와 판결을 요구하는 소송행위를 말한다. 소가 없는 곳에는 판결이 있을 수 없다. 소에는 어떠한 권리 또는 법률관계의 존부를 확인하는 확인의 소, 실체법상의 청구권을 기초로 하여 일정한 의무이행과 그 이행명령을 구하는 이행의 소 및 법률관계의 발생·변동·소멸 등을 구하는 형성의 소가 있다.

2. 민사소송의 절차

민사소송절차는 크게 판결절차와 강제집행절차로 나뉜다. 판결절차란 소의 제기에 의하여 소송이 개시되고, 변론을 통해 심리되며, 종국판결에 의해 종료되는 법원의 재판절차를 말한다. 그리고 강제집행절차란 확정판결의 효력을 채무자가 스스로 이행하지 않는 경우에 채권자를 보호하기 위하여 국가권력으로서 채무자의 채무이행을 강제하는 절차를 말한다. 판결절차에는 다시 통상의 소송절차와 특별한 소송절차로 나뉘어지며, 통상의 소송절차는 제1심절차와 상소심절차 및 재심절차로 나뉜다.

3. 통상의 소송절차

(1) 제1심절차

(가) 소송의 제기와 심사 : 소의 제기란 원고가 피고를 상대로 소장에 소정사항(당사자와 법정대리인 · 청구의 취지 · 청구의 원인 등)을 기재하고, 본인 또는 대리인이 서명 · 날인하여 관할지방법원에 제출하는 것을 말한다.

소장이 법원에 제출되면 재판장은 직권으로 이를 심사하여 소의 제기가 적법한 것으로 판단되면 그 부본을 피고에게 송달하고, 만일 소장에 기재사항의 흠결 등 하자가 있다고 판단되면 그 보정을 명하거나, 소를 각하할 수 있다.

사례연구 259 소장의 작성

한의리 씨는 고향친구 김배신 씨가 사업에 어려움을 겪자 3천만원을 선뜻 빌려 주었다. 그런데 김배신의 사업 형편이 나아졌는데도 불구하고 그 고마움을 모르고 차일피일 미루다가 급기야는 '나는 너한테 돈을 빌린 적이 없으니 마음대로 하라!'고 한다. 괘씸한 생각이 들어 어떻게 해서라도 돈을 받으려 하는데, 변호사 비용 등이 부담스러워 소장을 직접 쓰고자 하는데 무엇을 기재해야 하는가?

▶ 민사분쟁의 경우, 양 당사자가 합의를 하는 것이 가장 좋지만 그렇지 않은 경우 부득이 소송을 제기할 수 밖에 없고, 소장을 작성하여 법원에 제출해야 한다. 소장의 기재사항으로는 소장에 꼭 기재해야할 사항인 필수적 기재사항과 그렇지 않은 임의적 기재사항이 있다. 필수적 기재사항에는 당사자(원고와 피고)와 법정대리인, 청구의 취지(원고가 어떠한 내용과 종류의 판결

을 구하는지를 나타내는 판결의 결론부분), 청구의 원인(청구취지를 보충하여 청구를 특정하기에 필요한 사실관계를 말하고, 사건의 경과에 따라 6하 원칙에 따라 기재) 등이 있다(민사소송법 제249조 제1항). 민사소송법은 임의적 기재사항을 인정하고 있는데, 관할원인 등 소요요건에 기초가 되는 사실이나 이를 뒷받침하기 위한 증거방법 등의 공격방법을 기재하여 소장을 준비서면으로 이용할 수 있도록 하고 있다(민사소송법 제249조 제2항).

(나) 소송의 심리과정 : 원고가 제기한 소가 적법하다고 판단되면 재판장은 지체없이 변론기일을 정하고 당사자를 소환하여 변론을 진행하여야 한다. 변론이란 당사자가 변론기일에 법원에 출석하여 법관의 면전에서 구술로서 공격과 방어방법을 제출하고 심리에 협력하는 절차를 말한다. 이 공격과 방어방법을 소송자료라고 하며, 이에는 사실과 증거가 있다. 법원은 변론기일에 당사자가 제출한 소송자료에 의거하여 심리를 진행하게 된다.

특히 증거란 법원의 판결의 기초가 되는 사실인정의 자료를 말하는 것으로서, 본래 재판은 구체적 사실에 법규를 적용하여 판단을 내리는 것이기 때문에 그 구체적인 사실의 확정은 합리성과 객관성을 담보하는 증거에 의해야만 하고, 이를 증거재판주의라고 한다. 다만 제출된 증거의 증거력은 법관의 자유로운 판단에 맡기고 있는데, 이를 자유심증주의라고 한다. 이러한 증거조사는 민사소송법이 변론주의를 채용한 결과 원칙적으로는 당사자의 신청에 의하고, 법원에 의한 직권조사는 예외적 · 보충적으로만 인정된다.

법원에 의한 직권조사는 원칙적으로 법정에서 행하며, 당사자 · 증인 · 감정인 · 통역인 등의 인적증거에 대한 신문에 의하거나, 문서 · 검증물 등의 물적증거에 대한 열람과 검사에 의하여 이루어진다. 이를 당사자신문이라 한다. 그리고 이러한 증거에 대한 멸실이나 훼손을 방지하기 위하여는 미리 증거를 조사하여 보전할 필요가 있는데 이를 증거보전절차라고 한다.

사례연구 260 증인의 출석의무

신중개 씨는 평소에 잘 알고 있는 김소송 씨와 한변론 씨의 거래를 중개하였다. 그러나 지금 김소송과 한변론은 거래상의 분쟁으로 인해 소송을 진행하고 있다. 그런데 신중개는 법원으로부터 증인출석의 소환장을 받았다. 신중개의 입장에서는 김소송과 한변론을 모두 잘 아는 처지여서 입장이 난처하여 증언을 회피하고 싶은데 꼭 증인으로 출석하여야 할 의무가 있는가?

▶ 민사소송법 제311조 제1항은 "증인이 정당한 사유 없이 출석하지 아니한 때에 법원은 결정으로 증인에게 이로 말미암은 소송비용을 부담하도록 명하고 500만원 이하의 과태료에 처한다"고 규정하고, 같은 조 제2항에는 "법원은 증인이 과태료의 재판을 받고도 정당한 사유 없이 다시 출석하지 아니한 때에는 결정으로 증인을 7일 이내의 감치에 처한다."고 규정하고 있으며, 제312조 제1항은 "법원은 정당한 사유 없이 출석하지 아니한 증인을 구인(拘引)하도록 명할 수 있다."고 규정하고 있다. 이는 공정한 재판은 공공의 이익과 결코 무관한 것이 아니기 때문에 모든 국민은 적정한 재판권의 실현을 위하여 재판에 협조할 의무가 있기 때문이다. 다만 질병이나 출장 등 정당한 이유가 있거나 동법 제314조 및 제315조에 따른 증언거부권이 있는 경우에는 증언을 거부할 수 있다.

(다) 소송의 종료(재판) : 소송은 당사자의 행위나 종국판결의 확정에 의하여 종료된다. 즉, 당사자의 소의 취하, 청구의 포기, 인낙(認諾) 및 소송상의 화해에 의하여 종료되며, 재판기관이 소송법상 일정한 효과의 발생을 목적으로 하는 판단 또는 의사표시인 재판에 의하여 종료된다.

재판은 그 주체 및 성립절차에 따라 판결 · 결정 · 명령으로 나누고, 재판의 내용 및 효력에 따라 명령적 · 확인적 · 형성적 재판으로 나누며, 소송절차에 대한 목적에 따라 종국판결과 중간판결로 나뉜다. 판결이란 법원이 변론행위를 거쳐 일정형식에 의한 재판서를 작성하고 선고에 의하여 그 효력이 생기게 하는 법원의 재판을 말하고, 결정이란 비교적 가벼운 사항에 대해서 간이 · 신속한 절차에 의하여 하는 재판을 말하며, 명령은 법원이 아닌 재판장 · 수명법관 및 수탁판사 등이 그 자격으로서 하는 재판을 말한다.

(2) 상소심절차

상소란 판결의 확정전에 당사자가 하급법원의 재판에 대한 불복의 의사로 상급법원에 그 당부에 대한 심사를 요구하는 소송행위를 말하는 것으로서, 항소 · 상고 · 항고가 있다. 본래 민사소송법은 소송의 심리를 신중하게 거듭함으로써 법적 분쟁을 명확히 해결하기 위하여 3심제를 인정하고 있다. 보통 제1심은 지방법원이나 가정법원, 제2심은 고등법원, 제3심은 대법원의 관할로 되어 있다. 그러나 5,000만원 이하의 민사소송 및 1년 미만의 징역 또는 금고에 해당하는 형사소송에 있어서는 제1심은 지방법원의 단독판사, 제2심은 지방법원본원합의부에서 그리고 제3심은 대법원에서 관할하도록 되어 있다. 다만 선거소송은 신속한 처리를 위해 단심제로 되어 대법원의 전속관할에 속하도록 하고 있다.

(가) 항소 : 항소란 제1심의 패소당사자가 항소법원에 대하여 제1심법원의 종국판결이 그 사실인정과 법령적용에 있어서 위법이 있음을 이유로 하여 그것의 취소 또는 변경을 구하는 상소를 말한다. 항소는 제1심판결이 송달된 때로부터 2주간 내에 항소장을 원심법원에 제출하면 된다. 항소의 대상은 제1심의 종국판결에 한하므로 중간판결이나 결정 및 명령에 대해서는 할 수 없고, 비약상고(飛躍上告)의 합의 또는 불항소(不抗訴)의 합의가 있는 경우에도 할 수 없다.

(나) 상고 : 상고란 항소심의 종국판결에 대하여 법령적용의 위법을 이유로 상고법원에 그 취소 또는 변경을 구하는 상소를 말한다. 상고는 항소의 경우와는 달리 반드시 법률상의 이유만으로 제기할 수 있고, 상고심에서는 법률문제만을 심사하기 때문에 상고심을 법률심이라고도 한다. 상고의 대상은 고등법원이 제1심 또는 제2심으로 선고한 종국판결과 지방법원본원합의부가 제2심으로 선고한 종국판결 및 비약상고의 경우 제1심의 종국판결에 한한다.

(다) 항고 : 항고란 판결 이외의 결정이나 명령에 대한 불복을 이유로 그 취소 또는 변경을 구하는 상소를 말한다. 항고에는 심급에 따라 제1심의 결정・명령에 대한 최초의 항고와, 항소심의 결정・명령에 대한 재항고가 있다. 그리고 항고시기에 따라 1주일의 불변기간에만 불복신청을 할 수 있는 즉시항고와 기간의 제한없이 언제든지 제기할 수 있는 통상항고가 있다.

사례연구 261 **민사소송에서 승소한 당사자의 항소이익**

김변제는 종업원 이상해를 통해 김승소 씨에게 빌린 1,500만원을 변제하였으나 김승소는 이를 지급하라는 대여금청구소송을 제기하였다. 김변제는 이상해가 퇴직할 당시 영수증을 회수하지 못하였지만 위 소송에서 김변제 주장의 대여금채무가 존재하지 않는다고 다투면서 예비적으로 김승소에 대한 1,500만원의 채권이 있어 상계의 항변을 제출하였더니 김승소의 청구가 기각되었다. 주위에서 승소한 당사자는 항소할 수 없다고 하는데, 김변제는 항소할 수 있는가?

▶ 항소의 이익이라 함은 제1심의 종국판결에 대하여 불복을 신청함으로

써 그 취소변경을 구하는 것이 가능한 당사자의 법적 지위 또는 자격을 말한다. 대법원은 "상소는 자기에게 불이익한 재판에 대해서만 제기할 수 있는 것이고 … 제1심에서 전부승소의 판결을 받은 원고에게는 항소의 이익이 없다."(대판 1983. 10. 25. 82다515)고 판시한 바 있다. 그러나 상계의 항변이 받아들여져서 원고의 청구가 기각된 경우에는 항소의 이익이 있으므로 김변제는 항소할 수 있다.

4. 특별한 소송절차

(1) 소액사건심판절차

소액사건심판절차란 소송물가액을 기준으로 3,000만원을 초과하지 않는 경우에 서면 뿐만 아니라 구술에 의한 소의 제기도 가능하며(대법원규칙) 소송법상의 특칙이 적용되는 특별한 소송절차를 말한다. 이는 소송물가액이 비교적 적은 민사사건에 관하여 통상의 소송절차에 따른 소송의 번잡을 피하고 신속·경제적인 해결을 목적으로 소액심판법상 인정된 것이다.

사례연구 262 소액심판제도

한채권 씨는 친구인 이채무 씨에게 각서와 차용증서를 받고 500만원을 빌려주었으나, 변제기일이 지나도록 아무런 연락이 없어 소송을 해서라도 돈을 돌려 받고 싶다. 그런데 민사소송은 소송개시부터 판결까지 너무 많은 시간과 비용이 소요되어 망설이고 있는데, 한채권이 간편하게 소송을 제기할 방법이 있는가? 그리고 소장을 제출한 후 갑자기 교통사고가 나서 동생인 한주권을 변론기일에 대신 보내려 하는데 가능한가?

▶ 한채권은 소액심판제도를 활용하여 간편하게 소송을 할 수 있다. 구술로 소를 제기하려면 필요한 증거서류 등을 준비하여 법원 소장접수 담당사무관에게 제출하고 면전에서 제소조서를 작성하는 방법으로 소를 제기할 수 있고, 당사자가 직접 양식을 교부받아 소장작성요령에 따라 작성하여 제출할 수도 있다. 소장이 접수되면 즉시 변론기일을 지정하여 원고에게 소환장을 교부하고, 원고의 소장은 피고가 송달받은 날로부터 10일 이내에 답변서를 제출하도록 하였으며, 되도록 1회의 변론기일로 심리를 즉시 선고하도록 하여 시간과 비용을 절약할 수 있도록 하였다. 한주권은 '소송대리허가신청 및 소송위임장'을 작성, 제출하면 유효하게 소송을 대리할 수 있다. 다만, 한주권은 당해 소송에 있어서 당사자가 아니므로 판결의 효력을 받지는 못한다.

(2) 독촉절차

독촉절차란 금전 기타 대체물 또는 유가증권의 일정한 수량의 지급을 목적으로 하는 청구권에 관해 인정되는 절차이다. 이는 채권자의 신청으로 법원이 채무자에게 지급명령을 발하고, 채무자가 일정기간 내에 이의신청을 하지 않으면 가집행선고에 의한 채무명의가 되어 강제집행을 할 수 있다. 그리고 만일 채무자가 이의를 신청하는 경우에는 판결절차로 진행하게 된다.

사례연구 263 **지급명령제도**

전자제품 대리점을 운영하는 한전자 사장은 사업동료 김무심 씨에게 5천만원을 빌려 주면서 차용증도 작성하여 공증까지 하였다. 한전자는 그 동안 김무심에게 수차 전화로 독촉하였으나 김무심은 차일피일 시간만 끌고 있다. 한전자는 사업이 너무 바빠서 복잡한 민사소송을 제기하여 법원까지 수차례 가는 것이 어려운데, 이 경우 한전자가 간편하게 채무명의를 얻을 수 있는 방법이 없는가?

|▶ 당사자간에 금전지급을 내용으로 하는 채권·채무관계가 존재하는 경우 본인이 직접 법원에 출석하지 않고도 채무명의를 얻을 수 있는 방법이 있는 바, 이를 지급명령제도라 한다. 위 사례에서 한전자는 김무심의 주소지 관할법원에 지급명령을 신청할 수 있고, 법원은 서면심리만을 통하여 지급명령을 내릴 수 있다. 만일 법원으로부터 지급명령이 있고, 채무자가 지급명령의 통지를 받은 날로부터 2주간 안에 돈을 갚지 않거나 또는 법원에 이의신청도 하지 않으면 지급명령은 확정된다. 따라서 한전자는 간편하게 채무명의를 얻을 수 있고, 이에 근거하여 강제집행을 행사할 수 있다. 그러나 채무자가 지급명령에 불복하고 이의신청을 하면 곧 정식재판으로 옮겨간다.

(3) 가사소송절차

이는 가사사건을 해결하기 위하여 종전의 가사소송법과 인사소송법을 통합하여 가사소송법으로 개정한 것이다. 가사소송법은 가사사건을 가사소송사건과 가사비송사건으로 구별하여, 가사소송사건은 민사소송법을 그리고 가사비송사건은 비송사건절차법을 각각 준용하도록 하고 있다. 가사사건은 가정법원을 전속관할로 하고 조정전치주의와 직권탐지주의를 채택하여 통상의 민사소송절차에 대한 많은 특칙을 인정하고 있다.

(4) 도산절차

도산절차란 채무자가 경제적 파탄의 지경에 이르러 채무를 완제할 수 없는 경우 채권자의 공평한 만족과 채무자의 재기를 목적으로 한 절차를 말한다. 도산절차에는 채무자 회생 및 파산에 관한 법률에 의한 파산절차 및 화의절차, 회사의 정리절차가 있다.

5. 강제집행절차

(1) 강제집행의 의의

강제집행이란 국가의 공권력에 의하여 사법상의 권리·의무의 내용을 강제적으로 실현하는 절차를 말한다. 이는 판결절차에 의하여 확정된 의무를 채무자가 스스로 이행하지 않는 경우 채권자의 권리를 확보하기 위하여 채무자의 의무이행을 강제하는 것이다.

(2) 강제집행의 대상과 방법

강제집행은 집행력이 없는 확인판결이나 형성판결과 같은 것은 할 수 없고, 이행판결의 경우에만 가능하다. 이러한 강제집행은 집행문이 부기된 채무명의로써 집행기관이 행하게 되는데 그 방법은 금전채권인 경우에는 압류·매각·추심·관리 등의 방법에 의하고, 금전 이외의 채권인 경우에는 직접강제·대체강제·간접강제 등의 방법에 의한다.

(3) 강제집행의 요건

강제집행을 하려면 원칙적으로 채무명의에 집행문이 부기되어야 한다. 채무명의란 국가의 강제력에 의하여 실현될 청구권의 존재와 범위가 표시되고 또한 집행력이 부여된 공정증서를 말한다. 채무명의에는 판결·화해조서·인락조서·집행증서·가집행선고가 있는 지급명령 등이 있다.

그리고 집행문이란 채무명의에 집행력이 있다는 것과 집행당사자를 공증하기 위해 공증공무원이 채무명의의 정본에 부기하는 공증문언을 말한다.

(4) 강제집행의 기관

강제집행의 집행기관으로는 집달리, 집행법원, 수소법원 등이 있으나, 수소법원은 예외적인 집행기관이 된다. 집달리는 법률이 정하는 바에 의하여 재판의 집행, 서류의 송달 등의 사무에 종사하는 공무원을 말하며, 집행기관은 집행행위의 실시, 집달리의 집행에 대한 협력 및 감독 등을 담당하는 법원을 말한다. 이때 집행법원은 집행사무의 신속을 위하여 지방법원의 단독판사가 된다.

사례연구 264 **사망한 채무자의 재산에 대한 강제집행절차**

한채권 씨는 이채무 씨에게 800만원을 빌려주었으나 이채무가 변제기일이 지나도 채무를 이행하지 않아 소송을 제기하여 승소판결을 받았다. 채무자 이채무는 이미 사망하였고, 그의 재산이 어디에 있는지 알지 못하여 현재에 이르고 있다. 그러나 최근에 채무자 이채무의 명의로 된 재산을 발견하게 되어 강제집행을 하려고 하는데, 상속인들이 소유권 이전등기도 해놓지 않은 상태이며, 또한 상속인 중 1명은 캐나다로 이민을 가서 주소지를 알 수도 없다. 과연 한채권은 어떻게 하여야 하는가?

▶ 이 경우 한채권은 채무자 이채무의 명의로 된 재산을 강제경매하여 돈을 받을 수 있다. 그러나 이채무가 이미 사망하였으므로, 한채권은 이채무의 제적등본, 가족관계증명서 및 주민등록등본을 첨부하여 이채무의 상속인들을 상대로 한 승계집행문을 부여받은 후, 채권자 대위권에 기하여 대위상속등기를 하여 강제경매절차를 밟아야 한다. 그리고 상속인 중 1명이 캐나다로 이민을 가서 주거지를 알 수 없는 경우에는 그 상속인의 재산관리인의 선임을 법원에 신청하여 법원에 의해 선임된 재산관리인을 상대로 강제경매절차를 진행할 수 있을 것이다.

6. 가압류 · 가처분절차

이는 강제집행에 앞서 장래 그 집행의 장애를 예방하기 위하여 일정재산에 대한 현상을 보전하는 보전집행절차를 말한다. 가압류란 금전채권이나 금전으로 환산할 수 있는 채권에 대하여 동산 또는 부동산에 대한 강제집행을 보전하기 위해 하는 절차를 말하고, 가처분이란 금전채권 이외의 계쟁물(계쟁물)에 관한 청구권의 집행을 보전하거나 또는 임시의 지위를 정하여 후일 법률관계가 확정될 때까지 잠정적으로 현상의 상태를 유지하는 절차를 말한다.

사례연구 265 재산보전처분

한미망의 남편 김사고는 횡단보도를 건너던 중 왕배장이 운전하는 봉고차에 치여 사망하였다. 그러자 왕배장은 그 즉시 그의 유일한 재산인 대지와 건물을 사촌형인 왕서방 명의로 재산을 변경하였다. 그리고는 자신에게는 재산이 없으니 법대로 하라면서 배짱을 부리고 있다. 이 경우 한미망이 취할 수 있는 방법은 무엇인가?

▶ 위 사례에서 한미망은 왕배장을 상대로 불법행위로 인한 손해배상청구소송을 제기할 수 있다. 그러나 한미망이 손해배상청구소송에서 승소하여도 왕배장에게 재산이 없다면 승소판결문으로 실제 배상을 받기는 어렵다. 따라서 한미망은 소송을 제기하기 전에 미리 상대방 재산을 조사하고 재산보전처분을 해 두었어야 하는데, 기회를 놓친 것이다. 그러나 이 경우에도 한미망은 우선 왕배장의 대지와 건물의 등기부등본을 열람하여 사고가 발생한 날과 근접한 시일에 친척인 왕서방에게 권리이전등기가 경료되었다면, 이 재산에 대하여 처분금지 가처분을 하여 두고 통정허위표시에 의한 사해행위취소의 소를 제기하여 권리상태를 왕배장로 원상회복시킬 수 있게 된다. 따라서 한미망은 왕배장의 재산을 원상회복시킨 후 가압류를 하고 손해배상청구소송을 제기하거나, 또는 왕배장과 왕서방은 친척간으로서 서로 통정하여 재산을 도피시켰다는 이유를 들어 사해행위 취소소송을 제기하고 손해배상청구소송을 하여 왕배장으로부터 손해배상금을 받아낼 수 있다.

제3절 형사소송

Ⅰ. 형사소송의 의의

형사소송이란 국가의 형벌권 실현에 관한 절차를 말한다. 즉, 범죄와 이에 상응한 형벌이나 보안처분을 과할 것을 추상적으로 규정한 실체법인 형법에 대하여, 그 형법의 적용·실현을 목적으로 하는 절차법이다.

형벌권행사의 구체화 과정인 형사절차는 반드시 법률로서 규율하여야 하는데 이를 형사소송 법정주의라 한다. 형사소송 법정주의는 형벌권의 행사에 법률적 근거를 요한다는 단순한 형식적 의미에 국한되는 것이 아니라, 형사소송절차의 진행과정에서 야기될 수 있는 피의자 · 피고인의 인권 침해적 요소를 최대한 배제하기 위하여 형사절차의 적정과 기본적 인권의 보장이라는 실질적 의미를 동시에 내포하는 개념이다. 따라서 이는 법치주의의 본질이며, 마그나 카르타(Magna Carta)의 기본정신인 인권보장을 실질적으로 구현하기 위한 제도적 장치라고 할 수 있다.

Ⅱ. 형사소송법의 구조와 기본원칙

1. 형사소송법의 구조

형사소송법은 형식적으로는 형사소송법전 그 자체를 말하지만, 실질적으로는 형사사법의 조직, 특별절차, 소송비용 등 형사소송을 규율하는 법규의 총체를 말한다. 즉, 소년법, 관세법, 법원조직법, 검찰청법 등을 포함한다.

2. 형사소송법의 기본원칙

형사소송법은 형식적으로는 공익의 유지와 개인의 기본적 인권보장을 조화 · 실현하는데 있고, 실질적으로는 사건의 진상을 명백히 파악하여 형벌법규를 적정 · 신속하게 적용 · 실현하는 데 그 목적이 있다. 이러한 목적을 달성하기 위하여 형사소송법은 여러 가지 원칙에 기초하여 구성된다.

형사소송법의 기본적 구조를 형성하는 원칙으로는 탄핵주의, 국가소추주의, 직권주의 및 당사자주의, 실체적 진실주의, 직접심리주의, 자유심증주의, 구두주의 및 공개주의 등이다.

Ⅲ. 형사소송의 당사자

1. 검 사

검사란 공소권의 행사를 주요임무로 하는 국가기관이다. 즉, 형사에 관한 공익의 대표자로서 첫째, 범죄수사 · 공소제기와 그 유지에 필요한 행위, 둘째, 범죄수사에 관한 사법경찰관리의 지휘·감독, 셋째, 법원에 대한 법령의 정당한 적용의 청구, 넷째, 재판집행의 지휘·감독 등에 대한 직무와 권한을 갖는다.

검사는 이러한 권한을 행사하기 위하여 형사소송에 있어서 원고인 당사자로서의 지위를 갖고, 공판절차에 있어서는 공소의 유지자로서 피고를 소추·공격하는데 중요한 의의를 갖는다. 검사는 그 한 사람 한 사람이 검찰권 행사의 권한을 갖는 독립한 기관이지만, 법관과는 달리 상관의 지휘·명령에 복종하여야 한다. 즉, 전국적으로 계층적 통일체를 이루어 일체불가분의 유기체로서 활동하는데, 이를 검사동일체의 원칙이라 한다.

2. 피고인과 그 대리인

피고인이란 검사에 의하여 공소가 제기된 자를 말한다. 공소제기 전에는 수사기관에 의하여 조사를 받고 있더라도 피고인은 아니고, 단지 피의자일 뿐이다. 근대적 형사소송법은 당사자 소송구조를 채택하여 피고인에게 소송당사자로서의 지위를 부여하고, 원고인 검사의 공격에 대하여 정당한 자기의 이익을 방어할 수 있는 지위가 인정되어 있다. 이를 변호권이라 한다. 그리하여 피고는 진술권과 진술거부권(묵비권)을 행사할 수 있고, 피고의 자백에 대한 증명력과 증거능력을 원칙적으로 배제하고 있다.

한편 피고인은 독자의 힘으로는 국가의 권위를 배경으로 하는 검사의 공격에 도저히 대항할 수 없으므로 당사자 대등주의를 실질적으로 구현하기 위해 변호인제도로서 피고의 방어력을 보충하고 있다. 더욱이 변호인의 조력을 받을 수 없는 피고를 위해 국선변호인제도가 인정되어 있다.

사례연구 266 자백의 증거능력

김담장 씨는 경찰서에 연행된 후 담당형사가 피의자 신문조서를 작성할 때 강요에 못 이겨 절도사실을 자백하였으며, 그 절도사실로 구속기소되었다. 과연 경찰수사단계에서의 자백이 기재된 피의자 신문조서는 유죄의 증거로 사용될 수 있는가?

▶ 우리나라 형사소송법은 검사 이외의 수사기관이 작성한 피의자신문조

서는 적법한 절차와 방식에 따라 작성된 것으로서 공판준비 또는 공판기일에 그 피의자였던 피고인 또는 변호인이 그 내용을 인정할 때에 한하여 증거로 할 수 있다고 하여 경찰이 작성한 자백조서의 증거능력을 제한하고 있다(제312조 제3항). 그러나 검사 또는 사법경찰관이 피고인이 아닌 자의 진술을 기재한 조서는 적법한 절차와 방식에 따라 작성된 것으로서 그 조서가 검사 또는 사법경찰관 앞에서 진술한 내용과 동일하게 기재되어 있음이 원진술자의 공판준비 또는 공판기일에서의 진술이나 영상녹화물 또는 그 밖의 객관적인 방법에 의하여 증명되고, 피고인 또는 변호인이 공판준비 또는 공판기일에 그 기재 내용에 관하여 원진술자를 신문할 수 있었던 때에는 증거로 할 수 있다. 다만, 그 조서에 기재된 진술이 특히 신빙할 수 있는 상태하에서 행하여졌음이 증명된 때에 한한다(동조 제4항). 특히 검사가 피고인이 된 피의자의 진술을 기재한 조서는 적법한 절차와 방식에 따라 작성된 것으로서 피고인이 진술한 내용과 동일하게 기재되어 있음이 공판준비 또는 공판기일에서의 피고인의 진술에 의하여 인정되고, 그 조서에 기재된 진술이 특히 신빙할 수 있는 상태하에서 행하여졌음이 증명된 때에 한하여 증거로 할 수 있다(동조 제1항). 이와 같이 경찰자백이 기재된 피의자 신문조서의 증거능력을 제한하고 있는 것은 경찰수사단계에서의 자백강요로 인한 인권침해를 방지함으로써 피의자의 인권보장을 도모하기 위함이다.

사례연구 267 국선변호인

목구멍이 포도청 신세가 된 김무전 씨는 남의 집을 넘다가 그만 체포되었다. 구치소에 갇힌 신세가 되고 보니 주위에서 “초범이므로 변호사만 선임하면 석방될 수 있다”는 말에 솔깃하였다. 그러나 먹고 살기도 힘든 김무전이 변호사를 선임할 돈이 없는 것은 당연한데, 변호사를 선임할 능력이 없으면 어떻게 되는가?

|▶ 변호인은 두 가지가 있는 바, 피의자·피고인 본인이나 그 법정대리인이 배우자, 형제자매가 선임한 변호사를 사선변호사라 하고, 일정한 사유가 있을 때 피고인을 위하여 법원이 선정하는 변호인을 국선변호인이라 한다. 형사소송법은 헌법 제12조 제4항 국선변호인제도를 이어 받아 법원은 피고인이 구속된 때, 미성년자인 때, 70세 이상인 때, 농아자인 때, 심신장애의 의심이 있는 때, 사형, 무기 또는 단기 3년 이상의 징역이나 금고에 해당하는 사건으로 기소된 때에 변호인이 없으면 직권으로 변호인을 선정하여야 한다(제33조 제1항). 그리고 법원은 피고인이 빈곤 그 밖의 사유로 변호인을 선임할 수 없는 경우에 피고인의 청구가 있는 때에는 변호인을 선정하여야 하고

(동조 제2항), 피고인의 연령·지능 및 교육 정도 등을 참작하여 권리보호를 위하여 필요하다고 인정하는 때에는 피고인의 명시적 의사에 반하지 아니하는 범위 안에서 변호인을 선정하여야 한다(동조 제3항).

Ⅳ. 형사소송의 절차

1. 수사와 공소절차

(1) 수 사

수사란 형사사건에 대하여 공소를 제기하고 이를 유지·수행하기 위한 준비로서 범죄사실을 조사하고 범인 및 증거를 확보하는 수사기관의 활동을 말한다. 수사개시의 원인으로서는 현행범, 고소, 고발, 자수, 변사자의 검시, 불심검문(직무질문) 등이 있다. 그러나 이에 한하지 않고 그 원인여하를 불문하고 수사기관의 주관적 혐의에 기하여 범죄의 혐의가 있다고 생각할 때에는 언제든지 수사를 개시할 수 있다.

수사에는 임의수사와 강제수사가 있다. 임의수사란 수사를 받는 상대방의 동의·승낙을 전제로 하는 수사를 말하고, 강제수사란 상대방의 의사여하를 불문하고 강제적으로 실시하는 수사로써 일종의 강제처분을 말한다. 강제처분에는 소환, 구속 및 압수·수색 등이 있다.

사례연구 268 수사기관의 종류

노총각 청원경찰인 김질투는 그의 관할구역인 공원의 으슥한 곳에서 입맞춤을 하는 등 애정표현을 하는 남녀에 대해 '풍기문란죄'라며 쫓아내고, 술먹은 사람은 토할 염려가 있다고 쫓아내곤 하여 주민들로부터 반발이 이만저만이 아니다. 주민 한정의는 "청원경찰인 주제에 진짜 경찰행세가 웬말인가" 하고 항의하였는데, 청원경찰은 수사권이 있는 수사기관인가?

▶ '수사기관'이란 법률상으로 범죄수사의 권한이 인정되어 있는 국가기관을 말하고, 현행 형사소송법상 수사기관으로 인정된 국가기관은 검사와 사법경찰관 등 두 기관이 있다. 다만, 청원경찰법은 국가기관, 중요시설 및 사업장, 국내 주재 외국 대사관 등의 일정 지역 내에서 그 경영자가 비용을 부담하는 조건 하에 경비를 담당하기 위하여 배치하는 청원경찰을 둘 수 있는

바, 임명된 청원경찰은 그 경비구역 내에서 경찰관직무집행법에 의한 경찰관의 직무를 행하게 된다.

사례연구 269 친고죄에 대한 합의서와 고소문제

미혼인 이처녀 양은 송년모임에 갔다가 직장동료 한물건 씨가 '집까지 바래다 주겠다'는 말을 믿고 가다가 승용차 안에서 강간을 당할 뻔하였다. 이처녀는 고소를 하려 했으나 회사 사장은 회사이미지 문제도 있다면서 반협박조로 화해를 종용하였고, 이처녀도 직장을 그만둘 수 없어 조건없이 '민형사상의 어떠한 처벌도 묻지 않을 것을 맹세한다'는 내용의 합의서를 작성해 주었다. 그런데 한물건이 직장 내에서 '이처녀를 어떻게 했느니' 하면서 헛소문을 퍼뜨리고 다니는 것에 화가 났는데, 합의서를 작성해 준 경우 고소를 하지 못하는가?

▶ 고소의 사전 포기와 관련된 판례를 보면 "고소권은 형사소송법상 부여된 권리로서 고소권의 포기에 관하여는 규정이 없으므로 고소 전에 고소권을 포기할 수 없으며, 고소하기 이전에 피해자가 처벌을 원하지 않았다고 해도 그 후에 피해자의 고소는 유효하다"고 판시한 바 있다(대판 1999. 12. 21. 99도4670). 위 사례에서 이처녀는 한물건에게 합의서를 작성해 주었다 하더라도 고소할 수 있고, 이에 따라 수사가 진행될 것이다. 특히 2013년 6월 19일 개정되어 시행되고 있는 형법과 성폭력범죄의 처벌 등에 관한 법률에서 친고죄 조항을 삭제함에 따라 성폭력을 저지른 경우 고소가 없어도 공소를 제기할 수 있다. 그리고 형법상의 강간죄와 그 미수범, 성폭력범죄의 처벌 등에 관한 법률에 따라 특수강간 등의 죄 등의 범죄에 대해 DNA 증거 등 그 죄를 증명할 수 있는 과학적인 증거가 있는 경우에는 공소시효가 10년 연장되고, 공소시효가 적용되지 않는 경우도 있다(성폭력범죄의 처벌 등에 관한 법률 제21조 제2항 및 제4항).

(2) 공 소

공소란 검사가 특정의 범죄에 관한 형벌권의 존부 및 그 범위를 확정할 것을 목적으로 법원에 대하여 그 심판을 구하는 의사표시를 말한다. 따라서 공소의 제기는 수사의 종결을 의미하는 동시에 공판절차의 개시를 의미한다. 그런데 공소의 제기는 오직 국가기관인 검사만이 할 수 있다. 즉, 사인에 의한 소추를 인정하지 않고 공소제기의 권한을 국가기관이 전담하는 국가소추주의를 채택하고 있으며, 또한 국가기관 중에서도 검사만이 공소를 제기하고

수행할 권한을 갖는 기소독점주의를 채택하고 있다. 그러나 공소권을 국가가 독점하고 범죄사실이 인정된다고 하여 반드시 기소하는 것은 아니고, 범인의 연령 · 성품 · 지능, 생활환경 및 피해자와의 관계, 범행의 동기와 수단, 범죄 결과의 경중 및 범행 후의 정황 등을 고려하여 공소를 제기하지 않을 수도 있다. 이를 기소편의주의라 한다.

사례연구 270 고소사건 처분결과에 대한 불복

가전제품 사장 김전자는 몇달 전에 이도벽 씨를 횡령혐의로 고소하였는데 수사기관에서는 매번 수사 중이이라고 말할 뿐 처벌하고 있지 않아 수차례 진정서를 제출하였다. 그러던 중 며칠 전 검찰에서 이도벽에게는 혐의가 없어 불기소처분을 하였다는 통지를 보내왔다. 김전자는 이도벽이 횡령을 한 것이 확실하다고 생각하고 있다. 고소를 할 경우 이를 처리하는 기간은 어떻게 되며, 검찰의 불기소처분에 불복하는 방법은?

▶ 검사가 고소 또는 고발에 의하여 범죄를 수사할 때에는 고소 또는 고발을 수리한 날로부터 3월 이내에 수사를 완료하여 공소제기 여부를 결정하여야 하고, 이러한 사건에 대해 공소를 제기하거나, 제기하지 아니하는 처분을 한 때에는 그 처분을 한 날로부터 7일 이내에 서면으로 고소인 또는 고발인에게 그 취지를 통지하여야 한다(형소법 제257조, 제258조 제1항). 또한 검사가 불기소처분을 한 경우에 고소인 또는 고발인의 청구가 있는 때에는 7일 이내에 고소인 또는 고발인에게 그 이유를 서면으로 설명하도록 되어 있다(동법 제259조).

그러나 검사의 불기소처분에 대해 고소인이 불복하는 방법에는 항고와 재정신청이 있다. 위의 사례에서 김전자는 항고의 방법으로만 불복할 수 있다. 항고는 불기소처분의 통지를 받은 날로부터 30일 이내에 불기소처분을 한 검사가 속하는 지방검찰청 또는 지청을 거쳐 서면으로 관할 고등검찰청 검사장에게 할 수 있으며, 이 경우 당해 지방검찰청 또는 지청의 검사는 항고가 이유있다고 인정하는 때에는 그 불기소처분을 경정하도록 되어 있다(검찰청법 제10조 제1항 내지 제3항).

2. 공판절차

(1) 공판절차의 의의와 기본원칙

공판절차란 넓은 의미로는 공소제기 후 소송절차가 종결될 때까지의 전 절차, 즉 법원이나 법관이 행하는 검증 · 증인신문 · 피고의 구속 · 보석 등을 포함하는 모든 절차를 말하고, 좁은 의미로는 이러한 공판절차 가운데 특히 공판기일에서의 심리·변론·판결절차 만을 말한다.

공판절차는 형사소송의 기본원칙인 당사자주의·구두변론주의·직접주의·공개주의·집중심리주의 등의 원리에 의하여 진행된다. 공판절차는 형사소송절차의 가장 중요한 핵심적 과정으로서 공판준비절차와 공판기일절차 및 판결절차로 구분되며, 공판기일절차는 다시 모두절차와 사실심리절차의 순으로 진행된다.

(2) 공판준비절차

공판준비절차란 공판기일의 심리를 능률적으로 행하기 위한 준비로서 수소법원 또는 재판장·수명법관·수탁판사가 수행하는 공판기일 외의 절차를 말한다. 공판준비절차에는 공소장부본의 송달, 공판기일의 지정·변경 및 통지, 피고인의 소환, 공판기일 외의 증거수집 및 증거조사 등이다.

(3) 공판기일절차

공판기일이 도래하면 공판정을 개정하여 심리를 개시한다. 여기서 공판정이란 공판을 행하는 법정을 말하는데, 판사와 서기관 또는 서기가 열석하고 검사가 출석하면 개정된다. 피고도 소송당사자로서 공판기일에 출석하여 공소사실에 대한 진술을 하여야 한다.

공판정이 개정되면 우선 모두절차가 진행된다. 모두절차란 인정신문, 검사의 공소요지진술, 피고인의 진술절차를 말한다. 그리고 모두절차가 끝나면 사실심리절차로 이어지는데 사실심리절차는 피고인의 신문, 증거조사 및 최후변론의 순서로 진행된다.

(4) 판결절차

공판절차의 최종단계로서 판결이 선고된다. 판결의 선고는 변론을 종결한 기일에 하여야 하고, 특별한 사정이 있는 때에는 변론종결 후 14일 이내로 지정되어야 한다(제318조의4 제1항 및 제3항). 판결의 선고는 재판장이 하며, 주문을 낭독하고 이유의 요지를 설명하여야 한다. 그리고 형을 선고하는 경우에는 재판장은 피고에게 상소할 기간과 상소할 법원을 고지하여야 한다.

피고가 동 판결에 대하여 상소하지 아니하거나 또는 상소할 수 없는 경우에는, 그 판결은 확정되며 기판력이 발생한다.

사례연구 271 법원의 판결성립 시기

김인정 판사는 존속상해죄로 기소된 한뻔뻔 씨가 반성의 기미가 없자 판결문에 징역 1년을 선고한다고 기재하였다. 김인정 판사는 법정에서 판결을 선고하기 전 피고인에게 "피고인은 그동안 많은 반성을 했습니까?"라고 질문하자 "죽을 죄를 졌습니다. 어떠한 벌도 달게 받겠습니다."라면서 고개를 숙였다. 인정많은 김인정 판사는 판결문과는 달리 "피고인에 대해서 금번에 한하여 집행유예를 선고합니다."고 했을 경우는 어떻게 되는가?

|▶ 판결문(즉, 판결의 내부적 성립시)에는 실형을 선고하는 것으로 기재되어 있다가, 선고(즉, 판결의 외부적 성립시)에는 판결문과 다른 판결이 선고된 경우에 판결은 어느 경우를 유효한 것으로 볼 것인가하는 문제가 발생한다. 학자들의 견해와 대법원 판결에 의하면 이런 경우에 법정에서 선고된 판결이 효력이 있다고 한다.

3. 상소절차

(1) 항 소

제1심법원의 판결에 대하여 불복이 있는 경우, 지방법원의 단독판사가 선고한 사건에 대하여는 지방법원본원합의부에, 지방법원합의부가 선고한 사건에 대하여는 고등법원에 각각 항소할 수 있다(제357조). 항소는 제1심법원의 선고일로부터 7일 이내에 항소장을 원심법원에 제출하여야 한다(제358조). 항소심의 구조는 복심(覆審)·속심(續審) 및 사후심(事後審)으로 나누어진다. 항소법원은 원심법원의 판결보다 중한 형을 선고하지 못한다(제368조).

(2) 상 고

제2심법원의 판결에 대하여 불복이 있는 경우 대법원에 상소하는 것을 말한다. 다만 비약상고(飛躍上告)인 경우에는 제1심법원의 판결에 대하여도 상고가 인정된다. 상소의 제기는 그 기간 내에 서면으로 해야 하고, 제기기간은 재판을 선고 또는 고지한 날로부터 진행된다(제343조). 상고심은 원칙적으로 법률심이다. 즉, 하급법원의 법령해석·적용의 오류를 시정함으로써 법령의 해석을 통일시키는 기능을 다하는 것이 상고심의 중요한 사명이다.

(3) 항 고

항고는 법원의 결정에 대하여 불복이 있는 경우의 상소를 말한다. 이 외에 법원의 명령에 불복이 있는 경우에는 준항고를 할 수 있다. 항고에는 일반항고와 재항고가 있고, 일반항고는 다시 보통항고와 즉시항고로 나뉘어진다. 항고를 제기함에는 항고장을 원심법원에 제출하여야 하는데, 항고제기기간은 즉시항고의 경우를 제외하고는 원칙적으로 제한이 없다. 즉시항고는 형사소송법에 특별히 규정되어 있는 경우에 한하여 인정되며, 제기기간은 3일이다.

사례연구 272 항소 절차

한광고 씨는 스팸메일을 보내는 프로그램을 만들어 음란공고 스팸메일을 무더기로 발송하여 네티즌 사이 악명이 높다. 대전경찰청 소속 사이버수사대는 한광고를 체포하여 기소하였고, 1심재판인 대전지방법원에서 징역 1년에 집행유예 2년을 선고받았다. 한광고는 '왜 나만 가지고 그래!' 하면서 상소하고자 하는데, 어디에 해야 하는가?

▶ 상소란 미확정된 재판에 대하여 상급법원에 구제를 구하는 불복신청제도를 말한다. 1심판결을 받은 자가 불복하여 상소하려면, 제1심 판결을 선고한지 7일 이내에 항소의 취지와 대상인 판결을 기재한 항소장을 원심판결의 법원에 제출해야 한다. 따라서 한광고는 대전지방법원에 제출해야 한다.

원심법원은 항소제기의 방식과 기일준수 여부를 심사한 후 항소장을 받은 날로부터 14일 이내에 소송기록과 증거물을 대응하는 검찰청 검사에게 송부하고, 그 검사는 그 송부를 받은 날로부터 7일 이내에 항소법원에 대응한 검찰청 검사에게 송부하여야 하며, 그 검사는 다시 접수일로부터 5일 이내에 항소법원에 송부하여야 한다.

송부받은 항소법원은 즉시 항소인과 상대방에게 접수의 통지를 하게 되고, 항소인이나 변호인은 통지를 받은 날로부터 20일 이내에 항소이유서를 법원에 제출하여야 한다. 항소법원은 항소이유서의 부본 또는 등본을 상대방에게 송달하며, 상대방은 이를 받은 날로부터 10일 이내에 답변서를 제출하여야 한다. 항소이유서나 답변서는 상대방의 수 만큼 부본을 첨부하여 제출하여야 한다. 이로써 제1심 판결은 확정되지 아니하고 항소법원의 재판을 받게 된다.

4. 비상구제절차

(1) 의 의

일단 판결이 확정되면 이를 변경하지 못하는 것이 법적 안정성의 요구이다. 그러나 확정판결에 대한 중대한 잘못이 있는 경우에도 이를 절대로 변경하지 못하도록 하는 것은 오히려 소송정의에 반한다. 따라서 확정판결을 시정하고 실체적 진실발견을 위해서는 이에 대한 법적 대책이 필요한 바, 이를 비상구제절차라 한다. 이러한 비상구제절차는 이미 확정된 판결에 대한 불복신청이라는 점에서, 미확정 판결에 대한 불복신청인 상소와 다르다. 또한 상소는 상급법원에 대한 불복신청이나, 비상구제절차는 상급법원에 대한 불복신청이 아니라는 점에서 다르다. 비상구제절차에는 재심과 비상상고가 있다.

(2) 재 심

재심이란 확정판결에 사실인정의 잘못이 있는 경우 이를 시정하는 것을 주된 목적으로 하는 비상구제절차를 말한다. 이는 형사소송법에 있어서 법적 안정성과 정의이념이 충돌하는 경우에 정의를 위하여 판결의 확정력을 제거하는 가장 중요한 것이라고 할 수 있다. 재심은 피고인의 이익을 위하여 인정된 제도이므로 청구권자는 피고이며, 심리법원은 원심법원이다.

(3) 비상상고 대법원에 비상상고를 할 수 있다.

비상상고란 판결이 확정된 후 그 사건의 심판이 법령에 위반한 것을 발견한 때에 이를 시정하는 것을 목적으로 하는 비상구제절차를 말한다. 비상상고는 피고의 이익을 위하여 허용되는 것이 아니고 법령해석의 통일을 기하려는 데 그 목적이 있으므로, 청구권자는 검찰총장이며 심리법원은 대법원이다.

5. 특별절차

(1) 약식명령

약식명령이란 지방법원의 관할에 속하는 사건에 관하여 공판절차를 거치지 아니하고 약식절차에 의하여 벌금·과료 또는 몰수를 과하는 간이한 재판절차를 말한다. 지방법원은 그 관할에 속하는 사건에 관하여 검사의 청구가 있는 때에는 약식명령으로 피고인을 처벌할 수 있다. 그러나 그 사건이 약식명령으로 하는 것이 부적당하다고 인정될 때에는 공판절차에 의하여 심판하여야 한다. 즉, 검사 또는 피고인은 약식명령의 고지를 받은 날로부터 7일 이내에 정식재판의 청구를 할 수 있다.

사례연구 273 **부당한 약식명령에 대한 불복방법**

한주먹 씨는 2018년 12월 몇 십년 만에 초등학교 동창생과 우연히 만나 술을 마시고 있던 중 김진상이 시비를 걸어와 말다툼을 하다가 술에 취한 김진상이 한주먹의 뺨을 때리는 바람에 싸움이 일어났고 양쪽 모두 전치 3주의 진단을 받았다. 이 일로 한주먹과 김진상은 2019년 1월 맞고소를 하였고 각자 진단서도 제출하였다. 김진상은 2019년 2월 벌금 100만원이 나왔다는 이야기가 들리는데, 한주먹에게는 약식명령서가 전달되지 않아 '김진상이 먼저 때렸으니까 나에게는 벌금이 나오지 않는구나!' 하고 생각하다가 미심쩍어 알아보니 한주먹에게도 2019년 2월 공시송달로 200만원의 벌금이 확정되었다는 것을 알게 되었다. 한주먹은 그 동안 주소를 옮긴 적이 없음에도 불구하고 약식명령서가 공시송달되어 진술의 기회를 갖지도 못한 채 형이 확정되었다는 것은 도저히 이해할 수 없고, 김진상보다 많은 벌금형이 부과되었다는 것이 너무 억울한데, 이에 대한 불복방법은?

▶ 형사소송절차에서 피고인에 대한 공시송달은 피고인의 주거, 사무소 및 현재지를 알 수 없는 때에 한하여 하도록 되어 있다(제63조 제1항). 그리고 약식명령에 대한 정식재판의 청구는 상소와 유사하므로 상소에 관한 규정이 준용되고 있다. 그러나 위의 사례에서와 같이 공시송달의 요건이 미비하였음에도 불구하고 약식명령서가 공시송달되어 7일의 기간 내에 정식재판을 청구하지 못한 때에는 상소권 회복의 규정이 준용되어 정식재판청구권이 회복되게 된다(대판 1986. 2. 27. 86모6). 따라서 한주먹은 약식명령이 고지된 사실을 안 날로부터 7일 이내에 정식재판청구권 회복청구를 함과 동시에 정식재판청구를 하면 된다.

(2) 즉결심판

즉결심판이란 지방법원 또는 지원의 순회판사가 20만원 이하의 벌금·구류 또는 과료에 처할 경미한 범죄에 대하여 공판절차를 거치지 아니하고 즉시 결정하는 재판절차를 말한다. 위에서 설명한 약식명령은 검사의 청구가 있을 것을 요건으로 함에 대하여 즉결심판의 청구권자는 경찰서장이라는 점에서, 그리고 약식명령에 의해서는 구류에 처할 수 없으나 즉결심판에 의해서는 구류에 처할 수도 있다는 점에서 양자는 구별된다. 즉결심판의 벌금은 전과가 아니지만, 즉결심판의 기록이 경찰청 내부기록으로는 남는다.

이러한 즉결심판절차는 경미한 형사사건의 신속·적절한 처리를 통하여 재판의 신속과 소송경제를 도모하고자 하는 것이며, 즉결심판에 불복이 있는 경우에는 정식재판에 의한다.

사례연구 274 **즉결심판에 대한 불복방법**

S회사에 다니는 한노래 씨는 연말 회식을 마치고 2차로 노래방을 갔는데, 한노래도 노래를 부르고 싶었으나 김테너 씨가 마이크를 독점하고 있어 우정어린 큰소리로 말다툼을 하게 되었다. 그런데 밖에서 이 소리를 들은 노래방 주인이 경찰에 신고하게 되었고, 즉결심판소 판사는 경범죄처벌법 제3조 제1항 제20호에 따라 '음주소란행위'로 5만원의 벌금형을 선고하였다. 한노래는 노래방에서 사소한 말다툼에 대해 5만원의 벌금형 선고를 한 것은 부당하다고 생각하는데, 이와 같은 즉결심판의 불복방법은?

▶ 즉결심판이 청구될 수 있는 '가벼운 범죄 사건'은 가장 많은 사례가 경범죄처벌법상의 경범죄이고, 그 밖에 20만원 이하의 벌금에 처할 수 있는 사건, 구류나 과료에 처할 사건으로 정해져 있다. 즉결심판에서의 유죄판결에 대해 피고인이 불복하는 방법은 정식재판의 청구인데, 이때의 청구는 선고 또는 고지받은 날로부터 1주일 이내에 하여야 하며, 제1심 법원의 단독판사가 맡아 정식으로 제1심의 공판절차가 다시 진행된다.

(3) 배상명령

배상명령이란 법원이 소송촉진 등에 관한 특례법에 따라 직권 또는 피해자의 신청에 의하여 피고인에게 피고사건의 범죄행위로 인하여 발생한 손해의 배상을 명하는 재판절차를 말한다. 배상명령절차의 주된 목적은 피해자의 신속한 구제에 있다. 즉, 범죄행위로 인하여 민법상의 손해배상청구권이 발생한 경우 민사소송을 개시하지 않고 형사소송절차에서 손해배상의 문제까지를 판단하게 함으로써 신속히 피해자를 보호하기 위한 것이다. 또한 민사소송절차를 생략함으로써 소송경제를 도모할 수 있다는 점도 중요한 목적이 된다.

제1심 또는 제2심의 형사공판 절차에서 특정된 죄로 유죄판결을 선고할 경우, 법원은 직권에 의하여 또는 피해자나 그 상속인의 신청에 의하여 피고사건의 범죄행위로 인하여 발생한 직접적인 물적 피해, 치료비 손해 및 위자료의 배상을 명할 수 있다(소송촉진 등에 관한 특례법 제25조). 배상명령을 내릴 수 있는 것은 i) 형법상 존속폭행치사상의 죄를 제외한 상해죄(제257조), 중상해죄(제258조), 상해치사죄(제259조 제1항), 특수상해죄(제258조의2), 상해치사죄(제259조), 폭행치사상죄(제262조), 그리고 제26장(과실치사상의 죄, 제266조~제268조), 제32장(강간과 추행의 죄, 제297조~제303조, 제305조, 제305조의 2), 제38장(절도와 강간의 죄, 제329조~제346조), 제39장(사기와 공갈의 죄, 제347조~제354조), 제40장(횡령과 공갈의 죄, 제355조~제361조), 제42장(손괴의 죄, 제366조~제372조)에 규정된 죄, ii) 성폭력범죄의 처벌 등에 관한 특례법상 업무상 위력 등에 의한 추행(제10조), 공중밀집장소에서의 추행(제11조), 성적 목적을 위한 다중 이용 장소 침해행위(제12조), 통신매체를 이용한 음란행위(제13조), 카메라 등을 이용한 촬영(제14조), iii) 아동 · 청소년의 성보호에 관한 법률상 아동 · 청소년 매매행위(제12조), 아동 · 청소년에 대한 강요행위 등(제14조)이다. 그리고 그 이외의 죄에 대한 형사사건에 있어서는 피고인과 피해자 사이에 손해배상액에 관한 합의가 이루어진 경우에 한하여 적용된다(동법 제25조).

사례연구 275 배상명령의 신청

한처녀 양은 연말을 맞이하여 직장 동료들과 회식을 갖았는데, 술에 취해 직장 상사 김거세로부터 성폭행을 당했고, 김거세는 이 사건으로 구속되어 현재 형사재판 중에 있다. 한처녀 양은 이로 인하여 큰 충격을 받게 되어 병원에 입원하고 있는데, 민사소송에 의한 손해배상이 아닌 신속한 손해배상을 원하고 있다. 어떠한 방법이 있는가?

|▶ 위 사례에서 한처녀 양은 소송촉진 등에 관한 특례법에 따른 배상명령을 신청할 수 있다. 배상명령을 신청할 수 있는 손해배상의 범위는 피고인과 피해자 사이에 손해배상액이 합의된 경우 외에는 피고사건의 범죄행위로 인하여 발생한 직접적인 물적 손해 및 치료비손해에 한정된다. 배상명령의 신청은 피해자나 그 상속인이 제1심 또는 제2심 공판의 변론종결시까지 배상명령 신청서를 사건이 계속된 법원에 제출하면 된다. 신청서에는 배상의 대상과 그 내용, 배상을 청구하는 금액 등 일정사항을 기재하고, 필요한 경우에는 증거서류를 첨부할 수도 있다. 다만 피해자가 증인으로 법정에 출석할 때에는 피해자는 구술로 배상신청을 할 수 있다.

제 3 편
사 법

제1장 민 법

제 1 절 민법총칙

Ⅰ. 민법의 개념

사람의 사회적 생활관계는 국가 구성원인 국민으로서의 생활관계와 국가와는 직접적인 관계없이 영위하는 인간으로서의 생활관계로 나눌 수 있다. 전자를 공법적 생활관계라 하고, 후자를 사법적 생활관계라 한다. 민법은 근대 시민사회에 있어서 개인의 일반적인 사회 생활관계를 규율하는 일반사법을 말한다.

Ⅱ. 민법의 구성과 기본원리

1. 민법의 구성

우리나라 민법은 독일식 편별법(Pandektensystem)에 따라 총칙 · 물권 · 채권 · 친족 · 상속 등 5편으로 구성되어 있다. 총칙은 민법전반에 걸치는 통칙적 규정 내지는 원칙적인 규정을 말하고, 물권 및 채권은 재화의 생산과 유통을 매개로 하는 개인의 경제적 생활관계, 즉 재산관계에 관한 규정을 말하며, 친족 및 상속은 자연적인 인간관계를 매개로 하는 개인의 가족적 생활관계, 즉 신분관계에 관한 규정을 말한다.

2. 민법의 기본원리

(1) 근대민법의 기본원리

근대시민사회는 자연법사상의 영향을 받아 봉건사회의 신분적 구속을 타파함으로써 성립되었다. 그리하여 모든 사람은 자유·평등을 원칙으로 하고 각자는 자유로운 의사에 의하여 자기의 생활관계를 처리할 수 있는 사적자치를 주요 내용으로 하고 있다. 즉 근대민법은 개인주의에 입각하여 개인의 자유와 평등 위에 사적생활관계를 조화시키려는 데 그 기조를 두게 되었고, 이것을 보장하는 것을 그 지도이념 내지는 기본원리로 하였으며, 이를 실현하기 위하여 다음의 세 가지 원리를 인정한다.

(가) **소유권 절대의 원칙 :** 소유권 절대의 원칙이란 개인의 사유재산권에 대한 절대적 지배를 인정하고 소유권의 행사는 오직 소유자의 절대적 자유에 맡기며 국가나 다른 사람은 이에 간섭하거나 제한을 가하지 못한다는 원칙을 말한다. 이는 근대시민사회에 있어서 개인생활의 안정은 사유재산의 보장 없이는 불가능하였기 때문이다. 특히 소유권절대의 원칙은 중세사회의 봉건제도에서 벗어나 근대사회를 자본주의경제로 발전시킨 원동력이 되었다. 이를 사유재산권 절대의 원칙이라고도 한다.

(나) **계약자유의 원칙 :** 계약자유의 원칙이란 개인의 자유의사에 따라 상대방과 평등한 지위에 서서 계약을 체결할 수 있고, 국가가 이를 제한하거나 개입해서는 안 되며 오직 당사자의 요구가 있을 때에만 법적 보호를 해주어야 한다는 원칙을 말한다. 여기서 계약의 자유란 계약체결여부의 자유, 계약상대방 선택의 자유, 계약내용결정의 자유 및 계약체결방식의 자유를 포함한다. 이를 사적자치의 원칙 또는 법률행위 자유의 원칙이라고도 한다.

(다) **과실책임의 원칙 :** 과실책임의 원칙이란 개인이 타인에게 손해를 입힌 경우에는 그 행위가 위법할 뿐만 아니라 동시에 고의 또는 과실에 기한 경우에만 책임을 지고 이러한 고의 또는 과실이 없는 경우에는 책임을 지지 않는다는 원칙을 말한다. 이는 근대시민사회에 있어서는 비록 타인의 권리를 침해한 자라도 불법행위를 구성하지 않는 한 자기의 행위에 대하여 책임을 지지 않았기 때문이다. 이를 자기책임의 원칙이라고도 한다.

(2) 현대 민법의 기본원리(근대민법 기본원리의 수정)

근대시민법의 기본원리는 20세기에 이르러 경제적 자유방임주의를 기조로 하는 자본주의체제가 점차로 고도화됨에 따라 새로운 국면을 맞이하게 되었다. 즉, 근대시민법의 3대원리에 따라 근대시민사회를 규율하면 근대국가가 지상낙원이 될 것처럼 생각하였으나, 자본주의가 발달함에 따라 부의 불균형을 초래하고 노사 간의 대립이 심화되었으며 실업자가 급증하기 시작하였다. 그리하여 종래 자유본위의 개인주의적 법사상으로부터 탈피하여 사회본위의 단체주의적 법사상이 대두되어 추상적·형식적인 개인의 자유와 평등을 지양하고 구체적·실질적인 자유와 평등의 보장을 요청하게 되었다. 이에 따라 근대민법의 3대 원리는 다음과 같이 불가피한 수정과정을 겪게 되었다.

(가) 소유권 상대의 원칙 : 소유권은 소유자를 위한 절대적인 것이 아니라 사회 전체의 이익을 위하여 제한을 받아야 하는 성질의 것이라는 원칙으로, 소유권 공공의 원칙이라고도 한다. 이와 같은 영향을 받아 헌법에서는 "재산권의 행사는 공공복리에 적합하도록 하여야 한다."(제23조 제2항)는 규정은 소유권의 공공성이 전 법률체제에 미치는 일반원칙이라는 점을 선언한 것이고, 민법에서 "권리는 남용하지 못한다."(제2조 제2항)는 규정과 "소유자는 법률의 범위 내에서 그 소유물을 사용·수익·처분할 권리가 있다."(제211조)는 규정은 헌법상의 일반원칙을 구체화한 원리이다.

(나) 계약공정의 원칙 : 사회질서에 반하는 계약뿐만 아니라 심히 공공성을 잃는 계약은 보호받을 수 없다는 원칙을 말한다. 계약자유의 원칙을 그대로 계속 유지할 경우 기업주가 근로자를 불리한 조건으로 고용하여 노동을 부당하게 착취하는 결과가 생길 뿐만 아니라, 경제적 강자가 경제적 약자를 영원히 지배하게 되는 사회적 죄악이 발생하지 않을 수 없게 된다. 따라서 국가는 공공의 복리와 국민경제의 올바른 성장·발전을 위하여 또는 국민생활의 안정을 위하여 여러 가지 간섭을 하고 제약을 하게 되었다. 예컨대 민법에서는 불공정한 법률행위를 무효로 하고 있고(제104조), "권리의 행사와 의무의 이행은 신의에 좇아 성실히 하여야 한다."(제2조 제1항)고 규정하고 있는데, 여기에서의 '신의성실'이란 바로 '공공성'을 의미하는 것이다.

(다) 무과실책임의 원칙 : 개인은 과실이나 고의뿐만 아니라 무과실로 인해 타인에게 가한 손해에 대해서도 책임을 진다는 원칙이다. 과실책임의 원

칙은 근대자본주의 발전에 크게 공헌하였지만, 오늘날 대기업에서 발생하는 새로운 사태에 그 결함을 드러내게 되었다. 과실책임의 원칙이 수정되어야 할 문제는 공장이나 광산 등에서 발생하는 재해대책으로 나타난다. 즉 공장에서 유독한 폐수나 가스가 방출되어 타인에게 손해를 입힌 경우에 가해자는 피해방지에 최선을 다했으면 무과실이 되므로 결국 손해배상책임을 면할 수 있게 된다. 기업주는 막대한 이익을 보면서도 무과실이라는 이유로 책임을 지지 않는 것은 불합리하다. 따라서 위험을 내포하면서 막대한 이익을 거두는 자는 그로부터 발생하는 필연적 손해에 대하여 고의·과실의 유무를 묻지 않고 책임을 지는 것이 당연하다는 이론이 이른바 무과실책임의 원칙이다. 민법에서도 책임무능력자를 감독하는 자의 책임(제755조), 피용자의 불법행위로 인한 사용자의 책임(제756조), 공작물의 소유자·소유자의 책임(제758조), 동물의 점유자의 책임(제759조) 등의 규정을 무과실책임으로 하고 있다.

(3) 민법의 지도이념

근대민법의 기본원리들은 위와 같이 여러 면에서 수정을 받고 있는데, 이런 수정원리의 표현은 신의성실의 원칙과 권리남용금지의 원칙이다.

(가) 신의성실의 원칙 : 제1편 제6장 제2절 Ⅲ. 2(2) (p. 135) 참고.

사례연구 276 신의성실의 원칙

김경재는 갑자기 사업이 어려워져 2013년 3월 1일 친구 이부자로부터 5,000만원의 자금을 차용하였다. 김경재의 사업이 계속 어려움을 겪어 약정기간 내에 채무를 이행하지 못하자, 이부자는 자기채권의 확보를 위하여 김경재의 친구인 제3자 소유의 부동산을 채무자인 김경재에게 명의신탁하도록 한 다음, 동 부동산에 대하여 강제집행을 하였다. 과연 이부자의 행위는 타당한가?

▶ 위의 사례에서 채권자 이부자가 채권을 확보하기 위하여 제3자의 부동산을 채무자에게 명의신탁 하도록 한 다음 동 부동산에 대하여 강제집행을 하는 따위의 행위는 신의칙에 비추어 허용할 수 없다(대판 1981. 7. 7. 80다2064 참조).

(나) 권리남용금지의 원칙 : 제1편 제6장 제2절 Ⅲ. 2(3) (p. 137) 참고.

사례연구 277 권리남용금지의 원칙

남용해의 토지 850평과 서로 인접하여 대지 500평을 소유하고 있는 억울해는 2018년 12월 1일자로 그 대지위에 건물을 지어 살고 있었다. 그런데 어느날 남용해가 찾아와 억울해의 건물 중 일부가 남용해의 토지를 약 1평 정도 침해하였다고 주장하며 건물을 철거할 것과 토지의 인도를 청구하였다. 이 때 남용해와 억울해의 법률관계는?

▶ 권리행사가 권리의 남용에 해당한다고 할 수 있으려면, 주관적으로 그 권리행사의 목적이 오직 상대방에게 고통을 주고 손해를 입히려는 데 있을 뿐 행사하는 사람에게 아무런 이익이 없을 경우이어야 하고, 객관적으로는 그 권리행사가 사회질서에 위반된다고 볼 수 있어야 한다(대판 1986. 7. 22, 85다카 2307 판결). 따라서 위의 사례에서는 남용해 소유의 토지와 억울해 소유의 토지가 갖는 사회적·공공적 이해의 정도 및 양자의 이익에 대한 양적 비교, 남용해 소유 토지에 대한 침해배제의 가능성 여부 또는 그 장해의 정도와 보상가능성 등의 객관적 요건과 남용해·억울해 양자의 선의·악의 및 권리행사의 의도 등 주관적 요건을 기초로 판단하여야 할 것이다. 생각건대 억울해가 침해한 1평은 남용해의 토지 2,500평 중 1평에 불과하므로 남용해의 토지이용에 커다란 지장을 주는 것은 아니라고 생각된다. 또한 억울해가 침해한 토지를 억울해의 명의로 소유권이전하든지 지상권·임차권 등의 사용권을 취득하는 방법도 있으므로, 만일 남용해가 이러한 방법을 모색하지 않고 무조건 건물철거와 토지의 인도를 청구하는 것은 권리남용이 되어 허용될 수 없다고 생각된다.

Ⅲ. 권리의 주체

1. 권리의 의의

권리란 특정인에게 특정한 생활이익을 향유하게 하기 위하여 법이 부여한 힘을 말한다. 여기서 특정인이란 생활이익의 귀속자로서의 권리의 주체자를 말하고, 특정한 생활이익이란 재산상의 손해는 물론 정신상의 손해(위자료)에 대한 기대이익을 말한다. 그리고 권리의 주체가 될 수 있는 법률상의 지위나 자격을 권리능력자 또는 인격자라고 하며, 민법상 권리능력자에는 자연인과 법인이 있다.

2. 자연인

(1) 의 의

자연인이라 함은 권리주체가 될 수 있는 개인을 말한다. 좀 더 구체적으로 말하면 자연인은 육체와 정신을 가지고 자연적인 생활을 영위하는 모든 사람이다. 사람은 생존하는 동안 권리와 의무의 주체가 되고, 성별이나 연령, 육체적 성장정도, 장애 여부와 관계없이 평등하게 살아갈 권리를 갖게 되는데, 이를 권리능력 평등의 원칙이라 한다.

(2) 권리능력의 시기와 종기

권리능력이라 함은 권리나 의무를 가질 수 있는 법률상의 지위 또는 자격을 말한다. 자연인의 권리능력은 출생으로부터 취득하고 사망함으로써 상실하게 된다. 그런데 여기서 문제가 되는 것은 출생의 시점과 사망의 시점을 언제로 볼 것인가 하는 점이다. 민법은 출생과 사망의 시점에 관하여 명문규정을 두고 있지는 않지만, 통설은 태아가 모체로부터 완전히 노출된 시점을 출생의 시점으로 보고(완전노출설), 사망은 심장의 박동이 완전히 멈춘 상태를 그 시점으로 보고 있다(심장사설).

사례연구 278 권리능력의 시기

오늘(2019년 1월 15일 오후 11시 59분) 세상에 태어난 김득남의 아들 김복동은 아직 출생신고도 하지 않았다. 갓 태어난 김복동은 법률적으로 어떤 지위에 있는가?

▶ 지금 태어난 김득남의 아들 김복동은 자연인으로 권리능력을 갖는다. 비록 현실적으로는 건물이나 금전의 소유권 등의 권리는 가지지 않지만, 그러한 권리를 가질 수 있는 지위에 있는 것이다. 출생신고를 하지 않았더라도 김복동은 2019년 1월 15일 오후 11시 59분부터 권리능력을 갖는다.

(3) 태아 및 외국인의 권리능력

자연인의 권리능력을 출생으로부터 시작하여 사망함으로써 소멸한다고 보는 한, 태아는 아직 자연인이 아니므로 원칙적으로 권리능력의 주체가 될 수 없다. 이처럼 태아에게 권리능력을 인정하지 않는 경우, 예컨대 아버지가 사망한 후 얼마 안 되어 출생한 자는 상속권을 가질 수 없게 되고, 또한 태아인 동안에 아버지가 살해된 경우라도 출생 후 손해배상청구권을 행사할 수 없게 되어 법률상 불안정한 지위에 놓이게 된다. 그리하여 민법은 예외적으로 태아를 보호하기 위하여 일정한 경우에는 이미 출생한 것으로 간주하고 있다 [(예컨대 불법행위로 인한 손해배상청구(민법 제762조), 재산상속(민법 제1000조 제3항), 대습상속(민법 제1001조), 유증(민법 제562조)].

한편 외국인의 권리능력은 원칙적으로 내국인과 동일하나, 외국인이 토지에 관한 권리를 취득하거나(외국인토지법 제5조), 또는 광업권을 얻는 경우에는 (광업법 제6조) 일정한 제한을 받는다. 즉, 우리나라 국민이 그 나라(외국)의 토지를 취득할 수 있으면 그 외국인도 우리나라 토지 취득을 허락하는 상호주의를 취하고 있다.

사례연구 279 태아의 권리능력

임꺽정은 황진이와 2013년 4월 30일 혼인하여 9개월 된 태명 임불쌍 태아를 임신하고 있었다. 그런데 어느 날 황진이는 횡단보도를 건너던 중 정차신호를 무시하고 달려오는 영업용 택시에 치여 사망하였다. 임꺽정, 임불쌍, 황진이는 택시운전사에게 손해배상을 청구할 수 있는가?

▶ 택시운전사는 정차신호를 무시하고 황진이를 치어 사망케 하였으므로 불법행위가 성립된다. 따라서 황진이는 택시운전사에 대하여 손해배상을 청구할 수 있다. 그러나 이미 황진이가 사망하였으므로 황진이의 손해배상청구권은 상속권자인 임꺽정이 청구할 수 있다. 또한 임꺽정은 황진이의 손해배상청구권 외에도 황진이의 사망으로 인한 임꺽정 고유의 손해배상청구권 및 위자료청구권도 행사 할 수 있다. 한편 태아 임불쌍도 택시운전사에 대하여 손해배상을 청구할 수 있는지가 문제가 되는데, 태아의 법적 지위에 대해서는 앞서 설명한 바와 같이 일정한 경우에는 그 권리능력을 인정하고 있다. 황진이의 몸속에 있는 태아는 비록 출생하지 않았더라도 가해자에게 손해배상을 청구할 수 있다(제762조). 그러나 그 시기가 언제이냐에 대하여는 학설의 대립이 있으나, 판례는 태아가 살아서 출생한 때에 사건 발생일로 소급하여 청구·상속할 수 있다(정지조건설). 즉, 임불쌍이 사산(死産)된 경우에는 상속권과 손해배상청구권이 없고, 임불쌍이 출생한 후에 손해배상, 상속 등에 관하여는 태아였을 때 생긴 경우에 대해서 권리능력을 갖게 되는 것이다.

(4) 자연인의 능력

(가) 의사능력과 책임능력 : 의사능력이란 자기행위의 의미와 결과를 어느 정도의 인식력과 예기력으로 합리적으로 판단할 수 있는 정신적 능력 내지 지능을 말한다. 그리고 이러한 의사능력을 불법행위에 있어서는 책임능력이라 하는데, 책임능력이 있으려면 자기의 행위와 결과를 판단할 수 있는 정신적 능력 내지 판단능력이 있어야 한다.

의사능력이 없는 자의 법률행위는 무효이며, 책임능력이 없는 미성년자와 심신상실자는 불법행위에 대한 책임을 지지 않는다. 의사능력의 유무에 대한 판단은 민법상 형식적·획일적인 기준이 없으므로 개개의 구체적인 법률행위에 따라서 행위자의 연령 및 지능 등을 고려하여 실질적·개별적으로 판단하여야 한다. 대체로 10세 미만 정도의 어린이나 정신병자가 이에 해당된다.

사례연구 280 의사 무능력자

중소기업을 경영하는 한고래(만 50세) 사장은 검소하면서도 조용한 성격의 소유자이다. 그런데 어느 날 한고래는 술에 만취하여 정신을 잃은 상태에서 자신과 가족들이 함께 살고 있는 집을 김사기 씨에게 현시가의 1/3의 헐값에 매각하였는데, 이 매매계약은 어떻게 되는가?

|▶ 한고래는 술에 만취되어 자기가 한 행위에 대한 변별력을 상실한 상태에서 의사표시를 한 것이므로 의사 무능력 상태에서의 법률행위는 법적 효력이 없다. 즉, 한고래는 계약체결 당시에는 권리능력자지만, 한고래가 매매계약 체결당시 의사능력이 없었음을 증명할 수 있다면 계약을 이행하지 않아도 된다.

(나) 행위능력과 행위제한능력 : 행위능력이란 의사능력을 구비한 자가 단독으로 완전하게 유효한 법률행위를 할 수 있는 능력을 말한다. 행위능력을 갖는 한 자연인은 어느 누구의 도움 없이도 스스로 유효한 법률행위를 할 수 있고, 이에 따른 법률효과를 발생시킬 수 있다. 제한능력자제도를 인정한 것은 행위무능력에 대한 증명책임을 면제함으로써 제한능력자 본인을 보호함과 동시에, 객관적인 기준에 의하여 제한능력자를 판단하게 함으로써 거래상 대방이나 제3자의 손해를 미연에 방지하고 거래의 안전을 도모하기 위한 것이다. 민법상 제한능력자는 미성년자·피성년후견인·피한정후견인·피특정

후견인 등이 있다.

① **미성년자** : 미성년자란 19세에 달하지 않은 자를 말한다(민법 제4조). 그러나 미성년자라도 혼인을 한 때에는 성년자로 본다(민법 제826조의2). 따라서 혼인한 미성년자의 법률행위는 법정대리인의 동의 없이 계약을 체결할 수 있고 동 계약은 취소할 수 없다. 그럼으로 미성년자가 법률행위를 하는 경우에는 원칙적으로 법정대리인의 동의를 얻어야 하며, 법정대리인의 동의를 얻지 않고 한 법률행위는 미성년자 자신이나 법정대리인이 취소할 수 있다. 그러나 예외적으로 미성년자가 권리만을 얻거나 의무만을 면하는 행위(민법 제5조 제1항 단서), 법정대리인이 범위를 정하여 처분을 허락한 재산의 처분행위(민법 제6조), 영업이 허락된 미성년자의 영업에 관한 행위(민법 제8조 제1항), 기타 대리행위(민법 제117조), 유언행위(민법 제1062조), 근로계약과 이로 인한 임금청구행위(근로기준법 제68조) 등은 법정대리인의 동의 없이 단독으로 할 수 있다. 여기서 법정대리인이 될 수 있는 자는 제1차적으로는 친권자이며, 친권자가 없는 경우에는 제2차적으로 후견인이 된다.

사례연구 281 **미성년자의 행위능력**

이왕비 양은 만18세의 고등학교 3학년으로 한국대학교 수시모집에 합격하였다. 이왕비는 방학 중이라 아르바이트를 하고 있었고, 곧 대학생이 되면 미팅도 한 번 해 봐야 하니까 예뻐져야겠다는 생각을 하고 있던 차에 승합차를 학교 앞에 세워두고 화장품을 판매하는 한수단 씨의 말에 현혹되어 '아르바이트로 벌은 돈으로 갚으면 되지 뭐!' 하면서 80만원의 화장품을 할부로 구입하였다. 화장품은 이미 배달되었는데, 이를 취소할 수 있는가?

▶ 미성년자가 법률행위를 할 때에는 법정대리인의 동의가 필요하고, 동의없이 이루어진 법률행위는 이를 취소할 수 있으며, 미성년자가 권리만을 얻거나 의무만을 면하는 행위는 법정대리인의 동의없이도 가능하다. 따라서 이왕비는 자신이 또는 법정대리인이 한수단에게 취소하겠다는 의사표시를 하면되고, 이 의사표시는 우체국의 내용증명우편을 이용하는 것이 좋다. 이때에 이왕비는 원상회복의무가 있으므로 받은 물품을 반환해야 하고 한수단은 받은 대금을 반환해야 할 의무가 있다.

② **피성년후견인** : 피성년후견인이란 질병, 장애, 노령, 그 밖의 사유로 인한 정신적 제약으로 사무를 처리할 능력이 지속적으로 결여된 사람에 대하

여 일정한 자의 청구에 의하여 가정법원으로부터 성년후견개시의 심판을 받은 자를 말한다(제9조 제1항). 따라서 정신적 제약이 아닌 신체적 장애만으로는 성년후견개시의 원인이 되지 않는다.

피성년후견인의 요건은 정신적 제약으로 사무를 처리할 능력이 지속적으로 결여된 자에 대하여 일정한 자의 청구가 있어야 한다. 즉 본인, 배우자, 4촌 이내의 친족, 미성년후견인, 미성년후견감독인, 한정후견인, 한정후견감독인, 특정후견인, 특정후견감독인, 검사 또는 지방자치단체의 장이 가정법원에 성년후견개시의 심판을 청구하여야 한다(제9조 제1항).

피성년후견인이 단독으로 한 법률행위는 언제든지 취소할 수 있다(제10조 제1항). 즉 피성년후견인은 사무처리능력이 지속적으로 결여되어 있는 자이므로, 설령 성년후견인의 동의가 있었더라도 취소할 수 있다. 이 경우 취소권자는 피성년후견인 또는 성년후견인이다(제141조 참조). 다만, 일용품의 구입 등 일상생활에 필요하고 그 대가가 과도하지 아니한 법률행위는 성년후견인이 취소할 수 없다(제10조 제4항). 또한 피성년후견인의 법률행위라도 성년후견인이 추인하면 유효로 될 수 있으며(제143조), 피성년후견인도 자신의 신상에 관해서는 그의 상태가 허용하는 범위에서 단독으로 결정할 수 있다(제947조의2 제1항).

사례연구 282 **피성년후견인**

이상해 씨는 어렸을 때 받았던 심한 충격으로 인하여 자기가 행한 행동이나 결과를 판단할 수 없을 정도 정신능력이 결여된 자이다. 이 경우에 법적으로 이상해를 보호해 줄 방법은 무엇인가?

|▶ 피성년후견인은 2가지 요건을 갖추어야 한다. 즉 i) 실질적 요건으로서, 피성년후견선고를 받으려는 자가 질병, 장애, 노령, 그 밖의 사유로 인한 정신적 제약으로 사무를 처리할 능력이 지속적으로 결여된 상태에 있어야 하는데, 이는 가끔 정상의 정신상태로 돌아오는 경우가 있더라도 자기 행위의 성질을 판단할 능력이 없는 것을 말하며, ii) 형식적 요건으로는 본인, 배우자, 4촌 이내의 친족, 미성년후견인, 미성년후견감독인, 한정후견인, 한정후견감독인, 특정후견인, 특정후견감독인, 검사 또는 지방자치단체의 장이 가정법원에 성년후견개시의 심판을 청구하여야 한다(제9조 제1항). 이상해에 대해 가정법원에서 피성년후견선고를 받도록 보호해 주는 방법이 있으며, 피성년후견인의 재산상의 법률행위는 법정대리인의 동의여부와 관계없이 언제나 취소할 수 있고, 정신능력에 고도의 결함이 있기 때문에 요양·감호를 할 수 있다.

③ **피한정후견인 :** 피한정후견인이란 질병, 장애, 노령, 그 밖의 사유로 인한 정신적 제약으로 사무를 처리할 능력이 부족한 사람에 대하여 일정한 자의 청구에 의하여 가정법원으로부터 한정후견개시의 심판을 받은 사람을 말한다(제12조).

피한정후견인의 요건은 질병, 장애, 노령, 그 밖의 사유로 인한 정신적 제약으로 사무를 처리할 능력이 부족한 사람에 대하여 일정한 자의 청구가 있어야 한다. 즉 본인, 배우자, 4촌 이내의 친족, 미성년후견인, 미성년후견감독인, 성년후견인, 성년후견감독인, 특정후견인, 특정후견감독인, 검사 또는 지방자치단체의 장의 청구가 있어야 한다(제12조).

한정후견이 개시되면 피한정후견인의 행위능력이 제한된다. 즉 가정법원은 한정후견인의 동의가 필요한 행위의 범위를 정할 수 있고(제13조 제1항), 그 범위에 속하는 행위를 피한정후견인이 동의 없이 단독으로 하였을 경우 한정후견인은 그 법률행위를 취소할 수 있다(제13조 제4항 본문). 다만, 일용품의 구입 등 일상생활에 필요하고 그 대가가 과도하지 아니한 법률행위에 대하여는 그러하지 아니하다(제13조 제4항 단서). 또한 타인의 대리행위, 근로계약의 체결과 임금의 청구 등도 피한정후견인이 독자적으로 할 수 있음은 물론이다. 그리고 피한정후견인의 행위능력 제한은 가족법상의 행위에 미치지 않는다.

사례연구 283 피한정후견인의 능력

부모로부터 재산 한 푼 물려받지 못한 박복해는 자식들을 위해서는 헌신적이었으며, 자식들에게는 가난을 물려주지 않겠다는 생각에서 평소 검소한 생활로 많은 재산을 모았다. 그러나 자식들은 하루 멀다하고 교도소를 들락거리게 되었고, 박복해는 자신의 인생과 자식들에 대한 회의를 느낀 나머지 수많은 재산들을 양로원, 고아원 등에 기증하는 것을 낙으로 삼게 되었다. 자선도 한계가 있어 가족이 함께 살고 있는 집 한 채밖에 남지 않았는데, 가족들은 남은 재산이라도 지키고자 하는데, 박복해의 가족들은 어떻게 해야 하는가?

▶ 우리 민법 제12조에는 피한정후견인의 요건은 질병, 장애, 노령, 그 밖의 사유로 인한 정신적 제약으로 사무를 처리할 능력이 부족한 사람에 대하여 일정한 자의 청구가 있어야 한다. 즉 본인, 배우자, 4촌 이내의 친족, 미성년후견인, 미성년후견감독인, 성년후견인, 성년후견감독인, 특정후견인, 특정

후견감독인, 검사 또는 지방자치단체의 장의 청구가 있어야 한다(제12조). 이와 같이 피한정후견인으로 선고되면 미성년자의 권리능력과 마찬가지로 제한을 받게 되므로, 마음은 아프지만 가장 한무심을 피한정후견인으로 선고받도록 하면 된다.

④ **피특정후견인 :** 피특정후견인이란 질병, 장애, 노령, 그 밖의 사유로 인한 정신적 제약으로 일시적 후원 또는 특정한 사무에 관한 후원이 필요한 사람에 대하여 일정한 자의 청구에 의하여 가정법원으로부터 특정후견의 심판을 받은 사람을 말한다(제14조의2). 즉, 특정후견의 경우에도 정신적 제약을 그 원인으로 한다는 점에서 성년후견이나 한정후견과 본질적인 궤를 같이 하지만, 일시적 후원 또는 특정한 사무를 위한 후원의 제공을 목적으로 한다는 점에서 구별된다.

피특정후견인의 요건은 정신적 제약으로 일시적 후원 또는 특정한 사무에 관한 후원이 필요한 자에 대하여 일정한 자의 청구가 있어야 한다. 즉 본인, 배우자, 4촌 이내의 친족, 미성년후견인, 미성년후견감독인, 검사 또는 지방자치단체의 장의 청구가 있어야 한다(제14조의2 제1항).

3. 법 인

(1) 법인의 의의

법인이란 자연인이 아니면서 법률상 권리의무의 주체자가 될 수 있는 자를 말한다. 즉 다수인이 모인 집단이나 일정한 목적을 가진 재산에 대해 법에 의하여 권리능력이 인정된 자이다.

(2) 법인의 분류

법인은 크게 공법인과 사법인으로 구별할 수 있다. 공법인이란 국가나 공공단체(지방자치단체나 공공조합 등)와 같이 공익추구를 목적으로 설립된 법인을 말하며, 사법인이란 2인 이상의 자연인의 결합에 의하여 성립된 사단법인이나 일정한 목적을 위하여 출원된 재산에 의하여 성립된 재단법인과 같이 사인의 이익추구를 목적으로 설립된 법인을 말한다. 따라서 사법인은 사단법인과 재단법인으로 대별할 수 있고, 다시 사단법인은 영리를 목적으로 하는 영리사단법인과 영리를 목적으로 하지 않는 비영리사단법인으로 구별할 수 있다. 그러나 재단법인은 비영리법인에 한하여서만 설립할 수 있다. 영리사단법인의 대표적인 것은 상법상의 회사이며, 비영리사단법인 또는 비영리재단법인의 대표적인 것은 민법상 학술·종교·자선·사교 등을 위하여 설립된 법인이 있다.

사례연구 284 **권리능력없는 사단**

임꺽정의 종중은 산을 사서 조상의 묘소를 모시고자 한다. 그러나 종원 모두가 산의 매매계약에 참여할 수도 없고 등기 또한 마찬가지이다. 그렇다고 해서 어느 한 사람의 명의로 등기하기에도 마음이 내키지 않는다. 이 경우에 법적으로 어떤 방법이 있는가?

▶ 권리능력 없는 사단이라 함은 사단으로서의 실체를 갖추었으면서 법률상 권리능력을 가지지 않는 단체를 말한다. 권리능력 없는 사단으로 중요한 것으로는 문중, 종중, 종교단체, 아파트입주자대표회의 등을 들 수 있다. 권리능력 없는 사단이라고 하기 위해서는 사단이라고 할 수 있는 조직을 구비하고 대표의 방법·총회의 운영·재산의 관리 등 기타 사단으로서 중요한 규칙(정관)으로 정해져 있어야 하며 법인설립의 허가나 등기를 하지 않아서 당연히 법인격이 없어야 한다. 권리능력 없는 사단의 법률관계는 자연인에 있어서 태아와 같아서 원칙적으로 권리능력이 없지만, 종중의 대표자에 의하여 매매계약을 체결할 수 있고, 권리능력 없는 사단 명의로 등기할 수도 있다.

(3) 법인의 성립과 소멸

민법상 법인은 영리 아닌 사업을 목적으로 정관을 작성하고 주무관청의 허가를 거쳐 그 주된 사무소를 관할하는 법원에 설립등기를 함으로써 성립된다. 그러나 비영리재단법인을 설립하는 경우에는 정관작성 외에도 일정한 재산을 출연하여야 한다. 민법상 법인설립에 관한 입법주의로는 자유설립주의, 강제주의, 면허주의, 인가주의, 특허주의 및 준칙주의 등이 있다.

그리고 법인의 소멸은 자연인의 사망과 마찬가지로 권리능력을 상실하는 것을 말하는데 이에는 해산과 청산이 있다. 해산이란 법인이 그 본래의 존속목적을 잃고 권리능력을 상실하는 것을 말하며, 청산이란 해산에 들어간 법인의 재산관계를 정리하는 절차를 말한다. 법인의 권리능력은 청산절차가 완전히 종료되었을 때 비로소 상실된다. 민법상 법인소멸의 사유로는 존립기간의 만료, 법인의 목적달성 또는 목적달성의 불능, 정관에 의한 해산사유의 발생, 파산 및 설립허가의 취소 등이 있다.

(4) 법인의 기관

법인은 실체적 존재가 아닌 관념적 존재에 불과하므로 스스로는 법률행위를 할 수 없다. 그러므로 법인이 독립된 법률상의 주체로서 그 의사를 결정하고 그 의사에 의하여 활동하며 사무를 처리하기 위해서는 일정한 조직을 필요로 하는데 이를 법인의 기관이라고 한다. 따라서 법인은 그 대표기관을 통해서만 사회적 활동을 하고, 대표기관이 법인의 권리능력에 속하는 행위를 하였을 때 이것이 법인의 행위로 된다. 법인의 기관은 법인을 대표하는 것이지 대리하는 것은 아니지만, 대리와 그 성질이 유사하기 때문에 대리에 관한 규정을 준용한다.

(5) 법인의 능력

법인의 권리능력은 원칙적으로 자연인의 권리능력과 동일하다. 그러나 법인은 실체적 존재인 자연인과는 달리 관념적 존재이므로 일정한 경우에는 그 권리능력이 제한을 받는다. 즉, 법인은 권리의 성질상 친족·상속에 관한 권리능력은 가질 수 없으며, 법률상 다른 법인의 무한책임사원이나 이사가 될 수 없고, 또한 정관에서 정한 목적범위 내에서만 권리능력이 존재한다. 그리고 법인의 행위능력은 법인의 기관을 구성하는 자연인의 행위능력에 따르며, 법인의 기관이 그의 직무를 집행함에 있어 타인에게 손해를 가한 경우에는 법인의 불법행위로 되어 법인 자신이 손해배상책임을 부담한다.

사례연구 285 **법인의 불법행위에 대한 손해배상**

양촌리농협의 정관에는 조합원 이외의 자에 대해서는 융자를 금지하는 규정이 있다. 그런데 양촌리농협의 조합장 양조합은 비조합원인 운송회사 행복익스프레스에 대하여 사업자금을 대부해 주었던 바, 행복익스프레스가 도산하여 대부금의 반환을 받을 수 없게 되었다. 조합장 양조합의 행위는 법인의 행위가 될 수 있는가? 또한 조합장 양조합은 어떤 책임을 지게 되는가?

▶ 민법 제35조 제1항에는 "법인은 이사 기타 대표자가 그 직무에 관하여 타인에게 가한 손해를 배상할 책임이 있다"고 규정하고 있다. 통설(법인실재설)에 의하여 법인의 불법행위능력을 인정하려면, i) 법인의 대표기관의 행위여야 하고, ii) 대표기관이 직무에 관하여 손해를 끼쳤어야 하며, iii) 불법행위의 요건(제750조)을 구비해야 한다. 위 사례에서 양촌리농협의 정관에는 비조합원에 대한 대부행위를 금지하는 규정이 있으므로 비조합원인 운송회

사 행복익스프레스에 대한 대부행위는 양촌리농협의 목적 범위 내로 볼 수 없다. 즉 비조합원 행복익스프레스에 대한 조합장 양조합의 대부행위는 양촌리농협의 권리능력 및 행위능력의 범위를 넘는 행위로서 양촌리농협의 행위라고 할 수 없다. 그러므로 행복익스프레스에 대한 양조합의 대부행위는 양촌리농협에 대하여 효력이 없다(대판 1975. 12. 23. 75다1479 참조). 그 결과 양촌리농협은 행복익스프레스에 대하여 부당이득반환청구권을 갖게 되지만, 이미 운송회사 행복익스프레스가 도산하였으므로 대부금회수불능에 따른 손해를 조합장 양조합에게 채무불이행으로 인한 손해배상을 청구해야 한다.

Ⅳ. 권리의 객체

1. 의 의

권리의 객체란 권리의 대상이 되는 법률상의 이익을 말한다. 그러므로 권리의 객체에는 권리의 종류에 따라 물권인 경우에는 물건, 채권인 경우에는 사람의 일정행위, 지적재산권(무체재산권)인 경우에는 사람의 정신적 산물, 친족·상속에 관한 권리인 경우에는 신분상의 지위 및 상속재산 등 기타의 제 권리(제권리)도 포함될 수 있다.

민법상 권리의 객체에 대하여는 일반적인 규정을 두지 않고 물건에 관해서만 통칙적인 규정을 두고 있다. 그것은 물건이 배타적 지배권을 갖는 물권의 객체일 뿐만 아니라, 채권이나 형성권 등 기타의 권리에도 간접적으로 관계되기 때문이다.

2. 물 건

(1) 물건의 의의

민법에서 물건이란 유체물 및 전기 기타 관리할 수 있는 자연력을 말한다(민법 제98조). 유체물은 물리학상 그 실체의 존재를 인식할 수 있는 자연계의 일부로서 고체·액체·기체를 말하고, 관리할 수 있는 자연력이란 열·빛·원자력 등과 같이 인위적 방법으로 지배·수익·처분할 수 있는 것을 말한다. 따라서 사람은 권리의 주체로서 물건이 아니지만 사람으로부터 분리된 신체의 일부나 사체(사체)는 예외적으로 물건으로 취급되며, 유체물이라 하더라도 태양·달·별·공기 등과 같이 관리할 수 없는 자연력은 물건이 아니다.

사례연구 286 물건의 의의

한천사 씨는 원래 심성이 착한 사람이다. 그래서 자기가 죽으면 의료발전을 위해 자기의 시체를 참사랑병원에 기증한다고 유언하였다. 이 경우 한천사가 죽으면 시체를 참사랑병원에 넘겨주어야 하는가?

▶ 한천사가 사망하면 그 시체는 물건이다. 매장·제사 등의 대상이 되는 특수한 물건이다. 즉, 보통의 물건이 사용, 수익, 처분, 포기할 수 있는데 반하여, 유해만큼은 양도, 처분 등을 할 수 없고 후손들의 매장, 화장 및 제사의 대상만이 되는 제한적 성격을 갖는다. 따라서 한천사가 참사랑병원에 기증한다고 유언을 하였더라도 법률상 구속을 받는 것은 아니다.

(2) 물건의 분류

(가) 동산과 부동산 : 부동산이란 토지와 그 정착물을 말하고, 동산이란 부동산 이외의 물건을 말한다(민법 제99조). 토지란 그 지상뿐만 아니라 지하까지도 포함하는 개념이며, 정착물이란 계속적으로 토지에 부착된 물건을 말한다. 그러나 토지에 부착된 물건이라도 정착물이 아니면 동산이며, 기타 관리할 수 있는 자연력도 동산이다. 화폐는 특수한 동산에 속한다.

사례연구 287 동산과 부동산

김이동 씨는 자기의 집과 대지를 신자연 씨에게 3억에 매도하였고, 그 후 김이동은 정원에 있는 오래된 소나무를 조경업자 신푸른 씨에게 500만원을 받고 팔았다. 신자연이 이사를 와서 보니 소나무가 없어져서 소나무 값을 배상하라고 요구했으나, 김이동은 '나는 집과 대지를 팔았지, 나무까지 판 것은 아니라'고 주장하고 있다. 이 경우 소나무는 누구의 것인가?

▶ 소나무는 토지의 정착물이므로 부동산에 해당한다. 정착물인 수목은 독립성이 인정되는 경우와 그렇지 않은 경우가 있다. 김이동과 신자연이 매매계약을 하면서 소나무에 대한 의사표시가 없었고,「입목에 관한 법률」에 의하여 등기된 것이 아니라면 독립성이 인정되지 않는다(제8조). 이와 같이 소나무가 독립을 갖지 못한다면, 김이동은 신자연에게 배상을 해야 한다.

(나) 주물과 종물 : 제1편 제6장 Ⅱ 2 (3) (다) 참고

(다) 원물과 과실 : 어떤 물건으로부터 생기는 수익물을 과실이라 하고, 그 수익을 낳게 하는 물건을 원물이라고 한다(민법 제101조 제1항). 과실에는 천연과실과 법정과실이 있다. 천연과실이란 물건의 경제적 용법에 의하여 수취되는 과실, 예컨대 사과나무와 사과, 소와 송아지, 젖소와 우유 등을 말하고, 법정과실이란 물건의 사용대가로서 받는 금전 기타의 물건, 예컨대 원금과 이자, 건물과 집세, 토지와 지대 등을 말한다.

천연과실은 원물로부터 분리하는 때에 이를 수취할 권리자에게 귀속하며, 법정과실은 수취할 권리의 존속기간일수의 비율로 귀속한다.

사례연구 288 **법정과실**

한임대 씨는 자기의 집을 2년에 240만원을 받기로 하고 김월세 씨에게 임대해 주고 있던 중, 임대한지 1년 2개월이 되어 신임대 씨에게 자신의 집을 팔았다. 그 집의 임대료는 누구에게 돌아가는가?

|▶ 한임대가 김월세에게 임대를 하고 2년에 240만원을 받기로 한 것은 법정과실이다. 집의 사용대가로 받는 것이기 때문이다. 한임대는 임대 놓은 집을 1년 2개월만에 신임대에게 매도하였다면 240만원의 임대료는 존속기간일수의 비율로 한임대와 신임대가 취득한다. 한임대은 240×(14÷24) = 140만원을 취득하고, 신임대는 100만원을 취득한다. 다만 특약이 있을 때에는 그에 따른다.

V. 법률행위

1. 법률행위의 의의와 목적

법률행위란 일정한 법률효과를 발생시키기 위하여 한개 또는 수개의 의사표시를 필수불가결의 요소로 하는 법률요건을 말한다. 그리고 법률요건을 구성하는 개개의 사실을 법률사실이라 한다. 법률행위는 권리의 변동을 가져오는 가장 중요한 것으로서 사실행위와는 구별된다.

사례연구 289 **법률행위**

이몽룡과 춘향이는 12시에 아름다운카페에서 만나기로 하였다. 그런데, 춘향이가 나오지 않았다. 이몽룡은 춘향이에게 법률상 책임을 물을 수 있는가?

|▶ 인간의 생활관계는 친구관계, 신앙관계 등과 같이 도덕, 관습, 종교 등의 대상이 되는 생활관계인 사실관계와 매매관계, 혼인관계 등과 같이 법의 대상이 되는 생활관계를 법률관계라 한다. 이몽룡과 그의 애인 춘향이와의 약속은 법에 의해 규율받는 생활관계, 즉 법률관계가 아니다. 따라서 이몽룡은 약속을 지키지 않은 춘향이에 대하여 화가 난다고 하여 이에 대한 법적 책임을 물을 수 없다.

법률행위의 목적이라 함은 당사자가 법률행위에 의하여 발생시키려고 하는 법률효과를 말한다. 법률행위는 당사자, 의사표시, 목적이 있어야 성립한다. 그런데 이 목적은 확정되어 있거나 확정할 수 있어야 한다. 또한 확정된 목적이 실현 가능한 것이어야 하고, 목적이 적법하여야 하며, 법률행위가 사회질서나 선량한 풍속을 해하는 사항을 목적으로 하여서는 안 된다(사회적 타당성).

사례연구 290 **법률행위의 목적**

김소실 씨는 내 집 마련의 꿈을 이루기 위해 어렵게 저축을 한 결과, 이화재 씨와 그의 집에 대한 매매계약을 체결하였다. 그러나 이화재의 집은 계약체결 1시간 전에 불타버렸는데, 이 경우 김소실과 이화재의 매매계약은 어떻게 되는가?

|▶ 이화재의 집은 김소실과 이화재가 계약(법률행위)을 체결하기 전에 이미 타버렸다. 따라서 법률행위 성립 당시에 이미 그 목적이 실현 불가능한 원시불능에 속한다. 원시불능인 것을 목적으로 한 법률행위는 무효이다. 그러므로 김소실과 이화재의 계약은 무효이다. 다만, 김소실은 계약을 유효한 것으로 믿음으로써 받은 손해에 대해 배상청구를 할 수 있다. 즉, 목적이 불능한 계약을 체결할 때에 그 불능을 알았거나 알 수 있었을 자는 상대방이 그 계약의 유효를 믿었음으로 인하여 받은 손해를 배상하여야 한다. 그러나 그 배상액은 계약이 유효함으로 인하여 생길 이익액을 넘지 못한다. 다만, 상대방이 그 불능을 알았거나 알 수 있었을 경우에는 적용하지 아니한다(제535조).

2. 법률행위의 성립요건

(1) 일반적 성립요건

법률행위가 일반적으로 성립하기 위하여는, 당사자, 목적, 의사표시가 있어야 한다. 즉, 법률행위가 되기 위한 최소한의 외형적·형식적인 요건을 일반적 성립요건이라 한다.

(2) 법률행위의 효력요건

법률행위가 일반적인 성립요건을 갖추었다고 하여 반드시 법률효과를 발생시키는 것은 아니다.

따라서 법률행위가 유효하게 성립되기 위한 효력요건으로서는, 첫째, 당사자는 의사능력 및 행위능력을 가지고 있어야 한다. 의사무능력자의 법률행위는 무효이며, 행위무능력자의 법률행위는 취소할 수 있다. 둘째, 목적은 확정·가능·적법·사회적 타당성을 가지고 있어야 한다. 목적이 불확정하거나, 이행불능인 경우, 강행법규에 반하는 불법인 경우 및 선량한 풍속 기타 사회질서에 반하는 법률행위는 무효이다. 셋째, 의사표시는 의사와 표시가 일치하여야 하며 또한 의사표시에 하자가 없어야 한다. 즉, 비진의의사표시·통정허위표시·착오 등과 같이 의사와 표시가 불일치한 법률행위는 취소할 수 있거나 무효이며, 사기·강박과 같이 의사표시에 하자가 있는 법률행위는 취소할 수 있다.

사례연구 291 **불공정한 법률행위**

김불행은 불행하게도 교통사고로 사망하였다. 그 후 일주일이 되어 가해자 이가해가 김불행의 처인 남순진을 찾아와 합의할 것을 조르므로, 농촌에서 농사만 짓던 김불행의 처인 남순진은 합의금 200만원(남순진이 받을 수 있는 금액은 1,600만원으로 1/8에 해당)을 받고 민·형사상 더 이상 문제 삼지 않기로 합의하였다. 남순진과 이가해 간의 합의는 정당한가?

|▶ 농촌에서 농사만 짓고 있던 남순진이 졸지에 사고를 당하여 경제적으로나 정신적으로 궁박하고 무경험한 상태에 놓여 있다고 할 수 있다. 또한 사고후 1주일밖에 되지 않는 때에 남순진이 받을 수 있는 금액의 1/8도 안되는 금액으로 합의한 것은 현저하게 균형(공평)을 잃은 것이다. 따라서 남순진은 자기가 받은 200만원을 제외한 1,400만원(7/8)을 청구할 수 있다.

사례연구 292 진의 아닌 의사표시

김촉새는 친구 이횡재를 놀려 주기 위하여 그의 다이아몬드 반지를 이횡재에게 주겠다고 하였다. 이횡재는 그 사정도 모르고 좋다고 하였다. 김촉새의 본심은 다이아몬드 반지를 주지 않겠다는 것인데, 이 경우에 다이아몬드 반지를 주어야 하는가 아니면 주지 않아도 되는가?

|▶ 김촉새가 이횡재에게 다이아몬드 반지를 주겠다고 한 의사표시는 진의 아닌 의사표시이다. 이러한 진의 아닌 의사표시라도 상대방이 진의(본심)가 아니라는 것을 몰랐다면 그대로 유효하다. 따라서 김촉새는 이횡재에게 다이아몬드 반지를 주어야 한다. 다만, 김촉새가 진의 아닌 의사표시이고 이횡재도 그런 사정을 잘 알고 있었다면 무효이다.

3. 법률행위의 대리

(1) 대리의 의의

대리란 타인이 본인을 대신하여 상대방에 대하여 의사표시를 하거나 또는 의사표시를 수령함으로써 그 법률효과가 직접 본인에게 귀속되는 법률관계를 말한다. 즉 대리인의 법률행위에 의하여 본인 자신이 법률행위를 한 것과 동일한 법률효과를 발생하도록 하는 제도를 말한다. 이러한 대리제도는 오늘날의 거래관계가 복잡화·전문화·다양화됨에 따라 개인 스스로 모든 거래관계를 처리하는 것이 불가능해짐에 따라 나타난 제도로서 사적자치의 확장 또는 사적자치의 보충적 기능을 갖는다.

(2) 대리의 종류

대리는 그 발생원인에 따라 법정대리와 임의대리로 나누어지고, 대리행위의 모습에 따라 능동대리와 수동대리로 나누어지며, 대리권의 유무에 따라 유권대리와 무권대리로 나누어진다. 또한 대리인의 수에 따라 단독대리와 공동대리로 나누어지고, 복임권의 유무에 따라 복대리가 있을 수 있다. 그리고 넓은 의미로는 무권대리의 일종으로 볼 수 있지만, 외형상 대리권이 있는 것처럼 외관을 갖춘 경우에는 본인으로 하여금 책임을 지도록 하는 표현대리가 있다(제126조).

사례연구 293 **권한을 넘는 표현대리**

한우정 씨는 외국으로 나가면서 절친한 친구 이여신 씨에게 1억원을 대출해 달라면서 한우정 소유의 부동산 등기권리증, 인감증명서 및 인감도장 등을 넘겨주었다. 그런데, 노름빚에 허덕이고 있던 이여신은 1억 5천만원을 대출받아 1억원만 주고 나머지는 본인이 사용하였다. 이 경우 한우정은 자기가 받은 1억원만 갚으려 하는데, 이는 가능한가?

▶ 이여신이 1억 5천만원을 대출받은 것은 대리인이 대리권의 범위를 넘어서 법률행위를 한 경우로 '월권대리' 또는 '권한을 넘는 표현대리'이다. 민법에서는 대리인이 그 권한외의 법률행위를 한 경우에 제3자가 그 권한이 있다고 믿을 만한 정당한 이유가 있는 때에는 본인은 그 행위에 대하여 책임을 지도록 하고 있다(제126조) 따라서 한우정은 은행에 1억 5천만원을 갚아야 하고, 5천만원에 대해서는 한우정과 이여신 간에 다투어야 할 문제이다.

(3) 대리의 소멸

대리관계는 본인과 대리인간의 존재를 기초로 하여 발생하는 것이고, 또한 대리인의 대리행위능력을 전제로 하는 것이므로 본인이 사망하거나 대리인의 사망, 성년후견의 개시 및 파산한 경우에는 대리관계도 소멸하며 이를 공통의 소멸원인이라고 한다(제127조). 다만 상법상의 대리는 영업의 계속을 전제로 하는 것이므로 본인의 사망에 의해서도 대리권은 소멸하지 않는다. 그러나 임의대리인 경우에는 본인과 대리인간의 대리권수권계약에 의하여 발생하는 것이므로 계약기간의 만료 또는 수권행위의 철회 등에 의하여도 소멸하게 된다.

4. 법률행위의 무효와 취소

(1) 법률행위의 무효

법률행위의 무효란 법률행위가 성립할 당시부터 법률상 당연히 법률효과가 발생할 수 없도록 확정되어 있는 경우를 말한다. 일반적인 무효원인으로는 당사자의 의사능력의 흠결, 목적의 불확정 · 이행불능 · 강행법규위반 · 공서양속위반 및 의사표시가 통정허위표시인 경우 등이다. 그러나 무효인 법률행위라도 당사자가 이를 추인하거나 무효인 원인이 해소된 경우에는 유효한 법률행위로 전환된다. 이와 같은 무효행위의 전환은, 예컨대 수표로서는 무효이지만 차용증서로서 그 효력을 인정하는 것을 들 수 있다.

사례연구 294 **법률행위의 전환**

김욕심 씨는 그의 소유 토지 300㎡를 정억울 씨에게 일금 2억원에 매매계약을 체결하였다. 그런데 김욕심에게 대금을 완납한 정억울은 부동산 취득세의 부담으로 인하여 소유권 이전등기를 차일피 미루고 있었다. 그후 매매된 토지가 포함된 지역이 재개발 사업 구역으로 지정됨에 따라 토지가격이 4배로 폭등하였다. 이에 김욕심이 정억울에게 토지를 판 사실을 알고 있던 이얍체 씨는 김욕심을 끈질기게 설득하여 일금 4억원에 이 토지를 매수하여 소유권 이전 등기를 마쳤다면 김욕심과 이얍체간에 맺은 매매계약의 효력은 어떻게 되는가?

|▶ 물건(동산 또는 부동산)의 소유자 김욕심은 정억울과 매매계약을 하고, 다시 이얍체와도 유효한 매매계약을 할 수 있는데, 이는 소유자 김욕심의 물권은 정억울의 채권 보다 우월하기 때문이며, 정억울과 이욕심 중에서 먼저 공시방법(동산은 인도, 부동산은 소유권 이전등기)을 갖춘 사람이 소유자가 된다. 단, 소유자 김욕심이 정억울과 계약했다는 사실을 알고서 이얍체가 적극적으로 자기에게 매도할 것을 요구해 두 번째 매매가 이루어졌다는 사정이 있는 경우에는 두 번째 매매는 사회질서에 반하는 법률행위로 무효가 된다. 따라서 이얍체가 소유권 이전등기를 하였다 하더라도 효력이 발생하지 않는다.

(2) 법률행위의 취소

법률행위의 취소란 일단 유효하게 성립된 법률행위를 일정한 흠결을 이유로 특정인의 의사표시에 의하여 그것을 소급적으로 무효화시키는 것을 말한다. 일반적인 취소원인으로서는 당사자의 행위제한능력, 착오로 인하거나, 강박·사기에 의하여 의사표시를 한 자, 그의 대리인 또는 승계인의 취소 등이다. 그러나 취소할 수 있는 법률행위라도 당사자가 이를 추인하거나 취소권이 소멸된 경우에는 취소할 수 없다. 취소권은 추인할 수 있는 날로부터 3년 내에 법률행위를 한 날로부터 10년 내에 행사하여야 한다(제146조).

사례연구 295 사기에 의한 의사표시의 취소

심청이는 노모가 중병에 걸리자 50년 묵은 산삼을 먹으면 낳는다고 하여 신마니 씨로부터 산삼을 사서 드렸더니 정말로 건강을 회복하였다. 그러나 신마니씨로부터 산 것이 산삼이 아니라 6년 묵은 장뇌삼이라면, 위 계약은 어떻게 되는가?

▶ 사기나 강박에 의한 의사표시는 취소할 수 있다(제110조). 즉, 신마니가 심청이를 속여 6년 된 장뇌삼을 50년 묵은 산삼으로 비싸게 팔았다면 사기를 이유로 동 계약을 취소할 수 있고, 노모의 중병이 나았다는 우연한 사실은 취소권 행사와 아무런 상관이 없다.

5. 법률행위의 부관

법률행위의 부관이란 법률행위를 함에 있어서 그 효력의 발생 또는 소멸을 장래에 일으키고자 하는 취지의 효과의사의 특수한 형태를 말한다. 이는 법률행위에 의하여 생기는 효과를 저지하거나 혹은 제한하기 위하여 법률행위의 일부로서 부가하는 것이다. 법률행위의 부관에는 조건과 기한이 있다.

조건이란 법률행위의 효력의 발생 또는 소멸을 장래의 불확실한 사실의 성부에 의존케하는 법률행위의 부관을 말한다. 조건 가운데에는 그 조건의 성취로 인하여 법률행위의 효력이 발생하는 정지조건과, 반대로 이미 발생한 법률행위의 효력이 조건의 성취에 의하여 소멸하는 해제조건이 있다.

사례연구 296 정지조건과 해제조건

임꺽정은 평소에 공부를 잘 안하는 큰아들에게는 '만약, 한국대학교에 입학하면 자동차를 사 주겠다'고 약속을 하고, 공부를 잘하는 둘째 아들에게는 '성적이 떨어지면 용돈을 안 주겠다'고 약속한 경우, 이와 같은 법률관계를 무엇이라고 하는가?

▶ 법률행위의 부관에는 우등상을 타면 차를 사준다고 한 것은 정지조건이 붙은 법률행위(제147조 제1항)와 반면에 성적이 떨어지면 용돈을 주지 않겠다고 한 것은 해제조건이 붙은 법률행위가 있다(동조 제2항). 사례에서 큰아들과 한 계약은 정지조건이 붙은 법률행위이므로 한국대학교에 입학하면(조건성취) 자동차에 대한 법률행위의 효과가 발생하고(정지조건부법률관계 : 제147조

제1항), 둘째 아들과 한 계약은 해제조건이 붙은 법률행위이므로 이 경우에는 성적이 떨어지면(조건성취) 매달 주어왔던 용돈에 대한 법률행위의 효과가 소멸한다(해제조건부법률행위 : 제147조 제2항).

6. 기간과 소멸시효

(1) 기 간

기간이란 어느 시점부터 다른 시점까지의 계속된 시간의 구분을 말한다. 따라서 기간의 계산방법에는 어느 한 순간으로부터 다른 한 순간까지를 계산하는 자연적 계산방법과, 역에 따라 장기간의 기간을 계산하는 역법적 계산방법이 있다. 즉, 금일 오전 10시부터 다음날 오전 10시까지와 같이 시 · 분 · 초를 단위로 하는 기간의 계산은 자연적 방법에 따라 즉시로부터 기산하여 정하여진 시 · 분 · 초가 종료한 때에 기간은 만료된다.

그러나 금년 10월부터 내년 10월까지와 같이 일 · 주 · 월 · 년을 단위로 하는 기간의 계산은 역법적 방법에 따라 익일로부터 기산하여 정하여진 기간의 말일이 종료한 때에 기간은 만료된다. 이 경우 기간이 오전 0시로부터 시작하거나, 연령의 계산 및 호적신고의 경우에는 초일을 산입한다. 그리고 기간의 말일이 토요일 또는 공휴일인 경우에는 그 다음날로 만료된다. 기간의 만료시점은 대개 말일의 종료시점인 오후 12시까지이지만, 상행위로 인한 채권 · 채무에 관하여는 오후 12시가 아니라 법령 또는 관습에 의하여 영업시간이 정해져 있는 때에는 그 시간이 기간의 만료시점으로 된다(상법 제63조 참조).

사례연구 297 기간

양촌리농협의 정관에는 정기총회 소집통보는 1주일 전까지 조합원에게 통지하도록 되어 있다. 2019년 1월 18일에 총회를 개최한다면 언제까지 통보해야 하는가?

|▶ 일 · 주 · 월 · 년을 단위로 정한 때에는 초일을 산입하지 아니하고 계산하도록 하고 있다(제157조). 따라서 정기총회일이 1월 18일이면 그 전일인 17일부터 기산하여 7일을 계산하면 11일이 7일의 말일이 된다. 따라서 양촌리농협에서는 조합원에게 10일 24시까지는 정기총회 소집의 통지를 해야 한다.

(2) 소멸시효

시효란 일정한 사실상태가 오랜 기간에 걸쳐서 계속되는 경우에 그것이 진실한 권리관계에 합치하는가의 여부를 묻지 않고 그 사실상태를 존중하여 그에 따른 권리관계를 인정하는 제도를 말한다. 즉, 일정한 사실상태가 오랜 기간 동안 계속됨으로써 권리의 취득 또는 소멸을 발생하게 하는 법률요건이다. 따라서 시효에는 취득시효와 소멸시효가 있다.

따라서 소멸시효란 권리자가 그의 권리를 행사할 수 있음에도 불구하고 일정기간동안 권리를 행사하지 않음으로써 권리소멸의 효과가 발생하는 것을 말한다. 민법상 소멸시효를 인정하는 이유는, 첫째, 사실상태를 인정함으로써 거래의 안정을 가져올 수 있다는 점, 둘째, 민사소송법상 증거보전이 곤란하다는 점, 셋째, 권리 위에 잠자는 자는 법이 보호하지 않는다는 점 등 때문이다.

민법상 일반채권의 소멸시효는 10년이고, 상법상 상사채권의 소멸시효는 5년이다. 그러나 채권의 종류에 따라서는 장기간의 소멸시효를 인정하는 것이 불합리한 경우도 있게 된다. 그리하여 민법은 3년 또는 1년의 단기시효를 두어 이를 해결하고 있다.

사례연구 298 소멸시효

한태평 씨는 김배장 씨에게 5천만원을 빌려주고 1년 후(2008. 2. 1)에 받기로 하고 각서와 차용증을 받았다. 한태평은 형편이 좋지 않은 김배장에게 채무를 변제하라고 하지 못하던 중 11년이나 지난 오늘에서야 형편이 나아져 돈을 달라고 하였는데, 김배장은 냉담하기만 하다. 소송을 하면 그 돈을 받을 수 있는가?

▶ 한태평은 2008년 2월 1일에 돈을 받기로 하였으므로 이때부터 권리를 행사할 수 있었다. 그런데도 불구하고 권리를 행사하지 않았기 때문에 일정기간(시효기간)인 10년이 지났고, 그 결과 김태평의 권리는 시효에 의하여 소멸된 것이다. 따라서 김태평은 소송을 하더라도 5천만원을 받을 수 없고, 10년 되기 전에 채무를 갚으라는 내용의 내용증명우편을 보냈어야 하고, 이 경우 소멸시효가 중단되어 그때로부터 시효는 다시 10년간 연장된다.

제2절 재산과 법률관계

Ⅰ. 물권법

1. 물권의 의의

물권이란 일정한 물건을 직접 지배하여 이익을 얻는 배타적 권리를 말한다. 즉, 물권의 본질은 물권의 객체인 물건을 직접적·배타적으로 지배하는 것이다. 물건을 직접적으로 지배한다는 것은 채권과 같이 타인의 적극적인 행위를 필요로 하지 않고 직접 물건에 대하여 지배력이 미치는 것을 말한다. 그리고 물건을 배타적으로 지배한다는 것은 동일한 물건 위에 동일내용의 물권이 두개 이상 성립할 수 없다는 것을 의미하며, 이를 일물일권주의라고 한다. 특히 물권의 배타성은 제3자의 이해에 많은 영향을 미치므로 거래의 안전을 위하여 물권의 존재와 내용 및 종류 등은 일반적으로 공시하도록 하고 있다.

2. 물권의 효력

(1) 우선적 효력

물권은 물건을 직접적·배타적으로 지배하는 성질을 가지고 있으므로 동일한 물건에 대한 동일한 내용의 물권상호간에는 그 성립순서에 따라 먼저 성립한 물권이 후에 성립한 물권보다 우선적 효력을 갖는다. 또한 특정한 물건 위에 물권과 채권이 동시에 성립하는 경우에는 물권이 채권에 우선하는 효력을 갖는다. 이를 물권의 우선적 효력이라고 한다.

사례연구 299 우선적 효력

> 신주인 씨는 자기의 건물을 2019년 2월 2일에 김전세 씨에게 임대하고, 다시 그것을 2019년 2월 25일에 이세입 씨에게 전세권을 설정해 주었다. 김전세는 그 건물에 대하여 자기가 먼저 임차권을 취득하였으니 자기가 사용하겠다고 하고, 이세입은 자기가 사용해야 한다고 주장하고 있는데, 김전세와 이세입 중 누구의 주장이 옳은가?

▶ 김전세는 채권인 임차권을 2019년 2월 2일에 취득하였고, 이세입은 김전세보다 늦은 동년 2월 25일에 물권인 전세권을 취득하였다. 동일물 위에 채권과 물권이 성립하는 경우에는 성립시기의 전후를 묻지 않고 물권이 우선하므로 이세입의 주장이 받아들여진다. 그러나 김전세가 그의 임차권에 등기를 했거나, 상가건물임대차보호법상 대항요건(건물인도, 사업자등록)을 갖춘 때에는 김전세의 주장이 받아들여진다.

(2) 물권적 청구권

물권내용의 실현이 어떤 사정으로 방해당하고 있거나 또는 방해당할 염려가 있는 때에는 물권자는 그 방해자에 대하여 방해의 제거 또는 예방에 필요한 일정한 행위를 요구할 수 있는데, 이를 물권적 청구권 또는 물상청구권이라 한다. 물권적 청구권은 그 침해형태에 따라 목적물 반환청구권・방해제거청구권・방해예방청구권 등이 있으며, 방해의 결과 손해가 생긴 때에는 물권적 청구권과 함께 불법행위로 인한 손해배상청구권도 행사할 수 있다.

사례연구 300 물권적 청구권

김청천 씨의 담장이 태풍으로 무너져서 시멘트 폐기물들이 이벽력 씨의 정원을 덮쳤다. 그래서 이벽력은 생활하는데 많은 불편을 겪고 있는데, 이벽력은 김청천에게 시멘트 폐기물을 치워달라고 할 수 있는가?

▶ 이벽력은 김청천에 대하여 가옥에 관한 사용권능이 방해를 받고 있기 때문에 물권적 청구권 중 방해제거청구권을 행사할 수 있다. 이벽력은 김청천이 시멘트 폐기물을 치우는데 인용해야 하고, 그에 대한 비용은 김청천이 부담해야 한다.

3. 물권의 종류

(1) 물권법정주의

물권법정주의란 물권의 종류 및 그 내용을 법률에 규정된 것에 한하여 인정함으로써 당사자가 자유롭게 물권을 창설할 수 없게 하며, 나아가서는 법정된 물권의 내용과 다른 내용을 포함시키는 것 조차도 금지하는 법원칙을 말한다. 우리 민법도 "물권은 법률 또는 관습법에 의하는 외에는 임의로 창설하지 못한다(민법 제185조).”고 규정하여 이 원칙을 채용하고 있다.

(2) 물권의 종류

민법이 인정하는 물권의 종류로서는 점유권, 소유권, 지상권·지역권·전세권(용익물권), 유치권·질권·저당권(담보물권) 등 8종류가 있다.

(가) 점유권 : 점유권이란 물건에 대한 사실상의 지배관계를 보호하기 위한 목적에서 인정된 권리이다. 즉 점유권은 사회질서를 유지하고 거래의 안전을 보호하기 위하여 물건을 현실적으로 지배하고 있다고 하는 사실상태를 존중하여 여기에 법률상의 보호를 부여하는 제도이다.

점유자가 점유물에 대하여 행사하는 권리는 적법하게 가진 것으로 추정하며, 소유의 의사로 선의·평온 및 공연하게 점유한 것으로 추정한다. 따라서 점유자가 점유의 침탈을 당한 때에는 점유의 소권에 의하여 그 물건의 반환과 손해배상을 청구할 수 있고, 점유자가 점유의 방해를 받은 때에는 그 방해의 제거와 손해배상의 청구를 할 수 있으며, 점유자가 점유의 방해를 받을 염려가 있는 때에는 그 방해의 예방 또는 손해배상의 담보를 청구할 수 있다.

사례연구 301 점유권자의 법적보호

장발짱 씨는 김불쌍의 휴대전화를 훔쳐서 가지고 있다. 이 경우 민법상 도둑 장발짱에게도 휴대전화에 대한 최소한의 법적 보호가 인정되는가?

▶ 장발짱 씨는 김불쌍의 휴대전화를 훔친 도둑이지만, 휴대전화를 사실상 지배하고 있다. 사실상의 지배를 권리로서 인정한 것이 점유권이라면, 장발짱은 휴대전화의 진정한 소유자가 아닐지라도 점유권이라는 물권을 갖는다. 따라서 장발짱은 점유권자로서 법적 보호를 받는다.

(나) 소유권 : 소유권이란 물건을 사용·수익·처분하거나 기타 어떠한 방법으로든지 지배할 수 있는 권리를 말한다. 소유권은 법률이 허용하는 범위 내에서는 물건을 전면적으로 지배할 수 있고, 그 존속기간에 제한이 없으며 소멸시효에도 걸리지 않는 가장 완전한 의미에 있어서의 물권이다. 따라서 모든 물권 중에서 가장 강력하고 중요하며 항구적인 권리이다.

사례연구 302 유실물에 대한 소유권

환경미화원 김착실은 어느 날 새벽 거리를 청소하다가 500만원권 자기 앞 수표 40장을 주어 경찰서에 신고하였다. 분실자는 김착실에게 법적으로 보상금을 지급해야 하는가? 또한 분실자가 나타나지 않는 경우에는 어떻게 되는가?

▶ 유실물 습득자는 유실자를 알 수 있으면 그 소유자에게, 알 수 없으면 경찰서에 신고해야 하고 그러하지 않은 경우에는 형법상 점유이탈물횡령죄로 처벌될 수 있다. 유실물 습득 신고자에 대한 보상가는 유실물가액의 5/100 내지 20/100의 범위 내에서 받을 수 있고, 통상적으로 수표인 경우에는 액면금의 1/10으로 계산하여 그 금액의 5/100 내지 20/100을 받을 수 있다. 김착실이 유실물을 7일 이내에 제출하고 법률에 의한 공고 후 6개월 내에 물건 소유자가 나타나지 않으면 그 소유권을 취득할 수 있다(제253조).

(다) 용익물권 : 용익물권이란 타인의 물건을 일정한 목적의 범위 내에서 사용·수익할 수 있는 제한물권을 말한다.

① **지상권 :** 지상권이란 타인의 토지에 건물 기타 공작물이나 수목을 소유하기 위하여 그 토지를 사용하는 권리를 말한다(민법 제279조). 특히 지하 또는 지상의 공간에 상하범위를 정하여 건물 기타 공작물을 소유하기 위한 지상권을 구분지상권이라 한다. 예컨대 타인토지의 지하에 지하철이나 주차장을 설치하는 경우 및 타인토지의 지상에 육교나 케이블카를 설치하는 경우 등을 말한다.

사례연구 303 지상권

한우정 씨는 죽마고우 김친구 씨가 집을 지을 땅도 없어 곤란을 겪자, 본인 소유의 땅 500여평 중에 100여평에 호의로 김친구에게 집을 짓고 살도록 하였다. 서울에서 사업을 하고 있던 한우정의 아들이 부도가 나자 김친구는 지상권설정등기를 하였고, 한우정은 아주 싼 가격에 그 500평을 이주인 씨에게 매도하게 되었으며, 매수인 이주인은 한우정에게 건물을 철거하고 대지를 명도하라고 하는데, 한우정이 보호받을 수 있는 권리는?

▶ 한우정의 토지를 김친구가 빌려서 집을 지은 경우, 이 땅에 대하여 지상권을 가진다. 김친구는 한우정의 호의에 따라 지상권 설정등기를 하였다

면, 설정계약에 따른 기간 동안은 지상권은 존속하고 그에 따라 보호를 받는다. 만약 지상권의 존속기간을 약정하지 않았다면, 지상물의 종류에 따라 보호를 받게 되는데, 석조, 석회조, 연와조 또는 이와 유사한 견고한 건물이나 수목의 소유를 목적으로 하는 때에는 30년, 석조, 석회조, 연와조 또는 이와 유사한 견고한 건물 이외의 건물의 소유를 목적으로 하는 때에는 15년, 건물 이외의 공작물의 소유를 목적으로 하는 때에는 5년이다(제280조 제1항).

② **지역권 :** 지역권이란 자기토지의 편익을 위하여 타인의 토지를 이용하는 권리를 말한다(민법 제291조). 이때 편익을 받는 토지를 요역지라 하고, 편익을 제공하는 토지를 승역지라 한다. 예컨대 자기의 토지에 들어가기 위하여 타인의 토지를 통행한다든가, 타인의 토지를 통하여 자기의 토지에 용수를 인수하는 것을 말한다.

사례연구 304 **주위토지통행권**

김외톨 씨의 집은 사방이 둘러 쌓여있고 오직 앞쪽에 공터가 있어서 그곳을 통해 큰 길로 통행하며 살아왔다. 그런데 최근 위 공터를 매수한 이상해 씨라는 사람이 찾아와 그곳에 집을 짓기로 하였으니 통로를 내줄 수 없다고 한다. 김외톨의 가족은 그곳을 통과하지 아니하면 큰 길로 나갈 수 있는 방법이 없는데, 과연 이 경우 김외톨은 이상해에 대하여 어떠한 권리를 행사할 수 있는가?

▶ 민법 제219조는 "어느 토지와 공로 사이에 그 토지의 용도에 필요한 통로가 없는 경우에 그 토지소유자는 주위의 토지를 통행 또는 통로하지 아니하면 공로에 출입할 수 없거나 과다한 비용을 요하는 때에는 그 주위의 토지를 통행할 수 있고 필요한 경우에는 통로를 개설할 수 있다. 그러나 이로 인한 손해가 가장 적은 장소와 방법을 선택하여야 한다."고 규정하고 있으며, 동조 제2항에는 "전항의 통행권자는 통행지소유자의 손해를 보상하여야 한다."고 규정하고 있다. 따라서 김외톨은 이상해에 대하여 주위토지통행권을 요구할 수 있고, 만일 이상해가 이에 대하여 거절하는 경우에는 법원에 통행방해의 배제를 구하는 소송을 제기할 수 있다. 다만 이로 인하여 이상해가 입게 되는 손해를 가장 줄일 수 있는 장소와 방법의 선택 및 이상해에 대한 손해배상의 문제가 제기될 것이다.

③ **전세권 :** 전세권이란 전세금을 지급하고 타인의 부동산을 점유하여 그 부동산의 용도에 따라 사용·수익하며, 그 부동산 전부에 대하여 후순위

권리자 기타 채권자보다 전세금의 우선변제를 받을 수 있는 권리를 말한다(민법 제303조). 따라서 전세권은 용익물권으로서의 성질과 담보물권으로서의 성질을 동시에 갖는다고 할 수 있다. 이는 과거 임대차에 유사한 계약으로 널리 행하여져 왔던 주택전세의 관습에 기초하여 부동산이용권자를 보호한다는 취지에서 물권화한 것이다.

따라서 물권법상의 전세권과 관습법상의 전세권(채권적 전세) 사이에는 물권과 채권이라는 본질적 차이가 있다. 관습법상 인정되어 온 주거용 건물의 임대차에 관하여는 국민의 주거생활의 안정을 보장하기 위하여 주택임대차보호법(1981. 3. 5. 법률 제3379호로 제정)을 제정함으로써 민법에 대한 특례를 인정하고 있다.

사례연구 305 전세권

김전세 씨는 이전당 씨에게 5천만원의 저당권이 설정된 진주인 씨의 집에 3천만원에 전세를 들고 전세권 설정등기를 마쳤다. 진주인의 집이 7천만원에 경매로 낙찰되었다면 김전세의 전세금 3천만원은 어떻게 되는가?

▶ 김전세는 전세권 설정등기를 하였으므로 경매대금에서 전세금을 우선변제 받을 수 있는데, 이를 전세권의 우선변제적 효력이라 한다. 다만, 진주인의 집이 김전세의 전세권 설정등기 이전에 이미 이전당에게 5천만원에 저당된 것이므로 이전당의 저당권이 우선하게 된다. 따라서 7천만원의 경매대금 중에서 이전당이 5천만원을 우선 변제받고, 나머지 2천만원에 대해서만 김전세는 진주인의 다른 채권자에 우선되며, 나머지 1천만원은 일반채무자와 같은 효력이 있다.

(라) 담보물권 : 담보물권이란 채권을 담보할 목적으로 특정물 위에 설정되는 제한물권을 말한다. 용익물권이 물건의 실질적 이용을 내용으로 하는데 반하여, 담보물권은 물건이 갖고 있는 경제적 교환가치를 토대로 채무의 이행을 확보하는 것을 말한다.

① **유치권 :** 유치권이란 타인의 물건이나 유가증권을 점유하는 자가 그 물건이나 유가증권에 관하여 생긴 채권이 변제기에 있는 경우에는 그 채권의 변제를 받을 때까지 물건이나 유가증권을 유치하여 간접적으로 변제를 강제하는 권리를 말한다(민법 제320조). 예컨대 카센터 주인이 자동차의 수리대금을

받을 때까지 수리한 자동차를 유치하거나, 세탁소 주인이 세탁물의 세탁요금을 받을 때까지 세탁한 세탁물을 유치할 수 있는 권리이다.

유치권이 성립하기 위해서는 첫째, 유치물과 채권 사이에는 견연관계(견연관계)가 있어야 하고, 둘째, 채권이 변제기에 있어야 하며, 셋째, 채권자가 그 목적물을 점유하고 있어야 한다.

사례연구 306 **유치권의 견련성**(牽連性)

김임대는 이부동 소유의 낡은 점포를 보증금 1억 원을 주고 임차하여 그 곳에 고급식당을 경영하기 위해 이부동의 동의없이 점포를 개조하였다. 그런데 그 개조작업에 있어 수도 · 가스 · 옥내외의 장식 등의 시설개수와 전기밥솥 · 싱크대 등 부속물을 갖추어 영업하여 오던 중 임대기간이 만료하자 이부동은 김임대에게 그 점포의 반환을 청구하였다. 이 경우 김임대는 위 점포개수에 따른 비용상환청구권 또는 부속물의 매수청구권을 확보하기 위하여 그 점포를 유치할 수 있는가?

▶ 민법 제325조에 따르면 임차인이 임차목적물에 관하여 필요비 또는 유익비를 지출한 경우에는 비용상환청구권을 행사할 수 있다. 그러나 이러한 필요비 또는 유익비는 건물 기타 그 공작물의 임차인이 그 사용의 편익을 위해 임대인의 동의를 얻어 임차물인 건물 또는 그 공작물에 부속시킨 비용에 한한다. 그러므로 위 사례에서와 같이 임대인의 동의없이 점포의 개조를 위하여 지출한 대금청구권과는 구별된다. 그러므로 이부동은 비용상환청구권을 행사할 수 없다. 한편 민법 제646조는 "건물 기타 공작물의 임차인이 그 사용의 편익을 위하여 임대인의 동의를 얻어 이에 부속한 물건이 있는 때에는 임대차의 종료시에 임대인에 대하여 그 부속물의 매수를 청구할 수 있다"고 규정하고 있다. 그러나 위 사례에서는 임대인의 동의없이 부속물을 설치한 것이므로 부속물의 매수청구권이 없다고 본다. 결국 김임대는 이부동에 대하여 비용상환청구권 및 부속물의 매수청구권을 행사할 수도 없고, 또한 이를 원인으로 한 유치권의 행사도 할 수 없다고 본다.

② **질권 :** 질권이란 채권자가 그의 채권의 담보로서 채무자 또는 제3자로부터 받은 물건을 점유하고 채무의 변제가 있을 때까지 유치함으로써 채무의 변제를 간접적으로 강제하는 동시에, 채무의 변제가 없는 때에는 그 목적물로부터 우선적으로 변제를 받을 수 있는 권리를 말한다(민법 제329조, 제345조). 즉, 유치적 효력과 우선변제적 효력을 동시에 가지고 있다. 질권은 점유의 목

적물에 따라 동산질권과 권리질권으로 나누어진다. 부동산은 질권의 목적물이 될 수 없다.

사례연구 307 질 권

김중배는 약혼반지를 잡히고 안전당으로부터 50만원을 급히 빌렸다. 약혼녀를 만나기로 한 날 약혼반지가 없으면 문제가 될 것 같아 김중배는 안전당을 찾아가서 3일 후에 돈을 주겠으니 시계를 되돌려 달라고 하였다. 그러나 안전당은 들은 척도 하지 않는데, 안전당은 어떤 권리가 있는가?

▶ 안전당은 자기의 채권을 담보하기 위하여 갑의 시계를 점유하고, 만약 갑이 50만원을 변제하지 않으면 그 시계를 팔아서 그 대금으로부터 우선 변제할 수 있는 권리, 즉 질권을 갖고 있기 때문에 안전당은 자기의 채권을 변제받을 때까지 목적물을 유치할 수 있다.

③ **저당권 :** 저당권이란 채무자 또는 제3자가 점유를 이전하지 아니하고 채무의 담보로 제공한 부동산에 대하여 다른 채권자보다 자기채권의 우선변제를 받을 수 있는 권리를 말한다(민법 제356조). 즉, 담보의 목적물을 관념적으로만 지배하고 목적물의 사용·수익은 그 소유권자의 수중에 남겨둔다는 점에서 목적물을 사실적으로 인도받아 질권자의 수중에 점유하고 있는 질권과 다르다. 저당권은 담보할 채무의 최고액만을 정하고 채무의 확정을 장래에 유보하여 두는 근저당의 방법으로도 설정할 수 있다.

사례연구 308 저당권

김차용 씨는 이대출 씨에게 자신의 부동산인 뒷동산 임야에 전세권을 설정하고 5천만원을 차용하였다. 그런데 김차용은 부당하게 자신의 임야에서 참나무를 벌채하여 표고버섯 재배자 한건강 씨에게 매각하였다. 이 경우, 이대출이 취할 수 있는 법적 대응방법은 무엇이 있는가?

▶ 이대출은 김차용에게 담보물 제공을 청구할 수 있고(제362조), 잔존부분으로 인하여 완전한 변제를 받을 수 없는 경우에 한해서는 손해배상을 청구할 수 있다. 또한 즉시 저당권을 실행할 수 있고(제388조 제1항), 벌채목의 반출을 금할 수 있다(제370조).

4. 물권의 변동

(1) 물권변동의 의의

물권변동이란 물권의 발생·변경·소멸을 말한다. 물권의 변동은 법률규정과 법률행위에 의하여 일어나게 된다. 법률규정에 의한 물권변동이란 취득시효·무주물선점·유실물습득·상속·가공·혼동·혼화·부합·공용징수 및 몰수 등과 같이 당사자의 의사와는 관계없이 법률상 당연히 물권변동의 효과가 발생하는 것을 말한다. 그리고 법률행위에 의한 물권변동이란 사적자치의 원칙에 따라 당사자 간의 의사표시의 합치에 의한 물권행위를 함으로써 물권변동의 효과가 발생하는 것을 말한다.

(2) 물권변동에 관한 의사주의와 형식주의

물권변동을 일으키는 법률요건 가운데 가장 중요한 것은 물권변동에 관한 법률행위, 즉 물권행위이다. 그런데 물권행위에 의한 물권변동에는 당사자 간의 물권변동에 관한 의사표시의 합치만 있으면 곧 물권변동의 효과가 발생한다고 하는 의사주의와, 물권변동에 관한 의사표시의 합치는 물론 부동산인 경우에는 등기, 동산인 경우에는 인도를 하여야 비로소 물권변동의 효과가 발생한다고 하는 형식주의가 대립되어 있다.

전통적으로 프랑스는 의사주의를, 독일은 형식주의를 따르고 있으며, 우리나라는 독일법상의 형식주의를 채용하고 있다.

사례연구 309 **물권변동의 형식주의**

고우남 씨는 2년전 친구 김죽마 씨로부터 땅 100평을 사서 집을 지었으나 세금관계도 있어서 그 땅에 대한 등기이전을 하지 않은 채 지금에 이르고 있다면, 이 땅의 진정한 소유자는 누구인가?

▶ 우리나라는 물권변동에 있어 "부동산에 관한 법률행위로 인한 물권의 득실변경은 등기하여야 그 효력이 생긴다(제186조)"는 형식주의를 채택하고 있으므로 고우남은 김죽마로부터 부동산을 매입하였다 하더라도 소유권이전등기를 하지 않으면 고우남은 진정한 소유권자가 아니다. 만약 고우남과 김죽마가 모두 사망하고 매매를 증명할 수 있는 계약서 또는 영수증 등이 없다면, 김죽마의 후손들이 매수청구나 반환청구를 고우남의 후손에게 하더라도 어쩔 수 없게 되므로 고우남은 빨리 등기를 해야 한다.

(3) 등기와 인도

등기란 등기부라고 하는 공적장부에 일정사항을 표시하는 공법상의 행위를 말한다. 등기부에는 부동산등기부를 비롯하여 법인등기·상업등기·부부재산계약등기 등 여러 가지가 있다. 인도란 물건의 사실상의 지배를 현실적으로 이전하는 행위를 말한다. 이는 부동산에 있어서의 등기와 같이 공시의 원칙의 한 표현으로서 거래안전을 보호하기 위한 것이다. 인도에는 현실의 인도와 관념상의 인도가 있다. 관념상의 인도란 물건의 장소적 이동 없이 의사표시만으로 사실상의 지배가 이전되는 것을 말하는데, 이에는 간이인도·점유개정에 의한 인도·목적물반환청구권의 양도에 의한 인도 등이 있다.

사례연구 310 등기청구권과 소멸시효

한태평 씨는 2008년 12월 20일 김우정 씨로부터 밭 2,500평을 매수하여 소유권이전등기를 하지 않은 채 사용·수익하고 있다가 2019년 1월 22일에 김우정에 대하여 소유권이전등기절차를 이행할 것을 청구하였다. 이에 대하여 김우정은 한태평이 매수일로부터 10년도 더 경과한 후에 청구하였으므로 한태평의 소유권이전등기청구권은 시효로 인하여 소멸하였다고 항변하였다. 이 경우 누구의 주장이 받아들여질 것인가?

▶ 우리나라의 대법원 판례의 입장은 "매수인이 매도인으로부터 그 목적물을 인도받아서 사용·수익하고 있는 경우에는 등기청구권은 소멸시효에 걸리지 않는다."고 판시하고 있다(대판 1976. 11. 6. 76다148 참조). 또한 등기청구권을 채권적 청구권으로 보면서도 매수인이 인도받아서 사용·수익 또는 간접 점유하는 경우에는 소멸시효가 진행되지 않는다(대판 1988. 9. 27. 86다카2634). 따라서 판례의 입장에 따른다면 한태평은 김우정에게 소유권이전등기에 협력해 줄 것을 청구할 수 있고, 김우정의 소멸시효로 인한 항변은 부정된다.

II. 채권법

1. 채권의 의의 및 특징

채권이란 특정인(채권자)이 특정인(채무자)에 대하여 일정한 행위(급부)를 청구할 수 있는 권리를 말한다. 채권은 물권과 함께 재산권을 이루는 것이지만, 양자는 많은 차이가 있다. 즉, 첫째, 물권은 사람과 물권의 관계로서 물건을 직접 지배하지만, 채권은 사람과 사람의 관계로서 채무자의 급부행위를 통하여서만 물건을 간접 지배한다. 둘째, 물권은 배타성이 있으므로 물권법정주의에 따라 일물일권이지만, 채권은 배타성이 없으므로 계약자유의 원칙에 따라 수개의 채권이 발생할 수 있다. 셋째, 물권은 모든 사람에게 주장할 수 있는 대세적·절대적 권리이지만, 채권은 특정인에게만 주장할 수 있는 대인적·상대적 권리이다.

2. 채권의 효력

(1) 대내적 효력

(가) 채무불이행과 그 책임 : 채무불이행이란 채무자가 채무의 내용에 따른 이행이 없는 경우를 총칭하는 개념이다. 채무불이행의 종류에는 첫째. 이행이 가능함에도 이행을 하지 않는 이행지체, 둘째. 이행이 불가능하게 된 이행불능, 셋째. 이행은 있었으나 완전하지 못한 불완전이행 등이 있다. 채무불이행에 대한 채권자의 구제수단으로는 현실적 이행의 강제와 손해배상의 청구방법이 있지만, 완전이행청구(하자보수청구·교체청구)와 계약해제의 방법이 사용되기도 한다.

(나) 현실적 이행의 강제 : 현실적 이행강제는 채무의 성질이 강제이행을 청구할 수 있는 경우에 한한다. 즉, 채무의 성질상 강제이행을 청구할 수 있는 한 채무자가 임의로 채무를 이행하지 아니한 때에는 채권자는 법원에 그 강제집행을 청구할 수 있다.

(다) 손해배상청구 : 손해배상이란 채무불이행으로 인한 손해를 금전으로 배상하는 것을 말한다. 손해배상의 범위는 일반적으로 통상의 손해에 한한다. 통상의 손해란 채무불이행과 그로 말미암아 생긴 손해 사이에 상당인과관계가 있는 손해를 의미한다. 다만 특별한 사정으로 인하여 생긴 손해는 채무자가 알았거나 알 수 있었을 경우에 한하여 이를 배상한다.

(2) 대외적 효력

채무불이행에 대한 구제수단으로서는 강제이행의 청구나 손해배상을 청구할 수 있다. 그런데 강제이행이 불가능하거나 채권자가 이를 원하지 않는 경우에는 금전에 의한 손해배상청구만을 할 수 있게 된다. 이 경우 손해배상을 실효성 있게 하기 위한 것은 결국 채무자의 일반재산뿐이므로 채권의 실질적 가치는 채무자의 일반재산의 과소에 의하여 결정된다. 그러나 채무자의 일반재산에 대하여 제3자의 침해가 있는 경우에는 채권자는 소기의 목적을 달성할 수 없게 된다. 그리하여 민법은 채무자의 일반재산을 보호하기 위한 제도로서 채권자대위권과 채권자취소권을 인정하고 있다.

(가) **채권자대위권** : 채권자대위권이란 채권자가 자기의 채권을 보전하기 위하여 채무자에게 속한 권리를 대위하여 행사하는 것을 말한다(민법 제404조). 예컨대 손해배상의 자력이 없는 채무자가 제3자로부터 받을 수 있는 채권이 있음에도 불구하고 이를 행사하지 않는 경우에, 채권자가 채무자를 대위하여 제3자에게 채무자의 권리를 행사하는 경우이다.

사례연구 311 **채권자 대위권**

만석군 씨는 그가 소유하는 토지를 오천석 씨에게 매각하였고, 오천석은 이를 다시 일천석 씨에게 전매하였다. 일천석이 오천석에게 등기에 협력할 것을 요구하였으나 오천석이 이에 응하지 않으므로 만석군에 대하여 채권자대위권을 행사해서 등기를 직접 자기 앞으로 옮겨달라고 청구하였다. 이 청구는 정당한가?

▶ 위 사례에서 토지가 만석군으로부터 오천석에게, 오천석으로부터 일천석에게 전전매매되었으나, 그 등기명의는 만석군에게 있으므로 형식주의를 채용하고 있는 현행 민법하에서는 그 토지의 소유권은 여전히 만석군에게 보유되어 있다(민법 제186조 참조). 그리고 오천석은 만석군에 대하여, 일천석은 오천석에 대하여 토지의 소유권이전등기를 청구할 수 있는 채권을 가지나, 일천석은 만석군에 대하여 이러한 권리를 갖지 않고 있다. 그러나 오천석이 만석군에 대한 소유권이전등기청구권의 행사를 게을리 한 때에는 일천석은 자기의 채권(오천석에 대한 소유권이전등기청구권)을 보전하기 위하여 오천석이 만석군에 대하여 갖는 채권(소유권이전등기청구권)을 대위행사할 수 있다. 다만 여기서 일천석이 만석군에 대하여 채권자대위권을 행사해서 등기를 직접 자기 앞으로 옮겨 달라는 청구를 할 수 있느냐가 문제된다. 우리나라 판례의 입장은 중간생략등기의 합의가 없다면 일천석은 오천석을 대위하여 만석군에게 오천석 앞으로의 소유권이전등기를 구할 수는 있을지언정 직접 자기 앞으로의 소유권이전등기를 구할 수는 없다고 한다. 따라서 일천석의 청구는 부당하다.

(나) 채권자 취소권 : 채권자 취소권이란 채무자가 채권자를 해함을 알고 재산권을 목적으로 한 법률행위를 한 때에 채권자가 그 법률행위의 취소 및 원상회복을 청구할 수 있는 권리를 말한다(민법 제406조). 예컨대 채무자가 자기의 유일한 재산을 제3자에게 증여하여 고의로 재산을 감소시킴으로써 채무의 이행이 불가능하게 된 경우에, 채권자가 채무자의 증여행위를 취소하여 원상회복을 청구하는 것이다.

사례연구 312 **채권자 취소권**

한명청 씨는 한건해 씨에게 5천만원을 빌려 주면서 차용증만 받아 놓았을 뿐 다른 담보는 세우지 않았다. 그런데 변제기일에 꼭 갚겠다던 한건해는 기한이 지나도 갚을 생각을 하지 않고 또한 앞으로도 갚지 않을 목적으로 자기의 재산을 아내 이날쌘의 명의로 돌려놓았다면, 한명청은 어떻게 하면 좋을까?

▶ 채무자 한건해는 자기의 채권자 한명청을 알고(악의) 재산권을 목적으로 한 법률행위를 한 경우로서, 채권자 한명청은 이날쌘을 상대로 이전계약의 취소와 재산명의를 한건해로 회복시킬 것을 법원에 청구할 권리(채권자취소권)가 있다. 즉, 아내 이날쌘의 명의로 된 소유권 이전등기를 말소시키고 한건해의 이름으로 소유권을 회복시킨 후에 강제집행하면 되고, 채권자 취소권은 취소원인을 안 날로부터 1년, 법률행위가 있은 날로부터 5년 내에 행사할 수 있다. 다만, 이날쌘이 이전행위로 인하여 한명청에게 손해를 줄 것이라는 것을 몰랐다면(선의) 채권자취소권은 허용되지 않는다.

3. 채권의 종류

(1) 채권의 목적

채권의 내용을 이루는 것을 보통 채권의 목적이라 하고, 채권의 목적이란 채무자가 이행하여야 할 행위, 즉 급부행위를 말한다. 급부의 종류에는 일정행위를 필요로 하는 작위와 일정행위를 필요로 하지 않는 부작위가 있고, 그 내용에 따라 주는 급부와 하는 급부가 있다. 민법은 일정한 급부를 내용으로 하는 수종의 채권에 대하여 규정하고, 이 규정들을 채권의 발생원인이 무엇이냐를 묻지 않고 모든 채권에 공통적으로 적용하고 있다.

(2) 채권의 종류

(가) 특정물채권 : 특정물채권이란 이 책 또는 이 자동차와 같이 특별히 정해진 물건의 인도를 목적으로 하는 채권을 말한다.

사례연구 313 특정물채권

임꺽정은 자기명의의 주택과 간이창고를 홍길동에게 1억원에 팔기로 매매계약을 체결하였다. 임꺽정이 여름휴가를 다녀와 보니 홍수로 인해 간이창고의 일부가 붕괴되었는데, 이를 다시 수리하여 인도해야 하는가?

▶ 가옥과 간이창고는 이 세상에 단 하나밖에 없는 것이므로 특정물이고, 매매계약과 관련해서 특약이 없는 경우 선량한 관리자로서 주의와 의무를 다해야 한다. 그러나, 홍수와 같이 불가항력인 경우에는 어쩔 수 없이 그대로 인도하면 된다. 다만, 홍길동은 채무자위험부담주의의 원칙상 간이창고 일부 붕괴에 대한 대금을 지불하지 않아도 된다.

(나) 종류채권 : 종류채권이란 OB맥주 5병과 같이 일정한 종류에 속하는 물건의 일정량의 인도를 목적으로 하는 채권을 말한다. 목적물이 특정되어 있지 않는다는 점에서 이를 불특정물채권이라고도 한다.

사례연구 314 종류채권

안성에 거주하는 포도 농장주인 안거봉은 안성거봉포도 50상자를 상인 김선달에게 250만원에 팔기로 계약을 체결했다. 김선달은 안거봉과의 계약에 따라 250만원을 지불하였다. 안거봉은 안성거봉포도를 운송회사의 X정기화물편으로 김선달의 주소지로 위탁·발송하였는데, X정기화물 트럭이 운송도중 강으로 전복되어 포도상자가 모두 떠내려가 버렸다. 이 경우 안거봉과 김선달의 법률관계는 어떻게 되는가?

▶ 종류채권은 특정에 의하여 특정물의 인도를 목적으로 하는 채권으로 전환된다. 그러므로 특정 이후부터는 특정된 물건이 채권의 목적물로 되고, 채무자는 그것을 인도할 때까지 선량한 관리자의 주의로 보존하지 않으면 안 된다(민법 제374조). 그리고 특정된 물건이 채무자의 선관주의의무 위반으로 멸실된 경우에는 채무불이행이 되고, 귀책사유가 없으면 위험부담의 문제가 발생한다(민법 제537조). 따라서 특정이 있기 전에는 채무자가 소유하고 있는 그 종류의 물건이 모두 멸실하더라도 그 종류물이 거래계에 존재하는 한,

이를 다시 마련하여 급부해야 한다. 본 사례에서 안거봉에 의한 목적물의 위탁발송행위로 특정의 효과는 발생하지 않는다. 그 이유는 안거봉이 김선달에게 종류채무를 부담하고 있고, 변제의 장소에 관하여 안거봉·김선달 사이에 특별한 약정이 없으면 안거봉은 지참채무를 지게 되므로 포도 50상자를 발송하였다 하더라도 김선달의 주소에 도달하지 않는 한 특정되지 않기 때문이다. 결국 안거봉은 김선달에게 동등품질의 하자없는 안성거봉포도 50상자를 다시 급부해야 한다.

(다) 금전채권 : 금전채권이란 일정액의 금전을 지급할 것을 목적으로 하는 채권을 말한다. 금전채권은 특약이 없는 한 채무자의 선택에 따라 강제통용력있는 각종의 통화로 변제할 수 있는데 이를 금전채권의 특칙이라 한다.

(라) 이자채권 : 이자채권이란 이자의 지급을 목적으로 하는 채권을 말한다. 이자채권은 항상 원본채권을 전제로 하며, 원본과 기간에 비례하여 산정된다.

(마) 선택채권 : 선택채권이란 수개의 목적물 중에서 어느 하나를 선택하여 지급할 것을 목적으로 하는 채권을 말한다. 예컨대 갑이라는 말(馬)이나 을(乙)이라는 소(牛) 중 어느 하나를 선택하여 급부하는 것이다.

사례연구 315 **선택채권**

방자는 곧 결혼하게 될 조카 방울이에게 결혼 선물로 도자기 1점 또는 냉장고 1대 또는 금전 300만원 중에서 방울이가 원하는 것을 주기로 방울이와 계약을 체결하였다. 그 후 방자는 조카의 결혼선물 문제로 아내인 향단이와 크게 다투게 되었고, 그 과정에서 도자기가 깨졌을 경우, 방자와 방울이의 법률관계는 어떻게 되는가?

▶ 먼저 방울이로서는 방자가 방울이에 대하여 구체적인 급부를 제시하고 있기 때문에 급부의무를 부담하지 않은 단순한 약속으로 보기 어려우므로 방자와 방울이와의 관계는 단순한 호의관계가 아닌 법률관계로 증여계약에 해당한다. 위 사례에서 증여계약을 해제할 수 없는 것으로 가정한다면, 방울이는 도자기 1점 또는 냉장고 1대 또는 금전 300만원 중에서 하나를 선택할 수 있는 선택채권을 갖게 된다. 방울이가 냉장고를 선택한다면 적합한 품질의 물건 중에서 구체적인 것으로 특정해야 하고, 금전 300만원을 선택한다면 금전채권을 갖게 된다. 그러나 멸실된 도자기를 선택한다면 방자에 대하여 채무불이행 가운데 이행불능을 이유로 손해배상을 청구할 수 있다.

4. 채권의 발생원인

민법상 채권의 발생원인으로서는 계약·사무관리·부당이득·불법행위 등 4종류가 있다. 이 중 계약은 법률행위이며, 나머지는 법률행위가 아닌 사실이다.

(1) 계 약

계약이란 서로 대립하는 두 개 이상의 의사표시의 합치에 의하여 성립하는 법률행위를 말한다. 이때 대립하는 의사표시란 청약과 승낙을 말한다. 계약의 내용은 사적자치의 원칙에 따라 당사자의 합의에 의하여 자유로이 결정할 수 있지만, 민법은 전형계약으로서 14가지를 열거하고 있다. 이는 당사자의 합의에 의하여 성립할 수 있는 계약의 중요유형을 편의상 나열한 것에 불과하므로, 반드시 14종에 한정되는 것은 아니다.

민법상의 전형계약으로는 증여·매매·교환·소비대차·사용대차·임대차·고용·도급·현상광고·위임·임치·조합·종신정기금·화해 등이 있다.

(2) 사무관리

사무관리란 법률상의 의무없이 타인을 위하여 사무를 관리하는 행위를 말한다(민법 제734조). 예컨대 주인이 여행 중 그 집을 보아주는 자가 폭풍으로 인하여 훼손된 가옥을 수선하거나, 길을 잃은 미아에게 음식물을 제공하는 경우를 말한다. 사무관리를 개시한 자는 그 사무의 성질에 따라 본인에게 가장 이익이 되는 방법으로 이를 관리하여야 하고, 사무관리에 의하여 지출한 필요비나 유익비가 있을 때에는 본인에 대하여 그 상환을 청구할 수 있다.

사례연구 316 **사무관리로 인한 비용상환청구권**

혼자 사는 한휴가는 지난 여름 제주도로 바캉스를 떠났다. 그런데 갑작스런 폭우로 한휴가의 집이 침수되어 쓰러질 위기에 처해 있었다. 그러자 옆집에 살고 있는 오지랍이 침수된 가옥을 수선하기 위해 목수 김명품에게 그 보수를 부탁하고, 그에게 보수비용 20만원을 지급하였다. 몇일 후 한휴가가 돌아오자 오지랍은 그동안의 사실을 이야기하고 가옥수선에 든 비용 20만원을 요구하자, 한휴가는 누가 그런 일을 시켰느냐고 따지면서 비용지급을 거절하고 있다. 이 경우 오지랍은 한휴가에게 비용상환청구권을 행사할 수 있는가?

▶ 민법 제734조 제1항은 “의무 없이 타인을 위하여 사무를 관리한 자는

그 사무의 성질에 좇아 가장 본인에게 이익이 되는 방법으로 이를 관리하여야 한다."고 규정하고, 제739조 제1항은 "관리자가 본인을 위하여 필요비 또는 유익비를 지출한 때에는 본인에 대하여 그 상환을 청구할 수 있다."고 규정하고 있다. 그러므로 위 사례에서 비록 오지랍은 법률상 의무없이 한휴가의 가옥을 수리해 주었다고 해도 민법 제739조 제3항에 의하여 한휴가에게 비용상환을 청구할 수 있고, 한휴가는 이를 거절할 수 없다고 본다.

(3) 부당이득

부당이득이란 법률상 원인없이 타인의 재산 또는 노무로 인하여 이익을 얻고 이로 인하여 타인에게 손해를 가한 경우를 말한다. 예컨대 채무자가 이중변제를 한 경우나, 타인의 산림을 자기의 산림으로 생각하고 수목을 벌채한 경우를 말한다. 부당이득을 본 자는 그 이익을 손실자에게 반환하여야 한다. 즉, 부당이득을 본 자가 선의인 경우에는 현존이익의 범위 내에서 반환하고, 악의인 경우에는 그 이익에 이자를 붙여 반환해야 하며, 만일 손해가 발생한 경우에는 손해배상의 책임을 부담한다.

사례연구 317 부당이득

X시에 살던 김부자는 Y토지를 소유하고 있던 중 아들 김놀부와 김흥부를 남기고 사망하였다. 그러자 김놀부는 Y토지에 대하여 상속을 원인으로 하여 그의 단독명의로 소유권이전등기를 마쳤다. 그 후 X시는 도로를 개설하기 위해 김놀부의 토지가 필요하여 토지소유권자인 놀부와 협의취득하면서 손실보상금으로 10억 원을 지급하였다. 이 사실을 뒤늦게 알게 된 김흥부는 김놀부를 상대로 그의 상속분에 해당하는 금액에 대해 부당이득 반환청구를 할 수 있는가?

▶ X시는 협의취득에 의해 Y토지에 대한 김놀부의 지분은 취득하게 되고, 김흥부의 지분은 취득하지 못하지만, 김놀부가 김흥부의 지분을 포함하여 소유권이전행위를 한 것이므로 김흥부의 지분에 관해서는 무권리자가 타인의 권리를 자기의 이름으로 또는 자기의 권리로 처분한 사례가 된다. 따라서 김놀부가 받은 10억 원 중 김흥부의 지분에 해당하는 5억 원은 김흥부에 대한 부당이득이 되고, 김흥부는 김놀부를 상대로 부당이득 반환청구를 할 수 있다.

(4) 불법행위

불법행위란 고의 또는 과실에 의하여 타인에게 손해를 가한 행위를 말한다. 본래 불법행위란 고전적 의미에 있어서는 살인이나 폭행과 같이 행위 그 자체가 위법한 것이 보통이었다. 그러나 현대에 있어서는 운전행위·기업의 영업활동·의료행위 등 그 행위자체로서는 적법한 것이지만, 결과에 있어서 중대한 손해가 발생하였다면 거기에 위법성을 추정하여 불법행위를 인정하고 있다.

타인의 불법행위로 인하여 손해를 입은 자는 개인에 대한 책임으로서의 손해배상책임과 사회에 대한 책임으로서의 형사상의 책임을 물을 수 있다. 불법행위로 인한 손해배상청구권의 소멸시효는 그 손해 및 가해자를 안 날로부터 3년, 불법행위가 있었던 날로부터 10년이다(민법 제766조).

사례연구 318 사용자 배상책임

21세의 대학생 한알바는 한호프가 경영하는 통닭집 배달 아르바이트를 하고 있다. 한알바는 통닭집 배달용 오토바이로 배달을 가던 중, 친구에게 온 문자 메시지를 보다가 도로를 무단 횡단하던 김무단을 발견하지 못하고 치어 전치 4주의 상해를 입혔다. 김무단은 통닭집 주인 한호프에게 배상을 받을 수 있는가?

▶ 어느 사무를 위하여 타인을 사용하는 자나 사용자에 갈음하여 그 사무를 감독하는 자는 피용자가 그 사무의 집행에 관하여 타인에게 손해를 가한 때에는 본인은 물론이고 사용자나 감독자도 피해자에 대하여 손해를 배상할 책임이 있는데(제756조 제1항 본문 및 제2항), 이를 사용자 배상책임이라 한다. 한호프는 배상능력이 없는 한알바에 대해 피해자인 김무단을 보호하고, 한알바를 고용하여 이익을 얻고 있으므로 한알바에게 음식물을 배달시킨 한호프는 사용자 배상책임이 있어 김무단의 치료비를 배상해야 한다.

5. 다수당사자의 채권관계

다수당사자의 채권관계란 동일한 채권·채무관계에 대하여 수인의 채권자 또는 채무자가 존재하는 경우를 말한다.

(1) 가분채권관계

가분채권관계(분할채권관계)란 가분급여를 목적으로 하는 채권관계를 말한다. 즉, 하나의 채권관계에 있어서 채권자가 다수 있으면 각자 평등한 비율로 분할된 독립된 채권을 갖게 되고, 채무자가 다수 있으면 각자 평등한 비율로 분할된 독립된 채무를 부담하게 되는 관계이다. 따라서 가분채권관계에서는 특별한 의사표시가 없는 한 각 채권자 또는 채무자는 균등한 비율로 권리가 있고 의무를 부담한다.

(2) 불가분채권관계

불가분채권관계란 불가분급여를 목적으로 하는 채권관계를 말한다. 즉, 하나의 채권관계에 있어서 채권자 또는 채무자가 다수 있더라도 채무의 목적물이 그 성질상 또는 당사자의 의사표시에 의하여 분할할 수 없는 경우를 말한다. 따라서 불가분채권관계에 있어서는 각 채권자는 모든 채권자를 위하여 전부의 이행을 청구할 수 있고, 채무자는 모든 채권자를 위하여 각 채권자에게 전부의 이행을 부담한다.

(3) 연대채무

연대채무란 수인의 채무자가 동일내용의 급부에 대하여 각자 독립적으로 전부의 변제를 할 의무를 부담하고, 그 가운데 한 사람이 변제를 하면 다른 채무자 모두 의무를 면하게 되는 채무를 말한다. 따라서 채권자는 1인의 채무자에 대하여 전부의 이행을 청구할 수도 있고, 또한 채무자 전원에 대하여 동시에 또는 순차로 채무의 전부나 일부를 청구할 수도 있다. 다만 연대채무자의 부담부분은 당사자사이에 특약이 없는 한 균등한 것으로 추정되므로, 1인의 채무자가 변제를 한 경우에는 다른 채무자에 대하여 구상권을 행사할 수 있다.

(4) 보증채무

보증채무란 주된 채무자가 그의 채무를 이행하지 않은 경우에 이를 이행하여야 할 채무를 말한다. 보증채무는 주된 채무와 그 내용은 같지만, 그것과는 별개·독립된 채무이며(독립성), 주된 채무의 담보를 목적으로 하므로 주된 채무와 주종관계에 있고(부종성), 주된 채무가 이전하면 보증채무도 이에 따라 이전하며(수반성), 주채무자가 주된 채무를 이행하지 않는 경우에만 비로소 보증인은 보증채무를 이행한다(보충성). 이 보충성에 의하여 보증인은 최고의 항변권과 검색의 항변권을 가지며, 채무를 변제하였을 때에는 주채무자에 대하여 구상권을 행사할 수 있다.

사례연구 319 **분별의 이익과 보증채무**

B는 A에 대하여 1,000만원의 채무를 지고 있다. C는 단순한 보증인으로서, D는 연대보증인으로서 B의 채무를 각각 보증하고 있다. 이때 B가 변제하지 않을 경우에 A는 C와 D에게 어떠한 청구를 할 수 있는가? 그리고 C가 A에게 1,000만원을 지급했을 경우에 C는 누구에게 어떠한 권리를 청구할 수 있는가?

▶ 본 사례는 A와 B · C · D 사이의 다수당사자의 채권관계에 관한 것이다. 즉, C · D는 B의 채무에 대하여 공동보증관계에 있다. 단순보증의 경우에는 최고 · 검색의 항변권은 물론 분별의 이익도 갖지만, 연대보증인 경우에는 최고 · 검색의 항변권은 물론 분별의 이익도 갖지 못한다. 따라서 C는 A에 대하여 500만원의 보증채무를 부담하고, D는 연대채무자와 마찬가지로 1,000만원에 대한 보증채무를 부담한다. 구상권의 행사여부는 별도의 문제이다.

6. 채권양도와 채무인수

(1) 채권양도

채권의 양도란 채권자와 제3자간의 양도계약에 의하여 채권의 동일성을 유지하면서 타인에게 이전하는 것을 말한다. 채무자는 양도계약의 당사자가 아니다. 따라서 채권양도의 사실을 채무자나 제3자에게 대항하기 위해서는 공시방법을 갖추어야 한다. 즉, 지명채권의 양도는 채권자의 통지 또는 채무자의 승낙이 있어야 하며, 지시채권의 양도는 증권의 배서 · 교부를 필요로 한다. 다만 채권의 성질이나 당사자간의 특약 및 법률의 규정이 있는 경우에는 채권양도가 금지된다.

사례연구 320 **채권양도**

갑은 자신의 아파트를 인테리어 업자 을에게 보증금 1억원, 계약기간 2년으로 전세를 주었다. 그런데 을이 부도가 나자 병이라는 사람이 와서 물품대금 채권이 있다면서 전세보증금을 자신에게 달라고 하였고, 또 정이라는 사람은 을에게 돈을 빌려 주었으니 자신에게 전세보증금을 달라고 하는데, 누구에게 주어야 하는가?

▶ 전세보증금 반환청구권은 을이 가지고 있는 채권으로 채권자가 누구에게 있는지 정해져 있으므로 지명채권에 해당한다. 임대보증금과 같은 지명채권은 을(임차인)이 갑(임대인)에게 통지하거나 갑(임대인)이 승낙해야만 양도의 효력이 발생하고 갑(임대인) 또는 제3자에 대해서 대항력이 인정되고, 채권양도의 승낙이나 통지는 확정일자가 있는 문서로 해야 된다. 갑은 을로부터 확정일자가 있는 문서로 전세보증금 반환청구권을 누구에게 양도하였다는 통지를 받은 사람에게 주어야 한다. 양도의 의사표시가 명확하지 않은 상태에서 계약이 만료되었다면 법원에 공탁하는 방법도 있다.

(2) 채무인수

채무의 인수란 채권자와 제3자와의 계약에 의하여 채무의 동일성을 유지하면서 타인에게 이전시키는 것을 말한다. 채무인수를 무제한적으로 허용함은 채권자를 해할 염려가 있으므로 일정한 요건을 갖춘 경우에만 인정하는 것이 타당하다. 즉, 첫째, 채권자·채무자·인수인간의 3면계약에 의한 인수, 둘째, 채권자와 인수인간의 계약에 의한 경우에는 구채무자의 동의, 셋째, 채무자와 인수인간의 계약에 의한 경우에는 채권자의 승낙 등이 있어야만 유효하다고 볼 것이다.

7. 채권의 소멸

채권의 소멸이란 채권이 객관적으로 그 존재를 상실하여 이행청구를 할 수 없는 경우를 말한다. 채권의 소멸원인에는 일반적 소멸원인과 특수한 소멸원인이 있다. 특히 특수한 소멸원인은 민법상 채권소멸의 특수한 원인으로써 규정하고 있는 것을 말한다.

민법에서 규정하고 있는 채권의 소멸원인으로는 변제·대물변제·공탁·상계·경개·면제·혼동 등 7가지가 있다.

제3절 가족과 법률관계

Ⅰ. 서 설

사람의 사적 공동생활관계는 대체로 재산관계와 신분관계로 구분된다. 재산관계란 앞서 설명한 바와 같이 재화를 생산하고 소비하는 경제적 생활관계이며, 신분관계란 종족의 생식과 보존을 위한 가족적 생활관계이다. 이 가운데 재산관계를 규율하는 법을 재산법이라 하고, 신분관계를 규율하는 법을 신분법 또는 가족법이라 한다. 그리고 가족법 중에서도 혼인을 중심으로 한 부부관계와 이를 기초로 하여 전개되는 친자관계 및 가족관계와 같은 친족관계인 가족법과 이러한 친족관계에 수반되는 재산의 승계 내지 처리에 관한 상속관계인 상속법이 있다.

Ⅱ. 친족법

1. 친족법의 의의

친족법이란 혈연과 혼인으로부터 출발하는 친자관계, 부부관계 등 가족관계의 신분적 공동생활관계를 규율하는 법규를 말한다.

2. 친족관계

(1) 친족의 범위

법률상 친족의 범위는 8촌 이내의 혈족, 4촌 이내의 인척 및 배우자를 말한다(제777조). 혈족이란 혈연관계로 맺어지는 친족관계로써, 자기의 직계존속과 직계비속을 '직계혈족'이라 하고, 자기의 형제자매와 형제자매의 직계비속, 직계존속의 형제자매 및 그 형제자매의 직계비속을 '방계혈족'이라 한다. 그리고 인척이란 혼인에 의하여 맺어지는 친족관계로써 혈족의 배우자, 배우자의 혈족 및 배우자의 혈족의 배우자를 말한다. 배우자는 혼인으로 인하여 결합된 남녀, 즉 부부관계를 말한다.

사례연구 321 친족의 의의와 종류

갑남은 을녀와 결혼하여 아들 병을 낳았다. 불행히도 을녀가 사망하자 갑은 전 남편과 이혼하고 살고 있었던 정녀와 재혼하고 3년 전에 아들 막둥이를 낳았다. 전처 을이 낳은 아들과 갑의 후처인 정 사이에는 모자관계가 인정되는가?

▶ 병과 그의 아버지의 후처인 정녀와의 사이는 계모자관계이다. 계모자관계도 1990년 민법 개정 전에는 계모의 출생자와 같이 모자관계를 인정하였으나 이를 삭제하였다. 따라서 병의 아버지의 후처인 정녀와 전처의 출생자인 병 사이는 모자관계가 되지 않고 인척관계가 될 뿐이다.

(2) 친계와 촌수

친계란 친족상호 간의 혈통연락관계를 말하며, 그 간격이 먼 자는 원친, 가까운 자는 근친이라 한다. 친계에는 직계친과 방계친, 존속친과 비속친, 부계친과 모계친 및 적계친과 서계친 등이 있다.

촌수란 친족관계의 긴밀도를 나타내는 척도이며, 친족상호간의 혈통연락의 친소·원근은 촌수에 의하여 표시된다. 즉 혈족의 촌수계산은 직계혈족은 자기로부터 직계존속에 이르고 자기로부터 직계비속에 이르는 세수를 통산하여 그 촌수를 정하고, 방계혈족은 자기로부터 동원의 직계존속에 이르는 세수와 그 동원의 직계존속으로부터 그 직계비속에 이르는 세수를 통산하여 그 세수를 정한다.

인척의 촌수계산은 배우자의 혈족에 대해서는 배우자의 그 혈족에 대한 촌수에 따르고, 혈족의 배우자에 대해서는 그 혈족에 대한 촌수와 같다.

사례연구 322 촌수

갑(甲)의 아내 을(乙)은 아이를 낳지 못하였다. 그래서 갑은 동생인 병의 자식 중에 정(丁)을 양자로 입양하였다. 원래 갑과 정의 관계는 3촌인데, 입양하였을 때에는 갑과 정 사이에는 몇 촌인가?

▶ 양자는 입양한 날로부터 양부모가 혼인 중에 낳은 자식과 동일한 관계로 보고 촌수가 정해지므로, 갑과 정간에의 촌수는 3촌 관계가 아니라 1촌간이다.

(3) 가와 가족

(가) 가(家) : 사람의 가족공동생활은 횡적인 결합관계로서 가(家)제도가 있고, 종적인 결합관계로서 가족제도가 있다. 호주제하에서의 가란 호주와 가족을 구성원으로 하여 그들 사이에 인정되는 권리・의무에 의하여 법률적으로 맺어진 단체로서 호적상의 형식적 집단을 말하였다. 그러나 개정 가족법에서는 부계와 모계 모두 가족의 범위에 포함시켰으며, 배우자와 직계혈족, 형제자매는 기본이며, 생계를 같이할 경우 사위나 장인, 장모, 처남, 처제, 시동생, 시누이 등도 가족의 범위에 포함 된다(제779조). 가의 종류에는 본가와 분가, 양가와 생가, 부가와 처가, 부가와 모가 등이 있다.

(나) 가족의 범위 : 가족이란 배우자, 직계혈족 및 형제자매이며, 직계혈족의 배우자와 배우자의 직계혈족 및 배우자의 형제자매의 경우는 생계를 같이하는 경우에 한한다(민법 779조).

3. 부부관계

(1) 의 의

부부관계란 건전한 성인남녀 1:1의 혼인관계로부터 발생하는 부부간의 신분상 또는 재산상의 법률관계를 말한다. 본래 혼인은 부부로서 평생을 함께할 것을 목적으로 하는 남녀의 본능적 결합이다. 부부관계는 혼인에 의하여 발생하고 이혼에 의하여 소멸한다. 다만 약혼은 장래 부부관계를 발생시키는 혼인의 예약에 불과한 것으로서 강제이행을 청구할 수 없다.

(2) 약 혼

(가) 약혼의 성립 : 약혼은 당사자 사이의 합의로써 성립하고, 합의의 방식에는 제한이 없으며, 성년에 달한 자는 부모나 후견인의 동의 없이 자유로이 약혼할 수 있다. 그러나 만 18세가 된 사람은 부모나 미성년후견인의 동의를 받아 약혼할 수 있고, 피성년후견인은 부모나 성년후견인의 동의를 받아야 약혼할 수 있다. 이중약혼이나 근친관계에 있는 자 사이의 약혼은 무효이다.

(나) 약혼의 효과 : 약혼당사자는 서로 혼인을 성립시킬 책임이 있으며, 장래 부부공동체를 이룰 의무가 있다. 그러나 당사자의 일방이 의무를 위반하였다고 하여 강제이행을 청구할 수는 없다(제803조). 약혼당사자 사이에는

아직 친족관계도 발생하지 않으며, 약혼 중에 출생한 자는 혼인 외의 자가 된다.

(다) 약혼의 해제

① **약혼의 해제사유** : 민법 제804조는 약혼의 해제사유에 대하여 다음 8가지를 들고 있다. 즉 i) 약혼 후 자격정지 이상의 형의 선고를 받은 경우, ii) 약혼 후 성년후견개시나 한정후견개시의 심판을 받은 경우, iii) 성병·불치의 정신병 그 밖의 불치의 병질(病疾)이 있는 경우, iv) 약혼 후 다른 사람과 약혼 또는 혼인을 한 경우, v) 약혼 후 다른 사람과 간음한 경우, vi) 약혼 후 1년 이상 생사가 불명한 경우, vii) 정당한 이유없이 혼인을 거절하거나 그 시기를 늦추는 경우, viii) 그 밖의 중대한 사유가 있는 경우 등이다(제804조).

② **해제의 방법과 효과** : 약혼의 해제는 상대방에 대한 의사표시로서 한다. 그러나 상대방에 대하여 의사표시를 할 수 없는 때에는 그 해제의 원인이 있음을 안 때에 해제된 것으로 본다(제805조). 약혼이 해제된 경우에는 당사자의 일방은 과실 있는 상대방에 대하여 이로 인한 손해배상을 청구할 수 있다. 이때의 손해는 재산상의 손해는 물론 정신상의 손해(위자료)도 포함된다(제806조).

사례연구 323 **약혼의 해제사유와 효과**

한국대학교 4학년에 재학 중인 이몽룡과 황진이는 졸업과 동시에 결혼하기로 약속하고 약혼을 하였다. 약혼 후 약 3개월간에 걸친 교제를 하면서 수차의 육체관계를 맺었다. 그러나 4개월째로 접어들면서 남자의 애정에 변화가 일더니 마침내 일방적인 파혼을 통고해 오기에 이르렀다. 파혼의 이유는 첫째 가정환경이 빈약하다는 것과, 둘째 잠자리를 같이해 보니 처녀가 아니더라는 것이었다. 이에 여자는 크게 반발하여 남자를 상대로 가정법원에 혼인예약불이행으로 인한 위자료청구소송을 제기하였고, 남자는 이에 맞서 약혼예물반환청구소송을 제기하였다. 이몽룡과 황진이는 어떤 책임을 져야 하는가?

▶ 약혼이란 장차 결혼할 것을 목적으로 하는 1남 1녀 당사자 사이의 계약인데, 자신의 학력, 직업, 경력 등 혼인의사를 결정하는데 중대한 영향을 미치는 사항에 관하여 이를 상대방에게 고지할 신의성실의 의무가 있다. 그런데, 위 사례에서 이몽룡의 파혼사유 중, 첫째 가정환경이 빈약하다는 것은 헌법이 보장하는 혼인의 순결성에 비추어 부당하고, 둘째, 여자가 처녀가 아니라는 점을 들고 있으나, 그녀가 당시에 처녀가 아니었다는 확증이 없을 뿐만 아니라 수차례에 걸쳐 계속적인 육체관계를 맺어왔다는 점에서 그 정당

성을 수긍할 수 없기 때문에 이몽룡은 춘향이에게 위자료를 지급해야한다. 다만, 육체관계로 인한 처녀성 상실에 대한 대가는 각자의 의사에 의하여 각자의 위험부담 아래 스스로 행한 결과이므로 위자료에 포함될 수 없고, 약혼예물의 반환문제는 유책자에게는 그 청구권이 인정되지 않으므로 이몽룡은 약혼예물의 반환을 청구할 권리가 없고, 황진이는 약혼예물의 반환을 청구할 수 있다.

(3) 혼 인

(가) 혼인의 성립

① **실질적 성립요건 :** 혼인이 성립하기 위해서는 다음과 같은 실질적 요건을 필요로 한다. 즉 ⅰ) 당사자 간에 혼인의사의 합치가 있어야 한다. 따라서 혼인에 대한 의사의 합치가 없는 경우 또는 이른바 정혼은 무효이다. ⅱ) 혼인연령, 즉 만 18세에 달하였어야 한다(제807조). ⅲ) 미성년자가 혼인을 하는 경우에는 부모의 동의를 받아야 하며, 부모 중 한쪽이 동의권을 행사할 수 없을 때에는 다른 한쪽의 동의를 얻어야 하고, 부모가 모두 동의권을 행사할 수 없을 때에는 미성년후견인의 동의를 얻어야 한다. 그리고 피성년후견인은 부모나 성년후견인의 동의를 받아 혼인할 수 있다(제808조). ⅳ) ① 8촌 이내의 혈족(친양자의 입양 전의 혈족을 포함한다) 사이, ② 6촌 이내의 혈족의 배우자, 배우자의 6촌 이내의 혈족, 배우자의 4촌 이내의 혈족의 배우자인 인척이거나 이러한 인척이었던 자 사이, ③ 6촌 이내의 양부모계(養父母系)의 혈족이었던 자와 4촌 이내의 양부모계의 인척이었던 자 사이에서는 혼인하지 못한다(제809조). ⅴ) 중혼이 아니라야 한다(제810조). 이는 일부일처제를 혼인의 기본원리로 하고 있기 때문이다. 한편, 종전에는 부성추정의 혼란을 피하기 위하여 여자의 경우에는 재혼금지기간(혼인종료일로부터 6개월)을 두고 있었으나(제811조), 2005년 민법개정에서 삭제하였다.

사례연구 324 **혼인의 실질적 성립요건**

25세인 이몽룡과 23세인 이몽녀는 부모의 허락도 얻지 않고 간소하게 예식을 올리고 가정을 꾸미었다. 이몽룡과 이몽녀는 정당한 부부인가? 한편 세월이 흘러 이몽룡과 이몽녀는 혼인신고를 하려고 면사무소에 갔더니 담당 공무원이 동성동본이라 한다. 이몽룡은 사정을 하여 혼인신고를 마쳤다. 이

때 이몽룡과 이몽녀는의 혼인은 어떻게 되는가?

▶ 이몽룡과 이몽녀가 8촌 이내의 혈족이라면 그들의 혼인은 무효이고(제809조 제1항), 그렇지 않은 경우에는 담당공무원이 혼인신고를 수리하였다면 민법 제809조(근친혼 등의 금지)에 따른 혼인이라고 취소하지 않는 한 유효한 혼인이 된다. 또한 이몽룡과 이몽녀 사이에 이쁜이가 출생한 경우에는 누구도 취소할 수 없다(제820조).

② **형식적 성립요건 :** 혼인은 가정적 공동생활을 목적으로 하는 남녀의 법률적 결합관계를 말한다. 따라서 당사자 간에 혼인의사의 합치가 있거나 기타 실질적 요건을 갖추었다 하더라도 법률이 정하는 적법절차를 거치지 않는 한 법률상의 부부로 인정될 수 없다. 이를 법률혼주의라 한다. 즉, 혼인은 가족관계의 등록 등에 관한 법률에 정하는 바에 의하여 신고를 함으로써 그 효력이 생긴다(제812조). 만일 실질적으로 혼인생활을 영위하고 사회적·관습적으로 혼인관계에 있다고 볼 수 있는 경우에도 혼인신고가 없는 한 법률상의 혼인으로 인정되지 아니하고, 단지 사실혼관계에 불과하다.

사례연구 325 **형부와 처제 간의 혼인여부**

A는 얼마 전 교통사고로 아내를 잃고 어린 자식들과 살아가고 있다. 그러던 중 아이들을 돌보기 위하여 시골에서 미혼인 처제 B가 올라와 아이들의 뒷바라지를 하고 있다. 그런데 아이들도 처제를 잘 따르고 A 역시 처제가 죽은 아내와 꼭 닮아 좋아하고 있다. 과연 형부인 A와 처제인 B는 혼인할 수 있는가?

▶ 민법 제809조 제2항은 "6촌 이내의 양부모계의 혈족이었던 자와 4촌 이내의 양부모계의 인척이었던 자 사이에서는 혼인하지 못한다"고 규정하고 있다. 여기서 말하는 8촌 이내의 인척이란 ① 혈족의 배우자(며느리, 형수, 외숙모, 고모부, 사위, 형부 등), ② 배우자의 혈족(시부모, 시숙, 시동생, 장인, 장모, 처남, 처제 등), ③ 배우자의 혈족의 배우자(동서, 처남의 처, 남편의 자매의 배우자 등)를 말한다. 민법이 개정되기 전에는 학자들 간에 형부와 처제의 결혼에 대하여 학설이 대립되어 있었으나, 1990년 개정된 민법 제777조 제2호에서 친족의 범위를 4촌 이내의 인척으로 규정하게 됨에 따라 형부와 처제는 혼인할 수 없다는 점을 명확히 하였다.

(나) 혼인의 효력

① **일반적 효력** : 혼인은 그 직접적 · 기초적인 효과로서 당사자 간에 부부관계를 성립시킴과 동시에 제3자에 대하여도 특수한 관계를 발생시킨다. 즉, i) 혼인에 의하여 배우자로서의 신분을 취득하고 서로 상대방의 8촌 이내의 혈족 및 4촌 이내의 인척과 친족관계가 발생한다. ii) 혼인에 의하여 당사자는 동거 · 부양 · 협조의무를 진다. 다만 정당한 이유로 일시적으로 동거하지 아니하는 경우에는 서로 인용하여야 한다(제826조 제1항). 동거의 장소는 부부가 협의에 의하여 정한다(제826조 제2항). iii) 혼인에 의하여 미성년자는 성년으로 의제된다(제826조의2). 그 결과 미성년자도 친권이나 후견으로부터 벗어나 단독으로 유효한 법률행위를 할 수 있다. 그러나 성년의제의 효력은 사법상의 법률행위에 한한다.

② **재산상의 효력** : 부부간의 재산관계는 당사자 사이의 계약이나 법률의 규정에 의하여 정하여진다. 전자를 계약재산제라 하고, 후자를 법정재산제라 한다.

(i) **계약재산제** : 부부 간의 재산계약은 혼인 성립 전에 체결하고 혼인신고 시까지 등기하여야 한다. 등기가 없는 경우에는 당사자 간에는 효력이 있지만, 그 승계인이나 제3자에게는 대항할 수 없다. 또한 부부간의 재산계약은 혼인 중에는 임의로 변경할 수 없으나, 정당한 사유가 있는 때에는 법원의 허가를 얻어 변경할 수 있다. 그러나 오늘날 부부간의 재산계약은 많이 행해지지 않고 있기 때문에 거의 모든 재산관계는 법정재산제에 의한다.

(ii) **법정재산제**

㉠ **부부별산제** : 부부가 혼인 성립 전에 재산계약을 체결하지 않은 경우에는 법정재산제에 따른다. 즉, 민법은 부부별산제를 채용하여, 부부의 일방이 혼인 전부터 가지고 있던 고유재산과 혼인 중 자기명의로 취득한 재산은 각자의 특유재산으로 하고, 그 특유재산은 각자가 관리 · 사용 · 수익하도록 하고 있다(민법 제831조). 그러나 부부의 누구에게 속한 것인지 분명하지 않은 재산은 부부의 공유재산으로 추정한다.

사례연구 326 **부부별산제**

황진이는 부모로부터 건물 한 채를 상속받았고, 사업을 하고 있던 김선달과 결혼하였다. 그런데 김선달은 지금까지 하고 있던 사업을 확장하자며 황진이의 재산을 김선달의 명의로 하고 은행에서 대출까지 받자고 한다. 황진이는 부부는 일심동체라고 하지만 만약을 위해서라도 그 집은 자기가 명의로 그대로 두고 싶은데 어떻게 해야 하는가?

|▶ 혼인할 때 부모님으로부터 받은 재산이나 혼인 전에 직장생활 등으로 취득한 재산은 각자 고유의 재산이 된다. 따라서 황진이의 상속재산은 황진이 개인재산이고, 황진이 스스로 관리 · 사용 · 수익할 수 있도록 되어 있으므로 김선달의 명의로 해주지 않아도 된다.

㉡ **일상가사대리권과 채무의 연대책임** : 부부는 일상가사에 관하여는 서로 대리할 수 있으며, 일상가사에 관하여 부부의 일방이 제3자와 법률행위를 한 때에는 다른 일방은 이로 인한 채무에 대하여 연대책임이 있다(민법 제832조). 그러나 이미 제3자에 대하여 다른 일방의 책임 없음을 명시한 때에는 그러하지 아니하다. 여기서의 일상가사란 부부의 공동생활에 필요한 모든 사항을 말하는 것으로서, 예컨대 생활용품의 구입비 · 의료비 · 자녀의 교육비 · 가옥임대료 · 각종 세금과 공과금 및 가족의 오락과 여가에 관한 비용 등을 말한다.

㉢ **혼인생활비용의 부담** : 부부의 공동생활에 필요한 비용은 당사자 간에 특별한 약정이 없는 한 부부가 공동으로 부담한다.

사례연구 327 **일상가사대리권과 연대책임**

김카사의 아내 이명품은 S전자 대리점 사장 한전자로부터 12개월 할부로 냉장고를 320만원에 구입하였으나 잔대금 160만원을 지불하지 않고 있던 중 바람을 피운 김카사와 이혼하였다면, 김카사 · 이명품 · 한전자 간의 법률관계는 어떻게 되는가?

|▶ 부부의 일방이 일상가사에 관하여 제3자와 법률행위를 한 때에는 다른 일방도 연대책임이 있으므로(제832조) 김카사는 이명품의 잔대금 160만원에 대한 연대책임이 있으나, 이명품과 이혼한 상태에 있는 김카사에게도 잔대금의 지급의무가 있는가 하는 점이다. 부부간의 일상가사채무는 이혼 후에도 존속되지만, 제413조 이하에서 규정하는 보통의 연대책임관계로 변화된다. 따라서 김카사와 이명품 간의 특약 또는 연대채무를 부담하기에 이른 법률

행위로 인하여 받은 이익비율에 의하여 부담부분을 정하고 그래도 부담부분을 정할 수 없을 때에는 균등한 것으로 추정하고(제424조), 한전자는 김카사 또는 이명품에게 잔대금의 지급을 최고할 수 있고, 최고기간의 경과 후에도 잔대금을 지급하지 않는 경우에는 계약해제권을 갖는다.

(다) 혼인의 무효와 취소

① **혼인의 무효** : 혼인의 무효란 혼인이 성립할 당시부터 부부로서의 효력이 발생하지 않는 것을 말한다. 무효의 원인으로서는 i) 당사자 간에 혼인의 합의가 없는 때, ii) 당사자 간에 8촌 이내의 혈족인 경우, iii) 당사자 간에 직계인척관계가 있거나 또는 있었던 때, iv) 당사자 간 양부모계의 직계혈족 관계가 있었던 때 등이다(제815조). 혼인이 무효로 되면 당사자 사이에서 출생한 자는 혼인 외의 출생자로 되며, 혼인으로 인하여 발생한 모든 효력은 처음부터 무효가 된다. 그리고 일방에게 과실이 있는 경우에는 그에 대하여 손해배상을 청구할 수 있다.

② **혼인의 취소** : 혼인의 취소란 이미 성립한 혼인을 일정사유를 이유로 무효화시키는 것을 말한다. 취소의 원인으로서는 i) 혼인연령에 미달한 경우, ii) 부모 또는 미성년후견인의 동의를 얻지 않은 미성년자 또는 부모나 성년후견인의 동의를 얻지 않은 피성년후견인의 혼인의 경우, iii) 민법 제809조에 의한 근친혼 등의 경우, iv) 중혼인 경우, v) 혼인 당시 당사자 일방에 부부생활을 계속할 수 없는 악질 기타 중대 사유 있음을 알지 못한 경우, vi) 사기 또는 강박으로 인하여 혼인의 의사표시를 한 경우 등이다(제816조).

혼인이 취소되어도 그 효력은 소급하지 않고, 장래에 대해서만 취소의 효력이 미친다. 따라서 혼인에 의하여 출생한 자는 혼인중의 자의 신분을 상실하지 않는다. 혼인이 취소된 경우에도 일방에게 과실이 있는 경우에는 그에 대하여 손해배상을 청구할 수 있다.

사례연구 328 혼인의 취소

김황당은 한국대학교 법학과에 다니는 황진이를 짝사랑 하였고, 사귀자고 청하였으나 거절도 당했다. 더욱이 황진이는 대학 축제에서 미스한국대학교로 뽑혀 더욱더 콧대가 높아졌다. 김황당은 황진이를 모르게 혼인신고를 해버리면 황진이도 '어쩔 수 없겠지!' 하면서 몰래 혼인신고서를 작성하여 혼인신고를 해버렸다면, 동 혼인의 효력은 어떻게 되는가?

|▶ 혼인신고는 당사자 쌍방의 합치된 의사에 의해야 하고 만약 혼인의사가 없음에도 불구하고 한쪽 당사자가 한쪽 당사자 모르게 한 혼인신고는 특별한 사정이 없는 한 무효이다(대판 1978.10.31., 선고78므37). 따라서 황진이는 가정법원에 혼인무효확인소송을 제기하면 되고, 법원으로부터 무효판결을 받은 날로부터 1월 이내에 재판의 등본 및 확정증명서를 첨부하여 호적 정정을 신청해야 한다. 또한 김황당의 행위는 민법상 불법행위에 해당하므로(제750조) 재산적 손실 이외에 정신적 고통에 따른 위자료도 배상해야 한다(제751조).

(4) 이 혼

(가) 혼인의 해소와 이혼 : 혼인은 당사자의 사망, 실종선고, 이혼 등에 의하여 해소된다. 특히 이혼이란 부부의 생존 중에 당사자의 협의나 법원의 판결로서 부부관계를 인위적으로 소멸시킨다는 점에서, 당사자의 사망이나 실종선고에 의한 혼인의 자연적 해소와 다르다.

(나) 이혼의 형태

① **협의상의 이혼** : 부부는 협의에 의하여 이혼할 수 있다(민법 제834조). 협의이혼인 경우에는 그 원인여부를 묻지 않는다. 따라서 당사자 간에 이혼의사의 합치만 있으면 이혼은 성립한다. 다만 피성년후견인은 부모 또는 성년후견인의 동의를 얻어야 한다(제835조). 미성년자는 혼인에 의하여 성년으로 의제되었으므로 부모나 후견인의 동의를 얻지 않고도 이혼할 수 있다. 협의이혼은 형식적 요건으로서 가정법원의 확인을 받아 가족관계의 등록 등에 관한 법률이 정하는 바에 의하여 이혼신고를 하여야 한다.

② **재판상의 이혼** : 부부가 협의에 의하여 이혼을 할 수 없는 경우에는 당사자 일방의 청구에 의하여 재판상의 이혼을 할 수 있다. 재판상의 이혼은 반드시 법정 이혼사유가 있는 경우에만 가능하다. 우리나라 민법은 법정 이혼사유를 정하는 입법주의에는 당사자 일방에게 책임이 있는 경우에만 이혼을 청구할 수 있는 유책주의를 원칙으로 하면서 당사자 쌍방 모두에게 아무런 책임이 없어도 더 이상 혼인을 계속할 수 없는 파탄의 지경에 이르렀다면 이혼을 청구할 수 있는 파탄주의를 예외로 하고 있다.

재판상 이혼사유로는, i) 배우자의 부정행위, ii) 배우자 일방의 악의의 유기, iii) 배우자 또는 직계존속으로부터 심히 부당한 대우, iv) 자기의 직계존속이 배우자로부터 심히 부당한 대우, v) 배우자의 생사가 3년 이상 분명하지 않은 경우, vi) 기타 혼인을 계속하기 어려운 중대한 사유가 있는 경우 등이다(민법 제840조). 여기서 혼인을 계속할 수 없는 중대한 사유란 추상적·상대적인 이혼사유로서 각각의 경우마다 다를 것이므로 결국은 법원의 판단에 맡길 수밖에 없다. 재판상 이혼의 경우에도 가족관계의 등록 등에 관한 법률이 정하는 바에 따라 이혼신고를 하여야 하나, 협의이혼에서와 같은 창설적 신고가 아니고 보고적 신고에 지나지 않는다.

사례연구 329 이혼사유

김오리와 이효녀는 한국대학교 법학과 커플로 결혼까지 골인하였다. 그런데 유복자면서 외동딸이었던 이효녀는 늙은 어머니가 혼자 사는 것을 걱정하여 결혼 후에도 함께 살기로 약속하였다. 흔쾌하게 정성껏 장모를 모시겠다고 약속했던 김오리은 결혼 후 몇 년 지나 마음이 변하여 장모와 불화가 발생하고 심지어 욕까지 하며 구박하였으며, 집에도 몇 달째 들어오지 않고 생활비도 보내 주지 않고 있다. 어느 날 우연히 술집 앞에서 여종업원과 키스를 하는 장면도 목격하고 이를 다그치자 구타까지 하였다. 이에 이효녀는 이혼을 결심하였는데, 위와 같은 행위로 이혼할 수 있는가?

▶ 위 사례에서 이혼사유가 될 수 있는 것으로는 i) 장모에게 욕까지 하며 구박한 것은 '자기의 직계존속이 배우자로부터 심히 부당한 대우', ii) 김오리가 수개월 집에 들어오지 않고 생활비도 보내 주지 않은 행위는 '배우자의 악의의 유기', iii) 이효녀를 구타한 행위는 '배우자로부터 심히 부당한 대우' 내지 '기타 혼인을 할 수 없는 중대한 사유'에 해당한다. 다만, 아직까지 키스행위만으로 부정한 행위에 해당한다고 판결한 대법원의 판례는 없다. 따라서 단순히 키스한 사실만으로는 재판상의 이혼사유인 '배우자의 부정행위'가 있었다고 볼 수 없다. 다만 키스행위로 인하여 부부간에 회복할 수 없을 정도의 파탄상태에 도달하였다면 이는 '혼인을 계속할 수 없는 중대한 사유'에 해당하여 이혼이 인정될 수도 있을 것이다.

(다) 이혼의 효과

① **일반적 효과** : 이혼이 성립되면 혼인에 의하여 부부 사이에 발생한 모든 권리의무는 소멸한다. 즉, 부부관계와 친족관계는 물론 정조·동거·부양·협조의무와 같은 신분상 및 재산상의 모든 법률관계를 혼인전의 상태

로 복귀시킨다.

사례연구 330 이혼의 효력

사업하고 있던 이몽룡과 부모로부터 건물 한 채를 상속받은 춘향이는 몇 년 연예 끝에 결혼하여 단란한 가정을 꾸미고 살아왔다. 그런데 이몽룡의 사업이 실패하여 채권자들로부터 빚 독촉에 시달리자 가장이혼을 하기로 하고 이혼신고를 하였다. 그러나 이몽룡은 채무관계가 어느 정도 해소되었음에 불구하고 차일피일 재혼신고를 미루고 있는데, 춘향이는 이몽룡과 했던 이혼의 무효나 취소를 구할 수 있는가?

▶ 이혼합의가 없는 가장이혼일 경우 당연무효가 된다. 이혼의사가 있었는지에 대한 판단에 있어 과거의 판례에는 '혼인의 파탄사실 없이 동거생활을 계속하면서 통모하여 형식상으로는 협의이혼신고를 한 경우'에 무효로 판시하였으나, 최근에는 '이혼신고의 법률상의 중대성에 비추어 비록 일시적으로나마 법률상 부부관계를 해소하려는 당사자 사이의 합의신고가 된 이상 협의이혼에 다른 목적이 있었다 하더라도 양자 간에 이혼의사가 없다고는 말할 수 없고, 이러한 협의이혼은 무효로 되지 않는다'고 판시하였다.

② **자(子)에 대한 효과 :** 자(子)에 대한 공동친권은 이혼으로 인하여 단독친권으로 변경된다. 그러므로 부모가 이혼한 경우에는 친권자와 양육권자를 부모가 협의에 의하여 정하거나, 당사자의 청구에 의하여 가정법원이 이를 결정하며(민법 제837조, 제909조), 부모의 이혼으로 자의 신분에는 영향이 없다. 따라서 부자간·부모간의 친족관계는 그대로 유지되며, 혼인 중에 포태한 자는 이혼 후 출생하였어도 혼인 중의 출생자로 된다.

자를 직접 양육하지 아니하는 부모의 일방과 자는 양육권자에 대하여 면접교섭청구권을 행사할 수 있다(민법 제837조의2). 면접교섭권이란 양육권자가 아니기 때문에 현실적으로 자를 보호·양육하고 있지 않은 어버이가 그 자와 직접 서신교환 또는 접촉할 수 있는 권리를 말한다. 다만 가정법원은 자의 복리를 위하여 필요한 때에는 당사자의 청구에 의하여 면접교섭을 제한하거나 배제할 수 있다.

사례연구 331 **이혼에 있어 자(子)에 대한 효과**

김카사와 임마눌은 이혼하기로 하였다. 그들 사이에 출생한 자식은 누가 돌보아야 하며, 부(부)인 김카사가 양육하면서 친권을 행사하기로 하였다면 임마눌은 자식을 만나 볼 수 있는가?

▶ 김카사와 임마눌은 누가 자식을 양육할 것인가를 협의에 의하여 정해야 하고, 협의가 이루어지지 않을 경우에는 당사자인 김카사와 임마눌의 청구에 의해 법원이 양육할 자를 정한다(제837조). 또한 만약 부(夫), 김카사 또는 모(母), 임마눌이 양육한다고 할 때, 양육권자가 아닌 모(母) 또는 부(父)는 자식과 왕래, 숙박, 서신교환 등을 할 수 있다. 즉, 면접교섭권이 있다.

③ **재산상의 효과** : 부부가 이혼하게 되면 혼인적 생활공동체는 해체되고 이에 따라 부부가 공동으로 영위해 오던 경제생활관계도 끝나게 되며, 현행 민법은 부부의 재산은 어느 한 사람에 의하여 형성된 것이 아니라 부부의 공동노력, 즉 남편의 소득과 부인의 가사노동의 결과로 형성된 것이기 때문에 이혼 시, 이 재산에 대한 기여도에 따라 각자의 몫에 해당하는 재산의 분할을 상대방에 대하여 청구할 수 있도록 하였다(민법 제839조의2 제1항). 이를 재산분할청구권이라 한다. 재산분할의 금액은 당사자의 협의에 의하여 정하고, 협의를 할 수 없는 경우에는 당사자의 청구에 의하여 가정법원이 재산의 액수와 재산형성에 기여한 정도 등을 고려하여 구체적으로 결정한다(민법 제839조의2 제2항).

분할의 대상이 되는 재산은 혼인 후 이혼 시까지 부부가 공동으로 마련한 재산이며, 경우에 따라서는 혼인 전에 성립한 재산이라도 그에 협력한 정도에 따라 분할의 대상이 될 수 있다. 그리고 장래의 퇴직금·보험금·연금·의사와 변호사 등의 자격취득에 협조한 비용 등도 포함된다는 것이 오늘날의 경향이다. 재산분할청구권은 이혼한 날로부터 2년이 경과하면 소멸한다(민법 제839조의2 제3항).

사례연구 332 **이혼과 재산분할청구권**

한내조는 20년 동안 가정살림을 충실히 꾸리면서 내조를 한 결과, 무일푼으로 시작한 한바람은 이제 번듯한 집도 장만하고 상당한 재산을 소유하게 되었다. 그러나 남편 한바람은 얼마 전부터 젊은 여자와 놀아나더니 더 이상

한내조와는 살 수 없다면서 이혼을 요구해와 한내조가 부득이 이에 응해 주었다. 한내조는 위자료도 전혀 받지 못한 상태인데 전남편 한바람의 재산의 일부를 받을 수 있는가?

▶ 현행 민법은 본문과 같이 이혼에 즈음한 재산분할청구권을 규정하고 있으므로 한내조는 위자료 청구와 함께 재산분할도 청구할 수 있다. 즉, 재산분할제도는 위자료제도와는 별개의 문제이다. 재산분할청구는 부동산 등의 재산을 돈으로 환산하여 일정금액의 현금으로 지급청구를 할 수도 있고, 부동산에 대한 지분이전등기를 구하는 방법으로도 할 수 있으며, 재산분할청구권의 소멸시효는 2년이다.

④ **손해배상청구권** : 재판상 이혼의 경우 당사자 일방은 과실 있는 상대방에 대하여 이혼으로 인한 재산상의 손해는 물론 정신상의 손해에 대한 배상을 청구할 수 있다. 앞서 설명한 재산분할청구권과 손해배상청구권은 별개의 것이다. 따라서 이를 각각 분리하여 청구할 수도 있고, 이를 동시에 청구할 수도 있다.

(5) 사실혼관계

(가) 사실혼의 의의 : 사실혼이란 사회적으로는 정당한 부부이지만 혼인신고가 되어 있지 않기 때문에 법률상의 혼인으로 인정되지 않는 남녀의 결합관계를 말한다. 이를 내연관계 또는 준혼이라고도 한다. 사실혼관계는 법률혼주의의 부산물로서 선량한 풍속 기타 사회질서에 반하는 남녀의 결합을 보호·장려할 수는 없기 때문에 법의 목적에 비추어 일정한 한계를 짓지 않을 수 없다.

(나) 사실혼의 효과 : 일반적으로 혼인의 신분적·재산적 효과는 사실혼의 부부에게 인정하여도 무방할 것이지만, 혼인신고를 전제로 하거나 제3자에게 영향을 미치는 것은 인정될 수 없다. 즉, 동거·부양·협조 및 정조의 의무와 같은 신분상의 효과는 물론 일상가사대리권과 그 연대책임·부부간의 특유재산·공동생활비용의 부담 등 재산상의 효과는 사실혼관계에도 그대로 적용된다. 그러나 호적변동이나 친족관계의 발생, 성년의제, 상속권 등 혼인신고를 전제로 한 경우에는 사실혼관계에는 적용될 수 없다. 그리고 사실혼관계에서 출생한 자도 비적출자로 된다.

그러나 특별법에서는 사실혼부부에게도 법률상의 부부와 동일한 취급을 하고 있다. 즉, 공무원연금법, 국가공무원법, 근로기준법, 선원법 등에서는 배우자의 범위에 사실상 혼인관계에 있는 자를 포함하고 있다.

사례연구 333 **사실혼관계의 재산분할청구권**

부모형제 없이 고아로 살아 온 한바람과 이순진은 결혼신고를 하지 않은 채 3년간 동거를 하면서 열심히 노력한 결과 상가 건물 한 채의 재산도 갖게 되었다. 이순진이 임신 3개월이 되자 아이를 낳은 후 결혼할 것을 약속하였는데, 한바람이 갑자기 젊은 여자와 놀아나더니 같이 살 수 없다고 하여 할 수 없이 이혼해 주었다. 이런 경우, 이순진은 한바람의 재산 중 일부를 받을 수 있는가?

▶ 혼인은 신고를 전제로 하고 있으므로 사실혼관계는 원칙적으로 인정될 수 없다. 그러나 오늘날의 학설과 판례(서울가정법원 1994.2.25, 92 드 68329)는 사실혼관계가 해소된 경우에도 재산분할청구권을 긍정하고 있다. 그것은 사실혼을 준혼관계로 파악하여 법적 보호를 도모하는 것이 타당하다고 판단되기 때문이다. 따라서 이순진은 한바람에 대한 재산분할청구권 및 위자료청구권을 행사할 수 있다.

4. 친자관계

(1) 의 의

친자관계란 부부관계와 더불어 사람의 혈연적·친족적 공동생활 가운데에서도 가장 기본적인 신분관계로서 부모가 자를 보호·양육한다는 인륜적 자연관계를 말한다. 민법상 친자관계에는 자연적 혈연관계가 있는 친생자와 법률상 친생자관계로 의제되는 법정친자관계가 있다.

친자의 성과 본은 원칙적으로 부의 성과 본을 따르며, 혼인신고시 모의 성을 따르기로 협의 한 경우 또는 부를 알 수 없는 경우에는 모의 성과 본을 따른다. 친자관계로부터 친권·부양·상속의 효력이 생긴다.

(2) 친생자

(가) 혼인 중의 출생자 : 혼인 중의 출생자란 법률상 정당한 혼인관계에 있는 남녀 사이에서 출생한 자를 말한다. 즉, 처가 혼인 중에 부의 자를 포태하여 출생한 자이다. 그런데 민법에서는 혼인 중의 출생자에 대한 모자관계

는 당연히 인정하나, 부자관계에 대하여는 부의 자의 추정규정을 두고 있다(민법 제844조). 즉, 처가 혼인 중에 포태한 자는 부의 자로 추정하며, 혼인성립의 날로부터 200일 후 또는 혼인관계종료의 날로부터 300일 이내에 출생한 자는 혼인 중에 포태한 것으로 추정한다.

만일 혼인 중의 자로 추정된 자가 사실은 그 부의 자가 아닌 경우에는 친생부인의 소에 의하여, 혼인중의 자로 추정 받지 못하는 자에 대하여는 친생자관계부존재확인의 소로서 친생자관계를 부인할 수 있다. 종전에는 친생부인소를 제기할 수 있는 자를 남편에 한정하고 그 소송기간도 출생을 안 날로부터 1년 이내에 하도록 하였으나, 2005년 법개정에 의하여 남편은 물론 부인도 친생부인소송을 제기할 수 있고 그 사유가 있음을 안 날로부터 2년 이내에 할 수 있도록 하였다.

사례연구 334 **혼인 중 출생자의 친생추정**

김유학과 바람녀는 2016년 10월 9일 결혼하였고, 김유학은 한국에 바람녀를 두고 2017년 8월부터 2018년 7월까지 미국에서 유학을 하고 돌아 왔다. 그런데 이게 왠일인가? 아내 바람녀가 2019년 1월 20일 아들을 출산하였다. 김유학은 친생자관계부존재확인의 소를 제기하고자 하는데, 이는 가능한가?

▶ 민법 제844조 제1항은 "처가 혼인 중에 포태한 자는 부의 자로 추정한다"고 규정하고, 제2항은 "혼인이 성립한 날부터 200일 후에 출생한 자녀는 혼인 중에 임신한 것으로 추정한다."고 규정하고 있으며, 제3항은 "혼인관계가 종료된 날부터 300일 이내에 출생한 자녀는 혼인 중에 임신한 것으로 추정한다"고 규정하고 있다. 본 사례의 경우 아들은 김유학과 바람녀의 혼인성립 후 2년 3개월 만에 출생하였으나, 2018년 7월까지 김유학은 외국 유학중이어서 아들이 김유학에 의하여 포태되었다고 볼 수 없는 명백한 객관적 사정이 있는 경우라고 볼 수 있다. 따라서 김유학은 친생자관계부존재확인의 소에 의하여 아들과의 친생자관계를 부인할 수 있다.

(나) 혼인 외의 출생자 : 혼인 외의 출생자란 법률상 정당한 혼인관계가 없는 남녀 사이에서 출생한 자를 말한다. 예컨대 사실혼, 무효혼, 사통관계 등에 의하여 출생한 자와 판결에 의하여 친생자가 아님이 확정된 자를 말한다. 혼인 외의 출생자에 대하여서도 모자관계는 해산이라는 사실만으로 당연히 인정하나, 부자관계는 그 생부가 이를 인지함으로써만이 법률상 친자관계

가 발생한다. 다만 모자관계가 분명하지 않은 고아인 경우에는 모의 인지도 필요하다. 인지란 혼인 외의 자에 대하여 법률상의 부 또는 모를 정하는 제도로서, 이에는 부 또는 모의 의사에 의한 임의인지와 법원의 판결에 의한 강제인지가 있다.

사례연구 335 **사실혼 관계에서 출생한 미성년자의 양육자지정신청**

방자와 향단이는 혼인은 하였으나 혼인신고를 하지 않은 상태에서 방울이를 출산하였고, 출생신고도 하지 않은 상태에 있다. 방자와 향단이는 상호 성격 차이 및 고부간의 갈등으로 서로 합의하에 사실혼관계를 해소하려 하지만 자(자) 방울이의 양육자 문제가 협의되지 않아 분쟁이 생겼는데, 이 경우에도 가정법원에 양육자지정신청을 할 수 있는가?

▶ 판례에 따르면 "사실혼이란 당사자 사이에 혼인의 의사가 있고, 객관적으로나 사회통념상으로 가족질서적인 면에서 부부공동생활을 인정할 만한 혼인생활의 실체가 있는 경우"이다(대판 1995. 3. 28. 94므1584). 사실혼관계의 배우자 사이의 자(子)는 혼인 외의 자가 되고 부(夫)가 인지함으로써 부와의 친자관계가 성립하며, 부모의 협의로 친권(친권과 양육권을 분리하지 않는 한 친권행사자가 양육권자가 됨)을 행사할 자를 지정하고, 만약 협의를 할 수 없거나 협의가 이루어지지 않는 경우에는 부모의 청구에 의해 법원이 정하게 된다(제909조 제4항). 따라서 위 사례의 경우에는 먼저 자(子)인 방울이를 방자의 자로 인지하도록 한 후 법원에 친권행사자지정신청을 해야 한다.

(다) 준정 : 준정이란 혼인 외의 출생자가 그 생부와 생모의 혼인을 원인으로 하여 혼인 중의 자로서의 신분을 취득하는 것을 말한다. 즉, 혼인 외의 출생자라도 그 생부와 생모가 법률상 혼인을 하게 되면 그 혼인을 한 때로부터 혼인 중의 출생자로 된다. 준정에는 혼인에 의한 준정, 혼인 중의 준정, 혼인해소 후의 준정이 있다.

사례연구 336 **준 정**

이몽룡과 황진이는 서로 교제를 하던 중 이희망을 낳았는데, 이몽룡과 황진이는 사정이 여의치 않아 결혼을 미루다가 3년 후에 결혼을 하고 혼인신고를 마쳤다면 이몽룡과 황진이의 자식인 이희망의 신분은 어떻게 되는가?

▶ 이희망은 혼인 외의 출생자이지만, 이몽룡과 황진이가 혼인하게 되면

혼인 중의 출생자로서의 신분을 취득하게 되는데(제855조 제2항), 이를 준정이라 한다.

(3) 양 자(법정친자)

(가) 양자제도의 의의와 발전 : 양자제도란 자연적 혈연에 관계없이 인위적으로 법률상의 친자관계를 맺는 것을 말한다. 1989년 개정민법에서는 종래 가본위 양자제도를 근간으로 하였던 사후양자, 유언양자, 서양자, 직계비속장남자의 입양금지, 이성양자의 호주상속금지, 호주가 된 양자의 파양금지 등에 관한 규정을 폐지하고, 입양제도를 조정하는 등 양자제도에 대한 대폭적인 개정이 이루어졌으며, 1999년 민법개정에서도 약간의 개정이 있었다. 그리고 2005년 개정에서는 우리나라도 친양자제도를 도입하였다.

(나) 입양의 성립요건 : 양친자관계는 입양에 의하여 성립되는데 입양의 성립요건은 다음과 같다. 실질적 성립요건으로서, ① 당사자 사이에 입양합의가 있을 것, ② 양친은 성년자일 것, ③ 양자로 될 사람이 15세 미만인 경우에는 그를 갈음하여 법정대리인의 동의 또는 승낙이 있을 것, ④ 성년양자는 부모의 동의를 얻을 것, ⑤ 미성년양자는 부모 또는 다른 직계존속이 없으면 후견인의 동의를 얻고 후견인이 동의를 할 경우에는 가정법원의 동의를 얻을 것, ⑥ 피성년후견인이 양친이 되거나 양자가 되는 경우에는 성년후견인의 동의를 얻을 것, ⑦ 배우자 있는 자가 양자를 할 때에는 배우자와 공동으로 하여야 하고, 양자가 될 때에는 다른 일방의 동의가 있을 것, ⑧ 양자는 양친의 존속 또는 연장자가 아닐 것 등이다. 그리고 형식적 성립요건으로는 가족관계의 등록 등에 관한 법률이 정한 바에 따라 입양신고를 하여야 한다.

사례연구 337 **입양의 성립요건**

독신주의자로 살고 있는 나홀로 씨는 현재 35세인데, 성이 다른 25세의 한아름을 양자로 입양할 수 있는가?

▶ 양부모가 성년에 달하였으면, 성, 나이 또는 기혼 여부와 관계없이 갑과 을 사이에 다른 요건에 장애가 없는 한 입양이 가능하다.

(다) 입양의 효과 : 양자는 입양한 때로부터 양친과 법정친자관계가 발생하고 혼인중의 출생자와 같은 신분을 취득한다. 그리고 양부의 혈족·인척

과도 친족관계가 발생한다. 종전에는 양자와 생가 사이의 친족관계는 변하지 않았으나, 2005년 친양자제도를 도입하면서 15세 미만 입양자의 경우 친생부모 등과의 친족관계는 종료하고, 양친과의 친족관계만 갖도록 하였다. 양자는 양가에 입적하고 양친의 친권에 복종하여야 하며, 상호간에 부양의무가 발생한다. 이성양자의 경우라도 양친의 성과 본을 따르도록 하였다.

(라) 파 양 : 파양이란 양친자관계를 인위적으로 해소하는 것을 말하며, 협의상의 파양과 재판상의 파양이 있다. 즉, 당사자 사이의 파양에 대한 합의가 있거나 일정한 법정원인이 발생한 경우 법원의 판결이 있으면, 양친자관계는 소멸되고 부양·상속·친권관계도 해소된다. 재판상의 파양의 경우에는 과실 있는 상대방에 대하여 파양으로 인한 손해배상을 청구할 수 있다. 파양도 가족관계의 등록 등에 관한 법률이 정하는 바에 따라 신고하여야 한다.

(4) 친 권

(가) 친권의 의의 : 친권이란 부 또는 모가 미성년의 자에 대하여, 양자의 경우 양부모가 갖는 신분상·재산상의 보호와 감독을 내용으로 하는 권리·의무를 말한다.

(나) 친권의 행사 : 친권의 행사는 혼인 중인 때에는 부모가 공동으로 행사한다. 부모의 일방이 친권을 행사할 수 없을 때에는 다른 일방이 이를 행사하며, 부모의 의견이 일치하지 않는 때에는 당사자의 청구에 의하여 가정법원이 이를 정한다. 부모가 공동으로 친권을 행사하는 경우 부모의 일방이 공동명의로 자를 대리하거나 자의 법률행위에 동의한 때에는 다른 일방의 의사에 반하는 때에도 그 효력이 있다. 다만 상대방이 악의인 경우에는 그러하지 아니하다. 혼인 외의 자가 인지된 경우와 부모가 이혼한 경우에는 부모의 협의로 친권을 행사할 자를 정하고, 협의할 수 없거나 협의가 이루어지지 않은 때에는 당사자의 청구에 의하여 가정법원이 정한다.

(다) 친권의 내용 : 친권의 내용은 자의 신분에 관한 사항과 자의 재산에 관한 사항으로 나누어진다. 신분에 관한 사항으로서는 자를 보호하고 교양하는 권리의무, 거소지정권, 징계권, 영업허가권, 신분상 행위의 대리권과 동의권 등이 있고, 재산에 관한 사항으로서는 자의 특유재산에 대한 관리권, 자의 재산행위에 대한 대리권과 동의권 등이 있다. 그러나 친권자가 그 자와의 사이에 또는 그 친권에 따르는 수인의 자 사이에 이해상반되는 행위를 하는 경우에는 친권은 제

한을 받게되고, 법원에 그 자에 대한 특별대리인의 선임을 청구하여야 한다.

(라) 친권의 소멸과 상실 : 친권은 자의 사망이나 실종선고, 자의 혼인 및 자가 성년이 된 때에 소멸한다. 그리고 친권자의 사망, 자의 입양, 모의 재혼, 친권상실선고, 친권자의 행방불명이나 금치산선고 등에 의하여 소멸한다. 전자를 친권의 절대적 소멸이라 하고, 후자를 친권의 상대적 소멸이라고 한다. 친권이 상대적으로 소멸한 경우에는 다른 친권자 및 후견인이 이를 대신한다. 부 또는 모가 친권을 남용하거나 현저한 비행 기타 친권을 행사시킬 수 없는 중대한 사유가 있는 때에는 법원은 일정한 자의 청구에 의하여 그 친권의 상실을 선고할 수 있다. 또한 친권자가 부적당한 재산관리로 인하여 자의 재산을 위태하게 한 때에도 법원은 일정한 자의 청구에 의하여 그 법률행위의 대리권과 재산관리권의 상실을 선고할 수 있다.

사례연구 338 **친권의 상실**

한엄격은 자식 한자유가 판사가 되기 원하였고, 초등학교 때부터 성적이 조금만 떨어지면 회초리를 들었는데, 고등학교를 가면서 한자유의 성적은 바닥을 헤매게 되었다. 삶의 낙이 없어진 한엄격은 알코올 중독자가 되어 살림을 부수기도 하고 "공부도 못하는 놈은 돈이나 벌어오라!"고 하면서 심한 매질을 하였다면, 한자유는 한엄격의 말에 복종하고 순종해야 하는가?

|▶ 부모에게는 자녀에 대해 보호·교양을 하기 위하여 징계권이 있으나, 징계권의 범위가 어느 정도인지는 명확하지 않지만 한엄격이 정당한 범위를 넘어서 초등학생인 한자유를 징계하였다면 친권의 남용으로 친권상실의 사유가 될 수 있다. 특히, 알코올 중독자는 자녀를 보호·교양을 할 수 없고, 한엄격의 말에 복종하도록 하는 것은 친권의 남용으로서 친권상실의 사유가 되므로 한자유의 친족이나 검사의 청구에 의하여 갑의 을에 대한 친권상실 선고를 받게 할 수 있고, 어머니가 있으면 단독친권자가 된다.

(5) 후견과 후견감독인

(가) 후견 : 후견이란 미성년자·피성년후견인·피한정후견인을 보호·교양하고 그 사람의 행위를 대리하여 재산을 관리하는 것을 말한다. 따라서 미성년자에게 친권자가 있을 때에는 후견인이 필요없다. 후견인의 직무는 친권자의 직무와 대체로 같다. 후견인에는 최후로 친권을 행사하는 자가 유언

으로 지정하는 미성년후견인, 지정된 미성년후견인이 없는 경우에는 직권으로 또는 미성년자, 친족, 이해관계인, 검사, 지방자치단체의 장의 청구에 의하여 미성년후견인을 선임한다(제932조 제1항). 그리고 성년후견인은 가정법원이 직권으로 선임한다(제936조 제1항).

사례연구 339 후 견

부부인 한사고와 김미녀는 미성년자 한불쌍을 데리고 여름휴가를 갔다가 돌아오던 중 교통사고로 한사고와 김미녀는 사망하였고, 한사고의 재산은 상당하였다. 자식 한불쌍은 유산상속을 받았으나 누구를 의지하고 살아야 할지 막막하다. 그런데 어느 날 큰 아버지가 한불쌍을 거두겠다고 하고, 아이들의 외할머니도 후견인이 되길 원하고 있는데, 이런 경우 누가 후견인이 되는가?

▶ 부모의 사망으로 인하여 신체 및 재산상의 보호를 받을 수 없는 미성년자를 보호·교양하기 위하여 후견인을 둘 필요가 있다. 본문의 설명과 같이, 지정후견인, 법정후견인 및 선임후견인을 둘 수 있다. 위 사례에서는 법정후견인인 큰 아버지가 후견인이 된다.

(나) **후견감독인** : 미성년후견인을 지정할 수 있는 사람은 유언으로 미성년후견감독인을 지정할 수 있다(제940조의2). 미성년후견감독인이 없는 경우에 필요하다고 인정하면 직권으로 또는 미성년자, 친족, 미성년후견인, 검사, 지방자치단체의 장의 청구에 의하여 미성년후견감독인을 선임할 수 있다(제940조의3). 또한 가정법원은 필요하다고 인정하면 직권으로 또는 피성년후견인, 친족, 성년후견인, 검사, 지방자치단체의 장의 청구에 의하여 성년후견감독인을 선임할 수 있다(제940조의4). 다만, 민법 제779조에 따른 후견인의 가족은 후견감독인이 될 수 없다.

Ⅲ. 상속법

1. 재산상속

(1) 상속의 개시

재산상속은 원칙적으로 자연인의 사망에 의하여 발생한다(민법 제997조). 실종선고도 사망으로 간주되므로 실종기간이 만료되면 상속이 개시된다. 인정사망의 경우에도 사망으로 추정되므로 역시 같다. 상속개시의 시기는 피상속인이 사망한 때이며, 피상속인의 주소지에서 상속이 개시된다. 만일 피상속인의 주소지를 알 수 없는 때에는 최후의 주소지 및 거소지를 상속개시의 장소로 본다. 그리고 상속에 관한 비용은 상속재산 중에서 지급한다(민법 제998조의2).

(2) 상속순위와 법정상속분

(가) 일반적인 상속순위와 법정상속분 : 민법상 상속의 순위는 다음과 같다. 그러나 선순위의 상속인이 없는 경우에만 후순위의 상속인에게 그 효력이 있다. ① 제1순위의 상속권자는 피상속인의 직계비속이다. ② 제2순위의 상속권자는 피상속인의 직계존속이다. ③ 제3순위의 상속권자는 피상속인의 형제자매이다. ④ 제4순위의 상속권자는 피상속인의 4촌 이내의 방계혈족이다. 그러나 상속권자에 속하는 자라 하더라도 상속결격사유에 해당하는 때에는 그 지위를 박탈당한다(민법 제1004조). 위의 법정상속인 중 동순위의 상속인이 수인인 때에는 최근친을 선순위로 하고, 동친 등의 상속인이 수인인 때에는 공동상속인이 된다. 만일 법정상속인이 모두 없는 경우에는 국고에 귀속된다.

상속의 비율은 남녀의 성별, 기혼·미혼의 여부, 연령의 고하, 자연혈족·법정혈족의 여부, 혼인 중의 자·혼인 외의 자의 여부를 불문하고 1:1의 비율로 받는다. 다만, 공동상속인 중에서 피상속인으로부터 재산의 증여 또는 유증을 받은 자는 그 수증재산(受贈財産)이 자기의 상속분에 달하지 못한 때에 한하여 그 부족한 부분의 한도에서만 상속분을 받을 수 있다(민법 제1008조). 또한 1999년 법개정에서는 부모를 모신 상속인은 자기 상속분의 50%를 가산하여 상속받도록 하였다.

사례연구 340 **대습상속**

1997년 항공기 추락사건으로 인해 1,000억원대의 재산을 보유한 한부자가 사망하였다. 같은 사고로 상속권이 있는 아내를 비롯하여 아들, 며느리, 친손자, 친손녀 등 이들의 일가족은 물론 딸과 외손자, 외손녀까지 함께 사망하였다. 한부자는 4명의 형제가 있고, 딸의 배우자(사위)가 있는데, 한부자의 유산은 형제와 사위 중 누가 상속하는가?

▶ 대습상속이란 상속에 있어서 상속개시 이전에 상속인이 피상속인 보다

먼저 사망하거나 상속결격이 된 경우, 그 상속인의 손자, 손녀 등 직계비속이나 며느리, 사위 등 배우자가 이를 갈음하여 상속받는 것을 말한다. 여기에서 문제가 되는 것은 피상속인(한부자)과 그 자녀가 동시에 사망한 것으로 추정되는 경우, 대습상속을 인정할 것인가가 문제인데, 대법원에서는 "민법상 대습상속은 상속인이 될 직계비속이 상속 개시 전에 사망한 경우로 규정되어 있으나 직계비속이 상속개시와 동시에 사망한 것으로 추정되는 경우 대습상속의 범위에 포함되어야 한다"고 판시하였다. 위의 사례에서는 딸의 배우자, 즉 사위가 있으므로 사위가 결격사유가 없는 한 상속을 받게 된다.

(나) 배우자의 상속순위와 법정상속분 : 민법은 배우자의 상속순위와 법정상속분에 대하여 별도의 규정을 두고 있다. 즉, 배우자는 피상속인의 직계비속이 있는 경우에는 그와 동순위, 직계비속이 없는 경우에는 직계존속과 동순위로 공동상속인이 되고, 그 상속인이 없는 때에는 단독상속인이 된다(민법 제1003조). 그리고 배우자의 법정상속분은 직계비속 또는 직계존속과 공동으로 상속하는 때에도 그 상속분의 5할을 가산한다.

사례연구 341 상속의 순위와 법정상속분

불행녀의 남편 김구름은 2019년 2월 15일 갑자기 고혈압으로 쓰러져 의식불명 상태에 빠져 있다가 유언도 남기지 못한 채 사망하였다. 남편이 모아둔 재산은 살고있는 집을 포함하여 약 9억원 정도였다. 불행녀는 사후에 자녀들 간에 분쟁이 발생하지 않도록 상속문제를 잘 처리하고자 한다. 상속인으로서는 불행녀 자신과 출가한 딸 및 두 아들이 있다. 각각의 법정상속분은 얼마인가?

▶ 재산상속에서 피상속인이 상속분을 유언으로 지정하지 않은 경우에는 공동상속인의 상속분은 민법 제1009조의 법정상속분에 따르게 된다. 즉, 동순위의 상속인이 수인인 때에는 그 상속분은 균분으로 하며, 피상속인의 배우자의 상속분은 직계비속 또는 직계존속의 상속분에 5할을 가산하게 된다. 따라서 배우자 B의 상속분은 1/3(1.5/1.5+1+1+1)×9억=3억원이고, 자녀들의 상속분은 각각 1/4.5(1/1.5+1+1+1)×9억=2억원씩이 된다.

(다) 태아와 대습상속 : 태아는 상속순위에 관하여는 이미 출생한 것으로 본다(민법 제1000조 제3항). 그리고 상속인이 될 직계비속 또는 형제자매가 상속개시 전에 사망하거나 결격자가 된 경우에 그 직계비속이 있는 때에는 그 직

계비속이 사망하거나 결격된 자의 순위에 갈음하여 상속인이 된다(민법 제1001조). 또한 위의 경우에 상속개시 전에 사망 또는 결격된 자의 배우자는, 사망 또는 결격된 자의 직계비속과 함께 동순위로 공동상속인이 되며, 그 직계비속이 없는 때에는 단독상속인이 된다(민법 제1003조). 이를 대습상속이라 한다.

(3) 상속의 효과

상속인은 상속이 개시된 때로부터 피상속인의 재산에 관한 포괄적인 권리의무를 승계한다. 그러나 피상속인의 일신에 전속된 권리의무는 상속의 대상이 되지 않는다(민법 제1005조). 상속인이 수인인 경우 그 상속재산은 공동상속인의 공유로 되고, 공동상속인은 각자의 상속분에 따라 피상속인의 권리의무를 승계한다(민법 제1007조).

또한 분묘에 속한 1정보 이내의 금양임야와 600평 이내의 묘토인 농지, 족보와 제구의 소유권은 제사를 주재하는 자가 이를 승계한다(민법 제1008조의3). 이는 종래 호주상속인에게 당연히 승계되는 것으로 하였으나, 호주승계제도로 바뀌면서 실제로 제사를 주재하는 자에게 승계되도록 한 것이다.

(4) 상속의 포기와 한정승인

상속의 승인이란 피상속인에게 속했던 재산상의 모든 권리의무를 상속인에게 귀속시키는 효과를 선언하는 것으로서 단순승인과 한정승인이 있다. 단순승인은 피상속인의 권리의무를 무제한·무조건으로 승계하는 상속방법이고(민법 제1025조), 한정승인은 상속인이 상속으로 인하여 취득한 재산의 범위 내에서 피상속인의 채무와 유증을 변제할 것을 조건으로 승계하는 상속방법을 말한다(민법 제1028조). 그리고 상속의 포기란 상속개시에 의하여 발생한 상속의 효과를 상속개시 당시에 소급하여 소멸시키는 의사표시를 말한다(민법 제1042조).

단순승인이 되면 상속의 효력은 피상속인의 적극재산뿐만 아니라 소극재산에도 미치게 된다. 따라서 상속인은 피상속인의 채무에 대하여도 책임을 지게 되므로, 상속인이 상속채무가 상속재산을 초과할 때에는 그 사실을 안 날로부터 3개월 이내에 상속을 포기할 수 있고, 다만 그 기간은 이해관계인 또는 검사의 청구에 의하여 가정법원이 이를 연장할 수 있다.

사례연구 342 사망한 부모의 빚을 물려받지 않기 위한 방법

김불행의 부친 김선달은 사업을 하다가 실패하여 많은 채무를 지고 이를 갚지 못하여 번민하다가 얼마 전에 돌아가셨다. 부친 김선달은 많은 채무만 남겨 놓았으며 김불행의 능력으로는 도저히 김선달의 채무를 갚을 길이 없다. 과연 어떻게 하면 좋은가?

▶ 상속의 법적 효력에 의하여 상속인인 김불행은 피상속인인 김선달의 권리의무를 모두 물려받게 된다. 즉, 토지나 집과 같은 적극재산은 물론 채무나 보증채무 등 소극적 재산도 포괄적으로 상속받게 된다. 그러나 위 사례에서와 같이 적극재산보다 소극재산이 많을 경우에는 상속을 받지 않는 것이 오히려 나은 경우가 있는데, 이때 김불행이 취할 수 있는 방법으로는 상속의 포기와 상속의 한정승인이 있다. 상속포기를 하면 피상속인의 사망으로 일단 발생한 상속의 효력이 소급하여 무효가 된다. 그리고 상속의 한정승인을 하면 상속의 효력은 발생하지만 적극재산의 한도 내에서만 채무를 변제하게 된다. 이러한 상속의 포기나 한정승인은 피상속인이 사망한 날로부터 3개월 내에 법원에 신고하여야 한다.

(5) 기여분과 특별연고자에 대한 분여

(가) 기여분 : 기여분이란 공동상속인 중에 피상속인의 재산의 유지 또는 증가에 관하여 특별히 기여를 하였거나, 피상속인을 특별히 부양한 자는 법정상속분 외에도 일정액의 기여분을 별도로 더 받을 수 있는 제도를 말한다. 이는 자녀 중 특별히 부모를 부양하였거나 또는 상속재산의 형성에 특별히 공헌하였음에도 재산상속시 이를 고려하지 않는다면 형평에 어긋나기 때문이다. 기여분의 액은 공동상속인들의 협의로 정하고, 협의가 이루어지지 않은 경우에는 기여분자의 청구에 의하여 가정법원이 기여의 시기·방법 및 정도와 상속재산의 액 기타의 사정을 참작하여 결정한다(제1008조의2).

(나) 특별연고자에 대한 분여 : 지금까지는 법이 정한 일정기간 내에 재산상속권을 주장하는 자가 없을 경우 그 재산은 국가에 귀속하도록 하였다. 특히 사실혼관계에 있는 배우자는 사실상 부부로서의 공동생활을 영위하였고, 또한 피상속인의 재산형성에 협조하였음에도 불구하고 상속권을 주장하지 못하였다. 그리하여 법정상속인이 아니면서도 피상속인과 생계를 같이 하고 있던 자, 피상속인의 요양간호를 한 자, 기타 피상속인과 특별한 연고가

있던 자는 가정법원에 상속재산의 전부 또는 일부의 분여를 주장할 수 있는데, 이를 특별연고자에 대한 분여제도라 한다.

사례연구 343 상속비율과 기여분

심효자는 고등학교를 졸업하고 홀로되신 아버지 심봉사를 모시며 아버지의 사업을 10여년 간 열심히 도와드린 결과, 아버지의 재산도 꾀 많이 증가하였다. 그러나 심효자의 형인 심하나와 심두리는 대학을 졸업하고 각각 결혼하여 서울에서 직장생활을 하며 살고 있었는데, 아버지 심봉사가 갑작스럽게 교통사고를 당하여 사망하게 되자, 평소에는 연락도 없었던 형 심하나와 심두리는 아버지의 재산을 놓고 똑같이 나누어야 한다고 주장하고 있으나 아버지의 사업을 돕느라 결혼도 하지 못하고 모은 재산도 전혀 없는데, 형 심하나와 심두리와 똑같이 나눈다는 것은 불공평하다고 생각하고 있는데, 이는 타당한가?

|▶ 현행 민법은 본문에서 설명한 바와 같이 기여분제도를 두고 있는 바(제1008조의2), 심효자의 기여분의 액은 상속인들의 협의로 정하고, 상속인들 간에 기여분에 대한 협의가 되지 않거나 협의를 할 수 없는 경우에는 가정법원에 청구하여 정하도록 하였다.

2. 유언과 유류분

(1) 유 언

(가) 유언의 의의 : 유언이란 유언자의 사망과 동시에 일정한 법적 효과를 발생시킬 것을 목적으로 하는 요식의 단독행위이다. 만 17세에 달한 자는 정상적인 의사능력이 있는 한 독립하여 유언을 할 수 있다(민법 제1061조). 따라서 유언능력에 관하여는 미성년자・피성년후견인・피한정후견인에 대한 행위능력제한 규정의 적용이 배제된다.

(나) 유언의 방식과 내용 : 민법은 한편으로는 유언의 방식을 엄격히 함으로써 유언자의 진의를 보장하고, 다른 한편으로는 유언의 내용을 제한하여 법정사항에 대해서만 유언으로써의 효력을 인정하고 있다. 즉, 유언은 자필증서・녹음・공정증서・비밀증서・구수증서의 다섯 가지 방식만을 인정하고(민법 제1065조), 유언의 내용은 ① 재단법인의 설립, ② 친생부인, ③ 인지, ④ 후견인의 지정, ⑤ 상속재산의 분할방법의 지정 또는 위탁, ⑥ 상속재산 분할금지,

⑦ 유언집행자의 지정 또는 위탁, ⑧ 유증, ⑨ 신탁 등이다.

사례연구 344 유언의 방식

한부자는 욕심 많고 돈 많고 문제아인 장남 한카사와 마음씨 착하고 나이 어린 차남 한모범 등 2명의 아들을 두고 있는데, 평소 한카사와 한모범은 사이가 좋지 않았다. 한부자는 자기가 죽고 난 후 한카사가 한모범을 내쫓거나 구박할 것을 염려하여 "나의 모든 재산은 한카사에게 1/3, 한모범에게 2/3씩 상속한다"는 취지의 각서를 한 장 작성하여 보관하고 있었다. 그런데 한카사가 이 각서를 보고 "모든 재산은 집안의 대를 이을 한카사에게 상속한다"라고 고쳤고, 이 각서는 한부자가 사망한 후 발각되었다. 이 경우 각서 등의 효력은?

▶ 민법은 유언의 존재여부 및 위조·변조를 방지할 목적으로 자필증서·녹음·공정증서·비밀증서·구수증서 등 일정한 형식을 갖추도록 하고 있다. 위 사례는 '자필증서에 의한 유언'의 효력문제인데, 이 경우에는 유언의 내용이 되는 내용의 전문과 연·월·일, 주소, 성명 등을 자신이 작성하고 날인한 유언서를 말한다(제1066조). 따라서 한부자의 각서는 자필증서에 의한 유언의 요건을 충족하지 못하기 때문에 무효이다. 다만, 한부자가 요건을 충족하여 유언장을 작성하여 공증하였는데, 한카사가 이를 위조하였다면 상속결격 사유에 해당한다(제1004조).

(다) 유언의 효력과 철회 : 유언은 유언자가 사망한 때로부터 생긴다(민법 제1073조). 따라서 유언에 의하여 이익을 받는 자라도 유언자가 사망할 때까지는 아무런 권리도 취득하지 못한다. 그리고 유언자는 유언의 방식에 의하여 언제든지 자유롭게 유언의 전부 또는 일부를 철회하거나 변경할 수 있다.

(라) 유 증 : 유증이란 유언에 의한 재산의 무상증여를 말하며, 계약인 증여와는 달리 단독행위이다. 유증은 포괄적 유증과 특정유증으로 나누어진다. 전자는 상속재산의 전부 또는 일부에 관한 권리의무를 일괄하여 유증하는 경우를 말하며, 후자는 개개의 재산상의 이익을 개별적으로 특정하는 방법에 의하여 유증하는 경우를 말한다. 예컨대 상속재산의 3분의 1 또는 30%를 준다는 형태의 유언은 전자의 예이고, 특정부동산이나 토지를 준다든가 또는 자동차를 준다는 형태의 유언은 후자의 예이다. 유증의 효력발생시기는 유언과 같고, 또한 유증의 효력은 상속인과 동일한 권리의무가 있다.

(2) 유류분

(가) 유류분의 의의 : 유류분이란 상속인이 상속인으로서 법률상 그 취득이 보장되어 있는 상속재산상의 이익에 대한 일정액을 가리키며, 피상속인의 유증 또는 증여에 의하더라도 그 이익을 침해할 수 없는 것을 말한다. 따라서 상속인은 그가 갖는 유류분의 한도 내에서는 피상속인이 행한 유증 또는 증여를 일정범위 내에서 제한하고 그 부족분의 반환을 청구할 수 있다(제1115조).

(나) 유류분 권리자와 그 비율 : 유류분 권리자는 ① 피상속인의 직계비속, ② 피상속인의 배우자, ③ 피상속인의 직계존속, ④ 피상속인의 형제자매 등이다. 태아도 살아서 출생하면 유류분권리자가 된다. 그리고 유류분의 범위는 피상속인의 직계비속과 배우자는 자기의 법정상속분의 2분의 1이며, 피상속인의 직계존속과 형제자매는 자기의 법정상속분의 3분의 1이다(제1112조).

사례연구 345 **유언과 유류분**

X에게는 상속인으로서 자(子) A・B・C가 있는데, 자기의 재산 3억원 중 A에게 상속개시 4년 전 1억 5천만원을 주고, 상속개시 2년 전 내연의 처 Y에게 9천만원을 주었다. X는 B와 C에게는 그 후 증가될 재산을 주려고 하다가 사망하였는데, 남은 재산은 6천만원 뿐이었다. 이 경우 B와 C는 A 또는 Y에게 유류분에 기한 반환을 청구할 수 있는가?

▶ 이 사례에서는 우선 X가 행한 증여가 유류분권리자인 B・C의 유류분을 침해한 것인가를 살펴보아야 한다. 직계비속의 유류분권은 자기의 법정상속분의 2분의 1이다(제1112조 제1호). 따라서 직계비속이 수인인 경우에는 법정상속분의 규정에 따라 배분되기 때문에 B・C는 각각 6분의 1(1/2×1/3)의 유류분을 갖는다. 그런데 유류분액의 산정을 위해서는 B・C의 상속분 6분의 1이 피상속인의 어느 시점의 어느 범위의 재산을 대상으로 할 것인가를 확정해야 한다. 유류분은 피상속인의 상속개시에 있어서 가진 재산의 가액에 증여재산의 가액을 가산하고 채무의 전액을 공제하여 이를 산정한다(제1113조 제1항). 산입될 증여는 상속개시 전의 1년간에 행한 것에 한정된다. 다만 증여당사자 쌍방이 유류분권리자에 손해를 가할 것을 알고 증여를 한 때에는 1년 전에 한 것도 기초재산에 산입되며(제1114조), 또한 공동상속인이 상속재산 중에서 이미 증여받은 것, 즉 특별수익분에 대하여는 1년 전에 증여받은 것이라도 모두 산입의 대상이 된다(제1118조). 그러므로 위 사례에서 A가 받은 증여분은 유류분산정의 기초재산에 산입된다. 그러나 X의 Y에 대한 증여는 B・C가 X・Y 사이에 악의가 존재한다는 사실을 증명하지 못하는 한

유류분산정의 기초재산에 산입될 수 없을 것이다.

결국 B · C는 각각 2억 1천만원(기초재산액)×1/6(1/2×1/3 : 유류분의 비율) - 3천만원(B · C의 순상속액) = 5백만원을 A에게 청구할 수 있다. 따라서 A는 1천만원만 반환하면 된다. 반환청구권은 유류분권리자가 상속개시와 반환하여야 할 증여 또는 유증을 한 사실을 안 날로부터 1년, 상속이 개시된 날로부터 10년을 경과하면 시효에 의하여 소멸한다(제1117조).

제2장 상 법

제 1 절 상법총칙

Ⅰ. 상법의 개념과 구조

1. 상법의 개념

상법이란 기업을 그 규율대상으로 하는 법규의 총체를 말한다. 일반적으로 기업은 영리를 목적으로 일정한 계획 아래 계속적·반복적으로 활동하는 경제적 조직체를 말하는데, 오늘날 자본주의사회는 바로 이러한 기업활동을 중심으로 하여 발전하고 있다. 따라서 개개의 기업은 각각의 활동영역에 있어서 자본주의 경제를 이끌어가는 결정적이고도 중요한 역할을 담당하고 있다.

그런데 이러한 기업은 한편으로는 인간의 경제생활관계를 공급해주는 주체자로서의 역할을 담당하지만, 다른 한편으로는 과도한 영리를 추구함으로써 오히려 인간의 경제생활에 대한 불평등과 불합리를 초래하기도 한다. 따라서 기업과 개별경제주체 사이의 이익을 조정하기 위해서는 실정법을 통하여 기업의 조직과 활동에 관한 어느 정도의 법적 규제를 할 필요가 생기게 되었는바, 이러한 목적으로 제정된 법이 곧 상법이다.

2. 상법의 구조

우리나라의 상법전은 제1편의 총칙, 제2편의 상행위, 제3편의 회사, 제4편의 보험, 제5편의 해상, 제6편의 항공운송 등 모두 6편으로 구성되어 있다. 특히 기업의 영업활동에 있어서 보조적 수단으로서 매우 중요하게 사용되고 있는 어음·수표에 관해서는, 그것이 오늘날 기업의 영업활동에 있어서 뿐만 아니라 일반인의 거래활동에 있어서도 매우 빈번하게 활용되고 있다는 점에 기초하여 별도의 독립된 법체계로써 규정하고 있다. 따라서 어음·수표에 관한 법은 기업의 영업활동과 밀접한 관련을 가지고는 있지만, 상법과는 다른 별도의 특별법으로서 이해하여야 한다.

Ⅱ. 기업의 인적 요소

1. 상 인

(1) 상인과 당연상인의 의의

상인·당연상인이란 자기의 명의로 상행위를 하자는 자이다(제4조). 자기명의란 자기가 그 영업으로부터 발생하는 권리의무의 귀속주체가 된다는 의미이고, 상행위란 상법 제46조에서 열거한 21종의 기본적 상행위와 특별법에서 규정한 상행위를 의미한다. 그리고 기본적 상행위란 영업으로 하는 행위를 말하는 바, 이는 영리를 목적으로 동종행위를 계속적·반복적으로 하는 것을 말한다.

다만 상인은 실질적으로는 기업에 내재하여 기업활동의 원동력이 되는 자이고, 형식적으로는 기업활동의 권리의무가 귀속되는 자를 말한다. 즉, 상법의 규율대상인 기업의 주체를 말한다. 상인은 경영활동의 내용에 따라 당연상인과 의제상인으로 구별된다. 행위를 계속적·반복적으로 하는 것을 말한다.

(2) 의제상인

의제상인이란 점포 기타 유사한 설비에 의하여 상인적 방법으로 영업을 하는 자 및 상행위 이외의 영리를 목적으로 하는 민사회사를 말한다(제5조). 점포란 영업소와 같은 영업활동을 위한 공간적 장소를 의미하고, 상인적 방법이란 상호의 선정·상업장부의 작성과 같이 영업활동을 수행하는 수단적 방법을 의미한다. 의제상인은 상법상 상행위가 한정적으로 열거되어 있는 데서 오는 폐단을 방지하기 위한 것이다. 즉, 항상 새롭게 등장하는 새로운 유형의 상행위를 상법이 규율하는 범주내로 편입시킴으로써 급변하는 경제사회에 대처하기 위한 것이다.

(3) 소상인

소상인이란 상법시행규칙상의 상인개념이다. 즉, 상인은 그 기업의 규모에 따라 완전상인과 소상인으로 구분되는데, 소상인이란 자본금 1,000만원 이하의 상인으로서 회사가 아닌 자를 말한다.

사례연구 346 상인자격

방자가 다음의 행위를 하는 경우 상인이 되는가? 즉, ① 해수로써 소금을 제조하여 판매한 경우, ② 방자 자신이 구입한 나무를 가지고 책상을 제조하여 판매하는 경우, ③ 아내 향단이의 이름으로 영업허가를 받아 당구장을 경영하고 있는 경우, ④ 방자가 선달이의 이름을 빌려 상행위를 하는 경우, ⑤ 방자가 미성년자로서 법정대리인의 허락없이 영업을 하는 경우, ⑥ 회사로서 농장을 운영하는 경우

|▶ 상법 제4조에서 "자기명의로 상행위를 하는 자(상인)"라 함은 그 영업에서 생기는 권리 · 의무의 주체가 되는 사람을 뜻한다. ①의 경우는 상법 제46조 제1호의 '동산의 매매'에 해당하지 않으므로 당연상인이 될 수 없지만, 방자가 상업적 설비와 방법에 의하여 제조한 소금을 판매하는 경우에는 의제상인이 될 수 있다. ②의 경우는 매매업으로 보든 제조업으로 보든 당연상인이 된다. ③의 경우는 당구장의 영업허가를 아내 향단이의 이름으로 받았다 하더라도 실제로 영업의 주체가 방자이므로 당연상인이 된다. ④의 경우는 방자의 영업상의 명칭은 선달이라고 할 수 있으므로 명의차용인인 방자는 영업상의 명칭을 선달이로 하여 상행위를 하는 것으로 볼 수 있으므로 방자는 자기이름으로 상행위를 하는 자에 해당하여 당연상인이 된다. ⑤ 미성년자는 원칙적으로 법정대리인의 허락을 얻어 영업행위를 할 수 있지만, 법정대리인의 허락을 받지 않고 영업을 한 때에도 상인자격은 취득할 수가 있다. ⑥의 경우와 같이 원시산업 자체는 원칙적으로 상행위를 인정할 수 없지만 예외적으로 광업 등의 상행위성을 인정하고 있는데, 농장경영은 원시산업으로 기본적으로는 상행위가 되지 않아 당연상인이 될 수 없다. 다만, 방자가 회사로서 농장을 경영하기 때문에 의제상인이 된다.

2. 상업사용인

(1) 상업사용인의 의의

상업사용인이란 특정상인에 종속하여 그의 영업상의 노무에 종사하는 자를 말한다. 이는 오늘날의 기업규모가 거대화함에 따라 상인 혼자서는 영업활동을 수행할 수 없기 때문에 그의 노동력을 보충하여 영업활동을 보조해 줄 필요가 있기 때문이다. 즉, 상업사용인은 기업의 영업보조자를 말한다.

(2) 상업사용인의 종류

상업사용인에는 지배인, 부분적 포괄대리권을 가진 상업사용인 및 물건판매점포의 대리인 등이 있다. 지배인이란 영업주에 갈음하여 그 영업에 관한 재판상 및 영업상의 모든 행위를 할 수 있는 포괄적 대리권을 가진 상업사용인을 말하고(지점장 · 지사장 등), 부분적 포괄대리권을 가진 상업사용인이란 영업주의 영업에 관한 권한 중 재판 외의 영업상의 특정종류 또는 특정사항에 대한 대리권만을 가진 상업사용인을 말하며(부장 · 과장 · 계장 · 주임 등), 물건판매점포의 대리인이란 일정한 장소적 공간 내에서 물건판매에 관한 대리권을 가진 상업사용인을 말한다(부기계원 · 타이피스트 등).

사례연구 347 **가장지배인의 소송업무수행 가능여부**

X회사는 가전제품을 제조하여 대부분 할부로 판매하고 있으나 할부금 미납입과 관련하여 민사소송을 제기할 때마다 일일이 대리인을 선임하고 있어 번거롭기 때문에 채권추심과에 근무하는 법률전공 직원을 지배인으로 등재하고 민사소송을 전담하려고 하는데 이는 가능한가?

▶ 지배인이 적법한 절차에 의하여 선임된 정당한 지배인이라면 회사를 대신하여 영업상의 거래뿐만 아니라 영업에 관한 소송행위까지 할 수 있다(제11조 제1항). 그러나 위 사례와 같이 실제 지배인 지위가 없는 자를 소송행위만을 위해 지배인등기를 함으로써 지배인 자격을 가장한 후 소송행위를 하게 된다면 탈법행위가 된다(대판 1986. 1. 20. 85가단5402).

(3) 다른 기업보조자와의 관계

일반적으로 기업활동을 보조하는 자로서는 특정상인에 종속하여 그 조직 내에서 이를 보조하는 종속적 기업보조자와, 특정상인으로부터 독립하여 그 조직 외에서 이를 보조하는 독립적 기업보조자가 있다. 상법상 상업사용인은 전자에 속하며, 후자에는 대리상·중개인·위탁매매인·운송인·운송주선인·창고업자·공중접객업자 등이 있다. 특히 독립적인 기업보조자는 상인과는 별개의 독립된 상인으로서 특정상인 또는 불특정상인의 영업활동을 보조하는 자이다.

(4) 상업사용인의 부작위의무

상업사용인은 영업주의 허락없이 자기 또는 제3자의 계산으로 영업주의 영업부류에 속한 거래를 하지 못한다. 또한 상업사용인은 영업주의 허락없이 다른 회사의 무한책임사원, 이사 또는 다른 상인의 사용인이 되지 못한다(상법 제17조). 만일 상업사용인이 이에 위반하여 행위를 한 경우에는 그 행위자체는 유효하지만, 영업주는 상업사용인에 대하여 손해배상의 청구는 물론 계약해지를 할 수 있다. 또한 영업주는 상업사용인에 대하여 개입권 또는 탈취권을 행사할 수도 있다. 즉, 상업사용인이 의무위반의 거래를 자기의 계산으로 한 때에는 그것을 영업주의 계산으로 볼 수 있고, 제3자의 계산으로 한 때에는 그로 인한 이득의 양도를 청구할 수 있다. 개입권은 영업주가 그 거래를 안 날로부터 2주간을 경과하거나 거래가 있은 날로부터 1년을 경과하면 소멸한다.

사례연구 348 지배인의 부작위의무위반

가구상 김선달의 지배인 이명품은 영업주가 모르게 주로 고급식탁을 취급하는 매장을 설치하여 운영하고 있었다. 과연 김선달은 이명품의 이러한 행위에 대하여 어떠한 대응을 할 수 있는가?

▶ 이명품의 행위는 영업주 김선달의 가구판매에 타격을 주어 영업주 김선달의 이익을 해하는 거래에 속한다고 할 수 있으므로 지배인 이명품은 영업주인 가구상 김선달에 대하여 경업금지의무를 위반했다. 따라서 영업주인 김선달은 지배인 이명품에 대하여 경업금지의무의 위반을 이유로 한 손해배상청구와 계약해지권 및 개입권을 행사할 수 있다.

Ⅲ. 기업의 물적 요소

1. 상 호

상호란 상인이 영업상 자기를 표시하기 위하여 사용하는 명칭을 말한다. 상호는 영업상의 명칭이므로 영업상의 명칭이 아닌 성명이나 아호 등은 상호가 아니며, 또한 자기를 표시하는 명칭이므로 상품을 표시하기 위한 기호인 상표와도 다르다.

기업은 상호에 의하여 영업을 개별화시킬 수 있고, 기업의 대외적 신용과 명성의 기초가 되며, 기업의 독립성과 영속성을 상호에 의하여 유지할 수 있다. 상인은 일정한 경우를 제외하고는 누구든지 자신의 성명이나 기타의 명칭을 가지고 자유롭게 상호를 선정하여 사용할 수 있다(제18조). 이를 상호선정자유의 원칙이라 하고, 적법하게 선정된 상호는 상호권에 의하여 법적 보호를 받는다.

사례연구 349 상호권(1)

사업은 상호도 중요한 부분을 차지한다. 박사학위가 없는 사람이 '이박사 냉면집'이라는 상호를, 그리고 회사가 아닌 구멍가계에서 거창하게 '골목길 회사'라는 상호를 사용할 수 있는가?

▶ 상인은 자신의 상호를 선정하는데 제약이 없는데 이를 상호자유의 원칙이라 한다. 예컨대 평양에 아무런 연고가 없는 자가 '평양냉면집'이라고 하거나 버섯장사를 하면서 거창하게 '자연산버섯연구소'라는 명칭을 사용해도 된다. 그러나 회사가 아니면서 '○○회사'라는 문구를 사용할 수 없고, 세무서의 명의대여 허락을 얻지 아니하고 '세무소 직영 문구판매센타'의 상호를 사용할 수 없다.

사례연구 350 상호권(2)

장금이는 40여 년간 '서울제과'라는 상호로 음식점을 경영해 왔으며 소문난 맛집으로 통하고 있다. 그런데 최근 인근 50m 지점에 장금이의 상호와 같은 '서울제과'라는 상호를 새롬이가 등기하여 사용하고 있다. 이에 장금이가 새롬이에게 상호의 사용금지 및 등기의 말소를 요구하자, 새롬이는 반대로 장금이의 상호사용 금지를 주장하고 있다. 장금이는 새롬이가 상호를 등기하기 오래전부터 동 상호를 사용하고 있었으므로 새롬이의 등기는 무효라고 주장하고, 새롬이는 등기를 먼저 하였으므로 상호권은 자기에게 있다고 주장한다. 누구의 주장이 타당한가?

▶ 장금이는 40여 년간 사용해 온 상호에 대해 두 가지 경우에 따라 보호받을 수 있다. 첫째, 상호를 등기하지 않은 경우에는 타인이 가지는 사회적 신용을 영업에 이용하는 것과 같이 부정한 목적으로 상호를 사용하고 있음을 입증하여 간판의 철거와 동일 상호사용폐지청구를 할 수 있을 뿐만 아니라(제23조 제1항 및 제2항) 매출액 감소 등으로 인한 손해가 발생한 경우에 이를 입증하여 손해배상청구를 할 수 있다(동조 제3항). 둘째, 상호를 등기한 경우에는 손해 등의 입증책임을 지지 않아도 손해배상청구가 가능하고, 당연히 상호사용폐지를 청구할 수 있다(동조 제2항 후단). 그런데 만약 새롬이가 상호등기를 하였고, 장금이의 상호는 비록 미등기상호이더라도 장금이는 상호의 선사용권자를 입증함으로서 상호사용폐지와 손해배상청구권을 행사할 수 있다.

사례연구 351 상호의 양도

이명장은 S회사를 운영하고 있는데, 평소 동 회사의 품질과 신용을 좋게 평가해 온 동일업종의 사업가가 S회사의 상호를 사겠다고 할 경우, 이명장이 S회사를 운영하면서 상호만을 팔 수 있는가?

▶ 상호는 무형적인 재산으로서 가치가 인정되어 당사자 간의 계약에 의해 양도할 수 있고, 매수자는 상호를 등기할 필요가 있다. 다만, 상호는 영업을 폐지하거나 영업과 함께 하는 경우에 한하여 양도할 수 있으며, 만일 영업을 폐지하지 않거나 영업과 분리하여 상호만을 양도하려는 경우에는 양도할 수 없으므로 이명장은 상호를 팔 수 없다.

사례연구 352 상호의 양도와 채무변제

회사원 한의리는 친구 김차명의 부탁으로 대중음식점 허가를 내기 위해 명의만을 빌려 주었는데, 최근에 제3자인 오유통이 찾아와서 김차명이 운영하는 음식점의 납품대금을 지불하라고 요구하는데, 대금을 지불해야할 법적 의무가 있는가?

▶ 상호와 관련하여 상법 제24조에는 "자기의 성명 또는 상호를 사용하여

영업할 것을 허락한 자는 자기를 영업주로 오인하여 거래한 제3자에 대하여 그 거래로 인하여 생긴 채무에 관하여 그 타인과 연대하여 변제할 책임이 있다"고 하여 명의 대여자의 책임을 규정하고 있으므로 한의리는 김차명과 연대하여 납품대금 지불 의무가 있다. 다만, 만약 오유통이 명의대여 사실을 이미 알고 있었거나 중대한 과실로 그런 사실을 알지 못하였다면 한의리는 이를 입증하여 책임을 면할 수 있다.

2. 상업장부

상업장부란 상인이 그 영업상의 재산과 손익의 상황을 명백히 하기 위하여 상법상의 의무로 작성하는 장부를 말한다. 따라서 상인이 상법상의 의무로 작성하는 장부라도 주주명부나 총회의 회의록과 같이 재산 및 손익의 상황과 관계없는 것은 상업장부가 아니다.

기업은 상업장부의 작성에 의하여 영업성과를 평가할 수 있고, 이익배당의 기초를 제공함은 물론 과세의 표준을 설정할 수 있다. 상법상 상업장부에는 회계장부와 대차대조표가 있다. 그러나 이는 개인상인에게 해당하는 것이고 회사법상으로는 이외에도 재무제표라고 하는 여러 가지의 장부도 포함된다. 상업장부의 작성은 상법에 규정된 것을 제외하고는 일반적으로 공정·타당한 회계관행에 따른다.

3. 영업소

영업소란 상인의 영업활동의 중심이 되는 공간적 장소를 말한다. 즉, 영업활동의 본거지로서 영업에 관한 지휘가 그곳으로부터 나오고 영업활동이 그곳에서 통일되는 곳이다. 이는 자연인이 생활의 본거지로서 주소를 갖는 것과 같다.

기업은 영업소에 의하여 영업에 관한 채무를 변제할 수 있고, 민사소송법상 소송서류의 송달장소를 제공함과 동시에, 상업등기에 있어서 관할법원의 표준이 된다. 상법상 영업소에는 본점과 지점이 있다.

Ⅳ. 기업의 공시 : 상업등기

상업등기란 상법의 규정에 의하여 법정사항을 공시할 목적으로 법원의 상업등기부에 기재하는 것을 말한다. 개인상인은 지배인의 선임과 해임에 관한 사항을 제외하고는 등기의무가 없지만, 회사인 경우에는 법정등기사항을 모두 등기하여야 한다.

기업은 상업등기에 의하여 영업에 관한 중요사항을 공시함으로써 거래의 안전을 도모하고, 기업의 사회적 신용을 증대시킴과 동시에, 제3자에게 대항할 수 있는 수단을 확보하게 된다. 상법상 상업등기부에는 상호·무능력자·법정대리인·지배인·합명회사·합자회사·주식회사·유한회사·외국회사 등에 관한 9가지의 종류가 있다.

상업등기는 당사자의 신청에 의한다. 이를 당사자 신청주의라고 한다. 그리고 과거에는 등기와 공고 후가 아니면 등기의 효력을 인정받을 수 없었지만, 현재에는 등기만에 의해서도 제3자에게 대항할 수 있게 되었다. 상업등기에는 원칙적으로 공신력을 인정하지 않지만, 예외적으로 부실등기에 대해서는 선의의 제3자를 보호하기 위하여 공신력을 인정하고 있다.

사례연구 353 상업등기의 효력

A주식회사는 상호를 변경하여 B주식회사로 함과 동시에 삼룡이를 대표이사로 선임하였다. 그런데 상호 및 대표이사의 변경등기가 있기 전에 삼룡이는 B주식회사의 대표이사로서 돌쇠에게 약속어음을 발행해 주었다. 이때 돌쇠의 지위는?

▶ 위 사례에서 B주식회사로의 상호변경과 삼룡이의 대표이사 취임은 상법 제37조 제1항에 의하여 등기하여야 한다. 그러나 상법 제37조는 대항력에 관한 문제이다. 따라서 이 사례의 경우 변경사항이 등기 전이기는 하지만 돌쇠로서는 적극적으로 상호의 변경 및 삼룡이가 대표이사에 취임한 사실을 들어 A주식회사의 책임을 주장할 수 있다. 왜냐하면 실제하는 회사의 대표가 그 권한에 따라 발행한 어음에 대해서는 당연히 회사가 발행인으로서의 책임을 져야할 것이기 때문이다.

V. 기업의 이전 : 영업양도

1. 영업양도의 의의

영업양도란 양도인과 양수인의 계약에 의하여 기업의 동일성을 유지하면서 기업을 이전하여 소유와 경영에 법적 변동을 가져오는 것을 말한다. 본래 영업의 개념에는 주관적 의미의 영업과 객관적 의미의 영업이 있다. 주관적 의미의 영업이란 상인의 영업활동을 말하고, 객관적 의미의 영업이란 상인의 영업활동을 목적으로 결합된 영업재산의 전체를 말한다. 즉, 객관적으로 영업이란 동산이나 부동산과 같은 영업용재산은 물론 재산적 가치있는 사실관계가 합하여 이루어진 조직적·기능적 재산으로서의 영업재산 전부를 말한다. 영업양도에 있어서 그 대상이 되는 것은 객관적 의미의 영업을 말한다.

결국 영업양도란 기업의 동일성을 유지하면서 객관적 의미의 영업의 이전을 목적으로 하는 당사자간의 채권계약으로 볼 수 있다.

2. 영업양도의 절차와 효력

영업양도의 당사자가 개인인 경우에는 특별히 대내적 의사결정절차가 필요없다. 즉, 개인상인 스스로의 의사결정만 있으면 된다. 그러나 영업양도의 당사자가 회사인 경우에는 인적회사는 총사원의 동의를 얻어야 하고, 물적회사의 경우에는 사원총회 또는 주주총회의 특별결의를 요한다.

영업양도에 의하여 양도인은 영업재산의 이전의무와 경업피지의무를 부담하고, 양수인은 이에 대한 대가를 지급할 의무를 부담한다. 영업재산에는 영업목적을 위하여 조직화된 기능적 재산의 전부가 포함된다. 따라서 영업용재산은 물론 재산적 가치가 있는 사실관계 및 영업에 관한 인적조직을 모두 포함한다. 그리고 영업양수인이 양도인의 상호를 계속 사용하는 경우에는 원칙적으로 양도인의 영업으로 인한 제3자의 채권에 대하여 양수인도 변제할 책임이 있으며, 양도인의 상호를 계속 사용하지 않는 경우에는 변제할 책임이 없다.

사례연구 354 영업양도의 효력

X침대를 운영하고 있는 애이스는 평소 알고 지내던 '고와라 뷰티샵' 사장 한피부에게 3,000만원 상당의 매트리스 30대를 3개월 내에 갚는다는 조건으로 판매하였다. 3개월이 지난 후 한피부가 연락이 없자 고와라 뷰티샵으로 찾아 갔으나 한피부가 이미 유무지에게 양도하였다는 사실을 알게 되었고, '납품대금을 지급하라'고 하자 '나한테 판 물건도 아닌데 내가 왜 내냐!'고 야단을 치고 있다. 유무지는 고와라 뷰티샵을 인수한 후 '고와라 뷰티샵'이라는 상호를 계속 사용하고 있었기 때문에 애이스는 이를 눈치챌 수 없었는데, 애이스는 유무지에게 납품대금을 받을 수 있는가?

|▶ 양수인이 양도인의 상호를 계속 사용하는 경우, 영업상의 채권자가 영업양도사실을 알지 못하거나, 양수인이 영업상 채무의 인수가 있었다고 생각할 수 있으므로 법률상 양수인도 변제책임이 있다(제42조 제1항). 다만, 양수인이 양도인의 채무에 대해 책임 없음을 등기하거나, 양도인과 양수인이 영업양도 후 지체없이 채무인수사실이 없음을 채권자에게 통지한 경우에 그 통지를 받은 채권자에 대해서는 양수인의 변제책임이 없다(동조 제2항). 따라서, 애이스는 유무지가 영업양도 후에도 '고와라 뷰티샵'의 상호를 계속 사용하고 있었던 점과 한피부와 유무지로부터 채무인수통지가 없었던 점에 비추어 볼 때, 한피부와 유무지에게 연대하여 대금변제를 청구할 수 있다. 다만, 영업양수인이 변제의 책임이 있는 경우에는 양도인의 제3자에 대한 채무는 영업양도 또는 광고후 2년이 경과하면 소멸한다(제45조).

제 2 절 상행위

Ⅰ. 상행위의 의의와 종류

1. 상행위의 의의

기업의 구체적인 활동은 상행위를 통하여 나타나게 된다. 상행위란 실질적으로는 기업활동인 영리행위를 말하고, 형식적으로는 상법과 특별법에서 상행위로 규정되어 있는 것을 말한다.

2. 상행위의 종류

상법은 상행위를 기본적 상행위·보조적 상행위 및 준상행위 등 세 가지의 종류로 규정하고 있다. 기본적 상행위란 당연상인의 개념의 기초가 되는 상행위로서 상법 제46조에서 말하는 22종의 상행위를 말한다. 기본적 상행위는 상행위를 영업으로 하는 것이기 때문에 이를 영업적 상행위라고도 한다. 보조적 상행위란 상인의 영업을 보조하는 상행위를 말한다. 즉, 사무실의 임대·원료의 구입·자금의 차용·사원의 고용 등 기업본래의 목적활동과 관련된 행위로서 이를 부속적 상행위라고도 한다. 준상행위란 본래의 상행위는 아니지만 상행위에 관한 규정이 준용되는 행위를 말한다. 예컨대 의제상인인 설비상인이나 민사회사는 상행위 이외의 행위를 영리의 목적으로 하는 것이므로, 이에 대하여는 상행위에 관한 규정을 준용한다.

사례연구 355 상행위

홍길동은 자기회사에서 제조하는 약품의 판매를 위하여 광고대행사인 임꺽정을 통해서 문화방송에 광고를 청약하여 광고방송계약을 체결하였다. 광고방송계약은 상행위에 속하는가? 또한 대행사 임꺽정이 홍길동과 체결한 계약은 상행위라고 할 수 있는가? 그리고 만일 광고의 내용이 당초의 계약과 다른 경우에 홍길동은 문화방송에 대하여 직접 그 시정을 요구할 수 있는가? 반대로 문화방송은 홍길동에 대하여 직접 광고료를 청구할 수 있는가?

▶ 광고방송을 하는 행위는 상법 제46조 제7호에 의하여 상행위에 속한다. 또한 임꺽정은 홍길동과 문화방송 사이의 방송계약을 중개하여 성립시킬 수도 있으나, 일반적으로는 임꺽정이 홍길동으로부터 광고방송의 주선을 위탁받고 임꺽정 명의로 방송계약을 체결하게 된다. 만일 임꺽정이 중개를 하였다면 중개의 인수가 되고, 주선을 하였다면 주선의 인수가 되므로 어떠한 경우이든 임꺽정의 행위는 상행위가 된다. 한편 임꺽정이 홍길동 회사로부터 위탁을 받고 자기명의로 방송계약을 체결하였다면 홍길동과 문화방송 사이에는 직접적인 법률관계가 존재하지 않고, 홍길동 회사는 임꺽정에 대하여 문화방송에 이의를 할 것을 요구할 수 있을 뿐이다. 그리고 문화방송은 임꺽정으로부터 홍길동 회사에 대한 채권을 양수한 경우가 아니면 직접 광고료를 청구할 수도 없다.

Ⅱ. 상행위법의 내용

1. 상행위법의 의의

본래 상행위는 민법상의 법률행위와 그 성질이 같다. 따라서 상행위에 관해서는 원칙적으로 민법상의 법률행위에 관한 규정을 준용하도록 하고 있다. 그런데 상행위는 민법상의 법률행위에 대하여 영리성·신속성·집단성 및 정형성 등을 그 특징으로 하고 있기 때문에, 민법상의 법률행위에 관한 규정을 상행위에 그대로 적용할 수 없는 한계를 가지고 있다. 그리하여 상법은 상행위를 특별히 규율하기 위하여 민법의 법률행위에 대한 여러 가지 특칙적 규정을 두고 있는 바, 이를 상행위법이라 한다.

2. 총칙적 규정

(1) 상행위 일반에 관한 특칙

상법은 민법에 대한 특칙규정으로서 민법상 10년의 소멸시효기간을 5년으로 하였고(제64조), 민법상 연 5분의 법정이율을 연 6분으로 하였으며(제54조), 민법상의 분할채무관계를 연대채무관계로 하였다. 또한 민법상 유치권의 견련성(牽聯性)을 상법에서는 요구하지 않았고, 민법상 유질계약이 금지되는 것을 상법에서는 허용하고 있으며(제59조), 민법상 대리의 방식은 현명주의임에 반하여 상사대리는 비현명주의를 채택하고 있다. 그리고 상거래의 신속·안전과 매도인의 보호를 위해 매도인에게 공탁권과 경매권을 인정함과 동시에, 매수인에게는 목적물에 대한 하자검사통지의무를 부과하고 있다.

사례연구 356 상사채권의 인적담보 강화

시계 제조업자 A는 2년 전 사채업자 B에게 3,000만원을 차용하면서 부친 C를 공동채무자로 하고, 친구인 D와 E를 보증인으로 하였다. 사업은 경기침체로 폐업을 하게 되었고 사채업체 B는 유독 E에게만 대여금 전액을 변제하라고 요구하고 있는데 어떻게 되는가?

▶ 다수채무자가 있을 경우 민법에서는 각 채무자가 균등하게 책임을 지는 분할책임이 원칙이고(제408조), 최고·검색의 항변권도 인정된다. 그러나

상법에서는 수인이 그 1인 또는 전원에게 상행위가 되는 행위로 인하여 채무를 부담한 때에는 연대하여 변제할 책임이 있고(제57조 제1항), 보증인이 있는 경우에 그 보증이 상행위이거나 주채무가 상행위로 인한 것인 때에는 주채무자와 보증인은 연대하여 변제할 책임이 있으며(제57조 제2항), 최고 · 검색의 항변권도 인정되지 않는다. 따라서 E는 보증인으로 주채무자와 연대하여 채무 전액에 대하여 변제책임을 부담한다.

사례연구 357 매도인의 공탁권과 경매권

서울특별시에 사는 전자계산기 제조업자 김선달은 매매계약에 따라 부산에 있는 사무용품 판매업자인 허생에게 탁상용 계산기 100개를 공급하였다. 그러나 허생은 이것이 구형이라는 부당한 이유로 그 수령을 거절하고 있는데 김선달은 어떻게 하여야 하는가?

▶ 위 사례에서 허생은 김선달이 정당하게 제공한 물건의 수령을 거절하므로 허생은 채권자 지체가 된다(민법 제400조). 그리고 김선달과 허생은 상인이므로 김선달은 상법 제67조에 의하여 공탁권과 경매권을 행사할 수 있다. 경매의 경우 김선달은 특별한 사정이 없는 한 매수인에게 상당한 기한을 정하여 최고하여야 한다.

(2) 상호계산

상호계산이란 상인간 또는 상인과 비상인간에 상시 거래관계가 있는 경우, 일정기간 동안의 거래로 인한 채권 · 채무의 총액에 관하여 상계하고 그 잔액을 지급할 것을 약정하는 계약을 말한다(제72조). 상호계산계약이 성립되면 그 기간 동안 발생한 채권은 그 행사가 정지되어 지급이 유예되므로 개별적인 이행청구나 양도 등의 권리를 행사할 수 없다.

상호계산은 기업활동의 결제를 간편하게 하고, 기업활동을 신속하게 하기 위하여 안출된 제도로서, 은행의 당좌예금이나 운송업자 상호간 또는 보험업자와 그 대리점 사이에서 종종 이용되고 있다.

사례연구 358 상호계산

상인 허생은 대리상 김선달와 상호간의 채권 · 채무를 3개월마다 상계하고 그 잔액을 지급하기로 하였다. 그런데 김선달이 허생을 위하여 큰 거래를 성립시킨 후 휴가를 떠나려고 그 거래에 대한 보수를 청구하고 있는데 허생은 이를 지급하여야 하는가? 또한 대리상 김선달의 채권자인 한만석는 허생에 대한 보수채권을 강제집행에 의하여 압류하고 그 인도를 청구할 수 있는가?

▶ 위 사례에서 허생과 김선달 사이에는 상호계산계약이 체결되어 있으므로 보수채권은 상호계산에 편입되어 그 독립성을 상실하게 된다. 따라서 그 거래에 대한 보수를 별도로 청구할 수는 없고, 상호계산기간이 경과한 후에 확정된 잔액에 대하여 청구권이 있을 뿐이다. 또한 상호계산에 계입된 보수채권은 그 독립성이 상실되었으므로 대리상 김선달의 채권자 한만석은 상인 허생에 대한 보수청구권을 압류할 수 없고, 다만 장래의 잔액채권에 대한 압류가 가능할 뿐이다.

(3) 익명조합

익명조합이란 당사자의 일방(익명조합원)이 상대방의 영업을 위하여 출자를 하고, 상대방(영업주)은 그 영업으로 인하여 발생한 이익을 분배할 것을 약정하는 계약을 말한다(제78조).

익명조합은 경제적으로는 익명조합원과 영업주의 공동기업형태이지만 법률상으로는 영업주의 단독기업이라는 점에서, 조합원간의 공동기업인 민법상의 조합과 다르다. 또한 익명조합은 계약관계라는 점에서 법인인 합자회사와도 다르다.

(4) 합자조합

합자조합은 조합의 업무집행자로서 조합의 채무에 대하여 무한책임을 지는 조합원과 출자가액을 한도로 하여 유한책임을 지는 조합원이 상호출자하여 공동사업을 경영할 것을 약정하는 계약을 말한다(제86조의2) .

합자조합의 설립을 위한 조합계약에는 다음 사항을 적고 총조합원이 기명날인하거나 서명하여야 한다. 즉, 조합계약에는 목적, 명칭, 업무집행조합원의 성명 또는 상호, 주소 및 주민등록번호, 유한책임조합원의 성명 또는 상호, 주소 및 주민등록번호, 주된 영업소의 소재지, 조합원의 출자(出資)에 관한 사항, 조합원에 대한 손익분배에 관한 사항, 유한책임조합원의 지분(持分)의 양도에 관한 사항, 둘 이상의 업무집행조합원이 공동으로 합자조합의 업무를 집행하거나 대리할 것을 정한 경우에는 그 규정, 업무집행조합원 중 일부 업무집행조합원만 합자조합의 업무를 집행하거나 대리할 것을 정한 경우에는 그 규정, 조합의 해산 시 잔여재산 분배에 관한 사항, 조합의 존속기간이나 그 밖의 해산사유에 관한 사항, 조합계약의 효력 발생일 등을 적어야 한다(제86조의3).

3. 각칙적 규정

(1) 대리상

대리상이란 일정한 상인을 위하여 상업사용인이 아니면서 상시 그 영업부류에 속하는 거래의 대리 또는 중개를 영업으로 하는 자를 말한다(제87조). 이 가운데 거래의 대리를 하는 자를 체약대리상이라 하고, 거래의 중개를 하는 자를 중개대리상이라 한다.

(2) 중개업

중개란 타인간의 법률행위의 성립을 위하여 노력하는 사실행위를 말하고, 중개업이란 타인간의 상행위를 중개하는 영업을 말하며, 이러한 영업을 하는 자를 중개인이라 한다(제93조).

상법상의 중개인은 상행위의 중개를 하는 자이므로, 직업알선·혼인중매 등 상행위가 아닌 것을 중개하는 이른바 민사중개인은 상법상의 중개인이 아니다. 다만 이들이 그러한 행위를 영업으로 하게 되면 상인으로 되지만, 그렇다고 하여 상법상의 중개인이 되는 것은 역시 아니다. 따라서 이러한 행위에는 상행위 총칙의 규정이 적용될 것이다.

(3) 위탁매매업

위탁매매업이란 자기명의로써 타인의 계산으로 물건 또는 유가증권의 매매를 영업으로 하는 것을 말하고, 이러한 행위를 영업으로 하는 자를 위탁매매인이라 한다(제101조).

위탁매매인은 자기명의로 영업을 하는 것이므로 제3자에 대한 관계에 있어서는 자기가 권리의무의 주체가 되고, 위탁자와 제3자간에는 직접적인 아무런 법률관계가 생기지 않는다. 다만 타인의 계산으로 하는 것이므로 위탁매매인이 인수한 거래로부터 발생하는 이익은 모두 위탁자에게 돌아간다.

사례연구 359 **위탁매매와 제3자의 관계**

상인 김미술은 채무의 변제를 위하여 자기의 사유재산에 속하는 명화(名畵)의 매도를 위탁매매인인 골동품상 이위탁에게 위탁하였다. 그러자 이위탁는 이를 1,000만원에 한수집에게 매도하였는데 이 경우 김미술은 한수집에 대하여 그 대금의 지급을 청구할 수 있는가?

▶ 위탁매매는 일종의 간접대리이므로 위탁자와 위탁매매인 사이의 내부관계와 위탁매매인과 제3자 사이의 외부관계가 존재하게 된다. 위탁자와 위탁매매인 사이에는 위탁관계가 성립하지만, 위탁자와 제3자 사이에는 아무런 법률관계가 존재하지 않는다. 그러므로 위 사례의 경우 김미술은 한수집에게 자기의 명화대금 100만원에 대하여 계약이나 법률에 의한 청구권이 없다. 왜냐하면 한수집의 계약상대방은 위탁매매인으로서 자기의 명의로 김미술의 계산으로 그 명화를 매도한 이위탁이기 때문이다. 따라서 위탁자인 김미술은 이위탁에 대하여 한수집로부터 받은 매매대금의 인도를 청구하여야 한다. 만일 김미술이 한수집에게 매매대금의 지급을 직접 청구하려면 위탁매매인인 이위탁로부터 이위탁의 한수집에 대한 청구권을 양도받았어야 한다.

(4) 운송주선업

운송주선업이란 자기명의로 물건운송의 주선을 영업으로 하는 것을 말하고, 이러한 행위를 영업으로 하는 자를 운송주선인이라 한다(제114조).

운송주선인은 자기명의로 법률행위의 주선을 영업으로 하는 점에서는 위탁매매인과 같으나, 다만 주선의 목적이 물건 또는 유가증권이 아니고 물건운송인 점에서 다르다.

(5) 운송업

운송업이란 육상 또는 호천·항만에서 물건 또는 여객의 운송을 영업으로 하는 것을 말하고, 이러한 행위를 영업으로 하는 자를 운송인이라 하며(제125조), 여기서의 운송업이란 주로 육상운송만을 의미한다.

사례연구 360 **여객의 수하물에 대한 운송회사의 책임**

김선달은 한대리에게 가격 3,000만원의 자동차 5대를 매도하고 수하인을 이차주로 하여 대한운수회사에게 울산부터 서울까지 운송일을 2019년 2월 5일로 약정하였다. 운송도중 대한운수회사의 운전사의 과실로 교통사고가 발생하여 당초 약속한 운송일을 일주일 지나서야 이차주에게 자동차를 인도하게 되었다. 이 경우 한대리는 대한운송회사에게 어떠한 권리를 행사할 수 있는가?

|▶ 여객운송인은 여객으로부터 인도받은 수하물에 관하여는 운임을 받지 아니한 경우에도 물건운송인과 동일한 책임이 있고(제149조 제1항), 물건운송인은 자기 또는 운송주선인이나 사용인, 그 밖에 운송을 위하여 사용한 자가 운송물의 수령, 인도, 보관 및 운송에 관하여 주의를 게을리하지 아니하였음을 증명하지 아니하면 운송물의 멸실, 훼손 또는 연착으로 인한 손해를 배상할 책임이 있다(제135조). 따라서 대한운송회사의 운송인이 운송에 관한 의무를 게을리 하여 운송물이 뒤늦게 도착하였는 바, 이차주는 대한운송회사에 대해 상법 제135조에 따른 채무불이행에 따른 손해배상청구 내지 민법 제756조에 따른 사용자배상책임을 주장할 수 있다.

(6) 공중접객업

공중접객업이란 극장, 여관, 음식점, 그 밖의 공중이 이용하는 시설에 의한 거래를 영업으로 하는 것을 말하고, 이러한 행위를 영업으로 하는 자를 공중접객업자라고 한다(제151조).

공중접객업은 일반공중을 상대로 하여 다수인을 그가 제공한 장소에 집합시켜 일정한 설비를 이용하는 것이기 때문에, 객의 소지품에 대한 안전을 위하여 상법은 공중접객업자의 임치책임에 대하여 엄격한 규정을 두고 있다.

사례연구 361 **공중접객업자의 보관물 분실 책임**

공중목욕탕을 경영하고 있는 김중배는 손님 심순애의 가방을 보관하던 중 분실하였는데, '그 가방 속에는 현금 300만원과 1,000만원짜리 로렉스 시계가 들어 있었다'고 주장하면서 배상을 요구하고 있다. 김중배은 심순애로부터 가방 속에 무엇이 들어 있는지에 대해 듣지 못하였는데 이를 배상해야 하는가?

|▶ 공중접객업자는 자기 또는 그 사용인이 고객으로부터 임치(任置)받은 물건의 보관에 관하여 주의를 게을리하지 아니하였음을 증명하지 아니하면 그 물건의 멸실 또는 훼손으로 인한 손해를 배상할 책임이 있다. 또한 공중접객업자는 고객으로부터 임치받지 아니한 경우에도 그 시설 내에 휴대한 물건이 자기 또는 그 사용인의 과실로 인하여 멸실 또는 훼손되었을 때에는 그 손해를 배상할 책임이 있다. 그리고 고객의 휴대물에 대하여 책임이 없음을 알린 경우에도 공중접객업자는 책임을 면하지 못한다(제152조). 다만, 화

> 폐, 유가증권, 그 밖의 고가물(高價物)에 대하여는 고객이 그 종류와 가액(價額)을 명시하여 임치하지 아니하면 공중접객업자는 그 물건의 멸실 또는 훼손으로 인한 손해를 배상할 책임이 없다(제153조).

(7) 창고업

창고업이란 타인을 위하여 물건을 창고에 보관함을 영업으로 하는 것을 말하고, 이러한 행위를 영업으로 하는 자를 창고업자라 한다(제155조). 여기서 창고란 물건보관에 적합한 시설이면 족하고, 반드시 가옥임을 필요로 하지 않는다.

제3절 회 사

Ⅰ. 회사의 의의

회사란 상행위나 그 밖의 영리를 목적으로 하여 설립한 법인을 말한다(제169조). 즉, 회사는 경제적으로나 사회적 작용에 있어서 자본과 노동력의 결합, 위험의 분산 내지는 경감, 기업의 유지라고 하는 중요한 기능을 수행하는 공동기업형태이다.

상법상 회사는 영리성, 사단성 및 법인성의 3요소를 갖는데, 영리성이란 회사가 기업활동에 의하여 이익을 얻는다는 것과 그 이익을 구성원인 사원에게 분배한다는 것을 말하고, 사단성이란 공동의 목적을 갖는 복수인의 결합체를 말하며, 법인성이란 회사자신이 권리의무의 주체가 되고, 소송당사자가 되며, 또한 회사의 재산과 그 구성원인 사원의 재산과는 엄격히 구별되는 것을 말한다.

사례연구 362 **법인격 부인의 법리**

> 아모래회사와 퍼시픽회사는 형식적으로는 별개의 독립된 회사인데, 아모래회사는 퍼시픽회사가 이 회사에 선박을 편의치적(便宜置籍)시켜 운영할 목적으로 설립한 형식상의 회사(Paper Company)에 불과하고 선박의 실질적 소유

자는 퍼시픽회사이다. 이 선박이 행복운송회사에 대하여 선박수리채무를 지급하지 않자 행복운송회사가 선박의 가압류를 신청하였는데, 아모래회사는 선박의 소유권을 주장하여 가압류의 불허를 요구하고 있다. 아모래회사의 요구는 정당한가?

▶ 이 선박의 실제소유자는 퍼시픽회사이므로 아모래회사가 선박의 소유권에 기하여 가압류집행의 불허를 구하는 것은 편의치적(便宜置籍)이라는 편법행위가 용인되는 한계를 넘어서 선박수리비채무를 면탈하려는 불법목적을 달성하려고 한데 지나지 않으므로 신의칙상 허용될 수 없다(대판 1989. 9. 12. 89다카678).

Ⅱ. 회사의 설립과 소멸

1. 회사의 설립

(1) 회사설립의 의의

회사의 설립이란 회사라는 법인격을 창설하는 것, 즉 회사라는 하나의 단체를 형성하여 그것이 법률상의 인격자로서 존재하기에 이르는 절차를 말한다. 우리 나라에서는 회사설립에 필요한 일정요건을 법률에서 정해놓고, 이 요건이 구비되면 법률상의 인격을 취득하여 회사가 설립되는 준칙주의를 채택하고 있다.

(2) 회사의 종류

상법상 회사에는 사원의 책임의 태양에 따라 합명회사·합자회사·주식회사·유한회사·유한책임회사 등 5종류가 있다(제170조). 이는 사원의 책임의 태양에 따라 분류한 것으로서, 우리나라에서는 회사법정주의에 따라 이 다섯 가지 회사 이외에는 인정되지 않고 있으며, 가장 중요한 회사형태는 주식회사이다.

2. 회사의 합병과 조직변경

회사기업은 경영의 합리화, 사업의 확장, 경쟁력의 확보 등 그 운영상의 필요에 따라 상호 결합하기도 하고, 때로는 다른 형태의 회사로 탈바꿈하기도 한다. 이러한 현상을 회사의 합병 또는 조직변경이라 한다.

합병이란 서로 독립하는 2개 이상의 회사가 경제적·법률적으로 그 독립성을 잃고 결합하여 청산절차를 거치지 않은 채 하나의 단일회사로 되는 기업결합의 형태를 말한다. 합병에는 흡수합병과 신설합병 등 두 가지 형태가 있다.

조직변경이란 회사가 그 인격의 동일성을 유지하면서 법률상의 조직을 변경하여 다른 종류의 회사로 되는 것을 말한다. 이는 기존회사를 해산하고 다른 종류의 회사를 신설하는 경우의 번잡을 피할 수 있으며, 아울러 법인격의 동일성으로 인한 기업의 유지를 도모할 수 있다는 장점이 있다.

3. 회사의 해산과 청산

회사기업은 전사원의 동의·존속기간의 만료·합병·파산·해산명령이나 해산판결 등 일정한 사유가 발생하면 회사로서의 생명을 마감하고 그 이전의 상태로 환원하게 된다. 이러한 절차를 회사의 해산과 청산이라 한다.

해산이란 회사의 법인격을 소멸시키는 원인인 법률사실을 말한다. 그러나 해산에 의하여 회사의 법인격이 곧 소멸되는 것은 아니고 기존의 회사와 관련된 법률관계가 종료될 때까지는 존속하게 되는데, 이 법률관계의 종결절차를 청산이라고 한다. 회사는 해산된 후에도 청산의 목적범위 내에서 존속하는 것으로 본다(제245조). 결국 회사는 해산원인이 발생하고 청산절차에 의한 청산사무를 종결한 때에 비로소 소멸하게 된다.

사례연구 363 설립 중의 회사

김광물은 자신의 광업권을 효과적으로 활용하기 위하여 대학동창생 6명과 함께 주식회사를 설립하기로 하였다. 그리하여 정관을 작성하고 각각의 약정에 따라 주식을 인수하고 기타 설립에 필요한 제반절차를 완료하여 한국광업주식회사를 설립하였다. 이른바 설립중의 회사란 무엇이며 또한 그 성질은 무엇인가? 그리고 김광물의 광업권을 한국광업주식회사의 것으로 하기 위해서는 어떻게 하여야 하는가?

▶ 설립 중의 회사란 설립등기에 의한 회사성립 이전에 정관의 작성과 발기인에 의한 1주 이상의 주식인수에 의하여 창립되는 설립과정 중에 있는 회사의 전신으로서 어느 정도 회사로서의 실체를 구비한 미완성의 단체를 말한다. 설립중의 회사의 법적 성질은 권리능력 없는 사단이다. 그리고 김광물

의 광업권을 한국광업주식회사의 것으로 하기 위해서는 상법 제290조에 의하여 현물출자 또는 재산인수의 절차에 의하여야 한다. 이러한 절차는 정관에 일정한 사항을 기재하고 검사인의 검사를 받는 등 상법상의 절차를 거쳐야 한다.

Ⅲ. 주식회사

1. 주식회사의 의의

주식회사란 주주의 출자로써 구성되는 자본을 주식으로 균일하게 분할하고, 사원인 주주는 그가 가진 주식의 인수가액을 한도로 회사에 대하여 출자의무를 부담할 뿐이며, 회사채권자에 대하여는 직접 아무런 책임을 부담하지 않는 회사형태를 말한다. 주식회사는 오로지 주주가 자본적으로만 결합되는 자본단체이고, 주주는 사원으로서의 개성을 거의 상실하고 있다는 점에서 물적회사의 대표적인 것이다.

2. 주식회사의 특색

주식회사의 가장 기본적인 특질은 자본과 주식 및 사원의 유한책임성 등에 있다.

(1) 자 본

자본이란 주주의 출자에 의하여 이루어지는 일정한 금액으로서 회사재산을 확보하기 위한 기준이 된다. 주식회사의 자본은 원칙적으로 발행주식의 액면총액으로 이루어진다. 이러한 주식회사의 자본은 회사채권자에 대한 유일한 담보이며 회사신용의 기초가 되므로, 상법은 자본확정의 원칙 · 자본유지의 원칙 및 자본감소제한의 원칙이라는 3대 원칙을 정하여 놓고 이에 따르도록 하고 있다.

상법은 수권자본제를 채택하여 설립할 당시에는 회사가 발행할 주식의 총수 중 4분의 1만 발행하면 되고, 나머지는 회사성립 후 이사회의 결의에 따라 발행하도록 하고 있다. 상법상 자본의 증가방법에는 신주발행과 사채발행이 있다.

(2) 주 식

주식이란 자본을 구성하는 기초단위로서의 금액을 의미하기도 하고, 주주가 회사에 대하여 갖는 권리의무, 즉 주주권의 단위를 의미하기도 한다. 여기서 주식의 의미가 주주권의 단위로서의 개념인 경우에는 반드시 주권이라고 하는 유가증권으로 화체(化體)되어야 한다. 즉, 주주의 지위는 주권이라고 하는 유가증권에 의하여 자유로이 타인에게 이전할 수 있게 된다. 이를 주식의 양도라 한다. 주식소유자를 주주라 하는데, 주주는 그 소유주식에 비례하여 회사에 대한 권리와 의무를 갖는다. 이를 주주평등의 원칙이라 한다.

회사는 정관으로 정한 경우에는 주식의 전부를 무액면주식으로 발행할 수 있지만, 무액면주식을 발행하는 경우에는 액면주식을 발행할 수 없으며, 1주의 금액은 100원 이상이어야 하고, 주식은 금액으로 표시되어야 하며, 주식의 금액은 균일하여야 한다(제329조).

사례연구 364 **주주평등의 원칙**

원영주식회사의 정기주주총회에서는 '대주주에게는 소수주주보다 저율로 배당한다'는 내용의 결의를 하였다. 과연 원영주식회사의 주주총회의 결의는 주주평등의 원칙에 위배되지 않는가?

▶ 회사가 한 가지 종류의 주식만을 발행하든 수종의 주식을 발행하든 동종주식 사이에는 주주평등의 원칙에 의하여 이익배당률은 동일하여야 한다. 즉, 차등배당은 인정되지 않는다. 다만, 차등배당은 그로 인하여 불리한 취급을 받게 되는 주주전원의 동의가 있는 경우에만 가능하다고 할 것이다. 따라서 총주주의 동의에 의한 주주총회의 결의가 아닌 한 기타의 다수결에 의한 차등배당의 결의는 무효라고 할 것이다.

(3) 유한책임

유한책임이란 주주는 회사에 대하여 자기가 인수한 주식의 인수가액을 한도로 재산상의 출자의무를 질 뿐, 회사의 채권자에 대해서는 직접 아무런 책임도 지지 않는 것을 말한다. 즉, 주주는 회사채권자에 대하여 간접유한책임을 진다. 간접유한책임의 결과, 주주는 주주총회의 결의에는 참여할 수 있지만 업무집행에는 원칙적으로 참여할 수 없도록 하여 기업의 소유와 경영을 제도적으로 분리하고 있다.

사례연구 365 주식회사의 유한책임

한만석은 한국주식회사에 금5,000만원을 대여한 사실이 있는데, 한국주식회사 사원이었던 이도산은 강원회사의 부채가 많아지자 한국주식회사를 해산하고 경기주식회사를 새로 설립하여 경기회사의 사원이 되었다. 그러나 경기회사와 그 사원인 이도산은 한만석에 대한 책임을 도외시 하고 있는데, 이 경우 한만석은 채권을 받을 수 있는가?

▶ 주식회사의 주주로 되어 있는 사원은 그 주식회사의 채무에 대하여 유한책임을 지도록 되어 있다. 그러므로 주식회사를 상대로 한 채권일 경우에는 그 주식회사의 개인재산에 대하여는 채무변제를 청구할 수 없다. 구회사(한국주식회사)가 해산되고 신회사(경기회사)가 설립되는 과정에서 신회사는 구회사의 채권·채무를 승계한다는 약정이 있는 경우나, 신·구회사가 합병이라는 절차를 밟은 경우에는 신회사에 대하여 구회사에 대한 채권을 청구할 수 있다.

3. 주식회사의 설립

(1) 설립절차

주식회사를 설립함에는 발기인이 정관을 작성하여야 하고(제288조), 각 발기인은 서면에 의하여 주식을 인수하여야 한다(제293조). 설립절차로서는 우선 단체의 조직 및 행동에 관한 근본규칙인 정관을 작성하고, 단체의 구성원인 동시에 사업에 필요한 자본을 출자할 사원확정 및 단체활동의 기초가 되는 기관구성이 요구된다. 이러한 실체형성이 이루어지면 끝으로 설립등기를 함으로써 법인격이 인정되어 주식회사가 설립하게 된다.

(2) 설립방법

주식회사의 설립방법에는 발기설립과 모집설립의 두 가지가 있다. 발기설립은 회사설립시에 발행하는 주식의 총수를 발기인들만이 인수하여 회사를 설립하는 방법이고, 모집설립은 회사설립시에 발행하는 주식의 총수 중에서 발기인은 그 일부만을 인수하고 나머지 주식에 대하여는 따로 주식인수인을 모집하여 회사를 설립하는 방법이다.

(3) 설립에 관한 책임

상법은 주식회사의 설립에 있어서 준칙주의를 따르고 있기 때문에 그 설립절차에 과오나 부정이 개입될 소지가 많고, 또한 이해관계인도 많아서 그들에게 불측의 손해를 줄 염려가 있다. 따라서 상법은 이러한 폐단을 막기 위하여 회사설립에 관여한 자들에게 민사책임은 물론 형사책임과 행정벌을 과하는 등 엄격한 책임을 묻고 있다. 대표적인 것이 발기인의 책임이다.

사례연구 366 발기인의 납입담보책임

김선달을 비롯한 7명의 발기인들이 한국상사주식회사를 설립하기로 하고, 발행주식총수인 7,000주의 주식을 발기인 7명이 1,000주씩 인수하여 설립하였다. 그러나 설립등기 후 조사해보니 7,000주 가운데 500주가 아직 납입되지 않은 것이 발견되었다. 그러자 주주인 뺑덕이가 설립무효의 소를 제기하였다. 이 사례에서 한국상사주식회사의 설립무효판결이 확정된 경우에도 발기인들은 납입담보책임을 지는가? 그리고 발기인의 납입담보책임은 총주주의 동의가 있다면 면제될 수 있는가?

▶ 회사가 설립무효판결을 받는 경우에도 그 회사는 소급하여 불성립으로 되지는 않고, 장차 해산에 준하여 청산절차에 들어가게 될 뿐이다. 그리고 발기인들의 납입담보책임에 의한 납입의무는 회사의 성립단계에서 이미 확정된다. 따라서 회사성립 후 비록 무효판결이 확정되어도 회사불성립의 경우와 달리 납입의무가 없어지는 것은 아니고 여전히 자본충실책임으로서 존속하게 된다. 또한 이러한 발기인의 자본충실책임은 총주주의 동의로도 면제되지 않는다는 것이 통설·판례의 입장이다.

4. 주식회사의 기관

(1) 의 의

사단법인인 주식회사가 사회적 실체로서 활동하기 위해서는 기관이 필요하다. 즉, 상법상 모든 회사는 법인이고, 이러한 법인은 법인본질론상의 법인실재설을 취하더라도 법인 스스로가 의사를 결정하고 법률행위를 할 수는 없다. 따라서 법인에 있어서는 일정한 자의 의사나 행위가 법인의 의사나 행위로서 인정되는 자연인의 존재가 필요한 바, 이와 같은 조직법상의 존재를 회사의 기관이라 한다.

(2) 기관의 종류

주식회사의 기관에는 크게 필요상설기관과 임시기관으로 구분된다. 필요기관으로서는 의사결정기관인 주주총회, 업무집행기관인 이사회와 대표이사, 감독기관인 감사가 있고, 임시기관으로서는 검사인과 청산인 등이 있다.

주주총회는 주주전원으로 구성되는 최고의사결정기관으로서 회사경영에 관한 가장 중요하고도 기본적인 사항을 결정한다. 매년 1회 정기총회를 개최하며 필요에 따라 임시총회를 개최한다. 주주는 주주총회에서 1주마다 1의결권을 행사한다. 다만, 총회의 결의에 관하여 특별한 이해관계가 있는 자는 의결권을 행사하지 못한다(제268조 제3항)

이사회는 이사 전원으로 구성되며 회사의 업무집행에 관한 의사결정권한을 갖는 기관이며, 대표이사는 대외적으로 회사를 대표하고 대내적으로는 이사회의 결의사항을 집행하는 주식회사의 필요적 기관이다. 상법상 이사는 주주가 아니어도 상관없고, 임기 3년의 3인 이상이어야 한다. 소규모 중소기업체에 해당하는 발행주식의 액면가액(자본금)이 10억원 미만인 회사에 대해서는 1인 또는 2인의 이사를 둘 수 있도록 하였다(제383조 제1항).

감사는 회사의 회계감독과 이사의 업무집행감독을 원칙적 권한으로 하는 필요기관으로써 그 자격과 수는 제한이 없다. 감사는 그 업무의 성질상 이사 또는 지배인 기타의 사용인의 지위를 겸하지 못한다.

사례연구 367 주주총회와 의결권

주식회사 백두산건설의 주식을 보유하고 있는 백두산은 주주총회 소집통보를 받았는데 꼭 참석해야 하는가? 만약 주주총회에 참석하지 않으면 그 주식의 의결권은 사장되는가? 그리고 백두산건설의 정관에는 주주만이 의결권을 행사하도록 규정하고 있는데 백두산의 아내 한라산이 대신하여 주주총회에 참석하려고 하는데 가능한가?.

▶ 주주총회는 주주전원으로 구성되는 최고의사결정기관으로서 회사경영에 가장 중요한 사항을 결정하는데, 주주가 주주총회에 참석하여 의사결정에 참여하는 것은 주주의 고유한 권한이다. 그런데 주주만이 의결권을 행사한다는 제한 정관을 두고 있는 경우가 있으나 이것은 주주의 의결권 행사를 방해하는 것이므로 무효이고, 주주가 아닌 자로 하여금 의결권을 대리행사할 수 있다. 이몽룡은 주주총회에 반드시 참석하지 않아도 된다. 만일 주주가

의결권을 행사하지 않는 경우에 비상장법인은 의결권이 사장되고, 상장법인은 상정안건에 대한 찬반비율을 집계한 후, 증권예탁원에 예탁된 주식으로 의결권을 행사하지 않은 주식부분을 이미 집계된 찬반비율대로 나누어 이에 보태어 주는 방식으로 의결권을 행사하는 것이 보통이다. 만일 정관에 주주만이 의결권을 행사하도록 하는 규정은 무효(무효설)이므로 춘향이는 대리권 관련 증명서류를 회사에 제출하고 주주총회에 참석할 수 있다.

(3) 기관상호간의 관계

위와 같은 주식회사의 기관분화는 자유민주주의 국가의 입법원리인 3권분립사상의 영향을 받은 것이라고 여겨진다. 이와 같은 주식회사의 기관상호간의 관계는 민주국가의 그것과 같이 서로 독립하여 상호 견제와 균형을 이루어 갈 때 본래의 기능을 수행할 수 있는 것이다.

사례연구 368 **공동대표이사의 제3자에 대한 책임**

흥부는 미래주식회사의 대표이사인 놀부과 미래회사 사무실의 각종 비품을 인수받기로 하면서 금5,000만원을 지급하였으나, 놀부가 비품을 모두 처분하여 받을 수 없게 되었다. 현재 미래주식회사는 경영이 부실하여 채무를 변제받을 수 없는 상황인데, 이 경우에 대표이사인 놀부 개인을 상대로 손해배상을 청구할 수 있는가?

|▶ 흥부는 미래주식회사로부터 비품 모두를 양도받기로 하면서 그 대금을 지급하였으므로 그 비품에 대한 권리가 있고, 미래회사의 대표이사 놀부는 비품을 갑에게 인도해야 할 의무가 있다. 따라서 흥부는 관련규정에 따라 미래주식회사의 대표이사 놀부에게 손해배상청구권을 행사할 수 있다(제210조, 제401조 제1항).

Ⅳ. 합명회사

합명회사란 2인 이상의 무한책임사원으로 조직되는 회사이며, 그 사원은 회사에 대하여 출자의무를 부담할 뿐만 아니라, 대외적으로 회사채권자에 대한 직접·연대·무한의 책임을 진다. 합명회사는 대외적으로는 사원의 인적 신용이 중시되고 회사의 재산은 비교적 중요성을 갖지 않으며, 내부적으로도 사원 상호간의 인적 신뢰관계가 예정되어 있다. 따라서 합명회사는 형식적으로는 사단이지만, 실질적으로는 조합에 가까운 것으로서 인적회사의 전형적인 예이다.

사례연구 369 **무한책임사원의 책임**

A・B・C가 사원으로 있는 합명회사가 자금난에 부딪히게 되어 A는 3개월 동안 900만원을 소비대차로 회사에 자금을 융통하여 주었다. 이후 3개월이 지나 A가 자금이 필요하여 900만원을 반환받고자 하였으나 회사의 자금사정은 더욱 악화되어 회사로부터의 채권회수가 불가능하게 되었다. A는 소비대차로 인한 채권을 어떠한 방법으로 어느 정도를 회수할 수 있는가?

|▶ A의 채권은 회사에 대하여 제3자적인 지위에 있는 채권이므로 이에 대하여는 B와 C도 책임을 진다고 본다. 다만 A 자신도 연대채무자로서 상법 제212조에 의한 책임을 진다는 점에 유의하여야 한다. 그리하여 A는 자기의 손실분담부분인 300만원을 공제한 600만원에 대하여 B와 C에 대한 연대책임을 주장할 수 있다.

V. 합자회사

합자회사란 무한책임사원과 유한책임사원이 이원적으로 조직된 회사를 말한다. 즉, 회사채권자에 대하여 합명회사의 사원과 같이 출자가액에 상관없이 책임을 지는 무한책임사원과 자기의 출자가액을 한도로 하여 직접 책임을 지는 유한책임사원으로 구성된다. 합자회사도 소수의 사원으로 구성되고 인적요소를 그 기초로 하는 점에서 합명회사와 유사하다. 그러므로 합자회사에는 별다른 규정이 없는 한 합명회사의 규정을 준용한다. 그 밖에 합자회사도 실질적으로 보면 조합적인 것으로서 인적회사의 일종이다.

합자회사의 설립도 2인 이상의 사원이 정관을 작성하고 설립등기를 함으로써 성립된다. 출자에 관해서는 무한책임사원의 출자목적물은 합명회사의 사원과 같으나, 유한책임사원의 출자목적물은 금전 기타의 재산에 한하며 신용 또는 노무는 출자할 수 없다.

합자회사의 운영은 무한책임사원만이 회사의 대표권과 업무집행권을 갖는다. 다만 유한책임사원은 이에 대한 감독권만이 있을 뿐이다. 따라서 합자회사는 경제적으로 보면 무한책임사원이 경영하는 사업에 유한책임사원이 자본을 제공하고 그에 따른 이익분배를 받는 것으로서 익명조합과 유사하다. 그러나 법률적으로 보면 무한책임사원과 유한책임사원이 합체하여 회사를 구성하는 것이므로 유한책임사원은 사원이지 채권자가 아니라는 점에서 양자의 차이는 분명하다.

사원의 지위교체는 사원에 따라 다르다. 즉, 무한책임사원은 그 요건이 엄격하여 총사원의 동의로써만이 지분의 양도, 입사, 퇴사가 가능하고, 유한책임사원은 지분의 양도나 입사 및 퇴사가 비교적 자유로워 무한책임사원의 동의만 있으면 가능하다.

사례연구 370 **유한책임사원의 책임**

'합자회사 희망'은 K가 무한책임사원이고, A·B·C는 유한책임사원이었다. 이들 모두는 1,000만원씩 출자하기로 하고 설립등기를 하였다. 그러나 유한책임사원 A·B·C는 출자의무를 이행하지 않고 있다. '합자회사 희망'에 자동차를 매도한 X는 A·B·C에 대하여 자동차대금 1,000만원을 지급할 것을 요구하였다. A는 X의 청구에 대하여 K가 정관의 규정에 위반하여 유한책임사원의 동의없이 회사를 위하여 자동차를 구입하였기 때문에 자기는 지급을 할 수 없다고 항변을 제기하였다. 과연 A의 항변은 정당한가?

▶ X의 A에 대한 자동차대금 1,000만원의 지급청구의 근거는 상법 제279조와 제280조에서 찾을 수 있다. A는 유한책임사원으로서 정관에 기재된 출자액 중에서 이미 이행할 부분을 공제한 가액을 한도로 하여 회사채무를 변제할 책임이 있다. 즉, '합자회사 희망'에 대한 채무가 존재한다. X로부터 자동차를 구입함에 있어서 K는 '합자회사 희망'의 유일한 무한책임사원으로서 회사를 대표하여 매매계약을 체결하였으며, 무한책임사원의 대표권에 대한 제한은 선의의 제3자에게 대항할 수 없는 것이다. 그러나 이 사례의 경우 정관의 규정에 내부적인 제한이 있다 하여도 X가 이를 알지 못하였다면 X와 K의 자동차매매계약은 유효하게 성립되었고 따라서 '합자회사 희망'은 X에 대하여 자동차대금 1,000만원의 지급의무가 있다고 할 수 있다(민법 제568조). 결국 A는 유한책임사원으로서 1,000만원의 출자의무를 아직 이행하지 않았으므로 1,000만원의 회사채무를 X에게 직접 변제할 책임이 있다.

Ⅵ. 유한회사

유한회사를 설립함에는 사원이 정관을 작성하여야 하고, 목적, 상호, 사원의 성명·주민등록번호 및 주소, 자본금의 총액, 출자1좌의 금액, 각 사원의 출자좌수, 본점의 소재지를 기재하고 각 사원이 기명날인 또는 서명하여야 한다(제543조 제1항 및 제2항).

유한회사의 설립은 정관작성과 설립등기로써 성립하지만, 합명회사와는 달리 회사설립 전에 출자금액을 납입하여야 한다. 유한회사의 설립은 폐쇄적·비공개적이며 발기설립만이 인정된다. 그리고 유한회사의 자본총액은 1천만원 이상이어야 하고, 출자 1좌의 금액은 100원 이상으로 균일하게 하여야 한다(제546조). 사원은 그 지분의 전부 또는 일부를 양도하거나 상속할 수 있지만, 정관으로 지분의 양도를 제한할 수 있다(제556조).

유한회사에도 회사의 최고의사결정기관으로서 사원총회가 있고, 업무집행기관으로서 이사가 있으며, 감독기관으로서 감사가 있다. 그러나 이사회와 대표이사의 기관분화가 없고, 감사는 임의기관이라는 점이 주식회사의 경우와 다르다. 따라서 유한회사의 운영은 주식회사와는 달리 이사 각자가 회사를 대표하고 업무를 집행한다. 이사의 수에는 제한이 없다. 특히 사원총회에 있어서는 간이한 서면결의가 인정되고 있다(제577조).

사례연구 371 **유한회사 사원총회의 서면결의**

유한회사 세방상사는 사원총회를 개최하려고 하여도 사원들의 출석률이 저조하여 총회가 성립되지 않는 경우가 허다하여 앞으로는 어떠한 사항이라도 서면결의로 한다는 것을 총사원의 동의로 결의하였다. 위 결의는 유효한가? 그리고 상법 제577조 제1항에서 말하는 총사원의 동의에는 묵시적 동의도 인정되는가?

▶ 장차의 사원총회결의를 전부 서면결의에 의한다는 취지의 포괄적 결의가 가능한가에 관해서는 그것을 긍정하는 학설도 있으나, 서면결의는 편의상 인정되는 변칙적인 방법이므로 특정의 결의사항에 관하여 개별적·구체적으로 그것을 서면결의방법에 의해 결의할 수 있다고 정하여야 할 것이다. 그리고 일정사항을 서면결의의 방법에 의해 결의할 수 있기 위하여 요구되는 총사원의 동의는 묵시적으로도 행해질 수 있다고 본다. 묵시의 동의는 서

면결의 방법을 취하는 것에 대하여 적극적으로 반대하지 않는 것을 말한다.

Ⅶ. 유한책임회사

유한책임회사란 회사 채권자에 대하여 직접 책임을 지지 않고, 다만 회사에 대하여 일정한 출자의무를 지는 유한책임사원으로 구성되는 회사를 말한다(제287조 제7항). 유한책임회사는 2011년 개정법이 신설한 회사형태로 미국의 Limited Liability Company와 일본의 합동회사를 모델로 한 기업형태이다.

법인격을 가지는 회사라는 점에서 유한회사와 비슷하지만, 유한회사와는 달리 반드시 제3자 기관을 두어야 하지 않고 사원이 스스로 업무집행을 할 수 있다는 점에서(제287조 제12항) 내부적으로는 조합의 실질을 갖추고 있는 회사이다. 구성원이 내부적으로 자유로이 업무집행을 하면서도 대외적으로 유한책임밖에 지지 않는 공동기업의 형태이다. 유한책임회사는 주식회사와는 달리 기관의 구성을 자유로이 둘 수 있고, 이익배당이나 의결권의 행사도 반드시 지분에 따라 정하지 않고 실질적 기여도와 공헌도에 따라 다르게 정할 수 있다.

제 4 절 보험 · 해상 · 항공운송

Ⅰ. 보 험

1. 보험의 의의와 보험법의 구조

보험이란 화재나 사망 등과 같이 우발적인 사고발생의 위험 하에 있는 다수인이 그 우연한 사고로 인한 경제생활의 불안에 대비하기 위하여, 통계에 의하여 산출된 일정률의 금액(보험료)을 미리 거출하여 공동준비재산을 형성하여 두고, 일정한 사고가 발생하였을 경우 이로부터 재산적 급여를 받는 제도를 말한다. 이와 같은 보험제도를 규율하는 법을 보험법이라 한다. 상법이 규율대상으로 하고 있는 것은 다음에 설명하는 각종의 보험 중에서 영리보험에 한한다. 다만 영리보험에 관한 상법의 규정을 상호보험에 준용하고 있다.

상법은 영리보험에 대해서 제4편 제1장에는 보험일반에 관한 통칙적 규정을 두고, 제2장에는 손해보험으로서의 화재보험·운송보험·해상보험·책임보험, 자동차보험, 보증보험 등에 대한 규정을 두고 있으며, 제3장에는 인보험으로서 생명보험과 상해보험에 대한 규정을 두고 있다. 그러나 이와 같은 상법의 규정에도 불구하고 보험에 대해서는 보통거래약관인 보통보험약관이 현저하게 발달하고 있다. 따라서 상법의 규정 중 임의법적 성질을 갖는 규정들은 보통보험약관의 보조적 기능의 역할을 담당하게 된다.

2. 보험계약의 요소

(1) 보험계약의 의의

보험계약이란 당사자 일방이 약정한 보험료를 지급하고 재산 또는 생명이나 신체에 불확정한 사고가 발생할 경우에 상대방이 일정한 보험금이나 그 밖의 급여를 지급할 것을 약정하는 것을 말한다(제638조). 그러나 대개 보험계약은 보험계약자나 피보험자가 중요사실을 고지하고, 보험자가 계약의 성립과 내용을 증명하는 보험증권을 작성·교부함으로써 체결되는 것이 보통이다.

(2) 보험계약의 관계자

(가) 계약당사자 : 보험계약의 당사자는 보험자와 보험계약자이다. 보험자란 보험사고에 대한 보험금액의 지급당사자를 말하고, 보험계약자란 보험계약에 따른 보험료의 납입당사자를 말한다.

(나) 계약관계자 : 보험계약의 관계자란 보험계약의 당사자는 아니지만, 보험계약에 관계되는 자로서 피보험자, 보험수익자 및 보험자의 보조자 등을 말한다.

피보험자란 손해보험에 있어서는 피보험이익의 주체로서 보험사고가 발생한 경우 보험금을 지급받을 자를 말하고, 인보험에 있어서는 보험사고의 객체로서 보험계약에 의하여 보험이 붙여진 자를 말한다. 타인을 위한 보험계약에 있어서는 보험계약자와 피보험자가 분리된다.

보험수익자란 생명보험 등의 인보험에 있어서 보험계약에 의하여 보험금을 지급받을 자로 지정된 자를 말한다. 손해보험의 경우에는 일반적으로 피보험자가 동시에 보험금을 받을 자가 되기 때문에 특별히 보험수익자란 명칭을 사용하지 않는다.

그리고 보험자의 보조자란 보험대리상, 보험중개인, 보험모집인 등을 말한다.

사례연구 372 보험수익자

A는 자신이 사망할 경우 5,000만원의 보험금을 그의 처인 B에게 지급하기로 하는 내용의 생명보험계약을 한아보험회사와 체결하였다. 그 후 A의 집에 화재가 발생하면서 먼저 B가 사망하고, 그로부터 1시간이 지난 후 A도 사망하였다. A에게는 어머니인 C가 생존해 있고, B에게는 어머니인 D가 생존해 있다. 이 경우 한아보험회사는 누구에게 얼마의 보험금을 지급해야 하는가?

▶ 보험수익자인 B의 상속인의 확정시점을 보험수익자인 B의 사망시로 볼 것이냐, 아니면 보험계약자인 A의 사망시로 볼 것이냐에 따라 한아보험회사가 보험금을 지급하여야 할 상대방이 달라지게 된다는 점이다. 이에 대하여 학설은 보험수익자사망시설과 보험계약자사망시설로 나뉘어지나, 통설은 보험계약자사망시설로 보고 있다. 그러므로 보험계약자인 A의 사망시에 보험수익자인 B의 상속인이 되는 D만이 단독상속인으로서 새로운 보험수익자가 된다. 따라서 한아보험회사는 D에게 5,000만원의 보험금을 지급하여야 한다.

(3) 보험사고 · 보험료 · 보험금액

보험사고란 보험자의 책임을 구체화시키는 불확정한 사고를 말하며, 이를 위험이라고도 한다. 보험사고는 발생가능성, 불확실성, 한정성 및 대상의 필요성이 요구된다.

보험료란 보험자의 위험부담에 대하여 보험계약자가 지급하는 보수를 말한다. 즉, 보험자의 급여에 대한 반대급부를 말한다. 보험료는 불가분이 원칙이다.

보험금액이란 보험사고가 발생한 경우에 보험자가 지급하여야 할 금액의 최고한도를 말하며, 그 금액의 범위 내에서 사고발생시에 현실적으로 지급되는 금전을 보험금이라 한다. 보험금의 지급은 금전지급이 원칙이지만 현물이나 기타의 급여로도 할 수 있다.

사례연구 373 **보험모집인의 부실설명과 보험자의 책임**

행복보험회사의 모집인 갑은 을에게 상해보험에 들 것을 권하면서, 최고 300만원의 범위 내에서 상해의 등급에 따라 보험금을 차등지급하도록 되어 있는 보통보험약관의 규정이다. 그러나 보험모집인은 이와 달리, 300만원의 범위 내에서는 상해로 인한 손해 전액을 보상한다고 설명하였다. 만약 보험금지급사유가 발생한 경우, 어떤 내용에 따라 보험금을 지급받을 수 있는가?

▶ 보험자는 보험계약을 체결할 때에 보험계약자에게 보험약관을 교부하고 그 약관의 중요한 내용을 설명하여야 하고, 보험자가 이를 위반한 경우 보험계약자는 보험계약이 성립한 날부터 3개월 이내에 그 계약을 취소할 수 있다(제638조의3 제1항 및 제2항). 보험모집인이 보험가입을 권유하면서 보통보험약관의 내용과 다른 설명을 하여 계약을 체결하였다는 것을 입증한다면 보통보험약관의 적용을 배제하고 보험모집인이 설명한 내용대로의 계약을 주장할 수 있다(대법원 1989. 3. 28. 88다4645).

3. 손해보험

(1) 손해보험계약의 의의

손해보험계약이란 당사자의 일방(보험자)이 우연한 사고(보험사고)로 인하여 발생한 재산상의 손해를 보상(보험금액)할 것을 약정하고, 상대방(보험계약자)은 이에 대하여 일정한 보수(보험료)를 지급할 것을 약정하는 보험계약을 말한다.

여기서 손해에 대한 보상을 받는 자를 피보험자라 하고, 그 피보험자가 갖는 경제적 이익을 피보험이익이라 한다. 그리고 피보험이익의 가액을 보험가액이라 하며, 보험자의 책임이 존속하는 일정기간을 보험기간이라 한다.

(2) 손해보험의 종류

(가) 화재보험 : 화재보험이란 화재로 인하여 발생하는 손해를 보상할 것을 목적으로 하는 손해보험을 말한다. 여기서 화재란 사회통념상 화재로 볼 수 있는 성질과 규모를 가진 화력에 의한 독립적 연소작용을 말한다. 화재보험의 목적물은 화재로 인하여 손해를 받을 우려가 있는 가연성 유체물이다(제683조~제687조).

(나) 운송보험 : 운송보험이란 다른 약정이 없으면 운송인이 운송물을 수령한 때로부터 수하인에게 인도할 때까지 생길 손해를 보상할 것을 목적으로

하는 손해보험을 말한다. 운송보험의 목적물은 운송물이며, 여객은 육상운송의 대상은 될 수 있어도 운송보험의 목적물은 될 수 없다(제688조~제692조).

(다) 해상보험 : 해상보험이란 해상사업에 관한 사고로 인하여 발생하는 손해를 보상할 것을 목적으로 하는 손해보험을 말한다. 여기서 해상이란 호천과 항만을 제외한 해상에서의 항행을 의미하고, 해상보험의 목적물은 선박과 그 적하물을 말한다(제693조~제718조).

(라) 책임보험 : 책임보험이란 보험기간에 발생한 사고로 인하여 피보험자가 타인에 대하여 재산적 급여를 할 책임을 부담하는 경우에, 보험자가 피보험자의 제3자에 대한 책임이행으로 인하여 발생하는 손해를 보상할 것을 목적으로 하는 손해보험을 말한다. 따라서 책임보험은 피보험자 자신에게 발생한 손해를 보상하는 것이 아니라, 피보험자가 책임을 져야 하는 사고로 인하여 제3자에게 발생한 손해를 보상하는 것이다(제719조~제726조).

(마) 자동차보험 : 자동차보험이란 피보험자가 자동차를 소유・관리・사용하는 동안에 발생한 사고로 인하여 생긴 손해를 보상할 것을 목적으로 하는 손해배상을 말한다. 자동차보험에는 피보험자 자신이 직접 입은 손해를 보상하는 차량보험과 자손사고보험, 자동차의 사고로 인하여 제3자에게 발생한 손해를 보상하는 책임보험 등이 있다. 차량보험에서는 감가액이나 수리비 등이 지급되고, 자손사고보험에서는 약정보험금이 지급되며, 책임보험에서는 약관상의 보험료지급기준에 따른 산출금액이 지급된다(제726조의2~제726조의4).

사례연구 374 자동차 종합보험약관상 무면허운전 면책규정의 범위

갑은 친구 을의 부탁으로 자기소유 승용차를 빌려주었으나, 친구가 자기 집 앞에 차를 주차시켜 놓은 사이 무면허운전자 병이 이를 운전하던 중 무단횡단하던 사람을 치어 중상을 입혔다. 갑이 가입되어 있는 X보험회사에서는 병이 무면허운전자이므로 자동차종합보험 보통약관상의 무면허운전 면책규정을 들어 보험금을 지급할 수 없다고 하는데, 갑은 보험혜택을 받을 수 있는가?

▶ 보험회사가 무면허운전의 면책조항을 내세워 보험처리를 거부하고 있으나, 병의 운전행위는 보험계약자인 갑의 명시적 또는 묵시적 승인이 있었다고 보기 어려우므로 X보험회사는 갑에 대한 배상책임은 면할 수 없다. 이에 대하여 대법원 판례는 "면책사유의 효력은 무면허운전의 주체, 즉 무면허

로 운전한 사람이 누구인가에 관계없이 적용되는 조항이지만 모든 무면허운전의 경우에 보험회사가 면책되는 것이 아니고, 그 무면허운전이 보험계약자나 피보험자의 명시적 승인이나 묵시적 승인에 의해서 이루어진 때에만 보험회사는 그 사고에 대하여 책임을 면할 수 있는 것이다(대판 1991. 12. 24. 90다카23899)"라고 판시하고 있다.

(바) 보증보험 : 보증보험이란 보험계약자가 피보험자에게 계약상의 채무불이행 또는 법령상의 의무불이행으로 입힌손해를 보상할 것을 목적으로 하는 손해배상을 말한다. 보증보험계약에 관하여는 보험계약자의 사기, 고의 또는 중대한 과실이 있는 경우에도 이에 대하여 피보험자에게 책임이 있는 사유가 없으면 고지의무위반으로 인한 계약해지(제651조), 위험변경증가의 통지와 계약해지(제652조), 보험계약자 등의 고의나 중과실로 인한 위험증가와 계약해지(제653조), 보험자의 면책사유(제659조 제1항)를 적용하지 아니한다(제726조의5~제726조의7).

4. 인보험(人保險)

(1) 인보험계약의 의의

인보험계약이란 당사자의 일방(보험자)이 보험사고로 인하여 발생한 상대방(보험계약자) 또는 제3자(피보험자)의 생명이나 신체에 대한 손해를 보상(보험금)할 것을 약정하고, 상대방은 이에 대하여 일정한 보수(보험료)를 지급할 것을 약정하는 보험계약을 말한다. 인보험에는 생명보험과 상해보험이 대표적이지만, 이외에도 질병·교육·혼인·여행·퇴직·양로보험 등 다양한 보험상품이 있다.

인보험에 있어서는 보험의 목적이 사람의 생명 또는 신체이고 손해의 유무와는 아무런 관계가 없고, 또한 이것은 일정금액의 지급을 목적으로 하는 이른바 정액보험이다. 인보험에 있어서의 피보험자는 보험의 목적인 신체의 소유자이며, 보험수익자는 보험금을 받을 권리를 가진 자이다.

(2) 인보험의 종류

(가) 생명보험 : 생명보험이란 보험자는 피보험자의 사망, 생존, 사망과 생존에 관한 보험사고가 발생할 경우에 약정한 보험금을 지급할 것을 내용으

로 하는 인보험을 말한다.

생명보험에는 피보험자의 사망을 보험사고로 하는 사망보험과, 일정한 시기에 있어서의 피보험자의 생존을 보험사고로 하는 생존보험(예컨대 교육보험), 그리고 일정한 시기(만기)에 있어서의 피보험자의 생존 및 그 시기까지의 피보험자의 사망의 쌍방을 보험사고로 하는 혼합보험(예컨대 양로보험) 등이 있고, 15세미만자, 심신상실자 또는 심신박약자의 사망을 보험사고로 한 보험계약은 무효로 한다. 다만, 심신박약자가 보험계약을 체결하거나 단체보험의 피보험자가 될 때에 의사능력이 있는 경우에는 그러하지 아니한다(제730조~제736조).

(나) 상해보험 : 상해보험이란 보험자가 피보험자의 신체의 상해에 관하여 보험사고가 발생한 경우 일정한 보험금액을 지급할 것을 약정하고, 상대방이 이에 대하여 보험료를 지급할 것을 내용으로 하는 인보험을 말한다. 상해보험에는 상해의 태양에 따라 일정금액을 지급하는 정액보험과 상해로 인한 치료의 실비를 부담하는 부정액보험이 있다(제737조~제739조).

(다) 질병보험 : 질병보험이란 보험자는 피보험자의 질병에 관한 보험사고가 발생할 경우 보험금이나 그 밖의 급여를 지급할 것을 내용으로 하는 인보험을 말한다(제739조의2~제739조의3).

5. 보험사고의 발생과 보험분쟁의 해결

보험사고가 발생하면 보험계약자 또는 피보험자나 보험수익자는 보험사고의 발생을 안 때에 지체없이 보험자에게 그 사실을 통지하고 보험금의 지급을 청구할 수 있다. 보험계약자 등에게 이와 같은 통지의무를 지우고 있는 것은 보험자가 보험사고에 대한 정황을 정확하게 파악하고, 보험금지급의무에 대한 유무 및 그 범위를 명확히 할 수 있는 동시에, 손해를 야기한 자에 대한 손해배상청구권의 보전에 필요한 조치를 취할 수 있기 때문이다. 보험자는 보험금액의 지급에 대하여 약정기간이 있으면 그 기간 내에, 약정기간이 없는 때에는 보험사고발생의 통지를 받은 날로부터 10일 내에 보험금액을 보험수익자에게 지급하여야 한다(제657조 및 제658조).

만약 보험회사와 분쟁이 있는 이해관계인은 금융기관(보험회사 포함)과 이해관계인 사이에 발생하는 분쟁의 조정을 심의, 의결하기 위해 금융감독원

내에 금융분쟁조정위원회를 두고 있으므로 금융감독원의 원장에게 분쟁의 조정을 신청할 수 있다(금융위원회의 설치 등에 관한 법률 제51조 및 53조의 제1항). 그러나 금융분쟁심의위원회에 심판청구를 하지 않거나 또는 동 위원회의 판정에 불복할 경우에는 직접 민사소송을 제기하여 분쟁을 해결할 수 있다.

Ⅱ. 해 상

1. 해상법의 의의와 구조

해상법이란 해상기업에 특유한 사법적 법규를 말한다. 해상기업은 직접 해양을 무대로 하여 선박에 의하여 영위되는 기업으로서 그 대표적인 것은 해상운송기업이지만, 이외에도 해난구조기업, 해상매매업, 해상금융업 및 예선기업 등도 이에 속한다. 그런데 이러한 해상기업은 광대하고 위험성이 많은 해상에서 특별히 선박을 통하여 영업활동을 수행하는 것으로서 일반기업과는 다른 특수성이 존재한다. 따라서 일반 상법에 대한 특별법으로서 해상법이 성립하게 된 것이다.

해상법은 상법 제5편에서 규정하고 있으며, 그 주요내용은 해상기업(선박, 선장, 선박의 소유, 소박소유자 등의 책임 제한, 선박담보), 운송과 용선(개품운송, 해상여객운송, 항해용선, 정기용선, 선체용선, 운송증서), 해상위험(공동해손, 선박충돌, 해난구조) 등이다.

2. 해상기업의 조직

(1) 물적 조직(선박)

선박이란 상행위나 그 밖의 영리를 목적으로 항해에 사용하는 선박을 말하고(제740조), 단정(短艇) 또는 주로 노 또는 상앗대로 운전하는 선박에는 적용되지 않는다(제741조). 선박은 동산이지만 그 가격이 비싸고 또 등기부상 동일성 인식이 용이하기 때문에 부동산과 같은 취급을 하여 등기제도가 인정됨과 동시에, 그 국적이나 명칭을 부여하도록 함으로써 인격권적인 취급을 하고 있다.

(2) 인적 조직

(가) 선박소유자(선주) : 선박소유자란 넓은 의미로 선박에 대한 소유권자를 말하고, 좁은 의미로는 소유선박을 상행위의 목적으로 자기의 해상기업에 이용하는 자를 말한다. 후자가 해상법상의 선박소유자이다. 등기 및 등록할 수 있는 선박의 경우 그 소유권의 이전은 당사자 사이의 합의만으로 그 효력이 생긴다. 다만, 이를 등기하고 선박국적증서에 기재하지 아니하면 제3자에게 대항하지 못한다(제743조).

(나) 선 장 : 선장이란 해상기업의 보조자로서 선주에 고용되어 특정선박의 항해를 지휘하고, 그 대리인으로서 선박에 관한 여러 가지의 행위를 할 수 있는 법정권한을 갖는 자를 말한다. 즉, 선적항 외에서는 선장은 항해에 필요한 재판상 및 재판 외의 모든 행위를 할 대리권을 가진다. 그러나 선적항에서는 선장은 특히 위임받은 경우 외에는 해원의 고용과 해고할 권한만을 갖는다. 선장의 대리권에 대한 제한은 선의의 제3자에게 대항하지 못한다(제745조~제755조).

사례연구 375 감항능력 주의의무

김선달은 곡물을 수입하기 위하여 파도선박회사와 운송계약을 체결하고 한운송은 자기회사 소유의 선박에 이를 선적, 목적지까지 운송하였다. 동 선박이 목적지에 도착하여 곡물을 하역하여 본즉 기름에 심하게 오염되어 사용불능하게 된 것이 발견되었다. 이는 운항 도중 강풍과 풍랑에 의한 선박의 동요로 인하여 선창 밑에 설치된 유조탱크와 갑판 사이에 부착하여 시설한 유류검량관에 생긴 틈 또는 구멍으로 새어나온 기름에 의한 것이었음이 판명되었다. 파도선박회사는 김선달의 손해에 대하여 배상할 책임이 있는가?

▶ 상법 제794조와 제795조는 해상운송인에게 감항능력 주의의무와 운송물에 대한 주의의무라고 하는 두 가지의 기본적 의무를 부담시키고 있다. 그리고 제796조는 운송인의 면책사유에 대하여 규정하고 있다. 위 사례에서 문제가 되는 것은 감항능력 주의의무의 해태와 운송인의 면책사유와의 관계이다. 통설적 견해에 따르면 운송인의 감항능력 주의의무는 운송인의 면책이나 책임제한의 전제요건으로 보고 있다. 따라서 비록 이 사례에 있어서 항해중의 강풍이나 풍랑이 상법 제796조 각 호의 사실이 있었다는 것과 운송물에 관한 손해가 그 사실로 인하여 보통 생길 수 있는 것임을 증명한 때에는 이를 배상할 책임을 면하게 되지만, 출항 당시 운송인에게 감항능력 주의의무

의 해태가 있었다고 한다면 면책을 주장할 수가 없다고 할 것이다. 결국 한 운송은 감항능력 주의의무를 위반하였기 때문에 그로 인하여 김선달이 입은 손해를 배상할 책임이 있다.

3. 해상기업의 활동

해상기업의 활동 중에서 가장 중요한 것은 해상운송이다. 해상운송이란 해상에서 선박에 의하여 여객 또는 물건을 운송하는 것을 말한다. 이러한 해상운송에는 크게 물건운송계약과 여객운송계약이 있다.

해상운송계약이 성립되면 해상운송인은 운송에 관한 여러 가지의 권리 · 의무를 진다. 특히 감항능력주의의무, 운송물에 대한 주의의무 등을 부담하고, 운임청구권을 갖는다. 또한 운송인은 운송물을 수령한 후 송하인의 청구에 의하여 1통 또는 수통의 선하증권을 교부하여야 한다. 선하증권이란 해상물건운송계약에 따른 운송물의 수령 또는 선적을 증명하고 해상운송인에 대한 운송물의 인도청구권을 표창하는 유가증권을 말한다.

4. 해상기업의 위험

해상기업은 그 활동무대가 광활한 해상인 만큼 그에 따른 위험이 높고 또한 불가피하다. 따라서 상법은 이에 대한 대책으로서 공동해손, 선박충돌, 해난구조 및 해상보험에 관하여 규정하고 있다. 다만 해상보험에 대하여는 보험편에서 규정하고 있다.

(1) 공동해손

공동해손이란 선장이 선박과 적하에 대한 공동위험을 면하기 위하여 선박 또는 적하에 대한 처분으로 인하여 생긴 손해 또는 비용을 말한다. 이 제도는 형평과 상호이익의 원칙이 해상법상의 특수한 제도로서 표현된 것이다. 공동해손은 그 위험을 면한 선박의 가액, 적하의 가액, 운임의 반액과 공동해손의 액의 비율에 따라 각각의 이해관계인이 분담한다(제865조 및 제866조).

(2) 선박충돌

선박충돌이란 2척 이상의 선박이 그 운용상 작위 또는 부작위로 선박 상호간에 다른 선박 또는 선박 내에 있는 사람 또는 물건에 손해를 생기게 하는 것을 말하며, 직접적인 접촉의 유무를 묻지 아니한다. 선박의 충돌이 불가항력으로 인하여 발생하거나 충돌의 원인이 명백하지 아니한 때에는 피해자는 충돌로 인한 손해의 배상을 청구하지 못한다. 그러나 선박의 충돌이 일방의 선원의 과실로 인하여 발생한 때에는 그 일방의 선박소유자는 피해자에 대하여 충돌로 인한 손해를 배상할 책임이 있고, 선박의 충돌이 쌍방의 선원의 과실로 인하여 발생한 때에는 쌍방의 과실의 경중에 따라 각 선박소유자가 손해배상의 책임을 분담하여야 하며, 이 경우 그 과실의 경중을 판정할 수 없는 때에는 손해배상의 책임을 균분하여 부담한다(제876조~제879조).

사례연구 376 **쌍방과실로 인한 선박충돌과 적하에 대한 손해배상책임**

X선박 소유자 갑은 X선박에 병의 비료 2,000포대를 싣고 항해하던 중 거제도 앞바다에서 을 소유의 Y선박과 충돌하여 그 선박이 침몰되고 비료도 전부가 멸실되었다. 이 경우 선박충돌은 양쪽 선박의 쌍방과실에 의한 것으로 그 과실의 경중은 X선박이 40%, Y선박이 60%로 판명되었다. 이에 따라 갑과 을은 멸실된 비료에 대한 손해도 그들의 과실의 경중에 따라 분담하여 지급하기로 정하였는데, 병은 비료에 대한 손해는 갑과 을의 공동불법행위에 의하여 생긴 것이라는 이유로 연대하여 이를 배상하여야 한다고 주장하고 있는데, 이는 타당한가?

▶ 이 사례에서 문제의 중심은 선박충돌을 원인으로 한 병의 손해에 대하여 갑과 을이 연대책임을 부담할 것이냐, 아니면 상법 제879조 제1항에 따라 분담책임을 부담할 것이냐 하는 점이다. 학설과 판례에 따르면, 쌍방과실에 의한 선박충돌로 인한 제3자의 물적 손해에 대하여는 '과실의 비율에 따른 분담책임을 진다'는 입장이다. 따라서 병은 갑과 을에 대해 적하의 멸실로 인한 손해를 연대하여 배상하도록 청구할 수는 없고, 각각 4 : 6의 비율로 선박충돌로 인한 손해배상을 청구할 수 있다.

(3) 해난구조

해난구조란 해난에 조우한 선박 또는 적하를 구조하는 것을 말한다. 이는 해상위험에 처한 선박 및 적하를 아무런 구조의무 없이 구제한다는 의미에서 해상법상 인정된 특수한 법률요건 중의 하나라고 볼 수 있다.

항해선 또는 그 적하 그 밖의 물건이 어떠한 수면에서 위난에 조우한 경우에 의무 없이 이를 구조한 자는 그 결과에 대하여 상당한 보수를 청구할 수 있고, 항해선과 내수항행선 간의 구조의 경우에도 마찬가지이다. 구조의 보수에 관해서는 약정이 없는 경우에 그 액에 대하여 당사자 사이에 합의가 성립하지 아니한 때에는 법원은 당사자의 청구에 의하여 구조된 선박·재산의 가액, 위난의 정도, 구조자의 노력과 비용, 구조자나 그 장비가 조우했던 위험의 정도, 구조의 효과, 환경손해방지를 위한 노력, 그 밖의 제반사정을 참작하여 그 액을 정하게 되고, 구조의 보수액은 다른 약정이 없으면 구조된 목적물의 가액을 초과하지 못한다(제882조~제884조).

5. 해상운송에 따른 법적 분쟁과 그 해결

오늘날의 국제거래는 주로 해상운송에 의한 물품의 이동에 기초하고 있다. 따라서 국제거래가 증가함에 따라 발생하는 분쟁 역시 해상운송을 중심으로 한 법적 분쟁이 대부분이다. 이러한 해상운송으로 인하여 발생한 분쟁을 해결하는 방법에는 민사소송에 의한 방법과 상사중재에 의한 방법이 주로 이용되고 있다. 즉, 해상운송으로 인하여 손해가 발생하면 당사자들은 우선 해상운송계약에 따라 해결하게 될 것이나, 당사자간에 의견이 일치하지 아니하여 분쟁이 발생하면 당사자들은 대한상사중재원의 본부 또는 지부의 사무국에 중재를 신청할 수 있고, 만일 당사자 일방이 중재판정에 불복하는 경우에는 민사소송에 의하여 해결할 수도 있다. 그러나 오늘날 국제거래분쟁의 해결방법으로서 독보적인 위치에 있는 것은 국제상사중재제도이다.

Ⅲ. 항공운송

1. 항공운송법의 의의와 구조

항공운송법이란 항공운송에 적용되는 특유한 사법적 법규를 말한다. 여기에서 "항공운송"이란 항공기로 사람이나 화물 등을 수송하는 사업을 말하고, "항공기"란 상행위나 그 밖의 영리를 목적으로 운항에 사용하는 항공기를 말하며, 대통령령으로 정하는 초경량 비행장치는 제외한다(제896조).

운항용 항공기에 대하여는 상행위나 그 밖의 영리를 목적으로 하지 아니하더라도 상법 제6편의 규정을 준용하지만, 국유(國有) 또는 공유(公有) 항공기에 대하여는 운항의 목적·성질 등을 고려하여 이 편의 규정을 준용하는 것이 적합하지 아니한 경우로서 대통령령으로 정하는 경우에는 준용되지 않는다(제897조).

항공운송법은 상법 제6편에서 규정하고 있으며, 그 주요내용은 제1장 통칙, 제2장 운송(통칙, 여객운송, 물건운송, 운송증서), 제3장 지상 제3자의 손해에 대한 책임 등이다.

2. 항공운항 사고에 대한 일반적 책임

항공운송인의 책임에 관한 규정은 운송인의 불법행위로 인한 손해배상의 책임에도 적용한다. 그리고 여객, 수하물 또는 운송물에 관한 손해배상청구가 운송인의 사용인이나 대리인에 대하여 제기된 경우에 그 손해가 그 사용인이나 대리인의 직무집행에 관하여 생겼을 때에는 그 사용인이나 대리인은 운송인이 주장할 수 있는 항변과 책임제한을 원용할 수 있지만, 고의로 인하여 발생하였거나 또는 여객의 사망·상해·연착(수하물의 경우 멸실·훼손·연착)이 생길 염려가 있음을 인식하면서 무모하게 한 작위 또는 부작위로 인하여 발생하였을 때에는 그 사용인이나 대리인은 운송인이 주장할 수 있는 항변과 책임제한을 원용할 수 없다(제899조 제1항 내지 제3항).

운송계약을 체결한 운송인의 위임을 받아 운송의 전부 또는 일부를 수행한 운송인이 있을 경우 실제운송인이 수행한 운송에 관하여는 실제운송인에 대하여도 상법 제6편 제1장(통칙)의 운송인의 책임에 관한 규정을 적용한다. 다만, 순차운송(제901조)에 해당하는 경우는 그러하지 아니하다(제900조 제1항 및 제2항).

3. 운 송

(1) 여객운송

운송인은 여객의 사망 또는 신체의 상해로 인한 손해에 관하여는 그 손해의 원인이 된 사고가 항공기상에서 또는 승강(乘降)을 위한 작업 중에 발생한 손해에 대하여 책임을 지고(제904조), 손해 중 여객 1명당 113,100 계산단위의 금액까지는 운송인의 배상책임을 면제하거나 제한할 수 없다(제905조 제1항).

그리고 운송인은 여객의 연착으로 인한 손해에 대하여 책임을 진다. 다만, 운송인이 자신과 그 사용인 및 대리인이 손해를 방지하기 위하여 합리적으로 요구되는 모든 조치를 하였다는 것 또는 그 조치를 하는 것이 불가능하였다는 것을 증명한 경우에는 그 책임을 면한다(제907조 제1항). 또한 운송인은 위탁수하물의 멸실 또는 훼손으로 인한 손해에 대하여는 그 손해의 원인이 된 사실이 항공기상에서 또는 위탁수하물이 운송인의 관리 하에 있는 기간 중에 발생한 경우에 책임을 부담하지만, 그 손해가 위탁수하물의 고유한 결함, 특수한 성질 또는 숨은 하자로 인하여 발생한 경우에는 그 범위에서 책임을 지지 아니한다(제908조 제1항).

사례연구 377 **비행기 연착에 대한 보상**

이몽룡과 춘향이는 인천공항을 출발하여 미국 로스앤젤레스를 경유하여 멕시코 칸쿤으로 허니문을 떠났다. 그런데 미국 로스엔젤레스에서 특별한 사유없이 4시간이나 환승시간이 지연되어 황금같은 시간을 낭비하게 되었다. 이런 경우 항공사의 비행기 연착에 대한 보상은 어떻게 되는가?

▶ 운송인은 여객의 연착으로 인한 손해에 대하여 책임을 진다(상법 907조 및 제908조). 또한 항공운송사업자는 사업면허, 등록 또는 노선허가를 신청할 때 제출하거나 변경인가 또는 변경신고한 사업계획에 따라 그 업무를 수행하여야 하지만, 기상악화, 안전운항을 위한 정비로서 예견하지 못한 정비, 천재지변, 항공기 접속(接續)에 해당하는 사유로 사업계약에 따라 업무를 수행하기 곤란한 경우에는 책임을 지지 아니한다(항공운송법 제12조). 이몽룡과 춘향이가 이용한 항공사가 어떤 항공사인지 그리고 그 항공사의 규약이 어떤지는 모르지만, 이몽룡과 춘향이가 우리나라에서 국내선을 이용하는 과정에서 그와 같은 항공기 운항시간 지연 사태가 발생한 경우, 공정거래위원회 고시 「소비자분쟁해결 기준」에 따라 항공사의 과실 또는 고의로 3시간 이상 운송지연에 대한 보상은 운임의 30%를 보상받게 된다. 단, 기상악화, 안전운항을 위한 정비로서 예견하지 못한 정비, 천재지변, 항공기 접속에 해당하는 사유가 있는 경우에는 보상에서 제외된다.

(2) 물건운송

항공운송인은 운송물의 멸실 또는 훼손으로 인한 손해에 대하여 그 손해가 항공운송 중(운송인이 운송물을 관리하고 있는 기간을 포함한다)에 발생한 경우에 책임을 지게 되고(제913조 본문), 운송인은 운송물의 연착으로 인한 손해에 대하여 책임을 진다(제914조 본문).

운송물의 멸실 · 훼손에 대한 책임 규정(제913조), 운송물의 연착에 대한 책임 규정(제914조)에 따른 운송인의 손해배상책임은 손해가 발생한 해당 운송물의 1kg당 19 계산단위의 금액을 한도로 하되, 송하인과의 운송계약상 그 출발지, 도착지 및 중간 착륙지가 대한민국 영토 내에 있는 운송의 경우에는 손해가 발생한 해당 운송물의 1kg당 15 계산단위의 금액을 한도로 한다(제915조 본문).

(3) 운송증서

항공운송인이 여객운송을 인수하면 여객에게 여객의 성명 또는 단체의 명칭, 출발지와 도착지, 출발일시, 운항할 항공편, 발행지와 발행연월일, 운송인의 성명 또는 상호의 사항을 적은 개인용 또는 단체용 여객항공권을 교부하여야 한다(제921조 제1항).

그리고 항공운송인은 여객에게 개개의 위탁수하물마다 수하물표를 교부하여야 하고(제922조), 송하인은 운송인의 청구를 받아 송하인의 성명 또는 상호, 수하인의 성명 또는 상호, 출발지와 도착지, 운송물의 종류, 중량, 포장의 종별 · 개수와 기호, 출발일시, 운송할 항공편, 발행지와 발행연월일, 운송인의 성명 또는 상호의 사항을 적은 항공화물운송장 3부를 작성하여 운송인에게 교부하여야 한다(제923조 제1항).

4. 지상 제3자의 손해에 대한 책임

항공기 운항자는 비행 중인 항공기 또는 항공기로부터 떨어진 사람이나 물건으로 인하여 사망하거나 상해 또는 재산상 손해를 입은 지상(지하, 수면 또는 수중을 포함한다)의 제3자에 대하여 손해배상책임을 지고, 여기서 "항공기 운항자"란 사고 발생 당시 항공기를 사용하는 자를 말한다. 다만, 항공기의 운항을 지배하는 자가 타인에게 항공기를 사용하게 한 경우에는 운항지배자를 항공기 운항자로 본다(제930조 제1항 및 제2항).

찾아보기

저자 약력

원영철

청주대학교 법정대학 법학과 졸업
동 대학원 법학과 수료(법학석사)
동 대학원 법학과 수료(법학박사)
국립충주대학교 · 청주대학교 · 우송정보대학 · 충청대학 강사 역임
(현) 한국법학회 부회장, 한국법이론실무학회 부회장, 대한국제법학회 평의원
6 · 7 · 9급 공무원시험 출제위원
(현) 유니세프원주시후원회 운영위원
민주평화통일정책자문회의 자문위원
원주시의정자문위원회 자문위원
원주시공무원인사위원회 부위원장
상지영서대학교 교수협의회 공동대표, 평의원회 의장
(현) 원주시의회 행동강령운영 자문위원회 위원장
상지영서대학교 기획처장
상지영서대학교 전임강사 · 조교수 · 부교수, 교수
상지대학교 인문사회과학대학 법부동산학부 교수
(현) 강원도원주교육지원청 지방공무원 인사위원회 위원
(현) 강원도교육청 청렴도민감사관
(현) 상지대학교 교양대학 교양학부 정교수

〈주요 저서 및 논문〉

삼위일체 국제법(대왕사, 1997)
(6판) 생활과 법률(삼영사, 2019)
국제기업의 국제법적 규제에 관한 연구
정치망명자에 대한 비호의 범위에 대한 연구
해양환경보전과 지역조약
해양투기에 의한 해양오염의 국제법적 규제
국제법상 해양환경보전을 위한 지역적 협력방안 관한 연구
(-동북아해역의 해양환경보전을 중심으로-)
황 · 동중국해 해양환경보전을 위한 지역적 협력방안에 관한 연구
UN해양법협약상 분쟁해결제도에 관한 연구
남 · 북한간 해양환경보전을 위한 협력방안
난민의 국제적 보호에 관한 연구 외 다수

이론과 사례연구

법과 생활 [제6판]

1997년 3월 2일 1판 1쇄 발행
2000년 7월 10일 1판 3쇄 발행
2003년 3월 2일 2판 1쇄 발행
2006년 2월 25일 2판 4쇄 발행
2006년 8월 15일 3판 1쇄 발행
2010년 2월 20일 3판 4쇄 발행
2010년 8월 20일 4판 1쇄 발행
2012년 3월 5일 4판 3쇄 발행
2014년 2월 25일 5판 1쇄 발행
2016년 2월 15일 5판 3쇄 발행
2019년 2월 25일 6판 1쇄 발행
2023년 8월 10일 6판 2쇄 발행

저 자 원 영 철
발행인 고 성 익
조 판 해 인 기 획

05027
발행처 서울특별시 광진구 아차산로 335 삼영빌딩
도서출판 三 英 社
등 록 1972년 4월 27일 제 2013-21호
전 화 737-1052 · 734-8979 FAX.739-2386

정가 27,000 원

ISBN 978-89-445-0102-9-93360